le Guide du **routard**

Directeur de collection
Philippe GLOAGUEN

Cofondateurs
Philippe GLOAGUEN et Michel DUVAL

Rédacteur en chef
Pierre JOSSE

Rédacteur en chef adjoint
Benoît LUCCHINI

Directrice de la coordination
Florence CHARMETANT

Rédaction
**Yves COUPRIE, Olivier PAGE,
Véronique de CHARDON, Amanda KERAVEL,
Isabelle AL SUBAIHI, Anne-Caroline DUMAS,
Carole BORDES, Bénédicte BAZAILLE,
André PONCELET, Jérôme de GUBERNATIS,
Marie BURIN DES ROZIERS et Thierry BROUARD**

CORSE

2001
2002

D1322613

Hachette

Hors-d'œuvre

Le *GDR*, ce n'est pas comme le bon vin, il vieillit mal. On ne veut pas pousser à la consommation, mais évitez de partir avec une édition ancienne. D'une année sur l'autre, les modifications atteignent et dépassent souvent les 40 %.

Chaque année, en juin ou juillet, de nombreux lecteurs se plaignent de voir certains de nos titres épuisés. À cette époque, en effet, nous n'effectuons aucune réimpression. Ces ouvrages risqueraient d'être encore en vente au moment de la publication de la nouvelle édition. Donc, si vous voulez nos guides, achetez-les dès leur parution. Voilà.

Nos ouvrages sont les guides touristiques de langue française les plus souvent révisés. Malgré notre souci de présenter des livres très réactualisés, nous ne pouvons être tenus pour responsables des adresses qui disparaissent accidentellement ou qui changent tout à coup de nature (nouveaux propriétaires, rénovations immobilières brutales, faillites, incendies...). Lorsque ce type d'incidents intervient en cours d'année, nous sollicitons bien sûr votre indulgence. En outre, un certain nombre de nos adresses se révèlent plus « fragiles » parce que justement plus sympa ! Elles réservent plus de surprises qu'un patron traditionnel dans une affaire sans saveur qui ronronne sans histoire.

> Les tarifs mentionnés dans ce guide ne sont qu'indicatifs et en rien contractuels. Ici un menu aura augmenté de 10 F, là une chambre de 25 F. Il faut compter 5 mois entre le moment où notre enquêteur passe et la parution du *GDR*. *Grosso modo*, en tenant compte de l'inflation, de la température à Moscou et de l'âge du capitaine, les prix que nous donnons auront grimpé de 5 à 10 %. En France, les prix sont comme les petits oiseaux, ils sont libres, tant pour les hôtels que pour les restaurants.

Spécial copinage

– *Restaurant Perraudin* : 157, rue Saint-Jacques, 75005 Paris. ☎ 01-46-33-15-75. Fermé le samedi midi, le dimanche, le lundi midi et la 2e quinzaine d'août. À deux pas du Panthéon et du jardin du Luxembourg, il existe un petit restaurant de cuisine traditionnelle. Lieu de rencontre des éditeurs et des étudiants de la Sorbonne, où les recettes d'autrefois sont remises à l'honneur : gigot au gratin dauphinois, pintade aux lardons, pruneaux à l'armagnac. Sans prétention ni coup de bâton. D'ailleurs, c'est notre cantine, à midi.

> Le bon truc pour voyager malin ! Hertz vous propose deux remises exceptionnelles en France :
>   **100 F de réduction immédiate sur les Forfaits Week-ends et 200 F sur les Forfaits Vacances standard Hertz.**
>   **Offre valable sur présentation de votre** *Guide du routard* **jusqu'au 31 décembre 2001 à l'agent ou comptoir Hertz.**
> **Comment bénéficier de cette offre ?** Au moment de la réservation, merci d'indiquer votre **numéro Hertz CDP 967130** et de rappeler les remises citées ci-dessus. **Informations et réservations :** ☎ 01-39-38-38-38.

IMPORTANT : le 36-15, code ROUTARD, a fait peau neuve ! Pour vous aider à préparer votre voyage : présentation des nouveaux guides ; « Du côté de Celsius » pour savoir où partir, à quelle saison ; une boîte à idées pour toutes vos remarques et suggestions ; une messagerie pour échanger de bons plans entre routards.

Nouveau : notre rubrique « Bourse des vols » permet désormais d'obtenir en un clin d'œil tous les tarifs aériens (charters et vols réguliers). On y recense tous les tarifs de 80 voyagistes et 40 compagnies pour 400 destinations. Fini le parcours du combattant pour trouver son billet au meilleur prix ! Et notre rubrique « Docteur Routard ! » ! Vaccinations, protection contre le paludisme, adresses des centres de vaccination, conseils de santé, pays par pays.
Et toujours les promos de dernière minute, les voyages sur mesure, les dates de parution des *GDR*, une information détaillée sur ROUTARD Assistance.

Le contenu des annonces publicitaires insérées dans ce guide n'engage en rien la responsabilité de l'éditeur.

TABLE DES MATIÈRES

COMMENT Y ALLER ?

- En bateau 14
- En avion 18
- Les organismes de voyages 20
- En train 22

GÉNÉRALITÉS

- Quelques chiffres et données générales 28
- Avant le départ 30
  • Adresses utiles • Auberges de jeunesse • Carte internationale d'étudiant • Cartes de paiement • Formalités, douanes, vaccins • Personnes handicapées • Téléphone
- Argent, budget 40
- Bandits corses 41
- Cigarettes 42
- Climat 42
- Corses 43
- Écologie 44
- Faune et flore 44
- Feux de forêt 45
- Gastronomie 47
- Hébergement 52
- Histoire 54
- Humour corse 58
- Langue corse 59
- Littérature 60
- Maquis 61
- Mouvements indépendantistes et autonomes 62
- Musique corse 65
- Plongée 68
- Portraits 71
- Randonnées 74
- Sites internet 78
- Souvenirs de Corse 79
- Tour de Corse du routard .. 79
- Tourisme en Corse 80
- Transports intérieurs 81
- Vendetta 82

BASTIA ET LE CAP CORSE

- BASTIA 84
  • L'oratoire de Monserrato
  • La corniche supérieure
  • Excursion vers Oletta
  • L'ancienne cathédrale de la Canonica
- LE CAP CORSE 97
  • Miomo • San-Martino-di-Lota • Lavasina • Erbalunga • La marine de Sisco • La marine de Pietracorbara • Porticciolo • Santa-Severa
  • Luri • Macinaggio • Rogliano • Barcaggio • Centuri • Pino • Minerbio • Canari
- NONZA 115
- PATRIMONIO 116
- SAINT-FLORENT ET LE NEBBIO 118
  • Le col de San Stefano
  • L'église San Michele • Murato
- LE DÉSERT DES AGRIATES 125

LA BALAGNE

- L'ÎLE-ROUSSE 130
- LA BALAGNE, LE GIUNSSANI ET L'OSTRICONI 134
  • Les villages de Balagne : Corbara ; Pigna ; San Antonino ; Aregno ; Lavatoggio ;
  Cateri ; Avapessa ; Feliceto ; Speloncato ; Belgodère • Dans le Giunssani : Vallica ; Olmi-Cappella ; La forêt de Tartagine • Dans l'Ostriconi : Pietralba ; Lama ; Urtaca ; Novella

– ALGAJOLA 148
– CALVI................... 149
  • La pointe de la Revellata
  • La chapelle de la Madonna
  di a Serra • Randonnée dans

  le cirque de Bonifato • Ran-
  donnée Mare e Monti
– CALENZANA 162
  • La chapelle Sainte-Restitude
  • Zillia • Cassano • Cateri

LA CÔTE OUEST (ENTRE CALVI ET AJACCIO)

– GALÉRIA................ 165
  • La vallée du Fango
– PORTO 167
  • Girolata • La réserve na-
  turelle de Scandola

L'arrière-pays de Porto

– OTA 176
  • Les gorges de la Spelunca
  et de la Lonca
– ÉVISA.................. 177

  • La forêt d'Aïtone • Le Niolo
– VICO..................... 179
  • Le lac de Creno • Le
  couvent Saint-François

La côte, de Piana à Ajaccio

– PIANA 181
  • Randonnée au Capu
  Rossu
– CARGÈSE................ 183
– SAGONE................. 186
– TIUCCIA 188

AJACCIO ET SA RÉGION

– AJACCIO................. 191
  • Les îles Sanguinaires
  • Centre d'élevage et de protection de la tortue A Cupulatta à Vignola

Le golfe d'Ajaccio

– PORTICCIO 209

– COTI-CHIAVARI.......... 212

L'arrière-pays d'Ajaccio

– BASTELICA 213
  • Le canal de la Volta • Le
  monte Renoso
– SANTA-MARIA-SICHÉ 216
– ZICAVO 218

LE GOLFE DU VALINCO ET LE SARTENAIS

– PORTO-POLLO 219
– LE SITE PRÉHISTORIQUE
  DE FILITOSA 221
– OLMETO 222
– PROPRIANO 224
  • Fozzano • Santa-Maria-Fi-
  ganiella
– CAMPOMORO 231

– SARTÈNE 233
  • Spin a Cavallu
– TIZZANO 239
– LE CIRCUIT DES
  MENHIRS 240
  • Les alignements de Palag-
  giu • Les mégalithes de Cau-
  ria

GRAND SUD CORSE

– ROCCAPINA............. 241
– MONACCIA-D'AULLÈNE ... 242
  • L'Uomo di Cagna
– PIANOTTOLI............. 244
– FIGARI.................. 245
– BONIFACIO 246
  • Le phare de Pertusato
  • Calalonga-Plage • La plage

  de Piantarella • La plage des
  Grand et Petit Sperone • Les
  îles Lavezzi et Cavallo
– LE GOLFE DE SANTA-
  MANZA 258
– LE GOLFE DE RONDI-
  NARA.................... 259
– PORTO-VECCHIO......... 259
  • La plage de Palombaggia

• La baie de San Ciprianu
• Le golfe de Santa-Giulia
• La plage de Cala Rossa

• Le castellu d'Aragio • Torre
• La forêt de L'Ospédale
– LE GOLFE DE PINARELLU 270

L'ALTA ROCCA

– L'OSPÉDALE 272
– ZONZA 273
– QUENZA 275
– AULLÈNE 277
– SAINTE-LUCIE-
DE-TALLANO 278
• Le couvent Saint-François
• Les sources de Caldane

• La piscine naturelle de
Zoza
– LEVIE 280
• Le castellu du Cucuruzzu
et le site archéologique de
Capula • Carbini
– LE COL ET LES AIGUILLES
DE BAVELLA 281

LA CORSE INTÉRIEURE

– CALACUCCIA ET LE
NIOLO 284
• Calacuccia • Casamaccioli
• Le monte Cinto • Le défilé
de la Scala di Santa-Regina
• La forêt de Valdo-Niello • Le
col de Vergio • Le lac de
Nino • Les cascades de Ra-
dule
– CORTE 289
• Les gorges du Tavignano
– LES GORGES DE LA
RESTONICA 297
• Les lacs de Melo et de Ca-
pitello

– LA VALLÉE DE L'ASCO . . . 299
• Les gorges de l'Asco • Le
village des Tortues de Molti-
fao • Asco
– ENTRE CORTE ET
VIZZAVONA 302
• Venaco • Vivario
– VIZZAVONA 304
• La Madonnuccia • La cas-
cade des Anglais • Le monte
d'Oro • Les gorges du Man-
ganellu
– BOCOGNANO 306

LA CÔTE ORIENTALE (COSTA SERENA)

– SOLENZARA 308
– GHISONACCIA 310
• Le Fium'Orbo • Les défilés
des Strette et de l'Inzecca
• L'étang d'Urbino

– ALÉRIA 316
• Le village naturiste de
Riva-Bella
– MORIANI-PLAGE 318

LA CASTAGNICCIA ET LA CASINCA

La Castagniccia

– CERVIONE 323
• La corniche de Castagnic-
cia • San-Giovanni-di-Moriani
• La chapelle de la Scupiccia
– CARCHETO 326
– PIEDICROCE 327
• Campodonico • Les
sources d'Orezza • Le ha-
meau de Valle d'Orezza
• Piazzole • Parata

– NOCARIO 330
– CROCE 330
– LA PORTA 330
– MOROSAGLIA 331

La Casinca

– VESCOVATO 332
– VENZOLASCA 333
– LORETO-DI-CASINCA 333

– INDEX GÉNÉRAL 349
– OÙ TROUVER LES CARTES ET LES PLANS ? 351

NOS NOUVEAUTÉS

ARDÈCHE, DRÔME (mars 2001)

Pas étonnant que les premiers hommes de la création aient choisi l'Ardèche comme refuge. Ils avaient bon goût ! Une nature comme à l'aube des temps, intacte et grandiose. Des gorges évidemment, à découvrir à pied, à cheval ou mieux, en canoë-kayak.

Grottes à pénétrer, avens à découvrir, musées aux richesses méconnues, une architecture qui fait le grand écart entre les frimas du Massif central et les cigales de la Provence. Enfin, pour mettre tout le monde d'accord, une bonne et franche soupe aux châtaignes.

Entre Alpes et Provence, la Drôme a probablement du mal à choisir. La Drôme, c'est avant tout des paysages sans tapage, harmonieux, sereins, des montagnes à taille humaine... À la lumière souvent trop dure et trop crue de la Provence, elle oppose une belle lumière adoucie, des ciels d'un bleu plus tendre. Voici des monts voluptueux, piémonts aux accents italiens comme en Tricastin et en Drôme provençale. Tout ce qui au sud se révèle parfois trop léché, se découvre ici encore intact ! Quant aux villes, elles sont raisonnables, délicieusement accueillantes.

Pour finir, l'Histoire, ici, avec un grand « H » : refuge pour les opprimés de tous temps, des protestants pourchassés aux juifs persécutés.

BALÉARES (mars 2001)

Oui, le tourisme de masse a envahi cet archipel, mais non, ce n'est pas une raison pour ne pas y aller. Les Baléares ce n'est pas que la bétonnite aiguë et les plages bondées (sous le soleil exactement...). On y trouve encore des petits coins typiques et des paysages carte postale en veux-tu en voilà, qui valent vraiment le voyage. Les calanques de Majorque sont les plus époustouflantes de l'archipel et pour certains, de la Méditerranée. Rien que ça !

Les hippies sur le retour qui veulent fuir la cohue mettront le cap sur Formentera, la plus petite des îles de l'archipel, la mieux préservée et donc la plus sauvage. Les amateurs de bonne chère trouveront leur bonheur sur l'île de Minorque, réputée pour ses spécialités culinaires. N'oublions pas que c'est dans la ville de Mahon, située sur cette île, que fut inventée la mayonnaise !

Mais les Baléares c'est avant tout Ibiza avec ses nuits folles et comme souvent en Espagne, ici on ne dort jamais ! Une foule hétéroclite et avide de techno a remplacé les babas des années 1960. Faire la fête jusque tard dans la matinée est ici une véritable institution, à vous de choisir le thème de votre débauche : *Mousse, Sacré et Profane, Attache-moi...* Faites gaffe quand même !

LES GUIDES DU ROUTARD
2001-2002
(dates de parution sur le 36-15, code ROUTARD)

France
- Alpes
- Alsace, Vosges
- Aquitaine
- **Ardèche, Drôme (mars 2001)**
- Auvergne, Limousin
- Banlieues de Paris
- Bourgogne, Franche-Comté
- Bretagne Nord
- Bretagne Sud
- Châteaux de la Loire
- Corse
- Côte d'Azur
- Hôtels et restos de France
- Junior à Paris et ses environs
- Languedoc-Roussillon
- Lyon et ses environs
- Midi-Pyrénées
- Nord, Pas-de-Calais
- Normandie
- Paris
- Paris à vélo
- **Paris balades (mars 2001)**
- **Paris casse-croûte (nouveauté)**
- Paris exotique
- **Paris la nuit (juin 2001)**
- Pays basque (France, Espagne)
- Pays de la Loire
- Poitou-Charentes
- Provence
- Restos et bistrots de Paris
- Le Routard des amoureux à Paris
- Tables et chambres à la campagne
- Vins à moins de 50 F
- Week-ends autour de Paris

Amériques
- Argentine, Chili et île de Pâques
- Brésil
- Californie et Seattle
- Canada Ouest et Ontario
- Cuba
- **Équateur (fév. 2001)**
- États-Unis, côte Est
- Floride, Louisiane
- Guadeloupe, Saint-Martin, Saint-Barth
- Martinique, Dominique, Sainte-Lucie
- Mexique, Belize, Guatemala
- New York
- Parcs nationaux de l'Ouest américain et Las Vegas
- **Pérou, Bolivie (fév. 2001)**
- Québec et Provinces maritimes
- Rép. dominicaine (Saint-Domingue)

Asie
- Birmanie
- **Chine du Sud (avril 2001)**
- Inde du Nord
- Inde du Sud
- Indonésie
- Israël
- Istanbul
- Jordanie, Syrie, Yémen
- Laos, Cambodge
- Malaisie, Singapour
- Népal, Tibet
- Sri Lanka (Ceylan)
- Thaïlande
- Turquie
- Vietnam

Europe
- Allemagne
- Amsterdam
- **Andorre, Catalogne (fév. 2001)**
- Angleterre, pays de Galles
- Athènes et les îles grecques
- Autriche
- **Baléares (mars 2001)**
- Belgique
- Écosse
- Espagne du Centre
- Espagne du Sud, Andalousie
- Finlande, Islande
- Grèce continentale
- Hongrie, Roumanie, Bulgarie
- Irlande
- Italie du Nord
- Italie du Sud, Rome
- Londres
- Norvège, Suède, Danemark
- Pologne, République tchèque, Slovaquie
- Portugal
- Prague
- Sicile
- Suisse
- Toscane, Ombrie
- Venise

Afrique
- Afrique noire
  Mauritanie
  Mali
  Burkina Faso
  Niger
  Côte-d'Ivoire
  Togo
  Bénin
- Égypte
- Ile Maurice, Rodrigues
- Kenya, Tanzanie et Zanzibar
- Madagascar
- **Marrakech et ses environs (nouveauté)**
- Maroc
- Réunion
- Sénégal, Gambie
- Tunisie

et bien sûr...
- Le Guide de l'expat
- Humanitaire
- Internet
- Des Métiers pour globe-trotters

NOS NOUVEAUTÉS

PARIS BALADES (mars 2001)

Paris est chargée d'histoire. Chaque quartier raconte des histoires, petites ou grandes, sordides ou magnifiques, mais toujours passionnantes. Découvrez-les au cours d'itinéraires pédestres thématiques. Avec, comme toujours, la recherche de l'inédit et de l'insolite, de l'anecdote peu connue, voire du scoop qui donne une couleur, un intérêt surprenant à la visite.

Le principe est simple : on débarque à une station de métro et on repart par une autre. Durée des itinéraires : de une à trois heures. L'un d'entre eux fait 482 m, le plus long 3 km. Pour tous les goûts, au rythme de chacun. Thèmes variés des parcours : la Révolution française, Mai 68, les villas cachées du XIXe arrondissement, la Commune de Paris, le Montparnasse des écrivains américains, les derniers vestiges de la Bastille, le Paris égyptien... Il y en a pour tous les fantasmes (avec, bien sûr, quelques itinéraires coquins !). Voici donc une nouvelle façon de découvrir Paris. À pied, le nez en l'air, à un rythme humain, l'histoire en bandoulière. Un guide d'atmosphères.

MARRAKECH ET SES ENVIRONS (paru)

Marrakech, évocation magique rappelant toutes les images de l'Orient des caravanes. Avec le Routard, on quitte vite la foule pour se perdre dans sa médina secrète au lacis de ruelles imprévisibles. Là, se cachent des riads et des palais riches d'histoire. Flânez dans ses souks regorgeant de trésors et d'épices. Retrouvez votre âme d'enfant au milieu de la féerie des conteurs, jongleurs et autres charmeurs de la place Jemaa El Fna. Et le soir venu, prenez tout votre temps pour choisir l'un des nombreux restaurants de Guéliz, la ville nouvelle. Évadez-vous dans les montagnes du Haut-Atlas et ses paysages grandioses ou plus sagement dans la tranquille vallée de l'Ourika. Enfin, ne quittez pas cette province de rêve sans un détour par Essaouira. Cité battue par les vents, elle attire de nombreux artistes et des routards du monde entier. Quel que soit l'itinéraire choisi, vous ne rentrerez pas indemne !

SPÉCIAL DÉFENSE DU CONSOMMATEUR

Un routard informé en vaut dix ! Pour éviter les arnaques en tout genre, il est bon de les connaître. Voici, par ordre alphabétique, un petit vade-mecum destiné à parer aux coûts et aux coups les plus redoutables (coup de bambou, coup de fusil et même... coup du sous-marin !).

Accueil : aucune loi n'oblige un hôtelier ou un restaurateur à recevoir aimablement ses clients. On imagine d'ailleurs assez mal une amende pour accueil désagréable. Là encore, chacun fait ce qu'il peut et reçoit comme il veut. Selon la conscience professionnelle, l'aptitude à rendre service et le caractère de chacun, l'accueil peut varier du meilleur au pire... Une simple obligation incombe aux hôteliers et aux restaurateurs : ils doivent renseigner correctement leurs clients, même par téléphone, sur les prix des chambres et des menus, sur le niveau de confort et le genre de cuisine proposé.

Affichage des prix : les hôtels et les restos sont tenus d'informer les clients de leurs prix, à l'aide d'une affichette, d'un panneau extérieur, ou de tout autre moyen. Ça, c'est l'article 28 de l'ordonnance du 1er décembre 1986 qui l'impose à la profession. Donc, vous ne pouvez contester des prix exorbitants que s'ils ne sont pas clairement affichés.

Arrhes ou acompte ? Au moment de réserver votre chambre (par téléphone ou par écrit), il n'est pas rare que l'hôtelier vous demande de verser à l'avance une certaine somme, celle-ci faisant office de garantie. Il est préférable de parler d'arrhes et non d'acompte. Légalement, aucune règle n'en précise le montant. Toutefois, ne versez que des arrhes raisonnables : 25 à 30 % du prix total, sachant qu'il s'agit d'un engagement définitif sur la réservation de la chambre. Cette somme ne pourra donc être remboursée en cas d'annulation de la réservation, sauf cas de force majeure (maladie ou accident) ou en accord avec l'hôtelier si l'annulation est faite dans des délais raisonnables. Si, au contraire, l'annulation est le fait de l'hôtelier, il doit vous rembourser le double des arrhes versées : l'article 1590 du Code civil le dit très nettement, et ce depuis 1804 !

Commande insuffisante : il arrive que certains restos refusent de servir une commande jugée insuffisante. Le garçon ou le patron fait la moue. Il affirme même qu'il perd de l'argent. Cependant, le restaurateur ne peut pas vous pousser à la consommation. C'est illégal.

Eau : une banale carafe d'eau du robinet est gratuite, à condition qu'elle accompagne un repas.

Hôtels : comme les restaurants, ils ont interdiction de pratiquer la subordination de vente. C'est-à-dire qu'ils ne peuvent pas vous obliger à réserver plusieurs nuits d'hôtel si vous n'en souhaitez qu'une. Dans le même ordre d'idée, on ne peut vous obliger à prendre votre petit déjeuner ou vos repas dans l'hôtel où vous dormez ; ce principe est illégal et constitue une subordination de prestation de service condamnable pour une amende. L'hôtelier reste cependant libre de proposer la demi-pension ou la pension complète. Bien se renseigner avant de prendre la chambre dans les hôtels-restaurants. À savoir aussi, si vous dormez en compagnie de votre « moutard », il peut vous être demandé un supplément.

Menus : très souvent, les premiers menus (les moins chers) ne sont servis qu'en semaine et avant certaines heures (12 h 30 et 20 h 30 généralement). Cela doit être clairement indiqué sur le panneau extérieur : à vous de vérifier.

Sous-marin : après le coup de bambou et le coup de fusil, celui du sous-marin. Le procédé consiste à rendre la monnaie en plaçant dans la soucoupe (de bas en haut) : les pièces, l'addition puis les billets. Si l'on est pressé, on récupère les billets en oubliant les pièces cachées sous l'addition.

Vins : les cartes des vins ne sont pas toujours très claires. Exemple : vous commandez un bourgogne à 50 F (7,6 €) la bouteille. On vous la facture 100 F (15,2 €). En vérifiant sur la carte, vous découvrez qu'il s'agit d'une demi-bouteille. Mais c'était écrit en petits caractères illisibles.
La bouteille doit être obligatoirement débouchée devant le client, sinon il n'est pas sûr qu'il y ait adéquation entre le vin annoncé et le contenu de la bouteille.

Nous tenons à remercier tout particulièrement Mathilde de Boisgrollier, François Chauvin, Gavin's Clemente-Ruiz, Grégory Dalex, Michèle Georget, Fabrice Jahan de Lestang, Pierrick Jégu, Géraldine Lemauf-Beauvois, Bernard-Pierre Molin, Jean Omnes, Patrick de Panthou, Jean-Sébastien Petitdemange, Benjamin Pinet, Anne Poinsot et Alexandra Sémon pour leur collaboration régulière.

Et pour cette chouette collection, plein d'amis nous ont aidés :

Cécile Abdesselam
Isabelle Alvaresse
Didier Angelo
Marie-Josée Anselme
Philippe Bellenger
Laurence de Bélizal
Cécile Bigeon
Yann Bochet
Anne Boddaert
Philippe Bordet et Edwige Bellemain
Gérard Bouchu
Nathalie Boyer
Benoît Cacheux et Laure Beaufils
Guillaume de Calan
Danièle Canard
Jean-Paul Chantraine
Bénédicte Charmetant
Franck Chouteau
Sandrine Copitch
Christian dal Corso
Maria-Elena et Serge Corvest
Sandrine Couprie
Franck David
Laurent Debéthune
Agnès Debiage
Monica Diaz
Tovi et Ahmet Diler
Raphaëlle Duroselle
Sophie Duval
Flora Etter
Hervé Eveillard
Pierre Fayet
Didier Farsy
Alain Fisch
Carole Fouque
Dominique Gacoin
Bruno Gallois
Cécile Gauneau
Adélie Genestar
Alain Gernez
David Giason
Adrien Gloaguen et Côme Perpère
Hubert Gloaguen
Olivier Gomez et Sylvain Mazet

Isabelle Grégoire
Jean-Marc Guermont
Xavier Haudiquet
Claude Hervé-Bazin
Bernard Houlat
Christian Inchauste
Carine Isambert
Catherine Jarrige
François Jouffa
Sandrine Kolau
Jacques Lanzmann
Vincent Launstorfer
Raymond et Carine Lehideux
Jean-Claude et Florence Lemoine
Valérie Loth
Jean-Luc Mathion
Pierre Mendiharat
Xavier de Moulins
Alain Nierga et Cécile Fischer
Michel Ogrinz et Emmanuel Goulin
Franck Olivier
Alain et Hélène Pallier
Martine Partrat
J.-V. Patin
Odile Paugam et Didier Jehanno
Bernard Personnaz
Jean-Alexis Pougatch
Michel Puysségur
Jean-Luc Rigolet
Guillaume de Rocquemaurel
Philippe Rouin
Benjamin Rousseau
Martine Rousso
Ludovic Sabot
Jean-Luc et Antigone Schilling
Guillaume Soubrié
Régis Tettamanzi
Marie Thoris et Julien Colard
Thu-Hoa-Bui
Christophe Trognon
Isabelle Verfaillie
Stéphanie Villard
Isabelle Vivarès
Solange Vivier

Direction : Isabelle Jeuge-Maynart
Contrôle de gestion : Dominique Thiolat et Martine Leroy
Direction éditoriale : Catherine Marquet
Édition : Catherine Julhe, Anne-Sophie de Précourt, Peggy Dion et Carine Girac
Préparation-lecture : Muriel Lucas
Cartographie : Cyrille Suss et Fabrice Le Goff
Fabrication : Gérard Piassale et Laurence Ledru
Direction artistique : Emmanuel Le Vallois
Direction des ventes : Francis Lang
Direction commerciale : Michel Goujon, Cécile Boyer, Dominique Nouvel, Dana Lichiardopol et Sylvie Rocland
Informatique éditoriale : Lionel Barth
Relations presse : Danielle Magne, Martine Levens et Maureen Browne
Régie publicitaire : Florence Brunel et Monique Marceau
Service publicitaire : Frédérique Larvor et Marguerite Musso

LA CHARTE DU ROUTARD

À l'étranger, l'étranger c'est nous ! Avec ce dicton en tête, les bonnes attitudes coulent de source.

– Les us et coutumes du pays

Respecter les coutumes ou croyances qui semblent parfois surprenantes. Certains comportements très simples, comme la discrétion et l'humilité, permettent souvent d'éviter les impairs. Observer les attitudes des autres pour s'y conformer est souvent suffisant. S'informer des traditions religieuses est toujours passionnant. Une tenue vestimentaire sans provocation, un sourire, quelques mots dans la langue locale sont autant de gestes simples qui permettent d'échanger et de créer une relation vraie. Tous ces petits gestes constituent déjà un pas vers l'autre. Et ce pas, c'est à nous visiteurs de le faire. Mots de passe : la tolérance et le droit à la différence.

– Visiteur/visité : un rapport de force déséquilibré

Le passé colonial ou le simple fossé économique peut entraîner parfois inconsciemment des tensions dues à l'argent. La différence de pouvoir d'achat est énorme entre gens du Nord et du Sud. Ne pas exhiber ostensiblement son argent. Éviter les grosses coupures, que beaucoup n'ont jamais eues entre les mains.

– Le tourisme sexuel

Il est inadmissible que des Occidentaux utilisent leurs moyens financiers pour profiter sexuellement de la pauvreté. De nouvelles lois permettent désormais de poursuivre et de juger dans leur pays d'origine ceux qui se rendent coupables d'abus sexuels, notamment sur les mineurs des deux sexes. C'est à la conscience personnelle et au simple respect humain que nous faisons appel. Combattre de tels comportements est une démarche fondamentale. Boycottez les établissements favorisant ce genre de relations.

– Photo ou pas photo ?

Renseignez-vous sur le type de rapport que les habitants entretiennent avec la photo. Certains peuples considèrent que la photo vole l'âme. Alors, contentez-vous des paysages, ou bien créez un dialogue avant de demander l'autorisation. Ne tentez pas de passer outre. Dans les pays où la photo est la bienvenue, n'hésitez pas à prendre l'adresse de votre sujet et à lui envoyer vraiment la photo. Un objet magique : laissez-lui une photo Polaroïd.

– À chacun son costume

Vouloir comprendre un pays pour mieux l'apprécier est une démarche louable. En revanche, il est parfois bon de conserver une certaine distanciation (on n'a pas dit distance), en sachant rester à sa place. Il n'est pas nécessaire de porter un costume berbère pour montrer qu'on aime le pays. L'idée même de « singer » les locaux est mal perçue. De même, les tenues dénudées sont souvent gênantes.

– À chacun son rythme

Les voyageurs sont toujours trop pressés. Or, on ne peut ni tout voir, ni tout faire. Savoir accepter les imprévus, souvent plus riches en souvenirs que les périples trop bien huilés. Les meilleurs rapports humains naissent avec du temps et non de l'argent. Prendre le temps. Le temps de sourire, de parler, de communiquer, tout simplement. Voilà le secret d'un voyage réussi.

– Éviter les attitudes moralisatrices

Le routard « donneur de leçons » agace vite. Évitez de donner votre avis sur tout, à n'importe qui et n'importe quand. Observer, comparer, prendre le temps de s'informer avant de proférer des opinions à l'emporte-pièce. Et en profiter pour écouter, c'est une règle d'or.

– Le pittoresque frelaté

Dénoncer les entreprises touristiques qui traitent les peuples autochtones de manière dégradante ou humiliante et refuser les excursions qui jettent en pâture les populations locales à la curiosité malsaine. De même, ne pas encourager les spectacles touristiques préfabriqués qui dénaturent les cultures traditionnelles et pervertissent les habitants.

Remerciements

Pour cet ouvrage, nous tenons à remercier tout particulièrement :

– L'Agence du Tourisme de la Corse, pour son accueil et son soutien technique.
– La Maison du Parc naturel régional, qui aide chaque année aux remises à jour de nos pages « rando ».
– À Ajaccio, notre amie Laetitia, spécialiste de la rando également.
– À Bastia, l'office du tourisme et son patron, le bon (au sens de performant) Josian Calloni.
– La souriante et dynamique équipe de l'office du tourisme de Porto-Vecchio.
– Les OT d'Ajaccio, Calvi, Sartène, Propriano, Lévie, Corte, ceux de la Costa Serena – et les autres que nous oublions.
– Bernard Pazzoni et Jean-Claude Rogliano pour leurs lumières et leur participation (musique, littérature).
– Et tant d'autres insulaires rencontrés au hasard de nos routardesques enquêtes en l'île de Beauté.
– Enfin vous, chers lecteurs, pour votre abondant courrier, dans lequel nous trouvons plein d'infos, les bons plans, les moins bons – et des critiques qui nous permettent d'avancer. Allez roule, petit Routard, toujours plus loin, toujours plus haut, jusqu'au Monte Cinto !

Le *Guide du routard* remercie l'Association des Paralysés de France de l'aider à signaler les lieux accessibles aux personnes à mobilité réduite. Cette attention est déjà une victoire sur le handicap.

COMMENT Y ALLER ?

EN BATEAU

Il y a deux façons de gagner la Corse en ferry : par la France ou par l'Italie. En France, la SNCM (Société nationale Corse-Méditerranée) et la CMN (Compagnie méridionale de navigation) détiennent un quasi-monopole (départs de Marseille, Nice ou Toulon). La compagnie Corsica Ferries assure aussi depuis quelques années des liaisons entre la France continentale (Nice) et la Corse.

Mais la concurrence est rude : Corsica Ferries et Moby Lines, au départ de l'Italie, sont forcément moins chères (l'Italie est bien plus proche de la Corse que Marseille, Nice ou Toulon). La SNCM a d'ailleurs investi : navire de luxe (le *Napoléon Bonaparte,* vraiment très bien), NGV (navire à grande vitesse, dont dispose aussi Corsica Ferries), et liaison Corse-Italie *via* sa filiale Corsica Maritima.

Quelques conseils pratiques

– La SNCM Ferryterranée a mis en place depuis le printemps 2000 un navire rapide nouvelle génération, le NGV *Liamone,* qui permet de partir par tout temps.

– Pensez à noter la situation de votre véhicule (numéro de pont et secteur, bâbord-arrière par exemple), pour ne pas errer dans la pénombre d'un étage à l'autre et parmi d'interminables files de voitures au moment du débarquement, à la recherche de votre carrosse.

– Autre détail pratique : sur les bateaux de Corsica Ferries, les portes pneumatiques d'accès aux garages se referment automatiquement (sans aucune sécurité, comme sur une porte d'ascenseur). Effet « guillotine » garanti, et cet incident n'est pas rare. Le conseil : maintenir enfoncé le bouton d'ouverture ou passer très vite la porte.

– Enfin, sachez que les cargos-ferries de la CMN ne sont pas moins confortables que la plupart des ferries classiques.

Les compagnies maritimes

▲ **CORSICA FERRIES** *:* central de réservations et de renseignements au ☎ 0803-095-095 (1,49 F/mn, soit 0,23 €/mn). Fax : 04-95-32-14-71. ● www.corsicaferries.com ● Minitel : 36-15, code CORSICA FERRIES.
– *Bastia :* 5 *bis,* rue du Chanoine-Leschi, BP 275, 20296 Bastia. Du lundi au samedi de 8 h 30 à 19 h ; le dimanche de 9 h 30 à 12 h 30 (en saison).
– *Paris :* 25, rue de l'Arbre-Sec, 75001. M. : Louvre-Rivoli. Ouvert de 9 h 30 à 13 h 30 et de 14 h 30 à 18 h 30.
– *Nice :* comptoir de vente et embarquement au port de commerce, quai Amiral-Infernet, 06300 Nice.
– *Lyon :* comptoir de vente, place des Célestins, 69002 Lyon.
– *Calvi :* comptoir de vente et embarquement au port de commerce.
– *L'Île-Rousse :* port de commerce. Ouvert 2 h avant l'embarquement.
– *Savone :* Porto Vado. Embarquement, Calata nord, 17100 Porto Vado. ☎ 0192-155-11.
– *Livourne :* embarquement, calata Carrara, stazione Maritima, 57123 Livorno. ☎ 0586-881-380.
Les billets « open » ou ceux pris à l'embarquement vous font bénéficier (s'il y a de la place) des tarifs les plus bas.

La compagnie offre un avantage de taille : des liaisons Italie-Corse plus nombreuses et plus fréquentes que par la Corsica Maritima (filiale de la SNCM). Ses navires, plus petits, sont reconnaissables à leur couleur jaune. Traversées Italie-Corse au départ de Savone et Livourne, pour Bastia et L'Île-Rousse (pour ces liaisons, trajet de 3 h avec les navettes rapides, et 6 h de jour ou toute la nuit en ferry). Il existe aussi une liaison Livourne-Bastia en *Corsica Shuttle* : 4 départs par jour en pleine saison, 4 h de traversée.
Avec le navire à grande vitesse, liaisons Nice-Calvi et Nice-Bastia.

▲ SNCM

– *Paris* : 12, rue Godot-de-Mauroy, 75009. ☎ 01-49-24-24-11. M. : Madeleine. Renseignements et réservations : ☎ 0836-67-95-00 (1,49 F/mn, soit 0,23 €/mn). Ouvert du lundi au vendredi de 8 h 45 à 17 h 30. Réservations possibles sur Minitel : 36-15, code SNCM.
– *Marseille* : 61, bd des Dames, 13002. Renseignements et réservations : ☎ 0836-67-95-00 (1,49 F/mn, soit 0,23 €/mn). M. : Joliette. Embarquement : gare maritime de la Joliette. ☎ 04-91-56-31-12.
– *Nice* : quai du Commerce, 06359, Cedex 04. Informations et réservations : ☎ 0836-67-95-00 (1,49 F/mn, soit 0,23 €/mn). Embarquement : gare maritime, quai du Commerce et quai Île-de-Beauté.
– *Toulon* : 49, av. de l'Infanterie-de-Marine. Renseignements et réservations : ☎ 0836-67-95-00 (1,49 F/mn, soit 0,23 €/mn). Embarquement : gare maritime. ☎ 04-94-41-50-01.
– *Bruxelles* : rue de la Montagne, 52, 1000. ☎ 02-549-08-80. Fax : (02) 513-41-37.
La SNCM Ferryterranée propose plusieurs traversées au départ du continent, de Marseille, Toulon ou Nice vers Bastia, Ajaccio, Calvi, L'Île Rousse, Propriano ou Porto-Vecchio. Vous pourrez ainsi arriver dans le port le plus proche de votre lieu de séjour.
Les « Tarifs Plein Soleil » de la SNCM Ferryterranée vous permettront de voyager à des prix malins, selon les périodes de l'année. Les réductions habituelles pour les enfants, les jeunes, les personnes du troisième âge, les groupes, les familles nombreuses, restent toujours d'actualité.
Depuis le printemps 2000, en plus des NGV 1re génération, la SNCM Ferryterranée a mis en service une 2e génération de navires rapides, le NGV *Liamone*, pouvant naviguer par tout temps. Ce navire assure toute l'année des rotations au départ de Nice et chose nouvelle, sera aussi présent au départ de Toulon, mettant ainsi l'île de Beauté à moins de 5 heures.
Par l'intermédiaire de son tour-opérateur Ferrytour Vacances, vous pouvez également choisir vos séjours et circuits parmi une gamme complète d'hôtels et de résidences de location soigneusement sélectionnés.
– Corsica Maritima, une filiale de la SNCM, exploite trois lignes Bastia-Gênes, Bastia-Livourne et Porto Vecchio-Livourne à un tarif comparable à celui de Moby Lines. Agents à Marseille : ☎ 04-91-56-32-00 ; à Bastia : ☎ 04-95-54-66-66 (SNCM) ou 04-95-54-66-95.
– IMPORTANT : faites vos réservations le plus tôt possible, dès janvier, auprès de la SNCM, si vous allez en Corse en juillet ou en août.

▲ COMPAGNIE MÉRIDIONALE DE NAVIGATION (LA)

Renseignements et réservations : ☎ 0-801-20-13-20.
– *Marseille* : 4, quai d'Arenc, 13002.
– *Ajaccio* : port de commerce, bd Sampiero, 20000.
– *Bastia* : port de commerce, 20200.
– *Propriano* : agence maritime *Sorba*, quai Cdt-L'Herminier, 20110.
– *L'Île Rousse* : Corse consignation. Représentation av. Joseph-Calizi, 20220.
Depuis Marseille, liaisons régulières toute l'année vers Ajaccio, Bastia, Propriano, L'Île-Rousse. Traversées de nuit. Les navires mixtes de la Méridio-

TARIFS PLEIN  SOLEIL POUR LA CORSE

Toute l'année, le meilleur prix, au bon moment !

nale offrent des installations en cabines de luxe ou confort, et embarquent jusqu'à 200 passagers maximum. Réservations tout au long de l'année. Également 2 liaisons par semaine vers Porto Torres (Sardaigne) au départ de Marseille et Propriano.

▲ **EURO-MER :** 5, quai de Sauvage, 34000 Montpellier. ☎ 04-67-65-67-30. Fax : 04-67-65-95-75 ou 04-67-64-03-02. • www.euro-mer.com • Infos sur Minitel : 36-15, code EUROMER.
Au départ du sud-est de la France ou de l'Italie, Euro-Mer propose des traversées pour la Corse ou la Sardaigne à des tarifs compétitifs. Également des promotions pour certains départs dans la semaine.
Nouveauté : Euro-mer propose des nouvelles lignes maritimes pour la Corse en navires rapides insensibles aux intempéries. Nice-Ajaccio en 4 h 45, Toulon-Ajaccio en 5 h 30 et Toulon-Bastia en départs de nuit. Prix promotionnels pour les réservations à l'avance.

▲ **MOBY LINES**
– *Paris :* chez la *CIT*, 3, bd des Capucines. ☎ 01-44-51-39-00.
– *Bruxelles :* chez la *CIT*, rue des Deux-Églises, 116, Bruxelles 1210. ☎ 02-282-00-12.
– *Bonifacio :* agence *Gazano*, quai du Port-de-Commerce, 20169. ☎ 04-95-73-00-29.
– *Bastia :* agence *Colonna d'Istria*, 4, rue du Commandant-Luce-de-Casabianca, 20200. ☎ 04-95-34-84-94.
On reconnaît les bateaux de cette compagnie italienne aux baleines bleues peintes sur la coque.
Mêmes tarifs spéciaux que la Corsica Ferries.
Assure des liaisons maritimes au départ des ports italiens de Gênes, Livourne, Piombino, à destination du seul port corse de Bastia. Mais il existe aussi des liaisons Bonifacio-Santa Teresa Di Gallura, en Sardaigne.

EN AVION

Tous renseignements auprès des aéroports corses

✈ Ajaccio : *aéroport de Campo-del-Oro.* ☎ 04-95-23-56-56.
✈ Bastia : *aéroport de Bastia-Poretta.* ☎ 04-95-54-54-54.
✈ Calvi : *aéroport Sainte-Catherine.* ☎ 04-95-65-88-88.
✈ Figari : *aéroport Figari-Corse-Sud.* ☎ 04-95-71-10-10.

▲ **AIR FRANCE**
– *Renseignements et réservations :* ☎ 0820-820-820.(0,79 F/mn, soit 0,12 €/mn) • www.airfrance.fr • Minitel : 36-15 ou 36-16, code AF.
Lignes directes au départ d'Orly-Ouest, vers Ajaccio, Bastia et Calvi. Ajaccio, Calvi et Bastia sont également desservies au départ de Lyon.
Une gamme de tarifs réduits vous est offerte (dans la limite des disponibilités de places réservées à ces tarifs) avec les tarifs « Tempo » qui se déclinent en Tempo 1, 2, 3 ou 4; du plus cher et plus souple ou plus attrayant mais plus contraignant. (Tempo 4 : pour un aller simple, réserver 14 jours avant.) Pour les fervents du Minitel : chaque mercredi, tapez 36-15, code AIR FRANCE (1,29 F/mn, soit 0,20 €/mn) ; les « Coups de Cœur » vous proposent des tarifs très bas sur une sélection de lignes pour un départ dans les 7 jours qui suivent.

▲ **AIR LIBERTÉ**
Air Liberté dessert 40 villes de France (y compris les Antilles et la Réunion) au départ d'Orly-Sud. Des vols relient Figari (Sud Corse) à Marseille (2 vols quotidiens), Nice et Paris (1 vol quotidien). Liaisons supplémentaire en été.

faire du ciel le plus bel endroit de la terre

AIR FRANCE

NEW YO...

MOSKVA

Tarifs Tempo. Envolez-vous à petits prix.

Membre de

airfrance.fr

Renseignements et réservations : Air Liberté, ☎ 0803-805-805 (0,99 F/mn, soit 0,15 €/mn). ● www.air-liberte.fr ● Minitel : 36-15, code AIR LIBERTÉ (1,29 F/mn, soit 0,20 €/mn).
Air Liberté ayant été récemment reprise par des investisseurs, ces informations sont susceptibles d'être modifiées.

▲ **CHARTER DIFFUSION :** ☎ 05-61-62-86-85. Fax : 05-61-62-06-46. Ce tour-opérateur programme pendant l'été des vols secs au départ de Toulouse vers Bastia et Ajaccio.

LES ORGANISMES DE VOYAGES

▲ **ANYWAY.COM :** ☎ 0803-008-008 (0,99 F/mn, soit 0,15 €/mn). Fax : 01-49-96-96-99. Central téléphonique accessible du lundi au samedi, de 9 h à 19 h. ● www.anyway.com ● Minitel : 36-15, code ANYWAY.
Ne vous déplacez pas, ANYWAY vient à vous ! Avec ses 12 ans d'expérience, le spécialiste de la vente à distance s'adresse à tous les routards, que vous soyez marseillais, lillois ou parisien. Ses conseillers dénichent en un temps record d'excellents prix sur 80 compagnies régulières et l'ensemble des vols charters. Pour réserver, ANYWAY offre le choix : Internet, téléphone ou Minitel avec la possibilité sur le 36-15, code ANYWAY et sur le web de connaître la disponibilité des vols, de les réserver et de régler avec votre carte de paiement en toute sécurité, même sur les tarifs les plus bas : une exclusivité ANYWAY. Les meilleurs prix sont garantis, la disponibilité sur les vols est donnée en temps réel et les places réservées sont définitives : cliquez, vous décollez ! Voyageant « chic » ou « bon marché », tous les routards profiteront des plus ANYWAY : simplicité, service, conseils... la garantie d'un spécialiste.

▲ **BOURSE DES VOLS-BOURSE DES VOYAGES**
Le 36-17, code BDV est un serveur Minitel sur le marché des voyages qui présente plus de 2 millions de tarifs aériens et des centaines de voyages organisés pouvant être réservés en ligne. En matière de vols secs, les tarifs et promotions de 40 voyagistes et 80 compagnies aériennes sont analysés et mis à jour en permanence. Quant aux voyages organisés, qu'il s'agisse de séjours, circuits, croisières, week-ends ou locations de vacances, BDV propose une sélection rigoureuse de produits « phare » et d'offres dégriffées d'une cinquantaine de tour-opérateurs majeurs. Enfin, BDV permet d'accéder à toutes sortes d'informations pratiques pour préparer son voyage.
Sur le site ● www.bdv.fr ● retrouvez les « bons plans » de la Bourse des Vols, tous les produits de la Bourse des Voyages et les rubriques informations pratiques. Pour les promos vols secs, composez le : ☎ 0836-69-89-69 (2,23 F/mn).

▲ **NOUVELLES FRONTIÈRES :** 87, bd de Grenelle, 75015 Paris. M. : La Motte-Picquet-Grenelle. Renseignements et réservations dans toute la France : ☎ 0825-000-825 (0,99 F/mn, soit 0,15 €/mn). ● www.nouvelles-frontieres.fr ● Minitel : 36-15, code NF (à partir de 0,65 F/mn, soit 0,10 €/mn).
Plus de 30 ans d'existence, 2 500 000 clients par an, 250 destinations, une chaîne d'hôtels-clubs et de résidences *Paladien*, deux compagnies aériennes, *Corsair* et *Aérolyon*, des filiales spécialisées pour les croisières en voilier, la plongée sous-marine, la location de voitures... Pas étonnant que Nouvelles Frontières soit devenu une référence incontournable, notamment en matière de tarifs. Le fait de réduire au maximum les intermédiaires permet d'offrir des prix « super serrés ».
Un choix illimité de formules vous est proposé : des vols sur les compagnies aériennes de Nouvelles Frontières, *Corsair* et *Aérolyon*, au départ de Paris et des villes de province, en classe Horizon ou Grand Large, et sur toutes les

La Corse

vols

Ajaccio, Bastia, Calvi et Figari 1105 F $^{168,46 €}$

aller retour taxes aériennes 185 F comprises
départs également de province

à la carte

La belle inconnue 2300 F $^{350,63 €}$

autotour une semaine hôtels + voiture
en chambre double avec petits déjeuners base 2 personnes
avion non compris

Location de voiture 1590 F $^{242,39 €}$

une semaine avion non compris

séjours

Hôtel Paladien 3305 F $^{503,84 €}$
Hôtel club Paladien 3505 F $^{534,33 €}$

une semaine en chambre double et en demi pension
avion et taxes aériennes 185 F compris

compagnies aériennes régulières, avec une gamme de tarifs suivant confort et budget. Sont également proposés toutes sortes de circuits, aventure ou organisés ; des séjours en hôtels, en hôtels-clubs et en résidences, notamment dans les *Paladiens*, les hôtels de Nouvelles Frontières avec « vue sur le monde » ; des week-ends, des formules à la carte (vol, nuits d'hôtel, excursions, location de voitures...) mais aussi des croisières en voilier ou en paquebot, des séjours et des croisières avec plongée sous-marine.

Avant le départ, des permanences d'information sont organisées par des spécialistes qui présentent le pays et répondent aux questions. Les 13 brochures Nouvelles Frontières sont disponibles gratuitement dans les 200 agences du réseau, par Minitel, par téléphone et sur Internet.

▲ COMPAGNIE CORSE MÉDITERRANÉE

– Renseignements et réservations : ☎ 0836-67-95-20 tous les jours. ● www.corsemed.com ● Minitel : 36-15, code CORSE MÉDITERRANÉE.

Liaisons allant jusqu'à 6 vols par jour entre Ajaccio, Bastia ou Calvi et le continent, principalement Nice et Marseille (toute l'année), mais aussi les tarifs et les fréquences des vols en correspondance *via* Nice et *via* Marseille vers Lyon, Paris, Bordeaux, Lille, Strasbourg, Toulouse, Nantes, Brest, Rennes, etc. La compagnie Corse Méditerranée propose également des forfaits *Fly and drive* (avion + voiture) ainsi que des forfaits avion + voiture + hôtel pour développer notamment le court séjour en avant et en arrière-saison.

▲ OLLANDINI CHARTER :

☎ 04-95-23-92-92 ou 04-95-23-92-93. Fax : 04-95-23-92-83. Au printemps et en été, vols charters à date fixe de Paris à Ajaccio, Bastia, Calvi, Figari et de Mulhouse, Lille, Lyon, Nantes, Bordeaux, Strasbourg, Caen, Brest et Toulouse vers Ajaccio. Forfaits avion + voiture à des prix très intéressants. Propose également des formules « week-end » intéressantes, notamment hors saison. Catalogue dans les agences de voyages.

36-15, CORSE INFO
Destination Corse
Transports (horaires et tarifs)
Les infos touristiques, les services, les loisirs.

EN TRAIN

DE PARIS

Les trains sont au départ de la gare de Lyon.

– *Paris-Marseille :* 11 TGV directs par jour en moyenne et 1 train de nuit. Durée du trajet : 4 h 15.

– *Paris-Nice :* 8 TGV par jour en moyenne, directs ou avec un changement à Marseille ou Toulon. Compter environ 6 h 30. Trains de nuit.

– *Paris-Toulon :* 12 TGV par jour en moyenne, directs ou avec un changement à Marseille. Environ 5 h de trajet. Trains de nuit.

DE PROVINCE

– *Bordeaux-Marseille :* trains Corail directs (en 6 h 30).

– *Lyon-Marseille :* TGV (2 h 40 de voyage) ou trains Corail directs.

Depuis *Lille*, TGV directs à destination de Marseille (en 5 h 45), Toulon (en 6 h 50), Nice (en 9 h). 1 train de nuit.

Ces trains sont en correspondance avec des bateaux à destination de Bastia, Ajaccio, Calvi, l'Île-Rousse, Propriano et Porto-Vecchio.

Pour préparer votre voyage

– *Billet à domicile :* commandez votre billet par téléphone, par Minitel ou sur Internet, la SNCF vous l'envoie gratuitement à domicile. Vous réglez par carte bancaire pour un montant supérieur à 10 F (1,52 €) au moins 4 jours avant le départ (7 jours si vous résidez à l'étranger).
– *Service Bagages :* appeler le ☎ 0803-845-845 (1,09 F/mn, soit 0,17 €/mn), la SNCF prend en charge vos bagages, où vous le souhaitez et vous les livre là où vous allez. Délai à compter du jour de l'enlèvement à 17 h, hors samedis, dimanches et fêtes. Soumis à conditions.

Pour voyager au meilleur prix

La SNCF propose de nombreuses offres vous permettant d'obtenir jusqu'à 50 % de réduction.
– *Pour tous :* « Découverte J8 et J30 » (de 25 à 50 % de réduction si vous réservez votre billet jusqu'à 8 ou 30 jours avant le départ), « Découverte Séjour » (25 % de réduction) et « Découverte à deux » (25 % de réduction).
– *Pour les familles :* « Découverte Enfant » (25 % de réduction), « Carte Enfant + » (de 25 à 50 % de réduction).
– *Pour les jeunes :* « Découverte 12-25 » (25 % de réduction), Carte 12-25 (de 25 à 50 % de réduction).
– *Pour les seniors :* « Découverte Senior » (25 % de réduction), « Carte senior » (de 25 à 50 % de réduction).

Pour vous informer sur ces offres et acheter vos billets

– **Ligne directe :** ☎ 0836-35-35-35 (2,21 F/mn, soit 0,34 €/mn) tous les jours de 7 h à 22 h.
– **Internet :** ● www.sncf.fr ●
– **Minitel :** 36-15 ou 36-16, code SNCF (1,29 F/mn, soit 0,20 €/mn).
– Dans les gares, les boutiques SNCF et les agences de voyage agréées.

Sortez des sentiers battus

Découvrez les charmes des régions de France avec les hôtels Best Western

Avec 200 hôtels 3 et 4 étoiles, Best Western vous offre partout en France des haltes au confort et au charme authentique. Chacun de nos hôtels est unique et un accueil personnalisé vous y sera à chaque fois réservé. Vous y apprécierez également nos bonnes tables inspirées des traditions culinaires locales.

Recevez gratuitement notre guide : appelez le 01 49 02 00 00

Réservez au ▶ N° Vert **0 800 90 44 90**

ou sur www.bestwestern.fr

**Best Western France
en Corse et Côte d'Azur :**
Calvi • Menton • Beaulieu-sur-
Mer • Bormes-les-Mimosas •
Cannes • Eze-Village • Hyères •
Juan-les-Pins • Nice • Sainte-
Maxime • Toulon • Valbonne •
Vence • Villefranche-sur-Mer

Hôtels Best Western
Le plaisir de la différence

GÉNÉRALITÉS

*Le soleil a tant fait l'amour à la mer
qu'ils ont fini par enfanter la Corse*

A. de Saint-Exupéry, *Essais.*

Petit coup en plein plexus solaire, un souffle de *libeccio* dans les cheveux, un soleil pour lunettes noires, on se croirait dans un autre monde. Ça tombe bien, nous y sommes !

Un monde rempli de lieux pas communs du tout, un petit rocher balancé là dans un univers coupé en deux. En haut, le passé et ses souvenirs (vendetta, maquis, malheur et noir du deuil), en bas, la mer par tous les temps. Les dieux de la Méditerranée auraient pu s'y installer en villégiature. Si la Corse était un lieu de la mythologie, ce serait une sorte d'intermonde, vide et paisible, habité par les divinités et les parfums du maquis. Mais cette île n'est pas un mythe : voyez ce fracas hallucinant de montagnes et de côtes déchiquetées, de golfes clairs et de plages de rêve, de forêts profondes et de vallées perdues.

C'est aussi le berceau d'une communauté humaine, les Corses, longtemps malmenée par l'histoire. Un peuple de la Méditerranée qui a souffert des envahisseurs, des convoitises, de l'isolement. C'est peut-être pour cela que les Corses se montrent parfois un peu réservés à l'égard des touristes. Mais ne vous laissez pas aller aux clichés les plus éculés. Ces fils de bergers ont du cœur et du caractère. C'est vrai. Ils ont l'esprit vif. C'est vrai aussi. Et ils ont le plaisir de la parole : l'éloquence. Mais à bas les généralités ! Le premier devoir du voyageur en Corse est de se faire des amis parmi les Corses. Comme toutes les îles, immenses ou perdues, la Corse se mérite. Et il vous faudra du temps, une vraie curiosité, et un authentique amour pour la percer à jour. Sachez qu'il lui faudra le même temps pour s'habituer à vous et vous faire passer de l'autre côté de la carte postale. N'oubliez pas non plus que c'est ici que vous trouverez les personnes le plus profondément attachées à la Corse, bien sûr, mais aussi à la France.

Vous allez voir, le programme est semé de surprises et d'embûches, de mirages et puis d'images. Toutes plus éblouissantes les unes que les autres. Bienvenue à bord !

Un autre monde

Pour aider le routard un peu curieux, vexé de ne pas avoir tout à fait élucidé l'énigme corse, voici d'autres indices.

Fille de la « mère » Méditerranée, dernière station avant le Sud, la Corse a su tirer bénéfice de toutes les influences du Bassin. Ajaccio tutoie Rome, Cargèse possède deux églises, l'Orient guette. « Métisse » mentale et culturelle – c'est bien sûr un compliment –, la Corse ne renie aucunement tous ces emprunts.

À vous maintenant ! Il ne vous reste plus qu'à suivre le mistral quand il s'engouffre dans le lit du Rhône, puis à sauter d'un coup d'aile ou de bateau par-dessus le grand lac bleu qui longe ses côtes... Ça y est, vous êtes en Corse.

Miracle, le mot n'est pas trop fort. Dure et tragique, secrète et sauvage, la Corse ne sera jamais seulement un département de plus sur la carte de la France. Rien qui soit rationnel ici : ni le relief ni le climat, ni les passions ni les maisons, ni, bien entendu, les Corses eux-mêmes.

C'est, comme dirait l'autre, un rarissime morceau de France.

La Corse pour nous ? D'abord un coup de cœur pour ce bout de planète qui ressemble à un autre monde.

Une nature grisante

« Jaune le soleil, bleu le ciel et... belle la Corse », aurait dit Marguerite Duras si elle n'avait campé à Trouville.

Cela dit, toute tentative de description du paysage corse crée elle-même ses propres limites. Les plages y sont bien sûr paradisiaques, les criques ultra-secrètes et les montagnes (sans lesquelles cette mer ne serait ni aussi bleue, ni aussi belle, ni aussi troublante) « forcément » abruptes, accidentées, rudes et on en passe.

Cette île est grisante, enivrante : un mélange de rocaille et de volupté, d'austérité et de parfums d'île lointaine. Voilà un pays où les villages de l'intérieur semblent échapper à la loi de la pesanteur. Accrochées à la montagne, suspendues au-dessus du vide, isolées dans le maquis, les maisons de pierre et d'ardoise abritent autant de secrets de famille que de souvenirs de vendetta.

Le maquis : voilà la Corse profonde ! Celle des cochons sauvages et des vaches en liberté, des fontaines au bord des routes, des longs hivers où l'on fabrique, loin du tohu-bohu de l'été, la coppa, le figatellu et la farine de châtaignes.

Le maquis ! Napoléon Bonaparte avouait qu'il aurait pu reconnaître son île les yeux fermés. Rien qu'à son odeur. Arbousiers, lentisques, myrtes, lavandes et bien d'autres délices encore peuplent ce monde fait de silence et de chaleur tropicale, bercé par de si étranges mélopées. Cricri des insectes cachés, chant des cigales, travail obscur des fourmis : toute une vie secrète aux portes des villages et des hameaux. Mais cette mer verte a aussi ses fantômes : les incendies. C'est alors un voile noir de deuil qui couvre des hectares de terres ravagées par les flammes.

Et puis la Corse n'est pas un plat pays, ni un pays plat ! Son relief irrationnel en fait une sorte d'anti-Hollande de l'Europe du Sud. Un morceau de gravité lyrique en pleine civilisation des loisirs. « Nous ne sommes pas des Danois », aimait à dire un ministre corse.

Pourtant, ce n'est pas à des idées tristes que l'on songe en la sillonnant. Même si, ici ou là, on évoque la Sicile des pleureuses de défunts, l'île de Beauté a quelque chose de sacré dans son impérieuse beauté. Regardez : même les tombeaux isolés ont l'air gai. Éparpillés, plantés dans des maquis sous un bouquet de cyprès ou d'oliviers, regroupés dans des cimetières marins du bout du monde, ils semblent vouloir faire descendre le ciel sur la terre.

Quelques chiffres et données générales

– *Divisions administratives :* une région (la Corse) avec Ajaccio pour chef-lieu, et deux départements, la Corse-du-Sud (préfecture Ajaccio) et la Haute-Corse (Bastia). C'est la création de la région Corse, en 1970, qui a en quelque sorte obligé à diviser l'ex-département en deux : sinon, département et région auraient été les mêmes, ça n'aurait pas fait sérieux. Mais la division Haute-Corse et Corse-du-Sud n'est pas non plus fortuite, et correspond à peu près à une très ancienne partition de l'île, entre « au-delà des monts » (Corse du Sud) et « en-deçà des monts » (Haute-Corse). Il est cependant question, dans les accords de Matignon, de revenir à un seul département Corse, ce qui simplifierait la gestion administrative de l'île.

– *Superficie :* 8 681 km². C'est la quatrième île de la Méditerranée après la Sicile, la Sardaigne et Chypre (qui sont déboisées, sans eau et de plus en plus bétonnées...).

– *Point culminant :* le *monte Cinto* (2 710 m), et des dizaines de sommets à plus de 2 000 m.

-80 hôtels répartis dans toutes les régions de l'île pour visiter l'île et ses merveilles naturelles

 -Des conseils personnalisés pour l'organisation de vos itinéraires, une centrale de réservation implantée au coeur de l'île

 Partez l'esprit tranquille en ayant effectué vos réservations avant votre départ, et passez de vrais vacances en hôtel sans contrainte

Destination Corse
Quartier de la Gare
F-20250 Corte
Tel : 0495452165
Fax : 0495462630
e.mail : estination.Corse@wanadoo.fr
htpp://www.Destination-Corse.net

– **Population** : 260 000 habitants.

– **Diaspora** : on estime à 2 millions le nombre de Corses vivant hors de l'île (estimation comprenant les Corses nés en Corse, et leurs enfants quand ils ont gardé un lien avec l'île, ce qui est très fréquent). Marseille serait ainsi la première ville corse au monde, avec environ 300 000 Corses.

– **Population active** : 37 % de l'ensemble de la population. Beaucoup de retraités.

– **Tourisme** : première activité économique de l'île. On compte 6 touristes par habitant en été. Depuis quelques saisons, le record d'affluence touristique est battu chaque année. Où s'arrêtera-t-on ?

– **Littoral** : environ 1 000 km de côtes, dont 122 km sont protégés par le Conservatoire du littoral.

– **Forêts** : elles couvrent près du quart de la Corse, le maquis occupant 40 % des terres.

– **Rivières** : 90 % des rivières sont vierges de toute pollution.

– **Plaine orientale** : 10 % seulement du territoire. Mais elle produit 80 % de la richesse agricole de la Corse (soit 8 % du total des richesses).

– **Produits exportés** : à 80 % ce sont des produits provenant de la viticulture, des agrumes (citrons, oranges, mandarines) et des fruits (clémentines, pêches, abricots, poires, cerises).

Avant le départ

ADRESSES UTILES

🅙 **Agence du tourisme de la Corse** : 17, bd du Roi-Jérôme, 20000 Ajaccio. ☎ 04-95-51-00-00. Fax : 04-95-51-14-40. Vraiment aimables, les régionaux. Toutes les infos concernant l'hébergement, les loisirs et les activités sportives sur l'île (Haute-Corse et Corse-du-Sud). Un modèle de dynamisme et d'organisation.

■ **Relais régional des gîtes ruraux** : 1, rue du Général-Fiorella. ☎ 04-95-51-72-82 ou 04-95-32-27-78 (Bastia, réservations uniquement). Fax : 04-95-51-72-89. ● gîtes.

de.france.corsica@wanadoo.fr ● Propose la liste des gîtes ruraux (et de quelques chambres d'hôte, des campings à la ferme) dans toute l'île. On peut écrire directement au propriétaire dont on trouvera l'adresse dans la brochure. Attention : comme partout ailleurs en France, les locations de gîtes se font à la semaine, et non à la journée.

■ **Parc naturel régional de la Corse** : 2, rue du Sergent-Casalonga. ☎ 04-95-51-79-10. Toutes infos sur le parc, le GR20 et les prestataires de services.

AUBERGES DE JEUNESSE

Il y a deux auberges affiliées à la **Fédération unie des auberges de jeunesse** (la FUAJ) en Corse : le *BVJ Corse Hôtel* à Calvi, et *L'Avilanella* à Moriani-Plage. On en parle dans le guide (voir « Où dormir ? » à Calvi et à Moriani-Plage).

– Il n'y a pas de limite d'âge pour séjourner en AJ.

– La FUAJ (association à but non lucratif, eh oui ça existe encore) propose un guide gratuit répertoriant les adresses des AJ en France.

– La FUAJ offre à ses adhérents la possibilité de réserver, pour 6 nuits maximum et jusqu'à 6 mois à l'avance, dans certaines auberges de jeunesse situées en France, mais aussi à l'étranger (la FUAJ couvre près de 50 pays). Gros avantage, les AJ étant souvent complètes, votre lit (en dortoir, pas de réservation en chambre individuelle) est réservé à la date souhaitée. Vous

réglez le montant, plus des frais de réservation (environ 17 F, soit 2,6 €). L'intérêt, c'est que tout cela se passe avant le départ, en francs ou en euros ! Vous recevrez en échange un reçu de réservation que vous présenterez à l'AJ une fois sur place. Ce service permet aussi d'annuler et d'être remboursé. Le délai d'annulation varie d'une AJ à l'autre (compter 33 F – 5 € – pour les frais).

■ *Centre national de la FUAJ :* 27, rue Pajol, 75018 Paris. ☎ 01-44-89-87-27. Fax : 01-44-89-87-49. ● www. fuaj.org ● M. : Marx-Dormoy, Gare-du-Nord (RER B et D) ou La Chapelle.

– *Paris :* AJ d'Artagnan, 80, rue Vitruve, 75020. ☎ 01-40-32-34-56. Fax : 01-40-32-34-55. ● paris.le-dartagnan@fuaj.org ● M. : Porte-de-Bagnolet.

Pour obtenir votre carte des AJ en France

■ *Centre national de la FUAJ :* 27, rue Pajol, 75018 Paris. ☎ 01-44-89-87-27. Fax : 01-44-89-87-10 ou 49. ● www.fuaj.org ● M. : La Chapelle, Marx-Dormoy, ou Gare-du-Nord (RER B et D).

– Et dans toutes les auberges de jeunesse et points d'information et de réservation FUAJ en France.

– *Pour l'obtenir sur place :* présenter une pièce d'identité. On vous demandera 70 F (10,7 €) pour la carte moins de 26 ans et 100 F (15,2 €) pour les plus de 26 ans.
– *Par correspondance :* envoyer la photocopie d'une pièce d'identité et un chèque (ajouter 5 F, soit 0,8 €, pour les frais de port de la FUAJ).
On conseille de l'acheter en France, car elle est moins chère qu'à l'étranger. La FUAJ propose aussi une *carte d'adhésion « Famille »,* valable pour les familles de deux adultes ayant un ou plusieurs enfants âgés de moins de 14 ans (150 F ou 22,9 €). Fournir une fiche d'état civil ou une copie du livret de famille.

En Belgique

Le tarif de la carte varie selon l'âge : entre 3 et 15 ans, 100 Fb (2,5 €) ; entre 16 et 25 ans, 350 Fb (8,7 €) ; 26 ans et plus, 475 Fb (11,8 €). Renseignements et inscriptions :

■ *LAJ :* rue de la Sablonnière, 28, Bruxelles 1000. ☎ 02-219-56-76. Fax : 02-219-14-51. ● linfo@laj.be ● www.laj.be ●

■ *Vlaamse Jeugdherbergcentrale :* Van Stralenstraat 40, B 2060 Antwerpen. ☎ 03-232-72-18. ● www. vjh.be ●

– La carte donne droit à une nuitée gratuite dans une des auberges de Wallonie ou à 100 Fb de réduction à Bruxelles ou en Flandre.
– On peut également se la procurer via le réseau des bornes *Servitel* de la CGER.

En Suisse

Renseignements et inscriptions :

■ *Schwezer Jugendherbojen (SH)-Service des membres des auberges de jeunesse suisses :* Schasfhauserstrasse, Postfach 161,

14, 8042 Zurich. ☎ (1) 360-14-14. Fax : (1) 360-14-60. ● bookingoffice@youthhostel.ch ● www.youthhostel.com ●

Au Canada

■ *Canadian Hostelling Association :* 205, Catherine Street, bureau 400, Ottawa, Ontario, Canada K2P-1C3. ☎ (613) 237-78-84.

Au Québec

Elle coûte 25 $ pour 1 an, 35 $ pour 2 ans et 175 $ à vie (22,9, 32 et 160 €). Pour les moins de 18 ans, la « carte junior » vaut 12 $ (9,2 €).

■ *Tourisme Jeunesse :* 4008 Saint-Denis, Montréal CP 1000, H1V-3R2. ☎ (514) 844-02-87.

CARTE INTERNATIONALE D'ÉTUDIANT

Elle permet de bénéficier des avantages qu'offre le statut d'étudiant dans le pays où l'on se trouve. Cette carte ISIC donne droit à des réductions (transports, musées, logements, change...). En France, elle peut être très utile à des étudiants étrangers, d'autant que tous les organismes dépendant du CROUS la reconnaissent (restaurants universitaires, etc.). Et vous trouverez la liste complète des points de vente et des avantages ISIC régulièrement mis à jour sur leur site ● www.isic.tm.fr ●

Pour l'obtenir en France

– Se présenter dans l'une des agences des organismes mentionnés ci-dessous.
– Donner un certificat prouvant l'inscription régulière dans un centre d'études donnant droit au statut d'étudiant ou d'élève, ou votre carte du CROUS.
– Prévoir 60 F (9,2 €) et une photo.
On peut aussi l'obtenir par correspondance (sauf au CTS). Dans ce cas, il faut envoyer une photo, une photocopie de votre justificatif étudiant, une enveloppe timbrée et un chèque de 60 F (9,2 €).

■ *OTU :* central de réservation, 119, rue Saint-Martin, 75004 Paris. ☎ 01-40-29-12-12.
■ *USIT :* 6, rue de Vaugirard, 75006 Paris. ☎ 01-42-34-56-90. Ouvert de 10 h à 19 h.

■ *CTS :* 20, rue des Carmes, 75005 Paris. ☎ 01-43-25-00-76. Ouvert de 10 h à 18 h 45 du lundi au vendredi et de 10 h à 13 h 45 le samedi.

En Belgique

Elle coûte environ 350 Fb (8,7 €) et s'obtient sur présentation de la carte d'identité, de la carte d'étudiant et d'une photo auprès de :

■ *CJB l'Autre Voyage :* chaussée d'Ixelles, 216, Bruxelles 1050. ☎ 02-640-97-85.
■ *Connections :* renseignements au ☎ 02-550-01-00.

■ *Université libre de Bruxelles* (service « Voyages ») *:* av. Paul-Héger, 22, CP 166, Bruxelles 1000. ☎ 02-650-37-72.

En Suisse

Dans toutes les agences SSR, sur présentation de la carte d'étudiant, d'une photo et de 15 Fs (9,6 €).

■ *SSR :* 3, rue Vignier, 1205 Genève. ☎ (22) 329-97-35.

■ *SSR :* 20, bd de Grancy, 1006 Lausanne. ☎ (21) 617-56-27.

Pour en savoir plus

Les sites Internet vous fourniront un complément d'informations sur les avantages de la carte ISIC.
● www.isic.tm.fr. ● (site français) ● www.istc.org ● (site international).

CARTES DE PAIEMENT

– La carte *Eurocard MasterCard* permet à son détenteur et à sa famille (si elle l'accompagne) de bénéficier de l'assistance médicale rapatriement. En cas de problème, contacter immédiatement le : ☎ (00-33) 1-45-16-65-65. En cas de perte ou de vol (24 h/24) : ☎ (00-33) 1-45-67-84-84 en France (PCV accepté) pour faire opposition. ● www.mastercardfrance.com ● Sur Minitel : 36-15 ou 36-16, code EM (1,29 F/mn, soit 0,20 €/mn), pour obtenir toutes les adresses des distributeurs par pays et ville dans le monde entier.
– Pour la carte *Visa,* en cas de vol, composez : ☎ 08-36-69-08-80 (2,23 F/mn, soit 0,34 €/mn), ou le numéro communiqué par votre banque.
– Pour la carte *American Express*, téléphoner en cas de pépin au : ☎ 01-47-77-72-00.

FORMALITÉS, DOUANES, VACCINS

Formalités administratives

Aucun visa n'est demandé aux ressortissants de l'Union européenne pour se rendre en Corse, pour une durée maximum de 90 jours. Une pièce d'identité suffit (carte d'identité ou passeport). Au-delà de 90 jours, faire une demande de carte de séjour auprès de la préfecture d'Ajaccio (rue du Sergent-Casalonga, 20000 Ajaccio. ☎ 04-95-29-00-00). La Suisse, bien que non membre de l'UE, est soumise aux mêmes conditions.
Les personnes étrangères à l'UE sont soumises aux conditions établies entre leur pays d'origine et la France.
Nos amis Canadiens n'ont donc pas besoin de visa, mais devront se munir de leur passeport. Par ailleurs, leur durée de séjour est limitée à deux fois 90 jours par an (avec demande de carte de séjour auprès de la préfecture d'Ajaccio pour la prolongation). Pour rester plus longtemps, la demande se fait au Canada (où il faut donc retourner si vous n'avez pas effectué cette demande avant de venir en Corse), auprès d'un consulat de France.
Notons que les contrôles d'identité aux aéroports sont peut-être plus fréquents que sur d'autres vols intérieurs français, surtout dans les périodes un peu tendues sur le plan politique (concernant les mouvements nationalistes), de même les fouilles de bagages.

Douanes

La Corse est soumise aux mêmes limitations d'importation et d'exportation que la France continentale. Pour l'alcool et le tabac, les maximums autorisés sont de 2 litres de vin (ou 1 litre d'alcool titrant plus de 22°) et de 200 ciga-

rettes. Mais, soit dit entre nous, si vous ramenez 5-6 bouteilles de patrimonio, on vous laissera en principe tranquille. On a bien dit : en principe. À vous de voir.

Répulsifs anti-moustiques

Par précaution, vous pouvez prévoir un répulsif anti-moustique.

– Il existe un nouvel anti-moustique jusqu'à 8 h de protection, non gras, d'odeur agréable, utilisable chez l'enfant dès 2 ans : le *Bayrepel*. Noms commerciaux : *Autan Family* pour les peaux sensibles (visage, cou, enfants) et *Autan Active* (activités de plein air et tropiques).

Autres principes actifs :

– DEET à 50 % : nom commercial, *Insect Écran Peau*. Attention : réservé à l'adulte.

– 35/35 : nom commercial, *5 sur 5 Tropic*. D'efficacité équivalente, mais utilisable chez l'enfant.

Il est conseillé de s'enduire les parties découvertes du corps et de renouveler fréquemment l'application.

Vaccins, précautions sanitaires

Aucun vaccin particulier n'est nécessaire. La malaria, qui sévissait sur les régions côtières, a été éradiquée en 1945. Notez qu'il n'est pas davantage besoin de sérum anti-venimeux : il n'y a pas de vipères en Corse. Enfin, en Corse comme ailleurs, les MST sévissent : faut-il rappeler que le préservatif est le seul moyen d'éviter le virus HIV (sida) ?

PERSONNES HANDICAPÉES

Chers lecteurs, nous indiquons désormais par le logo ♿ les établissements qui possèdent un accès ou des chambres pouvant accueillir des personnes handicapées. Certaines adresses sont parfaitement équipées selon les critères les plus modernes. D'autres, plus simples, plus anciennes aussi, sans répondre aux normes les plus récentes, favorisent leur accueil, facilitent l'accès aux chambres ou au resto. Évidemment, les handicaps étant très divers, des lieux accessibles à certaines personnes ne le seront pas pour d'autres. Appelez toujours auparavant pour savoir si l'équipement de l'hôtel ou du resto est compatible avec votre niveau de mobilité. Malgré les combats menés par les nombreuses associations, l'intégration des handicapés à la vie de tous les jours est encore balbutiante en France. Il tient à chacun de nous de faire changer les choses. Nous sommes tous concernés par cette prise de conscience nécessaire.

TÉLÉPHONE

Pour vous simplifier la vie dans tous vos déplacements, les **Cartes France Télécom** vous permettent de téléphoner en France et depuis plus de 90 pays étrangers à partir de n'importe quel téléphone (d'une cabine téléphonique, chez des amis, d'un restaurant, d'un hôtel...) sans souci de paiement immédiat. Les communications sont directement portées et détaillées sur votre facture personnelle. Pour appeler vous composez le numéro d'accès au service, le numéro de votre carte puis votre code confidentiel suivi du numéro de votre correspondant.

Les **Cartes France Télécom** s'obtiennent sans abonnement et sans limite de validité. Plusieurs formules sont proposées. Par exemple, pour les routards qui voyagent souvent à l'étranger, la **Carte France Télécom Voyage** vous fait bénéficier en plus, de 15 à 25 % d'économies pour vos appels inter-

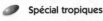

nationaux (France métropolitaine/étranger, étranger/étranger, étranger/France).

Pour tout renseignement, composez le n° Vert : 0800-202-202 ou consultez le site ● www.cartefrancetelecom.com ● .

Argent, budget

La Corse n'est pas vraiment une destination bon marché.

– *Le trajet :* d'abord, il faut y aller... Si l'on choisit l'avion, le budget en prend déjà un bon coup : environ 1 600 F (250 €) l'aller-retour Paris-Ajaccio. En ferry, on s'en tire mieux : compter de 380 à 550 F (57,9 à 83,8 €) l'aller-retour selon le confort et la saison. Notez qu'il est toujours très avantageux, pour le ferry comme l'avion, de prendre son billet 15 jours ou plus à l'avance ; acheté au dernier moment, il en coûte jusqu'à 60 % de plus.

– *La voiture :* ensuite, la plupart du temps, on loue une voiture (environ 1 800 F la semaine, 275 €). À moins qu'on l'ait passée en ferry : de 450 à 1 500 F environ selon la saison, soit de 70 à 230 €. Noter que pour le passage de la voiture, l'augmentation du prix en haute saison est vraiment importante, puisqu'il triple.

– *Le coût de la vie en Corse :* puis, sur place, la vie est chère. Au moins deux raisons à cela : en premier lieu, comme dans toute île, il faut faire venir la plupart des produits et matières premières du continent. D'où des frais importants (à titre d'exemple, un sac de ciment vaut deux fois plus cher en Corse que sur le continent), répercutés sur les tarifs. Ensuite, le caractère saisonnier de certaines activités –, et bien évidemment le tourisme – oblige à pratiquer des prix plus élevés, pour pouvoir vivre toute l'année décemment. Mais pour les visiteurs, la Corse est surtout chère en saison. En juillet et plus encore en août, il n'est pas rare de voir les prix d'un hébergement passer du simple au double, voire davantage... Et certains restaurants proposent, avec l'été, des « menus touristiques » spécial *pinzute*, évidemment moins bon marché que leurs menus habituels. Bref, l'un dans l'autre, on est sérieusement taxé aux beaux jours. Mais le reste de l'année, on peut faire de bonnes affaires : les hôteliers acceptent de discuter. Cela dit, nous avons quand même déniché quelques hôtels où les prix sont les mêmes toute l'année, idem pour certains restaurants.

Pourtant, malgré les tarifs exorbitants affichés en été (surtout dans les stations connues), on peut découvrir l'île en routard, à des prix (presque) routards : en prenant le bus au lieu de louer une voiture, en campant sur la côte (sauf dans les campings 3 étoiles, presque aussi chers que des petits hôtels), en utilisant les gîtes en montagne, enfin en se rabattant sur les pizzerias. La solution des gîtes ruraux à la semaine est également abordable et intéressante dès qu'on voyage en famille. L'île de Beauté, heureusement, n'est pas réservée qu'aux riches !

Au final, « combien ça coûte ? »

Donc faisons nos comptes, pour deux semaines en Corse cela reviendra à deux Marseillais randonneurs-campeurs venus hors saison : 2 x 380 F (ferry) + 250 F x 14 (nuits en bivouac, petit dej et dîner) + 100 F x 14 (casse-croûte et eau minérale) = 5 660 F (863 €).

Deux Parisiens fortunés viennent en août en avion (4 000 F), louent une grosse voiture pour deux semaines (5 000 F), vont midi et soir au resto (10 000 F), dorment dans des 3 étoiles (10 000 F), et se paient des extras (charcuteries de luxe, bijoux-souvenirs en corail, etc. : 5 000 F) = 34 000 F (5 200 €).

La Corse, en somme, c'est cher et c'est pas cher ! Bon, disons qu'un entre-deux raisonnable, en gîte rural par exemple et en ayant passé sa voiture en

ferry, revient, selon la saison, en se payant de temps en temps un resto, de 8 à 12 000 F la quinzaine (1 200 à 1 850 €).

Quelques conseils

– Attention : les distributeurs de billets n'étant pas légion et les cartes bancaires pas toujours acceptées, pensez à vous munir de votre chéquier et à prévoir suffisamment de liquide. Si vous optez pour les chèques de voyage, attention aux surprises quand vous les changerez (commission importante).
– Notez enfin qu'il existe une *carte de réduction* (de 10 à 15 %, non cumulable avec d'autres réductions éventuelles) sur divers produits et prestations (hôtels, restaurants, clubs de plongée, matériel photo, etc.). 200 commerces environ, sur toute la Corse, sont concernés, dont certaines des adresses que nous avons sélectionnées. La carte, nominative et valable un an, coûte 200 F (30,5 €). Peut s'avérer rentable.
Renseignements : *Euro-Escompte 2000,* Urtaca, 20218 Ponte-Leccia. ☎ 04-95-34-80-52. Fax : 04-95-48-24-23.
– Les prix que nous indiquons sont, sauf erreur, ceux que nous ont communiqués les hôteliers et restaurateurs. Il se peut, bien sûr, que l'un ou l'autre ait entre-temps un peu augmenté ses tarifs, de 10 ou 20 F pou un menu, 50 F pour une chambre. Mais il arrive que l'augmentation soit plus importante, voire très significative. Et cela se produit de plus en plus depuis quelques saisons, où la fréquentation touristique de l'île est chaque année plus importante. Bien sûr en France les prix sont libres, mais nous ne sommes pas là pour recommander les services d'hôteliers et restaurateurs qui nous racontent des histoires. Aussi, merci de nous signaler, quand elles sont excessives, ces différences entre les prix annoncés et ceux pratiqués. Idem pour les gratuités ou réductions consenties à nos lecteurs, engagements pas toujours respectés.

Bandits corses

Également appelés « bandits d'honneur », ils font partie de la mythologie insulaire. Leur histoire va souvent de pair avec celle de la vendetta. Schéma classique : Vincentello venge l'honneur bafoué de sa sœur en tuant le coupable. Pour éviter à son tour une vengeance (et des tracasseries policières), Vincentello prend le maquis, dans le Niolo ou le Liamone (Corse occidentale), qui constituent d'excellents repaires. Il est devenu un bandit. Sa famille ne le reniera point : Vincentello a défendu l'honneur du clan. Complice aux yeux de la loi, il se peut qu'elle le rejoigne dans le maquis !
Pour les Corses, les bandits ont souvent représenté une sorte d'idéal impossible à cerner pour les continentaux (car incompatible avec « l'état de droit »). Les bandits corses furent surtout à la mode au XIXe siècle : les gazettes et toute une littérature populaire en font des héros romanesques, anges rédempteurs condamnés par le destin, justiciers malgré eux, assoiffés de liberté et rebelles à l'ordre établi. Historiquement, leur recrudescence s'explique aussi par la répression politique menée en Corse sous la IIIe République.
Les grands écrivains de l'époque se passionnèrent pour ce sujet éminemment shakespearien : Mérimée au travers de *Colomba* (voir plus loin la rubrique intitulée « Vendetta »), Alexandre Dumas dans *Les Frères corses,* puis Maupassant qui écrivit une nouvelle judicieusement intitulée *Un bandit corse.*
Dans les villages de Corse du Sud, de nombreuses histoires continuent à entretenir la légende. À Vico, à Guagno ou à Bocognano, on vous racontera peut-être les aventures de ces équivalents corses de Roméo ou Mesrine (selon les cas), avec un brin de nostalgie et de fierté teintées d'amusement...

TICKET POUR UN ALLER-RETOUR-ALLER-RETOUR-ALLER-RETOUR-ALLER-RETOUR...

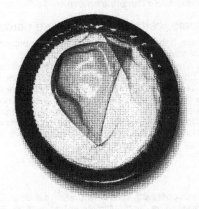

Quelques grandes figures

– **Tiadore Poli :** le premier grand bandit s'appelait Tiadore Poli. Emprisonné pour désertion, il s'évade en tuant ses gardiens. Pour survivre, il crée une petite communauté de bandits, dans la forêt d'Aïtone, sur laquelle il règne en véritable dictateur. Le « roi de la montagne » va même jusqu'à rançonner l'Église et les bourgeois et obtient la complicité de la population en jouant les indépendantistes. Mais les autorités décident d'envoyer un corps expéditionnaire pour se débarrasser de cet encombrant personnage. Il parvient à leur échapper, mais tombe dans une embuscade en 1827.

– **Cappa :** cet autre bandit célèbre échappe aux gendarmes pendant plusieurs décennies, au point de faire l'admiration des foules grâce à sa ruse. Il est finalement abattu dans sa bergerie en 1895.

– **Antoine Bonelli :** à la même époque, Bonelli, alias « Belle cuisse », lance la vogue du bandit « mondain ». Caché dans la montagne pendant 40 ans, après un crime, il n'en nargue pas moins ses poursuivants en s'affichant avec des personnalités connues. Pour prouver sa bonne foi, il finit par se rendre à la police.

– **Spada :** mais le plus fou de tous reste le légendaire Spada. Meurtrier multirécidiviste et grand racketteur devant l'Éternel, il ne quitte pourtant jamais son crucifix (comme Madonna !). Déguisé en curé ou en femme, Spada apparaît toujours là où l'on ne l'attend pas pour commettre de nouveaux forfaits. Ultime provocation : le tigre (comme on le surnomme) convoque la presse dans sa tanière du maquis, qu'il a pompeusement baptisée pour la circonstance « mon palais vert ». Un an après, il est arrêté et envoyé dans un asile psychiatrique. Sa carrière s'achève sur l'échafaud en 1935.

Même en Corse, certaines traditions se perdent...

Le phénomène des bandits corses a atteint de telles proportions qu'en 1931 le gouvernement français prend des mesures radicales : on envoie plus de 600 soldats en Corse intérieure, équipés d'automitrailleuses ! Les villages sont passés au peigne fin, les habitations perquisitionnées, les armes confisquées... Vu l'envergure de l'opération, la presse nationale dépêche de vrais correspondants de guerre ! Cette « épuration », suivie de centaines d'arrestations et de quelques exécutions, met (presque) un terme à la vague de banditisme en Corse. Depuis, dans un registre tout de même très différent, mais non sans similitudes, les nationalistes cagoulés ont pris le relais.

Cigarettes

Heureux fumeur du continent, vous allez pouvoir fumer en Corse pour moins cher. Considérée comme géographiquement défavorisée (en tant qu'île), la Corse a obtenu certaines faveurs, dont la détaxe du tabac. Les paquets coûtent donc environ 28 % de moins. On peut même rapporter des cartouches sur le continent, en toute impunité.

Mais ce serait dommage de polluer l'air si pur de l'île de Beauté ! Profitez plutôt de son climat idéal pour arrêter de fumer...

Sinon, la Corse produit des cigarettes, dans la manufacture de tabac de Bastia (les fameuses *Bastos* qui sont, curieusement, bien mal distribuées : les bureaux de tabac, même ici, n'en ont pas toujours).

Climat

Les continentaux (surtout ceux de la partie Nord) sont jaloux de la Corse : quand monsieur Météo vous montre une carte de France pleine de gros nuages et qu'un petit soleil résiste dans un coin de la carte, il est collé à tous les coups sur l'île méditerranéenne !

Le climat en Corse est facile à décrire : de juin à mi-septembre, grand beau temps assuré. Mais il existe des nuances. Il fait généralement plus chaud dans le cap Corse qu'à Bonifacio. Bien sûr, l'air est toujours plus frais en montagne (au-dessus de 500 m) qu'en bord de mer. Prévoyez toujours une petite laine dans l'intérieur du pays. Attention aussi aux orages, brefs mais violents, qui éclatent dans l'intérieur souvent à la fin de l'été (septembre-octobre), entraînant des inondations parfois ravageuses comme celles de 1993. Malgré tout, les pluies sont vraiment rares : pas plus de 50 jours par an ! Certains jours, le vent souffle très fort. Le vent dominant ici est le *libeccio,* venu du sud-ouest, sec et chaud. Le mistral est plus violent. Les Corses ne l'aiment pas. Il favorise les incendies. Enfin, le sirocco est un vent sec et brûlant. Venu d'Afrique du Nord, il est chargé de poussières du désert.

Et puis il y a de la neige (mais oui : la Corse est une île montagneuse, on a tendance à l'oublier !) : en altitude, elle peut persister jusqu'à mi-juin, voire début juillet... Si vous visitez la Corse à Pâques, ne soyez pas étonné de trouver des routes fermées (généralement parmi les plus belles, comme celle du col de Bavella), ou des sentiers de randonnée impraticables. En gros, les meilleures périodes pour aller en Corse et éviter canicule et flots de touristes sont avril, mai (attention toutefois : curieusement, ce mois de mai est parfois pluvieux en Corse), juin, septembre et octobre (de plus, les prix seront moins élevés). Et au printemps, le maquis est en fleurs !

Enfin, détail important : la température de l'eau (sur les côtes) est en moyenne de 15 °C en hiver et de 25 °C en été.

Corses

Voici donc une île. Une belle île en mer, d'accord ; une île entre le ciel et l'eau, toujours d'accord, mais une île. Avec des îliens dessus. Bon, commençons par le début, quand les Corses étaient des montagnards. Autrefois, tout semblait éloigner les Corses de leur littoral. Jadis repliés dans leurs nids d'aigle, ils avaient de la plage une conception particulière. Les villageois descendaient y passer une partie de l'année, avec famille et troupeaux. Puis ils remontaient dans leurs perchoirs dès que l'été apportait sa première vague de chaleur torride. Entre les Corses et la mer persiste une relation d'amour et de crainte.

Les Corses inaccessibles, renfermés, farouches ? Non, plutôt les gardiens de la terre des ancêtres, devenus prudents et réservés après des siècles d'invasions. On les décrit souvent comme corsetés (gag facile) sous leur carapace d'orgueil et de fierté. Allons donc ! Vous n'avez rien compris. Ce sont, depuis toujours, à la fois des îliens et des montagnards. Ombrageux et susceptibles ? Pas plus que d'autres peuples de la Méditerranée.

Alors, corsés les Corses ? Complexés certainement. Est corse bien souvent, en réalité, qui a un ancêtre ayant connu les Barbaresques, une arrière-grand-mère génoise et un cousin fonctionnaire à Paris. Car, ne l'oubliez pas, les élites corses s'expatrient. Aujourd'hui, 800 000 Corses vivent sur le continent. D'autres encore aux États-Unis et en Amérique du Sud (deux anciens présidents du Venezuela étaient d'origine corse).

On les dessine en noir, méfiants. Et alors, pourquoi sauteraient-ils au cou de gens qu'ils ne connaissent pas ? Ici, le fromage est corse, le vin est corse et la charcuterie est corse. Bref, ils sont corses et prétendent le rester. On ne peut leur en vouloir !

Écologie

En 1993, la Corse arrivait en tête des régions françaises les mieux préservées écologiquement. Rien d'étonnant à cela : l'absence quasi totale d'industries lui a permis de conserver une atmosphère et des eaux saines. C'est aussi, paradoxalement, la région qui investit financièrement le plus dans la protection de l'environnement : la faune est protégée, de nombreuses essences sont préservées, des dizaines de sites sont classés, sans parler des réserves naturelles. Bravo! La Corse est restée vierge!

Enfin, pas tant que ça ; reste un problème, et de poids : les décharges sauvages, que vous ne manquerez pas d'apercevoir un peu partout dans l'île, aussi bien sur les flancs des montagnes que sur des plages autrefois paradisiaques. Un vrai scandale, souvent dénoncé par les habitants, mais que peu d'autorités prennent réellement en compte. On s'en prend aux communes, qui rétorquent qu'elles manquent de crédits, on ressort alors de vieilles rumeurs de corruption, d'autres accusent le tourisme. Allez savoir qui a raison. Toujours est-il que la Corse manque de poubelles, d'éboueurs, de camions de ramassage et d'incinérateurs de déchets, et bien sûr de centrales de recyclage... Pour un peu on se croirait dans le tiers monde!

Il serait temps que les initiatives fleurissent, comme c'est le cas dans certaines petites communes où des habitants se relaient pour nettoyer les plages en fin de saison...

Faune et flore

La faune

La Corse conserve une faune intéressante, mais finalement pas si riche.

– En montagne, l'aigle royal règne dans les cieux. Le gypaète barbu, l'épervier et le faucon pèlerin se rencontrent aussi. Près des côtes, dans la réserve de Scandola, un autre rapace encore a été réintroduit dans les années 1970, le balbuzard pêcheur. Parmi les bêtes à plumes, citons enfin la sittelle corse, espèce endémique à la Corse.

– Parmi les mammifères, le mouflon fait figure d'emblème de la Corse intérieure. Mais le sanglier est bien plus présent. Récemment, dans les années 1980, le cerf de Corse, qui avait disparu dans les années 1960, a été réintroduit à partir de bêtes sardes, qui sont de la même espèce. Ce cerf corse est plus petit que les cerfs du continent. Il en va de même pour les vaches et les moutons de race corse, assez secs, petits et résistants. Par contre les « cochons sauvages », des porcs élevés en semi-liberté, sont de sacrés bestiaux. Attention, ces animaux paisibles peuvent devenir mauvais si l'on s'approche trop de leur progéniture.

– Tortue d'Hermann (une espèce qui n'existe plus guère qu'en Provence et en Corse) et couleuvre sont les principaux reptiles corses. Rien de bien méchant donc (pas de vipères en Corse).

– La faune aquatique est celle habituelle de la Méditerranée (rascasse, loup, rouget, sardine...), mais les plongeurs ont la chance de pouvoir observer des espèces assez rares : mérous, dentis, murènes et liches. Notons aussi les anguilles de l'étang de Biguglia, les moules de l'étang de Diana et les huîtres d'Urbino. La langouste passe rapidement de la mer à l'assiette.

La flore

Contrairement aux autres îles de la Méditerranée, beaucoup plus arides et pelées, la Corse est une île verdoyante, la plus verte même du monde méditerranéen, et cela malgré les incendies qui la ravagent chaque été, beaucoup moins toutefois ces dernières années. Heureusement, le maquis repousse très vite : en 2 ou 3 ans, il renaît de ses cendres. On est frappé en Corse par la richesse et la variété de la flore : 2 835 espèces différentes ont été recensées. Et, conséquence de l'insularité, on compte 121 espèces ou sous-espèces de plantes sauvages que l'on ne trouve qu'en Corse !

Pour comprendre la flore corse, il faut raisonner par étages. Commençons par le rez-de-chaussée, et montons.

– *L'étage méditerranéen* *(jusqu'à 600 m)* : le royaume du maquis (se reporter à ce mot), rempli de parfums et de senteurs enivrantes. Arbousier, lentisque, ciste, bruyère, asphodèle, myrte, mais également chêne vert, le seul véritable arbre du maquis, appelé aussi chêne faux-houx ou yeuse. Il ressemble souvent à un gros buisson au tronc noueux. L'une des deux plantes les plus exotiques du bord de mer est l'agave, doté d'une tige élancée pouvant atteindre 10 m de haut ! On le trouve aussi en Amérique centrale. L'autre est le figuier de Barbarie, très répandu en Afrique du Nord.

Enfin, il y a beaucoup d'eucalyptus plantés au bord des routes, le long des rivières, à flanc de colline. Arbre exotique dégageant un parfum délicieux, il sert à chasser les moustiques et ses feuilles ont une odeur particulière (elles ne se mangent pas ; seuls les koalas d'Australie en raffolent...).

– *L'étage méditerranéen supérieur* *(de 600 à 900 m)* : le châtaignier y règne en maître. La châtaigneraie corse couvre environ 40 000 ha dont la plus grande partie se trouve en Castagniccia (voir ce chapitre). On l'appelle aussi l'arbre à pain car, pendant longtemps, il servit à nourrir les habitants de cette région. Les châtaignes produites étaient grillées au feu de bois *(fagioli)* ou consommées sous forme de bouillie *(balotte)* et le plus souvent broyées pour faire de la farine *(pulenta, falculella...)*.

– *L'étage montagnard* *(jusqu'à 1 800 m)* : le domaine des pins *laricio*. On les remarque immédiatement à leurs hauts troncs droits, pouvant dépasser 40 m. Des géants ! Le plus vieux pin de ce type en Corse aurait, dit-on, 800 ans (on ne l'a pas vu). Leur écorce craquelée est presque blanche. Leur bois est très recherché en ébénisterie. Plusieurs forêts plantées de pins laricio couvrent les flancs des montagnes, mais les plus majestueuses sont celles d'Aïtone et de Valdo-Niello (entre Porto et Calacuccia), ainsi que Vizzavona (route Ajaccio-Bastia).

– *L'étage subalpin* *(de 1 800 à 2 100 m)* : quelques plantes intéressantes comme l'aulne odorant, appelé aussi *bassu* en Corse. Cousin de l'aulne vert des Alpes, il apparaît à partir de 1 500 m d'altitude. Il dégage un parfum entêtant rappelant celui des résineux.

Feux de forêt

De curieux nuages gris s'étendent et s'amoncellent au-dessus de la route qui rejoint Corte. Pourtant le ciel est bleu. Les touristes s'étonnent et poursuivent leur chemin. Mais voilà un barrage de police : « Demi-tour messieurs dames, le feu est à quelques kilomètres. » Campings et maisons évacués, camions rouges des pompiers qui occupent le terrain, Canadairs jaunes qui passent à basse altitude...

Les touristes qui ont choisi la Corse pour leurs vacances connaissent la musique. Toujours la même tragédie du feu, suivie le lendemain par autant de déclarations tonitruantes et vengeresses dans les journaux de la part des élus locaux. Le touriste, lui, n'y comprend pas grand-chose. On lui parle de pyromanes, d'accidents dus à la négligence, et, de plus en plus ouvertement – car c'est un secret de Polichinelle –, d'éleveurs indélicats. Car la première cause des feux de forêt est celle appelée pudiquement « cause pastorale ».

La « cause pastorale »

La cause pastorale ? Kézako ? Ce joli nom désigne un phénomène malheureusement bien compris ici : certains éleveurs (disons-le tout de suite, une toute petite minorité), pour démaquiser et donner ainsi de l'espace et du (maigre) pâturage aux (maigres) bestiaux, déclenchent des feux ravageurs. Très efficace.

En fait, cette technique de fertilisation des terres par brûlis, l'écobuage, est très ancienne ; mais elle était autrefois pratiquée en hiver, les jours sans vent, et sur une terre largement cultivée, moins inflammable donc que cette friche qui l'a peu à peu remplacée.

C'est avec la création, en 1974, d'une prime à la vache allaitante – suivie d'autres depuis : indemnité spéciale montagne, prime à l'herbe... et on en passe – qu'une course au pâturage a commencé, rendant certains « éleveurs » peu regardants sur la manière et les procédés...

Prime folle et « faux éleveurs »

C'est que toutes ces primes, cumulées, peuvent représenter un joli pécule, jusqu'à 80 000 F par an. De quoi susciter quelques vocations : ainsi, avec aujourd'hui 80 000 têtes, le cheptel bovin a presque triplé sur l'île en 20 ans – tandis que le cheptel ovin, non primé, diminuait d'autant...

Les feux de forêt, quant à eux, ont connu une augmentation au moins égale à celle du cheptel bovin ; et s'il fallait une preuve supplémentaire de cette relation de cause à effet, la voici : il y a une telle adéquation entre vaches et feux de forêt, qu'on arrive à prévoir, en localisant les troupeaux et en étudiant leurs déplacements, 80 % des départs d'incendie !

On a bien sûr crié à la prime inepte : initialement européenne, elle avait été décidée à Bruxelles par des technocrates qui ignoraient tout du « problème corse ». Mais Bruxelles, finalement informé des abus de certains chasseurs de prime, et de l'existence de « faux éleveurs », a supprimé son aide en 1996. L'État a tout simplement pris le relais, réglant la note en totalité plutôt que d'affronter l'ire des éleveurs et le fond du problème. Voilà où nous en sommes.

Un léger mieux

Alors tout le monde râle, les Corses en premier. Et l'on parle même, en plus des faux éleveurs, de pompiers incendiaires ! C'est le pompon ! Des pompiers qui mettraient le feu parce que ça fait marcher les affaires. Quelles affaires ? Les affaires de pompiers : canadairs, véhicules, de très gros budgets... Bien sûr, ce sont des on-dit (un pompier a quand même été pris en flagrant délit), mais tout de même, ça la fout mal.

Toutefois des mesures répressives – bien difficiles à appliquer (il est presque impossible de prendre un des ces incendiaires sur le fait) – et des programmes de prévention (démaquisage, surveillance accrue des départs de feu) ont permis de réduire sensiblement les feux de forêt. Ainsi, d'une moyenne de 12 000 ha dans les années 1980 et début 1990, ce ne sont plus, depuis 1996, qu'environ 4 000 ha qui partent chaque année en fumée – dont les trois quarts en Haute-Corse. Toutefois, l'an 2000 aura renoué avec les plus noirs millésimes : 10 000 ha partis en fumée, et notamment dans la vallée de la Restonica, un des plus beaux espaces naturels de l'île. Mais que faut-il donc faire pour que ça cesse ? Nulle réponse, nulle solution. C'est désespérant.

Consignes en cas d'incendie

En forêt

– Ne pas allumer de feux entre le 1er juillet et le 30 septembre.
– Éviter la fréquentation des forêts lorsque les bulletins météo indiquent des risques évidents de propagation rapide d'incendie (vents forts et forte chaleur).
– En cas d'incendie, regagner des zones signalées comme sécurisées si elles existent (routes ou sentiers). Dans le cas contraire, se réfugier dans le lit d'une rivière ou sur un point haut dégagé le plus proche, afin d'être repéré par les secours.
– Ce choix doit être effectué en fonction des capacités physiques de chacun et en tenant compte qu'en relief accidenté, le feu peut aller plus vite que l'homme.

L'alerte

– Vous êtes témoin d'un départ de feu : composez le ☎ 18 ou le 112, en essayant de préciser l'ampleur et le lieu d'éclosion, s'il y a des habitations ou des points sensibles (campings, etc.) menacés directement. Laissez vos coordonnées.

En règle générale

– Sur la route, même si le feu peut constituer un spectacle, éviter de rester sur place (sauf contrordre de la part des secours).
– Si vous louez une maison, vérifiez que le débroussaillement légal est bien réalisé (50 m autour de l'habitation). En cas de sinistre, si cette condition est respectée, préférez le confinement en fermant les volets et les portes et en les mouillant si possible.
– Dans tous les cas, il faut savoir que le feu passe très vite et que le confinement – en ayant fermé et protégé tous les accès – constitue la solution préconisée.
– N'oubliez pas de signaler au préalable votre présence aux secours.

Gastronomie

En vérité la cuisine corse à elle seule justifie la venue sur l'île. S'arrêter en forêt et de son sac sortir un couteau et un saucisson, de la *coppa*, un *figatellu*, et quelque tome de brebis ; rompre le pain cuit au village, déboucher le sartène, l'âpre sartène au goût de maquis brûlant, et manger et boire là, sous les grands *laricci*... produit une telle sensation de plénitude, de bonheur, qu'il est impossible de l'oublier. Menteur celui qui nie cela ! Et bien malheureux celui qui l'ignore, cette joie primitive du vin, du fromage et de la charcuterie corses, mangés dans un sous-bois de l'Alta Rocca.
Mais, grand Dieu, ce n'est rien encore... Un soir on arrive à l'auberge, une jeune femme vous accueille, elle ne sait que sourire, vous installe et vous sert. Jamais vous n'avez consommé meilleure soupe, jamais ! Les *cannellonis* aux herbes et au *bruccio* sont énormes, vous doutez de pouvoir les finir, mais déjà vous en êtes à saucer le plat... Et voici le cabri rôti, tout fumant, sentant la sauge et l'origan... Cela vous comble et vous enivre, et le vin avec. Puis il faut saluer les fromages, chèvre et brebis, que la camarade laisse à votre table. On les déguste avec la confiture de figue – quelle union

parfaite, quel kif! Le flan à la châtaigne enfin vous paraît merveilleux : un maître pâtissier n'aurait pas fait mieux. Enfin, comme la jeune fée vous offre une liqueur de myrte, vous lui demandez qui cuisine ainsi : « Ma mère »... Paraît alors une dame de cinquante ans peut-être, vêtue de noir, au regard et aux cheveux noirs aussi, belle comme une héroïne de tragédie antique. Telle est la cuisine corse. Fou celui qui l'ignore!

Les herbes

Il faut commencer par elles car elles donnent son caractère à la cuisine corse, du moins y sont-elles pour beaucoup. Trois herbes aromatiques dominent la cuisine corse : l'origan, la marjolaine et la menthe. On retrouve ensuite toutes les plantes méditerranéennes habituelles : thym, laurier, sauge, etc.

La charcuterie

Il faut absolument goûter la charcuterie corse, au goût subtil et parfumé.

– Les **cochons sauvages** se nourrissent principalement de glands et de châtaignes. Pas étonnant que leur chair soit à ce point un régal! Les éleveurs de l'intérieur du pays – vers Bastelica et Cozzano notamment, hauts lieux de la charcuterie corse – produisent le *prisuttu* (jambon cru), le *salamu* (saucisse fumée), la *coppa* (échine), le *lonzu* (filet), le *salsiccia* (saucisson épicé) et le fameux *figatellu,* succulente saucisse de foie (et autres abats) que l'on sert généralement grillée, accompagnée de *polenta* (de châtaigne, tant qu'à faire).

Les porcs sont abattus en novembre ou décembre, car il faut que la viande soit saisie par le froid. Puis la période d'affinage et de séchage dure environ 6 mois, mais davantage pour les jambons vieillis, des pièces de 8 à 10 kg qu'on conserve jusqu'à 2-3 ans, et qui acquièrent ainsi un goût de noisette. Attention : les *figatelli* se mangent peu de temps après leur fabrication. Si l'on vous en sert en été, elles seront obligatoirement congelées!

Sachez enfin que la quantité de charcuterie artisanale produite en Corse ne peut en aucun cas satisfaire à l'énorme demande estivale. En fin de saison, bien des magasins n'ont plus de véritable charcuterie corse. Quant aux restaurants, seules les bonnes tables en proposent. Et les autres charcuteries vendues ou servies sont industrielles, ou semi-industrielles (on joue sur les mots). C'est-à-dire produites à partir de porcs importés, puis abattus ici; ces charcuteries peuvent donc bénéficier du label « charcuterie corse », mais vous ferez vite la différence.

Pour info, la charcuterie industrielle coûte environ 100 F (15,2 €) le kilo; l'artisanale de 140 à 200 F (21,3 à 30,5 €).

– Deux mots enfin sur le **saucisson d'âne**. Ce n'est pas un produit traditionnellement corse, mais sarde plutôt. Il existe cependant un charcutier corse, à Bastelica, qui en fabrique (ainsi que des saucissons de chèvre et de sanglier).

Le gibier

Maquis et forêts de l'île en recèlent en abondance, principalement du sanglier, comme vous l'avez appris dans *Astérix en Corse* (« Groink Groink »)... Vous aurez plus de chance d'en manger en automne (saison de la chasse), bien que tout le monde en ait dans son congélateur. Délicieux en daube mais aussi en pâté ou en saucisson. Pas mal d'oisillons parmi le gibier : pigeons, grives, perdrix, etc. En principe, plus de merles rôtis ni de pâté de merle (remplacé par le pâté de sansonnet), puisqu'on ne peut plus les chasser (heureusement).

Les viandes

Outre celles déjà citées, quelques préparations traditionnelles : le cabri *(cabrettu)* au four ou en rôti, le ragoût de porc ou autre *(tianu)*, l'agneau ou le chevreau rôti ou en daube *(stuffatu)*, les tripettes à la sartenaise, etc. On accompagne ces plats de pâtes ou de *pulenta* (farine de châtaigne).

Vous verrez aussi partout du « veau corse », rôti ou différemment préparé. Car il existe une vache corse, bien typée, rustique et petite, sèche, généralement marron clair ou foncé. Mais cette vache n'a qu'un faible rendement de boucherie, et les éleveurs l'abandonnent de plus en plus pour la charolaise, la limousine ou la salers. Ces dernières sont parquées, tandis qu'on rencontre la vache corse le long des routes, en divagation (ce qui est d'ailleurs interdit : un élu qui en avait assez de voir une vache traîner dans son village l'a abattue d'un coup de fusil !). Donc vous avez peu de chances de manger du veau de race corse. Cela dit, les races d'importation sont les meilleures qui soient, et donc le « veau corse » reste goûteux.

Les soupes

Autre plat traditionnel servi en entrée. On en trouve de toutes sortes : aux légumes (soupe paysanne), de poisson *(l'aziminu)*, ou encore à l'ail, aux oignons, etc. Mais la soupe corse traditionnelle est celle aux gros haricots blancs (soissons) et aux herbes, épaisse et longtemps mijotée avec du lard et des morceaux de viande (porc ou veau, os à moelle), qui en relèvent le goût. Elle est rustique et, bien préparée, contente son homme comme le mets le plus fin, le plus gastronomique.

Les pâtes

Héritage évident de la colonisation italienne, la *pasta* est un autre élément indissociable de la cuisine corse. Servie sous toutes ses formes et à toutes les sauces : raviolis (au *brocciu*), cannellonis (aussi au *brocciu*), lasagnes (au sanglier), *pasta sciutta* (à la langouste), etc. Le tout relevé d'huile d'olive et de tomates.

Les poissons et fruits de mer

Sur la côte, on conseille évidemment le poisson et les fruits de mer : quelques bons souvenirs, surtout quand le patron du resto est aussi pêcheur. Rougets grillés, loups (bars) au fenouil, sardines farcies, mais aussi plein de poissons des différents golfes, aux noms inconnus ailleurs (sar, denti...), sans oublier l'*aziminu* (fameuse bouillabaisse).

Depuis quelques années, la Corse produit de bonnes huîtres et des moules succulentes, dans les étangs d'Urbino et de Diana, sur la côte orientale. Mention spéciale pour les moules, vraiment. Car si l'on trouve ailleurs des huîtres aussi bonnes, et peut-être meilleures (Oléron ou Quiberon, c'est quand même le top en la matière), les moules font partie du gratin conchycole. C'est de la grande moule, de la moule majuscule, et bien des « bouchots » normands ou belges ne lui arrivent pas à la cheville. Charnue, d'un orange assez soutenu, elle est proprement délicieuse. Mais attention, à certaines saisons, à partir de mi-juillet environ, la moule corse perd en volume et en goût.

Pour ceux qui ont les moyens, les langoustes sont souvent proposées sur la côte : en bouillabaisse mais aussi avec des spaghettis, plat traditionnel des pêcheurs.

En montagne, la truite peut se retrouver inscrite au menu des restos. Il faut savoir que la vente de truites de rivière pêchées est interdite. Celles qu'on trouve sont donc d'élevage, et peuvent, disons-le, être banales. Car alors l'alimentation fait toute la différence, et les granulés dont on les gave donne leur goût aux poissons d'élevage, en Corse comme ailleurs. Point de truite sauvage donc, sauf celles que vous-même ou quelque autochtone de vos amis aurez prises sportivement.

Les fromages

Une fameuse réputation, surtout depuis que celui oublié par Ocatarinetabe-latchitchix a fait sauter un bateau ! On trouve des fromages de chèvre ou de brebis partout en Corse. Parmi les plus connus, citons le chèvre de Sartène, à pâte dure, et les brebis à pâte plus ou moins molle – question d'affinage – du Niolo ou de l'Alta Rocca.

Le lait de brebis corse est si bon et réputé que la société Roquefort l'a long-temps utilisé. Petite, rustique, à laine fournie et colorée, et assez cornue, la brebis corse produit peu de lait (moins d'un litre par jour) mais quel lait ! Cela est dû notamment à ce qu'elle broute de l'asphodèle, plus azotée que la luzerne. C'est l'azote, mon pote, qui donne sa force aux brebis corses ! Nous tenons ce secret d'un rude berger, qui s'est fâché quand on a lui a parlé de brousse : on voulait connaître la différence entre brousse et *bruccio* (voir plus loin). Qu'est-ce qu'on n'avait pas dit là ! La brousse, il ne préférait même pas en parler, il ne connaissait pas, la brousse, tu parles encore de brousse et je... Enfin, un rude berger.

Pour en revenir aux fromages, ils sont conservés parfois 6 ou 8 mois, voire plus, et certains Corses les aiment véreux. On parle alors de « fromage qui marche ».

Le bruccio (ou brucciu ou brocciu)

Le *brocciu* (prononcez « broutch » avec un « ou » à peine audible en finale) : on en voit partout, les Corses en mettent dans presque tous les plats ! Mais « le roi des fromages corses » n'est pas un vrai fromage ! Il s'agit en fait d'un fromage blanc frais, très onctueux, préparé avec du petit-lait (appelé aussi plus techniquement lactosérum de lait, qui est ce qu'on récupère lors de la fabrication du fromage après avoir retiré celui-ci) mêlé à du lait pur de brebis ou de chèvre. Il se mange frais hors saison (de l'automne au printemps), comme un dessert. Sinon, on le conserve avec du sel pour en farcir ensuite toutes sortes de plats : omelettes, raviolis, beignets, tartes, artichauts ou poissons farcis au bruccio, etc.

La saison du bruccio s'arrête donc en juin, juillet grand maximum (certaines techniques de conservation sous vide permettent de gagner quelques semaines), et ne reprend qu'en octobre ou novembre.

L'été, il est remplacé par la brousse, qui est exactement la même chose – du petit-lait mêlé à du lait – mais plus celui des bêtes locales. Provenant du continent, n'importe quelle bête l'aura produit (y compris et surtout les bonnes grosses vaches laitières). Et ça n'a pas du tout le même goût.

Les desserts

En Corse, le repas se termine généralement par un fruit. Ceux de l'île sont généralement excellents, notamment les oranges. Sinon, pas mal de pâtis-series : délicieux beignets *(fritelli)*, tartes aux noisettes ou autres *(torta)*, gâteaux secs *(canistrelli)*. Les gâteaux à la farine de châtaigne sont un véri-table régal. Le *pastizzu,* parfumé à l'anis, est servi dans le nord de l'île. Mais en matière de desserts, la grande spécialité corse reste le *fiadone,* sorte de tarte au brocciu et au citron, parfois imbibée d'alcool.

Les eaux

Il y a trois eaux corses vendues en bouteilles : en eaux plates, Saint-Georges et Zilia qui sont distribuées partout dans l'île. Elles n'ont pas, à vrai dire, grand caractère, mais ne sont pas mauvaises non plus.

En revanche, l'eau gazeuse d'Orezza est certainement une grande eau de table. Pétillante un peu plus que Badoit, c'est un délice que de s'en vider une bouteille après une marche au soleil.

Les vins

Sur tout le pourtour de l'île, et jusque dans les zones de moyenne montagne, on trouve de la vigne en Corse, qui compte huit terroirs AOC : Ajacccio, Calvi, Cap Corse et Patrimonio, Porto-Vecchio, Figari, Sartène et les AOC Vin de Corse. Quatre cépages dominent : en blanc, le *vermentinu,* qui se rapproche du malvoisie, en rouge et rosé, le grenache, le *sciaccarellu* et le *niellucciu* (typé syrrah).

Les blancs sont souvent d'excellente tenue, riches en arômes floraux et d'un mi-sec idéal pour les poissons et fruits de mer. Les rouges peuvent être un peu âpres, costauds, mais parfois réussissent à trouver l'équilibre parfait, convenant tout à fait aux charcuteries, fromages ou gibiers. Parmi les rosés il y a des chefs-d'œuvre. Enfin n'oublions pas les muscats du Cap et de Patrimonio, qui n'ont rien à envier aux meilleurs muscats du continent, loin s'en faut.

Quelques recommandations

– En *Ajaccio :* un petit faible pour le clos d'Alzeto (rouge), le domaine de Pratavone, et une grosse faiblesse pour le Comte Peraldi (rosé extra).
– En *Sartène :* pour les rouges surtout, les domaines Fiumicicoli et Mosconi.
– En *Porto-Vecchio :* le domaine de Torracia en rouge.
– En *Calvi :* en blanc, clos Columbu et surtout le clos Reginu ; en rouge, clos Reginu toujours. Le Renucci blanc est bien aussi.
– En *Patrimonio :* Arena et Conca d'Ora en rouge ; en blanc et rosé, clos Marfisi et Orenga de Gaffory (vraiment excellent, ce dernier).
– En *Figari :* ce terroir ne passe pas pour un des meilleurs de l'île. Pourtant le domaine de Tanella en blanc se débrouille fort bien. De même, l'Omu de Cagna et le Canarelli en rouge se sont beaucoup améliorés ces dernières années.
– En *Cap Corse :* le Clos Nicrosi en blanc et muscat ; en muscat, clos Gioielli et Marfisi se débrouillent très bien aussi.
– En *Vin de Corse,* on peut tenter les blancs et le muscat, parfois très bien (tout autant que ceux du Cap).

Les liqueurs

Servies en digestif dans la plupart des restos, les liqueurs sont une autre spécialité insulaire, fabriquées à partir de toutes les plantes du maquis : menthe, myrte, châtaignes, noix, anis, mais aussi violette ou orange, ou tout autre fruit. On vous proposera peut-être de la *cédratine,* alcool à base de cédrat, une sorte de citron. Si vous compter en acheter, on vous recommande la liqueur Orsini (liqueur à la châtaigne extra).

Les bières

Oui, vous avez bien lu, nous parlons bien de la bière, la mousse traditionnellement nordique, flamande ou teutonne : eh bien, sachez qu'il en est de la corse, et de la meilleure ! La brasserie *Pietra,* créée en 1996 et installée à Furiani, produit des bières à la farine de châtaigne absolument délicieuses. L'une, ambrée, la *Pietra,* est particulièrement traître avec ses 6° qui descendent tout seuls ; l'autre, la *Serena,* est une blonde un peu plus légère (4,8°), au final légèrement citronné. Il en existe maintenant une troisième, née en 1999.

On la trouve un peu partout sur l'île, en bouteilles, et parfois dans les bars à la pression. Une réussite qui s'exporte même sur le continent, et pas qu'en France. Bravo !

Hébergement

Gîtes d'étape

Très bien pour les randonneurs car on y trouve le plus souvent un dortoir, ou des chambres de 4 lits, un coin cuisine, de quoi se réchauffer le soir. Ils proposent toujours aussi la demi-pension. Situés près des sentiers du parc régional (Mare a Mare, Mare e Monti), en montagne ou sur le littoral. Liste complète disponible auprès du bureau du parc régional à Ajaccio. *Attention :* pas de gîte d'étape sur le GR20, uniquement des refuges.

Auberges de jeunesse

Se reporter plus haut, à la rubrique « Avant le départ».

Hébergement en couvent

Une façon de voir la Corse sous un angle plus spirituel que d'ordinaire. Cela dit, on n'est pas obligé de suivre toutes les règles monastiques en vigueur, simplement d'observer un minimum de silence pour ne pas troubler la vie des moines. Hébergement simple et à prix raisonnables. Téléphoner avant, demander le frère hôtelier.
– *Couvent de Corbara :* à Corbara (Balagne). ☎ 04-95-60-06-73.
– *Couvent de Vico :* ☎ 04-95-26-83-83.

Camping sauvage

La belle époque où l'on pouvait camper n'importe où est bel et bien révolue ! Tant mieux pour l'environnement. Le camping sauvage est interdit et de plus, c'est dangereux. On ne peut jamais connaître la réaction du propriétaire.

Campings

L'île est plutôt bien pourvue : 190 campings qui ouvrent en général de juin à septembre, parfois un peu plus longtemps, et parfois même – mais c'est rare – restent ouverts à l'année. Choisir en priorité les campings ombragés (pins, eucalyptus – ça sent bon ! –, oliviers...). La nuit pour deux avec tente et voiture coûte entre 60 et 120 F (de 9,1 à 18,3 €) en pleine saison. C'est évidemment l'hébergement le moins coûteux, et bien souvent le seul à la portée de bien des gens – les jeunes surtout. Un seul inconvénient en bord de mer et dans certains secteurs : les moustiques. Bzz, Bzz, Bzz...
À l'intérieur de la Corse, on a découvert des campings situés dans des endroits de rêve, sous les châtaigniers ou au bord de torrents de montagne. Un régal que d'y dormir ! Il y a aussi les campings à la ferme, où l'on est assuré de camper en pleine campagne et de bénéficier, selon le cas, des produits de la ferme. Sur la côte, les campings sont souvent plus grands, plus *people,* plus « camping », mais ça ne veut pas dire qu'ils sont mauvais : il y en a d'excellents, où l'ambiance est bonne. Et avec la plage en direct.
Enfin, un bon conseil : le sol est souvent très sec et dur en été, prévoyez de quoi bien planter les piquets (perceuse, marteau-piqueur...).

Chambres d'hôte

On pensait en trouver beaucoup plus que ça. Or, il y en a relativement peu. Celles que nous citons sont très chouettes. Comme sur le continent, la formule est intéressante pour un couple qui ne souhaite pas rester trop longtemps dans le même endroit (sinon, prendre un gîte rural). On y dort et on peut y prendre le petit déjeuner, puis on continue son chemin... (on peut parfois y prendre le repas du soir, à la demande).

Gîtes ruraux

À l'évidence la meilleure solution pour séjourner en Corse. Surtout en famille. Car même en haute saison, on trouve des gîtes tout équipés pour 4 à 6 personnes à partir de 2 500 F (381 €) environ la semaine, et presque deux fois moins chers hors saison : un tarif imbattable. Mais il y en a environ 800 dans l'île, comment choisir ?

GÉNÉRALITÉS

Pour vous aider à répondre à cette importante question (vos vacances en dépendent, et les vacances, en Corse, c'est le bonheur !), nous avons sélectionné plus de 60 adresses. Nous avons privilégié la qualité des prestations (literie, équipement cuisine correct, bon entretien des lieux), le calme (ou alors on signale quand il y a, par exemple, une route proche), et les gîtes retenus, même quand il y en a deux ou trois réunis, sont d'accès indépendants et sans vis-à-vis. Enfin l'accueil des propriétaires quand ils habitent sur place est un élément important. Et le prix. Vos nombreuses lettres et, disons-le, notre connaissance du terrain nous ont facilité le travail, et certainement nous avons là un *best of* des gîtes corses (bien que les autres, non retenus, puissent être valables aussi). L'autre avantage à notre sens de ces gîtes, est leur situation bien souvent retirée dans l'arrière-pays, la Corse profonde. En revanche et par conséquence, aucune adresse les pieds dans l'eau (on aurait bien aimé mais ça n'existe pas, et d'ailleurs ça ne serait pas le même prix). Ajoutons enfin que les animaux sont souvent acceptés dans les gîtes ruraux (on le précise quand c'est le cas).
Renseignements et réservations :

■ *Accueil rural corse, relais des Gîtes ruraux* : 1, rue du Général-Fiorella, 20000 Ajaccio. Service de réservations : BP 10, 20181 Ajaccio Cedex 1. ☎ 04-95-51-72-82 ou 04-95-32-27-78. Fax : 04-95-51-72-89. ● gites.de.france.corsica@wanadoo.fr ●

Hôtels

Une bonne formule quand on voyage en couple et qu'on peut se payer le resto. A l'avantage d'une grande souplesse : deux nuits ici, deux là, trois ailleurs... Parfait pour un tour de Corse. Mais attention, mieux vaut préparer son circuit et réserver. En y allant au petit bonheur, en haute saison vous risquez fort de passer la nuit dehors, ou, au mieux, de ne plus trouver de chambres que dans les hôtels les moins demandés, c'est-à-dire les moins bons. Il y a près de 400 hôtels en Corse. On trouve encore des petits établissements bon marché et discrets. On vous les indique à condition qu'ils soient propres, et que l'accueil ne nous ait pas paru mauvais. D'une façon générale, les hôtels de Corse manquent cruellement de charme, hormis un petit lot d'auberges et d'hôtels installés dans d'authentiques vieilles maisons en pierre (on vous les signale). Par ailleurs, la plupart augmentent leurs tarifs en juillet, mais surtout en août. Il faut le savoir pour bien calculer son budget. Entre une nuit début mai et une nuit le 15 août, les prix varient souvent du simple au double et davantage parfois dans les coins très touristiques. Les hôtels pratiquant les prix les plus sages sont situés dans les petits villages de montagne à l'intérieur de l'île, ainsi que sur la côte orientale (qui est moins belle, mais moins onéreuse).
Un conseil pratique : si vous voyagez à deux, au moment de réserver demandez bien si le prix affiché de la chambre est pour une ou pour deux personnes. Ce n'est pas toujours très clair, et si l'on n'y prête pas attention, on risque d'avoir une mauvaise surprise au moment de payer la note ! Demandez aussi si la demi-pension est obligatoire ou pas ; si oui, ça peut être intéressant... à condition de bien manger.
Le meilleur rapport qualité-prix pour les hôtels, on le trouve en dehors de l'été (et dans l'intérieur), c'est-à-dire avant le 1er juillet et après le 30 août. Au

mois de mai, en juin et en septembre, on peut séjourner en Corse à prix relativement doux.

■ *Destination Corse-Île Nature :* quartier de la Gare, 20250 Corte. ☎ 04-95-45-21-65. Fax : 04-95-46-26-30. ● www.destination-corse.net ● Une centrale de réservation qui travaille avec plus de 85 hôtels sur toute la Corse. Une bonne sélection d'établissements, sans mauvaise surprise. Réservations sur mesure (bord de mer ou montagne) et, bon à savoir, toujours un petit stock de dernière minute. Si vous vous retrouvez dans la panade, sans hôtel un 15 août à Ajaccio, *Destination Corse* a peut-être la chambre su'il vous faut. Location de voiture également.

Histoire

Plantée dans le grand lac civilisateur de Méditerranée, la Corse a eu sa part de vagues. Avec quand même un décalage, insularité oblige. Ainsi, il existait peu de mammifères avant l'année - 700 000. Les ours et les renards sont là depuis 10 000 à 50 000 ans. L'homme aussi. Au début, il mangeait du lapin et des coquillages. Ce n'était pas Byzance. Le premier Corse s'est quand même accroché partout à la côte. Sa petite femme termina sa vie aux alentours de quarante ans. On a retrouvé son tombeau dans le Sud : dite la Dame de Bonifacio, elle est la grand-mère des Corses...
Après des siècles, ses arrière-petits-enfants en ont eu assez des palourdes : ils apprirent à cultiver le blé et à tailler des champs en terrasses. Les troupeaux faisaient la fumure. Les outils se façonnaient dans l'obsidienne importée de Sardaigne. On trouva des dieux : le Soleil sans doute, et l'indispensable déesse mère obèse. Aux alentours de - 3 000, ils disposaient de troupeaux de porcs, de bœufs et de moutons. Ils tissaient la laine. Avec le cuivre, ils forgeaient des flèches acérées pour les vendette... Cet âge est aussi celui des menhirs, dolmens et autres assemblages de grosses dalles. Tombeaux ou temples en plein air furent très à la mode. Avec plus de 200 monolithes, l'alignement de Palaggiu est le mieux fourni en Méditerranée de l'Ouest.
Dès lors, l'île de Beauté attira les Colomb préhistoriques. Et les ennuis... Vers - 7 000, c'était un parti de Ligures. 2 000 ans plus tard, le Sud était envahi. La Sardaigne était trop proche ! Les Corses abandonnèrent donc la côte et les plaines pour se barricader sur les hauteurs. À partir de - 1600 débarqua un nouveau peuple, dont les épées de bronze firent taire les frondes autochtones. Sans doute un rameau des Peuples de la Mer, ces navigateurs indo-européens qui écumaient la Méditerranée. Comme leurs temples avaient forme de tours, on les appela Torréens.
Tous les navigateurs avaient beau connaître la grande île, ils n'étaient pas d'accord sur son nom. Les Grecs l'appelaient *Kallistè* (la Belle), *Térapné* ou encore *Tyros*. D'autres en tenaient pour *Cyrnus,* du nom d'un fils d'Hercule qui, selon la légende, s'y serait imposé.
Quant au vocable *Corsica,* il a suscité mille étymologies de mirliton. Un hypothétique Corsus, conquérant venu de Rome, et qui aurait même fondé Ajaccio (*Ad Jaceo* : ici, je me repose)! Ou un supposé Corso, compagnon d'Énée, qui y aurait enlevé la princesse Sica, sœur du prince Sardo! Leurs enfants s'appelèrent, bien sûr, Ajazzo, Alero, etc. On a aussi mobilisé une Corsa-Bubula, aventurière ligurienne qui aurait touché l'île en suivant un taureau nageur... Certains historiens ont pensé que les premiers Romains trouvèrent les Corses un poignard pendu à leur cou : *Corsica* viendrait de *cor* (poitrine) et de *sica* (couteau). Pour ne pas être en reste, des étymologistes ont rapproché *Corsica* du celtique *Corsog :* le marais. Une chose est sûre : des Ibères aux Cantabres, l'île était une destination courue.

Rome que je hais...

Au VIe siècle, la population grecque de la ville de Phocée, en Ionie, traversa la mer pour fuir les armées mèdes. Elle rejoignit d'autres Grecs installés en Corse, dans cette ville d'Alalia que les Romains allaient appeler Aléria. Ils exploitèrent les mines et les salines, plantèrent la vigne et l'olivier. Peu concernés, les Corsi faisaient paître leurs troupeaux dans les montagnes. L'avenir justifia leur neutralité : en 535, les flottes étrusque et carthaginoise poussaient les Phocéens vers de nouveaux rivages. Ils s'en allèrent fonder Massilia (voilà pourquoi il y a tant de Corses à Marseille !).

Vinrent ensuite les Romains. Ils mirent près d'un siècle à soumettre la Corse. L'île y perdit la moitié de sa population – qu'on remplaça par des colons romains. L'occupant pouvait toujours développer Aléria, les montagnes restaient indomptées. Libres, les Corses tendaient des embuscades aux voyageurs. Esclaves, aucun châtiment, aucune mort ne les effrayait. « Ils fatiguent leurs maîtres, dit le grand historien Strabon, et font regretter la somme, si petite qu'elle soit, qu'ils ont coûtée. »

Corses contre Corses

Les Romains restèrent sept cents ans. Pendant qu'Aléria et Mariana se développaient, la montagne restait inchangée. À ses débuts, le christianisme ne perça guère au-delà des côtes. Il y eut quand même des saintes martyres... Idem, les grandes invasions ont glissé sur l'île forteresse. Vandales en 456, Goths un siècle plus tard, suivis de près par Byzance. En 725, les Lombards débarquent... pour être chassés par les Francs. Bref, au IXe siècle et après toute une série de razzias terrifiantes, les sarrasins ramassent la mise. Ou plutôt, ils tentent leur chance. Car, dans l'intérieur, le héros Ugo Colonna conduit la résistance, de victoire en victoire. Le drapeau corse – une tête noire avec un bandeau dans les cheveux (celui-ci aurait, à l'origine, masqué les yeux en signe d'esclavage) – représenterait un prince maure décapité après avoir été vaincu à Porto-Pollo. Les Corses, donc, liquident les sarrasins. Après quoi ils purent se battre entre eux.

Les féodaux, classe en vogue, décidèrent de se partager l'île. C'était contraire aux vieilles coutumes des clans. De plus, les prétendus seigneurs étaient souvent des étrangers de Ligurie ou Toscane. Le choc des ambitions exaspéra les armes. La mêlée fut générale. Lassé par tant de massacres futiles, le peuple se donna pour chef un simple homme libre, courageux, un vrai Corse : Sambuccio d'Alando, qui proclama l'indépendance et un gouvernement populaire, avec parlement s'il vous plaît. Mais, à sa mort, l'île retomba dans la foire d'empoigne. Les insulaires, cette fois, s'offrirent au pape. L'île devint fief de l'évêché de Pise. On s'en réjouit : Pise était loin, son administration, paternelle. La Corse put s'organiser, établir ses paroisses, bâtir des églises – dans le superbe style du roman pisan. Un âge d'or...

Gênes durable...

Au XIIe siècle, Gênes, qui monte, cherche à blackbouler Pise. Dans l'île, les deux villes de mer ont chacune leurs partisans : le sang corse coule. En 1284, Gênes détruit une fois pour toutes la flotte pisane. Ceux qui s'étaient endormis corses se réveillent génois. Durant cinq siècles, ils chercheront par tous les moyens à retrouver leur indépendance.

Mais en 1453, péripétie curieuse : Gênes loue la Corse à ses créanciers. C'est l'opulente Banque de Saint-Georges. Elle ramènera dans l'île la paix et la prospérité. Aux vieilles cités fortifiées (Calvi, Bastia, Bonifacio...) s'ajoutent de nouveaux châteaux, des ponts juchés sur une arche unique. Et, surtout, les fameuses 69 tours génoises. Rondes, à bases évasées, hautes de 15 m, occupées par deux ou trois hommes, elles ceinturaient les mille kilomètres de côte corse à intervalles réguliers. Si quelque galère barbaresque pointait ses voiles – et Astérix sait quelle plaie c'était, les pirates d'Afrique ! –, un feu s'y allumait, qu'on propageait de tour en tour pour donner l'alerte.

Mais Gênes, port déclinant d'une Italie qui s'émiette, est-elle encore Gênes ? Alliée de Charles Quint, elle subira les assauts du principal adversaire de celui-ci, le roi de France Henri II. Soutenues par un corsaire turc, les troupes françaises conquièrent l'île à l'instigation d'un noble corse, Sampiero. Hélas, Henri II va restituer la Corse dans le cadre d'un marchandage. Les insulaires sont abandonnés. Mais Sampiero a ses partisans. Pendant deux ans, il va contrer les Génois. Pour avoir sa peau, il faudra un guet-apens.

Revenue, Gênes a durci sa poigne. Elle exploite à outrance. Les Corses n'oublieront pas. En 1729, une famine exaspère la population. On prend les armes. Pour les Génois commencent quarante ans d'échec. En 1735, les Corses vont jusqu'à proclamer l'indépendance. Gênes répond par le blocus de l'île. Un aventurier allemand vole bien à leur secours et en profite pour se faire couronner roi de Corse, sous le nom de Théodore Ier. Mais la France s'allie aux Génois. La partie est inégale. Gênes rétablit sa domination.

Un roi sans couronne

En 1755, Pasquale Paoli est élu chef de la Résistance. C'est un général talentueux, un progressiste. Ce fils de la Castagniccia, né à Morosaglia dans le nord-est de la Corse, rêve d'une île indépendante. En treize ans, de 1755 à 1767, Paoli fera entrer la Corse dans le concert des nations : dans sa capitale de Corte, il crée une université, met en place un gouvernement, vote lois et impôts, frappe monnaie, lève une armée, élabore une constitution, rénove l'agriculture, assèche les marais... Celui que les Corses appellent « le Père de la Patrie » fait l'admiration de Jean-Jacques Rousseau. Elle servira même de modèle à la Constitution américaine... et l'on trouve, aujourd'hui, quelques Paoli City et Corsica City aux États-Unis ! Le plus « éclairé » des souverains, Frédéric de Prusse, lui enverra une épée ainsi gravée : « Patria liberatas ». Mais patatras !

Au traité de Versailles, habilement négocié par Choiseul en 1768 (Louis XV vient de perdre le Canada, les Indes et la Louisiane), Gênes vend la Corse au roi de France. Deux millions de lires ! L'île entre en fusion. « Guerra ! La liverte o la morte ! » On allait voir ! Un an plus tard, l'île se trouvait à nouveau annexée, et Paoli en fuite. Il reviendra en 1794. Es qualités. On est en pleine Révolution française. Louis XVI l'a reçu. La Fayette l'a assuré de son admiration. Arrivé au cap Corse, « il se prosterne et embrasse en versant des larmes le sol de sa chère patrie ». Paoli ne pense qu'à la Corse. Scandalisé par les excès antireligieux de Paris, il se retourne et proclame un royaume indépendant sous protection britannique.

Naïfs Anglais ! Ils ignorent où ils mettent les pieds ! Par crainte d'un débarquement pro-Français, voilà qu'ils ouvrent un engagement volontaire, très grassement rétribué. Aussitôt, chacun de s'empresser... « Les femmes s'habillaient en hommes, les prêtres en laïques, quelques-uns se présentèrent sous différents habits, afin d'extorquer de l'argent aux Anglais, mais non pour les servir fidèlement. George III, instruit des fortunes que lui coûtait la Corse, donna ordre de quitter l'île immédiatement. »

Le « Petit Corse »

Aujourd'hui, il serait une star mondiale. En 1769, à Ajaccio, il serait au moins « le vengeur de la Corse ». C'est ce qu'espère Maria-Letizia qui porte l'enfant dans son ventre. Son mari, Carlo-Maria Buonaparte, a lancé un appel aux armes contre « les derniers envahisseurs » venus de France. De noble origine toscane, les Buonaparte étaient corses depuis le XVIe siècle, et faisaient partie de l'élite ! Assez vite, pourtant, il apparaît que le paoliste flamboyant se transforme en collabo. Estimant sa volte-face mal rétribuée, Charles-Marie cherche à faire financer par le roi l'éducation de ses fils. Notamment son deuxième fils « Nabulione », dont la grosse tête fait merveille en mathématiques. Ayant décroché sa bourse, l'enfant rejoint le collège d'Autun. Son père le conduit : il est député de la noblesse à Versailles et ses frais lui sont remboursés. Bientôt, les intrigues paternelles propulseront « Nabulio » à l'École militaire... Le garçon au teint jaune s'y montre irascible, d'une sensibilité à fleur de peau. Et brillant...

En 1789, il a vingt ans et il est lieutenant. La Corse est alors partagée entre les paolistes et les « populaires », qui veulent propager la Révolution. Napoleone en est. Sur sa façade, il a inscrit : « Vive la Nation ! Vive Paoli ! Vive Mirabeau ! » Le clan Buonaparte a le vent en poupe. Paoli revenu, Napoleone le sert. Mais bientôt, sa fougue patriote les oppose. Il fomente des troubles. Entre les deux hommes, la vendetta est ouverte. Bien plus tard, elle n'empêchera pas le vieux chef, dans son exil à Londres, d'illuminer son appartement pour fêter l'accession au trône de Napoléon en 1804. « C'est un enfant de la Corse », s'excusera-t-il.

« Le seul Corse qui ait vraiment travaillé dans l'histoire, il est devenu Empereur », comme on rappelle ici en rigolant. Ainsi se trouve résumée la *success-story* prodigieuse ! Batailleur, fougueux, rancunier, pointilleux, dominateur, imaginatif, brave et généreux, Napoléon était simplement corse !

Autriche, Prusse, Espagne, Égypte, Portugal, Italie, Slovénie... il voulait tout, il a tout eu sauf l'Angleterre et la Russie. Moyennant quoi il a tout perdu. Et la Corse là-dedans ? Une fois monté sur le trône, il la négligea et n'y revint qu'une seule fois... pour une semaine. Napoléon le terrien fut presque toujours défait sur mer. Sa vie fut gâchée par les îles : il est mort à Sainte-Hélène, après un passage à l'île d'Elbe. Et la femme qui le fit souffrir — Joséphine — était de la Martinique...

En tout cas, c'est en chef de clan qu'il administre l'Empire. Terrassés par les paolistes, les Buonaparte avaient dû fuir sur le continent en 1793. Très vite, ils devinrent l'une des familles les plus riches, les plus puissantes du Vieux Monde. Annexés par les Français, les Corses avaient colonisé l'Europe ! Letizia, la mère sévère, manifestait dans l'opulence une incroyable avarice. « Pourvou que ça doure... », répétait-elle. Et ça dourait ! Elle mourut en laissant une fortune fabuleuse. Son demi-frère, l'ecclésiastique Giuseppe Fesch, fut nommé archevêque, cardinal, etc. Il devint richissime en revendant des trésors volés. L'autre Giuseppe, l'aîné des Buonaparte, fut roi d'Espagne, puis de Naples : il fit main basse sur les œuvres d'art. Après la défaite, il porta son magot aux États-Unis. De tous les frères, Lucien fut le meilleur : il sauva Napoléon le 18 Brumaire. Luigi, que Napoléon qualifiait de « sot », était malade. Il n'en fut pas moins roi de Hollande. Comme il s'occupait trop de « ses » sujets, l'Empereur s'indigna. Girolamo, le dernier frère, était un bon à rien et un fêtard. Napoléon lui fit roi de Westphalie. Et citons encore Paolina aux mille amants, mariée au prince Borghese. Élisa, grande-duchesse de Toscane, qui trahit Napoléon. Carolina, reine de Naples, traîtresse elle aussi. Comme dit Stendhal, « il eût mieux valu n'avoir jamais eu de famille ».

Le temps des sigles

En regard de sa longue histoire de troubles, la Corse a vécu les deux derniers siècles dans une paix relative. Après son annexion, la France n'était pas restée inerte. Un gouvernement modéré mais ferme accroît la population et développe l'économie. En 1790, la Corse est organisée sur le modèle des départements français. Les fléaux insulaires (vendetta, divisions, banditisme...) déclinent au début du siècle suivant.

Napoléon avait sorti la Corse de l'anonymat. En 1840, elle est à la mode. Avec sa *Colomba,* Prosper Mérimée impose la mythologie d'une terre ardente et sombre, pas si éloignée de l'Espagne de *Carmen.* Avec le décalage de rigueur, l'île profitera des progrès techniques (routes, chemins de fer...).

La Seconde Guerre mondiale fournit aux Corses une nouvelle occasion de briller. Pressé de « rendre » l'île à l'Italie, Mussolini l'occupe sans coup férir, au mépris des accords d'armistice. La Résistance s'organise. Le sous-marin *Casabianca* surmontera mille dangers pour maintenir la liaison avec Alger. L'année 1943 sera coûteuse pour la Résistance mais, le 24 juillet enfin, Mussolini chute! Une brigade SS épaule les Italiens démoralisés. Le 8 septembre, la capitulation de l'Italie donne le signal de l'insurrection. Le *Casabianca* débarque 109 hommes, suivi par deux contre-torpilleurs. Le 4 octobre, la Corse est le premier département libéré de France!

Moins explosif qu'au temps de la domination génoise, le « problème corse » n'a, depuis lors, jamais reçu de vraie solution. Pourtant, les réformes se sont succédé.

1949 et 1958 : deux plans de mise en valeur économique et agricole, deux échecs; la Corse reste un désert économique.

1970 : création de la région Corse.

1975 : création de deux départements et de l'université de Corte, investissements massifs de l'État et... échec. Les 17 000 rapatriés d'Algérie installés dans la plaine orientale (Aléria, Ghisonaccia...) pour cultiver la vigne et les arbres fruitiers exaspèrent les Corses par les subventions dont l'État les couvre. Une mini-guerre civile éclate sur fond de scandale de vins trafiqués. Le 21 août 1975, souvenez-vous de ce groupe d'autonomistes, dirigés par Edmond Siméoni, qui occupent la cave d'un pied-noir. Gendarmes, CRS et engins blindés débarquent à Aléria, encerclent la cave et, après une nuit, donnent l'assaut. Fusillade. Deux gendarmes sont tués. Un autonomiste blessé. Siméoni est incarcéré à Fresnes. Quelques mois plus tard, des nationalistes armés et cagoulés fondent le FLNC.

Depuis, les événements marquants de la vie politique corse sont très liés aux mouvements indépendantistes (voir plus loin, la rubrique « Les mouvements indépendantistes et autonomes »). L'économie elle-même, qui repose en bonne part sur le tourisme, est tributaire des aléas et soubresauts nationalistes.

Humour corse

Des histoires corses racontées par des Corses, il y en a des dizaines et des dizaines. En voici quelques-unes qui ne manquent pas de piquant et prouvent que les Corses savent se moquer d'eux-mêmes.

Un pêcheur de Bonifacio fait sa sieste, allongé sur son tas de filets. Passe un touriste qui lui lance : « Alors mon vieux, on ne travaille pas aujourd'hui ? »

Le pêcheur ouvre un œil et lui dit : « Pour quoi faire ?

– Comment pour quoi faire? Si vous pêchiez du poisson, vous gagneriez beaucoup d'argent!

– Pour quoi faire? lui rétorque le pêcheur.

– Vous pourriez vous acheter une belle villa par exemple!

– Pour quoi faire? lui répète le pêcheur.

– Ne serait-ce que pour pouvoir vous reposer! poursuit le touriste.

– Et qu'est-ce que je fais en ce moment? »

Dumé vient à Paris et va rendre visite à son oncle qui est plus ou moins dans le « milieu ». Tous les deux entrent dans un bar.

« Tu vois Dumé, ce bonhomme là-bas au fond du bar?

– Mais lequel tonton, il y en a quatre au fond du bar!

– Celui qui est habillé en noir avec des chaussures vernies!

– Mais ils portent tous des chaussures vernies », précise Dumé.

L'oncle furieux sort son flingue : pan! pan! pan!

« Tu vois celui-ci qui reste là-bas, dit l'oncle, eh bien celui-là, je ne peux pas le sentir! »

Pourquoi Napoléon n'attachait-il jamais son cheval à un arbre? Parce qu'il avait peur qu'il bouffe les Corses.

Un vieux pépé corse fait sa sieste sous un olivier tandis que son âne patiente juste à ses côtés. Passent alors deux randonneurs, sac au dos.

« Ohé, grand-père, auriez-vous l'heure s'il vous plaît ? »

Le pépé ouvre l'œil et soupèse les bourses du bourricot.

« Il est 11 h 35 !

– Oh ! Mais comment faites-vous pour donner l'heure avec autant de précision et de cette manière ?

– Vous ne voyez pas qu'en soulevant les bourses de mon âne j'aperçois le clocher du village, là-bas... »

Langue corse

Pour un *pinzuttu* (terme désignant les continentaux), la langue corse c'est d'abord cette liste, de plus en plus longue et curieuse, d'hôtels, de restos, de campings. La plupart de leurs noms commencent par *u* et se terminent par *u* ! Prononcez « ou ». Une ribambelle d'enseignes commerciales les indiquent sur les trottoirs ou sur le bord des routes. Ce sont aussi ces panneaux routiers portant le nom des villages : la dernière lettre du nom du lieu – un *o* le plus souvent – a été barrée d'un coup de pinceau et remplacée par le *u* final. Les intégristes de la pureté linguistique sont passés par là. À moins que ce ne soit une autre façon pour les autonomistes de manifester leur présence !

Et puis un jour, à l'heure du pastis, on surprend une conversation entre un jeune et un ancien. Ou bien c'est un répondeur téléphonique qui laisse le message d'un ami en langue corse. Mais d'où vient-elle cette langue, « patois de l'île des Seigneurs », que l'on dit sans cesse menacée ?

Selon un fils du pays, Pascal Marchetti, linguiste érudit, auteur de *La Corsophonie, un idiome à la mer* (Éd. Albatros, 1990), il y a d'abord eu un parler prélatin dans l'île. Puis un néo-latin populaire, base du parler corse actuel. Pendant la période de domination pisane puis génoise, la langue corse a été en contact et en symbiose avec la langue toscane. Résultat des influences syntaxiques : le corse serait « un faisceau de parlers du groupe italien ».

Si Dante revenait ici-bas, il pourrait s'entendre avec le plus rustre des bergers du Niolo. Aujourd'hui, les flots de touristes italiens écoutent avec ravissement les gens de l'île. Comme nous écoutons, un brin étonnés, nos cousins du Québec parler la langue de Rabelais.

Combattue par la IIIe République, presque anéantie par la télé et le monde moderne, la langue corse n'est régulièrement parlée que par les vieux et une poignée de jeunes. Pourtant, on estime à 70 % le nombre d'habitants sachant la parler ! Depuis que le gouvernement lui a accordé en 1974 le statut de langue régionale, elle est enseignée à l'université de Corte. Mais les puristes préfèrent fabriquer des néologismes néo-corsiens à base de français en oubliant les affinités anciennes avec l'Italie. La splendide autonomie de la « corsitude », brandie par quelques-uns, a tendance à couper la langue corse de ses racines latines.

Comme le remarque Paul-Jean Franceschini, dans *L'Express* (numéro spécial Corse, 20-26 juillet 1990) : « Un peuple ruiné dans ses structures socio-économiques, dispersé par une émigration quasi totale, soumis à un changement de langue (de l'italien au français après 1768) et en butte à une aliénation culturelle dévorante, a toujours le plus grand mal à préserver les mots de la tribu. »

Quelques mots corses

Castagnu :	châtaignier
Licettu :	forêt de chênes
Pinetu :	forêt de pins
Bocca :	col de montagne
Capu :	cap

Monte :	sommet
Serra :	chaîne de montagnes
Lavu :	lac
Piscia :	cascade
Pace i salute! :	à votre santé!

Prononciation

Vous remarquerez vite, en Corse, que les habitants « avalent » générale-ment les terminaisons des noms. Ainsi, Bonifacio se prononce « Boniface »; Porto-Vecchio, « Porto-Vek » et Sartène, « Sarté ». De même, le « i » qui termine généralement les noms propres est presque effacé, comme pro-noncé dans un souffle. Quelques règles courantes : le « e » n'est jamais muet, le « ci » se prononce « tchi », le « che » donne « ké », les « r » sont roulés (légèrement, pas comme en espagnol) et les voyelles qui se suivent sont prononcées séparément (forêt d'« A-i-tone »).

Littérature

Il n'y a pas à proprement parler de littérature corse avant une époque récente. Car dans cette île, ce qui ailleurs a été transmis par l'écrit, a été véhiculé au fil des siècles par la tradition orale. Ce fut longtemps le pays des hommes-livres : bergers qui récitaient la *Divina Comedia* ou *L'Orlando Furioso* par cœur, paysans illettrés qui, dans une syntaxe rigoureuse, sui-vant une rime précise et avec un pouvoir d'évocation surprenant improvi-saient des poèmes superbes... Seuls demeurent aujourd'hui quelques survi-vants d'une civilisation de la mémoire supplantée par celle de l'écrit.

Prenant naissance au début des années 1970, le renouveau culturel suscite un désir de création littéraire qui entraînera de nombreuses publications, où s'exprimeront des écrivains corses de langue française – mais aussi quel-ques-uns utilisant la langue corse, parmi lesquels il faut citer Rinatu Coti –, dont certains font figure aujourd'hui de grands auteurs insulaires.

Mais le terme d'écrivain corse peut être considéré sous divers angles. En effet, si les romans d'**Angelo Rinaldi** par exemple, ont pour cadre la Corse, les caractères et les situations qu'il représente participent d'une société pas forcément insulaire. Considéré parfois comme le meilleur écrivain corse, son roman *La Maison des Atlantes* a obtenu le populaire prix Fémina en 1972, mais par son style et ses thèmes, son œuvre s'adresse plutôt à une certaine élite intellectuelle. Idem pour **Marie Susini**, qui touche un même type de lec-torat. Les sentiments contradictoires d'amour et de rejet qu'elle éprouve pour l'île imprègnent ses romans, ainsi que la sensation d'enfermement que reconnaissent certainement certains Corses (les femmes surtout). À lire, *La Fiera* et *La Renfermée la Corse*. Autre écrivain corse contemporain de pre-mier plan, **Jean-Claude Rogliano**, plus engagé sans doute par son insula-rité, sa « corsitude ». Son *Mal'Concilio* est une des œuvres marquantes du renouveau culturel corse, mais on peut aussi apprécier son travail dans *Visa pour un Miroir* par exemple, qui relate en la romançant l'extraordinaire aven-ture du convoi humanitaire corse parti pour la Roumanie en 1989 – avec un intéressant parallèle entre Corse et Roumanie. *Les Contes et légendes de Corse*, qu'il a écrits avec sa fille Agnès, se lisent avec plaisir aussi.

Rappelons enfin que les premiers « romans corses » ont été écrits au XIXe siècle... par des Parisiens! **Prosper Mérimée** en est le plus bel exemple : *Colomba* est un modèle du genre, et une grande réussite littéraire et commerciale (c'est là certainement l'histoire corse la plus diffusée et la plus lue au monde). Même si cette nouvelle a largement contribué à favori-ser la récurrence de clichés d'une Corse figée au XIXe siècle, Prosper y a tout de même finement saisi les traits du caractère insulaire, tant des hommes que du paysage. Dans le même genre et à la même époque, **Alexandre Dumas** a écrit *Les Frères corses*, nouvelle ayant également pour cadre l'île alors exotique et très à la mode, avec aussi un fonds de vendetta, une dose de fantastique en plus. **Maupassant** enfin, qui a lui aussi fait le voyage en l'île de Beauté, avait été vivement impressionné par la nature il est vrai spectaculaire et splendide des calanche de Piana – entre autres sites corses qu'il évoque avec force *(Une vie)*.

Parmi les ouvrages historiques contemporains dignes d'intérêt, on peut citer *La Tragique Histoire des Corses* de **Don Jean-Baptiste Gaï**, *L'Histoire de la Corse* de **Robert Colonna d'Istria** et celle de **Pierre Antonetti**. On peut d'ailleurs regretter que n'ait jamais été rééditée *La Nouvelle Histoire de la Corse* de **Jacques Grégory** qui, sans avoir la rigueur des ouvrages précédents, se lit avec un réel bonheur.

Coup de cœur pour une autre historienne, **Dorothy Carrington**, dont *La Corse, île de granit* (intitulé aussi tout simplement *La Corse*, éd. Arthaud) est un chef-d'œuvre de recherche sans doute, historique, bibliographique et archéologique, mais aussi de sensibilité. Quels magnifiques portraits dans cet ouvrage ! qui relate la découverte de la Corse des années 1950 par cette Anglaise venue visiter les sites archéologiques – et tombée amoureuse de l'île, qu'elle ne quittera quasiment plus. Elle est certainement une des meilleures spécialistes de la Corse, et de ses mystères.

Deux mots sur les bouquins de gastronomie. Citons *Carnet de Cucina corsa*, écrit par l'équipe de Cucina Corsa présidée par **Vincent Tabarini**, si fin cuistot que certaines de ses réalisations ont été adoptées par la Nasa, soucieuse de donner du plaisir à ses cosmonautes privés de bien d'autres ; et, de **François Poli**, *Tutta a Cucina corsa* – ouvrage honteusement plagié récemment, gare aux contrefaçons !

Terminons ce petit tour de la littérature corse par les traits de crayon et d'esprit de **Batti**, dont les dessins de presse et les savoureux albums bilingues de B.D., en particulier *E in più di què so Corsu* (Et en plus de ça je suis Corse), reflètent l'humour, la tendresse, l'autodérision et le génie (au sens large) de tout un peuple.

Maquis

La Corse sans son maquis, c'est la Bretagne sans sa lande (ou la Mongolie sans sa steppe, si vous connaissez mieux la Mongolie que la Bretagne...). C'est l'un de ses signes distinctifs, une parcelle non négligeable de sa physionomie et, disons-le, de son « âme ». Cette végétation typiquement méditerranéenne, regorgeant de plantes et d'arbustes, forme un grand manteau, le plus souvent vert (à cause de l'eau de pluie qu'il retient), ou tirant sur le jaune dans certains coins arides et surchauffés, mais il est parfois tout noirci par les incendies (mieux vaut ne pas traîner dans le maquis ce jour-là !). Un formidable tapis, plein d'odeurs enivrantes, qui permettait à Napoléon de reconnaître son île les yeux fermés, « grâce à son odeur » justement.

Le maquis ne pousse qu'entre 0 et 600 m, dans ce que les spécialistes appellent l'étage méditerranéen. Résultat : il prend toute la Corse en écharpe, le long de la mer. On est à peine sorti de l'eau bleue et limpide que l'on entre dans le maquis « bas ». Là poussent des plantes aux noms magiques comme le myrte dont les fleurs blanches dégagent un parfum sucré et captivant, le ciste de Montpellier et celui de Crète, la bruyère arborescente (la *scopa*, qui fleurit mais ne donne pas de fruits, c'est pour ça que les Corses disent : *bacciardu cume a scopa*, « menteur comme la bruyère »...). Puis on trouve un autre maquis plus touffu, plus dense, monde impénétrable formé par des arbustes et des épineux (attention : ne pas s'y promener en maillot de bain) pouvant atteindre 5, 6, parfois 7 m de haut.

C'est le royaume des arbousiers qui produisent leurs fruits rouges (les arbouses) en automne. Les vaches et les cochons sauvages s'en régalent. On en fait aussi des liqueurs (pas pour les cochons). L'autre arbuste couramment répandu dans le maquis dit « élevé », c'est le chêne vert. Vert toute l'année, quand il ne brûle pas, le maquis corse se couvre de fleurs au printemps : le moment idéal pour s'y balader. Et il donne ses fruits en hiver.

Prévoyez au moins une journée de balade dans le maquis pendant votre voyage, emportez une gourde d'eau et surtout partez tôt le matin car en plein mois d'août dans l'après-midi, il y fait très très chaud ! Essayez de suivre un sentier déjà balisé, comme ces boucles à la journée marquées en orange par le parc régional. Ça évite de se perdre (ne riez pas, cela arrive souvent, et des randonneurs sont même morts d'insolation après s'être égarés).

Détail important : il n'y a pas de vipères dans le maquis (ni dans le reste de l'île) mais beaucoup d'insectes virevoltants, des fourmis toujours au boulot, et ces merveilleuses cigales constamment en train de chanter...

Quant aux bandits d'honneur cachés dans le maquis pour fuir la justice après quelques méfaits commis dans une vendetta, il n'y en a théoriquement plus. Si vous en rencontrez un, écrivez-nous...

Mouvements indépendantistes et autonomes

Les cochons sauvages, ou les sangliers domestiques, musardent aux pieds des panneaux criblés de chevrotine, et les bombages nationalistes égaient le moindre muret disponible. Mais pour l'hôte de passage, il ne se passe pas vraiment grand-chose. La montagne sent toujours le châtaignier, les plages le sable chaud, et les bars l'apéritif anisé : la Corse reste plus que jamais une destination paisible, où le danger le plus redoutable est surtout le coup de soleil.

L'île traverse pourtant une période particulièrement pénible, et pas très discrètement. Avec, en point d'orgue, l'assassinat de Claude Erignac en février 1998, épilogue provisoire de vingt-cinq ans d'histoire souterraine et souvent clandestine, qu'il n'est pas toujours très simple de déchiffrer. Même pour les Corses.

« Le fusil ou la canne à pêche »

L'histoire se réveille dans les années 1960, quand la Corse s'ouvre, après une longue torpeur, au bouillonnement régionaliste. Un mouvement surtout incarne cette génération qui veut vivre au pays : l'ARC, l'Action régionaliste corse des frères Siméoni, des médecins revenus s'installer à Bastia. Avec le raidissement des années 1970, l'ARC devient franchement autonomiste, et les jeunes poussent le très charismatique Edmond Siméoni à se mouiller davantage. Un beau matin, il découvre cette inscription bombée sur le bâtiment du siège du mouvement : « Edmond, choisis : le fusil ou la canne à pêche ». Et le 17 août 1975, Siméoni se jette à l'eau. Il promet, dans un discours fleuve à Corte, de « se battre à visage découvert », d'offrir, « au service d'une cause sacrée, la liberté et le sang de ses militants ». Stupeur de ses troupes, d'autant que le médecin conclut, martial : « Un révolutionnaire, ou il gagne, ou il meurt ».

Le tournant d'Aléria

Du coup, le 21 août, un commando d'une vingtaine d'hommes armés de fusils de chasse s'en va, Edmond en tête, occuper la cave viticole d'un riche rapatrié d'Aléria, Henri Depeille. Il s'agit de réveiller l'opinion : les pieds-noirs sont accusés de profiter largement des subventions et de trafiquer le vin dans la Plaine orientale. 600 petits agriculteurs corses sont justement sur la paille après la faillite d'une coopérative viticole. Mais c'est l'été, Giscard est en vacances, comme tout le monde, et c'est son ministre de l'Intérieur, Michel Poniatowski, qui tient la maison. D'une main très ferme. Il envoie à Aléria 1 200 hommes et quatre automitrailleuses régler le problème : deux gendarmes sont tués. Siméoni s'est constitué prisonnier et la Corse le soutient comme un seul homme, mais une semaine plus tard, dix autres militants sont arrêtés. Les affrontements à Bastia tournent au combat de rue, un CRS est tué, dix-huit autres personnes blessées.

Les nuits bleues du FLNC

Plus rien ne sera comment avant. « Aléria n'était pas seulement une affaire de vinasse, explique l'un des fondateurs du FLNC. Aléria se voulait la première étape de la lutte de libération nationale, mais elle a été dénaturée par un ou deux leaders qui n'ont pas voulu assumer. Edmond Siméoni est dépassé ». L'autonomisme est enterré, la lutte est désormais nationaliste. Sans Edmond. Le nationalisme n'est pour lui qu'une « doctrine du passé, inévitablement sectaire, étriquée, xénophobe et passéiste ». L'ARC, dissoute, s'est transformée en UPC, Union du peuple corse, qui continue aujourd'hui à jouer un rôle discret à chaque échéance électorale.

Les radicaux, en revanche, ont fondé le 5 mai 1976, et après une nuit bleue, le Front de libération nationale de la Corse, le FLNC. Les symboles de l'État, les postes, les perceptions, les gendarmeries sautent régulièrement, comme les constructions du littoral, qui reste du coup étonnamment protégé – ce qui, somme toute, est une excellente chose. Les plasticages oscillent entre 400 à 600 par an, 800 les « bonnes » années (1982), avec une technicité éprouvée qui permet d'éviter les blessés.

Comme il faut bien vivre, le FLNC prélève un « impôt révolutionnaire » qui crée des vocations et autorise toutes les dérives. Nombre d'attentats n'ont pas grand-chose à voir avec le nationalisme, et le racket se généralise discrètement. Le FLNC glisse à son tour dans de terribles dérapages, un vétérinaire continental de Corte, Jean-Paul Lafay, est blessé dans un attentat en 1982, puis tué en 1987 en sortant d'un studio de télé. Deux Tunisiens, accusés – à tort – de trafic de drogue, sont assassinés en janvier 1986.

L'État gère, dans le désordre

L'État, évidemment, sévit, renvoie à tours de bras les militants devant la Cour de sûreté de l'État et suscite de nouvelles vocations de clandestins. Mais le mouvement nationaliste bénéficie d'un réel soutien dans l'île, même si les Corses sont loin d'en partager toutes les analyses. La gauche au pouvoir décide alors d'arrêter les frais. On amnistie les détenus, et Gaston Defferre, le nouveau ministre de l'Intérieur, dessine pour la Corse un statut particulier en 1982... qui neutralise vite les clans traditionnels. L'échec politique est envenimé par l'affaire Guy Orsoni : ce militant nationaliste est enlevé et assassiné le 17 juin 1983 par des truands. Le FLNC venge son « martyr » en exécutant un haut fonctionnaire, Pierre-Jean Massimi, et quelques gangsters.

Les socialistes jettent l'éponge, dissolvent le FLNC et envoient l'ancien patron de l'antigang, Robert Broussard, déguisé en superpréfet, sur l'île, mais il a peu de prise sur les événements. Le nouveau ministre de l'Intérieur, Charles Pasqua, échoue à son tour en 1986 à « terroriser les terroristes », et c'est Pierre Joxe qui obtient en 1991, et à l'arraché, un nouveau statut assez novateur pour la Corse, même si le Conseil constitutionnel lui refuse d'y inscrire la notion de peuple corse.

Guerre sur tous les fronts

Mais chez les nationalistes aussi, la lutte pour le pouvoir fait rage, et on a sorti les couteaux. L'un des patrons du FLNC, Pierre Poggioli, quitte la

Cuncolta naziunalista, la vitrine légale des clandestins, et fonde en 1989 l'ANC, l'Accolta nazIunale corsa. Qui se dote à son tour d'un bras armé, Resistenza. L'année suivante, c'est Alain Orsoni qui part créer le MPA, le mouvement pour l'autodétermination, appuyé par une fraction du FLNC bientôt baptisée « Canal habituel ». Le FLNC, toujours fidèle à la Cuncolta de François Santoni, devient le « Canal historique », militairement le mieux armé. Les anciens compagnons d'armes se haïssent férocement. Le Canal historique assassine l'un des siens, Robert Sozzi, le 15 juin 1993, pour avoir dénoncé l'affairisme du mouvement, puis les morts s'enchaînent dans les trois camps, une vingtaine de militants en 1995 et 1996. La police compte les points.

Clandestines négociations

Pierre Joxe a négocié avec le MPA d'Orsoni, Charles Pasqua après 1993 puis Jean-Louis Debré à partir de 1995 avec le clan d'en face, la Cuncolta de Santoni, au milieu de joyeux plasticages. La négociation s'embourbe dans le ridicule quand le ministre accepte que les historiques montent une gigantesque conférence de presse pas très clandestine dans le village de Tralonca, le 11 janvier 1996. Près de 400 cagoulés armés jusqu'aux dents proposent une trêve à l'État français : l'image fait le tour du monde, mais Jean-Louis Debré, en visite le lendemain sur l'île, n'en dit mot et semble trop bien s'accommoder d'une véritable provocation.

Le Canal historique commet alors l'erreur de faire sauter à Bordeaux la mairie du Premier ministre Alain Juppé, qui en profite pour dessaisir son ministre de l'Intérieur du dossier. Les arrestations dans les rangs de la Cuncolta se multiplient, François Santoni est incarcéré. Mais la situation est plus confuse que jamais. Un groupe mystérieux, Fronte Ribellu, une dissidence tolérée du Canal historique, revendique à son tour des attentats. Et si le Canal habituel et Resistenza déposent officiellement les armes, c'est pour mieux rejoindre un nouvel FLNC, qui s'est créé le 5 mai 1996, dix ans jour pour jour après le premier. Bref, « quand y'en a pus, y'en a encore », et les groupuscules armés ou non, clandestins ou pas, semblent pouvoir se multiplier à l'infini – sans réel projet politique.

Préfet assassiné, paillote incendiée

Dans l'île, le temps s'immobilise. Les attentats rythment les nuits si bleues, les chefs de clans ont réussi, avant de mourir, à installer leurs fils sur leur siège, la fraude électorale a repris discrètement. Puis, le 6 février 1998, Claude Érignac, le préfet de Région, est abattu de trois balles dans la tête, alors qu'il se rendait tranquillement à un concert en plein Ajaccio. L'émotion est énorme, 40 000 personnes défilent dans la rue, et du côté de l'État, cette fois, c'est la guerre. L'assassinat est revendiqué par un groupe anonyme et les enquêteurs, malgré des moyens exceptionnels, peinent à découvrir les coupables.

Mais Bernard Bonnet, le nouveau préfet, ne quittera pas l'île avant que l'affaire ne soit éclaircie et les assassins arrêtés. Il crée les GPS, Groupement de Pelotons Spécialisés, une unité censée répondre au cas corse, bien particulier. Du sur mesure ! Par ailleurs, une vaste opération « Mains propres » est lancée, visant en particulier les détournements de fonds publics dont certains insulaires se sont fait un métier.

Mais l'enquête sur la mort du préfet paraît s'embourber – du moins n'en entend-on plus parler lorsque survient l'épisode invraisemblable de la paillote incendiée dans la nuit du 19 au 20 avril 1999. La paillote, c'est *Chez Francis*, un restaurant de plage de la région d'Ajaccio, et les incendiaires sont les gendarmes. Commandités (selon leurs propres aveux) par Bonnet (qui nie farouchement). Bonnet qui chute et éclabousse le gouvernement. Le Premier ministre se retrouve dans l'embarras.

Mais, un mois plus tard, coup de filet spectaculaire : les assassins du préfet Érignac sont arrêtés – sauf un, Yvan Colonna, le tueur présumé, toujours en fuite à l'heure actuelle...

Renouveau nationaliste

Mais de cette affaire de paillote les nationalistes ont tiré profit : le mécontentement général dans l'île leur a fourni de nouveaux suffrages, et ils font le plein aux élections européennes (juin 1999), retrouvant leurs scores des années les meilleures. C'est alors que le gouvernement, face à l'échec de la méthode forte et à la montée en puissance des nationalistes, entreprend d'aborder différemment le problème. Et si l'on s'asseyait tous autour d'une table ? Tous : élus corses, nationalistes et autres, et représentants du gouvernement. Peut-être, dans un débat franc et constructif, arriverions-nous à nous comprendre, à nous entendre enfin ? Il faut dire que tout le monde en a marre, et des meurtres et des paillotes, l'heure est peut-être venue de la discussion.

Vers la paix civile ?

Écoutant chacun (c'est la fameuse « méthode Jospin »), le gouvernement propose finalement en juillet 2000, un consensus qui sera accepté par la quasi totalité des élus corses. Un vrai tour de force ! C'est qu'en fait aucune question n'est tranchée clairement ; le pouvoir législatif dévolu à l'assemblée territoriale serait « encadré », limité à on ne sait quelles bornes. Idem pour la langue corse ou les amnisties... il en est question, mais rien de plus. Le texte permet donc à chacun de rêver. Une proposition de loi plus précise sera publiée en 2001 ; et, si le nouveau statut est viable – c'est-à-dire, dans l'esprit de tous, si l'île retrouve la « paix civile » – le dernier acte serait, en 2004, la modification de la Constitution pour être en conformité avec ce nouveau statut corse.

Mais très vite une opposition s'exprime, celle de « républicains » qui justement refusent qu'on touche à la Constitution, et considèrent que la Corse doit être traitée comme la Creuse ou les Yvelines. Point de statut particulier, nous sommes tous égaux, citoyens et Français ! Ainsi en août 2000, Jean-Pierre Chevènement quitte bruyamment le ministère de l'Intérieur, désavouant Jospin. Dans le même temps, les attentats reprennent, puis les assassinats : Jean-Michel Rossi, ex-nationaliste, se fait flinguer avec son garde du corps à la terrasse d'un café de l'Île-Rousse...

Cependant, malgré ces événements, qui auraient pu ébranler le processus, malgré aussi la surenchère de Jean-Guy Talamoni, leader de *Corsica Nazione*, parti qui regroupe la presque totalité des nombreux courants nationalistes corses, il semble que la volonté d'aller jusqu'au bout l'emporte. Rien n'est changé au calendrier, et même Talamoni condamne les récents meurtres et attentats, qui « tombent dans le droit commun ». La machine est en route. Jusqu'où ira-t-elle ? Tout pronostic serait vain, mais il faut espérer que la volonté politique qui soutient le processus, restera solidaire et pourra mener son action à terme.

Musique corse

Chants profonds : les archétypes

La musique corse est certainement avant tout une affaire de voix, de chant. De chants profonds, sans âge, transmis de mère en fille, de père en fils depuis toujours. Cette tradition orale se perd en effet dans la nuit des temps, comme on dit, et chaque vallée, chaque village ou presque a développé un patrimoine musical propre.

On retrouve cependant de grands types musicaux, construits à partir de quelques modes archétypaux de 4 à 6 notes *(i versi)*, et que les Corses jouent et chantent en certaines occasions.

Citons *u chjam'e rispondi*, joutes poétiques où deux chanteurs improvisent un duel précisément rimé, sur à peu près n'importe quel thème (ça peut être une affaire de bétail, ou de gloriole, n'importe quoi : l'important est la forme, et le vainqueur sera celui qui aura le mieux chanté, et composé les vers les meilleurs, les plus percutants), *u brinchisu*, couplet pour célébrer un évènement heureux, *a paladina* (chant guerrier), *a tribbiera* (chant paysan), *e nanne* (berceuse), *u serinatu* pour les jeunes mariés, *u lamentu* pour les défunts (*u voreru* en cas de mort violente, si bien décrit par Mérimée dans *Colomba*) – qui tous avaient leur place dans la vie sociale, en des circonstances précises.

Enfin, les chants polyphoniques lors des sérénades et fêtes de villages, ou lors de processions religieuses... Ces chants polyphoniques regroupent jusqu'à une dizaine de chanteurs, mais trois voix suffisent : *bassa* (la basse), *seconda* (la seconde) et *terza* (la tierce), la basse donnant la mesure et le ton.

Les instruments derrière la voix

Ces chants étaient souvent accompagnés ; il existe même une musique corse proprement instrumentale, mais le genre reste secondaire. Le mode de vie insulaire ayant été longtemps rustique et autarcique, les instruments étaient produits sur place : flûte en os ou en corne de chèvre percée de 3 à 5 trous *(e pifane)*, trompes d'appel des troupeaux en écorce ou en corne de vache *(e curnette)*, clarinettes rudimentaires, pierres frappées ou plaquettes de bois pour les percussions (ainsi que triangles et clochettes), et, plus élaborés, violons à 3 ou 4 cordes et cistres populaires à 16 cordes métalliques. Et tous ces intruments servaient aux sérénades, et aux danses lors des mariages, baptêmes et fêtes diverses.

Puis certains instruments ont été importés : accordéons, guitares *(e ghitare,* celle-ci ayant pris une importance prépondérante, la guitare, volontiers jazzy, accompagnant souvent le chant dans la musique corse populaire), harmonicas ou orgues. Enfin, au cours du XXe siècle, tous les instruments répandus sur le continent ont fini par être associés un jour ou l'autre à la musique corse, par tel ou tel artiste : piano, cuivres, batteries ou, plus récemment, synthétiseurs ou guitares électriques.

La fin du chant traditionnel

Cependant la transformation de la société corse, qui a vu son économie et son organisation sociale changer radicalement au cours du XXe siècle, passant du mode pastoral et autarcique à une émigration massive vers la France continentale (sans toutefois couper le lien), ainsi que l'avènement du tourisme de masse et des moyens de communications actuels, a eu raison du chant corse. Du moins, a bien failli en avoir raison. Il y avait bien, avant guerre, ***Tino Rossi***. Mais quel rapport entre lui et la musique corse ? Ce rossignol d'opérette, s'il a produit de respectables tubes (*Petit Papa Noël* est une des plus grosses ventes de l'histoire du microsillon) et avait une voix exceptionnelle, n'a pas du tout chanté l'âme corse. Il ne chantait d'ailleurs pas en corse, sa musique ne l'était pas davantage, et finalement il aura surtout contribué à donner une image quelque peu réductrice et caricaturale de l'île. À sa suite d'autres roucouleurs de charme creuseront la même veine (impérissables ***Regina et Bruno***). Un ***Charles Rocchi*** ou un ***Antoine Ciosi*** relevaient sans doute le niveau, mais tout de même la chanson corse paraissait moribonde, quand...

Renaissance et reconnaissance

Au début des années 1970, parallèlement au mouvement nationaliste – et ce n'est pas un hasard – survint *Canta u Pupulu corsu*, bousculant les idées reçues grâce à ses polyphonies immémoriales et aux chansons de *Jean-Paul Poletti*. Composé d'individus d'origines sociales diverses et venant de toute la Corse, ce groupe rendait au chant une des fonctions qui en Corse était sienne : faire redécouvrir son histoire, sa culture, son âme à ce peuple – lui faire redécouvrir qu'il était un peuple.

Au fil d'aventures souvent épiques et de festivals internationaux, « Canta » est donc en grande partie à l'origine du renouveau du chant corse, et de son actuel succès. Directement ou non, la plupart des chanteurs et des groupes insulaires qui se produisent aujourd'hui en sont issus. Avant d'obtenir son premier disque d'or au Canada, *Petru Guelfucci* fut avec Poletti un des fondateurs du groupe, et le groupe *I Muvrini* avait été le premier à en quitter le giron. I Muvrini qui est certainement aujourd'hui le plus connu des groupes de musique corse, capable de remplir le Zénith à Paris par exemple. La forte personnalité de *Jean-François Bernardini*, qui prend volontiers le devant de la scène et aime communiquer avec le public, y est pour beaucoup. Mais il faut d'abord rendre hommage à son père, *Ghjuliu Bernardini*, qui avait travaillé au sein de « Canta » et est un des initiateurs du renouveau musical corse.

Mais à côté d'I Muvrini, d'autres groupes, moins en vue, ne sont pas moins bons. C'est notamment le cas de *Madrigale* qui refuse de vendre son âme au diable en passant par les fourches caudines du show-biz. Puis, au milieu de groupes merveilleux comme *I Chiami Aghjalesi, I Surgenti, Cinqui So* ou *I Palatini*, cinq formations au moins se distinguent, accédant de succès en succès à la place qu'ils méritent :

– *Caramusa* dont les chants, les airs de violon et de cornemuse corse (*caramusa*) restituent les éléments épars d'une mémoire retrouvée. Ce n'est pas seulement « folklorique », c'est aussi et surtout très bon musicalement.

– *Diana di l'Alba* qui, avec des instruments d'aujourd'hui ou tirés de la nuit des temps, font renaître toute la magie de la Corse qui chante et qui danse.

– *Soledonna*, le trio féminin des *Nouvelles Polyphonies corses*, trois jeunes femmes qui ont ouvert une brèche dans un monde de la polyphonie réservé aux hommes, et grâce auxquelles, aux Jeux olympiques d'Albertville, le chant corse a été reconnu dans le monde entier.

– *A Filetta*, pour qui nous avons un goût particulier, tant l'excellent *Jean-Claude Acquaviva*, chanteur et meneur du groupe, est un artiste expressif, d'une grande sensibilité. Sans blaguer, leur disque *Una Tarra chi é* est vraiment de premier ordre, et dans une discothèque côtoie sans ridicule les Brassens, Brahms, Coltrane ou Neil Young. Il y est même parfaitement à sa place, et c'est le genre de galette qu'on peut réécouter sans se lasser jamais, bonne de bout en bout. Du grand art !

– *Jean-Paul Poletti* bien sûr, et les *Chœurs de Sartène* qu'il dirige maintenant. Le bonhomme est vraiment au-dessus de la mêlée, vrai poète-musicien. Ses textes sont des merveilles, comparables à ce qu'a pu faire un Brel par exemple. Beaucoup plus tourné aujourd'hui vers le chant polyphonique pur, et souvent sacré, Jean-Paul Poletti semble trouver dans ces sources matière à exprimer son art humble et beau, soucieux de perfection.

Où écouter de la musique corse ?

À la radio. C'est idiot mais c'est vrai : chopez une station locale, vous aurez droit à de la musique corse – si toutefois les gros émetteurs italiens vous laissent tranquille : sur la côte ouest, dur dur de passer au travers les infernales stations FM italiennes. Sans ça, vous en entendrez dans moult lieux publics, cafés ou restaurants...

Pour les concerts, il y a les festivals (*Festivoce,* à Pigna, première quinzaine de juillet, les *Rencontres Polyphoniques de Calvi*, à la mi-septembre) ou les tournées estivales. Les fêtes patronales et les cérémonies religieuses sont aussi l'occasion, parfois, de chants et musiques – mais la tradition tend à disparaître. Enfin vous trouverez quelques lieux, bar ou petites salles de concert (on en indique quelques-uns), spécialement dédiés à la musique corse : s'y produisent de petites formations, un ou deux guitaristes, une voix, et ça peut être magique. Mais là, c'est une question de moment, de chance... Signalons enfin les associations (*E Cetera, Canta u Populu Corsu, E Voce di u Cumune*, etc.) et autres « ethnomusicologues » acharnés (*Isabelle Casanova, Félix Quilici, Bernard Pazzoni* – que nous remercions au passage –, et d'autres...) qui accomplissent un remarquable travail, permettant largement la sauvegarde et la diffusion du patrimoine musical corse.

Petite discographie

En attendant, voici quelques CD disponibles chez les distributeurs spécialisés dans le domaine culturel. Les quelques petits disquaires de l'île ont aussi un bon choix. On trouve aussi quantité d'enregistrements, qu'on pourra écouter à la **phonothèque du Musée de la Corse**, à Corte.
– *Chants et danses de Corse,* A Cirnea (Le Chant du Monde LDX 74388).
– *Canti e strumenti antichi e d'oghje,* A Cumpagnia, E Voce di u Comune (Éd. Ricordu).
– *Violons corses d'hier,* Filice Antone Guelfucci (Éd. Ricordu, 1984, Bastelicaccia).
– *A Cetera,* Mighele Raffaelli (Éd. Cismonti & Pumonti, 1983).
– *Eri, oghje, dumane,* par Canta u Populu Corsu (Éd. Ricordu, 1973).
– *Sintineddi,* Canta u Populu Corsu (Éd. Albiane, 1995).
– *Corse éternelle, Voix et Guitare* de A Mannela de Corte (Arion 30 u 149).
– *Una Tarra chi é,* A Filetta (Olivi Music).
– *Passione,* A Filetta (Sony Music).
– *A u Visu di Tandi,* A Filetta (Scalenidisc).
– *Polyphonies corses,* le chœur d'hommes de Sartène, avec Jean-Paul Poletti (1996, Auvidis Ethnic).
– *Leia,* I Muvrini (1998, AGFB Productions).
– *Curagia,* I Muvrini (1995, AGFB Productions).
– *Pueta,* Diana di l'Alba. De ce même groupe, *Sumenti d'Acqua* est bien aussi.
– *Canti e Musica Tradiziunali*, Caramusa. Très bon CD.
– *Marine,* par Soledonna.
– *Les Vents du Silence,* par Jean-Paul Poletti.

Plongée

À l'eau, les p'tits canards !

Pourquoi ne pas profiter de votre escapade dans ces régions maritimes pour vous initier à la plongée sous-marine ? Quel bonheur de virevolter librement en compagnie des poissons, animaux les plus chatoyants de notre planète ; de s'extasier devant les couleurs vives de cette vie insoupçonnée...
Pour faire vos premières bulles, pas besoin d'être sportif, ni bon nageur. Il suffit d'avoir plus de 8 ans et d'être en bonne santé. Sachez que l'usage des médicaments est incompatible avec la plongée. De même, nos routardes enceintes s'abstiendront formellement de toute incursion sous-marine. Enfin, vérifiez l'état de vos dents, il est toujours désagréable de se retrouver avec un plombage qui saute pendant les vacances. Sauf pour le baptême, un certificat médical vous est demandé, et c'est dans votre intérêt. L'initiation des enfants requiert un encadrement qualifié dans un environnement adapté

(eaux tempérées, sans courant, matériel adapté). Non, la plongée ne fait pas mal aux oreilles ; il suffit de souffler en se bouchant le nez. Il ne faut pas forcer dans cet étrange « détendeur » que l'on met dans votre bouche, au contraire. Et le fait d'avoir une expiration active est décontractant puisque c'est la base de toute relaxation.

Être dans l'eau modifie l'état de conscience car les paramètres du temps et de l'espace sont changés : on se sent (à juste titre) ailleurs. En contrepartie de cet émerveillement, respectez impérativement les règles de sécurité, expliquées au fur et à mesure. En vacances, c'est le moment ou jamais de vous jeter à l'eau... de jour comme de nuit !

Attention : pensez à respecter un intervalle de 12 à 24 heures avant de prendre l'avion, afin de ne pas modifier le déroulement de la désaturation.

Les centres de plongée

En France, la grande majorité des clubs est affiliée à la *Fédération Française d'Études et de Sports Sous-Marins* (FFESSM). Les autres sont rattachés à l'*Association Nationale des Moniteurs de Plongée* (ANMP) ou encore au *Syndicat National des Moniteurs de Plongée* (SNMP).

L'encadrement – équivalent quelle que soit la structure – est assuré par des moniteurs brevetés d'État ou fédéraux – véritables professionnels de la mer – qui maîtrisent le cadre des plongées, et connaissent tous leurs spots « sur le bout des palmes ». Aussi, les routard(e)s s'adresseront à eux en priorité.

Un bon centre de plongée est un centre qui respecte toutes les règles de sécurité, sans négliger le plaisir. Méfiez-vous d'un club qui vous embarque sans aucune question préalable sur votre niveau ; il n'est pas « sympa », il est dangereux. Regardez si le centre est bien entretenu (rouille, propreté...), si le matériel de sécurité – obligatoire – (oxygène, trousse de secours, radio...) est à bord. Les diplômes des moniteurs doivent être affichés. N'hésitez pas à vous renseigner car vous payez pour plonger. En échange, vous devez obtenir les meilleures prestations...

Enfin, à vous de voir si vos préférez un club genre « usine bien huilée » ou petite structure souple. Prix de la plongée : de 180 à 230 F (de 27,4 à 35 €) en moyenne. Ajouter le coût de la licence annuelle : autour de 250 F (38,1 €).

C'est la première fois ?

Alors, l'histoire commence par un ***baptême*** ; une petite demi-heure pendant laquelle le moniteur s'occupe de tout et vous tient la main. Laissez-vous aller au plaisir ! Même si vous vous sentez harnaché comme un sapin de Noël déraciné, hors saison, tout cet équipement s'oublie complètement une fois dans l'eau. Vous ne devriez pas descendre au-delà de 3 m. Pour votre confort, sachez que la combinaison doit être au plus ajustée possible afin d'éviter les poches d'eau qui vous refroidissent.

Compter de 180 à 230 F (de 27,4 à 35 €) pour un baptême. Puis l'histoire se poursuit par un apprentissage progressif...

Formation et Niveaux

Les clubs délivrent des formations graduées par niveaux.
– Avec le ***Niveau I*** – à partir de 1 500 F (228,6 €) –, vous descendez à 20 m accompagné d'un moniteur.
– Avec le ***Niveau II*** – à partir de 1 800 F (274,2 €) –, vous êtes autonome dans la zone des 20 m, mais encadré jusqu'à la profondeur maxi de 40 m.
– Passez ensuite le ***Niveau III*** – à partir de 1 500 F (228,6 €) – et vous serez totalement autonome, dans la limite des tables de plongée (65 m).
– Le ***Niveau IV*** prépare les futurs moniteurs à l'encadrement.
Le passage de tous ces brevets doit être étalé dans le temps, afin de pouvoir

acquérir l'expérience indispensable. Demandez conseil à votre moniteur (il y est passé avant vous !). Enfin, les clubs délivrent un « carnet de plongée » indiquant l'expérience du plongeur ; ainsi qu'un « passeport » mentionnant ses brevets.

Reconnaissance internationale

Indispensable si vous envisagez de plonger à l'étranger. Demandez absolument l'équivalence CMAS *(Confédération Mondiale des Activités Subaquatiques)* ou CEDIP *(European Committee of Professional Diving Instructions)* de votre diplôme.

Le meilleur plan consiste à faire évaluer votre Niveau par un instructeur PADI *(Professional Association for Diving Instructors*, d'origine américaine), pour obtenir le brevet le mieux reconnu du monde !

En France, certains moniteurs ont la double casquette (FFESSM et PADI par exemple), profitez-en.

Sachez aussi que les brevets NAUI *(National Association of Underwater Instructors)* et SSI *(Scuba Diving International)* jouissent d'une bonne reconnaissance internationale...

À l'inverse, si vous avez fait vos premières bulles à l'étranger, vos aptitudes à la plongée seront jaugées – en France – par un moniteur qui – souvent après quelques exercices supplémentaires – vous délivrera un Niveau correspondant...

En Corse

Bercée par son climat velouté, la Corse est une destination incontournable dans la vie d'un plongeur... ou futur plongeur. Ses eaux chaudes et cristallines livrent un univers étonnant, où les roches aux formes exubérantes abritent une vie sous-marine riche et colorée. L'absence de grosses industries y est pour beaucoup et, puis l'eau de l'île de Beauté est sans cesse brassée, renouvelée, et rechargée en plancton... Combien de routards-plongeurs ayant trimbalé leurs palmes autour du globe ont connu en Corse quelques-unes de leurs plus belles aventures sous-marines ? Vous le constaterez à votre tour : cette île est un pur joyau surgi de la Grande Bleue... À découvrir ou redécouvrir sans modération !

– *La météo :* le beau temps s'impose pour plonger (lapalissade ! ?). Période idéale : entre juin et septembre, avec température très confortable de 18 à 25 °C, en surface (au fond, l'eau est plus froide). Attention, les vents de secteurs variables peuvent compromettre la plongée sur les côtes Nord et Sud – très exposées – de l'île. Et quand le Libeccio (Sud-Ouest) souffle sur le littoral Ouest, pas mal de belles plongées abritées restent quand même accessibles.

Répondeur Météo France : ☎ 08-36-68-08-20.

– *La profondeur :* un handicap, car très rapidement importante. Malgré tout, la grande majorité des épaves – assez près de la côte – reste facilement accessible. Et l'exploration des roches permet – très souvent – de se maintenir à petites profondeurs (ce n'est pas une raison pour faire n'importe quoi !).

– *La visibilité :* excellente et légendaire ! 25 m en moyenne. À certaines périodes, elle peut atteindre 30 à 40 m ! Sachez que cette eau cristalline peut se troubler sur les épaves.

– *Les courants :* ils sont bien localisés (caps, pointes), mais peuvent être violents et conduire à l'annulation de la plongée. Danger !

– *Matériel recommandé :* une *combinaison* de 5 mm d'épaisseur, avec cagoule, s'impose. Des *gants* pour protéger vos « patounes » sur les épaves (tôles coupantes). La lampe torche est indispensable pour voir les couleurs, fouiller dans les trous, et être remarqué de vos équipiers.

– *Vie sous-marine :* particulièrement riche et largement préservée de la

pollution. On peut même, avec un peu de chance, apercevoir dauphins et baleines en se rendant sur les spots. Votre moniteur vous familiarisera avec les beautés et pièges des fonds corses, tout en dégotant les choses intéressantes à voir. Certaines espèces affichent une présence systématique : posidonies, gorgones, anémones, éponges, girelles, murènes, sars, castagnoles, saupes, loups, rascasses, corbs, dentis... Actuellement, le mérou – poisson débonnaires et curieux – revient en force sur tous les spots de Corse. Espérons que « Messieurs les pêcheurs » auront pitié de cette espèce protégée... Règle d'or : respectez cet environnement fragile. Ne cueillez surtout pas le très précieux corail rouge pour l'offrir à Madame ! Ne nourrissez pas les poissons, même si vous trouvez cela spectaculaire. Outre les raisons écologiques évidentes, certains « bestiaux » – trop habitués – risqueraient de se retourner contre vous (imaginez donc un bisou de murène !). Enfin, ne prélevez rien, et attention où vous mettez vos palmes !
– *Derniers conseils :* en plongée, restez absolument en contact visuel avec vos équipiers (ici, c'est plutôt facile !). Attention aux filets abandonnés sur les roches ou les épaves. Sachez enfin qu'en cas de pépin (il faut bien en parler !), votre bateau de plongée dispose d'oxygène (c'est obligatoire !), et qu'il existe un caisson de décompression au centre hospitalier d'Ajaccio (27, av. de l'Impératrice-Eugénie, ☎ 04-95-29-90-90). Enfin, n'enchaînez jamais dans la même journée plongée et montée en altitude (montagne, avion) ; laissez s'écouler une demi-journée entre les deux.

Quelques lectures

– *La Corse sous-marine*, par Georges Antoni (Éd. D.C.L.).
– *Mes 50 plus belles plongées en Corse*, par Georges Antonin (Éd. D.C.L.).
– *Découvrir la Méditerranée*, par Steven Weinberg (Éd. Nathan).
– *Plongée Subaquatique*, par Philippe Molle et Pierre Rey (Éd. Amphora).
– En presse, les magazines : *Plongeurs International* ; *Océans*.

Voyagistes spécialistes de la plongée en Corse

■ *Aquaraev :* 52, bd de sébastopol, 750003 Paris. ☎ 01-48-87-55-78. Fax : 01-48-87-50-81. ● www.aqua rev.com ● D'intéressantes formules à la semaine pour débuter en plongée ou se perfectionner à Porticcio (17 km au sud d'Ajaccio). Hébergement à l'hôtel ou en location avec transport et forfait plongée compris.
■ *Nouvelles Frontières :* ☎ 04-45-68-75-75. ● plongee@nouvelles-frontieres.fr ● On vous emmène découvrir les fonds corses pendant une semaine autour du golfe d'Ajac-

cio ou de Sagone. Formule hébergement, transport, plongée (baptême et perfectionnement) et balades à l'occasion. À découvrir également : une croisière ouverte aux seuls plongeurs confirmés.
■ *Spots évasion Voyages :* 21, chaussée de la Madeleine, 44000 Nantes. ☎ 02-40-35-22-00. Fax : 02-40-20-16-77. Débutants et confirmés partiront explorer les fonds de Calvi pendant une semaine, transport, hébergement en location et forfait 10 plongées compris.

Portraits

C'est fou le nombre de personnalités que cette petite île a pu produire, proportionnellement à une population d'à peine 250 000 âmes (en moyenne) au cours de son histoire... Nous en avons sélectionné quelques-unes, de manière totalement subjective, par manque de place. Napoléon est traité à part, comme il se doit (voir plus haut « Histoire »).
– *Sampiero Corso :* né en 1498 à Bastelica, ce redoutable guerrier demeure le premier héros national pour avoir combattu les Génois toute sa

vie. Après des études militaires à Florence, Sampiero devient *condottiere* (entendez chef des mercenaires), d'abord au service des Médicis, puis de François Ier. Après s'être distingué aux côtés du glorieux chevalier Bayard, il est nommé colonel général de l'infanterie corse. Emprisonné par les Génois mais libéré grâce au roi Henri II, Sampiero entame sa reconquête de l'île avec l'expédition franco-turque de 1553. En ralliant à sa cause les chefs de clans, il provoque ainsi le premier vrai soulèvement des Corses contre la domination génoise. Mais ses troupes s'enlisent et la Couronne l'abandonne. Revenu en France en tant que gouverneur d'Aix-en-Provence, l'ardent militaire poursuit néanmoins son rêve. Dans un dernier sursaut d'orgueil, il débarque en 1564 dans le golfe de Valinco, soutenu uniquement par une petite troupe de fidèles ! N'ayant plus rien à perdre (il vient de tuer sa femme, soupçonnée de trahison), Sampiero traverse l'île, guerroie dans le nord, assiège Sartène mais échoue aux portes de Porto-Vecchio. Le héros est finalement tué dans une embuscade en 1567, par des mercenaires génois... aidés des cousins de sa femme.

– **Pasquale Paoli :** ce natif de Morosaglia en Castagniccia (1725) s'est fait piquer la vedette par son disciple et grand rival Napoléon Ier ! Pourtant, Paoli fait bien plus l'unanimité en Corse que l'Empereur : le vrai nationaliste, c'est lui. Fils d'un révolutionnaire corse (Giacinto Paoli), Pasquale passe son enfance en exil à Naples. Admirateur des philosophes en vogue à l'époque, il rêve d'un grand destin pour la Corse. Les insurrections dans l'île lui permettent de se faire élire général de la Nation corse en 1755. Paoli s'attache alors à créer le noyau d'un État indépendant, basé sur une Constitution qu'il rédige avec l'aide de Jean-Jacques Rousseau. Constitution dont s'inspireront les États-Unis trente-deux ans plus tard, puis la France révolutionnaire. Imaginez, elle donnait le droit de vote aux femmes, cette Constitution ! On peut véritablement parler de génie politique et philosophique concernant Paoli, nettement en avance sur son temps. En 1762, le drapeau de la Corse est choisi : une tête de maure. Puis Paoli fait de Corte une capitale, crée une armée, une flotte, une monnaie, une université, une imprimerie, un journal... Mais il se bat presque seul contre tout le monde : les Français, les Génois, les séparatistes corses et... le clan bonapartiste. Son armée est battue en 1769 et il retrouve l'exil. Le « père de la Patrie », après un bref retour sur son île, meurt à Londres en 1807.

– **Théodore de Neuhoff :** né en 1694, ce baron allemand n'a rien de corse mais se retrouva par un hasard de l'histoire couronné « souverain du royaume corse » en 1736 ! Cet ancien vagabond rencontra des révolutionnaires corses en Italie et eut l'idée géniale de profiter de la confusion politique qui régnait alors sur l'île. Aidé par les Anglais et quelques indépendantistes, l'aventurier se retrouve avec une couronne de lauriers sur la tête, fait frapper une monnaie à ses initiales, tente de ramener l'ordre dans le pays. Mais, chassé par les Génois, le roi bouffon doit quitter son royaume au bout de huit mois ! Il meurt dans la misère après avoir fait de la prison pour dettes...

– **Le cardinal Fesch :** oncle de Napoléon Ier, il exerce d'abord à Ajaccio en tant qu'archidiacre mais s'enrôle dans l'armée italienne sous la Révolution. Nommé ensuite cardinal de Lyon, Joseph Fesch peut alors retourner en Italie (dont il admire les peintres) comme ambassadeur de France auprès du pape. Avoir un neveu empereur rend bien des services ! Pour remercier ce dernier, il réussit à convaincre Pie VII au sacre de Napoléon à Paris. Il finit tout de même par se brouiller avec son illustre neveu, mais se consola de ses soucis en admirant sa collection de quelque 15 000 œuvres d'art réunies au cours de sa vie. Il meurt à Rome en 1839, dans la disgrâce, après avoir légué sa fabuleuse collection à la Ville d'Ajaccio.

– **Ocatarinetabelatchitchix :** le plus célèbre des Corses, pour ceux qui ne connaissent l'île qu'à travers Astérix. Goscinny et Uderzo ont réussi l'exploit d'incarner les vertus (et les petits travers) du caractère corse en un seul portrait : celui de ce chef de clan fier et courageux, susceptible mais généreux. Un montagnard peut-être ombrageux mais tellement amoureux de son île (de ses senteurs et de ses fromages) qu'il en est attachant. Ce qu'on sait moins c'est qu'Ocatarinetabelatchitchix existe : les papas d'Astérix ont utilisé comme modèle un certain Mimi Pugliesi, serveur-chanteur-animateur de la région de Bonifacio, qu'ils rencontrèrent dans un luxueux restaurant de la côte !

— *Tino Rossi :* né en 1907 à Ajaccio, le petit Constantino exerce déjà sa voix à l'âge de 7 ans en chantant des berceuses à ses sœurs ! Quand il s'éteint en 1983, on compte cette fois-ci ses admiratrices par millions ! Après des débuts difficiles à Marseille, le bel hidalgo explose dans une revue du Casino de Paris. Il enchaînera avec une vingtaine de films, quatre opérettes et surtout des dizaines de disques dont les ventes restent encore aujourd'hui parmi les plus importantes de la chanson française, grâce aux inévitables rééditions hivernales de son *Petit Papa Noël*. Tourné en dérision par une jeunesse irrespectueuse, le rossignol corse demeure pourtant l'objet d'un culte très vivace dans sa patrie.

— *Marie-José Nat :* de son vrai nom Benhalassa, cette comédienne connue, bien que discrète, est la petite-fille d'un berger de Corse du Sud. Sa mère vendait des fruits à Bonifacio. Mais pour faire carrière dans la voie qu'elle s'est choisie, la brune aux yeux noisette doit monter à Paris. D'abord *cover-girl*, elle se fait remarquer dans *Élise ou la vraie vie* et obtient un prix à Cannes en 1974. Devenue célèbre, elle n'en renie pas pour autant sa terre natale : ravie de la voir revenir au pays, la commune de Bonifacio lui a cédé une belle maison perchée sur la falaise.

— *Laetitia Casta :* cap-corsine par son père, la top-model au top n'en finit pas de monter, et a même été élue pour représenter Marianne dans toutes les mairies de France et de Navarre ! Il faut dire que c'est une vraie bombe, une fusée ! Pourtant, dans le privé, elle est vraiment sympa, cool et tout. Simple et naturelle, pas bêcheuse pour un rond, et encore plus belle que sur les photos. On peut l'aborder, entamer la conversation, lui offrir un verre et plus si affinité. Même que nous on l'a fait, ouais... Enfin, c'était peut-être une autre. Ouais ouais, on l'a fait...

— *Charles Napoléon :* descendant à la 5ᵉ génération du frère cadet de l'Empereur, Jérôme, l'ancien roi de Westphalie. Homme d'affaires et fondateur d'une association pour promouvoir l'économie et l'image de l'île. Ce prince est beaucoup plus bonapartiste que napoléonien. Il symbolise la relève tant attendue des politiciens corses vieillissants.

— *Michel Caregga :* pan! pan! pan! ce Corse a été champion du monde et champion olympique, pan-pan-pan-pan! De quoi d'après vous? Eh oui, de ball-trap! Pan! pan! Quel carton!

— *Marie-Claude Pietragalla :* la danseuse étoile de l'Opéra de Paris a quitté la capitale pour diriger les ballets Roland Petit à Marseille. Qu'elle mène de main de maître, allant de succès en succès. La Pietragalla est décidément une véritable étoile, une star!

Chanteurs

Tino bien sûr, mais aussi *César Vezzani*, ténor de la première moitié du XXᵉ siècle qui a été un des rares Français à chanter à la Scala de Milan ; *François Valéry* et *Patrick Fiori,* tous deux natifs de Cargèse.

Quelques écrivains

Angelo Rinaldi, *Gisèle Poli*, *Philippe Franchini*, *Jean-Claude Rogliano*, l'auteur de *Mal'Conciliu*, le baroudeur-écrivain *Patrice Franceschi*, le routard *Benoît Lucchini* (génial!), le poète *Pascal Bonetti* et *Marie Susini*, l'auteur contemporain le plus important selon certains. Et *Paul Valéry*, sétois mais dont le père était cap-corsin (notons au passage qu'il s'appelait *Valerj*, le j est devenu y).

Parmi les hôtes célèbres

Marina Vlady, *Serge Lama*, *Jacques Dutronc* (qui enregistra une chanson sur la Corse), *Yves Duteil*, *Jacques Higelin*, *Jacques Séguéla*, *Laurent Fabius*, *Victor Lanoux*, feu *Michel Berger*, *Christine Ockrent* et *Bernard Kouchner* (qui passent toutes leurs vacances dans le sud), *Alain Decaux*, *Stéphanie de Monaco* (île Cavalo, où elle peut passer dire bonjour au roi d'Italie en exil, qui y réside), *Alix Chevassus*, *Michel Fugain*, fan de l'île-Rousse, *Sardou*, qui vient de se payer une p'tite cabane vers Porto-Vecchio, *Daniel Auteuil*, l'historienne *Dorothy Carrington*, littéralement amoureuse de l'île dont elle connaît tout ou presque, *Françoise Xenakis*, qui aime se faire le tour de Corse en kayak de mer, etc.

Randonnées

Avertissement

Randonneurs, attention! Nous vous mettons en garde contre les dangers de la randonnée en Corse. Outre que le GR20 est l'un des sentiers de grande randonnée les plus éprouvants qui soient (les sentiers de pays seront davantage à la portée des marcheurs non confirmés) et que les rigueurs du climat (canicule ou violents orages subits) peuvent causer des problèmes, évitez absolument de quitter les sentiers balisés. Cela vaut également pour les Mare a Mare et les Mare e Monti. En effet, on déplore chaque année des accidents, parfois mortels, dus à cette imprudence. L'entorse tourne vite au drame lorsqu'on se trouve isolé dans le maquis... Pensez-y.

Le Parc naturel

Le *Parc naturel régional de Corse* a été créé en 1972, et trois missions principales lui sont assignées : la préservation du patrimoine naturel, la revitalisation de la Corse intérieure grâce au tourisme de montagne (1 500 km d'itinéraires pédestres avec gîtes d'étape ou refuges), l'information et la sensibilisation du public au milieu naturel et culturel insulaire.

Il recouvre aujourd'hui plus du tiers de l'île avec une superficie de 350 500 ha, et regroupe 143 communes sur les départements de Haute-Corse et de Corse-du-Sud. Il englobe notamment le golfe de Porto et la réserve naturelle de la Scandola, façade maritime classée au patrimoine mondial de l'Unesco, ainsi que les hauts massifs : la « Grande Barrière » s'étire du Monte Cinto au nord-ouest aux aiguilles de Bavella au sud-est. Une merveille pour les visiteurs et une chance pour de nombreuses espèces menacées (mouflons, aigles royaux, gypaètes...).

Le très fameux GR20 le traverse de part en part. Attention aux changements brutaux de conditions climatiques. Il y a danger de mort. L'équipe du parc a mis en place de nombreux itinéraires de marche locaux (voir carte), traversées de mer à mer (Mare a Mare), sentiers (Mare e Monti). Chacun d'eux sera traité en lieu et place. Les gîtes qui s'inscrivent dans le cadre de ces randonnées sont aujourd'hui plus confortables. On y trouve de bons lits, on peut y louer les draps et y manger.

– Pour plus de détails concernant le parc, les sentiers et les gîtes, contactez le **Service infos du parc** à Ajaccio (☎ 04-95-51-79-10), où des topoguides de ces randonnées sont en vente.

Le GR20

C'est un mythe et un sacré morceau, réservé aux randonneurs confirmés. 200 km entre *Calenzana* (à 12 km de Calvi) et *Conca* (à 22 km de Porto-Vecchio). À voir en cours de route, outre les paysages de rêve : alpages, bergeries, mouflons, chèvres, cabris... et plusieurs espèces de chauves-souris ! Les bons marcheurs peuvent le faire en 10 ou 12 jours. Les mauvais marcheurs feraient mieux de rester sur la plage. C'est du sport ! Le slogan, « un jour de sentier = 8 jours de santé », c'est bien beau, encore faut-il arriver entier !

Ce qui ne pose pas de réels problèmes si l'on suit les indications et si l'on prend les précautions nécessaires. On vous les répète : bonnes chaussures, vêtements chauds et vêtements légers, un chapeau, un imperméable, de l'eau, des aliments pour 2 à 3 jours (à renouveler à chaque possibilité). Être en bonne forme physique, ne pas se lancer seul dans l'aventure, ne pas quitter le sentier (balisé en rouge et blanc, les balises orange sont celles des sentiers intervillages dont on croise les chemins à diverses reprises). Bien entendu, ne pas jeter de détritus. Seulement 30 % des randonneurs qui l'empruntent font le GR20 en entier ! La partie nord est la plus dure, avec des passages à plus de 2 000 m d'altitude.

En dehors de l'été, le GR devrait être réservé aux spécialistes de la montagne. Danger. Notons aussi qu'il se fait à ski en hiver (voir le topoguide *La Haute Route à ski*, édité par le Parc naturel régional).

Début juillet, la neige peut encore être présente dans les montées. C'est une difficulté et un danger supplémentaires. Du 15 juillet au 1er septembre, le GR est assez fréquenté et les refuges sont souvent complets : il vous faut donc emporter du matériel de camping. Le camping sauvage est interdit (mais le bivouac est autorisé autour des refuges). Les chiens ne sont pas admis dans les refuges. Ceux qui n'ont pas assez de temps (ou de courage) peuvent diminuer les trajets en attaquant le GR20 par tronçons, avec une partie en car (correspondances dans certains des villages traversés).

Enfin, dernier conseil : si vous voulez éviter la foule (car le GR20 est très fréquenté, surtout l'été), essayez de partir en milieu de semaine. En effet, la majorité des randonneurs commencent le parcours le samedi, le dimanche ou le lundi ; en partant deux ou trois jours plus tôt (ou plus tard), on est plus tranquille.

– Pour atteindre **Calenzana,** 2 bus par jour de Calvi en juillet et en août, à 14 h et 19 h (transports *Beaux Voyages,* ☎ 04-95-65-11-35).

– Pour **Conca,** rejoindre Santa-Lucia-di-Porto-Vecchio en bus en venant de Bastia ou de Porto-Vecchio. Là, navette pour Conca (☎ 04-95-71-46-55), mais on peut aussi y aller à pied (6 km).

– Rappelons les **Services infos du parc.** Toute l'année à *Ajaccio :* ☎ 04-95-51-79-10. Fax : 04-95-21-88-17. De juin à septembre, à *Corte :* ☎ 04-95-46-27-44 ; à *Porto :* ☎ 04-95-26-15-14 ; à *Evisa :* ☎ 04-95-26-23-62 ; à *Calenzana :* ☎ 04-95-62-87-78. ● www.parc-naturel-corse.com ●

Sentiers Mare a Mare

Balisés en orange, ces itinéraires permettent de traverser la Corse d'ouest en est, de « mer à mer ». Les parcours sont tous très beaux, traversant des régions variées comme tout. En revanche, question hébergement le confort pèche parfois.

– Le Mare a Mare Nord relie *Moriani* à *Cargèse* via Corte en 8 jours. On en parle de façon détaillée dans les chapitres consacrés à Moriani et à Corte, mais c'est certainement le parcours où le paysage change le plus souvent : le randonneur y passe de la Castagniccia schisteuse et de ses villages du bout du monde au Niolo, un pays de montagnes où la Corse a réuni ses plus célèbres sommets (monte Cinto, Paglia Orba, Capu Tafunatu...), sans oublier enfin les gorges du Tavignano (qui ont malheureusement été ravagées par le feu en août 2000), les hauteurs de Porto et le panorama final sur la presqu'île d'Omigna, paysages emblématiques de la Corse granitique et colorée.

– Le Mare a Mare Centre chemine, lui, de *Ghisonaccia* à *Porticcio* en 7 jours. On vous donne les lieux d'étape dans le chapitre « Ghisonaccia », mais retenez qu'il s'agit du parcours traversant les régions parmi les moins visitées de Corse. Pourtant, Fium'Orbo et Taravo plairont sûrement aux amateurs de nature sauvage : châtaigneraies, yeuseraies, pinèdes d'altitude ou maquis arborescent plus proche des rivages, le couvert végétal est dans ces régions un privilège généreux et général. Les villages sont aussi sympathiques, nichant leurs maisons et leurs murs de granit dans les rares éclaircies que libère cette jungle de verdure.

– Le Mare a Mare Sud relie, quant à lui, *Porto-Vecchio* à *Propriano* en 6 jours. Un itinéraire où les lieux d'étape figurent parmi les plus convenables qui soient en Corse (pas de mauvaise surprise à redouter, en principe...) et qui traverse l'une de nos régions préférées de Corse, l'Alta Rocca. Un petit regret, ce chemin effleure le massif de Bavella et la montagne de Cagna, authentiques merveilles des montagnes de Corse, sans leur rendre la visite qu'ils mériteraient. Alors, s'il vous reste une ou deux journées à employer, vous savez où aller...

Sentiers Mare e Monti

Balisés en orange eux aussi. Le plus long, le plus ancien et le plus célèbre part de *Calenzana* et se termine à *Cargèse*. Les étapes sont superbes : pour le plus beau site visité, on hésite entre la baie de Girolata, le sommet du San Petru (étape Serriera-Ota) et son belvédère fantastique sur tout le golfe de Porto, ou le défilé de la Spelunca avec son croquignolet pont génois de Zaglia. À moins de préférer l'ambiance reposante du refuge de *E Case,* une vieille maison retapée dans un village abandonné dominant les rivages de Cargèse, tenue par un adorable couple de gardiens niçois (et leur petite-fille).

L'autre, Mare e Monti Sud, va de *Propriano* à *Porticcio* en une petite semaine. On y constatera avec stupéfaction combien la solitude sait, en Corse, être proche des stations balnéaires les plus tapageuses, et qu'il subsiste dans ces parages quelques immensités de sable blanc encore peu fréquentées (par exemple, la baie de Cupabia, non loin de la trépidante Porto-Pollo).

Quelques infos et conseils pour les sentiers Mare à Mare et Mare e Monti

– Budget : compter entre 160 et 180 F (24,3 à 27,4 €) pour une nuit dans un gîte en demi-pension (dîner, nuit et petit-déj), et entre 60 et 80 F (9,1 et 12,2 €) uniquement pour la nuit en dortoir, et 30 F (4,5 €) pour le petit-déjeuner. La demi-pension est parfois imposée. Certains gîtes préparent sur demande des pique-niques pour votre étape du lendemain, pour une moyenne de 40-45 francs (6-6,8 €) ; formule d'autant plus intéressante que certaines étapes ne vous font traverser aucun village.

– Tous ces sentiers de randonnée ne sont pas praticables toute l'année, essentiellement à cause de la neige. Renseignez-vous auprès du Parc régional de Corse (voir coordonnées plus haut).

– Idéalement, réservez vos places dans tous les gîtes du circuit avant votre départ ; inutile de prendre le risque de ne pas avoir de lit. D'autant que si certains gîtes sont ouverts toute l'année, ça n'est pas le cas de tous hors saison.

– Levez-vous tôt pour éviter d'être trop gênés par la chaleur quand vous marchez. Soyez tout aussi prudents hors saison, mais pour une autre raison :

c'est que la nuit tombe plus tôt. Ça semble évident, mais on a vu des randonneurs se faire rattraper par la nuit.

– On a préféré n'emporter qu'un sac à viande plutôt que de trimballer notre bon vieux sac de couchage (là on ne s'adresse pas à ceux qui vont passer quelques nuits sous la tente). En plein été, ça tombe sous le sens, mais aucun problème hors saison non plus. Il y a des couvertures partout.

– Pour ce qui est de l'eau, ne négligez pas d'emporter plusieurs litres par personne, surtout pour les étapes pour lesquelles vous ne traversez aucun village. Idéalement, on trouve aujourd'hui des poches à eau isothermes qu'on glisse dans son sac à dos. Elles sont munies d'un tuyau avec tétine, qu'on accroche à portée de main. (Astuce : emportez un citron avec vous, que vous presserez dans la poche chaque matin avant de partir. On n'a rien trouvé de mieux pour éliminer le petit arrière-goût de plastique persistant).

– Côté vestimentaire, vous pouvez prévoir un pantalon qui se transforme en short en 2 coups de fermeture éclair. On n'a pas trouvé plus pratique, d'autant que, rarement en coton pur, il sèche vite si vous êtes trempés ou si vous le lavez (à ce propos, il existe de petits tubes de lessive). Prévoir une cape de pluie (certaines sous forme de poncho) qui protège aussi votre sac à dos.

Aux pieds, mettez de vraies chaussures de randonnée, ce qui vous évitera bien des désagréments. Mais ça ne vous dispense pas d'être prudents : mieux vaut emporter des pansements « double-peau », du fil et une aiguille, et éventuellement une crème pour masser les muscles après l'effort.

– Ne vous laissez pas suivre par des chiens d'une étape à l'autre, ils seraient mal accueillis dans les gîtes, et c'est souvent un vrai casse-tête de retrouver le propriétaire.

GÉNÉRALITÉS

Ascension du monte Cinto

Une ascension inoubliable jusqu'au point culminant de la Corse (2 710 m), au-dessus de Calacuccia dans le Niolo. Parcours cairné, de difficulté moyenne.

Sentiers de pays

Ce sont des balades de moyenne montagne, allant de village en village et balisées le plus souvent en orange. Des itinéraires sans obstacle technique particulier, à la journée (de 2 à 5 h ; il vaut mieux prévoir en général une manœuvre de voitures pour éviter une boucle trop longue ou pour s'épargner le retour par le même sentier) et accessibles en famille.

Depuis quelques années, ces réseaux ont poussé comme des champignons. Le parc régional avait commencé avec sept réalisations différentes : *Alta Rocca* (à proximité de Zonza et de Levie dans le sud, au cœur de l'amphithéâtre boisé où coulent le Rizzanese et ses nombreux affluents), *Boziu* (un petit pays désertifié, coincé entre Castagniccia et Corte), *Fium'Orbo* (une région de villages-nids d'aigle dominant Ghisonaccia, les étangs littoraux de la plaine orientale et de sombres forêts à perte de vue), *Niolo* (le pays le plus montagneux de Corse entre le monte Cinto et le lac de Nino), *Taravo* (vallée du Sud qui descend du col de Verde à Porto-Pollo en passant par Zicavo et Filitosa), *Venacais* (région de Venaco, située au centre de la Corse entre Corte et le col de Vizzavona) et, enfin, *Giunssani* (en haute Balagne, un îlot de verdure bordant trois villages du bout du monde plus leur chef-lieu, Olmi-Cappella).

Depuis, d'autres initiatives ont suivi : *Castagniccia* (pays des toits en lauze et du châtaignier), *vallée du Liamone* (entre Vico et le lac de Creno), *Cap Corse* (célèbre presqu'île formant la pointe nord de l'île), *Giunssani* (micro-région de Balagne)...

Bref, il y en a maintenant presque partout ! N'hésitez donc pas à vous promener sur ces sentiers ancestraux, agréables même en été (à condition de choisir son heure) : il est bien décevant de les voir aussi peu fréquentés lorsque l'on connaît les efforts et le coût de leur réhabilitation.

Via ferrata

Une via ferrata a été aménagée dans la vallée d'Asco (contacter l'association *In Terra Corsa,* voir coordonnées plus loin). Longue de 350 m, de niveau difficile, on peut la faire libre ou accompagné. Une autre via ferrata a été aménagée dans le Fium'Orbu à Chisa (arrière-pays de Solenzara). Une bonne formule pour s'initier aux frissons de l'escalade.

Randonnées pédestres accompagnées

Plusieurs associations proposent ce type de découverte. Prix variables selon la saison.

■ *Montagne Corse in Liberta :* immeuble Rond-Point, 2, av. de la Grande-Armée, 20000 Ajaccio. ☎ 04-95-20-53-14. Fax : 04-95-20-90-60. • www. montagne-corse.com • Spécialiste des randonnées « confort ». Tout est organisé, tout est pensé jusqu'au portage de sac entre les étapes (à dos de mulet) et ce, même sur le GR20. Plus de casse-tête pour le ravitaillement, pour les places dans les refuges bondés, *Montagne Corse in Liberta* s'occupe de tout. De bons professionnels.

■ *Compagnie régionale des guides et accompagnateurs de Corse :* route de Cuccia, 20224 Calacuccia. ☎ 04-95-48-10-43. Fax : 04-95-48-08-80. Regroupe la plupart des professionnels de la montagne de l'île et propose randonnée pédestre, escalade, canyoning, VTT, etc.

■ *A Muntagnola :* 20122 Quenza. ☎ 04-95-78-65-19. Le GR20, le sentier Mare e Monti, l'Alta Rocca...

■ *UCPA :* centre UCPA de Ghisoni, place de la Mairie, 20227 Ghisoni. 04-95-57-60-70. Rando douce et découverte de la montagne.

☎ ■ *Corse Odyssée :* 20122 Quenza. ☎ 04-95-78-64-05. Canyoning, randonnées pédestres ou aquatiques sur la région de Quenza (Alta Rocca).

■ *In Terra Corsa :* gare de Ponte-Leccia, 20218. ☎ 04-95-47-69-48. Fax : 04-95-47-69-45. • in.terra.corsa@wanado.fr • Propose rando, canyoning, via ferrata et escalade dans la vallée de l'Asco surtout.

■ *Objectif Nature :* 3, rue Notre-Dame-de-Lourdes, 20200 Bastia. ☎ 04-95-32-54-34. Randos accompagnées sur le GR20, dans le désert des Agriates (sans sac à dos, 7 jours, 6 nuits). Propose aussi l'ascension (avec guide accompagnateur toujours) du monte Cinto, point culminant de l'île. 2 jours et 1 nuit sans sac.

■ *Alta Strada :* 20271 Moltifao. ☎ 04-95-47-83-01. Marie Moretti propose des randos dans la belle région de Moltifao.

■ *APART :* 20117 Tolla. ☎ 04-95-27-00-48. Rando et base nautique sur le lac de Tolla. Kayak de rivière.

Sites internet

• www.lacorse.com •
Bien utile pour découvrir les secrets de la gastronomie corse et de ses principales spécialités : le *brocciu*, la châtaigne ou encore le *prisuttu*. D'autres infos sur la culture corse, ses auteurs, sa langue, ses villes et ses villages.
• www.sitec.fr/iledebeaute/frame.htm •
Les mythes et légendes corses, les personnages célèbres et l'histoire même de la Corse. Les sites à explorer sont présentés visuellement mais aussi de manière historique. Une très bonne introduction au voyage.
• www.corsica-guide.com •
Portail réalisé par des amoureux de la Corse. Un tas d'infos pratiques (transports, météo) mais aussi culturelles et historiques.
• www.allerencorse.com •

Pour se donner une idée concrète des sites à visiter. Répertorie les sites corses visibles sur des photos et localisables grâce à des plans.
● www.corsicamag.com ●
Le côté historique de la Corse : les confréries, la langue, les légendes mais aussi un zoom sur le baroque corse très bien fait et bien documenté.

GÉNÉRALITÉS

Souvenirs de Corse

– De nombreux ***produits du terroir*** – miel, confitures, charcuterie, fromages, vins, liqueurs, farine de châtaigne, etc. – sont vendus au bord des routes et dans les nombreux magasins. On a parfois de très bonnes surprises. Allez plutôt directement chez le producteur et essayez d'établir un contact personnel.
– Dans la Castagniccia, autour de Piedicroce, des artisans fabriquent de très beaux ***objets en bois*** d'aulne, d'olivier ou en bruyère. Très belles pipes corses à bas prix chez les artisans du hameau de Valle d'Orezza (une superbe balade !).
– On trouve encore des ***couteaux traditionnels*** corses avec lames en acier et manches en bois de l'île. Tout est fait en Corse, y compris le métal ! Des objets rares, qui ont d'ailleurs un certain prix.
– ***Potiers et verriers*** sont également assez nombreux sur l'île. Il vaut parfois la peine de s'arrêter chez eux, qui peuvent proposer de véritables œuvres d'art, notamment les verriers. Dans la poterie, différentes qualités, et certaines pièces sont vraiment belles.
– La fabrication de ***bijoux en corail*** sont une autre spécialité corse (même si le corail est aujourd'hui protégé en Méditerranée). On trouve des boutiques et des ateliers de taille de corail dans les stations balnéaires : Saint-Florent, Porto-Vecchio, etc. Joli mais coûteux.

Tour de Corse du routard

Non, il ne s'agit pas du dernier rallye automobile à la mode. D'abord, ce n'est pas notre genre de jouer les Alain Prost sur les routes de l'île. À pied ou à cheval, à bicyclette ou à moto, en automobile ou à dos d'âne, la Corse se déguste lentement, au rythme voluptueux du maquis et de ses senteurs enivrantes. Bref, ce n'est pas une île pour touristes pressés, ni pour voyageurs du style « y'a-pas-de-steak-frites-chez-vous ? ». Bon, notre tour de Corse à nous commence à Bastia (une méconnue à découvrir), passe par le cap Corse (une merveille !), Saint-Florent et le Nebbio, traverse le désert des Agriates et continue ainsi jusqu'à Ajaccio, Bonifacio, Porto-Vecchio... La Corse dans le sens contraire des aiguilles d'une montre (voir la table des matières).
Un conseil : surtout ne pas se cantonner au littoral, même en été, car l'intérieur est d'une beauté époustouflante et on y trouve plus d'espace que sur les plages (souvent noires de monde). C'est là, dans ce « noyau dur » de la Corse, que l'on a fait nos plus étonnantes découvertes, rencontré des gens hospitaliers et attachants, admiré une kyrielle de villages perchés. Autre avantage très agréable de l'altitude : il y fait bon, la température y étant moins élevée qu'en bord de mer. En plein mois d'août, les montagnes corses sont des refuges de douceur. Et les prix y sont plus abordables !
Quinze jours, c'est un minimum pour faire le tour de l'île. En un mois, on a le temps de traîner dans les coins perdus du centre...

GÉNÉRALITÉS

Tourisme en Corse

Environ 5 milliards de francs, plus de 2 millions de visiteurs ces dernières années : le tourisme constitue la plus importante source de revenus de l'île. 70 % des visiteurs viennent en juillet et août, mais mai, juin et septembre sont aussi assez fréquentés. Environ 70 % de ces touristes sont français, 12 % italiens, 10 % allemands.

Bon à savoir si vous n'aimez pas trop la foule : seulement un touriste sur cinq séjourne à l'intérieur de l'île !

Quelques précisions concernant les rapports qu'entretiennent les Corses avec les touristes... D'abord, contrairement à une idée répandue, la majorité des habitants de l'île savent recevoir les continentaux. Vous serez généralement accueilli chaleureusement, et non à coups de fusil, à moins d'aller saccager le maquis avec un 4x4 ! Le terrorisme ne s'en prend jamais aux touristes mais à des cibles symboliques. Avant tout, la Corse a un besoin vital du tourisme, ressource économique principale de l'île. Mais aussi, les Corses sont toujours flattés de constater combien leur beau pays peut plaire... La conversation s'engage facilement quand on vante les merveilles de l'île.

Pour des raisons faciles à comprendre, l'accueil peut paraître plus ouvert sur le littoral. Mais ne vous y trompez pas : le sourire est parfois dénaturé par l'appât du gain (principalement dans les endroits les plus fréquentés). En revanche, les rapports avec les habitants de l'intérieur, s'ils sont moins évidents de prime abord, sont beaucoup plus sincères. Une fois la glace rompue, vous découvrirez des gens vraiment formidables, pour qui l'hospitalité n'est pas un vain mot. Le nombre de nos lecteurs revenus de Corse enchantés par la chaleur de l'accueil est éloquent. Les seuls touristes qui peuvent rencontrer quelque agressivité sont ceux qui débarquent en conquérants et ne respectent pas l'habitant, ses usages, sa mentalité, son île. Nous, on n'ira pas plaindre les voyageurs qui, par leur comportement scandaleux, leur frime, leur mauvaise humeur ou tout simplement leur mépris du peuple corse, se seront attiré des problèmes. Ici, d'une façon générale, la fierté et le désir légitime de respect passent avant votre argent. Tant mieux.

La Corse hors saison

Certes, 31° à l'ombre et la mer à 27, c'est agréable – encore que, point trop n'en faut. Mais cette canicule se conjugue toujours avec foule, embouteillages, tarifs élevés voire exorbitants – les locations pendant le 2e quinzaine d'août atteignent des sommets – et, disons-le, un accueil parfois tendu de la part des insulaires, que la précipitation exaspère et qui finissent la saison sur les rotules. Bref, la Corse en juillet-août, c'est bien mais ça coûte cher, et ce n'est pas forcément la meilleure période pour découvrir l'île et ses habitants. Mai, juin, septembre, sont des mois préférables. Le beau temps y est, et l'eau est suffisamment chaude pour les bains de mer. Cela, on le sait. Mais on ne pense pas toujours à la Corse hors saison vraiment – en octobre, à Noël, à Pâques. Pourtant, cette Corse à peu près désertée par les vacanciers, révèle sa nature et son charme profonds. Avez-vous déjà vu la plage de Palombaggia en janvier ? Nous, oui. Splendide. Et l'on s'est même baignés. Le pied ! (on veut dire : quel plaisir ! et non que nous n'aurions fait que nous tremper les orteils). Et le *figatellu*, quand donc croyez-vous qu'on le mange ? Il faut venir en tout début d'année pour apprécier cette charcuterie. Le *bruccio* aussi est meilleur au printemps... Sans parler des fêtes rurales, celle du marron, à Évisa, en novembre, ou la *festa di l'olivu novu*, grand marché de l'huile d'olive nouvelle, à Sainte-Lucie-di-Tallano, dans l'Alta Rocca, en mars. Splendeur des paysages, des villages, perfection des produits... Et ces Corses, alors authentiques, qui ne voient pas alors en vous le touriste agaçant parfois, avec ses exigences et son regard d'ethnologue, mais l'hôte, l'étranger qu'il convient de bien recevoir, selon l'usage.

Une chose est sûre : un petit *break* d'un week-end ou d'une semaine en Corse hors saison, c'est la détente et le plaisir assurés – et le meilleur moyen de tomber amoureux de l'Île de Beauté.

Transports intérieurs

Auto-stop

Ici comme ailleurs, ça ne fonctionne pas trop mal (en été surtout, avec les Allemands et les Italiens). À condition de ne pas se mettre dans un virage (ils sont nombreux, surtout en montagne et sur la côte Ouest). Au soleil, ça tape dur !

Moto

De plus en plus de jeunes découvrent la Corse à moto. La prudence est de rigueur (voir plus bas nos conseils « Voiture », ils valent aussi pour la moto). Pas de problèmes particuliers à signaler, mais évitez la vitesse (surtout en montagne).

Bus et autocars

Le littoral est desservi, certes, mais les fréquences sont faibles et ce n'est vraiment pas pratique, notamment pour la liaison Calvi-Ajaccio. Quant à l'intérieur des terres, les communications ne sont pas formidables. Pas facile, donc, pour les campeurs, les campings étant souvent éloignés du littoral et des arrêts de bus. Il faut cependant noter que le car reste (après le stop) le moyen de transport le plus économique, et que le confort des cars s'améliore chaque année. Enfin, sachez qu'un « Corsica Pass », sorte de carte orange annuelle, permet de voyager tant qu'on veut sur les lignes de quatre compagnies :

■ *Eurocorse Voyages* : 20000 Ajaccio. ☎ 04-95-21-06-30.
■ *SAIB* : 20000 Ajaccio. ☎ 04-95-22-41-99.
■ *Beaux Voyages* : 20260 Calvi. ☎ 04-95-65-11-35.
■ *Les Rapides Bleus* : 20137 Porto-Vecchio. ☎ 04-95-70-10-36.

On peut faire ainsi le tour de Corse ou la traverser. Renseignements et vente auprès des compagnies (480 F, soit 73,2 €, le « Corsica Pass »).

Train

Les lignes Ajaccio-Bastia via Corte et Ajaccio-Calvi (changement à Ponte-Lecchia) sont le nec plus ultra des voyages ferroviaires. Traversent des paysages grandioses. À ne pas louper ! Il est préférable d'arriver en avance l'été, car les places sont prises d'assaut par les randonneurs (d'ailleurs mieux vaut éviter la très haute saison, le train est vraiment trop bondé alors, on croirait le métro aux heures de pointe !). Compartiment spécial pour les sacs à dos. Ne pas rater le passage du viaduc de Vecchio (entre Venaco et Vivario), construit par Gustave Eiffel, panorama superbe !

Il existe un billet touristique (200 km minimum dans les 48 h) qui permet d'obtenir 25 % de réduction. Intéressant quand on veut faire l'aller-retour Ajaccio-Bastia. Intéresssante également, la carte *Zoom*, valable 7 jours, qui permet de circuler sur tout le réseau pour 290 F (44,2 €).

Notons qu'il est question de rouvrir l'axe Ajaccio-Porto-Vecchio détruit lors de la Seconde Guerre mondiale. Mais d'ici que ça se fasse...

Voiture

En raison de l'étroitesse des routes et des nombreux virages (dangereux), ne comptez pas battre des records de vitesse en Corse. La moyenne se situe plutôt autour de 50 km/h que de 90 km/h, sauf entre Solenzara et Bastia, où les routes sont droites et faciles.

Un conseil : le klaxon dans les virages. Ça paraît ringard, mais cette pratique peut éviter des rencontres du troisième type entre votre petite deux-portes-toit-ouvrant et des cars trop larges et pleins à craquer... Beaucoup de pistes (non goudronnées) sur le littoral mais aussi dans les forêts.

Prudence accrue aussi à cause des animaux (vaches, cochons, chèvres) qui investissent souvent la chaussée.

Un petit conseil encore : laissez-vous doubler par les insulaires qui eux ne sont pas en vacances mais se rendent au travail ou chez eux, et s'énervent derrière les touristes peu pressés. Il suffit de ralentir un peu et de mettre son clignotant sur la droite pour les laisser dépasser (comme il se fait couramment en Corse). Cette petite règle de conduite toute simple peut éviter des situations dangereuses, les dépassements risqués, etc.

Enfin, sachez qu'en général le jeune Corse fougueux au volant tout l'hiver parce qu'il se croit seul sur la route (et qu'il l'est presque) ne modifie pas, malheureusement, sa conduite durant l'été. Ici, c'est un berger qui montait ses bêtes à la montagne qui a été tristement fauché (salute François !), là un couple de touristes... La liste est longue. Ajouter à cela les Italiens en vacances. La route en Corse l'été est meurtrière ! Prudence, prudence.

– N'oubliez pas de vous munir d'une bonne *carte routière*. La *Michelin n° 90* est parfaite.

– Enfin, si vous louez un véhicule, sachez que la plupart des loueurs demandent une carte bancaire pour la caution.

Vendetta

> – *Quelle terrible coutume que celle de votre vendetta !*
> – *Que voulez-vous ? On fait son devoir.*
>
> Maupassant.

Il n'y a plus de vendetta aujourd'hui en Corse, mais ce phénomène a été un véritable fléau des siècles durant, fléau dans le sens où une part non négligeable de la population y laissait sa peau : ainsi, à la fin du XVIIe siècle, on estime que la vendetta faisait chaque année en Corse plus de 900 victimes ! La vendetta s'est atténuée ensuite, mais lentement, et difficilement. Les dernières en date remontent à l'après-guerre. Mais n'y a-t-il pas un fond de vendetta dans les règlements de compte observés au sein des mouvements nationalistes ces dernières années ?

En tout cas, les villages qui en ont été le théâtre s'en souviennent. Comme Parata, dans la Castagniccia, où toute une famille fut exterminée au siècle dernier parce qu'un grand-père avait osé réprimander une gamine ! À Venzolasca, dans la Casinca, deux familles, les Sanguinetti et les Paoli, s'entre-tuèrent pendant 36 ans pour une simple histoire de cadastre et de châtaigniers ! Encore mieux : à Poggio-Mezzana (Castagniccia), il y eut 14 morts à cause d'un coq volé ! Des histoires incroyables comme celles-là, en grattant bien l'écorce de la mémoire, on en trouve partout en Corse. Selon une vieille coutume corse, un meurtre ou une offense grave (grave pour l'offensé, mais qui, vue de l'extérieur, et surtout d'un non insulaire, peut sembler dérisoire, insignifiante) engageait aussitôt l'honneur de la famille de la victime.

Parents, frères, sœurs se devaient alors de faire justice eux-mêmes en poursuivant la vengeance de la faute jusqu'au meurtre du coupable. Cela déclenchait une sorte de guérilla impitoyable entre deux clans ennemis d'un même village. Imaginez aujourd'hui la trombine d'un touriste débarquant en pleine vendetta dans un bled paumé !

La vendetta durait le temps qu'il fallait mais elle s'achevait souvent par l'extermination de l'une des familles ou par la fuite dans le maquis du principal justicier. Celui-ci devenait alors un « bandit d'honneur » : après avoir fait justice au nom des siens, il se cachait des gendarmes en entrant dans cet impénétrable maquis, jouissant d'une sorte de neutralité bienveillante de la part des villageois qui le respectaient et le ravitaillaient. Faut-il en déduire que les Corses sont foncièrement violents, vindicatifs, sanguinaires ? Non. Mais susceptibles, oui. Cela dit, l'une des explications de la vendetta trouve ses origines dans l'histoire.

Refusant la mainmise sur leur île par des puissances étrangères (les Romains, les sarrasins, les Génois, les Pisans...), les Corses ne reconnaissaient qu'en partie leurs lois et leurs institutions. D'où l'habitude de régler leurs problèmes entre eux, généralement à coups de fusil. Méfiance donc, à l'égard de la loi, tel était le mot implicite. Un journaliste de la télévision demanda lors d'un reportage à un paysan corse : « Qu'est-ce que la justice pour vous ? » Réponse : « La justice... c'est ce qui est juste... pour moi et pour les miens. »

Qui se passionne pour la vendetta doit lire *Colomba* de Prosper Mérimée. En 1839, Mérimée visita la Corse en tant qu'inspecteur des Monuments historiques. Mais plus que les vieilles pierres, ce sont les types humains qui l'inspirèrent. En passant au village de Fozzano, près de Sartène, on lui raconta le récit d'une vendetta qui opposa en 1833 deux familles du patelin : les Carabelli et les Durazo. Et surtout, il fit la rencontre de Colomba, la future héroïne de son roman, « qui excelle dans la fabrication des cartouches et qui s'entend même fort bien à les envoyer aux personnes qui ont le malheur de lui déplaire ». Mérimée se passionna pour la vendetta dans laquelle il voyait une « forme ancienne et sauvage du duel » et dont il fit le thème de son bouquin. À travers cette histoire, mélange de vécu et de fiction, il montre bien comment, en Corse, le sens de l'honneur et les liens du sang l'emportent sur toute autre considération dès lors qu'il s'agit de venger un être cher. Une logique implacable où les individus semblent obéir à une fatalité étrange venue d'ailleurs... un peu comme dans les tragédies grecques.

Publié deux ans après son voyage (1841), *Colomba* connut un beau succès, mais le cliché d'une Corse cruelle et impitoyable s'ancra définitivement dans les esprits des continentaux lettrés, et même des non-lettrés...

BASTIA ET LE CAP CORSE

Un beau morceau de Corse authentique, avec Bastia, ses hautes façades austères, son atmosphère si méditerranéenne, et le Cap, son relief abrupt, ses villages accrochés face aux flots bleu azur – encore que, là-haut, au Cap, quand ça se déchaîne il y a aussi de l'écume et du gris, de méchants paquets de mer qui déferlent sur la côte – et, discrètes et pittoresques, ses marines pleines de charme. Et le vin, ah! les bons vins du Cap et de Patrimonio...

BASTIA (20200)   39 000 hab.

> **Pour le plan de Bastia,
> se reporter au cahier central en couleur.**

Un site superbe tout d'abord : l'histoire a amarré Bastia au flanc d'une montagne haute de 900 m – l'échine dorsale du cap Corse – qui dévale dans la mer avec des accents de tragédie antique. Le choc frontal avec la grande bleue, les longues affinités génoise et romaine, l'énergie des gens du maquis devenus citadins l'ont rendue plus méditerranéenne que nature. C'est une ville à la fois pétulante et grave, et non un insipide village de vacances les pieds dans l'eau. Grave comme ces maisons altières, gaie comme ces églises baroques. Vous aviez retenu élections, explosions, club de foot..., oubliez l'actualité et partez à l'aventure dans ces quartiers aux noms d'épopées lointaines, Terra Vecchia, Terra Nova...

Notre conseil est de s'attarder, et non de ne faire que passer. Rater le vieux port et la citadelle serait une grossière erreur de boussole... d'autant que Bastia a vraiment un côté « outre-mer » plus authentique qu'Ajaccio.

Adresses utiles

🛈 **Office municipal du tourisme** *(plan couleur B1) :* pl. Saint-Nicolas ; tout près de la gare maritime. ☎ 04-95-55-96-96 ou 04-95-31-81-34 (souvent occupé en saison). Fax : 04-95-55-96-00. Du 1ᵉʳ juin au 15 septembre, ouvert tous les jours de 8 h à 20 h ; le reste de l'année, du lundi au samedi de 8 h 30 à 12 h et de 14 h à 18 h, et le week-end de 9 h à 12 h. Bon accueil et services gratuits. On peut y réserver sa chambre d'hôtel et y trouver une liste de chambres et de studios à louer chez l'habitant, à Bastia et dans la région. En juillet et août, visites gratuites thématiques une fois par semaine et, du lundi au vendredi, à 17 h, visites commentées de la ville (payantes celles-ci : 35 F soit 5,3 €).

🚂 **Gare ferroviaire** *(plan couleur A1) :* à 500 m de la gare maritime en remontant l'avenue du Maréchal-Sébastiani. ☎ 04-95-32-80-61.

✈ **Aéroport de Bastia-Poretta :** à 20 km au sud de Bastia, dans la plaine orientale. ☎ 04-95-54-54-54.

■ **Air France :** 6, av. Émile-Sari ; dans le centre-ville. ☎ 04-95-31-79-79 ou 0-802-802-802. À l'aéroport : ☎ 04-95-54-54-95.

■ **Compagnie Corse-Méditerranée :** ☎ 0-836-67-95-20 ou 0-802-802-802.

⌐ **Gare maritime** *(hors plan couleur B1, 1)* **:** sur le nouveau port. Capitainerie : ☎ 04-95-34-42-72.

■ **SNCM** *(Société nationale Corse Méditerranée ; plan couleur B1)* **:** au nouveau port. ☎ 04-95-54-66-66.

■ **Corsica Ferries :** rue Chanoine-Leschi, Palais de la Mer, BP 275 Bastia Cedex (face au port). Comptoirs de vente au Palais de la Mer ou à la gare maritime terminal sud : ☎ 04-95-32-95-95. Renseignements et réservations : ☎ 0-803-095-095. Fax : 04-95-32-14-71.

■ **Moby Lines** *(hors plan couleur par B1)* **:** 4, rue Luce-de-Casabianca. Derrière le nouveau port. ☎ 04-95-34-84-94.

■ **Happy Lines :** bureau à la gare maritime. ☎ 04-95-55-25-52. Assure une liaison Bastia-La Spezia (entre Gênes et Livourne), en 5 h.

■ **CMN :** port de commerce. ☎ 04-95-31-63-38 ou 0-801-201-320.

■ **Taxis :** *Radio-taxis Bastia :* ☎ 04-95-34-07-00. Ou *Taxis Bleus :* ☎ 04-95-32-70-70. Ou encore *ABC Taxis Bastiais :* ☎ 04-95-55-82-25. Si vous êtes à l'aéroport, les taxis de l'aéroport : ☎ 04-95-36-04-65.

■ **Location de voitures :** *Hertz,* square Saint-Victor, ☎ 04-95-31-14-24 ; à l'aéroport : ☎ 04-95-30-05-00. *Europcar,* 1, rue du Nouveau-Port *(plan couleur B1),* ☎ 04-95-31-59-29 ; à l'aéroport : ☎ 04-95-30-09-50. *Ada,* 35, rue César-Campinchi, ☎ 04-95-31-48-95 ; à l'aéroport : ☎ 04-95-54-55-44. *Avis (Ollandini),* 40, bd Paoli, ☎ 04-95-36-03-56 ; à l'aéroport : ☎ 04-95-54-55-46.

■ **Location de motos, scooters et bateaux :** *Plaisance Service Location,* Port-Toga. ☎ 04-95-34-14-14. Deux-roues de 50, 125 ou 650 cm^3, bombards, hors-bord, voiliers, et voitures type 4x4.

■ **Consigne à bagages :** à la gare ferroviaire (voir adresse plus haut). Ouvert tous les jours, de 6 h à 20 h. Sacs, valises, vélos et motos.

■ **Distributeurs de billets :** autour de la place Saint-Nicolas, donc proches de la gare maritime. *Crédit Agricole,* bd du Général-de-Gaulle, à côté du magasin Cap Corse Matteï. *BNP,* bd du Général-de-Gaulle. *Société Générale,* rue Miot ; au bout de la place Saint-Nicolas, en direction du vieux port. S'ils sont vides (fréquente éventualité), voir rue César-Campinchi, *Crédit Lyonnais* ou *Banque Populaire.*

■ **Antenne des Gîtes de France :** rond-point du Général-Leclerc. ☎ 04-95-32-27-38. Fax : 04-95-32-02-59.

■ **Objectif Nature :** 3, rue Notre-Dame-de-Lourdes. ☎ 04-95-32-54-34. ☎ mobile : 06-13-86-47-47. ● Obj-Nature.ifrance.com ● Ouvert toute l'année. Une association qui propose des randonnées pédestres accompagnées : le GR20, le chemin des douaniers, l'ascension du monte Cinto, point culminant de l'île. Également des randonnées accompagnées à la journée. Activités en eau vive : kayak, hydrospeed, rafting... Et équitation, parapente, VTT : toutes activités de pleine nature, en somme.

■ **Cars Micheli et Fils :** départ de la gare routière. ☎ 04-95-35-64-02. Assure tous les jours en été, sauf dimanche, le tour du cap Corse, avec arrêt à Saint-Florent.

Où dormir ?

C'est regrettable, mais dans l'ensemble l'offre hôtelière bastiaise n'est pas du meilleur niveau, et n'est pas donnée.

Prix moyens

▪ Hôtel Central (plan couleur A1, 10) : 3, rue Miot. ☎ 04-95-31-71-12. Selon confort et saison, de 200 à 400 F (30,5 à 61 €) la chambre double. Un hôtel central, comme son nom l'indique, bien tenu. Chambres de confort varié, certaines refaites récemment, d'autres un peu vieillotes. Quelques-unes avec kitchenette.

▪ Hôtel Riviera (plan couleur B1, 11) : 1 bis, rue du Nouveau-Port.

☎ 04-95-31-07-16. Fax : 04-95-34-17-39. Selon la saison, chambre double de 250 à 350 F (38,1 à 53,3 €) avec douche et w.-c. Bien situé, tout près de la place Saint-Nicolas et du débarcadère pour les navires assurant la liaison Corse-continent. En principe, les chambres devraient avoir été refaites pour l'été 2001. Des problèmes de réservation parfois. Bien s'assurer que la chambre est retenue.

Un peu plus cher

▪ Hôtel Posta Vecchia (plan couleur B2, 15) : quai des Martyrs. ☎ 04-95-32-32-38. Fax : 04-95-32-14-05. Selon confort et saison, de 250 à 410 F (38,1 à 62,5 €) la chambre double. Bien que refait récemment à neuf, le bâtiment est ancien, plein de couloirs, et il n'y a pas deux chambres pareilles. Chambres de confort varié donc, celles en mansarde sont petites mais agréables, et celles qui ont vue sur le port aussi. D'autres sont moins claires et certaines peuvent être agréables. L'annexe de l'autre côté de la rue est installée dans un immeuble de conception plus simple, aux chambres plus standard aussi.

▪ Hôtel-restaurant des Voyageurs (plan couleur A1, 12) : 9, av. du Maréchal-Sébastiani. ☎ 04-95-34-90-80 (hôtel) et 04-95-31-29-31

(restaurant). Fax : 04-95-31-53-33. Fermé du 20 décembre au 10 janvier. Selon la saison, de 410 à 500 F (62,5 à 75,2 €) la chambre double. À 100 m du port et de la gare. Chambres tranquilles avec douche, w.-c., TV et clim. Déco plutôt agréable, dans les tons jaune et bleu. Des problèmes d'accueil à signaler toutefois, et d'entretien.

▪ Hôtel Napoléon (plan couleur A1, 14) : 43 et 45, bd Paoli. ☎ 04-95-31-60-30. Fax : 04-95-31-77-83. Ouvert toute l'année. De 290 à 590 F (44 à 90 €) la chambre double selon la saison. Un 2 étoiles de bon confort (salle de bains, TV câblée, mini-bar, coffre, sèche-cheveux, ventilateur), gentiment décoré (motifs fleuris). Prix corrects hors saison, chers en juin et septembre, trop chers en juillet et en août. Petit déjeuner offert à nos lecteurs.

Plus chic

▪ L'Alivi (hors plan couleur par B1, 17) : route du Cap, à 1 km du port de plaisance (sur la droite de la chaussée). ☎ 04-95-55-00-00. Fax : 04-95-31-03-95. Selon la saison, chambre double de 600 à 800 F (91,5 à 122 €) avec bains ; quelques chambres avec douche un peu moins chères. Vu de la mer, c'est le

genre de construction qui n'arrange pas le littoral, long bâtiment rectiligne de trois étages. Mais quand on est à l'intérieur, on apprécie le bon confort des chambres et l'accès direct à la plage (galets). Toutes les chambres ont vue sur mer et balcon, et sont dotées de tout l'équipement 3 étoiles. Accueil très pro. Piscine.

Haute-Corse
Développement

Tourisme

Développement local

Entreprise - Emploi

Réhabilitation du patrimoine bâti

11 bis, Av. Jean Zuccarelli - 20 200 Bastia
tél. : 04.95.34.00.55
fax : 04.95.34.16.69
e.mail : hcd@wanadoo.fr

Où manger ?

Autant le savoir, sur le Vieux Port, rien de grandiose. Peut-être parce que c'est l'endroit le plus couru. Mais quelques bonnes adresses en ville, et dans la citadelle.

BASTIA

Très bon marché

I●I *Magasin Cocovert* (plan couleur *B2, 26*) : 4, cours Pierangeli. ☎ 04-95-32-79-54. Fermé le lundi et le dimanche après-midi. Petite boutique d'alimentation générale qui, outre ses fruits et légumes, propose des sandwichs (baguette ou pain paysan) au saucisson ou fromage, à 10 F (1,5 €). Les cannettes de boissons fraîches sont à 5 balles (0,8 balleuros !). Bref, on se prend un sandwich, une poire ou une pêche et une boisson, et on va se les taper sur la place du marché, où il y a de quoi s'asseoir et qui est bien belle.

Assez bon marché

I●I *Le Pub Assunta* (plan couleur *A2, 20*) : 5, pl. Fontaine-Neuve. ☎ 04-95-34-11-40. Ouvert du lundi au samedi de midi à minuit (fermé de 15 h à 18 h en saison) et le dimanche de 18 h à minuit (fermé le dimanche midi donc). Menus de 55 à 85 F (8,4 à 13 €). Compter 110 F (16,8 €) pour un repas complet à la carte – mais on peut se contenter d'un plat. Un endroit bien sympa, tenu par des jeunes gens dynamiques et aimables. Grande et belle salle avec billard en mezzanine, et terrasse sur la petite place tranquille de ce quartier ancien. Hamburgers, salades, grillades et spécialités locales à prix corrects. Et, chose rare en Corse, beau choix de bières. Fréquenté par la jeunesse locale toute l'année. Le jeudi soir, rock'n'roll live. Si vous y mangez, apéritif offert sur présentation du *Guide du routard*.

I●I *Le Palais des Glaces* (plan couleur *A-B1, 23*) : 13, bd du Général-de-Gaulle, pl. Saint-Nicolas. ☎ 04-95-31-05-01. Fermé le soir hors saison. Plat du jour à 50 F (7,6 €) environ ; menu à 120 F (18,3 €), boisson comprise. Le *Palais* est une cantine assez régulière, que fréquentent pas mal de Bastiais. Une brasserie avec grande terrasse sur la place Saint-Nicolas, place la plus vaste de l'île. Confortables fauteuils en osier avec coussinet sous les parasols blancs géants, on est bien installé. On se prend le plat du jour ou quelque salade. Filets de rouget au basilic, steak tartare... Couscous parfois. Les glaces, en revanche, n'ont rien d'extraordinaire. Apéritif offert à nos lecteurs.

I●I *Le Colomba* (plan couleur *A-B2, 25*) : Vieux Port. ☎ 04-95-32-79-14. Fermé en janvier et février. Pizzas de 40 à 60 F (6,1 à 9,1 €) environ. Intéressant pour sa belle terrasse sur le Vieux Port, et pour ses pizzas, en principe correctes. C'est en tout cas ici que souvent viennent les Bastiais s'ils veulent en manger une sur le Vieux Port. Mais pour le reste, carte et menus, cuisine convenable mais quelconque.

I●I *La Voûte* (hors plan couleur par *B1, 22*) : 6, rue Luce-de-Casabianca (à 100 m de l'office du tourisme, prendre l'av. Sari puis la 1re à droite en biais). ☎ 04-95-32-47-11. Fermé le dimanche. Pizza autour de 50 F (7,6 €), menu à 130 F (19,8 €), compter 200 F (30,5 €) à la carte. Un petit resto assez connu des locaux, qui y viennent le midi pour se restaurer d'une pizza au feu de bois ou du plat du jour. Carte très riche, ce qui n'est pas forcément bon signe, mais ici l'exception confirme la règle et les produits sont frais. Belle spécialité de pâtes fraîches et notables raviolis à la crème d'oursin. Une cuisine bien tournée, digeste et plaisante. Cadre chaleureux de la pierre apparente. Café offert à nos lecteurs.

Un peu plus chic

|●| La Table du Marché (plan couleur B2, 28) : pl. du Marché. ☎ 04-95-31-64-25. Fermé le dimanche. Menus à 135 et 150 F (20,6 et 22,8 €). C'est curieux, à Bastia, le Vieux Port est bondé et, à vingt pas de là, la très belle place du Marché est déserte. On aime ce grand espace bordé d'immeubles typiques, et sa fontaine moderne à jeune fille ronde. Le resto est juste en face. En terrasse, des tables bien nettes avec nappes et serviettes en tissu, on flaire la table un peu chère. Elle ne l'est pas tant que ça. Au premier menu, moules marinière extra, poisson du jour (de l'espadon par exemple) vraiment bien cuisiné, et une toute bête mais délicieuse coupe de fruits frais en dessert. Quant au menu corse, qu'on a testé aussi, rien à redire. Il faut savoir que pour tout ce qui est corse (soupe, cannellonis, *fiadone*...) le patron a embauché une cuisinière du pays. Décor élégant et recherché en salle. Patron affable et attentionné, mais service un rien pincé de ces dames.

|●| A Casarella (plan couleur B3, 24) : 6, rue Sainte-Croix, la Citadelle. ☎ 04-95-32-02-32. Fermé les samedi midi et dimanche, et trois semaines en novembre. Menu à 130 F (19,8 €) le midi. Compter 180 F (27,4 €) à la carte. Un chef inventif qui concocte une vraie bonne cuisine corse aux senteurs de maquis. Fichtre ! On y court. On y grimpe plutôt car le resto est situé dans la citadelle, près de l'ancien palais des gouverneurs génois. Essayez d'avoir une table en terrasse, avec le vieux port en contrebas. Goûtez la *casgiate* (beignet de fromage frais cuit au four), les crevettes en feuilleté, le roulé de noix de veau aux herbes (divin !), le curieux *storzappretti* (étouffe-chrétien que les bonnes familles bastiaises servaient autrefois au curé le dimanche), puis, en dessert, l'excellent *fiadone*. Pas de menu, mais des prix dociles. Une bonne adresse donc.

|●| Le Caveau du Marin (plan couleur B2, 27) : quai des Martyrs. ☎ 04-95-31-62-31. Fermé en janvier, et le lundi. Menu à 120 et 165 F (18,3 €). À la carte, compter 210 F (32 €). Une affaire familiale de bonne tenue, où le fils œuvre en cuisine. Choix entre plats corses traditionnels et poisson : beignets de fromage ou sardines farcies, cannellonis au *bruccio* ou poisson (friture ou rouget selon arrivage), *fiadone*... C'est surtout pour son poisson, bien frais et bien préparé, que ce restaurant commence à se tailler une solide réputation. Cadre agréable de la salle voûtée et terrasse sous tente non moins sympathique, sans jolie vue toutefois. Café offert à nos lecteurs.

Où dormir ? Où manger dans les environs ?

Un très bon plan ! La proximité de Bastia sans les inconvénients de la ville, avec en prime quelques paysages époustouflants de beauté.

Camping

▲ Camping San Damiano : Lido de la Marana, 20620 Biguglia. À 5 km au sud de Bastia, en bord de plage. ☎ 04-95-33-68-02. Ouvert d'avril à octobre. Compter 90 F (13,7 €) pour deux. Un camping qu'on peut recommander à proximité de Bastia (et à 10 km de l'aéroport). 250 emplacements plutôt bien om-bragés dans l'ensemble, accès direct à la plage, épicerie, tennis.

Prix moyens

▲ *Hôtel Cyrnéa (hors plan couleur par B1, 16) :* à droite en entrant dans le village de Pietranera, à 2 km de Bastia, route du cap Corse. ☎ 04-95-31-41-71. Fax : 04-95-31-72-65. ✗ Fermé du 15 décembre au 15 janvier. Selon saison et orientation (rue ou mer), de 340 à 550 F la chambre double. Longue bâtisse genre années 1970, bien tenue, avec des chambres climatisées et dotées de ventilateurs, avec douche et w.-c. Grand jardin par derrière descendant jusqu'à une petite plage de galets à 30 m de l'hôtel. Les chambres côté mer, plus chères, bénéficient d'un balcon, idéal pour prendre le petit déjeuner face au soleil levant. Garage privé fermé, sans supplément pour nos lecteurs.

▲ |●| *Chez Walter (hors plan couleur par A3, 13) :* à Casamozza, village à 20 km au sud de Bastia, sur la gauche de la N193 (à 4 km après le carrefour pour l'aéroport). ☎ 04-95-36-00-09. Fax : 04-95-36-18-92. ✗ ● corsica.to/chezwalter ● Restaurant fermé le dimanche hors saison. Selon la saison, chambre double avec douche ou bains et w.-c. de 390 à 500 F (59,4 à 76,2 €). Menu à 110 F (16,8 €). Une adresse confortable et fiable sur la route de Bastia (ou du sud en venant de Bastia), menée avec professionnalisme. Chambres de fort bon standing

Gîte rural

▲ *Gîte d'Éliane Baumgarten :* à Lucciana, 21 km au sud de Bastia (prendre à droite au niveau du rond-point pour l'aéroport, le village se trouve à 2 km). Réservation auprès des Gîtes de France en Corse : ☎ 04-95-51-72-82. Fax : 04-95-51-72-89. Compter 2 600 F (396 €) la semaine en juillet et en août, 2 150 F (328 €) en juin et en septembre, 1 470 F (224 €) le reste de l'année (sauf vacances scolaires, 100 F de plus). Tarifs week-ends également. Dans le village. Gîte de 70 m² mi-toyen à la maison de la propriétaire, sur deux niveaux. Au premier niveau, séjour, cuisine, chambre avec lit double, salle de bains et w.c. ; à l'étage, 2 chambres (lit double et deux lits) et salle d'eau. Accès extérieur privatif pour l'étage. On peut donc occuper la location à deux couples sans se gêner. La maison, ordinaire et crépie, n'est pas typique mais bien arrangée, avec tissus chaleureux et meubles anciens. Terrasse avec vue sur le maquis et la mer au loin. Éliane Baumgarten est

(salle de bains, AC, TV satellite), piscine, tennis et beau grand jardin dans cet hôtel apprécié du personnel navigant en escale, et des équipes de foot venues défier Bastia. Petit déjeuner un peu cher (45 F, soit 6,9 €). Table de bonne réputation, orientée mer (loup, langoustines, fruits de mer). Café offert à nos lecteurs.

|●| *Bar Lorenzi :* à Cardo, village sur les hauteurs de Bastia, à environ 5 km. ☎ 04-95-31-70-04. Compter 120 F (18,3 €). Au centre du village, un peu avant la place, sur la droite de la route principale quand on vient de Bastia. Attention, aucune enseigne n'indique ce bar que les Bastiais connaissent surtout pour son authentique cuisine corse. Sur réservation uniquement, s'y prendre la veille au moins. Atmosphère typique et plats locaux donc, dépaysement garanti.

▲ |●| Voir aussi nos adresses aux environs de Saint-Florent, à Murato : *Le But* et la ferme-auberge *Campu di Monte*. Murato est à 25 km au sud-ouest de Bastia (N193 direction Bonifacio, puis à droite la D82, direction Oletta ; à gauche enfin la D5 vers Murato).

▲ |●| Également de bonnes adresses vers le cap Corse à San-Martino-di-Lota, l'*Auberge San Martinu* et l'*hôtel-restaurant de la Corniche.*

un personnage que certains routards apprécieront, un peu bohême
et ex-soixante-huitarde. Inconvénient, pas vraiment de plage sympa

dans les environs (descendre à Moriani pour en trouver, 25 km au sud).
Animaux acceptés.

Où déguster de bonnes glaces?

– **Chez Serge Raugi :** 2 bis, rue
Capanelle (qui donne sur la gauche
du bd Graziani, au nord de la pl.
Saint-Nicolas). ☎ 04-95-31-22-31.
Fermé le lundi, ainsi que du 10 février au 15 mars et du 20 septembre
au 6 octobre. Parmi les meilleures
glaces de l'île. Il faut dire qu'on est
dans la glace de père en fils depuis
des lustres dans la famille. Seul inconvénient, il n'y a pas vraiment de
terrasse mais juste quelques tables
basses (prises d'assaut) le long d'un

trottoir étroit. L'hiver, ne pas manquer la tarte aux pois chiches.
– **Chez Raugi :** 17, pl. Saint-Nicolas.
☎ 04-95-31-65-49. Un autre *Raugi*
qui propose d'aussi bonnes glaces,
mais ici un emplacement de choix,
terrasse sur la grande place Saint-
Nicolas. Les glaces et sorbets sont
vraiment extra, et à prix raisonnables.
Goûtez celle au caramel, c'est quelque chose! Dommage que le mobilier de terrasse, tables et chaises, ne
soit pas plus confortable.

Où prendre un verre en musique?

☗ **Le Pub Assunta** *(plan couleur A2, 20) :* voir « Où manger? ».

Où acheter des produits corses?

⌂ **Santa Catalina :** 8, rue des Terrasses *(plan A2,* entre le Vieux Port
et la pl. Saint-Nicolas). ☎ 04-95-32-
30-69. Ouvert du lundi au samedi de
9 h à 12 h 45 et de 15 h à 19 h 45.
Un tout petit magasin avec peu de

choix mais des produits de qualité.
Pas de charcuterie industrielle, pas
de grosses productions. Prix des
charcuteries tout à fait correct, miel,
vin, pâtés, liqueurs...

À voir

★ **La place Saint-Nicolas** *(plan couleur B1, 40) :* le long du port, ombragée
par des platanes et des palmiers, bordée de vieux immeubles, à certaines
heures on pourrait se croire ailleurs... dans un port tropical d'Amérique latine
par exemple. Cœur de la vie bastiaise. Il faut y passer entre 17 h et 19 h,
quand les terrasses des cafés sont noires de monde. Et prendre un verre en
écoutant les potins de la ville. Notable aussi, le *marché aux puces* qui s'y
tient le dimanche matin.
Remarquer, au centre de la place, le vieux kiosque à musique et la statue de
Napoléon en empereur romain (quel mégalo, celui-là!). Le long de la place,
au 15, bd du Général-de-Gaulle, on peut voir l'un des plus vieux magasins
de Bastia; sa façade sculptée porte l'inscription « Cap Corse Mattei ». On y
vend toutes sortes d'apéritifs et de digestifs fabriqués dans l'île, depuis le
siècle dernier, par la célèbre maison Mattei. Le plus connu de ces breuvages

s'appelle justement le Cap Corse, il s'agit d'un apéritif à base de quinquina. La boutique vaut vraiment le coup d'œil. On y vend également des vins à l'orange, à la mûre, à la pêche...

★ *La rue Napoléon :* elle relie la place Saint-Nicolas au Vieux Port. À gauche, l'*oratoire Saint-Roch* (bienfaiteur des pestiférés) date de 1589 et renferme de belles orgues de 1750. On entre dans le quartier de *Terra Vecchia.* Par curiosité, jeter un coup d'œil à l'intérieur de la *quincaillerie Valery* (sur la droite, presque en face de la chapelle de l'Immaculée-Conception) véritable capharnaüm de la bricole.

★ *La chapelle de l'Immaculée-Conception :* à 50 m de l'oratoire Saint-Roch. Plus grande et plus belle, elle fut édifiée en 1611. Ouvert de 8 h à 19 h. Le Parlement anglo-corse s'est réuni ici pendant quatre ans (1795-1799). Le roi d'Angleterre y avait un représentant et l'on y jouait alors le *God save the Queen* sur le petit orgue italien toujours en état. Avant d'entrer, remarquer le pavage à la génoise figurant un grand soleil. Intérieur somptueux : damas cramoisis, pilastres, lustres, dorures. Derrière le chœur, un étonnant *musée d'Art sacré,* ouvert au public, qui contient de belles pièces comme ce *Saint Érasme,* patron des marins.

LA VIEILLE VILLE (TERRA VECCHIA) ET LE VIEUX PORT

★ *La rue du Général-Carbuccia :* jadis la rue des familles nobles, avec de hautes maisons blasonnées. Balzac a vécu au *n° 23,* Pasquale Paoli au *n° 7.*

★ *L'église Saint-Jean-Baptiste :* c'est elle qui domine le Vieux Port de ses deux tours. Cœur du quartier de Terra Vecchia, elle date du XVIIᵉ siècle. De là, rejoindre les quais du vieux port avec leur kyrielle de terrasses de restaurants.

★ *Les quais du Vieux Port :* en forme de fer à cheval. Bien abrités et très animés à partir de 17 h. Ici, les lève-tôt ne manqueront pas l'arrivée des chalutiers au point du jour. Possibilité d'acheter du poisson. Après, un petit coup de barbecue, et le tour est joué.

★ *L'église Saint-Charles-Borromée :* cette ancienne chapelle de jésuites, du XVIIᵉ siècle, est la seule église de France qui n'offre pas le droit d'asile, en vertu d'un décret génois très ancien. À côté, petite place bordée d'une fontaine et de la *maison de Caraffa (plan couleur A2),* avec son vieux balcon.

★ *La place du Marché :* à côté de l'église Saint-Jean-Baptiste, une grande place calme et ceinte d'anciennes bâtisses typiques.

LA CITADELLE ET LE QUARTIER DE TERRA NOVA

À parcourir à pied, évidemment, des quais du Vieux Port en passant par le *jardin Romieu,* bon endroit pour faire la sieste face à la mer. Monter le *cours Favale* jusqu'à la porte principale qui mène à la *place du Donjon* (mais attention : il est écrit ouvert de 8 h à 17 h... mais deux de nos lecteurs, y faisant la sieste sur notre bon conseil, ont eu la surprise de se retrouver enfermés au réveil ! Les portes avaient été cadenassées pendant leur repos !).

★ *Le palais des Gouverneurs (plan couleur B3, 41) :* tout de suite en entrant dans la citadelle. Cette grande bâtisse fut le siège des gouverneurs génois entre les XVᵉ et XVIIIᵉ siècles. Le bâtiment est fermé pour travaux jusqu'en 2002, sans doute plus. Il s'agit d'un très gros chantier, où l'un des pans du quadrilatère, qui avait été détruit pendant la Seconde Guerre mondiale, sera reconstruit mais d'une architecture contemporaine, où il est question, à ce qu'on sait, de vastes surfaces vitrées.

★ **Le musée d'Ethnographie corse** *(plan couleur B3, 41)* **:** situé dans le palais des Gouverneurs. Ne réouvrira qu'à la fin des travaux. Ce musée d'art et d'histoire naturelle devrait être complètement remanié. Resteront toujours, au sous-sol, les geôles génoises, dont la visite était passionnante. À suivre donc.

★ **La cathédrale Sainte-Marie :** au centre de ce vieux quartier resté intact. Élevée au XVIIᵉ siècle, on y voit une impressionnante Vierge en argent massif pesant près d'une tonne, résultat de la prodigalité des Bastiais au XIXᵉ siècle. L'ensemble est baroque, avec piliers et colonnes en faux marbre.

★ **L'oratoire baroque Sainte-Croix** *(plan couleur B3, 42)* **:** pour y aller, prendre la rue de l'Hospice, à droite de Sainte-Marie. L'oratoire se situe 50 m plus loin. Un incroyable salon Louis XV ! Le clou de la visite de Bastia. Voir le fameux *Christ noir des Miracles,* trouvé en 1428 et vénéré par les pêcheurs.

★ **Paisolo, le Village miniature de Saint-Antoine** *(plan couleur B3, 43)* **:** 6, rue de l'Évêché, La Citadelle. ☎ 04-95-36-52-98. En saison, ouvert tous les jours de 9 h à 12 h et de 14 h à 18 h (en principe). Entrée : 25 F (3,8 €). Un personnage (René Mattei) et une œuvre (son village miniature) comme on ne peut en voir qu'en Corse.
Jusqu'à s'esquinter la vue, s'arracher les ongles, M. Mattei a travaillé et travaillé à construire son village miniature, puis il a fallu le démonter pour le transporter, et le remonter... 60 000 heures de travail, d'acharnement. Pourquoi ? Pour obtenir une petite féerie de village de montagne d'antan, construit à une échelle de 1/30ᵉ environ, avec des matériaux du pays. Il y a l'église, le puits, le moulin, le berger, des femmes en longues robes noires, les maisons, des animations. Et c'est magique. Ne pas se poser de question, et simplement regarder, regarder pour entrer dans ce village imaginaire. Laisser M. Mattei en parler, lui demander ce qu'est ceci, d'où vient cela. Et repartir le cœur léger, comme après avoir vu quelque chose de beau, tout simplement.
Mais attention, on n'entre qu'à 5 ou 6 dans ce tout petit bâtiment (ancienne poudrière), et pour en profiter il faut quand même prendre son temps, 10 mn au moins de contemplation sont nécessaires (en ne faisant que le voir brièvement, on passe à côté). Aussi nous espérons qu'il n'y aura pas foule, et qu'on aura tout le temps.
Pour monter à la citadelle, si vous avez la flemme, il y a un petit train qui part de l'office du tourisme.

Plongée sous-marine

Les fonds bastiais livrent une bonne cinquantaine de spots aux yeux éblouis des plongeurs de tous niveaux. Vous assisterez à de belles tranches de vie sous-marines en palmant voluptueusement autour des roches. Puis les nombreuses épaves d'avions et de bateaux vous inviteront à des voyages fantômes... Site exposé.

Où plonger?

■ *Thalassa Immersion :* base nautique de Ville-di-Petrabugno, en allant vers le cap Corse. ☎ 04-95-31-08-77 ou 06-86-87-60-14. • www.thalassa.sitweb.net • Ouvert toute l'année. Tenu par deux cousins dynamiques – Jean-Louis et Jean-François Moncelli –, le club (FFESSM, PADI) assure baptêmes, formations jusqu'au monitorat (MF1) et brevets PADI, sans oublier d'étonnantes balades sous-marines. Encadré par des moniteurs brevetés d'État, vous plongerez – en petit comité – à partir du *Thalassa*, le navire du centre. Stages enfants (une spécialité ici!) dès 8 ans et initiation à la biologie marine. Équipements complets fournis. Réservation obligatoire. Tarifs intéressants,-

et forfait dégressif 8 plongées. Hébergement possible.

■ *Club de Plongée Bastiais :* sur le Vieux Port, à côté de la capitainerie. ☎ 04-95-34-23-65 ou 06-14-62-56-14. Ouvert toute l'année, et tous les jours de mai à septembre. Dans ce club (FFESSM, SNMP, PADI), Roger Espinosa – l'amical patron – et ses moniteurs d'État et fédéraux, vous « mènent en bateau » sur les plus beaux spots du coin. Ils proposent aussi : baptêmes, formations jusqu'au Niveau IV et brevets PADI, stages enfants (dès 8 ans) et biologie marine. Équipements complets fournis. Réservation obligatoire. Forfait dégressif pour 10 plongées.

Nos meilleurs spots

La Roche à Mérous : à partir du Niveau I. Sur cet ensemble de plateaux rocheux, « Messieurs les Mérous » règnent en maîtres (de 20 à 36 m). Très familiers, ils vous abordent sans hésitation (restez calme!), évitez quand même de les toucher, et ne leur apportez pas de nourriture. Ce « caillou » pourrait aussi s'appeler la *Roche à Sars*, tant ils sont nombreux. Murènes et langoustes dans les failles.

Le Chasseur P-47 : pour plongeurs de Niveau I. Au large de Miomo, une plongée bien appréciée par les néophytes en mal d'épaves! Cet avion de la Seconde Guerre mondiale repose – entier – par 19 m de fond. Un joli mérou passif monte la garde autour du cockpit, tandis qu'une murène s'est lovée à la place du pilote. Grand champ de posidonies, et quelques roches intéressantes aux alentours pour terminer la plongée.

La Canonnière : face à la tour de losse, seuls les plongeurs confirmés (Niveau III) découvriront ce navire – *sister ship* de la fameuse *Calypso* de Cousteau – et coulé pendant la dernière guerre (45 m de fond maxi). Sa coque livre une cargaison impressionnante et colorée de murènes, anthias, castagnoles, alors que mérous « pépères » et sars métalliques badinent sur le pont. Parfois un joli poisson-lune. Très belle plongée.

Fêtes et manifestations

– *La relève des gouverneurs :* le 2e samedi de juillet. Une manifestation au cours de laquelle la population locale, en costume d'époque du XVIIe siècle, reproduit un événement historique bastiais majeur, la relève des gouverneurs, justement! Tir à l'arbalète, tir à l'arc, lanceurs de drapeaux font le spectacle, tandis que le nouveau gouverneur est accueilli au Vieux Port au son du tambour.

– *Les Musicales de Bastia :* la 2e semaine d'octobre. Comme son nom l'indique, en avant la musique! Classique, jazz, chanson, mais aussi danse et théâtre. Assez intéressant et, en outre, ce festival offre l'avantage de se dérouler en arrière-saison, donc bien après la ruée estivale. Renseignements au théâtre municipal de Bastia : ☎ 04-95-34-98-00.

– **Animations estivales :** en juillet et août, sur le Vieux Port, la place Saint-Nicolas et dans la rue Napoléon, se déroulent une trentaine d'animations (musicos, saltimbanques, théâtre de rue, chants corses...).

– **Les processions du Jeudi Saint :** si vous êtes à Bastia ce jour-là, peut-être serez-vous surpris de voir des petits groupes de personnes qui, le soir, de 18 h à 22 h, vont par toute la ville de chapelle en chapelle. Et si vous êtes très observateur, mais alors très, vous remarquerez que ces groupes comptent toujours un nombre impair de participants : ainsi le veut la tradition. Ce sont des Corses qui pèlerinent et vont se recueillir devant les scènes bibliques installées ce jour-là dans chaque chapelle, et qui peuvent être très belles.

À voir dans les environs

★ **L'oratoire de Monserrato :** à 2 km de Bastia, route de Saint-Florent, un peu au-dessus du couvent de Saint-Antoine. Un petit sentier y mène. On le voit à peine de la route nationale. Ce lieu modeste cache un monument rare : un escalier saint, ou *Scala santa,* réplique de l'escalier saint de la basilique Saint-Jean-de-Latran à Rome.

L'histoire de cet escalier est originale. Cela remonte au Premier Empire : une partie du clergé avait refusé de se soumettre au Concordat, imposé par Napoléon à l'Église. Colère, celui-ci fit enfermer les récalcitrants dans les geôles ignobles de la citadelle, où ils croupissaient quand la population, émue, demanda que cela cesse et obtint satisfaction. Mais à condition d'héberger ces prélats, ces évêques... Ce fut alors à qui aurait son plus beau curé ! Une fois Napoléon tombé, ces ecclésiastiques demandèrent au pape d'accorder à Bastia une faveur exceptionnelle, en reconnaissance de la bonté de ses habitants. Car tous avaient gardé un souvenir enchanté de l'hospitalité corse, des bonnes bouffes au coin du feu, de la gentillesse des insulaires, qui leur avaient sauvé la vie.

Et c'est ainsi que Bastia obtint une *Scala Santa,* dont la particularité est de permettre à celui qui la gravit à genoux (avec contrition, ça va de soi) d'être lavé de ses péchés. Ce qui est exceptionnel, car c'est le seul moyen reconnu par l'Église d'arriver à ce résultat sans l'entremise de personne, ni prêtre ni pape ni curé. C'est donc là vraiment un privilège rare, qu'on ne retrouve d'ailleurs qu'à Rome, Lourdes et Fatima – les hauts lieux de la chrétienté. Diable, ils sont malins, ces Corses : obtenir cette distinction suprême à coups de *bruccio,* de *patrimonio* et de *figatelli* !

★ **La corniche supérieure :** petite balade de 1 h 30 à faire en voiture au départ de Bastia. On passe par **Cardo**, village qui ne manque pas de charme et possède une fontaine (eau très bonne), une tour génoise et où l'on pourra s'arrêter à *l'atelier de Céline Lixon* (☎ 04-95-34-01-25, ouvert l'après-midi du lundi au vendredi). Cette jeune femme réalise de très beaux objets en verre, originaux et pas trop chers. Sachez enfin que Cardo est l'ancêtre de Bastia, celle-ci n'étant à l'origine que la marine de Cardo (l'office du tourisme de Bastia dispose d'ailleurs d'un dépliant sur Cardo, évoquant l'histoire du village). On continue par *Ville-di-Pietrabugno* et *San-Martino-di-Lota* (partie la plus belle). Vue époustouflante sur Bastia, la mer et au loin les îles italiennes et notamment l'île d'Elbe (la plus grande). À voir quand il fait très beau et un jour de grand vent. On descend ensuite à *Miomo* (voir le chapitre « Cap Corse ») pour rejoindre Bastia par *Pietranera* et la route surplombant le littoral.

★ **Excursion vers Oletta :** une autre très belle promenade à faire comme une boucle au départ de Bastia. Prendre la route de Saint-Florent (la D81) jusqu'au *col de Teghime,* en plein sur la ligne de crête du cap Corse ! Endroit superbe – hormis cette abominable décharge publique –, d'où l'on a une vue sublime sur le golfe de Saint-Florent et le Nebbio. En se retournant, on peut admirer la côte orientale au sud de Bastia. Du col de Teghime, prendre la petite D38 jusqu'à Oletta, puis la direction *Murato* (on en parle au chapitre consacré aux environs de Saint-Florent). Au *col de San Stefano,* on a encore une autre vue sublime à la fois sur l'échine dorsale du cap Corse, le golfe de Saint-Florent et un morceau de mer côté plaine orientale. Enfin, on rejoint Bastia par le défilé de Lancone.

★ *L'ancienne cathédrale de la Canonica :* à 25 km au sud de Bastia, sur la D507 qui va de l'aéroport de Bastia-Poretta en direction du cordon lagunaire. La plus belle église de Corse, diront certains. Ce n'est pas la plus belle à notre avis, mais l'une des plus vieilles certainement, et l'une des plus simples architecturalement parlant. D'abord, elle n'a rien d'une cathédrale, on dirait une grosse chapelle, ni plus ni moins. Construite sous le règne de Pise, en 1119, elle offre néanmoins une vraie curiosité : c'est son étrange assemblage de pierres de différentes tailles et de divers coloris. Juste à côté : les *fouilles de la Mariana.* Il s'agit d'un ancien poste romain fondé par Marius en 93 av. J.-C. pour agacer les Carthaginois.

Quitter Bastia

En bateau

Toutes ces compagnies ont leur bureau à la gare maritime. Voir leurs coordonnées à la rubrique « Adresses utiles ».
– *Par la SNCM Ferryterranée :* liaisons régulières entre Bastia et Marseille (12 à 13 h de traversée de nuit), Toulon, Nice (11 ou 12 h de nuit), et Nice encore avec le NGV (3 h 30).
– *Par la Corsica Maritima :* filiale de la SNCM. Liaisons entre Bastia et Livourne (Italie). Durée : 3 h.
– *Par la Corsica Ferries :* liaisons Bastia-Nice en NGV (3 h 30) ; Bastia-Savone en NGV (3 h) ou Car ferry (6 h) ; Bastia-Livourne (4 h) assuré par un service de *Corsica Shuttle,* 4 départs par jour en saison dans les deux sens.
– *Par la Moby Lines :* liaisons entre Bastia et Livourne, Piombino, Gênes.
– *Par Happy Lines :* liaisons avec La Spezia en Italie (5 h). ☎ 04-95-31-62-03.

En train

– *Ligne Bastia-Ajaccio (par Ponte-Leccia et Corte) :* 4 trains par jour. Un voyage de 4 h extraordinaire, à travers les plus beaux paysages de Corse. Renseignements à la gare SNCF : ☎ 04-95-32-80-61.
– *Ligne Bastia-Calvi (par Ponte-Leccia) :* 2 trains par jour. Durée : 3 h environ.

En bus

Toutes les destinations et les horaires peuvent être obtenus à l'office du tourisme de Bastia. Attention, les bus ne fonctionnent que jusqu'à 20 h (environ).
– *Pour Erbalunga :* fréquents départs (environ toutes les 30 mn en semaine, toutes les heures le week-end) de la place Saint-Nicolas.
– *Pour Macinaggio (cap Corse) :* un car toutes les heures de la place Saint-Nicolas avec la *Société des Autobus Bastiais.*
– *Pour Moriani, Bravone, Ghisonaccia, Solenzara, Porto-Vecchio :* 2 bus par jour, un le matin, un autre l'après-midi ; départ face à la poste centrale. D'autres bus desservent la côte jusqu'à Moriani ou Ghisonaccia, mais sans aller jusqu'a Porto-Vecchio. Se renseigner auprès de l'office du tourisme.

– **Pour Saint-Florent :** en été, 2 bus par jour, départ de la gare routière.
– **Pour L'Île-Rousse et Calvi :** un bus dans l'après-midi, départ face à la gare SNCF.
– **Pour Corte :** un bus par jour, vers 12 h, départ face à la gare SNCF.
– **Pour Ajaccio :** 2 bus par jour, départ de la gare routière.

En avion

– *Bus pour l'aéroport :* environ 8 bus par jour en été entre Bastia et l'aéroport de Bastia-Poretta. Compter 25 mn de transport et 50 F (7,6 €). Les bus, beige et bleu, partent de la préfecture de Haute-Corse, rond-point Leclerc, en face de la gare SNCF. Renseignements : ☎ 04-95-31-06-65.
– **Pour Nice et Marseille :** entre 4 et 6 vols quotidiens par la *Compagnie Corse-Méditerranée.* Informations et réservations : voir « Adresses utiles ».
– **Pour Paris :** la durée du vol Bastia-Paris est de 1 h 45 environ. De 2 à 4 vols par jour. Bien demander si c'est un vol direct ou s'il y a une escale à Marseille ou Nice.
– **Vols internationaux :** l'été, liaisons directes avec Berlin, Bruxelles, Copenhague, Göteborg, Londres, Manchester, Munich et Stockholm. Renseignements auprès de la *SATAB,* ☎ 04-95-54-54-11.

LE CAP CORSE

C'est le doigt de la Corse. Un long doigt, tel un index pointé dans le bleu de la mer, indiquant nettement la direction du nord, comme s'il voulait désigner Gênes, son ancienne puissance tutélaire. Enlever ce doigt-là à la Corse, c'est la mutiler à tout jamais ! Voici donc l'un des plus beaux morceaux de l'île. Disons-le : un coup de cœur. Une chaîne de montagnes couvertes de maquis, une échine rocheuse de 40 km de long, et large de 12 à 15 km. Les sommets culminent entre 1 000 et 1 307 m, puis ils dévalent dans la grande bleue avec (parfois) des accents de tragédie grecque comme à Pino ou à Nonza. Déjà les Romains, qui n'avaient pas mauvais goût (du moins pas toujours), l'avaient baptisé le « promontoire sacré ». Les Corses l'appellent « L'Isula di l'isula », l'île de l'île.
En fait, le cap Corse est une presqu'île furieusement belle, relativement épargnée des agressions du modernisme. Ouf ! Ici les poètes et les rêveurs peuvent encore déambuler à leur aise sans rencontrer trop de monde. Les paysages ? Une alternance de plages de galets (de sable dans l'extrême pointe du cap) et de criques secrètes, le tout entrecoupé de montagnes. Mais les deux versants du cap ne se ressemblent pas. Dans la partie orientale (entre Bastia et Macinaggio), des vallées débouchent en douceur dans la mer, tandis qu'à l'ouest la montagne tombe violemment dans les flots transparents de la Méditerranée, décrivant une série d'à-pics vertigineux et de nids d'aigle où s'accrochent courageusement quelques merveilleux villages de cinéma.
Une route en corniche en fait le tour, de Bastia à Saint-Florent, sorte de serpent héroïque sinuant entre ciel et mer au-dessus d'un littoral admirable, ponctué par une ribambelle de ports de poupée. Il s'agit des « marines ». Bâties depuis toujours les pieds dans l'eau, groupant quelques vieilles maisons aux murs de schiste, celles-ci sont un peu les annexes maritimes (ou les « prises » de mer) d'une kyrielle de villages cachés dans la montagne, retirés fièrement sur les hauteurs, perchés sur des pitons rocheux, surveillant inlassablement l'horizon. Un monde à part, un monde clos, qui n'a vraiment été relié au reste de l'île qu'au milieu du siècle dernier : la route de corniche n'ayant été ouverte que sous Napoléon III, qui a décidément bien plus fait pour l'île que son oncle. Un monde riche en histoire, comme en témoigne le nombre impressionnant d'églises richement décorées, de chapelles iso-

lées, de mausolées et de tombeaux familiaux perdus dans la nature, de ruines de châteaux forts, de vestiges de moulins à vent ou à eau, et, enfin, ces 32 tours de guet (rondes ou carrées) dites « génoises », qui servaient à surveiller les côtes.

Le cap Corse, c'est aussi un pays de vignerons. Le vignoble n'a plus l'importance qu'il détenait au XVIIIᵉ siècle, mais il produit toujours des vins très divers, des blancs surtout, et également un muscat qui serait à l'origine d'un dicton toscan : « Un verre de vin corse et j'escalade le Stromboli ! » Une route des vins relie d'ailleurs les plus grandes caves, passant par Santa-Severa, Rogliano et Morsiglia.

N'oublions pas enfin que, même s'il est produit à Bastia par la société Mattei (un nom très fréquent sur la péninsule), le célèbre apéritif « Cap Corse » lui doit son nom...

Les surprenantes « maisons d'Américains »

Les Cap-Corsins ont toujours émigré. Voici la seule région de Corse où la mer ne soit pas synonyme de danger. Pêcheurs depuis l'Antiquité, capitaines au long cours, aventuriers du bout du monde, tous ont été attirés par le grand large, souvent poussés par la nécessité, allant jusqu'à émigrer à Saint-Domingue, à Porto-Rico ou au Venezuela. Ils y firent souche, au XIXᵉ siècle, devenant planteurs de café ou de canne à sucre, s'enrichissant dans le commerce ou dans les mines d'or, donnant parfois des hommes politiques importants (un président du Venezuela est d'origine corse). La plupart de ces aventuriers d'outre-mer revinrent en Corse, fortune faite, pour s'y faire construire de somptueuses demeures que l'on remarque immédiatement en traversant des villages comme Rogliano, Morsiglia ou Pino. Dans le cap, on les appelle les « maisons d'Américains » ou les *palazzi* (palais). Leur architecture s'inspire à la fois de l'Italie (style toscan), de l'Espagne coloniale (arcades, colonnes) et du style colonial d'Amérique centrale. Chaque été, ces « palazzi » revivent avec l'arrivée au pays des cousins de Porto-Rico et d'ailleurs, qui ne parlent souvent qu'espagnol ! Témoins de l'une des plus étonnantes épopées de l'histoire corse, pleines de mystères et d'histoires, elles sont toutes privées et ne se visitent malheureusement pas. Mais on les voit bien.

Adresses utiles

🔲 *Office du tourisme du cap Corse :* maison du cap Corse, 20200 Ville-di-Pietrabugno. ☎ 04-95-32-01-00 (office du tourisme) et 04-95-31-02-32 (communauté de communes du cap Corse). ● www.inter netcom.fr/capcorse ● L'office du tourisme se trouve à l'étage de la maison du cap Corse, elle-même située à environ 1 km au nord du centre de Bastia, sur la route du cap, à droite, à la hauteur de Port-Toga. Ouvert en saison du lundi au samedi de 9 h à 12 h et de 14 h à 19 h. Hors saison, ouvert en semaine uniquement. Efficace et dynamique. Toute la doc qu'il faut sur le cap. Dispose de brochures décrivant toutes les randonnées du cap. Clair et pratique.

■ *Association Contact :* ☎ 04-95-60-48-09. Fax : 04-95-60-59-61. Propose de juin à septembre des visites guidées à thème : patrimoine, sentier douanier, le cap Corse médiéval. Avoir un véhicule.

★ **MIOMO** (20200, San-Martino-di-Lota)

Après Pietranera et Grigione, c'est la première petite marine quand on vient de Bastia (à 5,5 km au nord). Elle s'étire de chaque côté de la route et possède une énorme tour génoise qui semble encore monter la garde à l'entrée du village. Très jolie route de Miomo jusqu'à San-Martino-di-Lota.

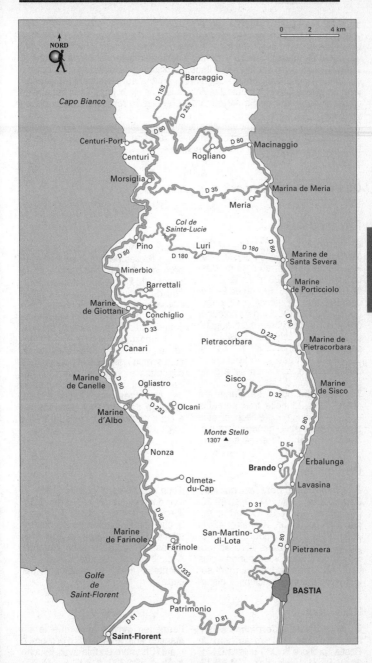

LE CAP CORSE

★ *SAN-MARTINO-DI-LOTA* (20200)

Un village en nid d'aigle dominant la côte orientale du cap Corse. De Miomo, une route étroite et sinueuse y monte, à flanc de montagne. Sur la gauche, à environ 1 km avant d'arriver au village, on distingue la silhouette du château du comte Cagninacci (privé). Cagninacci émigra au Venezuela où il fit fortune dans les mines d'or, puis il revint couler ses vieux jours dans cet ancien couvent. Au village de San-Martino-di-Lota, l'église renferme des autels en palme.

Chaque année, pendant la semaine sainte, les habitants portent en procession ces autels qu'ils confectionnent avec soin sous l'égide d'une confrérie. Une tradition ancienne et vraiment originale.

Où dormir ? Où manger ?

Prix modérés

▪ |◉| *Auberge et chambres U San Martinu :* pl. de l'Église, à San-Martino-di-Lota, à 9 km au nord de Bastia ; prendre la D80 puis la D131. ☎ 04-95-32-23-68. Fermé du 20 décembre au 10 janvier. Chambre double à 230 F (35 €), petit déjeuner compris (24 chambres avec douche et w.-c. et 2 avec salle de bains commune). Menu à 85 F (13 €), avec deux entrées, plat, fromage et dessert. On a beaucoup aimé cette grande maison du siècle dernier, où trône un âtre corse traditionnel et dotée d'une tonnelle très agréable en été – et plus encore l'accueil et la cuisine, honnêtes, généreux et sincères. La grand-mère est aux fourneaux et connaît par cœur le b-a-ba et les ficelles de la cuisine corse, le père vous reçoit (aidé parfois de sa charmante fille) et vous parlera peut-être de la musique d'ici, voire prendra la guitare... On se régale franchement de tout ça, des vieilles recettes locales copieusement servies, de l'atmosphère simple et chaleureuse... Les chambres elles aussi sont sympas, simples et petites mais coquettes et vraiment bon marché. Par ailleurs, le patron recommande des chambres chez l'habitant dans la vallée de Lota. Prix comparables à ceux de l'auberge, mais là on n'a pas visité.

Prix moyens

▪ *Chambres d'hôte du château Cagninacci :* ☎ 04-95-31-69-30. Fax : 04-95-31-91-15. Ouvert de mi-mai à fin septembre. Compter 420 à 460 F (64 à 70,1 €) pour 2, petit déjeuner compris. Dans la belle demeure dont nous vous parlons plus haut. Au rez-de-jardin, charmant séjour avec meubles anciens à disposition des hôtes et grande pièce de jour donnant sur un hall, avec escalier monumental en bois. À l'étage, 3 chambres spacieuses et confortables. L'une regarde la mer, les autres, la vaste terrasse arborée. Accueil chic et chaleureux et site enchanteur. Pas de paiement par carte.

Plus chic

▪ |◉| *Hôtel de la Corniche :* à San-Martino-di-Lota, à 9 km au nord de Bastia ; prendre la D80 puis la D131. ☎ 04-95-31-40-98. Fax : 04-95-32-37-69. ● www.lacorniche.com ● Fermé en janvier ainsi que le dimanche soir et le lundi d'octobre à mars. Chambre double avec douche et w.-c. de 300 à 400 F (45,7 à 61 €) ; avec bains de 380 à 480 F

(57,9 à 73,2 €). Menus à 140 et 220 F (21,3 et 33,5 €). Avant même d'y arriver, on devine une sorte de nid d'aigle. C'est un perchoir ! De la terrasse ombragée par des platanes on jouit d'une vue sublime sur un amphithéâtre de montagnes dévalant vers la mer. C'est une des meilleures tables des environs de Bastia. Il faut goûter la « soupe corse de Mme Anziani mère », ou le pageot rôti en croûte de tapenade. Les chambres donnent également satisfaction. Piscine. Penser à réserver, surtout en haute saison, pour l'hôtel comme pour le restaurant.

★ **LAVASINA** (20222, Brando)

Modeste village au bord de l'eau, à 2,5 km au sud d'Erbalunga. C'est « le petit Lourdes du cap Corse ». Un pèlerinage se déroule à l'église Notre-Dame durant la première semaine de septembre et se termine le 8 par une procession. Le clocher de l'église est horrible mais, à l'intérieur, dans une niche, on peut voir un incroyable gisant du Christ (hyper réaliste !) ainsi que de nombreux et touchants ex-voto.
Attention : on se gare très difficilement dans le village.

Où dormir ? Où manger ?

🛏 ⑩ *Hôtel Les Roches :* juste à l'entrée du village en venant de Bastia, dans un virage sur la gauche avant le pont. ☎ 04-95-33-26-57. Autour de 250 F (38,1 €) la chambre double. En hiver, réserver. Petit hôtel tout simple et discret, tenu par des gens âgés, avec des chambres au confort rustique, calmes et ouvrant à l'arrière du bâtiment sur un petit vallon. Quelques problèmes d'entretien à signaler cependant. Chouette tonnelle ombragée, mais repas un peu cher, environ 150 F (22,8 €) pour une cuisine correcte mais banale. Attention, pas de paiement par carte.

★ **ERBALUNGA** (20222, Brando)

La première vraie et authentique marine du cap Corse, avec quelques maisons blotties sur une petite avancée rocheuse couronnée par les vestiges d'une tour génoise. C'est mignon, c'est croquignolet, et c'est presque un endroit à la mode depuis que des artistes s'y réfugient. On les comprend, c'est si agréable de flâner dans les ruelles piétonnes et de se laisser guider vers le port, la plage de galets ou les ruines de l'église qui surplombent la jetée... En fait, Erbalunga est la marine de la commune de Brando, comme Marlon Brando... D'ailleurs, il y avait là autrefois une famille Brando qui aurait émigré en Amérique au XVIIIe siècle. Alors, le héros d'*Apocalypse Now* est-il originaire de Brando dans le cap Corse ?... Affaire à suivre. À Erbalunga, on trouve la mer, des rochers accueillants et une plage de galets. C'est aussi le berceau de la famille de l'écrivain Paul Valéry. Aujourd'hui encore, on trouve beaucoup d'habitants s'appelant Valéry...

Où dormir ?

🛏 *Hôtel Castel Brando :* dans le village d'Erbalunga. ☎ 04-95-30-10-30. Fax : 04-95-33-98-18. ⚓ ● www.castelbrando.com ● Fermé de novembre à mi-mars. Selon la saison, de 380 à 630 F (57,9 à 96 €) la chambre double. Un hôtel de charme et de caractère, dans une authentique maison corse du XIXe siècle (un *palazzu*), entièrement

ment restaurée dans le meilleur goût et décorée de meubles anciens. Les palmiers autour, les coloris, l'immense cage d'escalier et l'architecture lui confèrent un je-ne-sais-quoi de latino-américain. Près de la piscine, une annexe abrite des chambres très sympathiques (et un peu plus calmes que dans la grande maison, où l'on évitera les chambres côté route), toutes climatisées et équipées de téléphone direct et d'un coin cuisine. Parking privé. Accueil excellent. Apéritif offert à nos lecteurs.

Où manger ?

|●| A Piazzetta : sur la place du village. ☎ 04-95-33-28-69. Fermé le mardi hors saison, et en janvier et février. Menus de 80 à 120 F (12,2 à 18,3 €). Salades, pâtes fraîches, *pizze* ou plats du jour (poisson) s'avalent plaisamment en terrasse sur la placette, ou en salle l'hiver. Une petite adresse sans prétention, mais honnête et pas désagréable.

Plus chic

|●| Le Pirate : sur le port. ☎ 04-95-33-24-20. Ouvert de Pâques à fin octobre. Fermé le lundi sauf en juillet et août. Menu à 130 F (19,8 €) le midi ; à la carte, compter 200 F (30,5 €). Joli cadre en salle et chouette terrasse aux premières loges sur le port. De bonnes spécialités, notamment les raviolis de poisson ou les moules « pirate ». Cependant, comme nous étions placés face aux cuisines, dans leur va-et-vient, les serveurs empressés bousculaient parfois notre chaise, et c'est désagréable (été 2000). Par ailleurs, le chapon au poids nous a paru bien cher. Bon dessert pour finir.

Fêtes et manifestations

– **Importantes manifestations pour les fêtes de Pâques :** le Jeudi saint, procession jusqu'au couvent de bénédictines qui surplombe le village. Le lendemain se déroule la *Cerca,* tournée de près de 12 km à travers les églises de la commune de Brando. La journée se termine sur la place du village par la *Granitula,* curieuse et très ancienne procession de pénitents en cagoule, formant une spirale humaine qui se resserre et s'écarte alternativement. C'est un peu mystérieux car les pénitents réalisent parfaitement cette figure, sans répétition aucune, comme ça, comme si le groupe se trouvait possédé par l'esprit de la *Granitula.*
– **Festival de musique :** début août, sur 4 jours. Comme son nom l'indique, rencontres musicales où se retrouvent un peu tous les genres, classique, jazz, variétés et, bien sûr, chants corses traditionnels.

★ *LA MARINE DE SISCO* (20233)

Un endroit assez chouette, un tout petit village de bord de mer qui n'a pas été défiguré par le progrès. On se frotte les mains. Ne pas se contenter de musarder au bord de l'eau, mais grimper dans la montagne pour découvrir ces belles maisons typiques qui ont encore leurs toitures de pierres plates schisteuses, les *teghje* (nom d'un hameau de Sisco).

Où dormir ? Où manger ?

Camping

▲ *Camping A Casaïola* : marine de Sisco. ☎ 04-95-35-21-50 ou 35-20-10. Ouvert de mai à octobre. Compter 80 F (12,2 €) pour 2, tente et voiture comprises. Menus de 90 à 120 F (13,7 à 18,3 €). Beau cadre arboré, assez bien ombragé donc, calme (à 250 m de la route), simple, propre et bon marché, ce petit camping donne satisfaction. Fait aussi restaurant. Bon accueil avec ça.

Prix moyens

▲ *Hôtel de la Marine* : dans le virage à droite, à l'entrée de la marine en venant de Bastia. ☎ 04-95-35-21-04. Fax : 04-95-35-26-12. Fermé d'octobre à avril inclus. Selon la saison, de 220 à 260 F (33,5 à 39,6 €) la chambre double avec douche et w.-c. Petite auberge de bord de mer dans une maison ancienne, prolongée par un vaste jardin tranquille qui s'étend jusqu'au bord de la plage de galets. Chambres dans un bâtiment annexe plus récent, pas très grandes et un peu vieillottes mais tout de même correctes et pas trop chères. Pas de resto, mais un bar et une terrasse ombragée, très agréable aux heures chaudes. Beaucoup d'espace et accueil sympathique de la patronne. Garage fermé pour motos et vélos. Attention, n'accepte pas les cartes de paiement.

I●I *Auberge A Stalla Sischese* : ☎ 04-95-35-26-34. ⚒ Fermé le dimanche soir et en février. Menus à 80 F le midi (12,2 €) et 120 F (18,3 €) le soir. À 300 m du littoral, à droite, au bord de la route qui monte à Sisco-village (montagne). Une maison neuve, une salle un peu quelconque... Bof, rien d'extraordinaire direz-vous, mais cette petite table est en réalité une des valeurs sûres du cap. Authentique cuisine corse avec, dans le second menu, une copieuse succession de six plats ! Soupe, tarte aux herbes, beignets de fromage ou raviolis, agneau ou cabri, *fiadone*. Ce n'est pas forcément très léger, mais sincère, ça oui ! N'accepte pas les cartes de paiement.

LE CAP CORSE

À voir. À faire

★ Sur la route vers le village de Sisco, de nombreux ***tombeaux*** dispersés dans la nature. Voir celui de la famille Padovani, édifice jaune entouré de cyprès.

★ ***Le hameau principal de Sisco* :** à 9 km de la côte. À San Martino, dans une sorte d'amphithéâtre à flanc de montagne. De la place de l'Église de San Martino (avec campanile) plantée d'oliviers, on a une superbe vue. À gauche après l'église, prendre la route de Barrigioni. Sur la droite, à 200 m, on peut admirer l'une des fameuses « maisons d'Américains », la *villa Saint-Pierre*. Grande demeure à colonnades cachée derrière ses grilles et enfouie dans la verdure, elle fut construite par un Corse enrichi en Amérique. Un vrai petit château mêlant les styles toscan et latino-américain.

– ***Randonnées* :** les hameaux de Sisco sont reliés entre eux par des sentiers balisés (réseau pédestre du cap Corse), idéaux pour de petites balades familiales. Les mieux entraînés poursuivront leur effort à la boussole et à leurs risques et périls (pas de balisage) jusqu'au *col Saint-Jean* (chapelle restaurée, lieu de légende et de communication avec l'ouest du cap et la vallée d'Olcani), puis, de crête en crête, jusqu'à la *Cima di e Folliccie* (1 324 m, point culminant du cap Corse). La vue est alors merveilleuse sur tout le cap Corse, sur les îles d'Elbe et de Capraia ; l'ambiance de ce sommet, battu par le vent et entouré d'eau, est assez singulière. On pense au mont Athos en Grèce, le tout dans un silence parfait... Mais, répétons-le, excursion réservée aux aventuriers.

★ *LA MARINE DE PIETRACORBARA* (20233)

À cet endroit-là de la côte orientale du cap Corse, une sorte de vallée glisse vers la mer, avec sa rivière et ses joncs, et quelques maisons autour dispersées au pied d'une tour en ruine. Une marine plus large et moins intime que celle de Sisco, mais plus champêtre. Il y a une très belle plage, l'une des rares du cap Corse appréciée des véliplanchistes. Sur la route entre Pietracorbara et Porticciolo, voir la *tour de l'Osse* (génoise) qui surplombe la route.

LE CAP CORSE

Où dormir ? Où manger ?

Camping

⌂ *Camping La Pietra :* à 300 m de la plage de sable. ☎ 04-95-35-27-49. Fax : 04-95-31-66-29. Fermé de novembre à mars. Compter 120 F (18,3 €) pour 2 adultes. Relativement cher pour un camping, mais c'est un beau camping, à 400 m de la plage. Emplacements vastes (100 m^2) et bien délimités par des haies, on se sent chez soi. Eucalyptus, pins, fleurs, c'est joli. Dommage que l'accueil ne soit pas toujours à la hauteur, et qu'on ne puisse pas toujours choisir son emplacement. Par ailleurs, en haute saison, certains campeurs sont placés dans les allées, et ne sont donc plus tranquilles dans de beaux et spacieux emplacements. Quelle déception ! Bar, épicerie, machines à laver, parking surveillé électroniquement (vive le progrès !) pour motos, vélos, voitures.

Prix moyens

⌂ ◖◗ *Hôtel-restaurant Macchia e Mare :* marine de Pietracorbara. ☎ 04-95-35-21-36. Fax : 04-95-35-22-35. Restaurant fermé en février. Selon la saison, chambre double de 270 à 320 F (41,2 à 48,8 €) avec bains et w.-c. Demi-pension obligatoire en juillet et août, à 400 F (61 €) par personne. Menus de 95 à 150 F (14,5 à 22,9 €). Un peu en retrait sur la gauche de la D80 en venant de Bastia. Plage à 100 m, de l'autre côté de la route. Ambiance relax et 8 chambres propres, dont 4 côté mer avec terrasse et vue sur mer. Fait aussi restaurant. Apéro offert sur présentation du *Guide du routard.*

★ PORTICCIOLO (marine de Cagnano ; 20228)

Très mignonne petite marine coincée dans un pli escarpé de la côte, le long duquel les maisons s'étagent. Un coin intact, presque pas défiguré par le modernisme, où il fait bon suivre les petites ruelles qui dévalent jusqu'à la mer. Petit port et jolie plage (de sable).

Où dormir ? Où manger ?

🛏 ▮◖▮ *Hôtel U Patrïarcu :* ☎ 04-95-35-00-01. Fax : 04-95-35-02-78. Fermé de fin octobre à début avril. Selon confort et saison, chambre double de 210 à 360 F (32 à 54,9 €). Demi-pension à 290 F (44,2 €), obligatoire en juillet et août; menus de 80 à 150 F (12,2 à 22,8 €). Une vieille maison du cap Corse avec des murs très larges et un intérieur très propre. Bon accueil. Accès individuel par le patio à des chambres simples mais impeccablement tenues donnant sur la mer ou sur l'arrière. Confort varié, certaines étant plus grandes et disposant d'une TV.

Garage fermé pour les motos. Repas et petits déjeuners quelconques mais corrects. En somme, une adresse simple et plaisante. À côté, une adorable épicerie-buvette avec son bout de comptoir et ses deux tables dehors.

▮◖▮ *Le Chariot :* route de Cagnano. ☎ 04-95-35-03-60. Ouvert uniquement en saison. Compter 120 F (18,3 €). Un resto saisonnier environné de pins et d'oliviers (grande salle vitrée), qui sert une très bonne cuisine corse, à profusion. Les pâtes fraîches notamment sont à conseiller.

★ **SANTA-SEVERA** (marine de Luri ; 20228)

Un autre petit port de la côte, situé au débouché d'une vallée très verte. Il y a une grande plage de galets et un arrière-pays peu connu à découvrir. Première étape de la route des vins à la *cave Pieretti* (renseignements : ☎ 04-95-35-01-03). Dégustation, visite des caves, vente. Bon accueil.

Où dormir ? Où manger ?

🛏 ▮◖▮ *Gîtes ruraux de Campu :* tout en haut du village de Campu. ☎ 04-95-35-05-64. Fax : 04-95-35-05-64. À 3 km de Santa-Severa, à droite depuis la route qui conduit à Luri ; c'est indiqué. Ouvert toute l'année. Repas à 85 F (13 €) le soir uniquement. Chambre d'hôte à 230 F (35 €) pour deux, petit déjeuner compris. Studios de 1 500 à 2 500 F (228 à 381 €) la semaine selon la période. 2 grands studios de 48 et 53 m² au rez-de-chaussée d'une maison récente, et une chambre d'hôte avec douche et w.-c. Confort modeste. Accueil très chaleureux de Georges Abelli, le proprio, qui s'applique avec succès à rendre le lieu convivial et peut aussi renseigner sur les possibilités de randonnées dans la région. Garderie d'enfants. Bonne table d'hôte, généreuse et plaisante. Apéritif offert à nos lecteurs.

🛏 *Chambres d'hôte chez M. et Mme Micheli :* à Santa-Severa, marine de Luri ☎ 04-95-35-01-27. Sur

la gauche de la route en montant vers le cap, avant la marine et avant le pont qui est au début de la plage, petit chemin cimenté abrupt sur la gauche (fléché). Ouvert de mai à septembre inclus. Chambre double à 250 F (38,1 €) en avril, mai et septembre, et à 300 F (45,7 €) en juin, juillet, août, petit déjeuner compris. 4 chambres assez simples, propres et claires, deux avec vue sur mer et deux sur montagne, avec salle de bains et terrasse. Les Micheli reçoivent gentiment. Salle de petit déjeuner à large baie vitrée. Plage de galets à 10 mn à pied.

▮◖▮ *Restaurant-pizzeria A Cantina :* à Santa-Severa, marine de Luri. ☎ 04-95-35-05-67. Sur la marine, au bout du quai à gauche. Fermé le mercredi. Menu à 70 F (10,7 €). À la carte, plats de 50 à 80 F (7,6 à 12,2 €), desserts à 25 F (3,8 €). On n'est pas mécontent d'avoir déniché cette petite adresse qui tourne à l'année, et qui, derrière une banale appellation de pizzeria, propose une vraie cuisine corse de bonne femme. Omelette corse, *storzapretti,* cannellonis au bruccio... Mention spéciale pour les desserts, fondant à la châtaigne parfaitement délicieux, ou *pastizu.* Également des pizzas appréciées des gens du pays. Terrasse sur la marine et service aimable. Apéritif offert à nos lecteurs.

À faire

– *Sortie en mer vers l'archipel toscan :* Ange-Marie Moracchini, Santa-Severa, 20228 Luri. *Taheke Charter,* marine de Santa-Severa. ☎ 06-81-39-04-67. Ange le skipper (et non Skippy le kangourou) et l'hôtesse Nathalie vous emmènent au grand large sur leur catamaran *Taheke,* cap vers Capraia, à 16 milles du cap. À la journée ou plus sur demande, archipel toscan et Corse. Tarif selon destination et prestations. Huit personnes maximum embarquées. Vraiment sympa.

À voir dans les environs

★ *La maison de Dominique Cervoni :* au hameau de U Campu, à 3 km à l'ouest de Santa-Severa, à droite sur la route D180 en direction du village de Luri. Près de la chapelle, il y a une place minuscule et juste à droite une ruelle qui monte ; 40 m plus haut, une maison très moche, couverte de ciment gris (fenêtres bleues), porte une plaque à la mémoire de Dominique Cervoni, navigateur et aventurier des mers lointaines, qui fut l'ami de l'écrivain anglais Joseph Conrad. Ce dernier s'en inspira pour ses héros de roman et en parla dans *Le Miroir de la Mer.* Conrad, géant de la littérature mondiale, fut tellement impressionné par Cervoni qu'il vint à Luri en 1921 pour retrouver la trace du grand marin originaire du cap Corse... mais il ne trouva que des tombes. Et le plus étonnant c'est que Cervoni, baroudeur sur toutes les mers du globe, a trouvé le moyen de naître et de mourir dans la même maison, laquelle reste d'une banalité déconcertante pour un héros de roman... Ironie de l'histoire !

★ **LURI** (20228)

Une commune constituée de 17 hameaux perdus dans une luxuriante nature, à mi-chemin entre les deux côtes du cap Corse. On y accède de Santa-Severa par la route D180, la seule qui traverse d'est en ouest toute la largeur du cap.
Du village principal, **A Piazza**, la route monte au *col de Sainte-Lucie* et redescend sur le versant ouest vers Pino. Superbe excursion à faire en fin d'après-midi, avec quelques perspectives époustouflantes de beauté sur la mer et les monts.
Un petit chemin conduit à la *tour de Sénèque* (30 mn de sentier à pied) d'où l'on a une vue extraordinaire par temps clair. La légende dit que Sénèque y vécut en exil dans l'Antiquité. Mais il y a quelque chose qui cloche car la tour date du XIIIe siècle alors que le philosophe a vécu au Ier siècle de notre ère !

Adresse utile

■ *Libre-service et point info randos :* sur la place du village de A Piazza, sur la droite en venant de la vallée. ☎ 04-95-35-05-81. François, le patron, renseigne sur les balades. Cartes et topoguides en vente.

Où dormir ? Où manger dans les environs ?

🛏 I●I *Chambres, gîtes et table d'hôte chez Alain et Marie-Thé Gabelle :* La tour « I Fundali », Spergane, 20228 Luri. ☎ 04-95-35-06-15. Fermé en novembre. Chambre double à 260 F (39,6 €), petit déjeuner compris. Demi-pension possible, à 190 F (29 €) par personne. Repas du soir sur réservation à 65 F (9,9 €). Gîtes pour 2 personnes à 1 400 F (213 €), pour quatre à 1 800 F (274 €). Les plus chouettes chambres d'hôte de toute la Haute-Corse (et peut-être même du Bassin méditerranéen, oui oui !). Pas facile de se rendre dans cette paisible enclave où rien ne parvient à troubler le silence. Du village de A Piazza (un des 17 hameaux de la commune de Luri), prendre à la hauteur de la poste une adorable petite route de campagne sur la droite en direction de Spergane et la suivre sur 3 km environ. On arrive alors dans un vallon verdoyant sur lequel semblent veiller les ruines massives d'une antique tour médiévale, l'une des rares à avoir servi de résidence à un nobliau génois. Une maison trône au milieu de ce décor, entièrement retapée par Marie-Thé et Alain qui réservent un accueil des plus chaleureux. Ils pourront vous conseiller des balades et ne sont pas avares de renseignements sur les environs. 6 chambres mignonnes et propres. En demander une donnant sur la vallée, à cause de la vue bien sûr. Sympa aussi avec des enfants. Prix doux pour la qualité des lieux. Petite salle à manger coquette et honnête cuisine familiale pour le repas du soir. Également 2 gîtes en location à la semaine et pour le week-end. Moins cher hors saison. Sous le soleil ou sous la pluie, la nature reste toujours aussi belle. C'est ici que Sénèque aurait dû venir ! Vu le succès (légitime) de l'endroit, il est plus que conseillé de réserver.

Fête

– *La fête du vin de Luri :* le 1er week-end de juillet, au village de A Piazza. En fait, vous verrez inscrit « Fiera di u vinu » sur les affiches. À la base, rencontre des vignerons et producteurs de vin de l'île, on y voit aussi des fabricants de produits corses avec lesquels le vin se marie fort bien : charcuteries, fromages, miel, huile d'olive, etc. Quelques artisans se joignent également à cette fête. Une bonne façon d'appréhender d'un coup d'œil une grande partie de la production corse, d'autant que ce que vous pourrez acheter ici reste à un prix très raisonnable. En outre, repas corse traditionnel, concours divers, animations musicales...

★ **MACINAGGIO** (20248, Rogliano)

Le port de plaisance le plus connu et le plus recherché du cap Corse : une forêt de mâts et de haubans, une ribambelle de voiliers, du plus anodin au plus sophistiqué, et une mer Tyrrhénienne d'un bleu parfait. Naguère petit port de pêche, annexe maritime de la commune haut perchée de Rogliano, Macinaggio est aujourd'hui la marine branchée du cap bien que le village n'ait en lui-même que peu de charme. La route quitte la côte dans cette dernière marine de l'est de la Corse. À partir de là, on s'enfonce dans les terres en direction de l'ouest. Un seul moyen pour faire le tour du cap en suivant le littoral : laisser là sa voiture et emprunter le sentier dit « du douanier » qui rejoint Centuri.

– Une étape sur le circuit des vins, le ***Clos Nicrosi*** (face *hôtel U Ricordu*). ☎ 04-95-35-42-02 (ou 41-17). L'un des vins les plus réputés du Cap.

Adresses utiles

◘ *Syndicat d'initiative :* à l'étage du grand bâtiment sur le port. ☎ 04-95-35-40-34. Fermé le dimanche après-midi en été, les samedi après-midi et dimanche hors saison. Bons renseignements sur les possibilités de balades dans cette région du cap.

■ *Capitainerie du port :* dans le même bâtiment que le syndicat d'initiative. ☎ 04-95-35-42-57.

■ *Cap Évasion :* ☎ 04-95-35-47-90. Loue des zodiaques pour découvrir les criques secrètes de la région.

■ *Club nautique :* ☎ 04-95-35-46-82 (été) ou 04-95-35-41-36 (hiver).

Où dormir ? Où manger ?

Camping

▲ **|●|** *Camping de la plage U Stazzu :* route de la plage. ☎ 04-95-35-43-76. ⚒ Ouvert de mai à septembre. N'accepte pas les cartes de paiement. Compter 75 F (11,4 €) pour deux, tente et voiture comprises. À environ 1 km de la marina et 13 km de la plage par une route défoncée. Du port, continuer vers le nord et prendre à gauche la D80 (en direction de Centuri), puis à droite

(panneaux indiquant le camping). Camping modeste mais bon marché. Douche chaude, snack, pizzeria. Pas très bien ombragé. Prix raisonnables mais attention, en saison sèche, sol très dur. Confort minimum, ombrage itou. Vraiment le camping de base, histoire de ne pas coucher dehors. Snack et pizzeria. Balades superbes dans les environs.

Plus chic

▲ **|●|** *Auberge U Libecciu :* à Macinaggio. ☎ 04-95-35-43-22. Fax : 04-95-35-46-08. Pour y accéder, prendre la D80, tourner tout de suite à droite après la supérette ; c'est indiqué. Fermé du 15 octobre au 1er avril. Selon la saison, de 300 à 450 F (45,7 à 68,6 €) la chambre double avec douche, w.-c., TV. Demi-pension possible de 350 à 400 F (53,3 à 61 €) par personne. Menus de 100 à 175 F (15,2 et 26,7 €). Légèrement à l'écart de la marine, à 200 m, une maison récente, sans charme particulier, en partie couverte de lierre. 14 chambres agréables et calmes, grandes et avec terrasse ; cinq plus petites et sans terrasse. La patronne est aux fourneaux. Bouillabaisse sur commande, tripettes, poisson du cap...

Accueil attentionné et gentil. Apéritif offert à nos lecteurs.

▲ **|●|** *Hôtel U Ricordu :* à la sortie de Macinaggio sur la route de Rogliano, à 300 m du port seulement. ☎ 04-95-35-40-20. Fax : 04-95-35-41-88. Fermé de décembre à mars. Selon la saison, de 400 à 720 F (61 à 110 €) la chambre double, petit déjeuner compris. Demi-pension obligatoire en août, à 860 F (131 €) pour deux personnes. Grande maison récente pour le restaurant et chambres confortables et bien équipées dans l'annexe, certaines avec terrasse commune. AC et TV satellite. Un peu cher tout de même, pour un établissement confortable certes, mais sans grand caractère, et aux chambres bien équipées mais ni si grandes ni si belles qu'il faille dépenser autant. Bon accueil. Grand parking juste devant l'hôtel. Piscine chauffée, sauna et location de VTT.

Fait aussi resto. On y mange correctement pour 100 F (15,2 €).

À voir. À faire

– **Le sentier du douanier :** Macinaggio est le point de départ (ou d'arrivée, suivant le sens choisi) du sentier du douanier qui suit le littoral jusqu'à Centuri. Bien balisé et accessible à tous. L'office du tourisme édite d'ailleurs un dépliant comprenant une carte et détaillant les différentes étapes de la randonnée. Indispensable si vous décidez de tenter l'aventure qui, en 7 h 45, vous mènera de falaises en maquis en passant par les dunes. On ne vous conseille pas trop de le faire en été : cagnard redoutable !
En fait, on peut aborder la balade par quatre endroits différents ou ne parcourir qu'un ou deux de ses trois tronçons. Compter 4 h pour Centuri-Tollare, 45 mn pour Tollare-Barcaggio (tous les deux accessibles en voiture depuis Botticella sur la D80) et 3 h pour rallier Barcaggio depuis Macinaggio. C'est dans cette dernière portion qu'on pourra passer par les sites suivants.

★ **Le site naturel de la Capandula :** ouf ! Voilà encore un coin que les promoteurs et les lotisseurs n'auront pas ! Il s'agit de l'un des plus beaux morceaux de la côte, grosso modo toute la partie du littoral s'étendant au nord de Macinaggio jusqu'à Barcaggio. Soit 377 ha de maquis et de plages protégés et surveillés avec attention par le Conservatoire du littoral. De mars à juin, chaque année, des groupes d'oiseaux migrateurs en provenance d'Afrique y font escale, preuve que nos amis à plumes n'ont pas mauvais goût dans le choix de leurs étapes ! Il n'y a pas qu'eux.
Sur les *îles Finocchiarola,* au large de la plage de Tamarone, vit la principale colonie corse de goélands d'Audouin, une espèce très rare qui ne niche qu'en Méditerranée. Pour préserver leur tranquillité, ces braves bêtes ne veulent ni ne peuvent, selon la loi, voir personne entre le 1er mars et le 31 août, période durant laquelle l'accès aux îles est strictement interdit (c'est une réserve naturelle).

★ **De très belles plages :** un chemin long de 2 km environ et assez défoncé conduit à la plage de *Tamarone* dans la petite baie du même nom. La zone protégée de Capandula commence là. Il faut continuer son chemin à pied. Vraiment une très belle balade à faire dans la journée.
De Tamarone, on peut gagner la très jolie *plage des Îles* par un sentier côtier et rejoindre la *rade de Santa-Maria* (45 mn à pied par le sentier des douaniers). Le sentier débouche sur la chapelle Santa Maria (à double abside). La rade se termine par une tour génoise.
Plus loin, le sentier arrive en 10 mn à deux autres criques : la *cala Genovese* et la *cala Francese,* sites superbes où le maquis glisse très lentement vers les eaux turquoise et le sable fin des plages.
Pour le retour, compter un peu plus d'une heure de marche entre la cala Francese et Tamarone, en passant à nouveau par le chemin des douaniers. Sinon, sentier de l'intérieur, plus court.

■ **Promenade en mer :** à bord du *San Paulu,* ☎ 04-95-35-07-09. Propose des balades d'environ 1 h vers la réserve naturelle des îles Finocchiarola. Prendre une paire de jumelles pour observer les oiseaux.

■ **Plongée :** deux clubs à Macinaggio. *Capi Corsu Diving,* ☎ 04-95-35-48-57 et *Thalassoma,* ☎ 06-16-14-02-60. Baptême adulte : 230 F (35 €), et 200 F (30,5 €) la plongée.

★ *ROGLIANO* (20247)

Ce qui surprend le plus dans ce beau village haut perché, dominant fièrement la côte, c'est le nombre de hameaux (sept) dispersés à flanc de montagne, de ruines de châteaux forts, de tours fortifiées, de vieilles demeures aux toits de *teghje* (pierres plates en schiste). Superbe vue des deux églises Saint-Côme et Saint-Agnel. Panorama encore plus étendu de l'ancien couvent (privé) situé au-dessus du village après le hameau d'Olivo (où se dressent deux grosses tours génoises).

– Bonne étape de la route des vins, entre Macinaggio et Rogliano : le **Clos de Gioielli** (☎ 04-95-35-42-05). Bons rouges et muscat du tonnerre. Ne fait pas de visite ni de dégustation, mais vend.

Où dormir ? Où manger ?

🛏 ▮◖▮ *Hôtel-restaurant U Sant'Agnellu :* ☎ 04-95-35-40-59. Fax : 04-95-35-40-59. Fermé du 15 octobre au 15 avril. Selon saison, chambre double avec bains de 300 à 380 F (45,7 à 57,9 €). Demi-pension de 260 à 350 F (39,6 à 53,3 €) par personne, obligatoire en août. Menu à 90 F (13,7 €). Au village, dans un tournant près d'une église. Ancienne maison communale restaurée (en fait, l'ex-mairie, où se sont d'ailleurs mariés les propriétaires !). Préférer les chambres avec vue sur mer. Très agréable de dîner en terrasse au crépuscule avec l'amphithéâtre de montagnes et la marine de Macinaggio tout en bas. Cuisine locale (le patron est aux fourneaux) et langoustes du vivier de la maison.

★ BARCAGGIO (20275, Ersa)

Un port de poupée à la pointe extrême du cap Corse : une sorte de bout du monde en effet avec, en face, à quelques encablures en pleine mer, l'îlot de la Giraglia en guise de point sur le « i » du cap Corse. On accède au village en quittant la D80 à Botticella, entre Macinaggio et Centuri, puis en suivant une route goudronnée qui descend à travers le maquis jusqu'à la mer. Vastes paysages sauvages et inhabités (du moins pour l'instant...). On aime bien cet endroit perdu, mais quelle déception d'y trouver un parking sans ombrage et une baraque-resto disgracieuse posée sous les arbres du port ! À Barcaggio, visiblement, on ne sait pas ce que signifie protéger le charme naturel d'un lieu. Heureusement, il y a cette grande plage de sable, située à 1 km à l'est, vers la pointe d'Agnello, accessible seulement par le sentier du douanier, sentier que l'on peut aussi emprunter pour une agréable marche de 3 h en direction de Macinaggio.

À 2,5 km à l'ouest de Barcaggio, on peut aller jusqu'au petit village de pêcheurs de *Tollare*, un coin sympa aussi, dominé par sa tour. Remarquer au passage en bord de mer des affleurements de calcaire qui font penser à Bonifacio. Le nord et le sud se répondent...

Où dormir ? Où manger ?

🛏 ▮◖▮ À Barcaggio même, un seul hôtel et un seul resto dans un petit baraquement sur le port, où l'on est bien accueilli et où la cuisine est correcte : ☎ 04-95-35-64-90. Ouvert de juin à septembre, le reste de l'année sur commande. Menu poisson dans les 120 F (18,3 €).

🛏 *Hôtel La Giraglia :* donne directement sur les rochers face à la mer, à l'entrée du port. ☎ 04-95-35-60-54. Fax : 04-95-35-65-92. Ouvert d'avril à fin octobre. Chambre double de 300 à 400 F (45,7 à 61 €) avec lavabo ou douche et w.-c., selon la saison. Hôtel très bien situé, à l'extrême pointe nord du cap, carrément les pieds dans l'eau. Chambres bien tenues mais aux coloris un peu sombres ; pour la lumière et la vue, préférer celles côté mer. Bon, pas mal pour une escale mais on paye quand même assez cher des prestations somme toute ordinaires. Par ailleurs, pas de restaurant, et au port il n'y a pas grand choix ! Prévoir donc son ravitaillement.

I●I *Chez Néné :* dans le grand virage à l'intérieur du village de Granaggiolo, à 7 km de Barcaggio. ☎ 04-95-35-62-32. Menu dans les 100 F (15,2 €) environ. Uniquement sur réservation le soir en juillet et août, et le samedi soir hors saison. Petite salle de troquet rustique et terrasse agréable. Bonnes spécialités corses, cannellonis au brocciu, charcuteries et plats en sauce. Pratique car il n'y a pas grand-chose dans le secteur.

★ *CENTURI* (20238)

Arriver par l'est, en suivant la D80, est peut-être la meilleure façon de découvrir Centuri. Un à un les signes se succèdent comme pour préparer l'apparition de quelque chose d'exceptionnel. La mer, d'abord, qui perce au creux des montagnes ; puis les silhouettes des anciens moulins dressés çà et là comme des guetteurs ; enfin, la descente le long de cette route qui serpente entre les arbres d'où émergent quelques maisons aux allures de châteaux forts, et au bout de laquelle on découvre l'un des ports de pêche les plus croquignolets du cap Corse. Petit, authentique, replié sur lui-même comme pour se protéger du large (Paoli en fit d'ailleurs l'arsenal maritime de sa République), avec une poignée de maisons aux toits de serpentine verte (superbe pierre de la région), il prend des airs de Saint-Trop local dès les premiers rayons de soleil !

Sachez qu'il y a pas mal de monde ici en été, à tel point que la circulation automobile en devient délicate. C'est la rançon de la beauté, en quelque sorte. Côté mer, pas de plage de sable fin (la plus proche est celle de Barcaggio), mais des fonds sous-marins aux eaux transparentes et très poissonneuses. De belles plongées en perspective...

Où dormir ? Où manger ?

Camping

🏕 I●I *Camping L'Isulottu :* à environ 1 km du port de Centuri, sur la route de Saint-Florent. ☎ 04-95-35-62-81. Fax : 04-95-35-63-63. Ouvert toute l'année. Compter 95 F (14,5 €) pour deux, tente et voiture comprises. Camping bien ombragé, à 200 m d'une plage de galets pas toujours très propre. Douches chaudes gratuites. Bar, alimentation, snack à pizzas et grillades vraiment pas chères. Accueil un peu impersonnel, ça devient l'usine en haute-saison.

Bon marché

I●I *U Caballeru di Mare :* sur le port, face au mini-market. ☎ 04-95-35-66-73. Ouvert d'avril à octobre, midi et soir en haute saison, midi seulement en moyenne saison. Salades et omelettes dans les 40 F (6,1 €) ; menu du jour à 70 F (10,7 €). Le cheval de mer c'est l'hippocampe bien sûr, notre vieil ami vertical, bestiole étonnante et

LE CAP CORSE

gracieuse. Mais donc c'est aussi un petit bar-restaurant, un snack où l'on s'est arrêté par hasard et qu'on a trouvé parfait, bon esprit, bon marché, bon tout court (il est vrai que c'était en mai... en août, faut voir). Petite terrasse triangulaire sur le port, avec tables en plastique et parasols bleus, et jeune patronne souriante au service. Dans le menu du jour, une araignée de mer excellente, avec salade, puis fromage et quart de vin compris. L'été, langouste sur commande, à bon prix. Apéritif maison offert à nos lecteurs.

Prix moyens

≜ |●| Hôtel-restaurant U Marinaru : Centuri-Port, à 200 m du port, dans la côte partant sur la gauche du port quand on tourne le dos à la mer (rue du resto *A Macciotta*). ☎ et fax : 04-95-35-62-95. Hôtel ouvert d'avril à septembre ; restaurant de juillet à septembre. Six chambres, avec douche et w.-c., à 200 F (30,5 €) en rez-de-chaussée, à 250 F (38,1 €) à l'étage en mi-saison. En juillet-août, demi-pension obligatoire, à 550 F (83,8 €) pour deux. Menus de 75 à 130 F (11,4 à 19,8 €) ; menu langouste à 260 F (39,6 €) avec 400 g de langouste. On mange en terrasse à l'étage (vue mer). La soupe de poisson notamment, présente à tous les menus, vaut son pesant de croûtons aillés. Bon accueil. Café et digestif maison offerts à nos lecteurs.

≜ |●| Hôtel-restaurant de la Jetée : sur le port. ☎ 04-95-35-64-46. Fax : 04-95-35-64-18. Fermé d'octobre à mars inclus. Chambre double de 230 à 320 F (35 à 48,8 €) avec douche et w.-c., selon saison. Menus de 75 à 290 F (11,4 à 44,2 €). Idéalement situé, cet établissement à façade rose et volets verts dispose d'une quinzaine de chambres, dont une dizaine donnent sur le port. Propres et correctes. Fait aussi restaurant, honnête et sans prétention (pizza, poisson grillé...), où l'on se cantonnera aux premiers menus. Grande terrasse sur le port. Café offert à nos lecteurs.

|●| Restaurant A Macciotta (Chez Sker) : Centuri-Port. ☎ 04-95-35-64-12. Ouvert d'avril à mi-novembre (en fait, « tant qu'il y a du monde »). Menus à 90 et 120 F (13,7 et 18,3 €), et menu langouste à 240 F (36,6 €). Attention, l'enseigne « A Macciotta » n'est pas bien visible : le resto se trouve à 20 m du port, dans la petite rue qui y descend sur la gauche quand on tourne le dos à la mer. Quelques tables en terrasse, sur la rue mais avec vue sur le port. Le patron pêche, Madame cuisine et ça donne des poissons du jour, des soupes de poisson et d'autres produits de la mer. Avons dégusté un *fritto* réjouissant, plateau de moules, gambas et rougets frits, accompagnés d'une salade de fruits de mer. Bon petit blanc local (domaine de Pietri) et *fiadone* maison. Service aimable de Mademoiselle. Apéritif maison offert à nos lecteurs.

Un peu plus chic

≜ |●| Hôtel-restaurant Le Vieux Moulin : sur le port. ☎ 04-95-35-60-15. Fax : 04-95-35-60-24. Ouvert de mi-février à mi-octobre. Chambre double à 310 et 350 F (47,3 et 53,3 €). Demi-pension obligatoire en juillet et août à 395 F (60,2 €) par personne. Menus de 90 à 200 F (13,7 à 30,5 €). Un hôtel de caractère. Il s'agit du vieux palais Olivari, construit au siècle dernier par un aventurier ayant émigré en Amérique latine, comme beaucoup d'habitants du cap Corse. Les chambres, d'un confort inégal (demandez à voir !), ouvrent sur le charmant petit port. Côté restaurant, une délicieuse terrasse mais une cuisine irrégulière. Un bémol d'autant plus regrettable que la demi-pension est obligatoire en juillet et août.

Gîte rural

🏠 *Gîte de M. Dominique Stella :* hameau Pecorile, Morsiglia (village situé à 6 km au sud de Centuri). Réservation auprès des Gîtes de France en Corse : ☎ 04-95-51-72-82. Fax : 04-95-51-72-89. Compter 1 520 F (232 €) la semaine en basse saison, 2 200 F (335 €) en juin et septembre, 3 170 F (483 €) en juillet et août. Dans le village, au rez-de-chaussée de la maison des propriétaires, gîte de 60 m², salon, cuisine et deux chambres, pour 4 ou 5 personnes. Lave-linge, prise TV, téléphone. Location de draps et linge de maison en sus. Jolie déco personnalisée, aux tons chauds. Jardin clos, barbecue. Pas de vue extraordinaire depuis le gîte lui-même, mais il suffit de sortir dans le village pour profiter d'un panorama superbe sur la côte ouest du cap. Proprios sympas et disponibles.

À voir

★ *Le hameau de Canelle :* un nom d'épice orientale pour un hameau haut perché d'où l'on a une superbe vue sur les monts du cap Corse dévalant dans la mer. Pour y aller de Centuri, prendre la route qui monte vers la route de la Corniche (la D80). Avant le hameau de Camera (silence, on tourne), tourner à gauche et suivre le chemin jusqu'au bout. À Canelle même, il faut prendre son temps et déambuler au fil des ruelles fleuries et des petits passages très mignons, à l'ombre de fières et austères maisons de schiste. Un endroit qui nous a bien plu. Remarquer le *palais Marcantoni* (1877), sur un modèle florentin.

★ *Les maisons d'Américains :* elles ne se visitent pas, mais on peut les admirer au hameau de *Pecorile,* situé dans la commune de Morsiglia, au sud de Centuri, en allant vers Pino. Il s'agit du *palais Fantauzzi* et du *palais Ghielfucci* (1838) de style colonial espagnol, avec une double galerie d'arcades et la tour Caraccioli intégrée à la demeure. Ces maisons ont été construites par des Cap-Corsins ayant fait fortune à Porto-Rico au siècle dernier.

Plongée sous-marine

■ *Club Bleu Marine Compagnie :* 20238 Morsiglia. À la marine de Mute, se renseigner au camping *L'Isulottu.* ☎ 04-95-35-60-46. Ouvert en juillet et en août. Accueil sympa et pas trop cher. Au programme, baptêmes de plongée adultes et enfants. Très beaux fonds.
■ Le *club de l'hôtel-restaurant de la Jetée* serait très bien (selon des lecteurs).

★ PINO (20228)

Encore un étonnant village de la côte ouest du cap Corse, composé de hameaux accrochés à la pente de la montagne, où les maisons, noyées dans les pins et les cyprès, regardent la mer et les couchers de soleil. Les monuments témoignent d'une certaine opulence passée : descendre vers les hameaux de *Raffalacce* pour trouver l'*église Sainte-Marie* (beau campanile sobre, façade baroque et décor intérieur baroque également) et, plus loin, une très ancienne maison d'habitation avec tour à machicoulis.
Au hameau de *Metino,* jeter un œil sur la *casa Franceschi,* imposante demeure appartenant naguère à de riches exilés, tel cet Antoine Piccioni, né à Pino en 1819. En partant, il lança à son père : « Tu n'auras de mes nou-

velles que lorsque j'aurai fait fortune. » En Amérique, il découvrit un filon d'or, et devint riche comme Crésus, à tel point qu'à sa mort il était propriétaire de quasiment la moitié de la Guyane !

Pour voir un vrai vieux hameau du cap, se rendre au hameau de *Covili*, intéressant pour ses passages voûtés et ses restes de moulins à eau.

De Pino à Nonza, l'étroite route de corniche offre un panorama sur une côte vertigineuse de beauté, parfaitement en aplomb au-dessus de l'eau.

– Un peu au nord, sur la commune de *Morsiglia*, se trouve l'une des étapes de la route des vins : le ***domaine de Pietri*** (s'adresser à M. Paoli, ☎ 04-95-65-64-79 ou 35-60-93).

★ MINERBIO

Minuscule village à 5 km environ au sud de Pino, en allant vers Canari. Juste à gauche en y entrant, on peut voir l'incroyable tombeau de la famille Calizi-Altieri, construction massive, circulaire et à colonnes, coiffée d'un dôme, rappelant quelque panthéon latin.

LE CAP CORSE

Où dormir ? Où manger ?

🏠 |●| *Hôtel-restaurant Marinella :* marine de Giotanni, 20228 Barrettali. ☎ 04-95-35-12-15. Fax : 04-95-35-13-75. Fermé du 15 octobre au 1er juin. Hors saison, chambre double avec douche et w.-c. à 250 F (38,1 €) ; 300 F (45,7 €) en juillet ; 350 F (53,3 €) en août. Menu à 140 F (21,3 €) vin et café compris, et carte. Une situation vraiment chouette pour cet établissement face aux flots, et qui est quasiment la seule construction de cette marine. Très calme. Belle plage de galets. Dommage toutefois que les chambres, simples, avec douche et w.-c., ne soient pas orientées vers la mer, mais sur les côtés. Au restaurant, menu avec soupe de poisson, seiches au Cap Corse, tarte maison ou *fiadone*. Digestif offert à nos lecteurs.

★ CANARI (20217)

Une route étroite et tortueuse grimpe au village, sorte d'observatoire privilégié dominant la Méditerranée. *Santa Maria Assunta* (XIIe siècle) est l'une des rares églises romanes d'époque pisane encore très bien conservée. La place de l'Église et de la mairie est un véritable belvédère où se dresse un campanile blanc au pied duquel on jouit d'une vue époustouflante sur la mer (y aller au coucher du soleil). Cinq palmiers en profitent.

Où dormir ? Où manger ?

🏠 |●| *Au Bon Clocher :* pl. de l'église. ☎ 04-95-37-80-15. Ouvert toute l'année. Selon la saison, de 200 à 250 F (30,5 à 38,1 €) la chambre double. Demi-pension obligatoire en juillet-août, à 600 F (91,5 €) pour 2. Menus à 110 et 140 F (16,8 et 21,3 €). Dans l'annexe du bâtiment principal, où est le restaurant, des chambres avec douche (w.-c. communs), aux murs blancs, fort simples et avec petit balcon ; pas très bien tenu malheureusement. Pour petit budget pas trop difficile. Au restaurant, moult produits de la mer.

|●| *Restaurant U Scogliu :* marine de Canelle. ☎ 04-95-37-80-06. Ouvert d'avril à octobre. Compter 150 à 200 F (22,8 à 30,5 €) à la carte. Réservation conseillée. La marine de Canelle est de ces petites perles cap-corsines, ces lieux d'un charme unique qui donnent sa trempe au

Cap Corse. La route descend rudement jusqu'à ce port de poupée, où le restaurant est l'unique commerce. Salle agréable, ouverte sur la mer. Carte uniquement, un peu chère, mais certains plats (moules, jambon corse maison) permettent de s'en tirer à meilleur compte. Le filet de poisson noble au *bruccio* et à la menthe est un régal. Apéritif offert à nos lecteurs.

DE CANARI À NONZA

Soudain le paysage, jusque-là couvert de végétation, se dénude brutalement sur un bref tronçon pour ne montrer que de la rocaille grise et les vestiges abandonnés, depuis 1966, d'une mine d'amiante. Étrange décor de friche industrielle. Un peu plus loin, en contrebas, une plage d'un gris métallique superbe et étrange. C'est l'amiante rejeté par la mine qui lui a donné cette teinte. Des analyses effectuées récemment sembleraient démontrer que cette présence d'amiante n'est pas dangereuse ; en effet, il n'y aurait pas de particules assez fines pour infiltrer les voies respiratoires. Toujours est-il qu'il faudrait bien débarrasser le paysage de ces bâtiments industriels ruinés et rouillés, vraiment vilains.

LE CAP CORSE

NONZA (20217)   70 hab.

Le village le plus fou du cap Corse, si ce n'est de toute la Corse. Comment cet équilibre résiste-t-il au temps et aux éléments ? Ça donne parfois le vertige. Une tour génoise plantée sur un rocher plongeant dans la mer, quelques maisons héroïquement soudées à la montagne... On verrait bien James Bond sauter du haut de la falaise à l'heure du pastis. Le paysage est divin. Voilà pourquoi les Cap-Corsins, les gens d'ici, se font enterrer face au couchant.

Allez voir la *tour de Nonza* construite sur les fondations d'une forteresse du XIIᵉ siècle et qui date de l'époque de Pasquale Paoli (XVIIIᵉ siècle). Enfin une tour corse « paoline » qui n'est pas génoise !

Où dormir ? Où manger dans les environs ?

Prix moyens

â *Hôtel Les Tamaris :* marine d'Albo, 20217 Ogliastru. ☎ 04-95-37-81-91. Fax : 04-95-37-80-35. ● lesta maris@wanadoo.fr ● Ouvert de mi-avril à mi-octobre. Selon la période, chambre double de 240 à 290 F (36,6 à 44,2 €). Établissement moderne (en fait, une ancienne maison rénovée) d'une trentaine de chambres de confort 2 étoiles (TV, salle de bains, et même frigo-bar). Pas un charme fou mais c'est bien tenu, et on est à 50 m de la plage. Si l'on veut prendre la demi-pension, c'est 90 F (13,7 €) de plus par personne, et l'on dîne *Chez Morganti*, à 100 m de là. Bon accueil.

I●I *Chez Morganti :* marine d'Albo. ☎ 04-95-37-85-10. Mêmes périodes d'ouverture que l'hôtel *Les Tamaris,* mais ouvert le vendredi soir et le samedi soir hors saison. À l'entrée de la marine sur la droite, dans l'ancien hôtel *Morganti,* le plus ancien du Cap (1892). Menus de 95 à 150 F (14,5 à 22,8 €). Grande salle ou terrasse agréable à côté d'un vieux tamaris et de la petite chapelle Saint-Roch. Spécialité de poisson évidemment, avec la soupe de poissons du Cap, la raie sauce xérès ou, sur commande, la bouillabaisse, la blanquette de langouste ou la pierrade de la mer. Également un beau carré d'agneau rôti à la Pietra (la fameuse bière corse). Du bon et du sérieux.

Apéritif maison ou digestif offert à nos lecteurs.

À voir

★ *La tour Paoline :* la tour du village, construite en 1760 sur ordre de Paoli, est assez bien conservée et culmine au sommet d'une falaise, vue grandiose de là-haut. Elle abrite aujourd'hui des expositions photographiques sur le thème du cap Corse, et, en terrasse, sont parfois organisées des soirées (musique, danses traditionnelles). Se renseigner auprès de M. Denza, ☎ 04-95-37-83-55.

Fêtes et manifestations

– *Rencontres culturelles de Nonza :* 2e semaine d'août. Festival d'art où l'on peut voir des expos de peintures et de photographies tandis que se tiennent des débats et des conférences.
– *Fête de Sainte-Marie :* « Paese in luce », le village illuminé. Si vous passez par là le soir du 15 août, arrêtez-vous pour découvrir Nonza comme jamais vous ne le reverrez le reste de l'année. Les habitants du village, les touristes aussi, défilent dans une sorte de procession féerique, formant de remarquables tableaux vivants. À ne pas rater !

PATRIMONIO / PATRIMONIU (20253)

C'est sûr : les dieux de la Méditerranée ont été généreux avec ce coin, situé à la racine sud du cap Corse. Tout d'abord un site exceptionnel à flanc de montagne, des versants ensoleillés couverts de vignobles, un microclimat et une vue superbe sur la baie de Saint-Florent et les montagnes du Nebbio. À Patrimonio, on peut goûter et acheter des vins blancs, rosés et rouges, ainsi qu'un délicieux muscat (bénéficiant également de l'appellation contrôlée). Sept communes autour de Patrimonio jouissent de cette appellation. Un gage de qualité et une récompense pour les vignerons qui produisent dans de petites propriétés des vins de qualité avec un cépage authentiquement corse. Grâce à des méthodes d'encépagement et de vinification traditionnelles, sans adjonction de produits chimiques, ils obtiennent des vins d'une qualité « biologique », un vrai breuvage écologique. Voilà l'originalité de ce vignoble qui perpétue un art de la vigne vieux comme Mathusalem (le plus vieux vignoble de Corse, il remonte au Ve siècle avant Jésus-Christ). Enfin, il faut savoir que ces succulents nectars, un peu sucrés, se boivent très frais (on a une petite préférence pour le blanc).

Où dormir ?

🛏 *Hôtel U Casone :* ☎ 04-95-37-14-46. Fax : 04-95-37-17-15. Fermé du 1er novembre au 1er mars. En venant de Saint-Florent, monter jusqu'au centre de Patrimonio mais ne pas tourner à gauche vers l'église du village ; continuer 250 m sur la D81, puis tourner à droite en épingle ; c'est indiqué. Selon confort et saison, chambre double de 200 à 400 F (30,5 à 61 €). Une grande maison dans la partie haute du village, couverte de crépi gris. Grande terrasse avec pelouse et cerisiers pour se dorer au soleil et prendre le petit déjeuner. Chambres simples avec vue sur la campagne ou sur la mer, bien tenues, plus ou moins grandes (tarifs en rapport). Ambiance familiale. Accueil volubile de Mme Montemagni. Pas de resto. Bonne adresse sans prétention à 3 km seulement des plages. Bien aussi pour les motards car il y a de la place et les motos sont en sécurité (garage). Profitez-en pour prendre quelques bouteilles de Clos Montemagni. N'accepte pas les cartes de paiement.

≜ *Chambres d'hôte (Pierre-Louis Ficaja) :* à Calvello. ☎ 04-95-37-01-15. Fax : 04-95-37-18-38. Du village, suivre les flèches « gîte rural et chambres », mais attention, ne pas s'arrêter à la première adresse, aller jusqu'au bout de l'impasse. Ouvert de mai à fin septembre. De 350 à 380 F (53,3 à 57,9 €) la chambre, petit déjeuner compris. Impossible de rater la maison, imposante bâtisse du XVIe siècle. Pierre-Louis, agriculteur à la retraite, et sa femme y ont aménagé des gîtes simples et 2 chambres en appartement, qui se partagent une salle d'eau et deux grands salons. Déco plutôt classique et accueil chaleureux.

≜ *Gîtes ruraux chez Guy Maestracci :* tout de suite sur la gauche de la route qui mène à Patrimonio, près du théâtre de verdure. ☎ 04-95-37-01-11. De 2 000 à 3 500 F (305 à 457 €) la semaine en été, et de 1 500 à 1 800 F (228 à 274 €) hors saison. La plus belle maison du village : il s'agit d'une grande demeure d'allure coloniale mêlant les styles toscan et latino-américain, avec deux avancées et des symboles maçonniques sur ses murs bien épais, garantie de fraîcheur au plus fort de l'été. Construite par l'arrière-grand-père du propriétaire qui était planteur de café à Porto-Rico. Le rez-de-chaussée abrite de beaux gîtes aux murs de pierre (du F2 au F5).

LE CAP CORSE

Où manger ?

I●I *U Scontru :* sur la gauche de la route en montant dans le village (après la boulangerie). ☎ 04-95-37-29-73. Fermé de janvier à mars inclus. Menus de 85 à 120 F (13 à 18,3 €). Deux salles, l'une petite aux pierres apparentes, l'autre plus grande mais plus banale ; terrasse ombragée. L'hiver, soirées « à l'ancienne » autour de l'âtre, dans une ambiance amicale ; l'été, moins de convivialité peut-être (cohue touristique oblige), mais un accueil toujours aimable et toujours une honnête cuisine corse, même si, lors de notre dernier passage, la côte de veau n'était pas terrible. Également des salades ou des assiettes de charcuterie locale. Apéritif offert à nos lecteurs.

I●I *Osteria San Martinu :* sur la droite de la route en entrant dans le village. ☎ 04-95-37-11-93. ⚒ Ouvert en saison. Menu à 90 F (13,7 €). Accueil familial et spécialité surtout de grillades aux ceps de vigne. La ratatouille maison n'est pas mal non plus, tout comme les cannelloni au brocciu. Terrasse ombragée.

À voir. À faire

★ *La statue-menhir :* sous un abri à gauche de la petite route menant à l'église de Patrimonio. Sculptée dans le calcaire il y a plus de 3 000 ans, elle fut déterrée en 1964 par l'ancien maire qui bêchait sa vigne. Elle rappelle vaguement la forme d'un couteau et représente un étrange visage humain au regard énigmatique (statue torréenne).

★ *L'église de Patrimonio :* perchée sur une butte un peu à l'écart du village et dominant une superbe campagne, orientée à l'ouest, elle est belle et paraît disproportionnée (en taille) par rapport à l'importance du village (600 habitants).

★ *La visite des caves :* tous les crus sont bons. Cela dit, on a nos chouchous. En voici trois qui méritent une attention particulière :
– Le *clos Arena :* situé au carrefour de la route du cap Corse et de celle qui monte vers Bastia. Chez Antoine Arena, le vin blanc mérite la palme d'or.
– Le *clos de Bernardi :* à droite dans Patrimonio sur la route de Bastia. Des vins de qualité, plus élaborés, surtout le rouge.
– Le *clos Orenga de Gaffory :* parmi les vins rouges les plus élégants de Patrimonio. Au rond-point à la sortie de Patrimonio, prendre direction Saint-Florent, la cave est à 300 m sur la gauche.
– Le *clos Montemagni :* au centre du village, au niveau de la poste, au carrefour menant à l'église. Le rouge, gouleyant et fruité et à la robe étonnamment claire, n'est pas sans rappeler les meilleurs primeurs. Un vin de fête et d'amitié.

Fête

– *Festival de guitare :* 5 jours durant la 2e quinzaine de juillet. En plein air, dans le théâtre de verdure près de la statue-menhir. Une manifestation « fantastiquement géniale », pour reprendre les mots d'une habituée, amatrice de guitare et... corse, évidemment ! Un bon niveau vraiment, et une chouette ambiance. Renseignements : ☎ 04-95-37-12-15.

SAINT-FLORENT et le NEBBIO / SAN FIORENZU e u NEBBIU

1 500 hab. (Saint-Florent)

Un petit Saint-Trop corse au ras des flots, au fond d'une merveilleuse baie encadrée par les montagnes du cap Corse et du Nebbio. À l'ouest, la mer vient lécher la côte sauvage du désert des Agriates, formant un chapelet de belles plages accessibles seulement par bateau (sauf celle de Saleccia, qu'on peut gagner par une piste longue et rude, et qui est l'une des plus belles de Corse assurément, où furent tournées la plupart des scènes du débarquement pour *Le Jour le plus long* ; malheureusement le site est très fréquenté l'été).
Vu de l'intérieur, Saint-Florent est toujours la très jolie petite cité qui séduit les stars, les marins, et les académiciens venus s'y mettre au vert, (au bleu, pardon !), tels Jean d'Ormesson ou Maurice Rheims. Point de chute obligé pour ceux qui font le tour de Corse par la route.
Il ne faudrait pas rater l'arrière-pays, le Nebbio, amphithéâtre de montagnes et de villages perchés d'où l'on a une vue sublime sur le golfe de Saint-Florent.

Adresses utiles

🄳 *Office du tourisme* (plan B1) : route du Cap-Corse, dans le même bâtiment que la mairie et la poste. ☎ et fax : 04-95-37-06-04. Ouvert tous les jours en juillet et août, de 8 h 30 à 12 h 30 et de 14 h à 19 h en semaine, de 9 h à 12 h et de 15 h à 18 h le week-end ; en hiver, du lundi au vendredi de 9 h à 12 h et de 14 h à 17 h, et le samedi matin.
■ *Location de bateaux scooters des mers, dériveurs et motos... :*

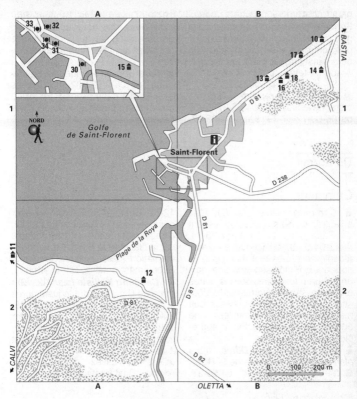

SAINT-FLORENT

■ **Adresse utile**

  🛈 Office de tourisme

🏠 **Où dormir?**

  10 Camping d'Olzo
  11 Camping Aqua Dolce
  12 Camping Kalliste
  13 Chambres d'hôte
     chez Gisèle et Pierre
  14 Motel Treperi

  15 Hôtel Maxime
  16 Hôtel Bleu Azur
  17 Hôtel Thalassa
  18 Hôtel Sole e Mare

|●| **Où manger?**

  30 La Maison des Pizzas
  31 A Marina, Chez César
  32 U Troglu
  33 La Gaffe
  34 La Rascasse

Sun Folies, plage de la Roya. ☎ 04-95-59-19-39 ou 06-17-01-37-35. Ouvert de juin au 20 septembre.

■ *Location de bateaux sans permis :* Dominique Plaisance, lot Saint-Flor, bord de l'Aliso, vers le cinéma. ☎ 04-95-37-07-08. Ouvert d'avril à mi-octobre. Barque de pêche, bombard ou bateau à cabine, et canoës si vous voulez. Location à la demi-journée, la journée ou la semaine. Par exemple, la journée en bombard 6 CV pour 6 personnes : de 480 à 600 F (73 à 91 €) selon la saison. On vous remet une carte côtière avec les petites criques tranquilles et sympa : le bon plan! Forte caution demandée.

■ *Club de voile et de plongée (CESM) :* plage de la Roya. ☎ 04-

95-37-00-61. Fax : 04-95-37-09-60. Fermé le dimanche. Très convivial et pas cher. Stages en externat, demi-pension ou pension complète. On peut s'inscrire sur place ou à Paris, 1, rue Voltaire, 75011. ☎ 01-43-79-75-80. Fax : 01-43-79-36-65.

■ *Club de Parapente Altore* : plage de la Roya. ☎ 04-95-37-19-30 ou 06-08-72-67-19. Fax : 04-95-37-

19-30. Ouvert toute l'année. Propose aussi des activités de kayak, de canyoning, et aussi du ski, des raquettes et des randonnées en hiver.

■ *Cars Santini :* immeuble Sainte-Anne. ☎ 05-95-37-02-98. Liaisons pour Bastia toute l'année. En juillet-août, liaison pour l'Île-Rousse *via* le désert des Agriates.

Où dormir ?

Campings

▲ *Camping d'Olzo (plan B1, 10) :* à l'entrée de Saint-Florent en venant de Patrimonio. ☎ 04-95-37-03-34. Fax : 04-95-37-09-55. Ouvert d'avril à septembre. Compter 95 F (14,5 €) pour deux. Plutôt bien ombragé mais on est un peu les uns sur les autres en haute saison. Nombreuses douches, épicerie, pizzeria. Assez bon marché pour un 3 étoiles. Une adresse que nos lecteurs apprécient.

▲ *Camping Aqua Dolce (hors plan par A2, 11) :* plage de la Roya. ☎ 04-95-37-08-63. Fax : 04-95-37-

12-82. Compter 70 F (10,7 €) pour deux, tente et voiture comprises. Un camping bien situé, en prise directe sur la plage de la Roya. Pizzeria, alimentation. Assez bien ombragé. Supplément douche, 5 F le jeton.

▲ *Camping Kalliste (plan A2, 12) :* route de Calvi et à droite juste après le pont sur l'Aliso. ☎ 04-95-37-03-08. Fax : 04-95-37-19-77. Compter 100 F (15,2 €) pour 2 adultes. Un camping bien situé avec accès direct à la plage. Emplacements bien délimités, et assez d'arbres pour l'ombre. Restauration sur place.

Chambres d'hôte

▲ *Chambres d'hôte chez Gisèle et Pierre (plan B1, 13) :* 9, route de la Plage-d'Olzo. ☎ et fax : 04-95-37-13-14. Fermé en janvier. Selon la saison, de 200 à 300 F (30,5 à 45,7 €) la chambre double, petit déjeuner non compris. N'accepte pas les cartes de paiement. Tiens, des chambres d'hôte... certainement prises d'assaut toute l'année. Pen-

sez ! À 100 m de la plage, dans une petite maison charmante avec jardin privé, 2 chambres avec douche ou bains et w.-c. Cuisine à disposition. Gisèle peint et sculpte, et sera ravie de partager sa passion avec vous. Atelier de création (peinture, sculpture, modelage) pour ceux que ça tente.

Prix moyens

▲ *Motel Treperi (plan B1, 14) :* route de Bastia (à un bon kilomètre du centre-ville). ☎ 04-95-37-40-20. Fax : 04-95-37-04-61. Prendre la route de Bastia qui longe la plage, puis la petite route indiquée sur la droite : le motel est à quelques centaines de mètres plus loin, sur une hauteur. Fermé de mi-novembre à mi-mars. Compter 280 F (42,7 €) la

chambre double hors saison ; 320 F (48,8 €) en juillet ; 480 F (73,2 €) en août. Des chambres en rez-de-jardin claires et spacieuses, bien tenues, avec terrasse, douche, w.-c. et TV. Environnement calme et fleuri, vue sur le golfe. Piscine et tennis. Hors saison (jusqu'au 10 juin), formule « j'y suis j'y reste » : 2 220 F (338 €) les 7 nuits pour deux, petits déjeu-

SAINT-FLORENT

ners compris. Une adresse agréable.

▲ *Hôtel Maxime* (plan zoom A1, *15*) : route de la Cathédrale (petite rue calme donnant sur la place des Portes). ☎ 04-95-37-05-30. Fax : 04-95-37-13-07. ♿ Selon confort et saison, de 260 à 380 F (39,6 à 57,9 €) la chambre double. Établissement assez récent, très propre et d'un bon rapport qualité-prix. TV, mini-bar, balcon (certains donnant sur la rivière de Poggio). Possibilité d'amarrer son petit bateau face à l'hôtel. Parking privé et garage motos.

▲ *Hôtel Thalassa* (plan B1, *17*) : ☎ 04-95-37-17-17. Fax : 04-95-37-17-00. ♿ Sur la droite de la D81 en venant de Patrimonio, juste à l'entrée de Saint-Florent. Un peu excentré (à 2 km du centre-ville) mais à 300 m de la plage. Ouvert d'avril au 15 octobre. Chambre double côté piscine à 320 F (48,8 €) en basse saison, 370 F (56,4 €) en juillet et tout début septembre, 450 F (68,6 €) en août. Un peu moins cher côté route (environ 30 F de moins, soit 4,5 €). Construction récente et chambres de bon confort, bien nettes, avec TV satellite, sèche-cheveux. Chouette piscine. Petit déjeuner-buffet à volonté.

▲ *Hôtel Bleu Azur* (plan B1, *16*) : route de Bastia (à l'entrée de l'Île-Rousse, sur la gauche de la route quand on vient de Bastia). ☎ et fax : 04-95-37-20-05. Ouvert d'avril à septembre. D'avril à juillet, et en septembre, de 200 à 300 F (30,5 à 45,7 €) la chambre double ; en août, 450 F (68,6 €). Petit hôtel bien agréable, aux chambres propres et claires, avec salle de bains et terrasse. Plage à 30 m, de l'autre côté de la route. Ambiance « vacances », ça tombe bien on y est.

▲ *Hôtel Sole e Mare* (plan B1, *18*) : juste à côté du précédent. ☎ 04-95-37-01-59. Fax : 04-95-37-07-74. Mêmes tarifs et mêmes prestations que le *Bleu Azur* (voir ci-dessus). C'est d'ailleurs la même famille, les parents tiennent l'un, les enfants l'autre. Bonne adresse également donc.

Où manger ?

Bon marché et prix moyens

|●| *La Maison des Pizzas* (plan zoom A1, *30*) : pl. des Portes. ☎ 04-95-37-08-52. Pizzas de 40 à 60 F (6,1 à 9,1 €). Formule à 100 F (15,2 €), quart de vin compris. Une valeur sûre de la pizza. On y trouve en effet de belles soucoupes garnies, des freesbees comestibles à ne pas lancer mais à avaler avec joie et reconnaissance, en terrasse sur la placette. Apéritif offert à nos lecteurs.

|●| *A Marina, Chez César* (plan zoom A1, *31*) : sur le port. ☎ 04-95-37-15-33. Ouvert de fin mars au 15 novembre. Carte uniquement, pizza et plats de 40 à 80 F (6,1 à 12,2 €). Pizzeria bien placée sur le port, pas mal pour se sustenter à bon prix. Pizzas cuites au feu de bois, lasagnes et tagliatelles maison, grillades ou salades. Simple et efficace, mais un peu l'usine avec le succès.

|●| *U Troglu* (plan zoom A1, *32*) : rue Principale. ☎ 04-95-37-20-73. Ouvert l'été. Restaurant en terrasse le soir uniquement. Menus à 75 et 90 F (11,4 et 13,7 €). Un traiteur spécialisé dans les pâtes fraîches, cannellonis à l'ancienne, *fettucine* et autres préparations savoureuses. Également des fromages et charcuteries. C'est plutôt bon et pas trop cher. Mais attention, strictement saisonnier.

Un peu plus chic

|●| *La Gaffe* (plan zoom A1, *33*) : sur le port. ☎ 04-95-37-00-12. Fax : 04-95-37-19-17. Fermé le mardi (en saison, le midi seulement) et de mi-

SAINT-FLORENT

novembre à mi-janvier. Menu à 130 F (19,8 €). Les amateurs de poisson s'arrêteront ici. La chef (et patronne) ne travaille que du frais : des pêcheurs du golfe la ravitaillent chaque jour. Une adresse bien fiable, et où l'accueil est bon. Terrasse. Apéro offert à nos lecteurs.

|●| *La Rascasse (plan zoom A1, 34) :* sur le port. ☎ 04-95-37-06-99. Ouvert d'avril à septembre. Fermé le lundi hors saison. Menu à 120 F (18,3 €). Compter 200 F (30,5 €) à la carte. Une autre table de bonne tenue, où l'on trouve là aussi de bons produits de la mer, finement travaillés : beignets de moules ou velouté de rascasse nous ont en tout cas beaucoup plu. Un blanc du pays là-dessus, et tout va pour le mieux dans le meilleur des mondes. Service un peu sec cependant lors de notre dernière visite.

Où dormir ? Où manger dans les environs ?

≜ |●| *Auberge Le Montana :* route d'Oletta. À 2,5 km de Saint-Florent. ☎ 04-95-37-14-85. Fax : 04-95-37-07-63. Fermé du 15 au 30 novembre. Chambre double de 230 à 320 F (35 à 48,8 €). Demi-pension de 450 à 580 F (68,6 à 88,4 €) pour deux, obligatoire en juillet et août. Menus de 95 à 140 F (14,5 à 21,3 €). Pour ceux que le calme de l'arrière-pays ne dérange pas, une adresse recommandable. Bon accueil, piscine et chambres bien tenues avec douche et w.-c., exiguës il est vrai, mais on y dort bien et ce petit inconvénient est largement compensé par l'amabilité des propriétaires et la franchement bonne cuisine. Des plats corses traditionnels bien préparés avec, hors saison (d'octobre à mars), de l'agneau de lait – hmm qu'il est bon ! Une adresse toujours appréciée de nos lecteurs, et nous nous en félicitons. Apéritif maison offert sur présentation du *Guide du routard*.

≜ *Les Arbousiers :* route d'Oletta. À 6 km de Saint-Florent. ☎ 04-95-39-01-57 et 39-02-01. Fax : 04-95-39-03-15. Fermé de novembre à mars inclus. Bungalows pour 2 à 4 personnes à 1 700 F (259 €) la semaine en avril et octobre ; 2 300 F (350 €) en juin et septembre ; 4 100 F (625 €) en juillet ; 4 650 F (709 €) en août. Bungalows pour 5 personnes 10 % plus chers. Au calme et au vert de l'arrière-pays. Des bungalows avec terrasse, kitchenette assez simple (frigo, cuisinière électrique), salle d'eau et w.-c., avec une ou deux chambres (de 2 à 5 personnes). Cadre fleuri, grande piscine, l'endroit est agréable. Évidemment, c'est un peu cher en août, mais telle est la loi du marché, nous n'allons pas refaire le monde !

≜ |●| *Hôtel Le Relais de Saleccia :* 20217 Casta. ☎ 04-95-37-14-60. Fax : 04-95-37-17-68. ᗉ À 12 km de Saint-Florent, sur la route D81, en plein désert des Agriates. Fermé d'octobre à mars. Chambre double de 250 à 350 F selon confort et saison (38,1 à 53,3 €), petit déjeuner compris. Demi-pension possible, à 250 F (31,2 €) par personne. Menus à 80 et 110 F (12,2 et 16,8 €). Bon petit hôtel d'une dizaine de chambres, dont cinq avec petite terrasse et vue superbe sur le désert des Agriates, le monte Genova et un coin de mer au loin. Douche et w.-c. dans la chambre, bonne literie. Le resto et le bar sont dans une salle prolongée par une petite terrasse ouvrant sur le même magnifique paysage. Cuisine corse simple et soignée. Loue aussi des VTT (100 F – 15,2 € – la journée) pour se rendre par la piste jusqu'à la plage de Saleccia. Attention : pour les chambres, mieux vaut réserver.

|●| *Ferme-auberge Campu di Monte :* à Murato. ☎ 04-95-37-64-39. Y arriver, c'est toute une aventure. Au village de Murato (à 18 km au sud de Saint-Florent), à la hauteur du *Victor Bar* (croisement), tourner à gauche et descendre toujours sur la gauche jusqu'à la rivière dans la vallée ; après le pont, sur la droite, un chemin rocailleux (panneau) monte sur 1,5 km à travers les bois jusqu'à l'auberge qui rappelle un peu les maisons de l'Aubrac. Du 28 juin au 15 septembre, ouvert tous les soirs sur réservation ; le reste de l'année, ouvert seulement les vendredi soir, samedi soir et dimanche midi. Compter 230 F (35 €), apéro, vin et café compris. Coup de cœur pour cette merveilleuse ferme-auberge installée à flanc de montagne, dans une vieille maison tout en schiste et en lauzes, face à un paysage divin. Plusieurs petites salles à manger ont été aménagées dans les dépendances de cette ferme rustique. Intérieurs arrangés avec beaucoup de goût, fine vaisselle et fine cuisine, aussi bonne que l'endroit est beau, avec des spécialités comme le ragoût de veau, la truite maison, les beignets de courgette, le *fiadone* et les pets-de-nonne. Tous

les plats sont servis à volonté. Et de plus, l'accueil est excellent. Réservation obligatoire !

|●| *Le But :* à Murato toujours, au centre du village. ☎ 05-95-37-61-12 ou 37-60-92. Fermé le lundi. Menu unique à 200 F (30,5 €), apéro, vin et café compris. Une salle toute rustique et fleurie, et l'une des plus redoutables auberges de l'île. D'ailleurs, chacun dans le pays vous le dira : au *But,* on mange comme quatre, et quand vient le chariot de fromages et de confitures maison, on n'en peut plus, mais ils sont si bons, ces fromages, et le patron d'ailleurs aimable aurait tendance à se vexer si vous n'en voulez pas... Bref, qu'on le veuille ou non on s'explose la panse. Cuisine corse traditionnelle, hyper copieuse donc, et bonne (c'est un piège !).

– Voir aussi nos adresses à Patrimonio (hôtel *U Casone, Osteria San Martinu*, etc.), qui n'est guère qu'à 5 km de Saint-Florent.

Gîtes ruraux

≜ *Gîtes de la piste de Saleccia :* chez Mme Maréchal. Réservations auprès des Gîtes de France en Corse : ☎ 04-95-51-72-82. Fax : 04-95-51-72-89. À 12 km à l'ouest de Saint-Florent, sur la route du désert des Agriates, 2 km après le hameau de Casta. De mai à septembre uniquement. En mai et septembre, compter 2 500 F (381 €) la semaine ; en juillet et août, 3 300 F (503 €). Dans une ancienne métairie retapée, complètement isolée dans les Agriates. Deux gîtes pas

très grands (40 m²), avec séjour, cuisine (possibilité couchage une personne), chambre avec lit double et lit enfant. On peut donc y tenir à quatre. Lave-linge commun avec l'autre gîte, tout comme la piscine – qui est le gros plus de cette location. Terrain clos, barbecue, salon de jardin. Les proprios ont leur appartement sur place également. Bien cool, mais à condition que ce ne soit pas la guerre avec vos voisins. Mais y'a pas d'raison !

Où manger une bonne glace ?

– *Le Passage :* pl. des Portes. ☎ 04-95-37-08-51. Le café lui-même assez quelconque, mais il dispose d'un chouette patio ombragé et sert de très honnêtes glaces et sorbets. Une pose agréable en centre ville.

Où faire la nouba ?

– *La Conca d'Oro :* à Oletta, à 6 km de Saint-Florent par la D82. ☎ 04-95-39-00-46. Sur la gauche de la route, c'est indiqué. Ouvert tous les

SAINT-FLORENT

soirs en été. La boîte incontournable de la région, qui draine locaux et touristes. Agréable car en partie en plein air, avec fontaine et végétation.

À voir

★ **La cathédrale de Nebbio (Santa Maria Assunta) :** accessible par la petite rue qui part en face du monument aux morts (à 1 km du centre de Saint-Florent). Belle église romane d'époque pisane, d'une grande simplicité (elle rappelle la Canonica, aux environs de Bastia). Remarquer les sculptures d'animaux stylisés. Pour visiter l'intérieur, demandez les clefs à l'office du tourisme de Saint-Florent.

À faire

– **Promenade en vedette :** navette entre Saint-Florent et la plage du Lodo par la vedette *U Saleccia* (☎ 04-95-36-90-78 ; en saison uniquement), ou la vedette *Popeye* (☎ 04-95-37-19-07). Autour de 60 F (9,2 €) l'aller-retour par personne. 3 départs le matin du port. Retour à 16 h. Un bon moyen pour voir les Agriates de la mer.

Plongée sous-marine

Pas mal de spots intéressants de ce côté-ci du Cap. Citons la *Pointe de Curza (sec de Curza),* où la faune est riche (poulpes, murènes, congres, spirographes...), niveau 1 ; l'*Ancre de la Comtesse,* vieille ancre de marine avec concrétions, et où rôdent quelques congres et chapons (niveau 2) ; *La Vecchia* pour sa bande de vieux mérous et son décor de grottes et failles (niveau 2) ; enfin, la *Roche de Nonza* avec son impressionnant tombant, allant de - 33 à - 50 m (niveau 3). Corail rouge, gorgone et gros-gros mérou.

Clubs de plongée

■ **Actisub :** lotissement Tellola, à côté de *Sun Folies.* ☎ 04-95-39-06-62. Fax : 04-95-39-06-62. Ouvert toute l'année. Plongée à 200 F (30,5 €) et baptême à 220 F (33,5 €). Un petit club sérieux. Bon matos. 2 à 3 sorties par jour, maximum de 8 personnes avec 2 moniteurs.

■ **Aqua Do :** lot Saint-Flor. ☎ 04-95-37-27-43. ♿ Un club à visée écologique où l'on peut être accompagné d'une biologiste et découvrir avec elle le système écologique marin. À noter aussi, la possibilité de plonger pour les personnes handicapées. Propose par ailleurs des cours de shin-son et de hap-ki-do, arts martiaux coréens censés mener à l'harmonie des forces physiques et spirituelles.

■ **Saint-Florent Dauphin Club :** les Arbousiers, route d'Oletta. ☎ 04-95-36-40-66 ou 04-95-37-19-22. Un club de plongée très sympa.

■ **Club de voile et de plongée CESM :** plage de la Roya. Voir à « Adresses utiles ».

À voir. À faire dans les environs

★ *Le Chapiteau :* sur la route de Saint-Florent au col de San Stefano, après le village d'Olmetta-di-Tuda. Grande piscine avec super toboggan, en plein air. Les gamins des villages environnants s'y éclatent.

★ *Le panorama du col de San Stefano :* à 12,5 km au sud de Saint-Florent, entre Oletta et Murato. Superbe vue sur le golfe de Saint-Florent et les montagnes du Nebbio, ainsi que sur l'échine dorsale du cap Corse. On aperçoit même un morceau de la mer de la côte orientale (sud de Bastia).

★ *L'église San Michele :* la perle du Nebbio. Sans doute notre église préférée en Corse. Ne pas la rater. Elle est en général fermée : pour y entrer, demander les clefs à la mairie de Murato. Un site extraordinaire : un promontoire isolé à 1 km du village de Murato, avec une vue très étendue sur le golfe de Saint-Florent, le désert des Agriates et, bien sûr, les montagnes du Nebbio, pour cette fameuse « Conca d'Oro », comme l'appelait Pasquale Paoli. Sa silhouette originale se détache dans le ciel corse.
C'est une superbe église romane de l'époque de celle de Pise (vers 1280), qui se caractérise par la polychromie de ses murs, composés de serpentine verte et de calcaire blanc en alternance, dessinant tantôt des zébrures, tantôt des damiers sans souci de régularité. Étonnant porche-clocher monumental soutenu par de lourdes colonnes. Autre curiosité : la fantaisie et la variété surprenante des motifs sculptés. En façade, on devine un homme et une femme sculptés. Sur tout le pourtour, une frise court, formant de petites arcades aux bases sculptées de ciseaux, gerbes de blé, main coupée, pièces. On pense que certaines symbolisaient les punitions dont écopaient les brigands et les voleurs, puisque l'église servait autrefois de tribunal. En tout cas, les sculptures sont superbes. Sous les fenêtres latérales extérieures, beaux entrelacs de serpents.
À l'intérieur de l'église, colonnes à chapiteaux sculptés et mobilier intéressant (statue et reliques de saint Flor, martyrisé au IIIe siècle, statue en marbre blanc de la Vierge à l'Enfant, Christ noir).
Un merveilleux site inspiré !

★ *Murato :* le plus important village du Nebbio.
De Murato à Saint-Florent, très jolie petite route qui passe par les villages perchés du Nebbio : *Rapale, Sorio, Santo-Pietro-di-Tenda.*

LE DÉSERT DES AGRIATES

« On dirait un immense champ d'ossements... un amas de lugubres boursouflures figées... La chaleur est la même qu'à l'intérieur d'une cuve de cuivre... Dans cette terre écartée et inquiétante, l'imagination s'égare volontiers : les dolmens sont des vaisseaux de l'ogre et les ponts des constructions du Diable... » Telle est la description qu'en fit le romancier Pierre Benoit dans *Les Agriates.* C'est vrai, voilà un incroyable morceau de nature à l'état brut, aujourd'hui considéré comme l'espace le mieux protégé de Corse.
Touffu, impénétrable, inextricable, tout en épines et pourtant habité par les senteurs de l'île, le maquis couvre à perte de vue ce monde étrange, hérissé d'escarpements rocheux, raviné par quelques ruisseaux qui parviennent à former de petits étangs, uniques oasis de fraîcheur dans un univers torride. Il n'y a rien, ou presque rien : pas de villages habités, pas de maisons (sauf le long de la D81), seulement des vestiges de bergeries, les *pagliaghji* ou *paillers*, maisonnettes en pierre couvertes de *teghje.* Aucune route, seulement des pistes en piteux état (mais tant mieux !), chemins d'aventure et de purgatoire avant le paradis des plages de sable fin (Saleccia, Malfalco).

Entre la Balagne (à l'ouest) et le cap Corse (à l'est), les Agriates représentent 40 km de côtes magnifiques, intactes. La Corse avant la Corse, autant de lieux que le temps n'a pas défigurés. Et pourtant Dieu sait s'il y en a eu des projets aberrants, comme cette idée d'y implanter un centre d'essai atomique ou de transformer les Agriates en une immense zone de loisirs avec clubs de vacances, bungalows en béton, marinas géantes et tout le tralala... La Banque Rothschild posséda même une grande partie des terres (on parle encore de la piste Rothschild) avant le rachat, lent et obstiné (entre 1979 et 1989) de la quasi-totalité de la façade maritime par le Conservatoire du littoral. Ouf! On est soulagé de savoir cette symphonie de rocaille, de lumière et de vent définitivement sauvée des menaces immobilières.

Reste un ennemi sournois, ravageur, impitoyable : le feu. Le dernier grand incendie remonte à septembre 1992. En quelques instants, ce sont près de 3 000 ha de maquis (et d'oliviers) qui sont partis en fumée ! Ce jour-là, le mistral soufflait à 150 km/h ! Depuis cette date, la vie a quand même repris ses droits, et le maquis reverdit péniblement, comme s'il renaissait de ses cendres au milieu d'une foule d'arbustes calcinés.

Le plus grand site naturel du littoral méditerranéen

Est-ce vraiment un désert aussi désertique que cela ? Non, car il y a de l'eau, des ruisseaux, des sources et des étangs en bordure de mer. Et des animaux en pagaille ! Des vaches débonnaires assoupies sur les plages, des sangliers cachés dans les buissons, des lapins, des perdrix, des fauvettes et des jasons (grands papillons brun et orangé), sans oublier les troupeaux de moutons et de chèvres. Au printemps, l'air est parfumé des senteurs du maquis corse (arbousiers, romarin, lentisques, myrtes et cistes de Crète). Preuve que tout pousse dans les Agriates ! Naguère, à l'époque génoise, les agriculteurs y cultivaient du blé dans des champs enclos de murets de pierre (que l'on remarque toujours aujourd'hui). C'était le grenier à blé de la république de Gênes. C'est aujourd'hui la terre promise de l'écologie corse.

Adresses utiles

❶ *Syndicat mixte des Agriates :* 20246 Santo-Pietro-di-Tenda. ☎ 04-95-37-09-86 ou 82-28. Du lundi au vendredi, de 9 h à 16 h.

❶ Un *point d'information* et *local d'exposition* est ouvert au public près de la plage de Saleccia.

Comment y aller ?

Par la mer

Une superbe balade à faire au départ de Saint-Florent, d'où une navette régulière relie en été Saint-Florent à la plage du Lodo et à celle de Saleccia (*cf.* « À faire à Saint-Florent »). Bien pour passer une journée sur une plage de rêve.

Par les pistes

Deux pistes en très mauvais état partent de la route D81 et mènent à la mer à travers le maquis. En fait, d'une saison à l'autre, au gré des remises en état et des intempéries, les pistes évoluent, une année praticables en voiture, l'autre non. Se renseigner alors auprès du syndicat mixte des Agriates (voir ci-dessus). Elles sont en tout cas toujours praticables à pied, à VTT (moyen de découverte idéal des Agriates, hormis l'été où la chaleur rend intenable la remontée jusqu'à la D81) ; signalons par ailleurs le « must VTT » du secteur, à savoir la liaison par le sentier littoral entre les plages de Saleccia et du Ghignu – et par conséquent, entre leurs pistes de desserte. *Attention* : à pied comme à VTT, ces pistes exigent un bon niveau de pratique, et, on le répète, sont particulièrement éprouvantes l'été : prévoir toujours beaucoup d'eau, et un couvre-chef. Le sentier du littoral (voir plus bas) est plus accessible.

– *Piste pour la plage de Saleccia :* longue de 12 km et généralement en mauvais état, la piste commence sur la D81, après le hameau de Casta, à 300 m de l'hôtel *Relais de Saleccia,* en allant vers L'Île-Rousse. Compter 2 h 30 à pied, 1 h en voiture (quand ça passe), et entre 45 mn et 1 h 30 à VTT. Beaucoup de monde (dont des naturistes) sur cette plage, magnifique certes mais aujourd'hui un peu victime de son succès, d'autant qu'un camping s'est installé à proximité. Reste cependant une perle du littoral corse.

– *Piste pour la plage de Malfalco :* longue de 14 km. En mauvais état. Se prend à 22 km à l'ouest de Saint-Florent, à droite de la route D81 (en venant de Saint-Florent). Au lieu-dit *Bocca di Vezzu,* la piste descend jusqu'à la mer à travers des paysages dépouillés.

Par le sentier du littoral

Un sentier corse qui a les pieds dans l'eau, partageant ce fabuleux privilège avec le sentier qui longe les côtes de Sartène, celui de la pointe nord du cap Corse et avec tous les chemins d'accès à la kyrielle de tours génoises jalonnant les côtes de l'île. Magnifique randonnée, sans difficultés majeures (mais pensez surtout à emporter de l'eau), qui permet de découvrir, le temps d'un week-end ensoleillé de Pâques ou de la Toussaint – à coup sûr la meilleure époque par une météo clémente –, la magie des Agriates de la façon la plus écologique qui soit : la marche. Un chemin de douanier qui est à la mer ce que le GR20 est à la montagne, avec moins de monde encore, les gestionnaires des lieux ayant apparemment décidé de favoriser le moins possible la promotion de cet itinéraire exceptionnel.

Départ de Saint-Florent, au terminus de la piste conduisant aux abords de la tour génoise de Fornali et des fortifications militaires de la pointe de Cepo. Arrivée une quarantaine de kilomètres plus loin à l'anse de Peraiola ou plage de l'Ostriconi. Compter 3 étapes.

– *Première étape :* de Saint-Florent à la plage de Saleccia. 5 h 30 de marche, avec comme points forts les étangs de Valdolese et Fiume Santu, la tour et le phare de la Mortella, les vaches paresseusement allongées sur la plage du Lodo et les pins d'Alep de Saleccia.

– *Deuxième étape :* entre Saleccia et la plage de Ghignu. Promenade d'à peine 3 h, méritant d'être complétée par la visite plus à l'intérieur des vieux hameaux pastoraux de Baccari et Chiosu (mais attention, pas en été, surtout jour de grand vent : risque d'incendie), par ailleurs, ne pas s'éloigner des sentiers, fidèlement reportés sur les 2 cartes IGN au 1/25 000 nécessaires).

– *Dernière étape :* entre la plage et les *paillers* restaurés de Ghignu et l'embouchure de l'Ostriconi. 6 h de randonnée avec diverses variantes possibles, la plus intéressante suivant le bord de mer, sauf au niveau des escarpements de la pointe de l'Acciolu.

À VTT

Circuit d'un niveau relevé, sentier non aménagé pour VTT, portage obligé sur les zones sableuses et risque de déshydratation (emporter de l'eau). La traversée la plus simple part du hameau de Casta, descend à la plage de Saleccia, puis suit le sentier littoral jusqu'à la plage du Ghignu ; une piste

SAINT-FLORENT

assure alors la jonction avec la piste de desserte de la marine d'Alga, ce qui permet de remonter sans trop de peine jusqu'aux abords de la plage de l'Ostriconi (compter 7 h à 8 h de VTT ; prévoir une manœuvre de véhicules, ou alors 14 km pour revenir au hameau de Casta par la route).

Par la route D81

Elle traverse d'est en ouest le désert des Agriates, sur 28 km. Très beaux points de vue, notamment entre Casta et Bocca di Vezzu.

Où dormir ? Où manger ?

▤ ▯●▯ Voir le *Relais de Saleccia*, présenté plus haut, rubrique « Où dormir ? Où manger aux environs de Saint-Florent ? ».

▤ *Gîte d'étape :* sur la plage de Ghignu, dans des *paillers* restaurés près de la mer. Ouvert d'avril à octobre. 50 F (7,6 €) la nuitée, 4 nuits maximum. Il y en a une dizaine, de 4 ou 6 couchages. Bloc sanitaire à côté. Infos et réservations auprès du syndicat mixte des Agriates : ☎ 04-95-37-09-86.

▤ ▯●▯ *Auberge de Pietra Monetta :* nouvelle route de l'Ostriconi (N197), 20226 Palasca. ☎ 04-95-60-24-88. Fermé le mercredi et d'octobre à avril. Menu à 120 F (18,3 €). Demi-pension à 250 F (38,1 €) par personne. Située à l'entrée ouest du désert des Agriates, c'est-à-dire à 300 m du carrefour de la D81 (en venant de Saint-Florent) et de la N197.

N'accepte pas les cartes de paiement. Au bord de la route, on remarque immédiatement cette vieille maison couverte de vigne vierge, ancien relais de poste du XVIIIe siècle dont le nom signifie « l'Argent de la Pierre ». La salle à manger ancienne a du caractère, et la terrasse est agréable avec sa tonnelle et ses tables de bois. Bon accueil et succulente cuisine corse avec du gigot d'agneau, du cabri, du sauté de mouton ou de la soupe corse aux herbes. Tout est bon et frais : les bêtes viennent de la ferme familiale. Et si vous voulez y dormir, pas de problème : 4 chambres au confort modeste (sanitaires à l'extérieur) mais pas très chères, propres et claires, et plutôt mignonnes avec leurs poutres. Apéritif offert à nos lecteurs.

À voir

★ *La plage du Lodo :* belle plage de sable fin, la plus proche de Saint-Florent par la mer (navettes régulières en été).

★ *La plage de Saleccia :* une merveille ! Accessible par une piste de 12 km (voir plus haut) ou par la mer, cette plage, longue de 1 km, est bordée par des dunes et une pinède de pins d'Alep unique en Corse. Saleccia offre les couleurs d'un lagon tropical : on se croirait sur une plage des mers du Sud. Anecdote insolite : c'est sur cette plage que furent tournées les scènes de débarquement du film américain *Le Jour le plus long,* avec Robert Mitchum dans le rôle principal. Toutefois, il y a maintenant beaucoup de monde sur cette plage, sans parler des nombreux bateaux qui mouillent dans la baie. Ne pas s'attendre donc à une plage déserte, surtout en été. Notez que cette foule est en partie naturiste.

Juste avant d'accéder à la plage, sur la gauche du chemin, une ancienne bergerie a été restaurée par le syndicat des Agriates et électrifiée grâce à des capteurs solaires. En été, elle abrite des expos et sert de poste de surveillance à un gardien (heureux gardien !) chargé de veiller à la protection du site.

★ **La plage de Malfalco :** située plus à l'ouest, au bout d'une longue piste difficile. Plus petite que les autres plages. Les motards aiment bien y venir, ainsi que les plaisanciers qui mouillent ici pour la journée et repartent le soir. Des gîtes d'étape pour randonneurs ont été aménagés par le syndicat mixte des Agriates dans d'anciennes bergeries typiques (des *pagliaghji* aux toits de terre) joliment restaurées et situées à l'aplomb de la plage du Ghignu, à environ 2 km à l'est de l'anse de Malfalco.

Routard assoiffé et imprévoyant, une source est située à l'extrémité de cette paradisiaque plage du Ghignu : c'est la source la plus inattendue qui soit (le plus court fleuve de toute la Corse), puisque, aussitôt jaillie d'un talus dont les fondations baignent dans la mer, son eau atteint déjà son embouchure !

★ **La plage de l'Ostriconi :** au fond de l'anse de Peraiola, à l'extrémité ouest des Agriates. Depuis la route nationale (Corte-L'Île-Rousse), on y accède par une petite route sur la droite. La vallée de l'Ostriconi débouche sur la mer. Se terminant par de langoureux méandres, la rivière, venue des montagnes, forme à son embouchure une sorte de zone marécageuse et giboyeuse. Le long de la plage, les dunes sont plantées de genévriers comptant parmi les plus spectaculaires de Corse.

★ **Le site de la ferme d'Ifana :** prononcez « Ivana ». Un nom presque romantique pour un bout du monde émouvant, en plein maquis, à 4 km de Bocca di Vezzu.

À faire

– **Randonnée dans les Agriates :** afin de mieux apprécier encore les rivages de l'Ostriconi, il faut s'aventurer au milieu des terres pour y découvrir, en une demi-journée de marche facile, un condensé des Agriates : criques paradisiaques, vieux *pagliaghji,* senteurs des cistes, des immortelles et de ces espèces du maquis dont les fleurs et les couleurs éclatent au printemps.

Partir du pont où la route nationale franchit l'Ostriconi et remonter celle-ci sur 500 m (direction Bastia donc) pour emprunter la première piste (maisons et parking à proximité) qui s'engage sur la gauche. Ce chemin s'enfonce rapidement à l'intérieur du désert : sous la *Punta di Granaia,* un joli abri sous roche est la première curiosité à admirer; puis le chemin s'avance, plus cahoteux encore, et s'approche du hameau de bergeries de *Terricie,* signalé par quelques oléastres (oliviers sauvages) et par le pacage de quelques ruminants faméliques.

À 300 m avant Terricie, une piste partant sur la gauche permet de fermer la boucle en passant à proximité de plusieurs anses aisément accessibles, à la physionomie sauvage et fort sympathique : *baie de l'Acciolu,* crique rocheuse de *Pinzuta* et plage sableuse de *Vana.* Une fois atteintes les dunes de l'Ostriconi et leurs vénérables genévriers aux racines affleurantes interminables, on rejoindra sans difficulté (plusieurs passages possibles) les prairies et la piste bordant l'Ostriconi et ramenant au point de départ.

■ Cette balade peut aussi s'effectuer à VTT ou à cheval. *Pierre-Jean Costa*, prestataire multicarte du tourisme de nature dans la vallée, tient avec sa femme une ferme-auberge au village de Lama, loue des VTT et accompagne des sorties à cheval. ☎ 04-95-48-22-99.

LA BALAGNE

L'ancien grenier à blé de la Corse forme un amphithéâtre montagneux ouvert sur la mer, avec une capitale, Calvi, agréable station balnéaire bordée par une longue plage que longe une pinède, et dont la citadelle domine le golfe. Superbe arrière-pays de villages typés, environnés de maquis, d'oliveraies (la culture reprend) et de vignes... À l'est, L'Île-Rousse, petit port fondé par Paoli et aujourd'hui station balnéaire relax.

L'ÎLE-ROUSSE / ISULA ROSSA (20220)

Trois belles plages de sable fin en pleine ville, le record des températures les plus chaudes de Corse, et un arrière-pays d'une beauté époustouflante (la Balagne, la haute Balagne et le Giunssani) : on ne pouvait rêver de meilleures conditions naturelles pour cette station balnéaire envahie en juillet et août par des flots de touristes. Parmi eux, des hordes d'Allemands et d'Italiens, mais aussi beaucoup de continentaux qui débarquent des bateaux en provenance de Marseille, Nice ou Gênes. Et certainement Paoli n'imaginait pas cette destinée pour ce port qu'il avait fondé en 1758, pour concurrencer Calvi la Génoise *(Calvi semper fidelis)*.
Ce n'est pas notre ville préférée, mais il y fait tout de même bon vivre et c'est un excellent point de chute sur le tour de Corse.

Adresses utiles

ℹ️ *Office du tourisme :* pl. Paoli. ☎ 04-95-60-04-35. Fax : 04-95-60-24-74. En juillet-août, ouvert de 9 h à 20 h du lundi au samedi ; le dimanche, de 10 h à 12 h et de 17 h à 19 h. Fermé le week-end hors saison, et horaires moins longs (pause le midi). Propose des balades accompagnées en forêt en partenariat avec l'ONF. Topoguides sur différents parcours des environs. Service de vente de billets pour visiter la réserve de la Scandola en bateau au départ de Calvi.

🚆 *Gare SNCF :* près du port. ☎ 04-95-60-00-50.

■ *Location de voitures :* *Hertz*, route de Calvi. ☎ 04-95-60-12-63.

■ *SNCM :* av. J.-Calizi. ☎ 04-95-60-09-56. Informations sur les horaires et vente de billets. Un à deux bateaux par jour pour Nice.

■ *Corsica Ferries :* gare maritime (port de commerce). Renseignements et réservations : ☎ 08-03-095-095 ou 04-95-60-08-56.. Fax : 04-95-32-14-71.

■ *Corse Consignation Représentation :* av. Joseph-Calizi. ☎ 04-95-60-08-56. Vente de billets d'avion et bateau.

■ *Location de VTT :* *Leader Sport*. ☎ 04-95-60-15-76.

■ *Location de bateaux :* *Nautimarine*, av. Paul-Doumer. ☎ 04-95-60-00-73. Prix corrects et matériel fiable. Une bonne solution pour écumer la côte et ses criques, ses plages secrètes. De plus, bon accueil et bons conseils d'Olivier. Autre loueur : *Balagne Sports*, rue Napoléon. ☎ 04-95-60-05-17

Où dormir ?

Campings

▪ *Camping Les Oliviers :* route de Bastia. ☎ 04-95-60-19-92 ou 04-95-60-25-64. Fax : 04-95-60-30-91. Ouvert toute l'année. Compter 90 F (13,7 €) pour deux. Également des bungalows à la semaine. À un petit kilomètre du centre-ville et à 200 m de la plage, bien tenu et plutôt bien ombragé. On est quand même un peu les uns sur les autres en été et ce n'est pas toujours bien tenu. Mais pas grand choix dans ce secteur.

▪ *Camping Bodri :* route de Calvi. ☎ 04-95-60-19-70. Ouvert de juin à septembre. À 1,5 km du centre-ville, sur la droite de la route de Calvi. Accès direct à la plage (il suffit de traverser la voie ferrée, il y a d'ailleurs une station Bodri pour le camping, pratique !), terrain boisé et bonnes prestations de base (laverie, alimentation, pizzeria...). Attention cependant : sanitaires très sales lors de notre dernier passage ! Pas bon ! Pas trop cher.

Prix moyens

▪ *Hôtel-motel l'Escale :* lotissement des Îles. ☎ 04-95-60-27-08. Fax : 04-95-60-14-34. Ouvert de mai à novembre. Chambre double de 250 à 500 F (38,1 à 76,2 €) selon la saison. Tarifs à la semaine (usage de la cuisine alors), à peine plus chers rapportés à la journée. Dans un bâtiment de construction récente, dans le quartier du port et à 200 m du centre, des studios avec cuisine et terrasse pour 2 à 4 personnes. Propre et confortable. Bon accueil. Très bon rapport qualité-prix.

▪ *Hôtel-restaurant Le Grillon :* 10, av. Paul-Doumer. ☎ 04-95-60-00-49. Fax : 04-95-60-43-69. Ouvert de mars à octobre. Selon la saison, chambre double avec bains de 200 à 320 F (30,5 à 48,8 €) ; demi-pension de 440 à 560 F (67,1 à 85,4 €). Établissement assez central, et aux chambres simples et propres. A l'avantage d'être assez bon marché. Coquette salle de restaurant.

▪ *Hôtel Funtana Marina :* route de Monticello, à 1 km de L'Île-Rousse ; c'est indiqué. ☎ 04-95-60-16-12.

Fax : 04-95-60-35-44. Ouvert toute l'année. Selon la saison, de 300 à 480 F (45,7 à 73,2 €) la chambre double. Hôtel moderne, propre et bien tenu, qui a le mérite d'offrir une vue vraiment agréable sur L'Île-Rousse et la mer. Douche, w.-c. et balcon pour chaque chambre. En prime, une piscine. Prix raisonnables dans sa catégorie. Demi-pension possible.

▪ *Hôtel L'Amiral :* bd Charles-Marie-Savelli (bord de plage). ☎ 04-95-60-28-05. Fax : 04-95-60-31-21. ● www.labalagne.com/hotel-amiral ● Ouvert d'avril à octobre. De 320 à 520 F (48,8 à 79,3 €) la chambre double selon la saison et orientation (mer ou jardin). Dispose aussi d'une annexe avec des chambres pour 3 personnes. Excellemment situé face à la plage, à 150 m du centre-ville, et disposant de chambres propres et confortables (climatisation en option en juillet et août pour 80 F (12,2 €, avec bains et TV, cet *Amiral* a de sérieux arguments. Ambiance tranquille et familiale.

Plus chic

▪ *Hôtel Santa Maria :* route du Port. ☎ 04-95-63-05-05. Fax : 04-95-60-32-48. ● www.hotelsantamaria.com ● Ouvert toute l'année. Selon la saison, chambre double avec bains et w.-c. de 450 à 800 F (68,6 à

122 €). Très bien situé, avec des chambres impeccables et climatisées donnant soit sur le petit jardin et la piscine, soit sur la mer et le port. Toujours plus cher côté mer. Bonne adresse dans cette catégorie.

Où manger ?

De bon marché à prix moyens

|●| *La Taverne :* 18, rue Paoli. ☎ 04-95-60-03-76. Fermé en février et le mercredi hors saison. Menus de 88 à 125 F (13,5 à 19 €). Dans la vieille ville, près de la mairie. Cuisine espagnole de qualité. Paella, bouillabaisse, poisson. Bonne adresse plutôt à la nuit tombée. Apéro, café ou digestif offert à nos lecteurs.

|●| *U Spuntinu :* 1, rue Napoléon. ☎ 04-95-60-00-05. Fermé le dimanche et en janvier et février. Menu à 98 F (15,1 €) ; à la carte, compter 180 F (27,4 €). Des *spuntinu* (casse-croûte, en-cas), en Corse, il y en a partout. Celui-ci nous a permis de dîner très correctement d'une tarte aux herbes et au brocciu, d'un sauté de veau et beignets de courgette puis d'un honnête *fiadone :* une cuisine corse qui se défend. Service aimable de la patronne, salles voûtées pas désagréables et petite terrasse l'été.

|●| *A Quadrera :* 6, rue Napoléon. ☎ 04-95-60-44-52. Fermé de novembre à mars. Menu à 100 F (15,2 €) ; à la carte, compter 140 F (21,3 €). Joli cadre rustique dans ce petit resto du centre-ville où la « soupe de ma femme » ou la « salade de M. Jojo, berger à Zilia » ouvrent le menu de manière souriante et plutôt réussie (cuisine traditionnelle bien servie). On a aimé aussi les gambas et langoustines flambées à *l'aqua vita,* délicieuses.

Une halte plaisante. Patron sympathique, qui offre l'apéro à nos lecteurs.

|●| *L'Île d'Or :* pl. Paoli. ☎ 04-95-60-12-05. Carte fournie et plusieurs menus de 70 à 180 F (10,7 à 27,4 €). Toutes sortes de plats (salades, viandes et poissons) pour toutes les bourses. Mais on conseille plutôt l'adresse pour manger simplement. Le petit carpaccio de saumon, copieux, s'avale gentiment. La coupe de fruits frais est en revanche banale. Belle situation en terrasse sur la place. Dommage que la qualité soit irrégulière.

|●| *A Siesta :* bd du Bord-de-Mer. ☎ 04-95-60-27-03. Fermé en novembre, décembre et janvier. Menus à 98 et 120 F (14,9 et 18,3 €). Restaurant bien placé sur la plage et proposant des pizzas, des pâtes et surtout du poisson à des prix acceptables. Une déception toutefois lors de notre dernier passage : la lotte aux blancs de poireaux était en fait de la queue de lotte (ou du lotillon), et c'est nettement moins bon, et vainement nous avons cherché les blancs de poireaux parmi les tomates et les courgettes. Quant à la soupe de poisson, elle ne cassait rien... Mais les poissons frais, simplement grillés servis à de nombreuses tables, paraissaient eux beaux et bons.

Un peu plus chic

|●| *Le Jardin d'Emma :* col de Fogata (sur la N197, à la sortie de L'Île-Rousse direction Calvi, sur la gauche de la chaussée). ☎ 04-95-60-49-07. Fermé le dimanche soir et le lundi, ainsi qu'en novembre et en février. Menu à 175 F (26,7 €). Compter 200 F (30,5 €) à la carte. Un peu plus chic, donc un peu plus cher, mais tellement bien ! Cadre superbe du beau jardin, et service tout aussi plaisant, surtout quand Emma s'en occupe. Cuisine assez fine et savoureuse. Le loup farci à la brousse (au *bruccio* en saison) est excellent, et le dessert, à la carte, tout simplement divin : une brioche façon pain perdu servie chaude avec boule de glace vanille et caramel d'agrume.

Où dormir ? Où manger dans les environs ?

Voir aussi les nombreuses adresses proposées en Balagne (se reporter à ce chapitre), un peu moins chères que sur le littoral.

|●| *A Rusta :* route de Monticello, sur la droite de la chaussée. ☎ 04-95-60-14-34. Ouvert le soir uniquement (hors saison, le vendredi et le samedi soir). Pizza et pâtes dans les 50 F (7,6 €), grillades dans les 75 F (11,4 €). Une pizzeria qui bénéficie d'un chouette panorama sur l'Île-Rousse et la côte (si l'on s'installe à côté des baies vitrées). Des viandes grillées, des pâtes, des pizzas... Rien de compliqué mais c'est honnête et l'ambiance est plutôt bon enfant.

🛏 |●| *Auberge A Tesa :* chez Marylène Santucci, Lozari par Belgodère (20226). ☎ 04-95-60-09-55. Fax : 04-95-60-44-34. À environ 10 km à l'est de L'Île-Rousse. De la plage de Lozari, prendre une petite route de campagne en direction du barrage de Codole ; c'est à 3 km, sur la droite, une maison récente aux murs ocre clair et aux volets vert olive. Fermé en novembre. Chambre double avec douche et w.-c. à 350 F (53,3 €) en toutes saisons. Menu unique à 200 F (30,5 €). Cuisine corse on ne peut plus savoureuse, du terroir et même du jardin pour les herbes et salades. Coquelet au miel, glace à la châtaigne ou terrine de brocciu au saumon, excellent fromage avec sa confiture de figue. Menu super copieux, tout compris, apéro, vin et café. Salle à manger plutôt coquette. Attention, si vous y allez pour le resto uniquement, téléphonez avant. Dispose également de 7 chambres. Pas de paiement par carte.

🛏 |●| *A Pasturella :* village de Monticello (20220). ☎ 04-95-60-05-65. Fax : 04-95-60-21-78. ● www.oda.fr/aa/hotel.a.pasturella ● Fermé le dimanche soir ; congés annuels de début novembre à mi-décembre. Chambre double avec bains et w.-c. à 360 F (54,9 €). Demi-pension à 730 F (111 €) pour deux, obligatoire en juillet et août. Menus à 130 et 180 F (19,8 et 27,4 €). Plus chic, oui, mais d'un bon rapport qualité-prix étant donné le confort des chambres et la vue superbe que l'on a sur les contreforts de la Balagne. Certaines disposent d'une agréable terrasse. Cuisine soignée appréciée des lecteurs. Apéritif offert sur présentation du *GDR*.

À voir

★ *La place Paoli :* bordée de cafés et de terrasses ombragées par des platanes, c'est le cœur de la ville. Il y a une statue de Paoli au centre de la place, entourée de quatre palmiers exotiques, pour rappeler qu'il décida en 1758 de fonder un port à cet endroit. Remarquer la cathédrale dans un angle de la place : elle a l'air très « latino-américaine ». Enfin, les halles, marché couvert inspiré d'un vague temple grec à colonnes (rare en Corse).

★ *La vieille ville :* au nord de la place Paoli, vers la mer. Pas de grandes surprises mais une ambiance plutôt sympa.

★ *L'hôtel Napoléon Bonaparte :* pl. Paoli. Le plus vieux palace de Corse (1929-1930). Sorte de petit château encadré de deux tourelles. Assez cher. On le cite surtout à cause d'une anecdote : l'hôtel fut réquisitionné en 1953 pour héberger le roi du Maroc en exil, Mohammed V, accompagné de son fils, le défunt Hassan II.

À faire

– *Randonnées pédestres en haute Balagne :* notamment dans un coin superbe appelé le *Giunssani* (Vallica et Olmi-Cappella). Se munir auparavant du prospectus-itinéraire édité par le parc régional.

– *Promenade avec le train-tramway de Balagne :* ce petit train effectue de 7 à 9 allers et retours quotidiens entre L'Île-Rousse et Calvi de fin mai à début septembre. Bon marché. Une belle promenade, insolite, maritime, avec possibilité de descendre à la marine de Sant'Ambrogio et à Algajola (plages). On longe toujours la mer, de plus ou moins loin. Infos et billets à la gare SNCF de L'Île-Rousse (voir « Adresses utiles »).

Plongée, voile

■ *École de plongée de L'Île-Rousse :* au port. ☎ 04-95-60-36-85. Fermé la première quinzaine de décembre. Cours particuliers de plongée sous-marine. Plongée tous niveaux. Spécialité de plongée pour les enfants (à partir de 8 ans) et plongée de nuit. 10 % de remise sur le prix de la plongée sur présentation du *Guide du routard*.

■ *Beluga Diving :* route de Corbara. ☎ 04-95-60-17-36 ou 60-52-25. Un club de plongée bien sympa et sérieusement mené.

■ *Club nautique de L'Île-Rousse :* plage de la Gare (route du port). ☎ 04-95-60-22-55. Ouvert toute l'année. Catamaran, Optimist, canoë-kayak, planche à voile : cours d'initiation ou perfectionnement et location de matériel (Optimist, catamaran, planche à voile, canoë). Un club dynamique et bien encadré, affilié à l'École Française de Voile.

Équitation

■ *Ferme équestre d'Arbo Valley :* route de Bastia. ☎ 04-95-60-49-49. À 5 km de L'Île-Rousse (indiqué sur la droite de la route de Bastia). Promenade à l'heure ou randonnées d'un jour ou plus, découverte de la Balagne, François Vescovali propose diverses formules, pour groupes (20 chevaux corses) ou individuels. Un vrai pro.

Quitter L'Île-Rousse

– *En bateau :* par les ferries ou cargos de la *SNCM* à destination de Marseille, Nice et Toulon ; ou par la *Corsica Ferries* pour Nice. Voir « Adresses utiles ». Embarquement du port de commerce, ouverture de la gare maritime et de la billetterie 2 h avant chaque départ.

– *Par le petit train de la Corse :* pour Bastia, compter environ 70 F (10,7 €) pour un aller et une durée de 2 h 30 à 3 h. Pour Ajaccio, changement à Ponte Leccia, compter 4 h et environ 120 F (17,5 €) pour un billet (aller simple). Ce train passe par Ponte-Leccia et Corte. Magnifique incursion dans les montagnes. Inoubliable ! Attention toutefois, foule en juillet et août. Infos, horaires et billets à la gare SNCF (voir « Adresses utiles »).

– *Par le petit train de Balagne :* dessert les plages jusqu'à Calvi. Petite micheline bien pratique.

LA BALAGNE, LE GIUNSSANI ET L'OSTRICONI

L'arrière-pays de Calvi et de L'Île-Rousse. Au nord-ouest de l'île, la Balagne forme un vaste amphithéâtre de montagnes et de collines, fermé au sud par une ligne de crête oscillant entre 1 000 et 2 000 m, mais (heureusement) ouvert sur la mer dès que l'on arrive en plaine. Une région attachante, avec des villages perchés figurant parmi les plus beaux de Corse, jaillissant au cœur d'un paysage dépouillé, jauni par les étés torrides, avec, par endroits, de belles oliveraies, et malheureusement souvent brûlé par les incendies, le fléau de la Balagne. Comment imaginer que c'était ici naguère le « jardin de la Corse » ? Ce fut en effet, jusqu'au XIXe siècle, une terre riche et prospère, grâce aux plantations d'oliviers et aux vergers d'arbres fruitiers (figuiers, orangers...). Le vent de l'histoire a tourné. Aujourd'hui restent les témoins merveilleux de cet âge d'or : chapelles romanes, églises baroques, fontaines et moulins à huile, et toutes ces hautes maisons soudées les unes aux autres comme pour mieux conserver leurs secrets.

Accessible par une superbe route de montagne, le Giunssani est le nom d'une micro-région, enclavée entre la haute Balagne et la vallée de l'Asco. Préservé mais dépeuplé, c'est un coin merveilleux mais, à la différence de la Balagne, beaucoup plus vert et boisé.

Il faut compter au moins une journée pour voir l'essentiel en Balagne. Essayez de passer une nuit dans l'une de nos bonnes auberges (moins chères que sur la côte).

Les sentiers du Giunssani et de l'Ostriconi

Depuis quelques années, un réseau de chemins balisés de village à village a été remis en état dans le Giunssani et l'Ostriconi. Il n'est pas un village aujourd'hui qui n'ait son bout de sentier démaquisé cheminant sous les oliviers, menant à quelque ancien moulin ou église romane. Nos préférés ? Difficile de choisir, mais on éprouve tout de même un faible pour le sentier du village ruiné d'*Occi* au-dessus de Lumio, pour les chemins du Giunssani (haute Balagne) entre forêts et torrents, pour la liaison balcon entre *Lama* et *Urtaca* (elle réunit les deux plus chouettes nids d'aigle de la vallée de l'Ostriconi), et puis bien sûr pour tous ces chemins de montagne qui complètent ce réseau de villages en remontant vers les cimes les plus belles de ce pays : belvédère du *monte Asto* (point culminant du massif du Tenda) à partir du village de Lama, aiguilles de *Bonifato* au départ de Calenzana, territoires à mouflons de *Tartagine* et du *haut Filosorma*...

Mais attention, avant toute expédition renseignez-vous sur l'état de ces sentiers auprès des offices du tourisme de L'Île-Rousse ou de Calvi.

À voir. À faire en Balagne

– **Association Saladini :** mairie de Speloncato, 20226. ☎ 04-95-61-34-85. Propose des visites guidées tout à fait passionnantes des villages de Balagne. Points de vue culturels, historiques et architecturaux sont abordés. Élisabeth Pardon connaît sa région sur le bout du cœur. Itinéraire « La montagne des orgues » vraiment bien, où elle s'installe à l'occasion au clavier d'un orgue d'église baroque, et là, ça peut être divin. Question de feeling... Pas cher (100 F la journée, 15,2 €). Avoir un véhicule et prévoir son repas. L'argent récolté sert à la restauration des églises.

LA BALAGNE

★ *CORBARA / CURBARA* (20256)

À 5 km seulement de L'Île-Rousse et du littoral, nous voilà déjà dépaysés. Perché sur le monte Guido, ce gros village de Balagne semble guetter la Méditerranée pour prévenir quelque invasion (touristique sans doute).

Corbara est le village des belles histoires. Comme celle de Davia Franceschini, fille d'un pauvre charbonnier qui s'en alla chercher du travail sur le continent. Avant de partir, Davia vola au secours d'une mendiante qui lui remit en retour un talisman, « la main de Fatma ». La famille Franceschini embarqua à L'Île-Rousse, mais le bateau perdit son mât en affrontant une tempête. Il dériva en mer et atteignit les côtes mauresques où les passagers furent emprisonnés. Un gardien de prison remarqua le talisman autour du cou de la jeune et ravissante Corse, et l'amena devant le sultan. Crise de larmes ! C'était le talisman de la sœur du sultan, qui avait disparu de la circulation depuis très longtemps pour échapper à un mariage forcé avec un vieillard repoussant. Résultat : le sultan tomba amoureux de Davia qui devint ainsi impératrice du Maroc (en 1786). Bien plus tard, revenu à Corbara, son père fit bâtir la maison que l'on appelle, aujourd'hui encore, la maison des Turcs (ils étaient pourtant tous corses !). Même Napoléon fut ému par cette belle aventure puisqu'il en parla avec son copain Gourgaud lors de son exil à Sainte-Hélène.

Où dormir ? Où manger à Corbara et dans les environs ?

|●| *Bar-restaurant A Cantina :* dans le village, sur la droite quand on vient de l'Île-Rousse. ☎ 04-95-60-19-69. Ne fait restaurant qu'en juillet-août, snack le midi, menu corse le soir. Belle assiette du pays à 60 F (9,1 €). Le soir, compter 120 F (18,3 €) pour un repas complet. Une adresse bien sympathique, avec sa petite terrasse et son côté populaire. La patronne mitonne une cuisine familiale corse de bon aloi, appréciée des locaux et des touristes qui chaque année reviennent. Copieuse assiette du pays avec charcuterie, fromage, pommes de terre et verre de vin de pays.

🛏 |●| *L'Auberge Sant'Antone :* Santa-Reparata-di-Balagna (à 4 km au sud-est de Corbara par la D263). ☎ 04-95-60-50-90. Au centre du village. Chambre double à 300 F (45,7 €). Menu à 120 F (18,3 €). Une petite adresse familiale assez bon marché. Six chambres bien propres dont 4 côté mer et vallée. Au resto, honnête cuisine corse.

À voir à Corbara

★ *L'église de l'Annonciation :* du XVIIIe siècle, l'un des plus remarquables édifices baroques de Corse. Pour la visiter, vous pouvez vous adresser au bar du village pour savoir qui s'occupe de la clé. Si vous le demandez gentiment, on vous ouvrira peut-être... A l'intérieur, remarquer l'autel et sa table de communion ainsi que les orgues.

★ *Le couvent de Corbara :* situé à l'extérieur du village, à 2 km au sud, à l'écart de la D151. Fondé par les dominicains en 1456, il a été reconstruit en 1850-55 et abrite aujourd'hui une communauté de frères de Saint-Jean. Il a reçu des personnages célèbres comme l'écrivain Maupassant que le père Didon jugea « ignorant des grandes cimes de la vertu et du dévouement ». On peut y faire des retraites spirituelles. Excellent accueil et cadre magnifique. Se renseigner auprès du frère hôtelier. ☎ 04-95-60-06-73.

★ *Le musée de Corbara :* pl. de l'Église, chez M. Guy Savelli. ☎ 04-95-60-06-65. Un petit musée privé que M. Savelli a aménagé à l'étage de sa maison familiale. Collection d'objets divers, tous ayant trait à la Corse : livres rares, pistolets, soufflet de forgeron, piano mécanique, ancien mobilier... Une visite charmante.

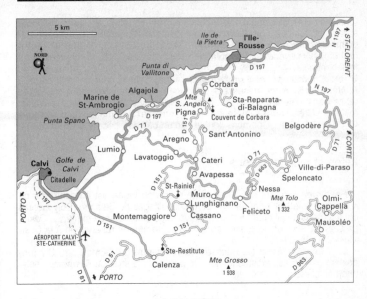

LA BALAGNE

★ *PIGNA* (20200)

Adorable village sur une butte. Les couchers de soleil y sont légendaires. La première tour défensive qui situa Pigna fut édifiée par Consalvo à l'époque carolingienne. La danse de la Moresca était pratiquée pour commémorer la victoire d'Hugo Colonna sur les sarrasins. Pigna est aujourd'hui l'un des villages phares de l'expérimentation sociale et culturelle : on y bat toujours la Moresca. Ses 70 habitants manifestent encore un enthousiasme méditerranéen dans les activités agricoles, pastorales, et dans l'artisanat d'art. Vous trouverez ici une superbe production de poteries, boîtes à musique, eaux-fortes et gravures, produits régionaux, etc. Ne pas manquer de rendre visite aux nombreux artisans : au sympathique potier, à la « Casa agro-alimentaire », à la fabricante de boîtes à musique...

Où dormir ? Où manger ?

🛏 I●I *La Casa Musicale :* ☎ 04-95-61-77-31. Fax : 04-95-61-77-81. Fermé en janvier et février. Restaurant fermé le lundi ; en juillet et août, ouvert tous les jours mais le soir uniquement. Chambre double de 300 à 400 F (45,7 à 61 €). Menu à 160 F (24,4 €). Ce n'est pas tant l'hôtel, où l'on rencontre parfois des problèmes de réservation, que nous recommandons ici, que le restaurant avec sa terrasse panoramique. Depuis quelques saisons en effet, Jean-Luc Debœuf, cuistot d'exception, y travaille et c'est un régal absolu. L'excellence des produits – viande, légumes, fruits ou poisson : tout est local et frais, de première qualité – associée à un savoir-faire inventif, qui n'altère pas pour autant la saveur originelle des mets, mais au contraire les magnifie, classe la *Casa Musicale* au rang des meilleures tables corses. À un prix somme toute raisonnable pour une telle prestation. Dommage alors que le service ne soit pas plus avenant, et que le confort laisse à désirer (chaises dures, manque d'éclairage : à la nuit tombée, on distingue à peine le contenu de l'assiette...). Un grand plaisir cependant. Réservation indispensable.

🛏 |●| *Chambres et restaurant A Merendella :* une minuscule terrasse dans le centre du village, face à la « Casa agro-alimentaire ». ☎ 04-95-61-80-10. Chambre double à 300 F (45,7 €), petit déjeuner compris. Assiettes, paninis et salades de 25 à 50 F (3,8 à 7,6 €). Sert des assiettes de charcuterie et de fromages corses, et du vin au verre. Sympa pour un petit creux à midi. Dispose aussi de 4 chambres d'hôte avec douche et w.-c. privatifs. Terrasse commune (une dispose d'un balcon), déco « à l'ancienne ».

Fêtes et manifestations

– *Festivoce :* durant la 1re quinzaine de juillet, Pigna est au centre de ce « festival de la Voix » qui anime différents villages de Balagne. Polyphonies corses, mais aussi chant sacré médiéval ou théâtre (par exemple, *La Peste*, de Camus, en mots et gestes corses). Programme et réservation à la *Casa Musicale :* ☎ 04-95-61-77-31.
– *La Casa Musicale :* au-dessus du restaurant du même nom. S'y produisent parfois des artistes locaux, un peu dans le style du *Festivoce :* polyphonies corses, folklore, etc.

★ *SAN ANTONINO*

Un nid d'aigle médiéval sur un éperon de granit dominant au sud une campagne pelée, jaunie par des étés trop secs : on songe plus au désert de Castille qu'à la Corse, et au nord l'amphithéâtre de la Balagne jusqu'à la mer. Superbe. À 2,5 km de Cateri, San Antonino se découvre à pied évidemment, au fil des venelles pavées, des voûtes envoûtantes... Une sorte de labyrinthe de pierre, tout biscornu, où s'enchevêtrent les maisons anciennes. Sur la petite terrasse nord, une chapelle mimi comme tout... C'est certainement l'un des villages les plus typiques de cette belle région.
L'*église paroissiale* quant à elle est isolée au milieu de l'ancienne aire de battage dans le bas du village. À l'intérieur, plusieurs beaux tableaux et un orgue remarquable.

Où manger ? Où boire un verre ?

|●| *Le Bellevue :* non loin de l'église haute (accès direct en continuant tout droit quand on arrive au village, c'est un peu plus loin dans la montée sur la gauche). ☎ 04-95-61-73-91. Menu à 85 F (13 €). Très bons produits maison (le patron est éleveur et cultivateur) et super menu concocté par madame : jambon cru, omelette au brocciu, veau en sauce et haricots corses, fromage de brebis et galette d'ici. À ce prix c'est cadeau ! De la terrasse, vue sur mer et montagne. Accueil naturel et gentil. Apéritif offert à nos lecteurs.

|●| *La Voûte :* en haut de l'escalier menant du parking au village. ☎ 04-95-61-74-71. Ouvert de mai à septembre. Menu à 90 F (13,7 €). Terrasse idéale pour déguster une glace ou se restaurer de spécialités (tenez, essayez donc les filets de sardine grillés au brocciu et aux herbes). Dispose aussi d'une salle à manger bien fraîche, avec un moulin à huile dans l'entrée. Accueil souriant. Apéro offert à nos lecteurs.
|●| ▼ *La Taverne Corse :* en bordure du village, à quelques maisons de *La Voûte,* l'établissement indiqué

plus haut. ☎ 04-95-61-70-15. Fermé de novembre à mars. Menu à 115 F (17,5 €). Petite terrasse tout en longueur et salle idem, pour déguster un menu corse très complet et plaisant (charcuteries, tarte aux herbes, veau corse, fromages, *fiadone*). Propose également, à toute heure, des parts de gâteau ou un verre de muscat. Pour nos lecteurs, apéritif offert.

Où boire un jus de citron ?

▼ *La Maison du Citron :* à l'entrée du village, sur la droite. Ouvert d'avril à octobre. Le verre de citron pressé à 12 F (1,8 €) ou, si l'on veut, des citrons à la pièce ou au poids, de vrais gros beaux citrons de Balagne. Également des vins et muscats de pays, dont un vin au citron original et parfait pour l'apéritif, des confitures (de citron), du miel, etc., et une salle de pique-nique (grandes tables et bancs de bois) d'accès libre et gratuit, mais où l'on pourra (cela se fait) prendre un citron pressé ou un verre de muscat en cassant la croûte.

À faire

– Sur la place en contrebas, possibilité de faire une ***promenade à dos d'âne***, à partir de 16 h de juin à septembre ; s'arrête quand il n'y a plus de monde. Attention : par très grande chaleur, les ânes ne prennent que les enfants. Super ! On fait le tour du village par d'invraisemblables ruelles tortueuses et pentues menant à des belvédères – panoramas de cartes postales – et même, on a le plaisir d'être photographié comme une vraie star, car les touristes vous trouvent coquet sur votre âne (c'est vrai qu'on a l'air fin !) et vous mitraillent – n'oubliez pas de sourire ! 50 F (7,6 €) l'expérience.

★ *AREGNO* (20220)

Vieux village à flanc de colline, au pays des orangers, des citronniers et des oliviers. Un petit bijou d'église romane d'époque pisane : l'*église de la Trinité et de San Giovanni* (XIIe siècle), aux murs de pierre polychrome. Ouvert en été seulement. Au bord de la D151, entourée des tombes d'un cimetière, ses murs sont sculptés de motifs étranges représentant des figures humaines ou des animaux. À l'intérieur, deux belles fresques du XVe siècle.

Où dormir ?

▲ *Gîte de Mr Fondacci :* hameau de Torre. Réservation auprès de Gîtes de France en Corse : ☎ 04-95-51-72-82. Fax : 04-95-51-72-89. En plein cœur de la Balagne, non loin de l'adorable village de Pigna et juste en dessous de San Antonino. La mer est à 6 km. De 2 500 à 4 100 F (de 381,1 à 625 €), selon la saison. Pas de commerces à proximité. Les 120 m² du gîte pouvant accueillir 6 personnes se répartissent sur 3 niveaux : 3 chambres, salon-salle à manger, cuisine, salle d'eau ; lave-linge, T.V. et salon de jardin. Chauffage en sus. Location de draps possible. En prime, belle vue sur la mer depuis les chambres et la terrasse. Les proprios, très sympas, habitent quelques maisons plus loin.

Où manger ?

|●| *Le Bar de la Place, chez Martin* : sur la place, tout bêtement. ☎ 04-95-61-70-48. Ouvert de Pâques à octobre. Menus à 80 et 120 F (12,2 et 18,3 €). Au cœur du village, avec la mairie en face, l'église sur la gauche et la boulangerie dans les parages. Petite terrasse avec chaises en plastique et tables du même bois (!) ou salle proprette si l'on préfère, pour un petit menu qui a le mérite d'être copieux : salade niçoise, pâtes à la carbonara, côtelettes d'agneau aux herbes et fromage féroce. Jus d'orange ou de citron du jardin.

★ *LAVATOGGIO* (20225)

Petit village situé à 2 km de Cateri, sur la route qui descend vers Lumio et Calvi. Belle vue sur la Balagne.

Où manger ?

|●| *Ferme-auberge Chez Edgard* : à la sortie du village, sur la D71. ☎ 04-95-61-70-75. Ouvert le soir uniquement. Fermé d'octobre à avril. Menu à 170 F (25,9 €). Une très bonne adresse. On a des chances d'être accueilli par Edgard Santelli, le patron, qui a du panache et du caractère – des qualités que l'on retrouve dans son auberge fort sympathique et dans sa cuisine, copieuse et authentique : cochon de lait à la broche, gigot d'agneau rôti, brochettes de magret, soupe corse. Produits garantis fermiers. D'ailleurs, la ferme appartient à la famille. Venez chez Edgard à la tombée de la nuit, la lumière sur la campagne est divine à cette heure-là... Attention, pas de carte de paiement.

★ *CATERI* (20225)

Charmant village avec ses ruelles à arcades et ses maisons de caractère en granit. Église baroque. Petite chapelle romane du XIIe siècle au hameau de San Cesario.

Où dormir ? Où manger ?

▲ |●| *Hôtel U San Dume-Auberge du Centre* : plus connu sous le nom de *Chez Léon*. ☎ 04-95-61-73-95. Fax : 04-95-61-79-31. ⚒ Sortir de Cateri vers le couvent de Marcasso ; il y a un chemin qui descend sur la droite ; à la fourche, prendre à droite (à l'opposé du couvent) et continuer sur 200 m. Ouvert toute l'année. De 200 à 320 F (30,5 à 48,8 €) la chambre double ; demi-pension, de 460 à 580 F (70,1 à 88,4 €) pour deux. Menus à 90 F (13,7 €) le midi, 135 F (20,6 €) le soir. Une maison récente dominant la vallée (donc belle vue des chambres et du resto). Chambres avec douche et w.-c. assez simples mais propres, certaines avec terrasse et vue sur mer. Cuisine familiale, soignée et mijotée, avec des beignets de courgette, de l'agneau à la mode corse, et la bouillabaisse. Mais le menu demi-pension est tout de même moins bien.

|●| *A Lataria* : se situe juste après le panneau d'entrée au village (venant d'Aregno). ☎ 04-95-61-71-44. ⚒ Restaurant ouvert le midi uniquement, tous les jours de juin à septembre ; magasin ouvert de 10 h à

18 h 30. Qu'il est agréable de venir prendre le frais sur la terrasse de cette ancienne laiterie transformée avec goût en restaurant! Vue splendide sur la mer et les villages environnants. Salle à l'intérieur, agréable et bien décorée. Entre autres réussites, les lasagnes au brocciu, le sauté de veau au citron ou les beignets de légumes à la menthe. Les propriétaires vendent aussi des produits corses de leur fabrication : confitures de poire, de fleur d'acacia, etc., huile d'olive, vins de myrthe et, surtout, *fiadone* (grosse spécialité maison).

★ *AVAPESSA* (20225)

Village minuscule et charmant, aux ruelles pavées, arches et escaliers. Circulation automobile impossible. Se garer comme on peut à l'entrée du village.

Où dormir ?

▣ *Gîte d'étape :* à Avapessa. Dans le bas du village. ☎ 04-95-61-74-10 (mairie). Compter 70 F (10,7 €) la nuit. Trois dortoirs sur 3 niveaux. Malheureusement très exigu. Petite cuisine à disposition. Agréable terrasse pour déjeuner.

▣ *Gîtes ruraux :* chez Marie-Josée Salvatori, à Avapessa, 20225 Muro. ☎ 04-95-61-75-27 ou 65-10-21. Au lieu-dit Guido. On y accède par la route de crête qui surplombe Corbara puis par un chemin privé menant à un parking (60 m environ). Si vous êtes à pied, empruntez le sentier communal. Deux gîtes confortables (2 chambres, salon, cuisine, salle d'eau) à 250 F (38,1 €) la nuit ; 2 500 F (381 €) la semaine en juillet et août. Celui à l'étage bénéficie de la vue sur L'Île-Rousse. Terrasse, salon de jardin et barbecue. Un 3e gîte se trouve à Avapessa même.

À faire

– *Promenades et randonnées avec un âne :* Balagn'ane, Avapessa. ☎ 04-95-61-80-88. Fax : 04-95-61-92-05. « Sortez des sentiers battus et surfréquentés, découvrez la Corse au pas d'un âne », annonce la brochure. Quelle bonne idée! Et quelle belle initiative que la création de cette activité, curieusement rare en Corse, dont l'âne est pourtant l'un des animaux bien typiques.

★ *FELICETO* (20225)

À 350 m d'altitude et à 14 km de la mer, Feliceto jouit d'un cadre ombragé et verdoyant, et s'étire nonchalamment à flanc de montagne. En contrebas, l'église sur son promontoire, et, au loin, la côte, panorama dont on pourra profiter depuis la petite terrasse du *Rigo Bar*. Descendre vers l'église et la dépasser pour trouver plus loin l'atelier-boutique d'Ange Campana, souffleur de verre, qui expose de superbes pièces : *Verrerie Corse*, ☎ 04-95-61-73-05, ouvert de 10 h à 12 h et de 15 h à 18 h 30, fermé dimanche et mardi. Feliceto était naguère réputé pour la qualité de son huile d'olive. Une anecdote : un ancien maire, M. Pinzuti, se fit construire une maison au sommet d'un nid d'aigle dominant le village, à 1 h de marche. Pourquoi ? Pour mieux surveiller ses administrés (notamment les dames!) au moyen d'une longue vue (oh, le vilain voyeur!) et pour offrir l'asile aux bandits de passage (ça, c'est sympa alors!). La baraque existe toujours : elle s'appelle la *Falcunaghja*, la « maison du Bandit »!

Tout là-haut, c'est le *monte Grosso* (1 938 m) : avec un nom pareil, on est transporté dans le fin fond de la cordillère des Andes... ou, plus près de là, dans un village qui a choisi cette appellation il y a quelques années pour sceller l'union de trois anciennes communes, désormais simples hameaux : Cassano, Lunghignano et Montemaggiore. Pour gagner ce sommet, sans doute le plus beau belvédère de Balagne, deux voies normales, faciles mais longues malgré deux pistes écourtant la marche d'approche et remontant respectivement vers les sources de la Bartasca (à partir de Calenzana) ou de la Melaja (torrent affluent de la Tartagine dans le Giunssani).

Où dormir ? Où manger ?

🛏 *Hôtel Mare e Monti :* au centre du village. ☎ 04-95-63-02-00. Fax : 04-95-63-02-01. Fermé de novembre à mars. Selon la saison, chambre double avec douche ou bains de 330 à 440 F (50,3 à 67,1 €). Un hôtel de caractère, à l'image de la Balagne. Cette grande maison patinée, chargée d'histoire, est une ancienne « maison d'Américain », bâtie par un ancêtre de M. Renucci, l'actuel propriétaire, après qu'il eût fait fortune à Porto-Rico. Une noble bâtisse aux chambres personnalisées, refaites récemment, certaines vraiment très bien, jolies comme tout. Pas de télé, on est peinard. Très propre. Également une suite du meilleur goût. Accueil courtois du patron, qui connaît bien la région. Pas de restaurant. Remise de 10 % sur le prix de la chambre sur présentation du *GDR*, en avril, mai, juin, septembre et octobre.

|●| *Restaurant U Mulinu (Auberge du Moulin) :* ☎ 04-95-61-73-23. Fermé en février. Hors saison, ouvert surtout le week-end. De toute façon, réservation obligatoire. Menu à 160 F (24,4 €) avec vin à volonté. Le patron, Joseph Ambrosini, que tout le monde appelle José, fait chaque soir un véritable *one-man-show,* se déguisant en Zorro, en Carmen et faisant voler les assiettes, assez bas sans doute (car, tout de même, José ne fait pas dans la dentelle, et son humour frise parfois la vulgarité) mais avec quelle agilité ! Au menu, *prisuttu* (jambon de pays) volant, « assiette en catastrophe », sanglier en sauce, fromage, dessert et digestif obligatoire. Le restaurant est installé dans un authentique moulin à huile assez bien conservé. L'adresse la plus folle, la plus farfelue de toute la Corse !

★ *SPELONCATO* (20226)

Encore un beau village fièrement accroché à la montagne. Il doit son nom aux grottes *(spelonche)* creusées dans le sous-sol. Sur la place inondée de lumière, une fontaine glougloute à l'ombre des hautes maisons et de l'ancienne église Sainte-Catherine aujourd'hui restaurée et servant de mairie-école-poste (originale reconversion).

La curiosité de Speloncato se trouve à *Petra Tafunata* (la Pierre Percée). Il s'agit d'un rocher où tous les ans, début avril et début septembre, précisément aux équinoxes, les 8 avril et 8 septembre, les rayons du soleil couchant parviennent à passer dans l'orifice et à éclairer la place du village située... 2 km plus loin (pendant 10 à 15 secondes). Étrange, étrange... À ceux qui voudraient assister au phénomène, précisons tout de même qu'il ne se produit que par temps clair. Cela semble évident, pourtant les habitants du village sont morts de rire de voir débouler des touristes guettant sur la place le fameux rayonnement magique... alors qu'il pleut des cordes !

Où dormir?

🛏 *Hôtel A Spelunca :* pl. de l'Église. ☎ 04-95-61-50-38. Fax : 04-95-61-53-14. ● spelunca.hotel @freesbee.fr ● Fermé du 1ᵉʳ octobre au 30 avril. Chambre double de 290 à 350 F (44,2 à 53,3 €), avec douche ou bains et w.-c., certaines mansardées. Ne fait pas restaurant. Un délicieux hôtel de charme au cœur du pittoresque village, à l'ombre de l'église (attention, les cloches sonnent, c'est évidemment pittoresque et plaisant mais certains préfèrent le silence et voudraient avoir le charme d'un village corse sans celui du clocher, faudrait sa-

voir !). Cette haute maison aux murs roses, coiffée d'une petite tourelle en terrasse, abrite des chambres spacieuses ordonnées autour d'un superbe escalier. Dans le grand salon, le portrait du cardinal Savelli, secrétaire d'État du pape Pie IX au siècle dernier, rappelle que cette demeure aristocratique fut sa résidence d'été. Voici l'un des meilleurs rapports « qualité-prix-classe et supplément d'âme » de Corse. Très bon accueil, courtois et jovial. 10 % de remise sur le prix de la chambre sur présentation du *Guide du routard*, sauf en juillet et août.

★ *BELGODÈRE / BELGUDÈ* (20226)

Un village qui mérite bien son nom. En effet, *Belgudè* signifie « beau plaisir ». Dieu sait si l'endroit est plaisant avec ses oliveraies à flanc de montagne et ses vergers parfumés. Sur la place du village, l'église Saint-Thomas date du XVIᵉ siècle. Du fort surplombant Belgodère, la vue est vraiment saisissante. En été, du 10 juillet à la fin août, les rencontres musicales (musique classique) *Aostu in Musica* rassemblent bien des talents internationaux. Le meilleur moment, c'est le premier concert donné gratuitement au lac de Melo...

Où dormir? Où manger?

🛏 🍽 *Hôtel-restaurant Niobel :* à l'entrée du village, à droite en venant de Palasca. ☎ 04-95-61-34-00. Fax : 04-95-61-35-85. Fermé de novembre à mars inclus. Selon confort et saison, chambre double de 260 à 370 F (35 à 50,3 €). Menus de 80 à 130 F (12,2 à 20,6 €). Demi-pension possible de 260 à 295 F (39,6 à 45 €) par jour et par personne. Une

maison récente mais bien arrangée, avec une terrasse (vue époustouflante) et des chambres avec douche ou bains et w.-c. ouvrant sur la mer (à 8 km à vol d'oiseau) et les monts de la Balagne. À table, une solide cuisine corse traditionnelle. Le veau et l'agneau sont bons. Apéritif offert à nos lecteurs.

LA BALAGNE

PETITE BALADE DANS LE GIUNSSANI

L'un des plus beaux pays de haute montagne de l'île. Des villages du bout du monde bâtis en terrasses en plein sud, des bois de chênes et de châtaigniers et, aux alentours, des sommets austères, majestueux, couverts en partie de forêts profondes comme les forêts de Tartagine et de Melaja. Un royaume naturel haut perché, oublié de l'histoire, coupé du reste du monde et gravement dépeuplé : le Giunssani, c'est la Corse en dehors des sentiers battus !

– *Pour y aller :* un pays d'accès bizarre, puisqu'il faut forcément passer un col avant de l'atteindre ; en outre, les différentes routes, qu'elles viennent de Balagne ou de Ponte-Leccia, traversent des paysages désolés de cistes ras et de calycotomes dont les fleurs jaunes dissipent avec peine au printemps une vision dominante de pays particulièrement pauvre et aride.

Mais surprise, dès que l'on bascule véritablement dans le Giunssani et ses quatre villages, l'ombre et la verdure envahissent les bords de route et la Corse cache dans cette enclave haut perchée l'un de ses îlots les plus verts et parmi les plus belles de ses châtaigneraies et autres forêts de chênes verts, de chênes pubescents et de pins laricio.

Deux routes partent de L'Île-Rousse et permettent, en voiture ou à vélo, un circuit logique de découverte : à l'aller par Belgodère, puis en tournant à droite 6 km plus loin en direction de Ponte-Leccia ; au retour, par le col de la Battaglia et le village de Speloncato.

★ *VALLICA* (20259)

Petit paradis pour la randonnée pédestre, Vallica, l'un des quatre villages du Giunssani, surplombe la belle vallée du Tartagine, face au *monte Padro* (2 393 m). Au bout du chemin qui traverse le village se dresse l'église paroissiale de style baroque : de là, on a une superbe vue sur la vallée et les forêts qui partent à l'assaut des cimes lointaines. Preuve de l'isolement de cette micro-région : une piste d'atterrissage pour hélicoptères y a été aménagée.

Où dormir ? Où manger ?

🛏 ❙●❙ *Le Monte Padru :* au village. ☎ 04-95-61-92-76. Ouvert midi et soir en saison ; le week-end hors saison. Téléphonez toujours avant de venir, c'est plus sûr car ça fait une trotte pour arriver jusqu'ici, mais ça vaut le déplacement. Chambres à 250 F (38,1 €) en saison, 200 F (30,5 €) hors saison. Menu à 160 F (24,4 €). Auberge du bout du monde et cuisine locale, avec uniquement des produits d'ici. Bon et copieux menu corse et accueil très aimable de Gilbert. Vin à volonté. Loue également des chambres au village, dans un appartement comptant 3 chambres avec bains et w.-c. indépendants.

★ *OLMI-CAPPELLA* (20259)

Le principal village du Giunssani, à flanc de coteau. On y accède par l'unique route (la D963) qui traverse la région. Le paysage change : les versants des montagnes se couvrent de châtaigniers. À 4 km d'Olmi-Cappella, en remontant vers la ligne de crête, on arrive à *Pioggiola,* le plus haut village du Giunssani, réputé pour ses châtaigniers, ses chants polyphoniques et ses sonneurs de cloches. Au hasard des nombreux virages, on a droit à de magnifiques échappées. Vue grandiose du col de *bocca di a Battaglia,* entre Pioggiola et Speloncato.

Adresse utile

🛈 *Office de tourisme du Giunsanni :* au centre du village, en bord de route. ☎ 04-95-61-03-02. Ouvert l'été tous les jours de 9 h 30 à 12 h 30 et de 14 h 30 à 18 h 30. Hors saison, en semaine uniquement.

Où manger ?

|●| *Auberge La Tornadia :* en pleine nature, à 2 km environ d'Olmi-Cappella en allant vers Pioggiola. ☎ 04-95-61-90-93. Fax : 04-95-61-92-15. ♿ Fermé de mi-novembre à mi-mars. Menus de 115 à 160 F (17,5 à 24,4 €). Sous les châtaigniers, ou dans la salle à manger aux rondins de bois, des plats copieux défilent : bœuf aux cèpes, pâtes à la farine de châtaigne, fromages qui tuent, eau-de-vie du feu de Dieu ! Accueil naturel et jovial. Boutique de produits artisanaux également. Une bonne adresse, en place depuis plus de 30 ans. Digestif offert à nos lecteurs.

|●| *A Merendella :* col de Battaglia. ☎ 06-13-20-77-89. Fermé en janvier (mais hors saison, téléphoner). Stéphane et Vanina tiennent ce resto aux allures de refuge, simple et sans prétention. Des salades, des omelettes dans les 40 F (6,1 €), des grillades... Le truc pas ruineux, très bien pour un casse-croûte. Goûter aussi les charcuteries maison et la tarte aux herbes et aux oignons. Café offert à nos lecteurs. Attention, pas de paiement par carte.

Randonnées pédestres

– *Accès au GR20 :* de la maison forestière de Tartagine au refuge d'Ortu di Piobbu (1 570 m). Compter 6 h, pas facile. Prévoir impérativement suffisamment d'eau et de vivres.

– Des *sentiers de pays,* fléchés et balisés en orange, forment un réseau intéressant de balades à la journée, partant à la découverte d'un patrimoine boisé particulièrement varié. Le parc régional a édité le prospectus correspondant. Très sympa, par exemple, de visiter la *vallée du Francioni* qui coule sous Mausoleo, Pioggiola et Olmi-Cappella et que franchissent plusieurs ponts aux arches vénérables ; ou encore de dévaler sous les chênes verts le sentier menant de *Vallica* au *pont sur la Tartagine* (2 h aller et retour), un ouvrage considéré parmi les plus anciens de Corse ; certaines personnes font même remonter l'origine de ses premières pierres à l'époque romaine (ce qui paraît à d'autres bien improbable toutefois, étant donné que les Romains craignaient de s'aventurer à l'intérieur de l'île et que l'on voit mal ce qu'ils seraient venus chercher dans les parages...).

– *En montagne,* les possibilités sont tout aussi riches à partir des pistes forestières qui remontent les vallées de Tartagine et de Melaja. Ces pistes ne sont pas balisées mais seulement caïrnées (petits tas de pierres indiquant le chemin). *Attention !* pour ces sentiers, carte et boussole obligatoires, et mieux vaut être un randonneur expérimenté : on se perd facilement et le niveau est relevé. Le plus beau chemin est l'ancienne voie de transhumance de la *bocca di l'Ondella* avec ses énormes murs de soutènement toujours debout ; le sommet le plus impressionnant est celui du *capu a u Dente,* avec ses deux dents caractéristiques visibles de fort loin ; les plus beaux belvédères ont pour nom *monte Corona* (dominant le massif de Bonifato), *monte Padro* (point culminant du massif et lieu d'errance des mouflons et autres gypaètes barbus) et *monte Grosso* (sommet avancé dominant superbement les villages et côtes de Balagne).

★ *LA FORÊT DE TARTAGINE*

L'une des forêts les plus sauvages et les plus retirées de Corse. Couverte de pins laricio et de pins maritimes, cernée par de hautes montagnes culminant entre 2 029 m *(capu a u Dente)* et 2 393 m *(monte Padro)*, on y accède par

LA BALAGNE

une route sinueuse et interminable (la D963) au départ d'Olmi-Cappella (17 km jusqu'à la maison forestière de Tartagine). De celle-ci, un chemin à peine carrossable remonte, en longeant la rivière Tartagine, jusqu'au fond du cirque. À la fin de ce chemin, endroit idéal pour pique-niquer. Un vrai bout du monde !

PETITE BALADE DANS L'OSTRICONI

Entre Balagne, désert des Agriates, massif du Tenda et vallées monta-gneuses proches (Asco, Tartagine, Golo...), l'Ostriconi est une vallée char-nière favorisée désormais par le passage de la nouvelle route Bastia-Calvi (la *Balanina*), qui déroulait autrefois ailleurs (via Belgodère) ses intermi-nables virages.

Ce pays affiche des airs de musée naturel assez étonnants : d'anciens vil-lages désertés (*E Spelonche* à Palasca, *U Loru* à Lama, *Lumisgiana* à Pie-tralba), des moulins et des oliviers rappelant l'époque somme toute récente (première moitié de notre siècle) où les familles Bertola de Lama (dont la maison coiffée d'un belvédère se remarque entre toutes au milieu du village) et Orabona de Novella étaient parmi les plus riches propriétaires oléicoles de France, et même de sinistres gares désaffectées proches de Pietralba et de Novella, où les voyageurs candidats au grand frisson pourront errer dans un formidable décor de western.

On y trouve aussi des villages coquets, avec des ruelles étroites et des par-terres fleuris, où le tourisme et l'initiative locale ont favorisé des opérations de rénovation tout à fait réussies.

Attention, si vous empruntez la *Balanina* (la voie rapide), prenez garde aux vaches errantes. On a certes clôturé les bords de cet axe routier pour empê-cher l'irruption intempestive de ces charmants ruminants au regard placide, mais cette protection a aussi comme effet pervers de piéger ces bêtes, entrées par les petites routes secondaires mais incapables dès lors de sortir de cette nasse. Plusieurs accidents par an, on vous aura prévenu !

★ PIETRALBA (20218)

Un village qui doit son nom (« Pierre Blanche ») aux falaises de calcaire blanc et orangé proches du hameau de Pedano (une quarantaine de voies équipées pour les amateurs d'escalade ; hauteur maximum, 30 m). C'est par Pietralba et la bocca di Tenda que communiquait autrefois l'Ostriconi avec la région voisine du Nebbio.

★ LAMA (20218)

C'est le chef-lieu touristique de la vallée, un village remarquablement bâti sur un éperon rocheux (le rocher pénètre même à l'intérieur de certaines mai-sons). Chouette balade au gré des ruelles médiévales de la haute ville, et arrêt indispensable dans les anciennes écuries, le *stallo*, où sont exposées des photos du début du siècle : scènes des champs, portraits de famille, pre-mière automobile passant par Lama...

De nombreux gîtes ruraux neufs ou réhabilités ont redonné vie à ce village qui pleurait sa richesse oléicole passée (35 000 oliviers y sont partis en fumée lors de l'incendie de 1971, précipitant un déclin par ailleurs annoncé). Un renouveau dû en partie au dynamisme de l'association des *Terrasses de l'Ostriconi*. Notons que, pour l'heure, Lama n'est pas encore « touristisé » : nulle échoppe d'artisan d'occasion, *no big business* mais un cachet d'authenticité appréciable si près des plages de L'Île-Rousse et environs... En contrebas du village, tennis et piscine. Le luxe !

Adresse utile

◻ Maison du pays d'accueil touristique d'Ostriconi : dans le village. ☎ 04-95-48-23-90. Ouvert du lundi au vendredi de 9 h à 12 h et de 14 h à 17 h (en juillet-août, ouvert également le week-end l'après-midi). Gère les locations de gîtes à Lama et dans les environs. Il y en a 65 à Lama ! Fournit également tous les renseignements sur les activités et manifestations locales.

Où dormir ? Où manger ?

🛏 ▮◖▮ Ferme-auberge de l'Ostriconi : à côté de l'église. ☎ 04-95-48-22-99. Fermé en janvier. Menus à 150 F (22,3 €). Cuisine de terroir à consommer sans modération. Terrasse ou petite salle bien fraîche. Pierre-Jean Costa et sa femme (surtout elle) mitonnent des plats toujours appréciés. Proposent également des chambres. Apéritif offert à nos lecteurs.

▮◖▮ Chez Jules : au-dessus de la place de l'Église. ☎ 04-95-48-23-92. Ouvert en saison uniquement. Petite pizzeria bon marché, bien pratique et correcte.

🛏 Location de gîtes : s'adresser à la *Maison du Pays*.

À faire

– **Sports de rivière, kayak de mer, parapente et découverte de l'Ostriconi à moto et en 4x4 :** tout ça existe à Lama ! S'adresser à la Maison du pays d'accueil touristique d'Ostriconi ou à la ferme équestre.
– **Ferme équestre de l'Ostriconi :** ouvert toute l'année. ☎ 04-95-48-22-99. Stages, apprentissage ou randos équestres, Pierre-Jean Costa s'occupe de tout. Le cheval, c'est son dada !
– De **petites balades sympas** à faire autour du village, comme monter à l'ancienne *fontaine couverte* du village ou à l'aire de battage proche.
– Des **parcours balisés et plus longs**, tels que la liaison avec le village voisin d'*Urtaca* ou bien encore l'ascension du *monte Asto*, point culminant du massif du Tenda (1 535 m ; 3 h de montée à partir du village de Lama (départ près du réservoir communal, topoguide disponible à la maison touristique).

Festival

– **Festival du film européen « Chroniques Villageoises » :** la 1re semaine d'août. Un tout jeune festival, né en 1994, modeste et sans prétention mais original et intéressant. Films d'amateurs, longs ou courts-métrages d'Europe se succèdent durant la semaine. Classiques *(Le Festin de Babette)* ou méconnus, toujours autour du thème de la ruralité et parfois de la Corse. Très bien !

★ URTACA (20218)

Un village qui a des airs de Lama, en un peu moins séduisant. Une chouette balade à faire est celle qui remonte par un bon sentier escarpé à la *bocca di San Pancrazio* (à 1 h 30 du village) ; air virevoltant et panorama sublime sur les rubans de sable blanc des plages des Agriates couronnent habituellement cette ascension.

Où dormir ?

Camping

🛏 *Camping à la ferme de Campo-Piano :* Campo-Piano, 20228. ☎ 04-95-60-13-59. Dans la plaine de l'Ostriconi, sur la droite de la N197, à 8 km de Lama en allant vers L'Île-Rousse. Très peu d'emplacements (une petite dizaine), à l'ombre des chênes et des oliviers. Inconvénient, la proximité de la route. Confort sommaire mais bon marché. Vente de miel et d'huile d'olive.

★ *NOVELLA* (20226)

En remontant sur Novella, venant des abords de la plage de l'Ostriconi, ne manquez pas le *moulin de Chiarasginca.* Une fois passé le pont sur l'Ostriconi (à 4 km environ après le carrefour de la grande route), une piste en rive gauche, longue de 500 m, remonte le long de la rivière dans une vieille oliveraie jusqu'à ce moulin où subsistent en excellent état la cuve de stockage alimentant une double chute et deux mécanismes séparés de pressage (attention, propriété privée ; accès seulement toléré).

ALGAJOLA / ALGAGHJOLA (20220)   220 hab.

À mi-chemin entre L'Île-Rousse et Calvi, une station plus modeste, tranquille et familiale, blottie autour de sa citadelle. Longue plage prisée par les véliplanchistes, et, à l'extrémité nord, par les naturistes. Malheureusement, beaucoup de monde en été pour un si petit endroit. On vous avait bien dit de ne pas venir en août...

Où dormir ?

Camping

🛏 *Camping Panoramic :* route de Lavatoggio, à 2 km de Lumio, 20260 Lumio. ☎ 04-95-60-73-13. D'Algajola, direction Calvi ; à 4 km sur la N197, prendre à gauche la route de Lavatoggio. Le camping est situé en contrebas de celle-ci, environ 1,5 km plus loin. Ouvert du 1er juin au 15 septembre. Compter 90 F (13,7 €) pour deux. À flanc de colline, ombragé par des eucalyptus, et équipé d'une petite piscine. Belle vue. Accueil un peu froid parfois, comme l'eau des douches (parfois !).

Prix moyens

🛏 *Hôtel L'Esquinade :* au n° 1 de la rue principale d'Algajola. ☎ 04-95-60-70-19. Ouvert de mai à mi-octobre. Chambre double avec douche et w.-c. de 170 à 350 F (25,9 à 53,3 €) selon la saison. Demander celles donnant sur le jardin, plus calmes et fraîches.

🛏 *Hôtel Saint-Joseph :* 1, chemin de Ronde. ☎ 04-95-60-73-90. Fax : 04-95-60-64-89. ⚒ Fermé du 20 octobre à avril. Selon la saison, chambre double de 270 à 380 F (41,2 à 57,9 €). À 100 m du centre, juste à droite après le chemin de la citadelle. Des chambres propres et pas désagréables, certaines avec vue sur mer. Agréable salle de petit déjeuner avec terrasse.

♨ *Hôtel de la Plage :* le long de la rue principale. ☎ 04-95-60-72-12. Fax : 04-95-60-64-89. Ouvert de mai à septembre. Chambre double à 330 F (50,3 €). Demi-pension possible, 280 F (42,7 €) par personne et par jour. Menu à 100 F (15,2 €). Le plus ancien établissement de la station, ouvert en 1914 et tenu en famille depuis 5 générations. Un *hôtel de la Plage* on ne peut plus pépère, à l'ambiance très pension de famille avec, bien sûr, accès direct à la plage. Chambres avec douche et w.-c. avec vue sur mer ou montagne.

Plus chic

♨ *Hôtel Pascal Paoli :* à Algajola, sur la gauche de la route quand on va vers Calvi. ☎ 04-95-60-71-56. Fax : 04-95-60-61-01. Ouvert d'avril à octobre. Selon la saison, de 350 à 520 F (53,3 à 79,3 €) la chambre double, petit déjeuner compris ; demi-pension de 350 à 450 F (53,3 à 68,6 €) par personne et par jour. Une assez importante structure hôtelière, long bâtiment de trois étages comptant plus d'une centaine de chambres de bon confort, avec douche et w.-c., sans charme particulier mais propres et assez spacieuses, la plupart avec balcon. Piscine et tennis. Animations l'été (réveil musculaire, karaoké...). Plage à 200 m.

Où manger ?

|●| *La Vieille Cave :* dans le village, côté citadelle. ☎ 04-95-60-70-09. Menus de 100 à 130 F (15,2 à 19,8 €). Doté d'une terrasse bien placée au cœur du vieil Algajola, un resto proposant une honnête cuisine estivale : pierrades, menu corse ou « menu du pescadore », du pêcheur donc, appréciables et pas ruineux.

CALVI (20260)   5 270 hab.

Calvi est la perle du Nord et la capitale de la Balagne. C'est par mer qu'il faut y arriver, et si possible à l'aube, quand le soleil se lève derrière les cimes. La vieille citadelle surplombe une large baie bordée sur 6 km par une superbe plage et par une pinède (elle n'a pas trop souffert encore de l'urbanisme anarchique). L'ancienne cité gênoise (*Calvi semper fidelis,* seule avec Bonifacio à n'avoir jamais lâché les Gênois, au grand dam de Pascal Paoli), est aujourd'hui avant tout une station touristique de premier plan. De par sa dimension, assez importante, son bel arrière-pays et son littoral de choix, elle attire bien du monde, et d'autant mieux que les liaisons maritimes et aériennes la desservent directement. Par ailleurs, une tradition festivalière internationale (festival de jazz, rencontres polyphoniques, *Festiventu*...) anime la cité presque toute l'année, et lui donne une couleur assez cosmopolite – tout comme la Légion étrangère, basée ici. Bref, Calvi, on aime.

CALVI

Adresses utiles

🏠 *Office du tourisme* (plan A2) : au port de plaisance. ☎ 04-95-65- 16-67. Fax : 04-95-65-14-09. ● www. calvitravel.com ● De juin à fin août, ouvert tous les jours de 9 h à 20 h ; en avril, mai et septembre, du lundi au samedi de 9 h à 12 h et de 14 h à 18 h ; hors saison, du lundi au vendredi de 9 h à 12 h et de 14 h à 17 h 30. Un vrai office du tourisme, organisé, dynamique, compétent et sympa. On y trouve la liste des hôtels et des loueurs saisonniers. Les horaires de trains et de bus sont affichés à l'extérieur. Guide pratique, plan de ville et guide de la citadelle gratuits.

✈ Aéroport Sainte-Catherine : à 7 km de Calvi. ☎ 04-95-65-88-88. Pas de navette, taxi uniquement. Compter 100 F (15,2 €) de Calvi centre-ville à l'aéroport.

■ **Taxis de Calvi :** ☎ 04-95-65-03-10.

■ **Air France :** ☎ 04-95-65-88-68.

■ **Air Liberté :** ☎ 0803-805-805.

■ **Air Littoral :** ☎ 0803-834-834.

🚃 Gare ferroviaire : juste à côté de l'office du tourisme. ☎ 04-95-65-00-61. Notez qu'on peut acheter son billet dans le train (bon à savoir pour les stations sans guichet, nombreuses sur le trajet Calvi-L'Île-Rousse).

■ **Corsica Ferries :** billetterie au port de commerce. ☎ 04-95-65-43-21. Bureau ouvert 2 h avant l'arrivée des bateaux. Renseignements et réservations : ☎ 0803-095-095. Fax : 04-95-32-14-71.

■ **Location de vélos** (plan A2) **:** au garage Ambrosini, pl. Bel Ombra. ☎ 04-95-65-02-13. Ou Oxy Bike, av. Christophe Colomb, ☎ 06-86-48-28-96.

■ **Location de motos :** Ajaccio Moto Location, agence de l'aéroport de Calvi. ☎ 04-95-60-08-07. Location de scooters (de 50 à 125 cm^3), de trails 125 et 650 cm^3. Quasiment le prix d'une location de voiture classe A, même pour les petits scooters ! Mais là, on a la chevelure au vent.

■ **Location de voitures :** Budget, à l'aéroport, ☎ 04-95-65-88-34. Hertz (Filippi), à l'aéroport, ☎ 04-95-65-02-96. Avis, sur le port de plaisance, ☎ 04-95-65-06-74.

■ **Location de bateaux :** Corse Loisirs Location, immeuble Danielli, av. de la République. ☎ 04-95-65-23-06 ou 65-21-26. Location de bateaux à moteur avec ou sans permis. Propose également des sorties en mer avec accompagnateur, notamment vers la réserve de Scandola.

Où dormir ?

Campings

CALVI

■ **Camping Campo di Fiori** (hors plan par A2, **23**) **:** route de Pietra-maggiore. ☎ et fax : 04-95-65-02-43. Compter 60 F (9,1 €) pour deux. Camping bon marché, à 300 m de la plage. Pas d'équipement extra-ordinaire, mais des sanitaires corrects, de l'ombre et une bonne ambiance. Loue également deux appartements pour 4 à 6 personnes, celui en rez-de-jardin a du succès.

■ **Camping Paduella** (hors plan par A2, **21**) **:** route de Bastia. ☎ 04-95-65-06-16. Fax : 04-95-65-17-50. Compter 100 F (15,2 €) pour deux.

Deux étoiles, très propre, plutôt coquet et bien ombragé. À environ 2 km du centre-ville et 300 m de la plage. Bon rapport qualité-prix.

■ **Camping La Pinède** (hors plan par A2, **22**) **:** route de la Pinède. ☎ 04-95-65-17-80. Fax : 04-95-65-19-60. Ouvert d'avril à mi-octobre. Compter 120 F (18,3 €) pour deux en haute saison. Camping assez vaste idéalement situé dans la pinède avec accès direct à la plage. Équipement correct (piscine, tennis, libre-service...). Accueil assez impersonnel cependant.

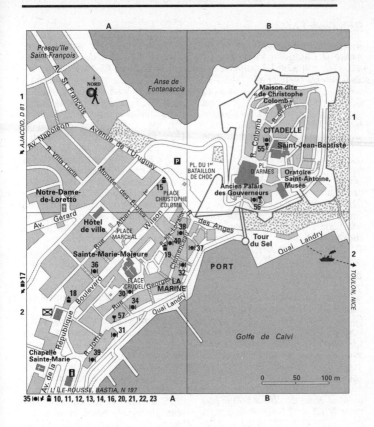

CALVI

■ **Adresse utile**

🚩 Office du tourisme

🛏 **Où dormir?**

10 Corsotel, B.V.J.
11 Relais de la jeunesse U Carabellu
12 Hôtel Casa-Vecchia
13 Maison d'hôte Viola
14 Hôtel Les Arbousiers
15 Hôtel Le Belvédère
16 Hôtel Cyrnéa
17 Résidence Les Aloès
18 Le Grand Hôtel
19 Le Magnolia
20 La Villa
21 Camping Paduella
22 Camping La Pinède
23 Camping Campo di Fiori

🍴 **Où manger?**

30 Traiteur Chez Annie
31 L'Abri Côtier
32 Le Calellu
34 Pizza Capuccino
35 U Ricantu Beach
36 U Fornu
37 Le Cyrnos
38 Le Trou à Vin
39 Le Plaisance
40 Le Jardin

🍸 **Où prendre un verre, un thé?**

55 Chez Tao
56 A Scola
57 L'Eden Port

Bon marché

■ *Relais international de la jeunesse U Carabellu (hors plan par A2, 11)* : route de Pietra-Maggiore. ☎ 04-95-65-14-16. Fax : 04-93-80-65-33. Ouvert d'avril à octobre. Demi-pension à 155 F (23,6 €) par jour et par personne, obligatoire. Malheureusement loin du centre, à environ 4 km. À flanc de montagne, au sud de Calvi. Quelques panneaux indiquent le chemin de terre menant à cette grande maison récente. Deux petites annexes avec des chambres de 3 à 5 lits, dont les fenêtres ouvrent sur le golfe de Calvi. Ambiance conviviale. Bien pour une bande de copains à bicyclette ou à moto.

■ *Corsotel, B.V.J. (Centre d'hé-* bergement pour les jeunes; hors plan par A2, 10)* : av. de la République. ☎ 04-95-65-14-15. Fax : 04-95-65-33-72. Fermé de fin octobre à fin mars. Proche du centre et de la gare SNCF, à 200 m de la plage. Dans un vieil immeuble dominant le port de Calvi. Compter 130 F (19,8 €) par personne et par nuit, petit déjeuner compris. Chambres de 2 à 8 lits, un peu exiguës, toutes avec douche et lavabo (w.-c. sur le palier). Garage pour les deux-roues. Beaucoup de monde en été. Attention : dortoirs non mixtes, pas de bruit après 22 h, silence total à minuit et obligation de libérer la chambre à 10 h. Rompez !

Prix modérés

■ *Hôtel Casa-Vecchia (hors plan par A2, 12)* : route de Santore. ☎ 04-95-65-09-33. Fax : 04-95-65-37-93. Fermé l'hiver, sauf réservation. Compter 200 F (30,5 €) le bungalow avec douche (w.-c. à l'extérieur) ; 360 F (54,9 €) avec les toilettes privées. Menus à 85 et 110 F (13 et 16,8 €). Demi-pension obligatoire en juillet et août, de 480 à 640 F pour deux (73,2 à 97,6 €). À 500 m du centre-ville et à 200 m de la plage (et de la grande pinède) dans un jardin fleuri, une dizaine de bungalows modestes mais calmes, propres et relativement peu onéreux. Bonne et copieuse cuisine familiale et charmante tonnelle ombragée pour prendre le petit déjeuner. Bon accueil de la patronne et de ses filles.

■ *Maison d'hôte La Maison Viola (hors plan par A2, 13)* : route de Santore. ☎ 04-95-65-01-03. La route de Santore fait l'angle avec *l'hôtel de l'Abbaye* ; la maison Viola se trouve 20 m plus loin sur la droite, juste à côté du fleuriste *Rose d'Or*. Chambre double avec bains à 380 F (57,9 €), petit déjeuner compris. Également des chambres pour 3 et 4 personnes. Grande maison bourgeoise patinée par l'âge, et bien calme. Chambres au confort douillet et bon accueil de Mme Robinson de Man. Copieux et savoureux petit déjeuner. Une bonne adresse à 5 mn des plages et du centre-ville.

■ *Hôtel Les Arbousiers (hors plan par A2, 14)* : route de Pietra-Maggiore. ☎ 04-95-65-04-47. Fax : 04-95-65-26-14. Fermé de début octobre à début mai. Selon la saison, chambre double de 235 à 310 F (35,8 à 47,3 €). Toutes les chambres sont avec bains et w.-c. Du centre-ville, direction Bastia et L'Île-Rousse ; à 800 m, à la hauteur du début de la pinède longeant la plage de Calvi, tourner à droite, c'est indiqué. Dans cette grande et assez jolie maison aux murs roses et au vieil escalier en bois menant à l'étage, pas de déco particulière mais des chambres correctes, propres et tranquilles, et ensoleillées (côté sud surtout). Agréables petits balcons donnant sur la cour. À pied, la plage n'est qu'à 5 mn. Bon accueil.

■ *Hôtel Cyrnéa (hors plan par A2, 16)* : à l'entrée de Calvi, RN197. À 2 km du centre-ville. ☎ 04-95-65-03-35. Fax : 04-95-65-38-46. Ouvert d'avril à octobre. Chambres avec douche ou avec bains et w.-c. de 320 à 400 F (48,8 à 61 €) selon la saison, petit déjeuner compris. Une piscine de style marocain, au bord de laquelle on peut prendre le petit dej, sur fond d'airs d'opéra. Accueil sympathique. Garage moto gratuit. Apéritif offert à votre arrivée sur présentation du *Guide du routard.*

🛏 **Résidence Les Aloès** *(hors plan par A2, 17) :* quartier Donatéo. ☎ 04-95-65-01-46. Fax : 04-95-65-01-67. ● info@hotel-les-aloes.com ● Du centre, prendre l'avenue Santa-Maria mais ne pas tourner à gauche en direction de L'Île-Rousse ; continuer tout droit, c'est fléché. Ouvert de mai à septembre. Selon la saison, chambre double avec douche ou bains et w.-c., de 250 à 300 F vue sur jardin (38,1 à 45,7 €), de 300 à 350 F vue sur mer (45,7 à 53,3 €). Un hôtel des années 1960 formidablement bien situé sur les hauteurs de Calvi : panorama sur la baie, la

citadelle et l'arrière-pays jusqu'au monte Cinto ! Environnement calme et fleuri, déco du hall un peu kitsch mais élégante. Chambres rénovées (TV, téléphone) avec balcon et bien tenues. Accueil attentionné. Remise de 10 % à nos lecteurs sur le prix de la chambre, à partir de 2 nuits, hormis du 15 juillet à fin août.

🛏 **Hôtel Le Belvédère** *(plan A1, 15) :* pl. Christophe-Colomb. ☎ 04-95-65-01-25. Fax : 04-95-65-33-20. Selon la saison, de 230 à 410 F (35 à 62,5 €) la chambre double. Au pied de la citadelle, un hôtel récemment refait. Pas un charme fou, mais des chambres propres et fonctionnelles, avec douche, w.-c., et TV. Accueil un peu impersonnel.

Un peu plus chic

🛏 **Le Grand Hôtel** *(plan A2, 18) :* 3, bd Wilson. ☎ 04-95-65-09-74. Fax : 04-95-65-25-18. Fermé de novembre à mars inclus. Selon confort et saison, chambre double de 380 à 560 F (57,9 à 85,4 €). Un *Grand Hôtel* début XXᵉ siècle comme on n'en fait plus, avec des couloirs larges comme des chambres, un fumoir vaste comme un dancing et des chambres grandes comme... des chambres, assez spacieuses tout de même. Ne pas se fier à l'aspect vieillot du salon TV et de ses gros fauteuils avachis (mais confortables), les chambres ont été pour la plupart refaites et la literie est bonne. Certaines ont la clim. Bon accueil et bonne ambiance. Formidable salle de petit déjeuner panoramique, fa-

çon paquebot 1930 qui voguerait sur les toits de Calvi, cap au grand large. Extra !

🛏 **Le Magnolia** *(plan A2, 19) :* rue Alsace-Lorraine (pl. du Marché). ☎ : 04-95-65-19-16. Fax : 04-95-65-34-52. Chambre double de 350 à 800 F (53,3 à 122 €) selon confort et saison. Au cœur de la vieille ville et pourtant calme et discret. Belle maison bourgeoise du XIXᵉ siècle, avec agréable patio, où fontaines et verdure dispensent une douce harmonie. Des chambres propres et claires, un rien baroques, climatisées, avec TV et minibar, donnant côté rue, jardin ou mer. Une adresse de charme. Bon restaurant (*Le Jardin*, voir plus bas).

Beaucoup plus chic

🛏 **La Signoria :** route de la forêt de Bonifato. ☎ 04-95-65-93-00. Fax : 04-95-65-38-77. ● www.hotel-la-signoria.com ● Ouvert d'avril à octobre. Selon confort et saison, chambre double de 700 à 1 400 F (107 à 214 €). Restaurant ouvert le soir uniquement, sur réservation, menu à 240 F (36,6 €). Une adresse de très bon standing, dans un beau cadre de verdure. Les chambres « supérieures » sont du meilleur

goût, avec emploi de matériaux nobles, bois ou tommettes, salles de bains luxueuses, terrasse en jardin, et bien sûr climatisation... Grande piscine. Resto haut de gamme également, d'excellente réputation.

🛏 **La Villa** *(hors plan par A2, 20) :* chemin de Notre-Dame-de-la-Serra. ☎ 04-95-65-10-10. Fax : 04-95-65-10-50. Fermé de janvier à mars. Chambres à partir de 1 000 F (152 €). Demi-pension possible. Sur

CALVI

les hauteurs de Calvi, adossée à la montagne, avec vue plongeante sur la citadelle et l'une des plus belles baies du monde. Ici, on n'est pas dans un hôtel mais chez Jean-Pierre Pirelli, à la personnalité attachante, de celles qui font aimer la Corse, définitivement. Restaurant de grande classe. Trois piscines. Le plus bel hôtel de Corse, tout simplement. Quand on est amoureux, on ne compte pas !

Où manger ?

Une multitude de restaurants sur les quais et dans les ruelles de la vieille ville, à tous les prix, dont quelques-uns sont de bonnes adresses. Dans la citadelle, seulement deux restos, assez chers. Dommage, car l'endroit est très, très chouette.

Prix modérés

– **Traiteur Chez Annie** (plan A2, **30**) : 5, rue Clemenceau. ☎ 04-95-65-49-67. Une institution à Calvi, il faut dire que l'amabilité d'Annie et de sa fille, et la qualité de leurs produits, y sont pour quelque chose. À emporter, des *erbiata*, feuilleté de blette et brocciu, ou des *involtini*, fromage de brebis frais roulé dans du jambon cru, et tartes diverses, civet de sanglier et bien sûr *fiadone*. C'est bon et frais. Également toutes sortes de produits corses : huile d'olive, miel, confitures et un beau choix de vin. Pour 200 F (30,5 €) d'achat, une bouteille de vin de pays offerte. Chèques déjeuner et tickets restaurant acceptés.

|●| **Pizza Capuccino** (plan A2, **34**) : quai Landry. ☎ 04-95-65-11-19. Ouvert d'avril à octobre. Pizza de 45 à 60 F (6,9 à 9,1 €), pâtes dans les mêmes prix, salades aussi. Belles viandes aussi, un peu plus chères. L'une des adresses les moins chères du port, au bord de l'eau. Quelques plats corses, des pizzas et des pâtes comme on les aime. Goûtez aux raviolis au bruccio et aux *calzone* (pizza-chausson). Les tartes maison sont à damner un évêque gourmand. Vin du patron très sympathique. Tout comme eux (ils sont deux !). Lieu de rendez-vous des surfeurs et des golfeurs. Apéritif offert à nos lecteurs.

|●| **Le Trou à Vin** (plan A2, **38**) : 15, rue Clemenceau. ☎ 04-95-65-25-41. Ouvert d'avril à octobre. Vin au verre de 15 à 40 F (2,3 à 6,1 €), assiettes de fromage et charcuterie de 40 à 55 F (6,1 à 8,4 €). On choisira si possible une place sur la petite terrasse surélevée, qui permet de voir passer les nombreux badauds de la rue Clemenceau. Formule bien sympa de vin au verre et d'assiettes correctement garnies de fromages ou de charcuteries corses. C'est un des rares bars à vin de l'île, et peut-être même le seul. Bon vent donc à cette jeune adresse, ouverte en l'an 2000.

|●| **Le Plaisance** (plan A2, **39**) : quai Landry. ☎ 04-95-65-13-60. Menu à 98 F (14,9 €). Petite salle et terrasse étroite, ce n'est pas le plus grand restaurant du quai, mais, gentil et discret, il propose une aimable cuisine estivale : pizza ou menu correct avec chèvre chaud et miel du maquis, filet de rascasse, et une assiette de fruits frais et sorbet au melon. Service amène.

|●| **U Fornu** (plan A2, **36**) : impasse Bertoni. ☎ 04-95-65-27-60. D'avril à octobre, ouvert tous les jours midi et soir ; de novembre à mars, ouvert les vendredi soir, samedi soir et dimanche soir. Fermé la deuxième quinzaine de février. Menus à 90 et 130 F (13,7 et 19,8 €). Décor aimable en salle, rustique un peu (vieille faucille au mur), ou terrasse plutôt agréable car en retrait de la rue. Menus très corrects (dans le premier, soupe corse, sauté d'agneau à la mode corse puis pâtisserie maison), et pain maison. À la carte, paella, poisson et plusieurs spécialités autour de l'agneau et du veau du pays. L'hiver, grillades au

CALVI

feu de cheminée, carte uniquement (en fait, une ardoise où sont inscrits les plats du jour).

Un peu plus chic

|●| Le Calellu *(plan A2, 32)* **:** quai Landry. ☎ 04-95-65-22-18. Fermé de novembre à février inclus et le lundi hors saison. Menu à 110 F (16,8 €) ; compter 200 à 240 F (30,5 à 36,6 €) à la carte. Si vous voyez le matin un gars aux tempes grisonnantes en train de harceler les pêcheurs en scooter, c'est le patron François à la recherche des meilleurs poissons frais pour ses clients. Ici on ne rigole pas sur la qualité. Laissez-vous guider par ses conseils : il vous proposera le meilleur de la pêche du jour. Terrasse face aux yachts. Prudent de réserver.

|●| L'Abri Côtier *(plan A2, 31)* **:** quai Landry. ☎ 04-95-65-12-76. Fermé du 1er novembre au 25 mars. Menus à 110 et 180 F (16,8 et 27,4 €). Située à l'étage au-dessus du bar-salon de thé, la grande salle de restaurant domine la terrasse et le port de plaisance. Belle situation donc, et cuisine tout en fraîcheur, notamment pour le poisson, juste grillé à l'huile d'olive, ou les entrées mêlant agrumes et crudités ou préparations au brocciu. Un dosage agréable, inhabituel et frais. Fins desserts également. Service attentif et diligent. Une des tables les plus régulières de Calvi, assurément. Café offert à nos lecteurs.

|●| Le Jardin *(plan A2, 40)* **:** rue Alsace-Lorraine (pl. du Marché). ☎ 04-95-65-08-02. Menus de 98 à 195 F (14,9 à 29,7 €). C'est le restaurant de l'hôtel *Magnolia*. Très agréable patio au cœur de la vieille ville. Fontaine, verdure et... magnolia, bien sûr. Cuisine tout en fraîcheur, savoureuse. Douce atmosphère. Un endroit bien plaisant, retiré de l'agitation touristique, et dont on retrouve l'harmonie dans l'assiette. Tarif honnête.

|●| Ne pas oublier le restaurant de l'*hôtel Casa-Vecchia* (voir « Où dormir ? »), où l'on se régale.

|●| U Ricantu Beach *(hors plan par A2, 35)* **:** chemin du Prisunic. ☎ 04-95-65-02-46. Ouvert de mai à début octobre. Midi et soir de juin à août, midi seulement le reste de la saison. Carte uniquement, compter 150 à 200 F (22 à 30 €). À 2 km à la sortie de Calvi en allant vers le Club olympique. Belle situation sur la plage, la citadelle en face. Des plats d'été très corrects et surtout spécialités de poisson (pêche locale exclusivement, vivier à langoustes), à un prix plutôt abordable. Accueil chaleureux. Entouré de pinèdes.

|●| Le Cyrnos *(plan B2, 37)* **:** quai Landry. ☎ 04-95-65-06-10. Fermé en février, et le mardi hors saison. Menu à 100 F (15,2 €). À la carte, compter 200 F (30,5 €) vin compris. Au fond du port de plaisance, l'un des derniers établissements. Cadre agréable en salle et surtout chouette terrasse sur le port, pour un menu de la mer qui se tient : soupe de poisson, rougets grillés puis honnête dessert du jour.

CALVI

Où prendre un thé en dégustant une pâtisserie ?

▼ A Scola *(plan B1, 56)* **:** 27, Haute-Ville (dans la Citadelle). ☎ 04-95-65-07-09. Ouvert tous les jours en saison, de 10 h 30 à 20 h 30. Fermé en janvier, et de novembre à mi-décembre. Un tout petit et charmant endroit, salon de thé-brocante, où l'on trouve de parfaits gâteaux, des thés et cafés variés. Le midi, également salade et plat du jour cuisiné, et une spécialité de viandes froides avec *chutneys* de fruits frais. Une halte plaisante.

Où manger une glace ?

– **Les Palmiers :** la belle situation sur le port et le grand confort de la terrasse aux fauteuils presque luxueux font déjà de ce bar-glacier un lieu de farniente idéal. Les glaces qu'on y sert, tout à fait correctes et à peine plus chères qu'ailleurs (situation oblige), permettent alors de se régaler dans une décontraction optimale, plus zen tu meurs, en regardant danser les yachts et les voiliers. Le rêve !

Où boire un verre ? Où écouter de la musique ?

🍸 ⦿ **Chez Tao** (plan B1, 55) : dans la citadelle, palais des Évêques. ☎ 04-95-65-00-73. Ouvert de fin juin à fin septembre tous les soirs de 19 h à l'aube. Au resto, compter 180 F (27,4 €). Le nom de *Tao* n'a rien de chinois ou de fantaisiste : c'est celui du père des actuels tenanciers, un Russe qui accompagna le prince Youssoupoff (oui, nous parlons bien du même) dans son exil et tomba amoureux de Calvi et de sa région, qu'il appelait sa « petite Caucase ». Cadre superbe de salles voûtées du XVIe siècle, décorées dans des tons doux et chauds. Ambiance intimiste et piano à queue sur lequel Jacques Higelin (auteur d'une *Ballade de Chez Tao*) vient parfois travailler son doigté. Mais *Chez Tao* on mange aussi, et bien. À la carte uniquement, une cuisine fine à déguster plutôt en terrasse (vue sur la baie de Calvi). Prix honnêtes pour la qualité. En somme, pour un cocktail ou un dîner, une adresse à ne pas manquer.

🍸 **L'Eden Port** (plan A2, 57) : port de Plaisance, quai Landry. ☎ 04-95-60-57-44. Il y a bien sûr une terrasse sur le quai, mais le soir c'est plutôt à l'intérieur que ça se passe. Assez grand espace au design moderne et élégant, c'est un beau piano-bar, parfait pour une soirée chic et décontractée. Bons musicos en principe.

Où dormir ? Où manger dans les environs ?

Gîte d'étape

🛏 ⦿ **L'Auberge de la Forêt :** à Bonifatu, 20214 Calenzana. ☎ 04-95-65-09-98. Fax : 04-95-65-09-98. Prendre vers l'aéroport, le dépasser et continuer tout droit jusqu'à Bonifatu. Ouvert de début avril à fin octobre. Chambre double avec douche à 300 F (45,7 €). En saison, demi-pension obligatoire, 250 F (38,1 €) par personne. Menu à 100 F (15,2 €). En gîte, 70 F (10,7 €) la nuit et 180 F (27,4 €) la demi-pension. Pas de paiement par carte. En pleine nature, dans un fond de vallée cerné de montagnes boisées, voici une bonne adresse discrète et chaleureuse, loin de l'agitation de la côte. Pour dormir, 5 chambres avec douche (toilettes à l'extérieur), propres et mignonnes, ou dortoir (assez exigu). Egalement une aire de bivouac à 40 F (6,1 €) l'emplacement, douche chaude comprise. Au resto, savoureuse cuisine familiale avec la tarte aux herbes, la côte forestière, et du gibier en automne (spécialité de sanglier aux soissons). Café offert à nos lecteurs. Accès au GR320.

Prix moyens

Iei *Le Pain de Sucre :* plage de Sainte-Restitude, 20260 Lumio (par le petit train de Balagne, arrêt « Plage de Sainte-Restitude »). ☎ 04-95-60-79-45. À 5 km de Calvi direction l'Île-Rousse, juste avant de monter sur Lumio, panneau sur la gauche indiquant le resto. Ouvert midi et soir du 15 avril au 15 octobre. Plat du jour dans les 70 F (10,7 €). À la carte, compter 150 F (22,8 €).

Très chouette cadre sur la plage de Sainte-Restitude, anse de quelque 100 ou 200 m. Un petit choix de plats qui changent assez souvent, avec toujours du poisson et des pâtes (spécialité de requin et d'espadon, et raviole d'araignée extra). C'est assez finement cuisiné et finalement pas si cher. Ambiance relax. Une adresse connue des Calvais.

Où acheter de bons produits du terroir ?

⌂ Chez Annie : on parle déjà de ce traiteur (cette traiteuse ?) à la rubrique « Où manger ? ». Si Annie et sa fille préparent de bons plats cuisinés, elles proposent aussi une sélection de produits corses bien fournie, à prix corrects.

⌂ *A Loghja :* 3, rue Clemenceau (centre-ville). ☎ 04-95-65-39-93. Ouvert en saison. Bonne sélection et bons conseils également. Assez cher toutefois, mais la qualité a un prix.

À voir

LA CITADELLE

Sur un promontoire rocheux dominant la ville et la baie de Calvi. Y monter de préférence à pied tôt le matin, avant les heures chaudes (et avant la foule) ou alors en fin d'après-midi (la lumière est plus belle sur la mer et la Balagne). Commencée vers le XIIe siècle, la citadelle a été solidement fortifiée par l'Office de Saint-Georges, puissante banque d'affaires affiliée à la république de Gênes qui établit ainsi sa mainmise sur l'île. Symbole de six siècles de domination génoise.

– *Visites pour individuels avec audiosystème :* se renseigner à l'office de tourisme. Muni d'un baladeur (bande-son en français, anglais, allemand ou italien, 35 F, soit 5,3 €) on visite la citadelle au fil des commentaires enregistrés. Se munir en sus du *Guide Calvi-Loisir* (avec itinéraire) édité par l'office du tourisme, et qui commente l'histoire et le patrimoine calvais.
– *Visites guidées pour groupes :* se renseigner à l'office du tourisme. 25 F (3,8 €) par personne. La seule manière de découvrir l'intérieur de l'oratoire de Saint-Antoine. Réservé aux groupes ; cependant, s'il y a de la place, possibilité d'intégrer un groupe en s'adressant au bureau d'accueil ou à l'office du tourisme (demander Marie-France).

★ *Le palais des Gouverneurs :* fortifié en 1483 et 1492. Abrite aujourd'hui la caserne Sampiero, et plus précisément le mess des officiers : garrrde à vous !

★ *L'oratoire de Saint-Antoine :* en face, dans la petite rue Saint-Antoine. Construit en 1510, il abrite maintenant un musée d'Art sacré. En réfection depuis 1998, on ne sait pour combien de temps encore.

★ *La cathédrale Saint-Jean-Baptiste :* du XIIIᵉ siècle, restaurée vers 1570. Elle abrite de belles œuvres d'art : les fonts baptismaux et le maître-autel en marbre polychrome, le triptyque dans l'abside (XVᵉ siècle), et le Christ des Miracles (autel à droite du chœur) qui aurait tellement impressionné les Turcs en 1555 qu'ils levèrent le siège de la ville. Bien joué, z'étaient trop méchants ceux-là...

★ *La maison dite de Christophe Colomb :* dans la partie nord de la citadelle, un coin sympa pour vagabonder sous le ciel bleu. Tiens, qu'est-ce qu'il fait ici celui-là ? On le croyait natif de Gênes. Et voilà que des érudits corses ont décidé de réfuter cette thèse communément admise. Mais jusqu'à présent, ils n'ont apporté aucune preuve irréfutable, seulement des indices comme le fait qu'il aurait donné un nom corse (Toninas) à d'inconnus poissons des Caraïbes ou bien qu'il aurait embarqué sur ses navires des chiens et des chevaux corses (et pourquoi pas des vaches, des cochons, des poules et du brocciu ?...). Manque la pièce maîtresse, l'acte de naissance de Colomb – que le Vatican possèderait et refuserait de communiquer, attitude suspecte aux yeux des partisans d'un Colomb corse : ne voudrait-on pas protéger ainsi la thèse officielle du Colomb génois ? C'est que l'enjeu est grand, Christophe Colomb est un fameux héros, un mythe, et donc un énorme symbole national ; et le reconnaître corse serait un peu, pour les Italiens, comme pour les Français perdre un Pasteur ou un Louis Blériot, voire une Jeanne d'Arc. Par pitié, non ! En attendant, de ce beau balcon méditerranéen, on peut toujours rêver aux Amériques...

EN VILLE

★ Chouette promenade par les quelques *petites rues et placettes* séparant les quais du boulevard Wilson. Beaucoup de commerces sans doute, et parmi ceux-ci des attrape-touristes, mais on flâne quand même agréablement. Un arrêt à l'*église baroque Sainte-Marie-Majeure* : à l'intérieur atmosphère de grande piété et curieuse statue de *sainte Thérèse de l'Enfant Jésus*, sous verre, gisante...

★ *Le Centre d'Ethnographie et de Recherche métallurgique :* au fort de Mozzello (à côté du cimetière, à 300 m de la mairie). Ouvert de 10 h à 12 h et de 15 h à 18 h. Fermé les dimanche et jours fériés, et un mois en hiver. ☎ 04-95-65-32-54. Tout récemment installé à l'entrée de ce fort longtemps délaissé (attention, il ne s'agit pas de la citadelle, mais d'un fort du XIXᵉ siècle, moins important et dominant la ville, au niveau de la gare SNCF par exemple), le CERM regroupe des artisans des métiers de la fonte et du feu : ateliers de coutellerie traditionnelle et d'art, fonderie de bronze, ferronnerie, gravure... Démonstration et expo-vente.

À faire

– *Promenades en mer :* en vedette jusqu'à la réserve naturelle de Scandola, les golfes de Girolata et de Porto. Superbe balade d'une journée. *Colombo Line-Croisières :* sur le port, en face de l'agence *Tramar*. ☎ 04-95-65-03-40.

Plongée sous-marine

Dans le petit monde de la plongée, Calvi est surtout connue pour son épave majestueuse : un énorme *bombardier américain B-17*, posé sur le sable clair – *must* incontournable de la plongée corse –, pour plongeurs confirmés.

Mais il n'y a pas que cela! Les fonds sauvages et découpés à l'ouest de la ville offrent des plongées inoubliables en eaux limpides. Sites exposés.

Où plonger?

■ *École de Plongée Internationale de Calvi :* sur le port. ☎ 04-95-65-43-90. ● www.epic-corse.com ● Ouvert toute l'année, et tous les jours de Pâques à mi-novembre.Sur les trois navires rapides du club (FFESSM, ANMP, PADI), vous gagnerez en un temps record les plus beaux spots du coin. Gérard Lanzalavi – le patron sympa – et son équipe de moniteurs d'État et fédéraux assurent baptêmes, formations jusqu'au monitorat (MF1) et brevets PADI, tout en encadrant des balades riches en curiosités. Équipements complets fournis. Stages enfants (une spécialité ici!) à partir de 8 ans, Nitrox (plongée au mélange) et initiation à la biologie marine. Forfaits dégressifs pour 5 et 10 plongées. Réservation obligatoire.

■ *Calvi Castille :* sur le port. ☎ 04-95-65-14-05 ou 06-07-89-77-63. ● plongée.castille@wanadoo.fr ● Ouvert toute l'année. Plongée à la carte et en petit comité (15 personnes maxi) dans ce club (FFESSM, SNMP, PADI) basé à bord d'un joli catamaran océanographique. Baptêmes, formations jusqu'au niveau III et brevets PADI, sans compter les belles explorations; telles sont les prestations que proposent Gérard Perquy – le proprio

ingénieur-baroudeur – et ses moniteurs d'État et fédéraux. Stages enfants (dès 8 ans). Équipements complets fournis. Forfait dégressif pour 6 et 10 plongées. Réservation obligatoire.

■ *Calvi Citadelle :* sur le port, face à la capitainerie. ☎ 04-95-65-33-67. Ouvert de mai à octobre. Le centre (FFESSM, SNMP, PADI) achemine ses plongeurs sur trois navires, dont un joli petit caboteur en bois. Encadré par des moniteurs d'État et fédéraux, vous partez à l'aventure sous-marine : baptême, formations jusqu'au niveau III et brevets PADI, sans oublier les explorations sensationnelles. Équipements complets fournis. Stages enfants. Forfaits dégressifs pour 5 et 10 plongées. Réservation obligatoire.

■ *Stareso :* BP 33, 20260 Calvi. ☎ 04-95-65-06-18. ● www.stareso. com ● Centre de recherche océanographique ouvert au grand public pour des stages de formation à la plongée et d'initiation à la biologie marine (tous niveaux admis). Également des stages pour étudiants. Diverses formules tout compris, hébergement (du collectif au 3 étoiles), resto, plongée et cours... très sérieux et bien menés. Réservation téléphonique impérative.

Nos meilleurs spots

⚓ *Le Bombardier B-17 :* à partir du Niveau II. Au pied de la citadelle, c'est la plongée incontournable de Calvi. Sombré en 1944 lors d'un amerrissage en catastrophe, l'énorme quadrimoteur a gardé sa silhouette majestueuse. Par 30 m de fond, quelques éponges colorées ont investi fuselage et cockpit, alors que de petites langoustes craintives se cachent dans les moteurs. Parfois des congres sous les ailes intactes. Coup d'œil superbe, mais peu de poissons. Niveau II.

⚓ *La pointe de la Revellata :* pour plongeurs de tous niveaux. Un ensemble rocheux accidenté, à la limite de la fameuse réserve. De 12 à 35 m environ, enchaînement séduisant de failles, tombants, voûtes, éboulis, canyons et promontoires couverts de gorgones violettes et d'anémones jaunes, que survolent castagnoles, mostelles, dentis et mérous dans un grand ballet majestueux. De bonnes surprises dans les fractures (murènes et langoustes de belles tailles) et, ça et là, de précieuses branches de corail rouge (pas touche!). Exposé aux courants. Niveau I.

⚓ *La Bibliothèque :* pour les plongeurs débutants (Niveau I et plus). Entre 0 et 30 m, glissez entre des rochers ressemblant à des rangées de bouquins, taillés dans le roc! Ici, congres, murènes, rascasses et poulpes montrent – à chaque plongée – la même soif de culture! De belles couleurs. Niveau I.

Fêtes et animations

– ***Festival des 3 Cultures :*** 3 jours fin mai. La gastronomie, l'artisanat et le chant de trois régions françaises différentes (par exemple Saint-Jean-de-Luz, Collioure, Calvi) réunies dans un esprit de fête plus que de compétition.
– ***Rencontres d'art contemporain :*** de mi-juin à mi-septembre, les œuvres de peintres corses et continentaux sont exposées à la citadelle, dans les salles situées sous le porche d'entrée.
– ***Festival de jazz :*** la 3e semaine de juin. ☎ 04-95-65-16-67. Les musiciens invités ne sont pas payés, ils viennent pour le plaisir de jouer ensemble... et en Corse.
– ***Rencontres polyphoniques :*** mi-septembre. Festival international réunissant choristes et solistes de Corse et d'ailleurs. Durant quatre jours, chœurs de Géorgie, chants bretons et polyphonies corses se renvoient la balle. Une réussite. Le groupe *A Fileta*, très impliqué dans l'organisation des rencontres, s'y produit chaque année : très bon !
– ***Festival du Vent (Festiventu) :*** dernière semaine d'octobre-début novembre. ☎ 04-95-65-16-67 ou 01-53-20-93-00. Cerfs-volants en liberté, concours d'aéromodélisme et spectacles divers (concerts, théâtre...) autour du thème de l'envol, et conférences scientifiques où sont présentées des idées et des choses un peu folles : maison gonflable (c'est gonflé !), « bulle » dans laquelle on entre pour courir sur l'eau, etc. Original et plaisant.
– ***La Semaine sainte :*** à l'occasion des fêtes de Pâques. Procession pieuse et très populaire, comme nombre de manifestations religieuses en Corse.

Dans les environs de Calvi

★ ***Les villages de Balagne :*** nous consacrons un chapitre spécial à ce merveilleux morceau de Corse (voir plus haut).

★ ***Calenzana :*** village de Balagne le plus proche de Calvi (12 km au sud-ouest), et traité dans ce guide juste après Calvi (voir plus loin). C'est le départ (ou l'arrivée) du GR20 et d'un sentier Mare et Monti. Nous n'avons pas intégré Calenzana dans notre circuit des villages de Balagne, car il est assez excentré par rapport aux autres villages balanins. Toutefois, de Calenzana *via* la D151 et Zilia, on rejoint ensuite Cateri par une route très agréable. Puis, si l'on veut, Pigna, Feliceto, etc.

★ ***La pointe de la Revellata :*** à 6,5 km de Calvi par la route de Porto. À 1,5 km à droite, une piste permet de gagner à pied l'extrémité de la presqu'île. Très beau site.

★ ***La chapelle de la Madonna di a Serra :*** à 6 km au sud-ouest de Calvi par la route de Porto (D81). Après 4 km, une route qui monte à gauche mène à cette chapelle (XIXe siècle) d'où l'on a une vue épou... épou... époustouflante sur le golfe de Calvi et les montagnes de la Balagne. Dommage qu'il faille passer près des poubelles à ciel ouvert de Calvi pour atteindre ce site...

★ ***Balade panoramique au-dessus de Calvi :*** une chouette promenade pour son panorama admirable sur la baie de Calvi et la pointe de Spano. Elle part du village même de Lumio ou bien de l'entrée du camping *Panoramic*, sur la route de Lavatoggio. Elle mène au village ruiné d'Occi dont on admirera les vestiges de l'église et les échafaudages de pierres, et d'anciennes maisons aux équilibres miraculeux; le village s'est éteint par manque d'eau comme dans *Manon des Sources,* mais aucune histoire d'amour n'a fait rejaillir ici ce précieux liquide, et les habitants sont tous partis...

Compter 1 h 30 aller et retour pour cette promenade familiale; doubler cette durée si l'on monte au sommet voisin du *capu d'Occi* (vue encore plus splendide). Accès balisé au départ d'Occi, avec possibilité de boucle en redescendant par derrière.

★ ***Petites randonnées sur la commune de Calvi :*** six sentiers perrmettent de découvrir les environs naturels de Calvi, littoral ou arrière-pays, en des balades pas trop exténuantes. L'office de tourisme met en vente deux topoguides les concernant.

Randonnée dans le cirque de Bonifato

Le *cirque de Bonifato* est, avec le massif de Bavella, le plus bel ensemble d'aiguilles de toute la Corse, un espace minéral grandiose teinté par le rose du granit et par l'obstination des pins laricio à accrocher leur verdure dans les recoins escarpés les plus improbables.

Le GR20 traverse le cirque de Bonifato. Mais on peut aussi y accéder à partir du parking de *L'Auberge de la Forêt* (voir « Où dormir? Où manger dans les environs de Calvi? »). On indiquait auparavant assez précisément l'itinéraire à suivre depuis ce parking (payant). Mais *de nombreux accidents* – dont certains mortels – nous ont commandé la prudence, et de vous avertir avant toute chose des dangers de cette rando, facile pour certains, ardue pour d'autres. Par ailleurs, une foule considérable de touristes envahit le site en été (qui est sans doute un des plus fréquentés de Corse), ce qui en gâche un peu le charme. Raison supplémentaire à notre sens pour ne pas trop recommander cette rando. Aussi, si vraiment ça vous tente et que vous voulez en savoir plus, le mieux est de vous informer auprès de l'office du tourisme de Calvi ou de la Maison du parc à Ajaccio : on vous dira là si la météo est bonne (orages, risques d'incendie, etc.) et vous pourrez y trouver un topoguide.

Randonnée pédestre Mare e Monti

De Calenzana partent les deux plus glorieux sentiers de randonnée de Corse : le GR20 et le Mare e Monti qui rejoint Cargèse.

Le sentier est balisé en orange. Il est divisé en dix étapes de 4 h à 8 h.

Si vous avez le temps, faites les 5 h de marche et passez la nuit à ***Bonifatu***, à *L'Auberge de la Forêt* (☎ 04-95-65-09-98). Voir « Où dormir dans les environs de Calvi? ».

Sortir de Calenzana par le sud-est jusqu'à la fontaine d'Ortiventi. À environ 100 m de la fontaine, on quitte l'itinéraire commun avec le GR20 pour se diriger à l'ouest vers le col de *bocca a u Corsu.* **Tuarelli** (*gîte L'Alzelli :* ☎ 04-95-62-01-75, voir « Où dormir à Galéria? »); **Galéria** (*Étape Marine :* ☎ 04-95-62-00-46); un nouveau gîte, *Le Cormoran Voyageur* (☎ 04-95-20-15-55), à **Girolata**; **Curzu** (étape assez fatigante; ☎ 04-95-27-31-70); **Serriera** (où la réservation du gîte est obligatoire : *U me Mulinu,* ☎ 04-95-26-10-67); **Ota** (gîte et restaurant *Chez Félix,* ☎ 04-95-26-12-92); **Marignana** (en passant par Évisa); **Revinda**, site fabuleux, accueil sympa (le gîte se trouve dans le hameau E Case, à 1 km et 15 mn de marche de Revinda, ☎ 06-08-16-94-90); puis **Cargèse** (voir cette ville), où l'*hôtel Saint-Jean* accueille les randonneurs (☎ 04-95-26-46-68).

Quitter Calvi

En bateau

– *Pour Nice :* vous pouvez emprunter les NGV (navires à grande vitesse) de la *SNCM* et de *Corsica Ferries* (voir plus haut, « Adresses utiles »), si le temps le permet, pour des liaisons Nice-Calvi (2 h 45). *Corsica Ferries* assure aussi des liaisons en ferry, plus longues (5 h 15) mais moins aléatoires.

En train

Prendre les billets à la gare. Navette toutes les heures en été entre Calvi et L'Île-Rousse, sauf le dimanche. Très bon service.
– *Pour Ajaccio :* 2 trains par jour, avec changement à Ponte-Leccia. Durée : 4 h 30.
– *Pour Bastia :* 2 trains par jour. Compter 3 h.

En bus

Prestations et services très moyens, en général.
– *Pour Calenzana :* point de départ du GR20. En été uniquement, de Calvi, 2 bus par jour dans l'après-midi, sauf dimanche et jours fériés. Hors saison, emprunter les bus scolaires (se renseigner à l'agence *Beaux Voyages*).
– *Pour Bastia :* 1 bus par jour, à 6 h 45, sauf dimanche et jours fériés. Un peu plus de 2 h 30 de route.
– *Pour Ajaccio :* prendre le bus pour Bastia (voir ci-dessus), puis changement à Ponte-Leccia.
– *Pour Porto :* 1 bus par jour en été, à 15 h 30, sauf dimanche et jours fériés. 3 h de voyage, par les autocars *SAIB*. ☎ 04-95-22-41-99. Départ au bout du port de plaisance.
– *Pour Galéria :* 1 bus par jour quand il y a suffisamment de monde, en milieu d'après-midi. Agence *Beaux Voyages*. ☎ 04-95-65-11-35.

En avion

– Aucun bus pour aller à l'aéroport ou pour en venir. Taxis seulement : *Taxis de Calvi*, ☎ 04-95-65-03-10. Compter 100 F (15,2 €).
– Vols réguliers pour Nice, Marseille et Paris avec *Air France*.
– Vols pour Nice et Marseille avec *Air Liberté* et *Air Littoral*.

CALVI

CALENZANA (20214) 1 740 hab.

D'après Ian Fleming, auteur bien connu de romans d'espionnage, « le petit village de Calenzana, en Balagne, se vantait d'avoir produit plus de gangsters qu'aucun autre village corse, et d'être, en conséquence, devenu l'un des plus prospères ». La puissante famille Guérini, qui eut pendant longtemps la haute main sur le milieu marseillais (années 1930-1940), était originaire de Calenzana.
Bon, aujourd'hui, la page est tournée et le village, point de départ du GR20 et d'un sentier Mare e Monti, vit au rythme très paisible des randonneurs sac au dos... Il faut prendre la peine d'y déambuler un peu : ruelles et maisons typiques ne se devinent pas si l'on ne fait que le traverser par la rue principale. Quelques artisans aussi proposent des produits de qualité (gâteaux, charcuterie). En plein centre, l'église Saint-Blaise est un bel édifice baroque (1691-1707).

Adresse utile

🏠 *Point info du Parc :* à l'hôtel de ville. ☎ 04-95-62-87-78. Petit bureau saisonnier pour s'informer sur le parc naturel, prévisions météo et conseils divers. Également vente de produits locaux.

Où dormir ? Où manger à Calenzana et dans les environs ?

– Voir aussi le camping et l'*Auberge de la Forêt* à Bonifato, sur la commune de Calenzana mais dont nous parlons à Calvi, rubrique « Où dormir ? Où manger dans les environs ? ». De Calenzana, on y accède par la route de Moncale (D51).

Camping et gîte d'étape

🛏 *Gîte d'étape municipal :* à Calenzana (20214). En arrivant, sur la gauche. ☎ 04-95-62-77-13. Nuitée à 60 F (9,1 €) ; petit déjeuner à 30 F (4,6 €). Un gîte bien pratique puisque situé au départ du GR20 et du Mare e Monti. Dortoirs de 8 lits superposés et petit espace camping.

Bon marché à prix moyens

🍴 *Bar-restaurant GR20 Bodega :* 20124 Calenzana. ☎ 04-95-62-88-04. Dans le village, sur droite de la rue principale quand on vient de Calvi. Menus à 80 et 150 F (12,2 et 22,8 €). Un petit bar-restaurant avec terrasse où les jeunes qui le tiennent organisent des soirées thématiques (salsa, années 70, etc.) histoire de faire la nouba. Fait aussi restaurant.

🍴 *Restaurant Le Calenzana, Chez Michel :* 7, cours Saint-Blaise, 20214 Calenzana. ☎ 04-95-62-70-25. Fermé en janvier, et le lundi hors saison. Encore une bonne adresse. Agneau de lait corse grillé au feu de bois, ragoût de sanglier, soufflé au brocciu : Nathalie et Michel concoctent une cuisine fine et soignée. Par ailleurs, bonnes pizzas au feu de bois. Un bon plan avant les régimes ascétiques du GR20 ou du Mare e Monti. Digestif offert à nos lecteurs.

🍴 *Auberge de Calia :* à Cassano, à 7 km au nord-est de Calenzana direction Cateri (D151). ☎ 04-95-62-81-20. En principe, menu à 120 F (18,3 €). Ouvert tous les jours en saison ; hors saison, le vendredi soir, le samedi soir et le dimanche midi et soir. Dans un ancien moulin bien restauré – voir la meule et une partie de la machinerie, exposés en salle et en terrasse. Du neuf avec du vieux donc, et une belle situation à l'entrée du village, vue sur la vallée. Le jeune patron de ce tout nouveau restaurant se propose de servir une cuisine corse traditionnelle (à l'huile d'olive). Charcuterie et crudités du pays, gibier en saison, beignets, *storzapretti...*

Plus chic

🛏 🍴 *Ferme-auberge A Flatta :* à Calenzana. ☎ 04-95-62-80-38. Fax : 04-95-62-86-30. ● Auberge.AFLAT TA@wanadoo.fr ● Aller à Calenzana, puis suivre les panneaux indiquant l'auberge depuis le village. L'auberge est isolée à 3 km de là. Fermé de janvier à Pâques ; hors saison, restaurant ouvert uniquement le week-end. Chambre double de 500 à 600 F (76,2 à 91,5 €). Demi-pension à 150 F (22,9 €) supplémentaire par personne. Menu aux alentours de 120 F (18,3 €). Dans un vallon superbe, en contrebas de monts abrupts et de la forêt de la Flatta, avec panorama somptueux sur la côte, l'un des plus beaux de Corse, une maison de construction récente, à la salle à manger assez quelconque mais chouette terrasse. Plats corses. Cuisine malheureusement un peu inégale. Disons que le niveau peut faiblir en haute saison, mais reste correct. Dispose également de 5 chambres, chères mais de grand confort. 10 % de remise sur le prix de la chambre à nos lecteurs, sauf en saison (20 juin-10 septembre).

Produits corses

ᕟ *L'Atelier du Village :* dans le village. ☎ 04-95-62-75-83. À 200 m de la place de l'hôtel de ville : de la mairie, prendre la rue qui monte dans le vieux village, puis à droite au bout, c'est un plus loin sur la gauche. Une boutique proposant confitures et sirops d'orgeat, ainsi que des gâteaux aux amandes *(amaretti, crucante)*.

ᕟ *E Fritelle :* rue U Chiasu Longu (petite rue sur la droite en venant de Calvi, à l'angle de la *maison des Amis de Sainte-Restitude).* ☎ 04-95-62-78-17. L'été, ouvert de 6 h à 14 h et de 15 h à 18 h ; beignets chauds de 8 h à 12 h. Une petite pâtisserie corse bien connue dans la région pour ses beignets chauds et ses gâteaux secs à base de farine de châtaigne.

Fête et manifestation

– *Fête de Sainte Restitude :* le 21 mai à Calenzana. Deux processions très importantes et pour finir une grande *mirandella* (pique-nique géant). Très convivial. Environ 3 000 personnes chaque année.

– *La foire de l'Olivier (a fiera di l'Alivu) de Montegrosso :* à Montegrosso, village situé à 12 km de Calvi, direction L'Île-Rousse puis Calenzana et première à gauche vers Montegrosso. Vers la mi-juillet. L'olive de Balagne dignement honorée pendant 2 jours. Une centaine d'artisans, animations enfants, spectacles et concerts en soirée, etc. Et l'occasion d'acheter de l'huile d'olive extra.

À voir dans les environs

★ *La chapelle Sainte-Restitude :* sur la route de Zilia, à 1 km à gauche. Dans la crypte, sous le chœur, un étonnant sarcophage en marbre blanc (mis au jour en 1951 !) renferme les restes de sainte Restitude, suppliciée dans l'Antiquité. Pièce unique, il daterait du IVe siècle de notre ère et porte le beau monogramme du Christ et des dauphins, symboles d'immortalité. Pour visiter la chapelle, demander les clefs au bureau de tabac du village dans la rue en biais partant de l'église Saint-Blaise, dans le centre de Calenzana. Ne pas confondre avec le bar-tabac juste à côté de l'église.

★ *La route de Calenzana à Cateri (vers les villages de Balagne) :* après avoir croisé la chapelle Sainte-Restitude, la D151 s'élève vers *Zilia*, village connu pour son eau de source, embouteillée ici et largement distribuée sur l'île. Le village est typique. Plus loin, il faut quitter la départementale pour entrer dans le pittoresque village de *Cassano*, sur la gauche. On accède à la place de l'église en passant sous une arche basse. Il y a là, bien sûr, des anciens assis à l'ombre, et un bar. En continuant vers *Cateri*, on rejoint l'itinéraire des villages de Balagne décrit précédemment. Cette portion de route offre de larges panoramas sur la côte. Splendide.

LA CÔTE OUEST
(entre Calvi et Ajaccio)

Un secteur parmi les plus spectaculaires de Corse, avec d'abord la paisible Galéria, comme alanguie, puis le fort contraste des *calanche* de Piana, pics rouge sombre surgis des flots, et tout découpés, sculptés de formes fantastiques... L'arrière-pays vers Évisa est magnifique aussi, aux abords de la forêt d'Aïtone. Mais attention, la route côtière est proprement dangereuse, inquiétante en tout cas, très étroite, tournante et à flanc de falaise – on se fait des frayeurs, surtout dans le sens nord-sud, où l'on roule côté précipice. Donc allez-y doucement et attention dans les virages, cornez si nécessaire pour vous signaler, pouêêêêêt, c'est moi que v'là ! L'itinéraire se termine tranquillement, avec un relief plus doux et les belles plages de Cargèse à Tiuccia.

GALÉRIA / GALERIA (20245)   310 hab.

À l'exception du « vieux village » qui se concentre autour de l'église à flanc de colline, Galéria ne présente guère d'unité, maisons et villas plus ou moins récentes occupant le site de manière éclatée. En bas, une plage qui s'achève au pied de la tour génoise. Même au plein cœur de l'été, c'est une des places les plus tranquilles de Corse. Il faut dire qu'on est vraiment loin de tout.
On est ici dans le parc régional, à deux pas de la réserve naturelle de la Scandola, accessible seulement par la mer et qui sert de refuge à des milliers d'oiseaux marins. De temps en temps, on a la chance d'apercevoir l'un des derniers phoques de la Méditerranée. Ou serait-ce une sirène ?

Adresse utile

◘ *Syndicat d'initiative :* maison (en fait, une cabane de chantier) *A Torra,* à l'embranchement Porto-Calvi, à 4 km du centre. ☎ 04-95-62-02-27. Ouvert de juin à septembre, de 9 h 30 à 12 h et de 17 h à 20 h. Fermé dimanche et jours fériés.

Où dormir ? Où manger dans le coin ?

– *Camping-cars :* les camping-caristes seront contents d'apprendre qu'à l'entrée de Galéria un parking leur est destiné (et aux voitures aussi) payant de 20 h à 8 h (70 F, soit 10,7 €). Ni eau ni électricité. Ça fait chérot !

Camping et gîte d'étape

▲ *Camping-caravaning Les Deux Torrents :* domaine de Vaitella, à 5 km de Galéria et de la mer, sur la route D81 (route de Calvi par l'intérieur). ☎ 04-95-62-00-67. Fax : 04-95-62-03-32. Ouvert de mai à septembre. Compter 80 F (12,2 €) pour deux, tente et voiture comprises. Torrents à sec mais camping ombragé. Moyennement bien entretenu.

🛏 📵 *Gîte L'Alzelli :* à Tuarelli.

☎ 04-95-62-01-75. Ouvert d'avril à octobre. Nuitée à 60 F (9,1 €). Demi-pension à 185 F (28,2 €) par personne. Menu à 120 F (18,3 €). 3 dortoirs de 8 lits en bordure du Fango. Sanitaires assez sommaires. Fait aussi pizzeria et dispose d'un petit espace camping.

Prix moyens

🛏 *La Martinella :* à 100 m de la plage du village, sur la route conduisant à la tour génoise. ☎ 04-95-62-00-44. ♿ Ouvert de mars à octobre. Chambre double avec bains et w.-c. de 200 à 270 F (30,5 à 41,2 €) selon la saison. Dans une grande maison avec jardin, Mme Corteggiani propose 5 chambres spacieuses et propres, toutes côté mer, avec réfrigérateur (pratique !), assez bon marché vu la situation. Balcon ou terrasse sur jardins individuels pour siroter l'apéro ou jouer à la belote.

🛏 📵 *L'Auberge :* au centre du village, face à l'église. ☎ 04-95-62-00-15. Fermé le mercredi hors saison, et congés annuels du 15 décembre au 15 janvier. Chambre double avec douche de 200 à 300 F (30,5 à 45,7 €). Menu à 85 F (13 €) servi jusqu'à 21 h en saison, et menu à 130 F (19,8 €). Les chambres, simples et modestes, ne sont pas très chères. Demi-pension possible, 100 F (15,2 €) par personne en plus de la chambre. Au restaurant, des menus qui se laissent manger (le premier en tout cas, qu'on a testé). Bon accueil de Sandrine. Bref, une petite adresse sympa.

🛏 📵 *Hôtel-restaurant Le Fango :* à Fango, 20245 Galéria. ☎ 04-95-62-01-92. À 6 km à l'est de Galéria, au carrefour des routes de Porto et de Manso (D351). Chambre double avec douche et w.-c. à 300 F (45,7 €). Demi-pension à 520 F (79,3 €) pour deux. Petite carte et plat du jour dans les 70 F (10,7 €). Un établissement simple, propre et tranquille, parfait pour une étape relax. Bonne et généreuse cuisine de

la patronne. On ne pensait pas finir l'imposante assiette de lasagnes, mais ils étaient si bons qu'on s'est tout goinfré. Accueil naturel et souriant.

🛏 *Hôtel A Farera, chez Zézé :* à Fango, 20245 Galéria. ☎ 04-95-62-01-87. ♿ À 6 km à l'est de Galéria, au carrefour des routes de Porto et de Manso (D351). Ouvert en saison et pendant les fêtes. Chambre double avec douche ou bains et w.-c. de 220 à 300 F (33,5 à 45,7 €) selon la saison. Petit hôtel de campagne dont les chambres ouvrent sur un vallon et sur le maquis. Très calme.

🛏 *Hôtel Cinque Arcate :* à 4 km à l'est de Galéria, au carrefour des Cinque Arcate (routes pour Calvi ou Porto). ☎ 04-95-62-02-54. Fax : 04-95-62-02-54. Ouvert de mai à septembre. De 200 à 300 F (30,5 à 45,7 €) selon la saison. Chambres avec bains et w.-c. privés, quelconques mais spacieuses. Bon accueil. On peut aussi s'y approvisionner : le patron produit une très bonne charcuterie artisanale de porc fermier, sans additif, qu'on peut acheter à l'hôtel.

📵 *Restaurant Ponte Vecchiu :* à 8 km de Galéria, sur la route de Manso au niveau du pont génois sur le Fango. ☎ 04-95-62-00-66. Ouvert de mai à septembre. Pizzas dans les 50 F (7,6 €) ; menus à 95 et 120 F (14,5 et 18,3 €). Dans une maison de construction récente, avec terrasse, un saisonnier qui propose une cuisine corse traditionnelle, et des pizzas. Au second menu, bonne charcuterie fermière.

À faire

– *Plages :* deux plages de gravier gris. La plus belle est la plage de la Tour, à 10 mn à pied.

Randonnée pédestre

Galéria est une étape sur le très beau sentier Mare e Monti (Mer et Montagne) qui relie Calenzana (environs de Calvi) à Cargèse en 10 jours (il existe un topoguide édité par le parc naturel régional).
De Galéria, en 6 h de marche, on peut rejoindre Girolata par un tronçon (superbe) de cet itinéraire (balisé en orange). Pour le retour, compter 6 h 30 de marche. Une balade de 2 jours, donc, avec une nuit à Girolata. Il y a un gîte à Girolata ; voir infos dans la rubrique « Randonnée pédestre Mare e Monti » au chapitre « Calvi ».

Dans les environs

★ *La vallée du Fango (ou Fangu) :* du hameau de Fango (Fangu), à 6 km à l'est de Galéria, jusqu'au village reculé de Barghiana, la D351 longe le torrent de Fango, en le surplombant. Très chouette promenade de 11 km dans le Filosorma, région particulièrement belle et mal connue. La forêt du Fango, la plus vaste forêt de chênes verts en Corse (et même d'Europe !), couvre les pentes des montagnes tandis que la rivière décrit des piscines naturelles en porphyre rouge dans lesquelles c'est un régal de se baigner en été aux heures chaudes.
Un tronçon du sentier Mare e Monti (balisé en orange) longe la rivière du gîte de Tuarelli (voir « Où dormir ? ») au Ponte Vechju (sur la D351). Durée de cette belle promenade : 1 h 30 (aller seulement).

Quitter Galéria

– *En bus :* l'été, 2 liaisons par jour Galéria-Calvi. L'un au départ de l'église à 16 h ; l'autre à 10 h 20 au pont des Cinque-Arcate, à 4 km de Galéria, sur la route principale, face au syndicat d'initiative.

PORTO / PORTU (20150, commune d'Ota)

Symbole bien connu de l'endroit, une tour génoise usée par les ans, mais fidèle au poste, telle un point sur le « i » d'un gros rocher battu par les vagues. À côté, une plage de galets belle et grise, au fond d'un golfe extraordinaire taillé à grands coups de hache dans les flancs d'une montagne. À l'horizon, le bleu infini. On accourt de partout pour admirer ici l'un des plus beaux couchers de soleil de Méditerranée... Le site est universellement connu depuis que l'Unesco l'a inscrit sur la liste du patrimoine mondial de l'humanité.
Malheureusement Porto semble victime de son succès. Ce petit village, envahi en été, a perdu de son charme... malgré son cadre de rêve. Avait-on besoin d'y construire parkings, terre-plein bétonné et autant d'hôtels disgracieux ? On en compte plus de 30 étalés au pied de la vieille tour ! Pour satisfaire les exigences immobilières, on a même sacrifié de vénérables

allées d'eucalyptus... Dommage, mieux développée, la station aurait pu rester idyllique. D'autant plus que l'endroit constitue une base de départ idéale pour visiter une côte et un arrière-pays fabuleux.

Attention, les plages de galets du secteur de Porto (comme celle de Bussaglia) sont très dangereuses quand il y a des rouleaux. À Porto, la baignade – surveillée – est d'ailleurs interdite alors (et les amendes tombent sur les inconscients qui s'y risquent quand même). Autre petit renseignement utile : pour envoyer un courrier à Porto (versement d'arrhes pour une réservation d'hôtel par exemple), bien préciser Porto-Ota, sinon il arrive parfois que le courrier arrive à Porto... au Portugal !

Adresses utiles

🛈 *Office du tourisme* (zoom centre) : pl. de la Marine (au bout de la rue des hôtels). ☎ 04-95-26-10-55. Fax : 04-95-26-14-25. En juillet-août, ouvert de 9 h à 19 h ; hors saison de 9 h 12 h et de 14 h à 18 h sauf le week-end.

■ *Bureau d'information du Parc régional :* juste à côté de l'office du tourisme. ☎ 04-95-26-15-14. Ouvert de juin à septembre, de 10 h 30 à 13 h et de 15 h à 19 h. Documentation sur les randonnées.

■ *Minibus et taxi :* Chez Félix, à Ota (5 km à l'est de Porto, voir plus loin), propose un service de minibus et de taxis. ☎ 04-95-26-12-92.

Où dormir ?

Beaucoup d'hôtels-restaurants se disputent le touriste, beaucoup trop en vérité. Et cette rude concurrence produit un rapport qualité-prix globalement intéressant... à condition de bien choisir.

Camping

⛺ *Camping Le Porto* (plan B2, 7) : Porto-village. ☎ 04-95-26-13-67. Fax : 04-95-26-10-79. Accès : petit chemin (fléché) sur la gauche à la sortie du village sur la D81 direction Piana. Ouvert du 15 juin à fin septembre. Autour de 80 F (12,2 €) l'emplacement pour deux avec un véhicule. Joli petit camping installé dans un ancien verger. Emplacements sur de petites terrasses. Les arbres fruitiers sont toujours là et on plante sa tente à l'ombre d'une treille où s'accroche la vigne ou sous un cerisier. Accueil familial et sympa. Accès difficile pour les caravanes : un vrai camping pour campeurs, quoi.

Prix modérés

■ *Hôtel Brise de Mer* (plan zoom B1, 3) : Porto-Marina. ☎ 04-95-26-10-28. Fax : 04-95-26-13-02. Dans la marina, presque en face du bureau d'info du parc. Selon confort et saison, chambre double de 200 à 320 F (30,5 à 48,8 €). Menu à 95 F (14,5 €). Chambres à la déco d'une redoutable sobriété mais d'un bon rapport confort-prix : toutes ont douche ou bains et w.-c. et un balcon agréable, surtout le soir. Demandez-en une avec vue sur la mer et le bois d'eucalyptus. Celles côté rue sont définitivement trop bruyantes en saison. Au restaurant, belle terrasse avec vue sur le golfe et plats et desserts du jour plutôt goûteux. Les menus sont, en revanche, plus banals.

■ |●| *Hôtel-restaurant Le Porto* (plan B2, 9) : route de Calvi. ☎ 04-95-26-11-20. Fax : 04-95-26-13-92. Ouvert du 15 avril au 15 octobre.

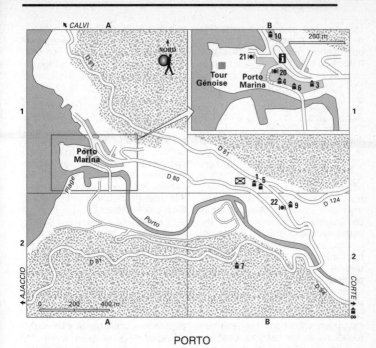

PORTO

■ **Adresses utiles**

ℹ Office du tourisme
✉ Poste

▲ **Où dormir ?**

1 Le Maquis
3 Hôtel Brise de Mer
4 Hôtel Le Belvédère
5 Hôtel Le Colombo

6 Le Romantique
7 Camping le Porto
8 Camping Funtana al Ora
9 Hôtel-restaurant Le Porto
10 Hôtel Subrini

|●| **Où manger ?**

20 La Tour Génoise
21 Le Sud
22 Pizzeria Romulus

Chambre double de 240 à 350 F (36,6 à 53,3 €) ; menus à 100 et 130 F (15,2 et 19,8 €) ; demi-pension (obligatoire en juillet-août) de 560 à 700 F (85,4 à 107 €) selon la période. Un des bons restaurants de Porto. En effet, nous y avons trouvé, par exemple, un filet de canard à l'orange et un filet mignon de veau à la moutarde à l'ancienne tout à fait savoureux. Bon poisson également... Avec ça, vin corse à prix correct. Chambres simples mais assez spacieuses (vraies salles de bains) et bien tenues. Garage pour les deux-roues.

▲ |●| *Le Maquis (plan B1, 1)* : dans le haut de Porto, route d'Ota. ☎ 04-95-26-12-19. Fermé du 15 novembre au 15 décembre et du 5 janvier au 15 février. Chambre double avec lavabo ou bains-w.-c. de 210 à 300 F (32 à 45,8 €) selon confort. Demi-pension de 500 à 600 F (76,2 à 91 €), obligatoire en août. Menus à 90 et 150 F (13,7 à 22,8 €). Chambres assez simples, un peu bruyantes pour certaines (à cause du resto). Attention : assurez-vous que votre réservation a bien été enregistrée. Vue sur le jardin en espalier. Au resto, une bien bonne cuisine familiale assez élaborée : tartelettes de scampis et aubergines gratinées au fromage frais, pagre grillé aux herbes du maquis, brochette de mé-

rou aux fruits de mer au safran... Nos lecteurs sont en général satisfaits. Pas de vin en pichet. Bon petit déjeuner.

Un peu plus chic

🢓 *Hôtel Le Colombo (plan B1, 5)* : Porto-village. ☎ 04-95-26-10-14. Fax : 04-95-26-19-90. ● le.colombo @wanadoo.fr ● Aussitôt à gauche à la sortie du village, sur la route de Calvi. Fermé de fin octobre à mars inclus. Chambre double de 350 à 550 F (53,3 à 83,8 €) selon la saison, petit déjeuner compris. Chambres pour quatre également. Qu'ils continuent sur leur lancée et que les nouveaux proprios de ce petit hôtel – hier bien classique – pourront mériter le label « hôtel de charme » ! Cadres en bois flotté, murs bleus peints à l'éponge : la réception est ravissante. Le petit jardin est tout aussi adorable. Les chambres suivent doucement le même chemin. La plupart offrent une chouette vue (certaines depuis leurs balcons) sur le golfe de Porto et la montagne. Beau petit déjeuner. Accueil très cool.

🢓 *Le Romantique (plan zoom B1, 6)* : Porto-Marina. ☎ 04-95-26-10-85. Fax : 04-95-26-14-04. Ouvert d'avril à mi-octobre. Selon la saison, chambre double de 300 à 500 F

(45,7 à 76,2 €). Demi-pension (non obligatoire) de 310 à 380 F (47,3 à 57,9 €) par personne. Menus de 85 à 130 F (13 à 19,8 €). Sur la marina, un hôtel de bon confort également : chambres climatisées et assez coquettes, avec bains et w.-c., TV câblée, téléphone, et vue sur mer. Fait aussi restaurant, mais celui-ci n'est pas formidable.

🢓 *Le Belvédère (plan zoom B1, 4)* : Porto-Marina. ☎ 04-95-26-12-01. Fax : 04-95-26-11-97. ✗ Ouvert toute l'année. Selon situation et saison, de 300 à 600 F (45,7 à 91,5 €) la chambre double. Très bon confort (clim, TV câblée, téléphone, bonne literie) et belle situation sur le port. Les chambres côté port sont un peu plus chères, mais quelle jolie vue !

🢓 *Hôtel Subrini (plan zoom B1, 10)* : Porto-Marina. ☎ 04-95-26-14-94. De 300 à 600 F (45,7 à 91,5 €) la chambre double selon la saison. Là encore un établissement de bon confort, aux chambres avec bains assez spacieuses et dotées d'une petite terrasse. Ascenseur, TV, etc. Accueil aimable.

Où dormir dans les environs ?

Pensez aux adresses situées à Ota et Évisa, il y en a d'excellentes (voir plus bas).

Campings

🢓 *Camping Funtana al Ora (hors plan par B2, 8)* : route d'Évisa (à environ 4 km sur la droite). ☎ 04-95-26-15-48. ✗ Ouvert du 15 avril au 30 septembre. (Terrain et sanitaires). Compter 95 F (14,5 €) pour deux. Moins peuplé que les campings de Porto même, très bien ombragé et à 200 m de la baignade dans le torrent. Un site vraiment relax et une bonne ambiance.

🢓 *Camping E Gradelle :* 20147 Osani. ☎ 04-95-27-32-01. Compter 70 F (10,7 €) pour deux. À une vingtaine de kilomètres au nord de Porto, route de Galéria. Au niveau du col de la Croix, petite route à gauche qui mène au village d'Osani, et se poursuit jusqu'à la plage de Gradelle, 5 km plus bas. Le camping est à 300 m de la plage (de galets). Camping en terrasse de confort

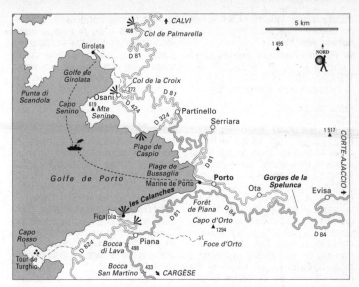

PORTO ET SES ENVIRONS

modeste, mais tranquille et ombragé par des chênes-lièges. Sol caillouteux. Location de zodiac sur la plage : un bon plan pour visiter les criques, et pas si cher.

Gîte rural

🔲 *Gîte de Mme Pascaline Dappelo :* à Serriera, 6 km au nord de Porto. Réservations auprès des Gîtes de France en Corse : ☎ 04-95-51-72-82. Fax : 04-95-51-72-89. Compter 1 120 F (171 €) la semaine en basse saison ; 1 530 F (233 €) en juin et septembre ; 2 240 F (341 €) en juillet et août. Au cœur d'un village situé en retrait de la départementale, et authentique (pas touristique pour un sou). Petit gîte de 50 m : séjour avec convertible 2 places, cuisine, chambre avec lit double et lit une personne, douche et w.-c. Lave-linge. Défauts : pas d'espace extérieur, et pas de vue extra. Avantages : un prix défiant toute concurrence, un accueil aimable de Mme Dappelo, et tout le charme de la vie du village, où autochtones et familles de retour en Corse pour les vacances se retrouvent. Commerces à Porto, plage de Bussaglia (galets) à 4 km. Animaux acceptés.

Où manger ?

Bien que rimant avec resto, Porto n'a pas beaucoup de bonnes tables. Zut alors ! Voir toutefois nos adresses d'hôtels-restaurants (*Le Maquis, Le Porto*), et celles-ci :

|●| *La Tour Génoise (plan zoom B1, 20) :* Porto-Marina, dans la ruelle qui mène à la tour génoise. ☎ 04-95-26-17-11. ♿ Ouvert tous les jours de mai à mi-octobre. Menus de 90 à 110 F (13,7 à 16,8 €). En terrasse, à l'ombre de la pergola, nous avons mangé très correctement. Cependant c'était en moyenne saison : en juillet et août, difficile

d'assurer une qualité égale. C'est Porto qui veut ça, le *rush* du 15 août. Service aimable.

|●| *Pizzeria Romulus* (plan B2, **22**) : route de Calvi. ☎ 04-95-26-11-58. Menus de 95 à 120 F (14,5 à 18,3 €). Si le menu corse, assez bon marché et avec fromage et dessert, est attirant, il nous a un peu déçu, aussi recommande-t-on plutôt les pâtes et pizzas, qui sont les vraies spécialités maison. Service aimable, vue sur la marina qu'on domine (à condition d'avoir une table près des fenêtres).

Plus chic

|●| *Le Sud* (plan zoom B1, **21**) : Porto-Marina. ☎ 04-95-26-14-11. Dans la marina, dans la ruelle qui descend vers le port. Fermé de novembre à mars inclus. Menus (« mer » ou « terre ») à 130 F (19,8 €). Compter 250 F (38,1 €) à la carte. Nichée au pied de la tour génoise, une adorable terrasse ouverte sur le port et le golfe et comme isolée du monde. Les petites salles du resto ont tout autant de charme : murs ocre, fer forgés, très « sud » effectivement. Équipe jeune et ambiance un brin branchée. Cuisine de tous les suds, joliment tournée et avec sa personnalité : terrine de mustelles, lasagnes de poisson, tajine d'agneau aux abricots et aux amandes, sauté de veau aux écorces d'orange, etc. Le premier menu en offre un intéressant aperçu et quelques bons petits vins en carafe ne font guère grimper l'addition. En revanche, la note s'alourdit si vous vous intéressez à la carte. Digestif offert à nos lecteurs.

Où manger dans les environs ?

Prix moyens

|●| *Les Galets :* plage de Bussaglia, 20147 Serriera. ☎ 04-95-26-10-49. Accès : à environ 5 km au nord de Porto par la D81 puis à gauche la D724. Fermé de fin octobre à début avril. Compter de 80 à 120 F (12,2 à 18,2 €) à la carte. Resto situé à l'orée d'une belle plage de galets (naturellement). Terrasse optimum face à la mer, petite salle genre bistrot de toujours et ambiance à la décontraction. Bonnes pâtes et pizzas, poisson, fruits de mer... Apéritif offert à nos lecteurs.

À voir. À faire

★ *La tour génoise :* on peut y grimper et profiter du panorama sur le golfe qu'on a du sommet. Horaires variables selon la saison. Droit d'entrée : 15 F (1,5 €). Abrite une expo permanente sur les fortifications et rivages de Corse.

★ *Aquarium de Porto :* sur la marina, face à l'office du tourisme. ☎ 04-95-26-19-23. Ouvert tous les jours de 11 h à 23 h en saison ; hors saison, de 10 h à 19 h. Entrée : 35 F (5,3 €), gratuit pour les enfants de moins de 7 ans. Une douzaine d'aquariums regroupant la faune et la flore aquatiques corses, et particulièrement celles du golfe de Porto et de la réserve de la Girolata. Grosses araignées, mérous, raie pastenague (magnifique !), grondins et tritons... Et langoustes ! Environ 150 espèces pour 500 bêtes en tout.

★ *Les calanche de Piana :* elles commencent à 7 km de Porto, sur la route qui monte à Piana. Une des sept merveilles de Corse. Des à-pics vertigineux, de 300 m de haut, des falaises de granit rouge (du porphyre) déchiquetées, ravagées par le temps. Maupassant, de passage en 1880, décrivit ainsi les *calanche :* « Une vraie forêt de granit pourpré... des roches aux formes étranges, des moines en robe, diables cornus, oiseaux démesurés, tout un peuple monstrueux, une ménagerie de cauchemar pétrifiée par le vouloir de quelque dieu extravagant. » À voir, comme il se doit, aux heures crépusculaires, entre chien et loup.

Belle balade à faire à travers les pins et les rochers. Cinq circuits en boucle bien balisés (de 1 h 30 à 6 h de marche). Se renseigner à l'office du tourisme.

★ *L'ascension du Capo d'Orto :* point culminant des *calanche,* accessible par un magnifique sentier partant du stade municipal de Piana. Du haut des murailles géantes qui soutiennent le sommet, la vue est fantastique sur la marine et le golfe de Porto. C'est assurément une des plus belles randonnées de l'île. Mais attention : très éprouvant l'été. Prévoir au moins 2 l d'eau par personne.

Plongée sous-marine

Temps fort de la plongée en Corse. Les eaux cristallines de Porto renferment de « l'or rouge » ; entendez : de précieux jardins de corail rouge par moins de 30 m de profondeur. C'est exceptionnel ! Également de très beaux poissons à proximité immédiate de la réserve de Scandola, interdite à la plongée. En tout, une vingtaine de spots et autant d'émotions (au moins !).

Où plonger ?

■ *Centre de plongée du golfe de Porto :* au port, un petit chalet (côté minigolf). ☎ 04-95-26-10-29 ou 06-84-24-49-20. ● www.plongéeporto. com ● Ouvert d'avril à octobre.La plongée en comité restreint est de rigueur sur les deux petites embarcations du club (FFESSM, ANMP, PADI), pour goûter à la beauté des fonds en toute quiétude. Animée par Sylvie – la gentille patronne –, une équipe de moniteurs d'État et fédéraux assurent baptêmes, les formations jusqu'au niveau III et brevets PADI, et vous guident sur les plus beaux spots du coin. Stages enfants à partir de 8 ans. Équipements complets fournis. Forfaits dégressifs

pour 6 et 10 plongées. Réservation obligatoire. Possibilité d'hébergement et baby-sitting (sympa !).
■ *Génération Bleue :* marina de Porto, rive droite. ☎ 06-07-43-21-28 ou 06-85-58-24-14 ou 04-95-26-24-88. ● www.generation-bleue.com ● Ouvert de mai à septembre. Singlinde et Pascal tiennent ce club dans la bonne humeur et avec sérieux. Baptêmes, initiation, formation de niveaux I à III, plongée en scooter... Plongée sur tous les bons spots du secteur, du Capo Rosso aux limites de la réserve de Scandola, sans oublier le *Vieux Charbonnier,* bateau échoué par 20 m de fond.

Nos meilleurs spots

↘ *Vardiola :* à partir du Niveau II. En braquant votre lampe torche sur les parois voûtées de cette surprenante cheminée (de 8 à 33 m), vous enflammez littéralement de somptueux jardins de corail rouge (inutile de faire le 18 !). Mérous et mostelles sont déjà fascinés par l'incendie, alors que de jolies langoustes indifférentes montent la garde auprès de précieuses branches (ne touchez à rien !).

↘ *Punta Mucchilina :* pour plongeurs débutants (Niveau I et plus). À la limite de la réserve de Scandola, les poissons ont souvent des tailles impressionnantes. Mérous balaises, chapons énormes, murènes monstrueuses, dentils géants, et mostelles colossales se partagent les moments forts de cette plongée. De 17 à 30 m de fond, plusieurs explorations sont possibles : une épave (17 m), et de beaux tombants.

À voir. À faire dans les environs

– **Balade en mer vers Scandola et Girolata :** la *Compagnie des promenades en mer* organise plusieurs balades extra à partir de Porto. Fonctionne de Pâques au 15 octobre environ. Réservations conseillées. ☎ 04-95-26-15-16. Kiosque situé devant la terrasse de l'hôtel *Cyrnée*, sur le port. Le grand classique est la promenade de 3 h 30 (départs en principe à 9 h 30 et à 14 h 30) remontant la côte jusqu'à la réserve de Scandola. Le bateau s'approche très près des côtes et des incroyables failles de la roche. Époustouflant de beauté et d'étrangeté. Au retour, arrêt de 30 mn au village de Girolata (voir ci-dessous). Possibilité pour ceux qui effectuent la balade du matin de rester toute la journée et de reprendre le bateau de l'après-midi. Prix : 190 F (29 €) et demi-tarif pour les enfants.
Une autre promenade consiste à faire le tour du golfe, en environ 3 h 45 : départ de Porto à 8 h 30 et à 13 h 30. On longe d'abord les calanche de Piana (vers le sud-ouest donc) puis on remonte vers le nord pour explorer Scandola et Girolata, comme le tour précédent.
À noter enfin, en août essentiellement (mais ça peut changer) une balade à la tombée du soir le long des calanche de Piana, quand le soleil fait rougir les rochers.
D'autres compagnies proposent la balade en mer à Girolata. De Porto, *Compagnie Porto Linea* ; ☎ 04-95-26-11-50. Dispose d'un bateau plus petit. Ça remue davantage par mer agitée, mais aussi on peut entrer dans les grottes, mieux s'approcher des failles. Douze personnes maximum. De Calvi, Cargèse, Sagone, Ajaccio, se reporter aux chapitres concernés.

★ **Girolata** (20147) **:** à une vingtaine de kilomètres au nord de Porto, ce ravissant hameau de pêcheurs de langoustes est connu pour sa rade et sa tour génoise. Aucune route n'y mène, on ne peut s'y rendre que par un sentier pédestre (chaussures de marche nécessaires), le *Bocca a Croce* (qui part du col de la Croix), en 2 h environ (2 h 30 pour le retour). Des promenades en mer sont également organisées de Porto dans la journée. Résultat : ce site superbe est bondé parfois en été, et un peu souillé (détritus, etc.). Par ailleurs, côté cuisine, on y trouve surtout une restauration médiocre et bien cher payée, c'est un peu le piège.

Où dormir à Girolata ?

Deux gîtes modestes et puis c'est tout. C'est là que tous les randonneurs posent leurs sacs. On peut recommander celui-ci :

■ **Gîte d'étape le Cormoran :** en arrivant par le port, c'est sur la gauche. ☎ 04-95-20-15-55. Ouvert d'avril à fin octobre. Demi-pension à 185 F (28,2 €). Trois dortoirs de 6 à 8 lits. Demi-pension demandée à partir de mai. À la nuitée avant mai. Couchage rudimentaire, vous êtes prévenu. En revanche le poisson est frais puisque Joseph est pêcheur.

★ *LA RÉSERVE NATURELLE DE SCANDOLA*

Presqu'île désertique située au nord du golfe de Girolata, réputée pour ses décors montagneux sauvages et classée elle aussi au patrimoine mondial par l'Unesco. Les curiosités géologiques ne manquent pas : falaises déchiquetées, orgues de pierre volcanique renversées, flancs érodés, magie des couleurs et de curieux trous appelés *tafoni,* qui restent encore un mystère pour les spécialistes. Stupéfiant de beauté.

Le maquis recouvre une partie des 700 km^2 de la réserve. On y trouve une flore particulièrement riche pour une région côtière, parmi laquelle des bruyères arborescentes pouvant atteindre 4 m de haut. Sous l'eau, les fameux herbiers de posidonies (qui sont bien des herbes et non des algues, et qui, en tant que telles, réalisent la photosynthèse et donc oxygènent la Méditerranée), sur lesquels les scientifiques continuent leurs recherches.

Côté bébêtes, la réserve n'est pas en reste avec notamment le sauvetage des derniers spécimens de balbuzards pêcheurs (une trentaine de couples aujourd'hui contre trois en 1973) et la plus grande chauve-souris d'Europe, le molosse. Nombre de nids d'aigle non visibles de la côte. Quantité d'autres oiseaux, certains rares, comme le goéland d'Auclair, le cormoran huppé, la grive musicienne, le troglodyte mignon et autres pitchous ! On leur a tout de même laissé quelques prédateurs, histoire de préserver le milieu naturel : renard, couleuvre, etc. Heureusement, le site est complètement protégé et fermé aux randonneurs.

Quant à l'espace marin, la plongée en bouteille y est interdite, ainsi bien sûr que la chasse sous-marine. Mais on trouve assez incroyable que les bateaux de plaisance soient autorisés à ancrer sur le site quand on sait les ravages que font ces pièces de métal sur les fonds sous-marins ! Mais c'est une autre histoire...

Quitter Porto

– **Pour Ajaccio :** par les autocars *SAIB,* deux liaisons par jour (tous les jours, sauf dimanche ; une liaison en plus le dimanche du 1er juillet au 15 septembre). ☎ 04-95-22-41-99. Prix du billet : environ 70 F (10,7 €).

– **Pour Calvi :** par les autocars *SAIB.* Un bus par jour (tous les jours, sauf dimanche, du 15 mai au 10 octobre ; une liaison en plus le dimanche du 1er juillet au 15 septembre). ☎ 04-95-22-41-99. Prix du billet : environ 110 F (16,8 €).

– **Pour Corte :** avec M. Mordiconi. ☎ 04-95-48-00-04. Un bus par jour, de juillet au 15 septembre. Prix du billet : environ 110 F (16,8 €).

DE CALVI À AJACCIO

L'ARRIÈRE-PAYS DE PORTO

Circuit d'une soixantaine de kilomètres, qui permet de rejoindre Sagone à travers la montagne. Pour ceux qui arrivent du nord, on conseille de ne pas prendre cette route avant d'avoir vu au moins Piana (plus au sud sur la côte) ! Cette incursion en Corse profonde permet de découvrir quelques merveilles de l'intérieur : maquis, forêts, routes de montagne aux panoramas multiples, sangliers domestiques (ou cochons sauvages, comme on veut) et petits villages paisibles où se perpétuent les traditions insulaires...

OTA (20150)   450 hab.

À 5 km à l'est de Porto, par la D124. C'est de cette commune que dépend Porto (qui n'est qu'un village, malgré sa notoriété). En pleine montagne, bâtie à flanc de coteau, Ota se présente comme une charmante petite cité typiquement corse, avec ses grosses maisons de pierre. Après la côte souvent surpeuplée, voici un coin idéal pour se reposer. Autour du village, panorama de rêve sur les collines déchiquetées, envahies par le maquis.

Où dormir ? Où manger ?

🛏 ▮●▮ *Chez Félix :* au centre du village. ☎ 04-95-26-12-92. Ouvert toute l'année. Compter 65 F (9,9 €) la nuit par personne en gîte, 220 F (33,5 €) la chambre double. Demi-pension à 250 F (38,1 €) par personne. Menu à 110 F (16,8 €). Un bar-restaurant-gîte au cadre rustique qui tourne fort, et depuis longtemps.

Félix Ceccaldi a du métier, c'est certain. Gîte en dortoirs de 4 ou 6 personnes. Chambres doubles avec douche et w.-c. À table, des menus du jour et une cuisine familiale traditionnelle, pas gastronomique mais franchement corse. Belle terrasse panoramique. Un peu débordé en été. Digestif offert à nos lecteurs.

À voir. À faire

Pour ceux qui ont du temps, nombreuses promenades à faire dans les environs. Parmi les plus intéressantes :

★ *Les gorges de la Spelunca et les ponts génois :* un sentier balisé relie Ota à Évisa en 6 h aller et retour. Partir tôt le matin (mais possibilité de faire la partie la plus caractéristique en 2 h ; se renseigner à l'office de tourisme de Porto). Attention, ça grimpe dur. Après avoir longé le Porto, on parvient au pont génois d'Ota dit « a Pianella », classé Monument historique et restauré par le parc naturel régional de la Corse ; puis, au confluent de l'Aïtone et de la Tavulella (rivière de Marignana), au pont génois (non restauré) dit « de Zaglia » et également classé Monument historique. En cours de route, quelques beaux points de vue sur les gorges, et baignades possibles.

★ *Les gorges de la Lonca :* la Lonca c'est, avec l'Aïtone, l'autre joyau de cette vallée de Porto. Elle se glisse sous les parois gigantesques des *Cascioni* (crêtes dentelées en forme de peigne), appelées par les gens d'Ota « les monts phénoménaux » ! Pour la visite de cette vallée sublime, un sentier à la sortie est d'Ota gagne un petit col avant de redescendre jusqu'à la rivière (balade courte et très sympa). Plus loin, ce chemin remonte le long du torrent, avant de s'élever sur la gauche pour gagner les bergeries de Corgola et de Larata. Retour alors possible sur Ota en rejoignant le balisage orange du Tra Mare e Monti, à proximité du séchoir à châtaignes de Pedua et de l'inoubliable belvédère du San Petru.
Compter 8 h pour cette boucle. C'est vraiment une très belle rando, mais *attention,* ne s'adresse qu'aux marcheurs expérimentés et sachant parfaitement lire une carte et s'orienter (carte IGN indispensable, balisage défectueux, voire inexistant).

ÉVISA (20126)   200 hab.

Dans ce joli village d'altitude, l'air est plus frais, plus cristallin que sur la côte, torride en été. Entre la forêt d'Aïtone et les gorges de la Spelunca, sur un promontoire rocheux, Évisa se présente comme la gardienne des secrets de la Corse profonde. Ici commence la route de « l'âme corse », qui conduit vers les hauts sommets. La région, sillonnée de sentiers, constitue un véritable petit paradis pour les marcheurs.

Où dormir ? Où manger ?

Camping

▲ **Camping l'Acciola :** ☎ 04-95-26-23-01 (hors saison : 04-95-26-20-29). Genre camping à la ferme (le patron élève des cochons). Bon accueil, bonne ambiance et bon marché. Confort minimum (sanitaires, eau chaude) mais suffisant. Pizzeria de qualité tenue par un personnage attachant (salut à toi, René !)

Prix moyens

Deux très bonnes tables à Évisa.

▲ |●| **Hôtel-restaurant du Centre :** au centre du village, comme son nom l'indique, un peu en retrait de la route. ☎ 04-95-26-20-92. Fermé de fin octobre au 1er mars. Attention, pas de paiement par carte bancaire. Chambre double avec douche et w.-c. à 220 F (33,5 €). Demi-pension à 520 F (79,3 €) pour 2 personnes. Menu à 89 F (13,6 €) le midi, et un autre à 130 F (19,8 €). Une façade de maison de village qui annonce le petit resto de campagne pur jus. C'en est un avec une salle simplissime, un service sans ronds de jambe... Mais quelle cuisine ! Produits frais (moules de Diana charnues), plats simples mais habilement travaillés (espadon au basilic), d'autres longuement mijotés, soupe ou tripettes, et petites pointes de créativité (sanglier à l'orange et au chocolat noir). La quantité est au rendez-vous (l'assiette de gambas grillées est colossale). Et les desserts ne jettent pas d'ombre sur le reste du repas, avec notamment un parfait à la châtaigne tout simplement... parfait. Réservation donc conseillée surtout si vous voulez une place sur la petite terrasse. Même remarque pour les quelques chambres, simples et propres. Une avec douche et w.-c., deux avec douche et w.-c. dans le couloir ; une enfin avec salle de bains à l'extérieur. 10 % de remise sur le prix de la chambre de mars à mai inclus.

▲ |●| **La Châtaigneraie :** à la sortie d'Évisa par la route de Porto. ☎ 04-95-26-24-47. Fax : 04-95-26-23-11. Fermé de novembre à février inclus. Chambre double avec douche ou bains de 180 à 280 F (27,4 à 42,7 €) selon la saison. Menus à 80 et 100 F (12,2 et 15,2 €). Dans cette grande bâtisse typique, toute de schiste et de granit, une douzaine de chambres, pas très spacieuses mais rénovées et bien tenues, meublées de bois clair. Attention, celles situées côté route peuvent être bruyantes, encore qu'il n'y ait pas de circulation intense et tardive sur cette route. Sûre et authentique cuisine corse : flan à la farine de châtaigne, *pulindinu*, *ambrucciata*, civet de sanglier... Service parfois un peu distant, mais il suffit d'entamer la conversation et ça baigne. Café offert à nos lecteurs.

▲ **Gîtes du Belvédère :** au centre du village et en contrebas (à droite) du parking. ☎ 04-95-26-20-95. Pour 3 personnes, de 1 800 à 2 350 F (275 à 358 €) la semaine selon la saison, le nombre de pièces et de personnes. S'adresser à M. Gianni, dans la grande maison ocre jaune aux volets bordeaux. Des deux et trois-pièces avec une vue plongeante sur la vallée, pas tout neufs mais calmes et très bien tenus. Également un 4-pièces refait à neuf en rez-de-chaussée, avec terrasse et barbecue à 3 200 F (488 €) la semaine.

À voir. À faire

Nombreuses randonnées dans le coin. On peut se renseigner à la *Maison d'information du Paesolu d'Aïtone* : ☎ 04-95-26-23-62 (ouverte en juillet et août uniquement).

★ *Les gorges de la Spelunca :* on en parle plus haut, dans « À voir. À faire à Ota ».

★ *Le Belvédère :* lieu-dit situé à environ 3 km au nord du village et à près de 1 000 m d'altitude. Comme son nom le laisse deviner, panorama fantastique sur les montagnes (certaines rougeâtres) et, au loin, la mer. En contrebas, un torrent (l'Aïtone). Pour s'y rendre, route du col de Vergio puis prendre un sentier forestier sur la gauche.

★ *Les cascades d'Aïtone :* à l'entrée de la forêt du même nom. Là aussi, prendre la très belle route (D84) qui mène au col de Vergio ; les cascades sont indiquées quand on arrive. Pour les marcheurs, compter 40 mn d'Evisa. Site charmant au milieu des arbres. Inconvénient : l'endroit est très, trop fréquenté en saison. On peut voir les ruines d'un ancien moulin et, au milieu des chutes, des piscines naturelles. Baignade pour les non-frileux...

Fête

– *La fête du Marron :* la 1re quinzaine de novembre. Renseignements : ☎ 04-95-26-20-09. Voici l'occasion d'honorer le marron et de mieux le connaître. Celui du pays, *l'insitina,* vaut son pesant de cacahuètes. Quelques champignons sont aussi de la fête. Une manifestation unique au monde et 100 % rurale et corse ; en un mot, authentique !

Dans les environs

★ *La forêt d'Aïtone :* sans conteste l'une des plus belles de l'île, réputée pour ses gigantesques pins laricio. Des sentiers de randonnée encouragent à de belles promenades, notamment jusqu'à des sommets montagneux flirtant avec les 1 500 m.
Maupassant (encore lui), dans sa nouvelle *Un bandit corse,* décrit ainsi la forêt d'Aïtone : « Les sapins démesurés élargissaient sur nos têtes une voûte gémissante (...), leurs troncs minces et droits faisaient une sorte d'armée de tuyaux d'orgue d'où semblait sortir cette musique monotone du vent dans les cimes. De place en place, un pin parasol gigantesque, séparé des autres, ouvert comme une ombrelle énorme, étalait son dôme d'un vert sombre... »
– *Randonnée pédestre en forêt d'Aïtone :* compter 2 h aller et retour. En haut du village d'Évisa passe le sentier Mare a Mare (balisage orange). De là, chouette promenade familiale. On traverse la châtaigneraie, puis on arrive à la *grotte des Bandits* (Halte ! qui va là ?), ensuite vue splendide du Belvédère et, pour finir, baignade dans les piscines naturelles d'Aïtone. Vraiment sympa. Retour par le même chemin.

★ *Le Niolo :* région sauvage, pleine de légendes, un peu après la forêt d'Aïtone. On en parle plus loin dans le guide (voir « Calacuccia »).

VICO/VICU (20160)   920 hab.

Moins spectaculaire qu'Évisa, mais encastré dans un amphithéâtre de montagnes vertes, Vico est un bourg typique, avec ses hautes maisons, ses ruelles, ses placettes écrasées de chaleur. C'est la vraie vie des hauteurs, loin de la frime des plages. Non, pas de plage ici, mais une rivière, le Liamone, où l'on peut se baigner en été (à 3 km environ de Vico, sous le pont de la D23 direction Poggiolo). Attention aux vaches et aux cochons en liberté qui circulent dans tout ce secteur.

Où dormir? Où manger?

🛏 ▌●▐ *Hôtel-restaurant U Paradisu :* sur la route du couvent Saint-François, à la sortie de Vico. ☎ 04-95-26-61-62. Fax : 04-95-26-67-01. Ouvert du 15 mars à fin décembre. Chambre double de 300 à 430 F (45,7 à 65,6 €) selon confort et saison. Demi-pension obligatoire du 15 juin au 15 septembre, de 280 à 370 F (42,7 à 56,4 €) par personne. Menus à 110 et 130 F (15,2 et 19,8 €). Longue et solide bâtisse à la mode corse. Une ambiance pension de famille pas désagréable et un bien bon accueil. Piscine. D'ici, on peut partir en randonnée vers les lacs de Nino et Creno, les plus beaux de l'île.

Gîte rural

🛏 *Gîte de Mme Paulette Canale :* hameau de La Pieve, Vico. Réservations auprès des Gîtes de France en Corse : ☎ 04-95-51-72-82. Fax : 04-95-51-72-89. Compter 1 470 F (224 €) la semaine en basse saison (supplément de 90 F pendant les vacances scolaires) ; 2 040 F (311 €) en juin et septembre ; 2 600 F (396 €) en juillet et août ; tarifs week-end également. Une adresse Corse profonde, dans une vieille bâtisse restaurée, à murs maousses et fenêtres étroites. Vue extra sur le village qu'on domine. Gîte dans une maison mitoyenne de 60 m². Séjour avec convertible 2 places, TV et cheminée (bois non fourni), cuisine, chambre avec lit double, lit enfant possible, douche et w.-c. Lave-linge. Location des draps et chauffage en sus (on est à 500 m d'altitude, ça fraîchit vite !). Terrain avec salon de jardin et barbecue.

Où dormir? Où manger dans les environs?

🛏 ▌●▐ *L'Auberge des Deux Sorru :* 20160 Guagno-les-Bains, 20125 Poggiolo (à 13 km à l'est de Vico). ☎ 04-95-28-35-14. Juste avant l'entrée du village de Guagno-les-Bains, sur la gauche de la route. Restaurant fermé les dimanche soir et lundi hors saison. Selon la saison, de 250 à 290 F la chambre double (38,1 à 44,2 €). Demi-pension de 480 à 520 F (73,2 à 79,3 €) pour deux. Menu du jour à 80 F (12,2 €). Un bâtiment de construction récente, abritant des chambres fonctionnelles et nickel, et même un peu mignonnes avec leurs couvre-lits et rideaux aux tons chauds. Au restaurant, grande salle claire et terrasse côté vallée, et cuisine familiale de bon aloi, avec pas mal de spécialités au brocciu et, heureuse surprise, du poisson frais bien travaillé. Dans ces conditions, la demi-pension se révèle intéressante. Au fait, les *Deux Sorru*, ça ne veut pas dire tout dire les 2 sœurs, c'est le nom du lieu-dit.

🛏 ▌●▐ *Hôtel des Thermes :* 20160 à Guagno-les-Bains (à 13 km à l'est de Vico). ☎ 04-95-28-30-68. Fax : 04-95-28-34-02. ♿ Fermé de fin octobre à début mai. De 450 à 530 F (68,6 à 80,8 €) la chambre double, petit déjeuner compris. Dans un tout petit village de bout du monde. Un hôtel de construction récente financé par le département pour revitaliser la région. Face aux thermes, vaste bâtiment avec atrium baigné de lumière autour duquel s'ordonne des chambres. Malheureusement, l'intendance a du mal à suivre. Déco dans un genre très contemporain-fonctionnel et vue sur la montagne. Très bon accueil. Piscine (ouverte aux gens du village) et tennis, et un paquet de randonnées dans le coin. Fait aussi restaurant.

Gîtes ruraux

🏠 ***Gîtes de Mme Lucie Ottavy-Ottavj :*** à Guagno-les-Bains (à 13 km à l'est de Vico). Réservation auprès des Gîtes de France en Corse : ☎ 04-95-51-72-82. Fax : 04-95-51-72-89. De 1 470 à 1 700 F (224 à 259 €) la semaine en basse saison ; 2 100 F (320 €) en juin et septembre ; 2 825 F (430 €) en juillet et août. Là pour le coup on est en plein dedans, dans cette Corse intérieure secrète et préservée. Guagno est un authentique village de montagne, qui vit un peu de ses thermes. Deux gîtes de 50 m² environ, l'un au rez-de-chaussée et l'autre à l'étage, dans une maison indépendante en bon vieux granit. Séjour-cuisine, deux chambres et salle de bains-w.-c. Bon équipement (TV, lave-linge et lave-vaisselle). Terrasse, salon de jardin. Chauffage en sus. Location de draps à la semaine, très bon marché. Une adresse idéale pour prendre un grand bol d'air, se reposer, se balader. Mais commerces à 15 km et mer à 30 km (et ce sont des kilomètres qui comptent double). La vraie Corse intérieure, on vous dit ! Animaux acceptés.

Une randonnée pour tous : le lac de Creno

Encore un lac créé par le diable selon la légende, mais surtout un lac de montagne bien agréable à découvrir l'été car on pourra pique-niquer sur ses rives à l'ombre généreuse des pins laricio (c'est le seul lac de montagne en Corse à proposer un tel confort à sa clientèle !). Compter 4 h aller et retour En outre, très facile à atteindre), maintenant qu'a été goudronnée à partir de Soccia la route d'accès montant à la mini-centrale installée sur le torrent du Ziocu.

On s'arrêtera sur cette route à proximité du deuxième lacet qu'elle décrit au-dessus du village : un petit parking, une croix géante et un panneau indicateur sont là pour signaler le début du chemin qui s'élève paisiblement sur le versant nord-ouest du *Sant'Eliseo* (un sommet orné d'une petite chapelle qui est en août un lieu de pèlerinage très couru). Avant d'atteindre le lac de Creno, le sentier balisé passe au-dessus des bergeries et du petit lac de l'Arate, puis à côté de la fontaine de Veduvella (parfois à sec), deux lieux de pause fort sympathiques.

Au passage, il croise le chemin, lui aussi balisé, qui monte à Creno du village voisin d'Orto, un point de départ plus sportif – la dénivelée est pratiquement double –, mais plus attrayant car le parcours s'y déroule en partie dans une châtaigneraie et les panoramas y sont plus variés ; de plus, Orto est un patelin plutôt dépaysant avec ses airs de bout du monde, ses ruelles étroites et ses maisons étagées qui regardent les crêtes rocheuses colorées plongeant au sud du Sant'Eliseo.

Où méditer sur la finalité des choses ?

★ *Le couvent Saint-François :* à flanc de montagne, entouré de jardins et de bois, c'est une grande bâtisse blanche dans un paysage bien vert. Fondé par des franciscains en 1481, occupé de nos jours par les missionnaires oblats de Marie, le couvent est ouvert à la visite (tous les jours entre 14 h et 18 h), et l'on peut même y dormir à bon prix (☎ 04-95-26-83-83). Remarquer, dans l'église, le Christ en croix, le plus vieux de Corse, les fresques à l'italienne et, dans la sacristie, un meuble du XVIIᵉ siècle en châtaignier.
Mais le plus intéressant pour les profanes que nous sommes, c'est l'intérieur même du couvent où vivent une dizaine de moines. On peut découvrir les couloirs, la bibliothèque, des cellules, une chapelle et une salle de télé des plus insolites sous ces fresques colorées.

LA CÔTE, DE PIANA À AJACCIO

PIANA (20115)   430 hab.

Niché au-dessus des fameuses *calanche* (ou calanques) rouges, assurément l'un des plus beaux spectacles naturels de la mer Méditerranée. Le village, bien préservé, est charmant et pimpant, avec quelques vieilles maisons de pierre, et, bien sûr, la mer et une vue à vous couper le souffle ! Très belle plage à 12 km du village (la plage d'Arone) mais attention, forte pente : on perd vite pied (bon à savoir pour les enfants).

Adresse utile

🅸 *Syndicat d'initiative :* sur la gauche en venant de Porto. ☎ et fax : 04-95-27-84-42. Ouvert de juin à septembre.

Où dormir ? Où manger ?

Malheureusement, les restaurants ici nous ont paru soit quelconques, soit irréguliers (qualité moindre en très haute saison)... Mais les *Roches Rouges* est une bonne table.

Camping

🛏 Le *camping* le plus proche de Piana est situé à 12 km, et à 500 m de la plage d'Arone. ☎ 04-95-20-64-54. Ouvert de mai à septembre. Compter 100 F (15,2 €) pour deux. Épicerie, lave-linge, eau chaude. Bonne ambiance, et la plage d'Arone est très agréable.

Bon marché à prix moyens

🛏 *Gîte du Belvédère :* 1, route du Belvédère (route d'Ajaccio). ☎ 04-95-27-84-03 et 06-85-78-02-56. Compter 80 F (12,2 €) par personne la nuit en gîte ; en chambre double, 250 F (38,1 €) pour deux. Dortoirs avec 6 couchages (2 x 3 lits superposés, toilettes et douches dans le couloir. Chambres doubles avec coin douche (isolé par un simple rideau de douche), w.-c. dans le couloir.

🛏 *Hôtel Continental :* sur la place de l'Église. ☎ 04-95-27-89-00. Fermé d'octobre à mars. Chambre double à 200 F (30,5 €) avec sanitaires communs ; à 280 F (42,7 €) dans l'annexe, avec douche et w.-c.

Une vieille maison, style relais de diligence, patinée par le temps. On a l'impression que Gustave Flaubert vient d'y passer la nuit. C'est rétro, mais bien propre et plein de charme. On aime ce jardin planté de pins et d'abricotiers, ces chambres au plancher de bois brut, ces gros volets d'antan et ces murs épais. Attention cependant : assez bruyant côté route. Chambres plus confortables mais moins charmantes dans l'annexe. Attention, pas de paiement par carte.

|●| *Le Casabianca :* plage d'Arone ☎ 04-95-20-70-40. Ouvert de mai à mi-octobre. Compter 100 ou 120 F (15,2 ou 18,3 €). Certes, ce n'est pas tout près, mais à 12 km du village. Mais la plage d'Arone est belle, et cette pizzeria-grill superbement située concocte des mets de bon aloi : pizzas ou brochettes, poisson. C'est correct voire bon en avant-saison, mais en juillet et août la qualité baisse. Cependant l'emplacement reste superbe.

Plus chic

⌂ |●| *Hôtel-restaurant Les Roches Rouges :* sur la droite en entrant dans Piana quand on vient de Porto. ☎ 04-95-27-81-81. Fax : 04-95-27-81-76. Ouvert d'avril à octobre. Chambre double à 380 F (57,9 €). Demi-pension à 360 F (54,9 €) par personne, obligatoire du 15 juin au 15 septembre. Menus de 110 à 200 F (16,8 à 30,5 €). Une bâtisse construite en 1912, à la façade un peu décrépie mais au charme fou, qui surplombe merveilleusement les calanques. Vue sublime de la terrasse. Grandes chambres dépouillées, simples et claires, bien tenues, certaines avec vue sur mer, et toutes avec un vrai cachet. Inconvénient, la mauvaise insonorisation : le parquet du dessus a tendance à grincer, et l'animation du bar-restaurant s'entend de certaines chambres. Ce n'est pas bien grave mais autant le savoir. Petit déjeuner un peu trop cher. Mais *Les Roches Rouges* c'est aussi une bonne table. On prend ses repas dans une superbe salle à manger, classée pour son plafond, ses fresques et son parquet. Dans le menu à 150 F (23 €), belle soupe de poisson en soupière (on n'a pas pu la finir), un croustillant de rougets parfaitement cuisiné et de bons fromages. Accompagné de vins bien choisis, c'est indéniablement une halte culinaire recommandable. Pourvou qué ça doure ! Digestif (myrte maison) offert à nos lecteurs.

Où prendre un verre ?

⌐ *Hôtel-restaurant Les Roches Rouges* (voir plus haut la rubrique « Où dormir ? Où manger ? »). Vous n'êtes pas obligé de dormir là, ni d'y dîner, mais franchement vous rateriez quelque chose si vous ne veniez pas prendre un verre en terrasse, à l'heure où le soleil fait le grand saut dans la baie.

À voir. À faire

★ *Les calanche :* panorama d'ensemble absolument divin (surtout au coucher du soleil) quand on arrive par la route de Cargèse. Mais on se fait une meilleure idée de ce que sont les *calanche* en sortant de Piana pour aller vers Porto. Là aussi, au coucher du soleil, c'est le choc assuré. Pour ceux qui connaissent l'Ouest américain, ça fait assez penser à ce phénomène étonnant qu'est Bryce Canyon, avec ces espèces de cheminées de fées profilées sur l'horizon.

– La *compagnie des Promenades en mer* organise en juillet et août des sorties (en soirée) dans les *calanche* au départ de Porto. Bureau sur le port de Porto. ☎ 04-95-26-17-10.

– *Randonnée au Capu Rossu :* compter 3 h aller et retour. Attention, pénible par grand soleil, prévoir de l'eau. Le Capu Rossu est cette presqu'île qui ferme au sud le golfe de Porto. Un mince cordon de terre ferme la rattache au reste de l'île, et c'est sur cette bande étroite que court le sentier d'accès à ce remarquable objectif de randonnée littorale.

De Piana, prendre la D824 qui mène à la plage d'Arone et se garer dans le large virage à gauche signalé par un panneau du Conservatoire du littoral, propriétaire et gestionnaire de ce lieu sauvage et unique. Il ne faut ensuite guère plus d'une heure pour gagner le sommet du Capu Rossu, le long d'une sente caillouteuse en excellent état mais non balisée qui s'approche à plusieurs reprises du bord de la falaise. On remarque un peu partout les restes d'anciennes exploitations agricoles (terrasses, aires de battage, bergeries...) : là où poussaient autrefois l'orge et le blé, il n'y a guère aujourd'hui qu'un berger et quelques chèvres pour profiter de la quiétude du site.

Au point le plus bas du parcours, au pied véritablement de la pyramide du Capu Rossu, il est conseillé d'emprunter une sente « caïrnée » (jalonnée d'empilements de gros cailloux), qui part à l'assaut du sommet en passant un peu plus haut à côté d'une cavité facile à remarquer. La fin est à peine plus chaotique, entre escarpements rocheux et buissons piquants que l'on s'efforce d'éviter au mieux.

On atteint ainsi la *tour de Turghiu,* parfaitement restaurée (avec même une cheminée à l'intérieur), et son panorama admirable sur le golfe de Porto, enchâssé dans son écrin montagneux. Pour le retour, on choisira de redescendre vers le sud, pour rejoindre une bergerie restaurée et son ancienne aire de battage (cairns également).

CARGÈSE / CARGHJESE (20130)   1 000 hab.

Cargèse la grecque. C'est au XVIIe siècle (1676) que des immigrés grecs, fuyant la tyrannie de l'Empire ottoman, s'établirent en Corse. Mais pas à Cargèse : à Poamia, d'où ils furent chassés en 1731. Ajaccio les accueillit alors, mais bientôt les Français les installèrent (déportèrent ?) à Cargèse, en 1774. De là vient qu'aujourd'hui encore, les Corses de Cargèse parlent le grec. La petite église catholique grecque de rite oriental est décorée d'icônes, dont certaines sont fort belles.

Est-ce ce particularisme ou la présence du Club Med qui a mis Cargèse à la mode ? Toujours est-il qu'en été on se bouscule ici, mais l'ambiance reste agréable. Cargèse est également le terminus du sentier de randonnée Tra Mare e Monti.

Adresse utile

🄱 *Office du tourisme* (plan B1) : rue du Docteur-Dragacci (dans le centre). ☎ 04-95-26-41-31. En juillet-août, ouvert ous les jours de 9 h à 20 h ; en juin et en septembre, de 9 h à 12 h et de 16 h à 19 h ; d'octobre à fin mai, ouvert du lundi au vendredi de 9 h à 12 h et de 14 h à 17 h. Infos sur les randonnées pédestres, réservation et vente de billets pour les croisières... Bon service.

___

Où dormir ? Où manger ?

À dire vrai, nous n'avons pas été bouleversés par les restaurants à Cargèse. Toutefois, les hôtels se défendent et proposent une honnête voire très bonne cuisine.

Camping

â *Camping Torraccia (hors plan par B1, 5) :* à 4 km au nord de Cargèse et à 2 km des plages de Chiuni et Pero. ☎ 04-95-26-42-39. Ouvert de mi-mai à fin septembre. Situé sur le parcours du Mare e Monti. Camping en terrasses, correctement ombragé. Évitez toutefois les emplacements les plus proches de la route. Quelques bungalows également. Tennis, ping-pong, bar et alimentation.

Prix moyens

â |●| *Hôtel-restaurant Hélios (hors plan par B1-2, 1) :* à 3 km après Cargèse, direction Ajaccio. ☎ 04-95-26-41-24 (hôtel) et 04-95-26-40-03 (restaurant). Fax : 04-95-26-41-25. ♿ Ouvert de mars à octobre. Chambre double avec douche et w.-c. de 250 à 300 F (38,1 à 45,7 €) selon la saison. Demi-pension possible. Au restaurant, compter 150 F (22,8 €). Piscine et jeux d'enfants dans cet hôtel relativement bon marché. À table, spécialité de poisson, grillé, poché, au four, en papillote (comme il vous plaira) et pâtes fraîches maison ou plats régionaux. Carte uniquement.

â |●| *Hôtel Saint-Jean (plan B1, 2) :* pl. Saint-Jean (à l'entrée du village en venant de Piana, sur la gauche). ☎ 04-95-26-46-68. Fax : 04-95-26-43-93. ● s.zanettacci@wanadoo.fr ● Ouvert toute l'année. Selon la saison, de 245 à 450 F (37,3 à 68,7 €) la chambre double avec douche et w.-c. Menus de 70 à 250 F (10,7 à 38,1 €). Établissement de construction récente, aux chambres mignonnes et de bon confort (tons pastel, clim, TV, douche). Deux types de chambres, côté mer avec balcon (mais alors côté route et terrasse du resto...), côté maquis plus petites et sans balcon, toutes avec TV, douche et w.-c. Également des studios pour 4 à 6 personnes avec kitchenette. Fait aussi restaurant : bien bonne table, appréciée des touristes et des locaux. Cuisine traditionnelle et pizzas. Ouvert toute la nuit en saison !

â *M'Hôtel Punta e Mare (plan B1, 3) :* sur la route de Paomia. ☎ 04-95-26-44-33. Fax : 04-95-26-49-54. ● punta.e.mare@wanadoo.fr ● Fermé en janvier. Selon la saison, de 200 à 300 F (30,5 à 45,7 €) la chambre double avec douche et w.-c. ; 50 F (7,6 €) de plus pour les studios avec cuisine. Un hôtel qui pratique des prix assez doux. Décor fleuri et accueil souriant. Préférer les chambres côté tour génoise, plus calmes, et avec balcon. Reçoit les groupes de randonneurs (prix spéciaux), sauf en juillet et août. Parking fermé et garage pour motos. Attention, pas de paiement par carte.

â |●| *Le Continental (plan B1, 4) :* sur la gauche de la route, en entrant dans Cargèse en venant de Piana, avant le carrefour principal. ☎ 04-95-26-42-24. Fax : 04-95-26-46-81. ● grandcarg@aol.com ● Fermé du 15 décembre au 15 janvier, et le mercredi hors saison. Selon la saison, chambre double avec lavabo de 210 à 310 F (32 à 47,3 €). Demi-pension de 230 à 300 F (35 à 45,7 €) par personne, obligatoire du 15 juillet au 15 septembre. Menus de 85 à 120 F (13 à 18,3 €). Des chambres simples, mais spacieuses et propres. À table, cuisine familiale de bon aloi, à base de produits frais. Pâtes à la châtaigne maison, lasagnes du pays, crêpes à la farine de châtaigne farcie au brocciu... Accueil naturel, ambiance familiale. L'apéritif est offert sur présentation du *Guide du routard.*

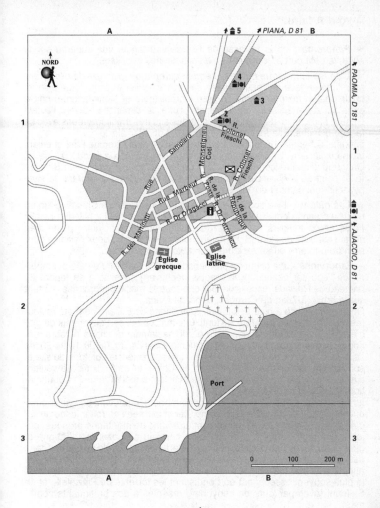

CARGÈSE

■ **Adresses utiles**

　🛈 Office du tourisme
　✉ Poste

▲ **Où dormir? Où manger?**

　1 Hôtel-restaurant Hélios

2 Hôtel Saint-Jean

3 M'Hôtel Punta e Mare

4 Le Continental

5 Camping Torracia

À voir. À faire

★ *Panorama :* de la terrasse de l'église catholique, vue superbe sur le golfe, le petit port et les vieilles maisons fleuries du village.

★ *L'église catholique latine* et *l'église catholique grecque de rite oriental :* l'une en face de l'autre. Notez, fait très singulier et sans doute unique, qu'un seul et même homme, le père Florent (père et archimandrite) officie dans les deux églises : un dimanche l'une, le dimanche suivant l'autre ! L'église catholique, de style baroque, a des airs très méditerranéens avec sa façade blanche. Elle fut construite au début du XIXe siècle.
Intérieur richement décoré. Entre autres, un amusant trompe-l'œil et divers tableaux anciens. L'église grecque, quant à elle, date de la fin du XIXe siècle. On y trouve quatre icônes rapportées de Grèce, dont un *saint Jean Baptiste* (ailé) peint au XVIe siècle au mont Athos et une *Vierge à l'Enfant* de style byzantin, qui daterait du XIIe siècle.

★ *Les plages :* il y a six plages sur la commune. Celle de Chiumi, 6 km au nord, est sans doute la plus belle. Le *Club Med* s'y est d'ailleurs installé (mais accès toujours libre, c'est une plage publique). L'autre plage bien sympa est celle de Peru. S'y trouvent notamment une ou deux paillotes pour prendre un verre ou se restaurer. Aimable et bon marché.

– *Randonnée :* une chouette promenade de 6 h (partir tôt en été et emporter de l'eau car beaucoup de maquis découvert) consiste à se rendre au hameau de *Revinda,* accessible par une route à moitié goudronnée, partant sur la droite à 7 km de Cargèse, direction Piana.
On gagne ensuite à pied le hameau abandonné de *E Case* où a été restaurée, sur le trajet du Tra Mare e Monti, une maison qui sert désormais de gîte d'étape. Ouvert toute l'année mais gardé seulement de mai à octobre, période où des repas du soir sont également servis. ☎ 06-08-16-94-90 (le soir). Le couple de gérants et leur petite-fille apprécient la quiétude du site et son panorama superbe sur les côtes de Chiuni et de Peru (ils ne veulent d'ailleurs pas voir trop de monde et se satisfont à merveille de la fréquentation actuelle irrégulière des lieux).
Ils réservent un accueil convivial aux marcheurs et peuvent suggérer quelques idées de découverte pour compléter la journée : marcher jusqu'au *col d'Aquaviva* le long d'un superbe sentier à flanc de montagne presque toujours ombragé, rouler à VTT jusqu'au hameau de Lozzi (acrobatique et dangereux, avec des pentes à 25 %, et parfois le risque de se vautrer dans des clôtures barbelées : réservé aux vététistes archi-confirmés), ou encore aller voir les vasques et cascades (hors saison, car l'été elles sont le plus souvent asséchées) où bondissent les torrents de Piazzilellu et de Sulleoni (avec parcours de canyoning réservés à des pratiquants confirmés).

– *Promenade en mer à Girolata :* voir à Sagone la rubrique « À faire ». La vedette *Girolata* part de Sagone à 8 h 30 et fait halte à Cargèse à 9 h pour embarquer des passagers. Renseignements et réservations à Cargèse : ☎ 04-95-26-41-10.

SAGONE / SAONE (20118, commune de Vico)

À 13 km à l'est de Cargèse. L'origine du village est très ancienne puisqu'on y découvrit d'importants menhirs, des ruines romaines et les vestiges d'une cathédrale romane (l'une des premières de Corse). De son passé glorieux, seule subsiste une imposante tour génoise. Sagone, grâce à la grande plage formée par son golfe, est devenue une station balnéaire agréable, même si les constructions récentes ont atténué son charme.

Adresse utile

■ *Syndicat d'initiative :* dans la station, la Playa Riniccio. ☎ 04-95-28-05-36. Ouvert de juin à septembre, de 9 h 30 à 12 h 30 et de 15 h 30 à 19 h.

Où dormir ? Où manger dans le coin ?

🛏 I●I *Hôtel-restaurant La Marine :* au sud de la station, sur la droite de la route d'Ajaccio. ☎ 04-95-28-00-03. Fax : 04-95-28-03-98. Fermé en janvier. Menus à 95 et 150 F (14,5 à 22,8 €). En bord de plage, petit établissement proposant quelques chambres à environ 300-400 F (46-61 €), selon l'exposition (mer ou route). Évitez celles côté route. Au restaurant, vue agréable sur la baie et cuisine correcte. Accueil variable.

I●I *Restaurant-pizzeria A Stonda :* à la sortie sud de Sagone, au bord de la route. ☎ 04-95-28-01-66. Menu à 80 F (12,2 €) le midi. À la carte, compter 120 F (18,3 €). Le restaurant, principalement constitué d'une longue terrasse en bord de route, ne paie pas de mine. Et pourtant on y sert des plats typiquement corses et de saison, de bonnes grillades et des pizzas de qualité. En dessert, la faisselle de brucciu et sa confiture sont parfaits.

🛏 I●I *Le Ranch :* sur la route de Vico, juste avant d'attaquer la montagne (à 2 ou 3 km de Sagone). ☎ 04-95-28-07-30. Menu à 95 F (14,5 €). Fermé le soir hors saison. Une auberge sans chichis, à l'atmosphère simple et souriante. Julie Caffory mitonne des recettes de bonne femme corse du lundi au dimanche, une pour chaque jour : chou farci au brocciu, boulettes de viande à la menthe, beignets de courgettes... Plutôt correct.

I●I *Le Joyeux Cruzzinais :* à Azzana, à environ 40 km de Sagone (voir plus bas, « Super virée dans l'arrière-pays »). ☎ 04-95-28-91-62. Béa et Charly sont super sympa et tiennent ce bar de village en bordure de ruisseau : grillades, paninis, salades ou sandwichs, on casse la graine à bon prix, en toute simplicité. Possibilité de bivouac.

À faire

– *Se baigner*, bien sûr, mais nous vous mettons en garde contre les DANGERS DE LA PLAGE DE SANTANA, qui se trouve juste après la station le long de la route d'Ajaccio. C'est vrai qu'elle est tentante, mais, chaque année, de mauvais courants y font des victimes. Bon à savoir, surtout avec des enfants.

– *Promenade en mer à Girolata :* à l'extrémité nord de la plage se trouve *L'Ancura* (« L'Ancre »), un petit resto spécialisé dans la grillade et le poisson. Renaldo, le patron, propose la visite de Girolata (voir « Aux environs » de Porto) à bord de la vedette *Girolata*. Gros avantage, son embarcation est suffisamment étroite pour pénétrer dans les grottes. Départ à 8 h 30, retour à 17 h. Pause pique-nique et baignade à Girolata (attention, beaucoup de monde et quelques attrape-touristes), visite des calanche et de Capo Rosso, puis découverte de la réserve de *Scandola*. Réserver impérativement la veille : ☎ 04-95-28-02-66. Prix : 200 F (30,5 €) ; demi-tarif pour les moins de 10 ans ; gratuit pour les moins de 5 ans.

– *Super virée dans l'arrière-pays :* une boucle partant de Sagone et ralliant Vico (baignade en piscines naturelles), Murzo, *Muna* (hameau de vingt maisons du XVIIIe siècle, tout à fait pittoresque et ignoré), Rosazia, Salice, Azzana, puis Lopigna (somptueux panoramas), et retour sur la côte, à 5 km au sud de Sagone. Compter une demi-journée en voiture. Routes empruntées : Sagone-Vico, 13 km, D70 ; Vico-Murzo, 6 km, D23 ; Murzo-Rosazia-Azzana, 22 km, D4 ; et descente sur la côte par la D125, puis la D25 (une trentaine de kilomètres).

Plongée sous-marine

Trois principaux centres d'intérêt.

🐟 *Le plateau de Licciola :* tout près de Sagone. Très vaste plateau sous-marin. La plongée consiste à faire le tour du sec entre 5 et 25 m. Plongée facile, se méfier du courant.

🐟 *La pointe Locca :* à-pics fabuleux de 10 à 80 m, tapissés de grandes gorgones bleues. Mérous, dentis, sars sont au rendez-vous. Un vrai régal pour plongeurs confirmés.

🐟 *La Pietra Piombata :* un rocher isolé au sud du golfe de Sagone. Il faut plonger tout autour de ce piton. Les fonds sont très chaotiques. La faune est abondante et variée.

Une adresse de club

■ *Centre subaquatique de Sagone :* hôtel *Cyrnos,* 20118 Sagone. ☎ 04-95-28-00-01.

TIUCCIA (20111, commune de Sari-d'Orcino)

À 7 km au sud de Sagone et à une trentaine de kilomètres d'Ajaccio. Une toute petite station qui a de plus en plus la cote auprès des estivants grâce à ses très belles plages, encaissées dans le golfe de la Liscia, et son accès rapide à Ajaccio. Beau point de vue sur le site quand on arrive d'Ajaccio, au col de San Bastiano. À Tiuccia, on peut louer des VTT à la station BP, à l'entrée du village.

Où dormir ? Où manger ?

Campings

■ |●| *Camping Les Couchants :* à 3 km de Tiuccia, direction Casaglione, dans les terres. Bien fléché de la route côtière. ☎ 04-95-52-26-60. Fax : 04-95-52-31-77. Dans un parc de 5 ha au cadre superbe (collines, végétation...). Patronne accueillante. Équipement d'un 3 étoiles mais pas trop cher pour l'endroit. Resto. Location de caravanes et de chalets.

■ |●| *Camping La Liscia :* route de Tiuccia, 20111 Calcatoggio. À 2 km de Tiuccia. ☎ 04-95-52-20-65 ou 04-95-52-25-29 (hors saison). Fermé de mi-octobre à avril. Vaste et bien ombragé. Bon accueil. Snack-bar, pizzeria, épicerie, discothèque, Alexandrie, Alexandra ! Pas cher non plus.

■ *Camping U Sommalu :* un peu sur les hauteurs, à 600 m de la plage (accès direct). ☎ 04-95-52-24-21. Ouvert d'avril à septembre. Compter 100 F (15,2 €) en haute saison pour deux. Camping bien ombragé et propre. Beaucoup d'Allemands, c'est plutôt bon signe pour les campings. Location de VTT et mur d'escalade. Petite restauration sur place.

Prix moyens

⬧ |●| *Hôtel-restaurant Chez Toto, Le Bon Accueil :* au centre de la station. ☎ et fax : 04-95-52-21-01. ⛄ ● chez.toto@wanadoo.fr ● Fermé de décembre à février. Demi-pension uniquement, à 460 F (70,1 €) pour deux, 480 F (73,2 €) en juillet et août (à la semaine uniquement en juillet-août). Menu à 98 F (14,9 €). Un hôtel-restaurant qui travaille avec des habitués. Une dizaine de chambres avec douche, propres et assez bon marché. Confort modeste, espace limité, mais à ce prix-là... Et la plage est de l'autre côté de la route. Bien bonne cuisine traditionnelle, dans une salle qui rappelle assez, par sa déco, la Corse intérieure. Digestif offert à nos lecteurs.

■ *Hôtel-motel Les Sables de la Liscia :* 20111 Calacatoggio. D'avril à octobre : ☎ 04-95-52-51-50. De novembre à mars : ☎ 04-95-51-11-59. Fax : 04-95-52-26-12. ● pro.wanadoo.fr/liscia/ ● En basse et moyenne saison, chambre double et studio 2-3 personnes de 250 à 300 F (38,1 à 45,7 €) ; en juillet et août, à la semaine uniquement, studio 2-3 personnes de 3 300 à 4 000 F (503 à 610 €). Propose également des T2 et T3 pour 4 à 6 personnes, plus chers évidemment. Belle situation à l'extrémité sud du golfe, en limite de plage. Construction récente. Bâtiment principal avec des chambres pour 2, 3 ou 4 personnes et service hôtelier (hors saison uniquement) ; et juste à côté, des bungalows avec cuisine équipée, du studio au 3 pièces. Les chambres et bungalows ont

vue sur mer, face ou côté. Piscine, et accès direct à la grande plage du Stagnone en contrebas, qui n'est jamais surpeuplée. Un peu cher tout de même en juillet et août, mais de toute façon c'est complet. Bon accueil.

|●| *U Taravu :* route principale, à droite en allant vers Cargèse. ☎ 04-95-52-22-40. Fax : 04-95-52-28-86. ⛄ Ouvert toute l'année. Menus de 95 à 165 F (14,5 à 25,1 €). A l'air banal mais voici une adresse qui tourne depuis des années et dispense une honnête cuisine corse pas trop cher payée. À la carte, un ventre d'agneau farci aux légumes et au sang fort goûteux et, pour ceux qui préfèrent, bons produits de la mer : deux pêcheurs du coin apportent régulièrement leurs meilleures prises ! Service cool. Digestif offert à nos lecteurs.

|●| *Le Malibu :* à 4 km au sud de Tiuccia, prendre à droite la route de la plage. ☎ 04-95-52-30-52. ⛄ Fermé d'octobre à mars. Menus de 80 à 150 F (12,2 à 22,8 €). À la carte, compter 110 F (16,8 €). Un bar-restaurant-glacier ouvert sur la plage, où l'on peut se restaurer de plats corses traditionnels ou, plus rapidement (mais pas trop, on est en vacances) de pâtes ou de salades. Bonnes pizzas notamment, et c'est vous, lecteurs, qui le dites. Enfin, l'été, fréquentes animations pour des soirées chaudes, chaudes, chaudes ! Apéritif maison offert à nos lecteurs.

Où dormir dans les environs ?

Gîtes ruraux

⬧ *Gîte de Mme Stephanopoli-Lustenberger :* à Canaggiola-Casaglione (9 km à l'est de Tiuccia, par la D25 à la hauteur de la tour génoise de la pointe Capigliolo). Réservations auprès des Gîtes de France en

Corse : ☎ 04-95-51-72-82. Fax : 04-95-51-72-89. De 2 020 à 2 450 F (308 à 373 €) en basse saison ; 3 170 F (483 €) en moyenne saison ; 4 410 F (672 €) en haute saison. Arrivé au village, demander la maison du maire : c'est sa fille, charmante, qui s'occupe des gîtes. Une bonne situation pour ces gîtes pas trop éloignés des grandes plages de Tiuccia ou Sagone (15-20 mn en voiture), et profitant d'un cadre pittoresque de village d'arrière-pays, ceint de montagnes. Le village domine la vallée de la Liscia, c'est chouette. Commerce à 6 km (mais le boulanger passe). Grande bâtisse récente au calme à la sortie du village, comprenant 3 gîtes pour 5-6 personnes, un au rez-de-chaussée, deux à l'étage. Simple et fonctionnel. Séjour, cuisine, 2 chambres, salle de bains et w.-c. indépendants. Lave-linge commun aux trois gîtes. Location draps et serviettes en sus, salon de jardin, cheminée. Bois et chauffage en sus. Immense terrain clos (5 000 m²).

■ *Gîtes de M. Matteoni Caruso :* à Calcatoggio (à 5 km de la station de Tuccia, direction Ajaccio et sur la gauche la D201). Réservations auprès des Gîtes de France en Corse : ☎ 04-95-51-72-82. Fax : 04-95-51-72-89. Tout en haut du village, dans l'ancienne caserne de gendarmerie. Compter 1 640 F (250 €) en basse saison ; 2 375 F (362 €) en juin et septembre ; 3 165 F (482 €) en juillet et août. Deux gîtes sur deux niveaux chacun (accès indépendants) dans l'ancienne gendarmerie du village, grande bâtisse de granit. Bel espace intérieur (70 m²). Aménagement plutôt coquet. Grand séjour-cuisine avec convertible 2 places, et, à l'étage, chambre mansardée (3 lits d'une personne), douche et w.-c. Lave-linge, lave-vaisselle, linge de maison fourni. Salon de jardin et terrain dégagé devant la maison, avec vue superbe sur le golfe. Plage et commerce à 5 km. En prime, proprios adorables, comme on dit. Et toutous bienvenus.

Plus chic

■ *Hôtel Le Grand Bleu :* près de Calcatoggio. ☎ 04-95-52-20-35. Fax : 04-95-52-25-39. Fermé en hiver. De 600 à 900 F (91,5 à 137 €) la chambre double. Dans un site idéal au fond au fond du golfe de la Liscia, le long d'une immense plage, cet hôtel-club comblera les amateurs de sports nautiques ou de farniente. Piscine chauffée avec solarium et petite restauration et, pour le dîner, buffets à thème.

AJACCIO ET SA RÉGION

AJACCIO / AIACCIU (20000)

> **Pour les plans d'Ajaccio,**
> **se reporter au cahier central en couleur.**

Même si Ajaccio n'est pas en soi une destination de séjour, voilà une ville plutôt agréable, à la population avenante. Certains peuvent la trouver un peu bruyante (capitale oblige), mais on a vite fait de se perdre dans ses vieilles rues aux maisons colorées. La région est très belle : les îles Sanguinaires, les plages de Porticcio et la montagne toute proche, qui offre à la baie d'Ajaccio un cadre vraiment superbe.

Bien sûr, on ne peut parler d'Ajaccio sans évoquer Napoléon, l'enfant du pays, maître de l'Europe et génie militaire et politique – pour d'autres, tyran et boucher, mais nous n'entrerons pas dans cette discussion, et d'ailleurs à quoi bon ? On ne refait pas l'Histoire, et les millions de morts ne se relèveront pas. Du reste, Tino Rossi mettra tout le monde d'accord : Aaaah, Catarinetta bella tchi-tchi, Aja, Aja, Ajacciiiiiii-ooooo ! Ça vaut bien Waterloo, non ?

Adresses utiles

◻ *Office du tourisme* (*zoom plan couleur A1*) : rue du Roi-Jérôme, dans l'ancienne halle aux paysans. ☎ 04-95-51-53-03. Fax : 04-95-51-53-01. ● ajaccio.tourisme@wanadoo.fr ● En juillet-août, ouvert de 8 h à 20 h 30 du lundi au samedi, de 9 h à 13 h le dimanche ; en avril, mai, juin et septembre, ouvert de 8 h à 19 h du lundi au samedi, de 9 h à 13 h le dimanche ; le reste de l'année ouvert de 8 h à 18 h du lundi au samedi et le dimanche de 9 h à 13 h. Mené par une équipe plutôt dynamique. Plan gratuit de la ville et des environs (avec quelques itinéraires de balades pas trop difficiles, dont deux circuits thématiques en ville), horaires de bus, de trains et de bateaux, et toutes infos sur l'hébergement et les activités à Ajaccio et aux environs. Propose aussi des visites guidées – causeries à thème (« balade architecturale dans l'Ajaccio du XVIᵉ au XIXᵉ siècle », « Ajaccio au temps du préside génois », etc.) très intéressantes. Renseignements et inscriptions à l'office du tourisme.

■ *Bureau d'information du parc naturel régional de Corse* (*zoom plan couleur A1, 1*) : 2, rue du Sergent-Casalonga (rue qui fait l'angle avec le cours Napoléon et la préfecture). ☎ 04-95-51-79-10. Personnel extrêmement sympa et efficace, très investi dans son tra-

vail, des vrais pros. Bonne documentation sur les sentiers de randonnée et les gîtes d'étape pour marcheurs, cavaliers, cyclotouristes. On peut y acheter des topoguides très bien faits, avec cartes : « À travers la montagne corse » (GR20) et « Entre mer et montagne » (sentiers « Mare e Monti » et « Mare a Mare »), ainsi que des dépliants sur les balades en boucle dans les micro-régions.

■ *Muntagne Corse in Liberta :* 2, av. de la Grande-Armée. ☎ 04-95-20-53-14. Fax : 04-95-20-90-60. ● www.montagne-corse.com ● Des pros de la randonnée en Corse, spécialement du GR20. Prise en charge possible dès votre arrivée à Ajaccio, portage de sac, etc. Très sérieux et sympa.

■ *Relais régional des gîtes ruraux :* 1, rue du Général-Fiorella. ☎ 04-95-51-72-82 ou 04-95-32-27-78 (Bastia, réservations uniquement). Fax : 04-95-51-72-89. ● gites-de-france.corsica@wanadoo.fr ● Propose la liste des gîtes ruraux (et de quelques chambres d'hôte, des campings à la ferme) dans toute l'île. On peut écrire directement au propriétaire dont on trouvera l'adresse dans la brochure. Attention : comme partout ailleurs en France, les locations de gîtes se font à la semaine, et non à la journée.

✉ *Poste (zoom plan couleur A1) :* cours Napoléon. ☎ 04-95-51-84-65.

■ *Stations de taxis :* pl. Général-de-Gaulle, ☎ 04-95-21-00-87 ; av. Pascal-Paoli, ☎ 04-95-23-25-70.

■ *Parkings :* parkings payant sous la pl. Général-de-Gaulle (place du Diamant) ou quai L'Herminier. Pas trop chers et pratiques en été, où il devient difficile de trouver à se garer.

■ *Couleur Corse :* 7, domaine de Loretto. ☎ 04-95-22-58-56. Fax : 04-95-22-24-60. ● www.couleur-corse.com ● Une toute nouvelle agence spécialisée dans l'organisation de week-ends sportifs.

Transports

✈ *Aéroport de Campo dell'Oro :* situé à 6 km d'Ajaccio, sur la route de Porticcio. ☎ 04-95-23-56-56. Pour s'y rendre, prendre le bus n° 8 à la gare routière. Un bus toutes les heures environ (durée : 20 mn). Si vous êtes 4, prenez un taxi qui vous reviendra à peine plus cher et vous évitera d'attendre (intéressant notamment pour les randonneurs qui ont un bus à prendre).

■ *Air France :* ☎ 0802-802-802.

■ *Air Littoral :* ☎ 0803-834-834. Vols quotidiens Montpellier-Ajaccio (et Bastia).

■ *Nouvelles Frontières :* 12, pl. Foch. Vols saisonniers pour Bruxelles, Paris et les principales villes de province. ☎ 04-95-21-55-55.

■ *Compagnie Corse Méditerranée :* ☎ 0802-802-802. Vols de Nice et Marseille pour Ajaccio (ainsi que Bastia et Calvi).

■ *Ollandini Charter :* 1, route d'Alata. ☎ 04-95-21-10-12. Vols saisonniers pour les 4 aéroports corses depuis les principales villes de province.

■ *Sabena :* ☎ 04-95-23-56-50 *(Air Contact Service)*. 3 vols par semaine pour Bruxelles.

🚊 *Gare ferroviaire (plan couleur centre-ville B2) :* à la sortie du port d'Ajaccio, quand on va vers Corte et Porticcio. ☎ 04-95-23-11-03.

🚌 *Gare routière (zoom plan couleur A1) :* quai L'Herminier, sur le port, à côté de la gare maritime. ☎ 04-95-51-55-45.

⚓ *Gare maritime (zoom plan couleur A1, 2) :* quai L'Herminier. ☎ 04-95-51-55-45.

■ *SNCM :* à la gare maritime. ☎ 04-95-29-66-99 ou 66-88. Ferries pour Marseille, Nice et Toulon.

■ *CMN :* port de commerce, bd Sampiero. ☎ 0801-20-13-20 ou 04-95-11-01-00. Cargos mixtes passagers-marchandise. Liaisons avec Marseille et Porto-Torres.

PLANS ET CARTES
EN COULEURS

Planches **2-3** ———————— La Corse du Nord

Planches **4-5** ———————— La Corse du Sud

Planches **6-7** ———————— Ajaccio

Planche **8** ———————— Bastia

SOMMAIRE

LA CORSE DU NORD

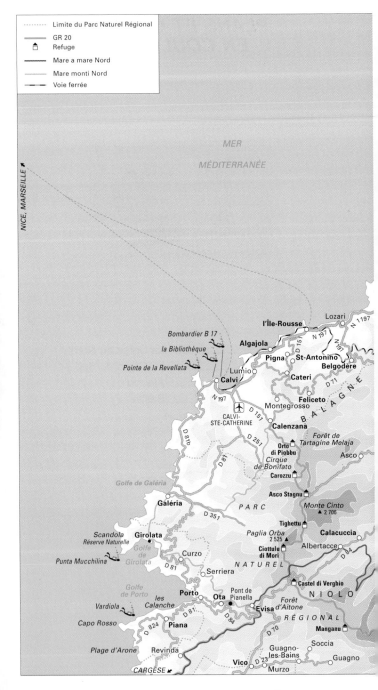

Limite du Parc Naturel Régional
GR 20
Refuge
Mare a mare Nord
Mare monti Nord
Voie ferrée

MER
MÉDITERRANÉE

NICE, MARSEILLE

Bombardier B 17
la Bibliothèque
Pointe de la Revellata

Lozari
l'Île-Rousse
N 1197
Algajola
D 151
N 197
N 197
Pigna
St-Antonino
Belgodère
Lumio
Cateri
Calvi
D 71
Feliceto
Montegrosso
BALAGNE
CALVI-
STE-CATHERINE
Calenzana
D 151
D 81b
D 251
Forêt de
Tartagine Melaja
Orto
di Piobbu
Cirque
de Bonifato
Asco
D 81
Carozzu
Golfe de Galéria
Asco Stagnu
PARC
Monte Cinto
▲ 2 706
Galéria
D 351
Tighettu
Paglia Orba
2 525 ▲
Calacuccia
Scandola
Réserve Naturelle
Girolata
Ciottulu
di Mori
Albertacce
D 84
Golfe
de
Girolata
Curzo
NATUREL
Punta Mucchilina
D 81
Serriera
Castel di Verghio
NIOLO
Golfe
de Porto
Porto
Ota
Pont de
Pianella
Forêt
d'Aitone
RÉGIONAL
les
Calanche
Evisa
Vardiola
D 824
Piana
D 81
D 84
D 70
Manganu
Capo Rosso
Soccia
Plage d'Arone
Revinda
Guagno-
les-Bains
Guagno
CARGÈSE
Vico
D 23
Murzo

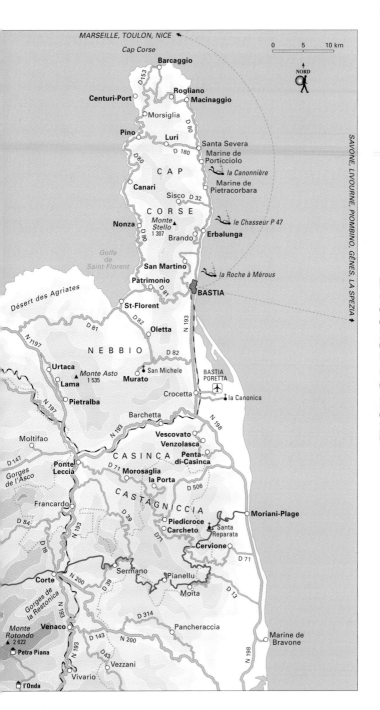

LA CORSE DU NORD

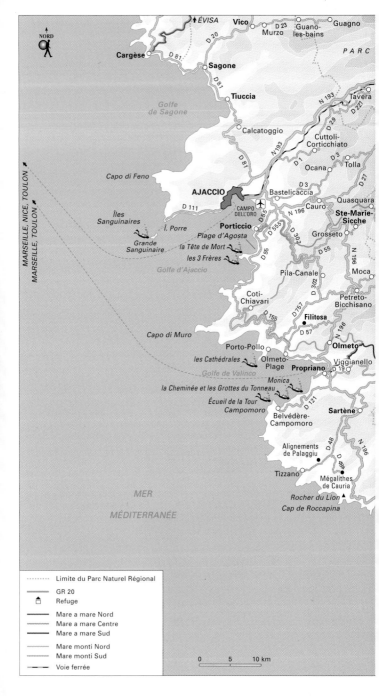

LA CORSE DU SUD

NORD

↑ÉVISA
Vico
D 23
Guano-
les-bains
Guagno
Murzo
PARC
D 20
Cargèse
D 81
Sagone
D 81
N 193
Tavera
D 227
Tiuccia
Golfe de Sagone
Calcatoggio
N 193
Cuttoli-
Corticchiato
D 29
D 1
D 3
Ocana
Tolla
D 81
Capo di Feno
AJACCIO
Bastelicaccia
D 3
D 27
Quasquara
D 111
CAMPO
DELL'ORO
N 196
Cauro
**Ste-Marie-
Sicche**
*Îles
Sanguinaires*
Porticcio
D 555
Grosseto
D 55
*Grande
Sanguinaire*
Î. Porre
Plage d'Agosta
D 302
la Tête de Mort
D 55
N 196
les 3 Frères
Golfe d'Ajaccio
Pila-Canale
Moca
D 302
Coti-
Chiavari
Petreto-
Bicchisano
D 757
Capo di Muro
D 155
Filitosa
N 196
D 57
Porto-Pollo
Olmeto
les Cathédrales
Olmeto-
Plage
Viggianello
Golfe de Valinco
Propriano
D 19
Monica
la Cheminée et les Grottes du Tonneau
Écueil de la Tour
D 121
Campomoro
Belvédère-
Campomoro
Sartène
N 196
*Alignements
de Palaggiu*
D 48
D 859
Tizzano
*Mégalithes
de Cauria*
Rocher du Lion
Cap de Roccapina

MER

MÉDITERRANÉE

MARSEILLE, NICE, TOULON ↗
MARSEILLE, TOULON ↗

.... Limite du Parc Naturel Régional

────── GR 20
⌂ Refuge

────── Mare a mare Nord
────── Mare a mare Centre
────── Mare a mare Sud

────── Mare monti Nord
────── Mare monti Sud
────── Voie ferrée

0   5   10 km

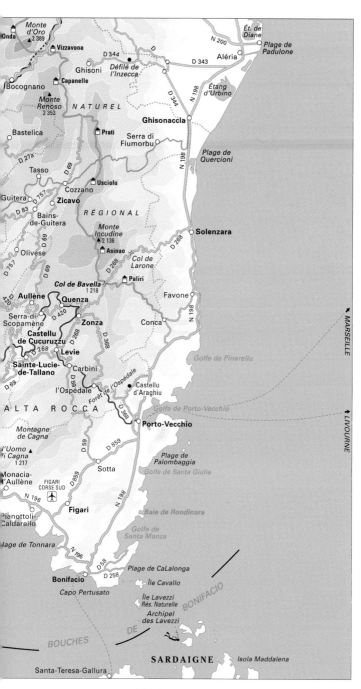

LA CORSE DU SUD

LA CORSE DU SUD

AJACCIO

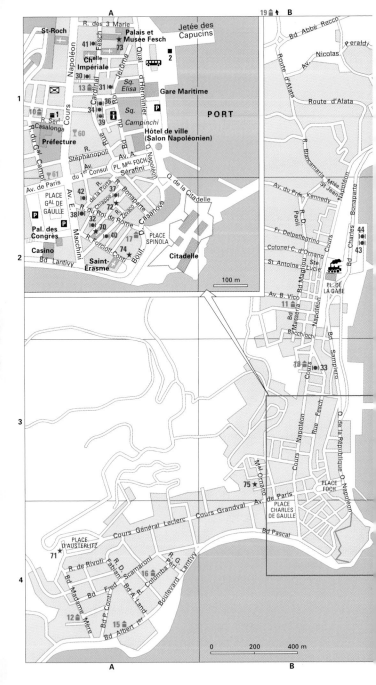

A

R. des 3 Marie
St-Roch
Palais et
★ Musée Fesch
Jetée des
Capucins
41
73
Chelle
Impériale
30
13
31
Sq.
Elisa
Gare Maritime
1
34
36
39
Sq.
Campinchi
PORT
10
1
R. Ser
Préfecture
60
Hôtel de ville
(Salon Napoléonien)
61
R.
Stéphanopoli
Av.
du 1er Consul
PL. MAL FOCH
Av. A.
Sérafini
Av. de Paris
PLACE
GAL DE
GAULLE
42
37
R.
de la Porta
72
32
38
R. du Roi de Rome
70
Pal. des
Congrès
40
17
Casino
74
PLACE
SPINOLA
Bd Lantivy
2
Saint-
Erasme
Citadelle
100 m

B

19
Bd Abbé Recco
P erald
Nicolas
Av.
Route d'Alata
Route d'Alata
1
Av. du Prés. Kennedy
St Jean
Fr. Delpellegrino
44
Cotonel C. d'Ornano
Ste
43
St Antoine
Lucie
PL. DE
LA GARE
2
Av. B. Vico
11
Bacchiochi
18
33

3

75 ★
PLACE
FOCH
Av. de Paris
PLACE
CHARLES
DE GAULLE
Cours Grandval
Bd Pascal
PLACE
D'AUSTERLITZ
71 ★
Cours Général Leclerc
R. de Rivoli
16
4
12
15
Bd Albert 1er

0   200   400 m

A   B

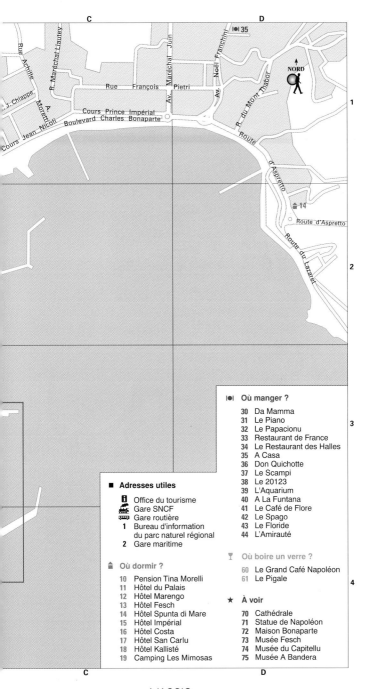

■ Adresses utiles

- **日** Office du tourisme
- **🚂** Gare SNCF
- **🚌** Gare routière
- **1** Bureau d'information du parc naturel régional
- **2** Gare maritime

🛏 Où dormir ?

- **10** Pension Tina Morelli
- **11** Hôtel du Palais
- **12** Hôtel Marengo
- **13** Hôtel Fesch
- **14** Hôtel Spunta di Mare
- **15** Hôtel Impérial
- **16** Hôtel Costa
- **17** Hôtel San Carlu
- **18** Hôtel Kallisté
- **19** Camping Les Mimosas

|●| Où manger ?

- **30** Da Mamma
- **31** Le Piano
- **32** Le Papacionu
- **33** Restaurant de France
- **34** Le Restaurant des Halles
- **35** A Casa
- **36** Don Quichotte
- **37** Le Scampi
- **38** Le 20123
- **39** L'Aquarium
- **40** A La Funtana
- **41** Le Café de Flore
- **42** Le Spago
- **43** Le Floride
- **44** L'Amirauté

🍸 Où boire un verre ?

- **60** Le Grand Café Napoléon
- **61** Le Pigale

★ À voir

- **70** Cathédrale
- **71** Statue de Napoléon
- **72** Maison Bonaparte
- **73** Musée Fesch
- **74** Musée du Capitellu
- **75** Musée A Bandera

8

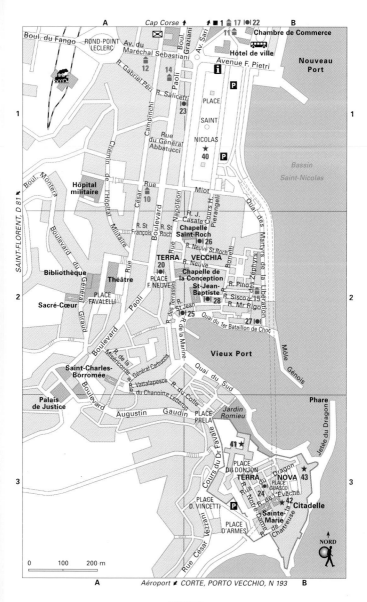

BASTIA

BASTIA

■ Adresses utiles

🛈 Office du tourisme
🚉 Gare SNCF
🚌 Gare routière
1 Gare maritime

🛏 Où dormir ?

10 Hôtel Central
11 Hôtel Riviera
12 Hôtel des Voyageurs

14 Hôtel Napoléon
15 Hôtel Posta Vecchia
17 Hôtel L'Alivi

I●I Où manger ?

20 Le Pub Assunta
22 La Voûte
23 Le Palais des Glaces
24 A Casarella
25 Le Colomba

26 Magasin Cocovert
27 Le Caveau du Marin
28 La Table du Marché

★ À voir

40 Place Saint-Nicolas
41 Palais des Gouverneurs /
   Musée d'Ethnographie
42 Oratoire Sainte-Croix
43 Paisolo, le village miniature de Saint-Antoine

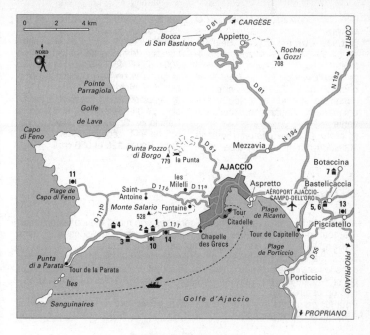

LE GOLFE D'AJACCIO

📮 **Où dormir ?**

1 Camping de Barbicaja
2 La Pinède
3 Hôtel Stella di Mare
4 Les Calanques
5 Les Amandiers
6 Hôtel L'Orangeraie

7 Les Hameaux de Botaccina

🍽 **Où manger ?**

10 L'Ariadne Plage
11 Le Pirate, chez Pierre Tou
13 L'Auberge de Prunelli
14 Le Beau Rivage

Location de voitures

Une petite dizaine de loueurs vous attendent dans le hall de l'aéroport à votre arrivée à Ajaccio. N'hésitez pas à demander un tarif spécial hors saison. Pensez à louer une petite voiture, pratique pour les routes étroites et sinueuses, avec un toit ouvrant (il fait parfois très très chaud !). Et n'oubliez pas votre carte bancaire, généralement demandée pour la caution.

■ *Hertz :* à l'aéroport. ☎ 04-95-23-57-04. Ou dans le centre-ville, cours Grandval. ☎ 04-95-21-70-94.
■ *Citer :* à l'aéroport. ☎ 04-95-23-57-15. Bd Lantivy : ☎ 04-95-21-21-21.
■ *Ada :* aéroport. ☎ 04-95-23-56-57.

Location de vélos, scooters et motos

■ *BMS :* jetée de la Citadelle (port Tino-Rossi). ☎ 04-95-21-33-75 ou 06-09-24-56-43. Fax : 04-95-21-33-75. Location de motos 125 et

600 cm³, scooters, VTT, bateaux et voiliers.

■ *Loca Corse :* 10, av. Bévérini. ☎ 04-95-20-71-20. Motos et scooters.

■ *Rout'Évasion :* 2, av. Noël-Franchini. ☎ 04-95-22-72-87. Fermé les dimanche et lundi, et à Noël. Vélos uniquement. Réparation, location et vente.

■ *Moto Corse Évasion* (François Massoni) : immeuble Cinarca, montée Saint-Jean, 20090 Ajaccio. ☎ 04-95-20-52-05 ou 06-07-23-99-68. Fax : 04-95-22-48-11. Fermé en novembre. Location de motos 125 et 650 cm³, de 300 à 550 F (45,7 à 83,8 €) la journée, et organisation de randonnées et de séjours à moto.

■ *Ajaccio Moto Location :* à l'aéroport, ☎ 04-95-23-56-36, et 51, cours Napoléon, ☎ 04-95-51-34-45. Location de VTT, scooters 50 et 125 cm³, Trails Honda 125 et 650 cm³.

Où dormir ?

Ajaccio n'offre pas un grand choix d'adresses bon marché. Nous avons malgré tout déniché quelques petits hôtels corrects, et disons que dans l'ensemble le niveau de l'hôtellerie est plutôt satisfaisant.

Si tout est complet en saison, on conseille aux petits budgets de chercher dans les environs proches (Bastellicacia à l'est, Porticcio au sud, voire Tiuccia et Sagone au nord : tous ces villages ne sont pas à plus de 30 mn en voiture du centre-ville).

Pour les campings, pas grand choix (deux seulement). D'autres à Porticcio, à 15 km (liaisons par car).

EN VILLE

Camping

🛏 *Camping Les Mimosas* (hors plan couleur centre-ville par B1, *19*) : route d'Alata. ☎ 04-95-20-99-85. 🅿 À 3 km à l'est du centre-ville. Assez tranquille, en retrait du tumulte ajaccien. Relativement bien ombragé d'eucalyptus et correctement équipé : snack, épicerie, eau chaude à volonté, accès handicapés... Si on est à pied, on est quand même un peu loin de tout.

Bon marché

🛏 *Pension de famille Tina Morelli* (zoom plan couleur A1, *10*) : 1, rue Major-Lambroschini, ☎ 04-95-21-16-97. Au premier étage d'un vieil immeuble, à l'escalier vétuste. Demi-pension à 200 F (30,5 €) par personne. Le genre d'adresse en voie de disparition, modeste et gentille, où madame Morelli dispense une franche cuisine familiale et loue des chambres anciennes et propres, certaines dans l'appartement même de Mme Morelli, d'autres au 4e, en demi-pension uniquement (nuitée, petit déjeuner, repas du midi ou du soir). Excellent accueil. Réservation recommandée : peu de chambres et il y a des habitués. Attention, pas de paiement par carte bancaire.

Prix modérés

🛏 *Hôtel Marengo* (plan couleur centre-ville A4, *12*) : 2, rue Marengo. ☎ 04-95-21-43-66. Fax : 04-95-21-51-26. Fermé de mi-décembre à mi-mars. Selon la saison, chambre double avec douche de 250 à 290 F

(38,1 à 44,2 €), avec bains et w.-c. de 280 à 360 F (42,7 à 54,9 €). Une de nos adresses ajacciennes les plus anciennes et les plus fiables. Jamais l'ombre d'un couac avec le *Marengo*. Petit hôtel caché au fond d'une impasse, donc au calme, à proximité de la plage et du casino, sur la route des Sanguinaires. Certaines chambres donnent sur une courette fleurie. Accueil prévenant. Chambres simples mais bien tenues et dotées de tout le confort (téléphone, TV, clim, double-vitrage...). Réduction de 10 % sur le prix de la chambre pour nos lecteurs sauf en juillet et août.

â **Hôtel du Palais** *(plan couleur centre-ville B2, 11)* : 5, av. Beverini-Vico. ☎ 04-95-22-73-68. Selon saison, chambre double avec douche de 270 à 330 F (41,2 à 50,3 €), avec douche ou bains et w.-c. de 300 à 370 F (45,7 à 56,4 €). Un immeuble assez central entièrement retapé et transformé en hôtel en 1999. C'est propre et l'accueil que nous avons reçu était aimable. En revanche, c'est assez bruyant.

â **Hôtel Spunta di Mare** *(plan couleur centre-ville D2, 14)* : quartier Saint-Joseph. ☎ 04-95-23-74-40. Fax : 04-95-20-80-02. Chambre double de 300 à 400 F (45,7 à 61 €) selon la saison. Menu à 75 F (11,4 €). Excentré mais pratique quand on vient de l'aéroport (tout de suite à droite avant le cours Prince-Impérial). Immeuble moderne aux chambres assez spacieuses. Bien tenu et tout confort : bains, w.-c., TV, téléphone. Panorama sur le golfe pour la plupart des chambres. Fait aussi restaurant.

â **Hôtel Kallisté** *(plan couleur centre-ville B3, 18)* : 51, cours Napoléon. ☎ 04-95-51-34-45. Fax : 04-95-21-79-00. ♿ Ouvert toute l'année. Selon confort et saison, de 250 à 420 F (38,1 à 64 €) la chambre double. Bien situé et bien tenu (chambres non-fumeurs), cet hôtel propose des chambres de confort et de capacité variables dont une bonne partie a été refaite et bien. Nous déplorons toutefois les très fréquents problèmes d'accueil dont nous font part les lecteurs, et que nous avons d'ailleurs constatés par nous-même. Une bien mauvaise image de l'hospitalité corse.

Un peu plus chic

â **Hôtel Fesch** *(zoom plan couleur A1, 13)* : 7, rue Fesch. ☎ 04-95-51-62-62. Fax : 04-95-21-83-36. ● www. hotel-fesch.com ● Fermé du 20 décembre au 6 janvier. Selon confort et saison, chambre double de 325 à 455 F (49,5 à 69,4 €). Le *Fesch* peut plaire car central et bien tenu. Chambres de bon confort dans l'ensemble, avec meubles en châtaignier, douche ou bains et w.-c., mini-bar, climatisation et TV satellite, le luxe ! Et si vous voulez le balcon, au dernier étage, c'est 50 F (7,6 €) de plus. Petit déjeuner offert à nos lecteurs sur présentation du *GDR*.

â **Hôtel Impérial** *(plan couleur centre-ville A4, 15)* : 6, bd Albert-Ier (au sud-ouest du centre-ville). ☎ 04-95-21-50-62. Fax : 04-95-21-15-20. Fermé de novembre à mars. Selon confort et saison, de 290 à 480 F (44,2 à 73,2 €) la chambre double ; demi-pension (demandée en juillet et août) de 275 à 375 F (41,9 à 57,2 €) par personne. Un 3 étoiles à la belle entrée de style disons... napoléonien. Jetez un œil, à l'accueil, sur l'affiche du *Napoléon* d'Abel Gance. Chambres d'un cossu vieillissant mais confortables et bien tenues, avec douche ou bains et w.-c., TV et clim. Pas pour toutes les bourses, mais le prix inclut parasol et matelas sur la plage privée, située juste en face à 20 m... D'autres chambres à l'annexe, juste derrière, plus modernes mais petites aussi et non climatisées. Dispose aussi d'un restaurant, le *Baroko*, pas transcendant mais honnête (bon à savoir car la demi-pension est obligatoire en juillet et août).

â **Hôtel Costa** *(plan couleur centre-ville A4, 16)* : 2, bd Colomba. ☎ 04-95-21-43-02. Fax : 04-95-21-59-82. Chambre double avec douche de 320 à 445 F (48,8 à

67,8 €) selon la saison ; avec bains de 370 à 500 F (56,4 à 76,2 €) ; et supplément « balcon » à 52 F (7,9 €) de mai à octobre. Dans un quartier bien calme. La façade est assez quelconque, béton beige, mais, dans les lignes et aussi à voir le gigantesque palmier à côté du perron, on sent qu'il y a autre chose. C'est qu'en réalité le *Costa* a été une grande maison bourgeoise, de style florentin (un peu comme la belle villa voisine à droite), construite en 1899 et relookée voici une trentaine d'années. Mais l'intérieur a conservé de beaux espaces. Chambres spacieuses donc, très propres et, dans

celle qu'on a occupée, un mobilier des années 1970 *(early seventies)* parfaitement conservé (fauteuils en plastique en forme d'œuf et grande table de bois à écritoire intégré, avec éclairage automatique quand on l'ouvre) et une excellente literie. On dort là sur ses deux oreilles, on sent que c'est du solide, et le voisin d'en dessous ferait exploser une grenade qu'on ne l'entendrait pas. Rien, pas un bruit, pas une secousse. Dans le hall, salle de petit déjeuner pas assez grande en revanche (il faut attendre son tour par exemple si tout un car l'occupe). Bon accueil.

Plus chic

■ *Hôtel San Carlu* *(zoom plan couleur A2, 17)* **:** 8, bd Danielle-Casanova. ☎ 04-95-21-13-84. Fax : 04-95-21-09-99. ☒ Fermé du 20 décembre au 20 janvier. Chambre double avec vue sur mer de 410 à 495 F (62,5 à 75,5 €) hors saison ; de 495 à 550 F (75,5 à 83,8 €) de

juin à septembre. Face à la Citadelle. Belle vue pour les chambres côté mer, et bon confort : bains ou douche et w.-c., TV satellite, ventilo, bar. Très bien tenu et accueil souriant. Plage de Saint-François à 100 m.

SUR LA ROUTE DES SANGUINAIRES (AJACCIO OUEST)

Camping

■ *Camping de Barbicaja* *(plan Golfe d'Ajaccio, 1)* **:** route des Sanguinaires, à 3 km du centre-ville, sur la droite de la chaussée (panneau). ☎ 04-95-52-01-17. Compter 110 F (16,8 €) pour deux. Ce camping n'a rien d'extraordinaire, mais dans le

coin de toute façon on n'a pas trop le choix. Sanitaires vieillots (mais apparemment en nombre suffisant), accueil un peu rude. Emplacements en espaliers. Arrêt de bus pour Ajaccio à 200 m. Plage à 300 m.

Prix moyens

■ *Hôtel Stella di Mare* *(plan Golfe d'Ajaccio, 3)* **:** route des Sanguinaires. ☎ 04-95-52-01-07. Fax : 04-95-52-08-69. ● stella-di-mare/visitcorse.com ● Ouvert d'avril à octobre. De 250 à 550 F (53,3 à 91,5 €) la chambre double selon la saison, confort et orientation ; en juillet-août, demi-pension obligatoire, de 300 à 470 F (45,7 à 71,6 €) par personne. Assez loin du centre-ville, à 4 ou 5 km sur la route des Sanguinaires, sur la gauche. Présente l'avantage de donner directement sur la plage

et le golfe d'Ajaccio. Une bonne entrée en matière quand on débarque du continent, et qu'on a juste une grosse envie de baignade et de soleil. Piscine. En revanche, bâtiment et dépendances tristes d'aspect : béton rectiligne années 1970, peu de plantations, peinture à revoir (en cours). La moitié des chambres (douche ou bains, TV) a la vue sur mer (et Sanguinaires), certaines avec terrasse ; les autres, avec vue sur l'arrière et sans balcon, valent moins cher mais ne présenter plus du tout le même intérêt. Restaurant.

🏠 |●| *Les Calanques (plan Golfe d'Ajaccio, 4)* : route des Sanguinaires. ☎ 04-95-52-02-34. Fax : 04-95-52-08-82. 🍴 ● lescalanques.hotel@wanadoo.fr ● Chambre double avec douche et w.-c. de 370 à 560 F

(56,4 à 85,4 €). Grand bâtiment sans grand charme, aux chambres sobres. Hôtel-club proposant toutes sortes d'activités nautiques (mais le club de plongée n'est pas formidable), ou simplement le farniente. Piscine. Bonne restauration.

Plus chic

🏠 *La Pinède (plan Golfe d'Ajaccio, 2)* : route des Sanguinaires. ☎ 04-95-52-00-44. Fax : 04-95-52-09-48. À 4 km du centre-ville direction les Sanguinaires, et petite route sur la droite (panneau), c'est 100 m plus loin. Selon saison et orientation (mer ou maquis), de 430 à 990 F (65,6 à 150 €) la chambre double, petit dé-

jeuner compris. Un vrai 3 étoiles de bon confort moderne et relax, dans un environnement parfait : grande piscine, fleurs et arbres. Ne manque que la plage (300 m). Accueil et service professionnels. Le genre d'adresse où l'on sait pourquoi on paye.

Où dormir dans les environs ?

Concentration de bonnes adresses à Bastelicaccia, 13 km à l'est d'Ajaccio, sur les hauteurs de l'arrière-pays.

Assez bon marché

🏠 *Les Hameaux de Botaccina (plan Golfe d'Ajaccio, 7)* : 20129 Bastelicaccia. ☎ 04-95-20-00-30. Fax : 04-95-20-00-30. 🍴 Venant d'Ajaccio, prendre la direction Sartène-Porticcio puis à gauche vers Bastelicaccia ; au centre du village, prendre à gauche en épingle vers Botaccina ; c'est à 2 km sur la gauche. Ouvert toute l'année. Bungalows de une et deux pièces pour 3 à 5 personnes, de 2 700 à 3 700 F (412 à 564 €) la semaine en juillet et août. Moins cher en moyenne et basse saison. Également des stu-

dios pour deux personnes, de 200 à 300 F (30,5 à 45,7 €) selon la saison. Des bungalows en dur avec une ou deux chambres (pour 2 à 4 personnes ou pour 4 à 6 personnes), séjour, coin cuisine, douche, w.-c. et terrasse. Confort un peu juste quand même, mais bon, c'est assez bon marché.. Environnement fleuri et animalier (poules, daims, tortues... le zoo !), endroit tranquille et propriétaires gentils. Petite bibliothèque. Très bien pour se détendre. Pas de piscine, malheureusement.

Prix moyens

🏠 *Hôtel L'Orangeraie (plan Golfe d'Ajaccio, 6)* : à Bastelicaccia. ☎ 04-95-20-00-09. Fax : 04-95-20-09-24. Selon la saison, studios de 200 à 400 F (30,5 à 61 €) ; F2 de 320 à 500 F (48,8 à 76,2 €). À la sortie du village, direction Porticcio, à gauche. Des pavillons noyés dans une invraisemblable végétation méditerranéenne : palmiers, orangers, arbousiers... De loin le plus beau, le plus étonnant

jardin que nous ayons vu en Corse, entretenu avec art et passion par M. Grisoni. Un cadre superbe donc, et bon accueil, même si parfois un peu débordé. Location de studios pour 1 à 3 personnes ou de deux pièces pour 2 à 5 personnes, à la nuit ou à la semaine. Pas tout neufs mais bien équipés : bonne literie, isolation thermique, TV, sèche-cheveux, barbecue, terrasse, cuisine...

Petite piscine. S'y prendre à l'avance car souvent complet.

≜ *Les Amandiers* *(plan Golfe d'Ajaccio, 5) :* à Bastelicaccia (entrée commune avec *l'Orangeraie* cité précédemment). ☎ 04-95-20-02-18. Fax : 04-95-20-08-35. Ouvert toute l'année. Selon la saison, bungalows 3 personnes de 230 à 350 F (35 à 53,3 €) par jour ; avec 2 chambres et pour 5 personnes, de 320 à 440 F (48,8 à 67,1 €) par jour. Là encore, cadre fleuri et bon confort des bungalows. Coin cuisine, téléphone et TV. Ambiance familiale.

≜ Voir aussi nos adresses à *Porticcio*, à 15 km d'Ajaccio.

Gîtes ruraux

≜ *Gîtes de M. Dominique Bonardi :* à Pratuschellu, Sarrola-Carcopino, 18 km au nord-est d'Ajaccio (route de Corte et D161 sur la gauche vers Sarrola-Carcopino). Réservations auprès des Gîtes de France en Corse : ☎ 04-95-51-72-82. Fax : 04-95-51-72-89. De juin à septembre uniquement. En juin et septembre, 2 380 F (363 €) la semaine ; en juillet et août, 2 600 F (396 €). Dans l'arrière-pays d'Ajaccio, dans une maison de pierre isolée. Accès par un chemin de terre sur 100 m. Deux gîtes de 44 m², sur deux niveaux chacun, avec, au rez-de-jardin, une chambre avec lit double (possiblité lit enfant), salle d'eau et w.-c. ; à l'étage, séjour-cuisine avec convertible 2 places. Ce n'est pas bien grand mais déco contemporaine de bon goût, dans des tons doux, et bonne situation pour rayonner dans la région d'Ajaccio. Et puis c'est vraiment bon marché. Commerces à 8 km, plage de Porticcio à 20 km (mieux que celles d'Ajaccio). Lave-linge, cheminée. Salon de jardin et terrain de 15 ha. Bois, chauffage et location des draps en sus. Animaux acceptés.

≜ *Gîtes de M. Jean-Baptiste Giorgiaggi :* plaine de Peri, à 12 km au nord-est d'Ajaccio (route de Corte, puis à droite par la D1 qui monte vers Cuttoli, les gîtes se trouvent à environ 4 km sur la droite). Réservations auprès des Gîtes de France en Corse : ☎ 04-95-51-72-82. Fax : 04-95-51-72-89. En basse saison, de 1 810 à 2 035 F (276 à 310 €) la semaine ; 2 825 F (430 €) en juin et septembre ; 3 390 F (517 €) en juillet et août. Là encore, un bon plan dans l'arrière-pays d'Ajaccio, à 15 mn seulement de la ville mais dans la cambrousse et à prix intéressant. Maison récente et isolée (le propriétaire, exploitant agricole, habite à 500 m). Environnement fleuri et ombragé. Vastes gîtes de 90 et 100 m² (si grands qu'on a un peu une impression de vide) correctement équipés (congélateur, lave-linge, prises TV et téléphone). Séjour (convertible 2 places), cuisine, 2 chambres ou chambre et mezzanine (un lit double et deux lits), salle de bains-w.-c. Pas de vis-à-vis d'un gîte à l'autre. Douche extérieure également, et terrasse avec barbecue. Terrain clos de 3 ha. Animaux acceptés.

Où manger ?

Les Ajacciens savent vivre, c'est sans doute pourquoi on trouve ici de bonnes petites tables un peu partout. Évitez toutefois les pièges à touristes disséminés autour du port : la bouillabaisse sent parfois la conserve...

Bon marché à prix moyens

– *Sur le marché :* square Campinchi (face à l'office du tourisme). Vous avez de la chance, le marché ouvre tous les jours (sauf lundi où il y a moins de stands). On conseille aux fauchés d'acheter des petits feuilletés aux blettes ou aux oignons (pas cher), de se faire couper une tranche de jambon, un bout de fromage et d'acheter du pain : chouettes casse-croûte en perspective.

l●l *Le Piano (zoom plan couleur A1, 31)* : 13, bd du Roi-Jérôme. ☎ 04-95-51-23-81. Fermé le dimanche midi. Sert jusqu'à 23 h. Menus de 70 à 170 F (10,7 à 25,9 €). Attention, les deux premiers menus ne sont servis que de 12 h à 13 h 30 et de 19 h 30 à 22 h. Service rapide et attentionné, petite salle aux tons doux et terrasse face au marché. On se restaure ici très correctement d'une cuisine classique bien tournée (salade aux lardons et foie gras, tournedos aux morilles, profiterolles...).

l●l *Pizzeria U Papacionu (zoom plan couleur A2, 32)* : 16, rue Saint-Charles. ☎ 04-95-21-27-86. Fermé à midi et en hiver (jusqu'à fin mai). Une pizzeria nichée dans une ruelle piétonne. Les tables sont presque toutes en terrasse. Compter 60 F (9,1 €) pour une pizza et de 60 à 90 F (9,1 à 13,7 €) pour une salade. Des pizzas classiques mais réussies. Côté salades, on a bien aimé « l'exotique » (pamplemousse, poulet mariné au citron...) même si, comme son nom l'indique, elle n'a rien d'italien. La déco simple et gaie (orange et bleu) et une équipe jeune et agréable contribuent à faire de cette pizzeria une étape sympa.

l●l *Le Restaurant des Halles (zoom plan couleur A1, 34)* : 4, rue des Halles. ☎ 04-95-21-42-68. Fermé le dimanche (mais ouvert le dimanche soir en saison). Formule à 75 F (11,4 €) et menus. Petite terrasse dans la rue piétonne et salle nappée de blanc, service aimable et rapide, et des plats simples et réussis. Tripes maison, pâtes fraîches, et, quand on est passé, une bouillabaisse de rougets pas mauvaise. Digestif maison offert à nos lecteurs.

l●l *Da Mamma (zoom plan couleur A1, 30)* : passage Guinguette (porche et escalier donnant cours Napoléon, face à la poste). ☎ 04-95-21-39-44. Fermé les lundi midi et dimanche midi en été, et le dimanche en hiver. Menus de 65 à 145 F (9,9 à 22,1 €). Une adresse bien discrète et dotée d'une terrasse agréable, dans une ruelle pentue reliant le cours Napoléon à la rue Fesch. Service prompt et attentionné pour une cuisine qui se tient. Mais on conseille plutôt de se cantonner aux premiers menus, le plus cher étant un peu décevant. Dans celui à 95 F (14,5 €), copieux, une terrine de *figatellu* sur salade et champignons frais, puis de bonnes cailles dodues et rôties, accompagnées si l'on veut de beignets de courgette. Là-dessus, gâteau au chocolat impeccable. N'oublions pas la réserve maison, qui se boit toute seule (on l'a quand même un peu aidée !). Dommage que la longue terrasse couverte soit un peu tristounette le soir, avec son éclairage au néon.

l●l *Le Spago (zoom plan couleur A2, 42)* : rue Emmanuel-Arène, ☎ 04-95-21-15-71. En été, fermé le samedi midi et le dimanche midi ; hors saison, le dimanche soir aussi. Salades de 35 à 60 F (5,3 à 9,1 €), plat du jour dans les 50 F (7,6 €), menu corse à 135 F (20,6 €). Deux jeunes gars d'ici ont ouvert en 1999 ce resto à la déco intérieure moderne assez dépouillée et pas très chaleureuse (chaises en inox, tons gris), mais aussi à la terrasse large et tranquille. Priorité à la fraîcheur et à la qualité des produits, et une sympathique formule de salades à composer soi-même (on choisit les ingrédients sur une carte assez fournie), copieusement servies. La moules-frites (moules de Diana)

est excellente, préparée comme il faut, et le menu corse avec deux entrées, plat, fromage et dessert se révèle sincère et authentique. Service bien cool, aimable, et parfois Sylvain branche sa guitare pour balancer un petit riff bien rock'n'roll, un vieux blues de derrière le Monte Cinto.

|●| *Le Café de Flore* (*zoom plan couleur A1, 41*) : 33, rue Fesch. ☎ 04-95-21-13-87. Fermé le dimanche, et le soir hors saison. Formule du jour plat-dessert à 60 F (9,1 €) ; salades et pâtes de 40 à 60 F (6,1 à 9,1 €) ; viandes de 50 à 80 F (7,6 à 12,2 €). Un nom de brasserie parisienne et quelque chose en effet d'un peu parigot dans la déco néo-Art nouveau, et dans le look des tables en terrasse. La place est agréable, face au musée Fesch, et les assiettes prestement délivrées sont belles. Salades copieuses, vraies frites avec les viandes, la cantine est bonne. Hors saison, bons petits plats mijotés.

|●| *Don Quichotte* (*zoom plan couleur A1, 36*) : rue des Halles (entre la rue Fesch et le boulevard du Roi-Jérôme). ☎ 04-95-21-27-30. ♨ Fermé le dimanche et en novembre. Menus de 76 à 160 F (11,6 à 24,4 €). Terrasse agréable dans une rue piétonne. Une adresse classique, sans prétention, mais où le cuistot se défend rudement bien. Spécialité de viande de bœuf (T bone, côte à l'os, bavette...) et bons plats du jour. À voir, dans la salle de resto, la statue trouvée en 1994 au cours de travaux de rénovation : une Vierge à l'Enfant Renaissance italienne d'une beauté rare, gracieuse comme un Botticelli. Cadeau du Ciel ? Café offert à nos lecteurs.

|●| *L'Aquarium* (*zoom plan couleur A1, 39*) : 2, rue des Halles. ☎ 04-95-21-11-21. Fermé le lundi, sauf en juillet et août, et du 20 janvier au 20 février. Menus de 70 à 190 F (10,7 à 29 €). Toujours dans la courte rue des Halles, un petit resto spécialisé poisson. Friture du golfe, pêche du jour (rouget, loup), on vient ici pour ça. Service gentil de la patronne. Digestif offert à nos lecteurs.

|●| *L'Ariadne Plage* (*plan Golfe d'Ajaccio, 10*) : route des Sanguinaires. ☎ 04-95-52-09-63. Ouvert de Pâques à octobre. À la carte, compter 100 ou 150 F (15,2 ou 22,8 €). La plus ancienne paillote de l'île, où déjà vers 1900 des Anglais venaient se faire rôtir la couenne en tenue de bain. Restent les cabines de plage, multicolores. Fred a donc repris cette institution pour lui redonner une seconde jeunesse, à coups de cuisine antillaise, thaï ou marocaine, et de *beef cubana* (recette perso). On peut aussi tenter les poissons : Fred travaille avec un pêcheur, et c'est marrant de le voir passer commande avec son portable, « Alors qu'est-ce que t'as aujourd'hui ? Super ! Rapporte-m'en une caisse ! », et le pêcheur se pointe avec sa petite barque, direct sur la plage. Bons poissons donc (dentils, sars, pageots) et, le samedi soir en saison, méga-nouba avec animation musicale (salsa, reggae, funk, zouk). C'est que Fred a été danseur professionnel, et percussionniste, alors la zizique et la fête, il connaît.

|●| *A Casa* (*plan couleur centre-ville D1, 35*) : 21, av. Noël-Franchini (prendre à gauche au feu au bout du boulevard Charles-Bonaparte). ☎ 04-95-22-34-78. Fermé le dimanche (sauf en juillet et août) et du 10 décembre au 10 janvier. Menu à 76 F (11,6 €) en semaine, autres menus à 125 et 180 F (19 et 27,4 €). Dans un quartier un peu excentré, une adresse bien connue des Ajacciens pour son originalité. Perchées sur la statue patio-balcon, une dizaine de tables encadrées de plantes vertes, fleurs et parasols. Cuisine sans prétention mais très correcte (optez pour le menu corse, qui ne déçoit pas). Bon sartène et muscat du tonnerre. Mais disons qu'on ne vient pas ici uniquement pour ça ; on mange bien certes, mais surtout, les vendredi et samedi soir, on dîne en magie : Franck, le patron, est aussi magicien professionnel, top niveau vraiment, et illusions, prestidigitation et tours ahurissants se succèdent. En saison, show plus fort encore, avec lévitation et tronçonnage de partenaire. Bluffant ! Menu unique à 180 F (27,4 €) pour ces soirées. Un bon conseil, réservez pour le dîner-

spectacle, vous ne le regretterez pas.

I●I **Restaurant de France** (plan couleur centre-ville B3, 33) : 59, rue Fesch. ☎ 04-95-21-11-00. ໕ Fermé le dimanche et en novembre. Menus à 98 F (sauf le dimanche) et 130 F (14,9 et 19,8 €). L'une des rares bonnes adresses à prix accessibles de cette rue touristique. On y sert, dans un cadre chaleureux, une délicieuse cuisine corse ou continentale classique. Plats soignés dans de belles assiettes. Goûter, entre autres, aux rognons de veau au genièvre ! Menus d'un bon rapport qualité-prix, service aimable.

I●I **L'Amirauté** (plan couleur centre-ville B2, 44) : port Charles-Ornano (port de plaisance). ☎ 04-95-22-48-22. Fermé le dimanche midi en saison ; dimanche soir et lundi hors saison. Congés annuels : 3 semaines pendant les fêtes de fin d'année. Carte uniquement, compter 100 F (15,2 €). Avec sa terrasse sur le quai d'Honneur, L'Amirauté est du genre brasserie qui ne désemplit pas. Salades chaudes ou froides, pizzas, plats du jour et, le week-end, poisson frais grillé, les Ajacciens s'en repaissent et plus que les touristes constituent le gros de la clientèle. Un signe qui ne trompe pas.

I●I **Le Floride** (plan couleur centre-ville B2, 43) : port Charles-Ornano (port de plaisance). ☎ 04-95-22-67-48. L'été, fermé samedi midi et dimanche midi ; hors saison, fermé samedi midi et dimanche soir, et 10 jours en octobre. Hors saison, menu à 120 F (18,2 €), café compris ; l'été, menu poisson frais à 150 F (22,8 €). Juste à côté de L'Amirauté, mais à l'étage. Grande salle aux larges baies, et une cuisine tournée vers la mer. Préférer le poisson du jour à celui figurant à la carte en permanence, qui n'aura pas la même fraîcheur. Service et atmosphère un peu chics. Là encore, une adresse fréquentée surtout par les locaux.

Un peu plus chic

I●I **Le Beau Rivage** (plan Golfe d'Ajaccio, 14) : route des Sanguinaires. ☎ 04-95-21-12-07. Fermé les dimanche soir et lundi hors saison. Menus à 115 et 140 F (17,5 et 21,3 €). En bordure des flots, une bien agréable table de la mer. Salle coquette ou terrasse les pieds dans l'eau, service prévenant et poisson frais bien cuisiné. Et des prix raisonnables, notamment pour le second menu avec sa pêche du jour (chapon, sar ou denti présentés), bien plus avantageux que l'habituelle vente au poids, puisqu'ici, à prix comparable on a droit en plus à l'entrée et au dessert (d'ailleurs savoureux). Bref, un bon rapport qualité-prix, et une belle régularité. L'une des valeurs sûres d'Ajaccio.

I●I **Le 20123** (zoom plan couleur A2, 38) : 2, rue du Roi-de-Rome. ☎ 04-95-21-50-05. Fermé le lundi (lundi midi uniquement en saison), le samedi midi, et du 15 janvier au 15 février. Menu à 95 F (14,5 €) le midi ; autre menu à 165 F (25,1 €). Auparavant situé à Pila Canale (code postal 20123), dans l'arrière-pays d'Ajaccio, ce bon restaurant a déménagé, emportant avec lui le décor : à l'intérieur, reconstitution plutôt réussie de village corse, avec fontaine, maisonnettes et lanternons, et Vespa garée là. Petite terrasse également. Au second menu, sérieuses charcuteries corses, tarte au brocciu, puis viande au choix, grillée ou en ragoût, cochon, veau ou sanglier, fromages authentiques et dessert simple mais typique (flan chaud à la farine de châtaigne). Attention, pas de paiement par carte.

I●I **A La Funtana** (zoom plan couleur A2, 40) : 9, rue Notre-Dame. ☎ 04-95-21-78-04. Fermé les dimanche et lundi, une semaine en mars, et trois semaines entre mi-juin et mi-juillet. Le midi, formules de 80 à 120 F (12,2 à 18,3 €), et menu à 150 F (22,8 €) midi et soir. Compter 250 F (38,1 €) à la carte. Trois petites salles avec poutres apparentes, aux murs blancs décorés d'aquarelles, meublées à l'ancienne et fleuries... L'harmonie règne ici. Le personnel attentionné, le service sur assiettes (variées et belles) confirment cette impression. La cuisine ne dépare pas, fine et savoureuse, avec quelques spécialités pas nécessairement corses (le canard notamment). C'est assurément l'une des meilleures tables ajacciennes, et la formule plat-dessert permet d'en profiter à vraiment bon compte. Réservation très conseillée....

Où manger dans les environs ?

Ici, on n'hésite pas à faire 20 km pour passer une bonne soirée en montagne, et s'offrir des menus à 140 F (21,3 €) ou plus avec charcuterie et gibier à volonté ! Si vous avez le temps et les moyens, faites comme les Corses, vous en garderez un fabuleux souvenir... On peut aussi s'éloigner un peu pour trouver de belles plages, où l'on pourra manger un morceau : celle de Capo di Feno est la plus chouette des environs d'Ajaccio.

Prix modérés

|●| *Le Pirate, Chez Pierre Tou* *(plan Golfe d'Ajaccio, 11)* : plage de Capo di Feno. ☎ 04-95-52-03-68. À 12 km à l'ouest d'Ajaccio. Direction les Sanguinaires, puis sur la droite la D111E (Capo di Feno) ; suivre le bitume jusqu'à redescendre en vallée, à proximité de la mer ; là, sur la gauche, chemin pour la plage (le second). Ouvert de mai à octobre, midi et soir en juillet et août, le midi uniquement le reste de l'année. *Le Pirate* est une paillote (pas celle en dur au milieu de la plage, mais celle tout au bout à droite quand on regarde la mer) bien sympathique et appréciée des Ajacciens, pour son ambiance et sa situation sur la plage superbe de Capo di Feno. Pas un grand choix mais, selon les jours, brochettes, pan bagnat, poisson grillé (le soir) ou salades copieuses s'y dégustent agréablement. On peut aussi y aller simplement prendre un verre. Tarifs honnêtes.

|●| *Le Castellu* : à Ocana. ☎ 04-95-27-01-99. Ouvert en été uniquement

(téléphonez pour être sûr). Passer l'aéroport, puis à gauche la D3 vers Bastelicaccia, c'est 18 km plus loin. Compter 120 F (18,3 €) à la carte, ou pizzas dans les 50 F (7,6 €). Certes, il faut compter 30 mn pour accéder à ce beau village haut perché. Et, juste à la sortie du village, faisant face à la vallée encaissée, on trouve ce resto saisonnier tenu par un jeune couple aimable. Cuisine simple et sincère. Viande grillée et « vraies frites » excellentes, bonne charcuterie (surtout en début de saison, à la fin, difficile de fournir), fromages du même genre, 100 % corses. Une halte plaisante.

|●| *L'Osteria* : N193, à une quinzaine de kilomètres d'Ajaccio direction Corte, plaine de Peri. Un restaurant de bord de route de contruction récente, qui ne paie pas de mine. C'est pourtant une table correcte, avec notamment un plat du jour copieux et bien tourné, genre veau de pays en sauce. En saison, les vendredi et samedi, soirées corses.

Plus chic

|●| *U Barracone* : au lieu-dit Barracone, un peu avant Cauro (à 20 km à l'est d'Ajaccio par la route de Sartène). ☎ 04-95-28-40-55. ♿ Fermé les dimanche soir et lundi hors saison, et de mi-janvier à fin février. Menu à 145 F (22,1 €). Au milieu des pins, une petite auberge accueillante à la salle à manger chaleu-

reuse. Délicieuses spécialités : tournedos aux morilles, chausson de lotte aux épinards, marcassin aux herbes... Apéritif offert à nos lecteurs.

|●| *L'Auberge de Prunelli* *(plan Golfe d'Ajaccio, 13)* : à Pisciatello, 20129 Bastelicaccia. ☎ 04-95-20-02-75. Accès : à 10 km d'Ajaccio centre, direction Bonifacio, passer l'aéroport, puis petite route sur la gauche vers Pisciatello juste après le magasin Jifi. On tombe sur l'auberge 1 km plus loin, au niveau du pont sur le Prunelli. Fermé le mardi. Menus à 110 F le midi et 170 F (16,8 et 25,9 €). Une petite terrasse ombragée pour prendre l'apéro, deux salles assez intimes, le cadre peut plaire, on s'y sent bien en tout cas. Mais c'est à table qu'on comprend vraiment pourquoi on est venu ici, eh oui, on est venu pour cette authentique et riche cuisine corse, que le patron-cuistot mitonne non sans y ajouter sa touche personnelle, de petites inventions culinaires de son cru. Le rôti de veau fond dans la bouche et exhale toutes les senteurs du maquis, et les oignons farcis au brocciu sont vraiment farcis et vraiment au brocciu : un délice! Pour la petite histoire, sachez que le patron a d'abord été serveur ici, et certainement cette vieille adresse ajaccienne, l'*Auberge de Prunelli,* a retrouvé grâce à lui une seconde jeunesse. Digestif offert à nos lecteurs.

Où boire un verre ?

❦ *Le Grand Café Napoléon (zoom plan couleur A1, 60)* : 10, cours Napoléon. ☎ 04-95-21-42-54. Fermé le dimanche. Parfait pour prendre un rafraîchissement ou l'apéro, voire une *Pietra,* servi avec une assiette d'olives (délicieuses), en terrasse sur le cours Napoléon – vue sur la préfecture, les automobiles fenêtres ouvertes et les passants, jolies jeunes femmes corses, gars du pays itou, beaux et fiers, et touristes en short et en sueur : tout un spectacle. Très belle salle, surtout celle du fond, vaste et Second Empire – car *Le Grand Café Napoléon* est l'un des plus anciens établissements de la ville. Fait aussi restaurant, assez chic et un peu cher, mais très correct.

❦ *Le Pigale (zoom plan couleur A1-2, 61)* : 6, av. de Paris. ☎ 04-95-21-20-46. Fermé le dimanche. Quoi de plus normal qu'un Pigale dans une avenue de Paris ? Mais ce Pigale ne prend qu'un L, première différence, deuxième, eh bien deuxième il n'y en a pas : en effet ce bar à la terrasse stratégique et à la déco très néo-bistrot pourrait se trouver dans la capitale. Le soleil en plus. Toujours est-il que depuis quelque temps c'est le café branché d'Ajaccio, il en faut bien un. Serveurs aimables.

À voir

★ *La cathédrale (zoom plan couleur A2, 70)* : on la dit de Giacomo Della Porta, l'illustre architecte du XVIe siècle romain. Si c'est le cas, il n'était pas en forme. Bon, elle a une certaine tenue, cette cathédrale, et on peut toujours rêver à l'Empereur bébé, baptisé ici le 21 juillet 1771. Eugène Delacroix a peint la Vierge du Sacré-Cœur dans la première chapelle à gauche. Bien qu'il fasse sombre, on constate que le sujet ne devait pas passionner le maître. On est loin des *Femmes d'Alger* !

★ *La chapelle impériale (plan couleur centre-ville B3)* : rue du Cardinal-Fesch. Mêmes horaires que le musée Fesch. Entrée : 10 F (1,5 €). Cette bâtisse en calcaire construite au XIXe siècle renferme les tombeaux de la famille Bonaparte. Il est même question (sujet délicat) d'y transférer les cendres de Napoléon Ier... Un moment historique mais une demi-réussite esthétique.

★ *La statue de Napoléon (plan couleur centre-ville A4, 71)* : pl. d'Austerlitz, à l'ouest du centre-ville, au fond du cours du Général-Leclerc. Face à une esplanade servant de boulodrome, monument colossal élevé à la gloire de l'enfant du pays. Intéressant pour la vue sur la ville, du sommet des marches. Tandis qu'on les arpente, on peut lire les noms gravés dans la pierre des 33 victoires du génial stratège : Arcole, Wagram, Austerlitz, c'est entendu, mais Montmirail ou Bantzen, vous connaissiez? Sous le piédestal, rappel des créations de l'Empereur : Cour des comptes, Code civil, Légion d'honneur, Banque de France, départements, les universités... C'est fou ce que ce type a laissé de durable : la plupart de ces institutions tiennent toujours la route, deux siècles plus tard! Une petite grotte artificielle (appelée évidemment Napoléon) complète le site.

★ *Le salon napoléonien :* dans l'hôtel de ville (horaires de bureau, fermé le week-end). Entrée : 10 F (1,5 €). La salle de réception de la mairie est ouverte au public (sauf réception, évidemment). Portraits de la famille Bonaparte, copie d'acte de naissance de l'empereur, masque mortuaire du même (la boucle est bouclée), collection de pièces et médailles... Pas vilain.

★ *La maison Bonaparte* (*zoom plan couleur A2, 72*) : rue Saint-Charles, à la hauteur de la place Letizia. ☎ 04-95-21-43-89. Ouvert de mai à septembre de 9 h à 11 h 45 et de 14 h à 17 h 45; le reste de l'année, de 10 h à 11 h 45 et de 14 h à 16 h 45. Fermé du dimanche 12 h au lundi 14 h.
La maison où vécurent les Bonaparte à partir de la fin du XVIIe siècle, l'occupant d'abord en partie puis entièrement, rachetant un à un les étages. C'est qu'il fallait de la place à cette famille nombreuse et assez modeste. Carlo-Maria Bonaparte, ou plutôt Charles de Buonaparte, notable important et père du futur empereur, apportera quelque lustre au foyer. Meubles, étoffes, huisserie... qui seront totalement pillés à la Révolution. Remeublée par l'Empereur (en fait, son frère Joseph), la maison sera à nouveau vidée par le cousin Lévie en 1844. Et ce n'est qu'avec Napoléon III qu'elle deviendra telle qu'on la voit aujourd'hui... C'est-à-dire qu'il ne reste rien du cadre où naquit et grandit Napoléon.
La maison, dans l'ensemble chichement meublée – du moins le décor et le mobilier n'ont-ils rien de luxueux, *a fortiori* d'impérial – dispose tout de même de quelques jolies pièces : des bustes, des portraits de Madame Mère, de l'Empereur et ses frères (début XIXe siècle), un canapé et une commode Louis XVI ici, là une console rocaille, des lustres italiens... Impressionnant masque mortuaire de l'Empereur (le plus ancien qui soit, l'original) et curieux arbre généalogique des Bonaparte, réalisé par une Cortenaise admiratrice... avec ses cheveux! Une visite qui n'est pas désagréable, mais où l'on n'apprend rien de déterminant sur le personnage, et qui gagnerait à être commentée, ou du moins éclairée d'une brochure explicative.

★ *Le musée Fesch* (*zoom plan couleur A1, 73*) : ☎ 04-95-21-48-17. Du 15 septembre au 15 juin, ouvert de 9 h 15 à 12 h 15 et de 14 h 15 à 17 h 15; en été, de 10 h à 17 h 30; en juillet et août, nocturne les vendredi de 21 h 30 à minuit. Fermé les dimanche et lundi hors saison; l'été, fermé le mardi uniquement. Entrée : 35 F (5,2 €) plein tarif (10 F, soit 1,5 €, supplémentaires pour visiter la chapelle). Une visite qui s'impose.
Le cardinal Fesch, fort de sa parenté (un neveu empereur, ça aide), passionné d'art et soucieux de donner à la Corse son premier grand musée, rapporta d'Italie la plus importante collection nationale (après celle du Louvre) de primitifs italiens. Parler de pillage serait impropre, car le cardinal payait rubis sur l'ongle. Toutefois, plus de 13 000 toiles quittèrent ainsi Rome, Venise ou Florence pour grossir notre patrimoine. Aujourd'hui, un peu moins de 200 de ces pièces sont au musée Fesch, et nous en sommes ravis.
Dans le cadre aéré et spacieux du palais, Raphaël *(Vierge à l'Enfant)*, Le Titien *(L'Homme au gant)*, Véronèse *(La Léda)*, Botticelli *(La Vierge à la guirlande)*, toute la Renaissance italienne vous attend. Sans doute de ces maîtres ce ne sont pas les œuvres majeures, et d'ailleurs, parfois, les auteurs restent incertains : ainsi de la *Vierge à l'Enfant*, par exemple, « attri-

buée à » Raphaël. Cependant on reste subjugué par cet art si poétique, cette technique parfaite et cette inspiration. Du rêve à l'état pur. On découvre également quelques peintres « mineurs », tel ce Santo di Tito (seconde moitié du XVIᵉ siècle), et ses *Quatre Âges de la vie,* série de portraits féminins allant de l'enfant émerveillée devant un papillon – notons l'atmosphère surréaliste de ces compositions – à l'ancêtre courbée par les ans. Dans la grande galerie, toiles monumentales, dont celles sombres et torturées d'un certain Lucas Giordano (XVIIᵉ siècle).

Au sous-sol, petites salles consacrées au cardinal Fesch et, on vous le donne en mille, à Napoléon. Napoléon en Égypte sur son dromadaire ou sur sa chaise à Sainte-Hélène. Conquérant ou banni, on n'est jamais assis que sur son cul, semble-t-il nous dire. À voir : l'habit de colonel des chasseurs de la Garde porté par l'illustre. Un enfant de dix ans ne rentrerait pas dedans ! Étonnant et comique, et peut-être bien l'une des explications à son extraordinaire soif de puissance.

– *La bibliothèque :* aile gauche du palais Fesch. En hiver, ouvert l'après-midi ; en été, de 9 h à 16 h 30. Fermé les samedi et dimanche. Édifié en 1868, le bâtiment par lui-même n'est pas extraordinaire, mais l'intérieur vaut le coup d'œil. Salle immense aux hauts murs entièrement recouverts d'une impressionnante bibliothèque de bois sombre. Quelques trésors dont l'*Atlas de Blaen* de 1657 où sont représentées les principales villes européennes d'alors. Prière de ne pas troubler le silence.

★ *Le musée d'histoire de la Corse A Bandera* (la Bannière ; plan couleur centre-ville B3, 75) : 1, rue du Général-Lévie. ☎ 04-95-51-07-34. Fax : 04-95-51-39-60. Du 15 juin au 15 septembre, ouvert tous les jours de 9 h à 19 h ; en hiver, ouvert de 9 h à 12 h et de 14 h à 19 h, fermé le dimanche. Entrée : 25 F (3,8 €), 20 F (3 €) pour nos lecteurs.

Un musée animé par une association d'amoureux de la Corse, qui présente différents aspects de la « corsitude ». Les plans culturels, historiques, sociaux sont ainsi abordés. On apprend par exemple que l'île comptait 111 châteaux au Moyen Âge ; on découvre comment se sont implantées les populations, barbaresque ou génoise, ou encore que le prince impérial, fils de Napoléon III, fut tué par les Zoulous. Stéphane Paoli, les bandits corses, les Corsican Rangers (troupes ayant servi la couronne d'Angleterre ; eh oui ! La Corse connut son heure anglaise) sont évoqués, et différents objets exposés illustrent telle ou telle facette du pays (stylets, grappin de *La Sémillante*, épée d'apparat de « Napoléon IV »...). Une bonne entrée en matière pour qui veut connaître l'île et sa culture. Par ailleurs, expos temporaires autour de thèmes variés (la femme corse, la diaspora, etc.) et petit espace vidéo où visionner quelques cassettes.

★ *Le musée du Capitellu* (zoom plan couleur A2, 74) : 18, bd Danielle-Casanova, face au port et à la citadelle. ☎ 04-95-21-50-57. Ouvert d'avril à octobre, de 10 h à 12 h et de 14 h à 18 h. Fermé le dimanche après-midi. Entrée payante. Petit musée privé créé par un passionné qui commente volontiers la visite, quand on le lui demande et s'il n'y a pas trop de monde. On y voit une collection d'objets d'art légués par de riches familles ajacciennes : mobilier, peintures, sculptures, vaisselle et bibelots divers racontant l'histoire de la ville. Petite vidéo sur la citadelle, plusieurs fois vainement assiégée, et où, durant la Seconde Guerre mondiale, avant de se donner la mort, le grand résistant Fred Scamaroni inscrivit de son sang sur les murs du cachot : « Je n'ai pas parlé, vive la France, vive de Gaulle ! » À voir aussi, l'un des rares exemplaires originaux de la constitution de Pascal Paoli.

★ *Les Milleli :* route d'Alata, à environ 10 mn au nord du centre. C'est fléché. Il s'agit de la maison de campagne de Napo, au milieu des oliviers. Ne se visite pas. Pour fans *only.*

★ *Pour les fans de Tino Rossi :* sa tombe est au nouveau cimetière d'Ajaccio, dans la première allée à gauche en entrant. Sa villa (sur la route des Sanguinaires) est encore habitée par sa famille.

– *Les marchés :* tous les matins (sauf le lundi où il y a peu de stands), square César-Campinchi, le plus beau marché de l'île est déballé. Profitez-en car la Corse est pauvre en marchés. Produits laitiers et maraîchers, salaisons, et, dans la halle couverte, beaux étals de poissons. Des éleveurs-agriculteurs ont leurs étals le long du grillage. On y trouve charcuteries et fromages en principe de qualité. On peut se les faire emballer sous vide : un bon plan pour que l'air surchauffé de votre voiture reste respirable. Chouette ambiance. L'été, place du Maréchal-Foch, marché aux fleurs. Pas mal non plus.

Et puisque vous êtes dans le coin, montez donc jusqu'au n° 3 de la rue Fesch, à la boulangerie-pâtisserie *Galéani* : superbes canistrelli au citron, à l'anis ou au vin blanc, et plein d'autres bonnes choses à découvrir...

– *Le château de la Punta :* vous verrez peut-être des panneaux indiquant ce site, situé à 5 ou 6 km au nord-ouest d'Ajaccio. Il a été restauré suite à l'incendie qui l'avait ravagé, et appartint à la famille Di Borgo, rivale des Bonaparte. Particularité : il a été en partie construit avec des pierres des Tuileries (à Paris). Accès fermé, mais en juillet-août l'office du tourisme organise ponctuellement quelques visites commentées.

– On ne peut visiter la *citadelle* car c'est une base militaire, sauf lors de la journée du Patrimoine, en septembre. Visite d'ailleurs très intéressante ; si vous êtes dans les parages ce jour-là, profitez-en.

À faire

– *Bains de mer :* il y a plus d'une vingtaine de plages dans le golfe d'Ajaccio. À Ajaccio même, près de la citadelle, la *plage Saint-François* reste assez discrète et tranquille. Vers l'aéroport, vous trouverez la *plage de Ricanto*. C'est sur la route des Sanguinaires que vous découvrirez les plus beaux coins, des plages pas bien grandes qui s'égrènent tout du long : inconvénient, elles sont largement bondées l'été. Le mieux est encore d'aller à la plage très agréable au *Capo di Feno*, à environ 15 km à l'ouest d'Ajaccio (prendre la route des Sanguinaires, puis à droite la D111E vers Capo di Feno).

– *Promenades en mer :* excursions aux îles Sanguinaires pour environ 120 F (18,3 €). Tous les jours vers 15 h. Bureau de vente sur le port. ☎ 04-95-21-83-97. Propose aussi Girolata et Bonifacio. Départ à 8 h 30 et retour à 19 h 30. Assez cher.

– *Location de bateaux, planches à voile :* à la plage de Ricanto, vers l'aéroport.

– *Location de bateaux sans permis, kayaks et pédalos :* La Déferlante, plage de Capo di Feno (plage Saint-Antoine), route des Sanguinaires. ☎ 04-95-21-11-38.

– *Équitation :* Poney-Club d'Ajaccio, route de Sartène (10 km à l'est du centre-ville). ☎ 04-95-23-03-10. Un petit club bien cool. Parfait pour découvrir l'arrière-pays d'Ajaccio, ou simplement pour une reprise ou pour faire plaisir aux enfants (poneys).

– *Promenades dans les environs :* outre les balades proposées par l'office du tourisme (petit topoguide gratuit) aux environs immédiats d'Ajaccio, notamment vers les Sanguinaires, un sentier de pays a été ouvert dans l'arrière-pays (sentier de la Gravona). L'avantage est qu'on peut y accéder en train (station Ucciani et Bocognano). Plusieurs balades en boucle, de 35 mn à 3 h 30 de marche. Pour plus de détails, se renseigner à l'office du tourisme.

Plongée sous-marine

Assurément, le golfe d'Ajaccio offre des plongées impériales! Ici, peu d'épaves, mais d'infinies richesses vivantes que contempleront fiévreusement nos routards-plongeurs, néophytes et aguerris. Entre les tombants merveilleux, « cailloux » sensationnels et écueils luxuriants, voici quelques spots particulièrement remarquables – près de la côte ou aux îles Sanguinaires – où, malheureusement, vous ne croiserez pas le fameux poisson Napoléon, trop exotique! Attention aux vents et courants.

Où plonger?

■ *Corse Plongée :* le Ratajola, route de Molini, 20166 Porticcio. ☎ 04-95-25-46-30 et 06-07-55-67-25. ● www.corseplongee.fr.st ● Ouvert toute l'année. Très bien équipé, ce club (FFESSM, ANMP, PADI) arme deux navires, dont un ancien transporteur de troupe de la Marine, pour acheminer ses plongeurs sur les meilleurs spots du coin. Embarquement pointe de l'Isolella (8 km au nord de Porticcio). Nicolas – le proprio – assure également, avec son équipe de moniteurs d'État, les baptêmes, et formations jusqu'au niveau III et brevets PADI. Stages enfants (à partir de 8 ans). Forfait 6 plongées dégressif. Réservation obligatoire.

■ *Les Compagnons de Neptune :* 14, pl. Edgar-Parquin, 13015 Marseille. ☎ 04-91-63-30-30. Pour les fanas, croisière-plongée d'une semaine (de juin à septembre) au départ d'Ajaccio ou de Marseille à bord d'un ancien chalutier modernisé, *Le Syljan*, bateau rustique, confortable, nourriture excellente, souvent à base de poisson. Les plongées se font soit en remontant d'Ajaccio vers Calvi, soit en descendant vers Bonifacio. C'est selon l'humeur de la météo et du capitaine. Les plongées sont souvent profondes (40 à 45 m, pour plongeurs confirmés), et toutes fabuleuses... Le capitaine a ses spots bien à lui... Et c'est top secret!

Nos meilleurs spots

🐚 *La Tête de Mort :* pour plongeurs de tous niveaux. Au sud du golfe, un « caillou » bien plus accueillant que son nom pourrait le suggérer! Son architecture généreuse (de 0 à - 46 m) offre d'excellents refuges à la faune luxuriante qui s'y est installée. Murènes farouches et poulpes malins à débusquer dans les failles, tandis que dentils, liches et mérous « pépères » entament un bal de bienvenue au-dessus de gorgones majestueuses. De petits barracudas effilés (pas de panique!) passent, sans pour autant stopper le dandinement gracieux des lièvres de mer, véritables danseuses espagnoles! Belles langoustes au fond des trous.

🐚 *Les Trois Frères :* à partir du niveau I. Entre la surface et 36 m de fond, cet ensemble de grottes et de caves est le royaume incontesté des délicates dentelles de Neptune (ne pas toucher!). En palmant nonchalamment le long de la roche, vous apercevrez murènes et chapons aux mines patibulaires. Pas mal de dentils.

🐚 *Les îles Sanguinaires :* pour plongeurs de tous niveaux. Au large, à l'ouest d'Ajaccio. Tout y est beau; mais les plus grandes richesses se concentrent certainement autour du *Tabernacle*, spot phare de l'archipel. Sur cette grande scène rocheuse (- 25 m maxi), « Mesdames les langoustes » donnent une réplique magistrale aux girelles paons multicolores. C'est alors que sars, saupes et loups aux reflets argentés entrent dans la danse; bientôt rejoints par quelques corbs et un bon gros mérou, pour clore le 1er acte. La vie sous-marine est un merveilleux spectacle...

À voir dans les environs

★ *Les îles Sanguinaires :* à 12 km à l'ouest d'Ajaccio. Au coucher du soleil, les îles prennent des reflets rougeâtres – et surtout la mer et le ciel, car les îles elles-mêmes ne sont ensoleillées le soir qu'un ou deux mois l'hiver –, et les plus imaginatifs n'hésitent pas à y voir le sang de pirates barbaresques. C'est un superbe spectacle, à ne pas manquer. Alphonse Daudet qui, sorti de son moulin, laissait vagabonder sa plume, fit des Sanguinaires le cadre d'une de ses nouvelles.
– Pour la plongée aux Sanguinaires, voir rubrique précédente.

★ *Centre d'élevage et de protection de la tortue A Cupulatta :* au lieu-dit Vignola, 20133 Vero (à 23 km d'Ajaccio, en bordure de la N193, route de Corte). ☎ 04-95-52-82-34. De juin à août, ouvert de 9 h 30 à 19 h (fermeture des portes à 20 h) ; en avril, mai, et de septembre à la mi-novembre, ouvert de 10 h 30 à 17 h 30. Entrée : 30 F (4,6 €). Compter 1 h de visite commentée, départ toutes les 15 à 30 mn selon l'affluence. Une initiative originale que la création, en 1998, de ce centre assez unique puisqu'on y trouve 120 espèces de tortues. Toutes ne sont pas exposées au public, mais on peut bien en voir quelques dizaines. Tortues géantes des Seychelles, tortues de Madagascar et bonnes vieilles tortues d'Hermann... Signalons aussi la tortue-boîte, à plastron articulé, la belle tortue gouttelette et l'étonnante tortue alligator, qui capture ses proies sans bouger, juste en ouvrant le bec : sa langue ressemble à un beau ver tout rose, les poissons n'y résistent pas, et hop, ils sont avalés. Manque juste un peu de sel... Visite commentée par des animateurs tortuphiles, et parfois par Philippe Magnan, l'initiateur d'*A Cupulatta*. Mais attention, allez-y plutôt le matin à la fraîche, car les tortues se planquent quand il fait chaud. Le site est par ailleurs agréable, arboré et bordé d'une rivière rafraîchissante en contrebas.

Fêtes et animations

– *La Saint-Érasme :* le 2 juin (week-end de l'Ascension). Une fête de la mer et des pêcheurs, avec régate de voiles latines et réunion de confréries de marins et de pêcheurs. Une manifestation qui connaît d'année en année un succès grandissant.
– *Les fêtes napoléoniennes :* autour du 15 août (jour de naissance de Napoléon). Défilé, parade et spectacles commémorent la naissance de l'Empereur. Populaire et joyeux.
– *La relève de la garde impériale :* tous les jeudis en été, à 19 h, place Foch (face à la mairie). Spectacle de 45 mn. Vingt-cinq grognards (chasseurs à pied de la garde) exécutent une relève dans les règles de l'art, au son du fifre et du tambourin. S'y joint parfois la fanfare municipale. Tirs de fusil pour conclure, pan !
– *Rencontres européennes de plongée sous-marine :* fin septembre. ☎ 04-95-25-12-58 ou 04-95-21-50-90. Principalement des films et documentaires sur le merveilleux monde du silence. Émules de Cousteau et fans du *Grand Bleu* y trouveront leur compte. Poissons, coraux, couleurs et bulles, fascinants mystères ! Débats et plongées complètent le programme. Un rendez-vous majeur dans ce domaine.

Quitter Ajaccio

En bus

– *Pour Propriano, Sartène, Porto-Vecchio, Bonifacio :* autocars *Eurocorse,* ☎ 04-95-21-06-30. Deux bus par jour, un le matin, un autre l'après-

midi (quatre par jour en été). Compter 2 h de route pour Propriano et 4 h pour Bonifacio.
– **Pour Tiuccia, Sagone, Cargèse, Piana, Porto, Ota :** autocars *SAIB*, ☎ 04-95-22-41-99. Deux départs par jour en été, sauf dimanche.
– **Pour Vico, Évisa, Sagone :** autocars *Ceccaldi,* ☎ 04-95-21-38-06. Deux autocars par jour sauf le dimanche.
– **Pour Corte, Ponte-Leccia, Bastia :** autocars *Eurocorse.* 4 liaisons par jour. Compter plus de 3 h de route d'Ajaccio à Bastia.
– **Pour Calvi :** autocars *Eurocorse.* Prendre le bus pour Bastia, changer à Ponte-Leccia où une correspondance attend à 17 h 30.

En train

Une sympathique et superbe promenade, petite expédition par monts et par vaux, à travers des paysages de montagne époustouflants de beauté. On se croirait dans *Tintin au Pérou.* Rassurez-vous, la ligne est très sûre ! Dommage toutefois que ce soit archi-bondé l'été. 3 départs par jour d'Ajaccio. Renseignements : ☎ 04-95-23-11-03.
– **Ajaccio-Bastia :** 4 h de voyage. On passe par Ponte-Leccia.
– **Ajaccio-Calvi :** trajet un peu plus long, 5 h. Avec un changement à Ponte-Leccia.

En bateau

– Un, parfois deux départs par jour pour Toulon, Marseille ou Nice avec la compagnie *SNCM* (voir « Adresses utiles »).

LE GOLFE D'AJACCIO

PORTICCIO / PURTICHJU (20166, commune de Grosseto)

De l'autre côté de la baie, la station balnéaire assez chic, annexe d'Ajaccio. Un peu de béton, deux ou trois discothèques et quelques campings où l'on se bouscule, le charme de la Corse n'opère pas à Porticcio, malgré ses fort belles plages.

Adresses utiles

◘ **Office du tourisme :** plage des Marines. ☎ 04-95-25-01-01. Ouvert en été du lundi au samedi de 9 h à 20 h, ainsi que le dimanche mais avec une pause le midi. Hors saison, ouvert selon la fréquentation de la station.
■ **Centre Nautique de Porticcio :** plage de la Viva. ☎ 04-95-25-01-06.

Ouvert de mai à septembre. Considéré comme l'un des meilleurs clubs de voile de la région. Vous bénéficierez de 10 % de réduction pour toute location de matériel sur présentation du *GDR.*
■ **Corse Plongée :** village de vacances Paese di Rupione. ☎ 04-95-25-50-08 ou 25-46-30.

Où dormir?

▪ *Studios Rivoli :* au sud de la station, sur la plage d'Agosta. ☎ 04-95-25-06-02 (ou 20-00-09). Fax : 04-95-20-09-24. Ouvert toute l'année. Studios pour 2 personnes de 280 à 300 F (42,7 à 45,7 €) en basse et moyenne saison, et à 450 F (68,6 €) en juillet et août ; T2 pour 3-4 personnes de 360 à 540 F (54,9 à 82,3 €) ; appartements « standing » pour 4 à 6 personnes de 460 à 1 000 F (70,1 à 152 €). M. Grisoni a encore frappé. Non content d'avoir, à Bastelicaccia, l'un des hôtels les plus remarquables de Corse (*L'Orangeraie*, incroyablement fleuri), il propose maintenant des studios et appartements de plain-pied, avec coin cuisine, douche, w.-c., et accès direct à la plage (petite à cet endroit, quasiment entourée de rochers, presque une crique). Terrasse et salon de jardin pour chaque location. Un bon produit, au mobilier récent, à prix corrects. Du 25 septembre au 25 avril, remise de 10 % accordée à nos lecteurs.

▪ *Motel Agosta Plage :* le long de la plage d'Agosta, à la sortie sud de Porticcio. ☎ 04-95-25-40-26. Ouvert du 15 avril au 15 octobre. Selon confort et saison, chambre double de 250 à 400 F (38,1 à 61 €). Menu à 95 F (14,5 €). Un hôtel proposant des studios pour 2 personnes avec kitchenette et accès direct à la plage. Pas tout neuf, mais relativement bon marché, surtout pour le secteur. Entretien négligé cependant. Fait aussi restaurant. Remise de 10 % sur le prix de la chambre sur présentation du *GDR*, sauf en juillet-août.

▪ *Hôtel Kallisté :* route du Vieux-Molini, Agosta-Plage. ☎ 04-95-25-54-19. Fax : 04-95-25-59-25. ✂ Fermé du 11 novembre au 1er mars. Selon la saison, chambre double avec douche et w.-c. de 320 à 480 F (48,8 à 73,2 €), avec bains de 380 à 800 F (57,9 à 122 €). Petit hôtel d'un certain charme, à 800 m de la plage et dans le maquis. Très calme. Chambres toutes différentes, avec TV, certaines avec terrasse. Dispose aussi d'un petit ensemble de studios pour 2 à 4 personnes à l'entrée de Porticcio, à 20 m de la plage mais aussi de la route bruyante.

Où dormir? Où manger dans l'arrière-pays?

▪ |●| *Gîtes ruraux et gîte d'étape de Bisinao, A Tramuntana :* à 16 km de Porticcio, sur le tracé du Mare e Monti Sud entre Porticcio et le col Saint-Georges, dans le village perdu de Bisinao. ☎ 04-95-24-21-66. Au sud de Porticcio, au niveau de la plage d'Agosta, emprunter la D255A qui serpente sur 14 km jusqu'au col de Bellevalle ; puis, arrivé au col, prendre la D302 à droite. Si vous arrivez d'Ajaccio, prenez la N196 direction Sartène puis, au lieu-dit Pisciatello, la D302 à droite direction Porto-Pollo sur 14 km. Demi-pension à 225 F (34,3 €) par jour et par personne. Menus à 75 et 100 F (11,4 et 15,2 €). Un gîte ouvert toute l'année, tout neuf, proposant 4 chambres de 4 et 5 lits. Cuisine super équipée et sanitaires nickel. Par ailleurs, 10 appartements (salle d'eau et w.-c. séparés, 2 chambres, salon avec canapé et kitchenette, terrasse avec vue sur jardin et campagne) également impeccables, à 125 F (19 €) par personne et par nuit en toute saison. Table que nous n'avons pas testée, mais que les hôtes avaient l'air d'apprécier. Café offert sur présentation du *GDR*. Garage fermé pour les deux-roues.

▪ *Chambres d'hôte du Domaine de Piaghjola :* chez Pierrette et Joseph Paolini. ☎ 04-95-24-23-79. De Porticcio, longer la côte vers le sud,

à 4 km route à gauche vers Piettro-
solla qu'on traverse, 3 km plus loin,
à l'embranchement, c'est le portail
en face. De 250 à 300 F (38,1 à
45,7 €) pour deux, petit déjeuner
compris. Une ancienne ferme per-
due au milieu de 300 ha de prairies
et de maquis. De septembre à fin février, c'est un domaine de chasse.
En saison, chambres d'hôte avec
sanitaires privés. Bon accueil. Plage
d'Agosta à 30 mn. Fait aussi table
d'hôte.

Où danser?

– **Discothèque :** à l'entrée de Porticcio en venant du nord.

À faire

– Lézarder sur la **plage**, bien sûr. Celle de *la Viva* est la plus connue. Très
propre et beau panorama sur le golfe. Sinon, la plage d'*Agosta,* à 2 km au
sud, est encore plus grande.
– **Acqua Cyrne Gliss :** à l'entrée de Porticcio, sur la gauche en venant
d'Ajaccio. ☎ 04-95-25-17-48. Ouvert tous les jours en saison, de 10 h 30 à
19 h. Piscine et toboggans géants : 8 toboggans, 600 mètres de glissades !
Les enfants adorent et les grands aussi. Bon, c'est vrai, c'est vilain ces
grands machins de plastique jaune, rouge, bleu, mais c'est pas pour faire
beau, c'est pour faire les fous. Ah ah ! Oh oh ! Hi hi ! Qu'est-ce qu'on rigole !
Pas donné mais gratuit le jour de votre anniversaire. Pouêêêttttt !
– **Plongée sous-marine :** avec le club subaquatique d'Agosta, à Molini.
☎ 04-95-25-40-26. Équipe sérieuse et sympa.

Randonnée Mare e Monti Sud

Deux itinéraires de randonnée élaborés par le parc régional terminent leur
route longue d'une semaine au voisinage de Porticcio : le premier est la traversée Ghisonaccia-Porticcio ; le second, le parcours Propriano-Porticcio.
Ces itinéraires sont prévus pour être parcourus en une semaine par étapes
de 4 h à 7 h, mais peuvent aussi être pratiqués à la journée. Toujours se renseigner auprès du service Infos du Parc avant de se lancer (☎ 04-95-51-79-
10).
– Nous conseillons en particulier le parcours de crêtes allant de *Coti-
Chiavari* à *Pietrosella* en passant par le col routier de *Gradello,* un chemin
sans grandes dénivelées et avec les plus belles vues qui soient sur le golfe
d'Ajaccio (durée 4 h 30, avec possibilité de fractionner cette étape au col de
Gradello en deux demi-étapes de respectivement 2 h et 2 h 30).
– Nombreuses possibilités, par ailleurs, de balades pédestres et à VTT en
forêt domaniale de Coti-Chiavari, grâce à un réseau de pistes forestières
très étendu. Les eucalyptus et autres chênes verts offrent une ombre généreuse qui rend ces balades agréables même en été. On peut, par exemple,
aller visiter le hameau et l'ancien four à pain de *Santa Manza,* et, si l'on est à
VTT, rejoindre Pietrosella par une succession chaotique de pistes et de sentiers raides, avant une ultime et folle descente technique jusqu'à la *chapelle
de Cruciata,* dominant la Punta di Sette Nave (parcours balisé en orange des
hauteurs de Santa Manza jusqu'à Cruciata).

COTI-CHIAVARI (20138)   490 hab.

Petit village corse à 41 km au sud d'Ajaccio, vers Propriano. Situé à flanc de colline (à 500 m d'altitude), on y découvre une vue superbe sur le golfe d'Ajaccio, le soir. Pour y arriver, 11 km d'une route tortueuse, bordée d'eucalyptus jusqu'au pénitencier (en ruine). Quel endroit, ce pénitencier! Sous le Second Empire, on y entassait des forçats condamnés à de lourdes peines. Là, dans ce cadre sublime mais infesté de moustiques à l'époque, les détenus cultivaient la vigne sur des terrasses, ramassaient les écorces de chênes-lièges, élevaient des chèvres et des moutons, pour tuer le temps. Fermé en 1906, puis en partie détruit, il en reste d'étranges ruines : caves, poudrière, fosse à purin, et le cimetière avec les tombes, envahies par le maquis, des gardiens et des directeurs de ce lieu sinistre.

Où dormir ? Où manger ?

🛏 |●| *Hôtel-restaurant Le Belvédère :* à gauche de la route d'Acqua Doria, 800 m avant le village en venant d'Ajaccio et de la côte. ☎ 04-95-27-10-32. Fax : 04-95-27-12-99. ☗ Restaurant fermé le soir en hiver, et fermé le midi du 15 juin au 15 septembre. Congés annuels de novembre à mi-février. Mieux vaut toujours téléphoner avant de venir, pour l'hôtel comme pour le restaurant. Chambre double avec douche et w.-c. à 260 F (39,6 €) ; menus à 140 et 160 F (21,3 et 24,4 €) ; demi-pension obligatoire en saison, 500 F (76,2 €) pour deux. Longue bâtisse de construction récente, isolée et donnant sur la baie d'Ajaccio par une large terrasse en arc de cercle. La vue est sublime, tout simplement l'un des plus beaux panoramas de l'île. Certains soirs, la mer est recouverte d'une couche de nuages. On est alors comme dans un nid d'aigle : au-dessus de tout. Caroline, une très gentille dame, est aux petits soins pour ses hôtes. Cuisine corse copieuse et familiale.... Chambres simples et très propres, avec balcon. Loin du tapage onéreux du littoral, une adresse solide et qui a du cœur. Attention, n'accepte pas les cartes de crédit. Apéritif offert à nos lecteurs.

🛏 |●| *Hôtel Céline :* à Portigliolo, 20138 Coti-Chiavari. ☎ 04-95-25-41-05. Accès : longer la côte depuis Porticcio sans monter au village, le *Céline* sera indiqué sur la gauche.

Ouvert de Pâques à septembre. Chambre double à 300 F (45,7 €) ; en juillet et août, demi-pension obligatoire de 580 à 600 F (88,4 à 91,4 €) pour deux. Chambres doubles avec balcon vue sur mer, dans un petit hôtel contemporain d'une vingtaine de chambres sur deux étages, dominant la côte. Bains, w.-c., TV, et gentil papier peint à fleurs, d'aucuns diraient méchant, mais ils auraient tort car elles sont plutôt jolies ces fleurettes (motifs différents dans chaque chambre). Resto pas transcendant mais acceptable pour une demi-pension. Piscine. Très calme (la route qui conduit à l'hôtel n'est presque pas fréquentée). Plage de Portigliolo à 300 m (mais ça grimpe, du moins ça descend, ça grimpe au retour). Bon accueil.

🛏 *A Cutese :* dans le village, à gauche en venant d'Ajaccio. ☎ 04-95-25-73-10. Fax : 04-95-53-60-87. Ouvert à l'année. Selon la saison, compter de 2 000 à 4 200 F (305 à 640 €) la semaine pour quatre. Vieille maison retapée donnant sur la mer. Des appartements T2, tous équipés pour 4 à 6 personnes. Lave-vaisselle et lave-linge. Tarifs négociables. On vous conseille l'appartement au rez-de-chaussée, avec balcon et vue sur la mer.

|●| *Chez Mico :* à Portigliolo. ☎ 04-95-25-47-69. Ouvert tous les jours. Compter de 120 à 150 F (18,2 à 22,8 €) à la carte. Bonnes spécialités de poisson à déguster devant

une superbe vue sur la baie. Ambiance chaleureuse surtout le soir, mieux vaut d'ailleurs réserver. Bon rapport qualité-prix.

Où manger dans les environs ?

|●| *La Plage d'Argent :* ☎ 04-95-25-57-54. Ouvert de mai à septembre. Sur la plage de Verghia (voir ci-dessous, « À voir. À faire »). Carte uniquement, pizza et salades dans les 50 F (7,6 €). Grande « paillote » de plage servant des salades, des pizzas ou des plats plus cuisinés, simples mais honnêtes (poisson frais, vivier à langoustes), qu'on avale avant ou après la baignade. Un peu l'usine tout de même, y'a du monde ! Fait aussi bar à toute heure (jusqu'à 23 h ou plus), avec bonne ambiance musicale (zizique afro-cubaine, jazz, blues).

À voir. À faire

★ *La plage de Verghia :* en contrebas du village de Coti-Chiavari, et le long de la D55 (route d'Ajaccio), c'est un peu la plage communale. Vraiment très chouette, cette jolie plage limitée au sud par une avancée rocheuse plantée de pins parasols a tout l'air d'un petit coin de paradis. Baignade facile.

★ À *Capo di Muro*, plus au sud, jolie plage de *Cala d'Orzu,* accessible en voiture mais par un long chemin de terre.

Balades

Deux balades faciles comme tout à ne pas manquer dans le secteur.
– La première poursuit la *route de crête* et gagne la *tour* génoise de *Capu di Muru*, bâtie au XVIe siècle mais en état de conservation remarquable.
– Ambiance comparable, quoique plus maritime, en suivant, après la plage de Cala d'Orzu, le *sentier littoral* qui mène au *phare de Capu di Muru.* Sachez tout de même que c'est un chemin privé. Chaud en été, extra au printemps.

L'ARRIÈRE-PAYS D'AJACCIO

À partir de Bastelicaccia et Cauro, des routes tortueuses vous invitent à de bien belles balades dans la montagne et à un regard sur la Corse profonde. À quelques kilomètres des plages, c'est déjà le pays des châtaigniers, des cochons sauvages et des maisons de pierre. L'hiver, au-dessus de Bastelica, le stade de neige du plateau d'Èse (4 téléskis), après des débuts difficiles, attire du monde depuis quelques saisons (la météo aidant). Vraiment sympa de skier en Corse.

BASTELICA (20119)   480 hab.

Après avoir traversé de vastes forêts, on parvient dans la patrie de l'illustre Sampiero Corso. « Le plus corse des Corses », né à la fin du XVe siècle, servit les Médicis, François Ier puis Henri II avant de lancer une insurrection contre les Génois. Valeureux combattant, il contribua à donner des Corses une image de guerriers redoutables. Bastelica, constitué de plusieurs hameaux, s'étage dans un décor montagneux réputé pour son air pur et ses bonnes charcuteries. Nombreuses randonnées à faire dans le secteur, mais attention, aucune n'est vraiment balisée.

Attention : si vous voulez accéder à Bastelica par le col de Scalella (liaison vers la N193), portion de 4 km très cahoteuse, ce qui n'est pas bon pour les amortisseurs.

Où dormir ? Où manger ?

▪ I●I *Le Sampiero :* face à l'église. ☎ 04-95-28-71-99. Fax : 04-95-28-74-11. Fermé en novembre et le vendredi hors saison. De 280 à 300 F (42,7 à 45,7 €) la chambre. Menu du jour à 100 F (15,2 €). Un 2 étoiles classique à la déco rustique et aux chambres correctes et tranquilles, avec douche ou bains, donnant sur la montagne, certaines avec balcon. À table, une cuisine familiale : charcuterie bien servie, omelette au brocciu baveuse comme il faut, ou veau aux olives appréciable. Accueil et service aimables. Enfin, sachez que le patron, chasseur, a tiré plus de 2 000 sangliers, faut l'faire !

▪ I●I *U Castagnetu :* fléché à partir de l'église. ☎ 04-95-28-70-71. Fax : 04-95-28-74-02. Tourner à gauche à la statue de Sampiero puis à droite ; c'est 800 m plus loin, en montant après le cimetière. Fermé le mardi hors saison, ainsi qu'en novembre et décembre. Chambre double à 320 F (48,8 €) ; demi-pension obligatoire en été, à 300 F (45,7 €). Menus de 90 à 150 F (13,7 à 22,8 €). Chambres petites mais confortables. Au resto : charcuterie de montagne, omelette au brocciu, agneau aux herbes du maquis... Accueil inégal.

Gîte rural

▪ *Gîte de Mme Marie-Josèphe Porri :* à Bastelica, dans le village. Réservations auprès des Gîtes de France en Corse : ☎ 04-95-51-72-82. Fax : 04-95-51-72-89. De juin à septembre uniquement. En juin et septembre, 1 865 F (284 €) la semaine ; en juillet et août, 2 825 F (430 €) la semaine. Maisonnette indépendante, dans ce gros village plutôt animé. La propriétaire est artiste-peintre et a joliment décoré l'intérieur. Gîte pour 4 ou 5 personnes, de 58 m² sur deux niveaux. Rez-de-chaussée : séjour-cuisine (un lit d'une personne), douche et w.-c. ; à l'étage, 2 chambres avec lit double (accès extérieur pour une des chambres). Lave-linge. Location des draps et chauffage en sus. Terrain clos de 60 m², salon de jardin. Une bonne adresse de Corse intérieure (900 m d'altitude, mer à 30 km mais compter 1 h de route). Commerces sur place.

Où dormir dans les environs ?

Campings

▪ *Camping A Selva :* route du Barrage, à Tolla (à 10 km au sud-ouest, sur la D3). ☎ 04-95-27-00-28. Fermé hors saison, sauf le resto ouvert le soir sur commande. Compter 70 F (10,7 €) pour deux. Menu à 70 F (10,7 €). En terrasses, au bord du lac, dans un endroit très joli. Familial. Bon accueil. Douches chaudes. À signaler toutefois : entretien négligé lors de notre dernier passage (poubelles non vidées, sanitaires sales et en nombre insuffisant...). Possibilité d'y prendre de bons repas maison : cabri, truite de rivière, etc. Attention : en raison du terrain, pas de caravanes ni de camping-cars. Carte de paiement refusée. Apéritif offert à nos lecteurs.

Gîte rural

▲ *Gîte de Mme Marie-Thérèse Casalta :* quartier Casturella, Tolla (10 km au sud-ouest de Bastelica par la D3). Réservations auprès des Gîtes de France en Corse : ☎ 04-95-51-72-82. Fax : 04-95-51-72-89. De juin à septembre uniquement. Compter 1 810 F (276 €) la semaine en juin et septembre, 2 150 F (328 €) en juillet et août. Au rez-de-chaussée de la maison des propriétaires, un petit gîte de 45 m². Séjour-cuisine avec lit 2 personnes, chambre lit

▲ *Camping Minocchi :* à 4 km de Bastelica, direction Bocognano. ☎ 04-95-28-70-27. Fermé de mi-octobre à mi-mai. Forfait 2 personnes, 60 F (9,1 €). Genre camping à la ferme, familial et planté de châtaigniers. Rivière à 50 m. Bloc sanitaire correct. Très bon accueil.

double, douche, w.-c. Bon équipement : lave-linge et lave-vaisselle, TV. Draps fournis, mais bois payant pour la cheminée. Pas de commerce à Tolla même. Très joli site et lac à 200 m, avec base nautique (canoë-kayak, planche à voile) et baignade surveillée en juillet et août. Il n'y a pas d'espace extérieur, dommage ! Mais l'intérieur, s'il n'est pas très grand, est agréable et de bon confort. À ce prix, c'est parfait.

Où acheter de bonnes charcuteries corses ?

☖ *Chez François Urbani :* à Stazzona, au-dessus de Zicavo. ☎ 04-95-28-71-83. Délicieuses charcuteries artisanales faites en famille. *Coppa,* saucisson, *figatelli* et gros jambons attendent les clients dans

un fumoir attenant à la boutique. Ça sent bon la Corse profonde ! Un peu cher, mais les portions sont généreuses et vous ne serez pas déçu par la qualité.

À voir

Vous trouverez un plan du village et des environs au pied de la statue de Sampiero Corso, face à l'église.

★ *La maison de Sampiero Corso :* dans le hameau de Dominicacci. En fait, la demeure où naquit le héros corse fut brûlée par les Génois. On la reconstruisit au XVIIIᵉ siècle.

★ *Route panoramique :* prendre la tortueuse D27A, direction Val d'Èse. Panoramas sublimes sur les montagnes, jusqu'au plateau d'Èse.

★ *Les gorges du Prunelli :* en redescendant de Bastelica vers Ajaccio, route superbe (la D3) jusqu'à Ocana, via Tolla. À mi-chemin de ces deux villages, panorama à ne pas manquer sur les gorges.

Randonnées

– *Le canal de la Volta :* une randonnée à ne pas manquer. Aller et retour en 2 h 30. Lorsque nous sommes passés la dernière fois à Bastelica, on parlait de canaliser cette vieille construction rurale, perchée à flanc de montagne, et qui sert à l'irrigation des jardins et de quelques vergers autour du village. En dépit des fuites et des obligations d'entretien qu'occasionne cet ouvrage d'adduction à l'air libre, la raison et la préservation du patrimoine paraissaient toutefois devoir l'emporter ! Heureusement, car il s'agit d'un ouvrage remarquable le long duquel vous découvrirez, à l'occasion d'une balade facile (mais non sans danger : les rochers peuvent être glissants et un adolescent a fait une chute mortelle sur cet itinéraire, en 1999), un résumé saisissant de la Corse intérieure, de forêts en cascades, de village en montagne.

Empruntez la bretelle routière supérieure du village et garez-vous à proximité de *Chez Paul*. Le sentier s'élève à proximité, entre une fontaine couverte et une route bétonnée, puis se perd un peu au milieu des châtaigniers, malgré les restes d'un balisage orange. On atteint après une demi-heure la crête et le canal d'arrosage. La suite remonte le cours de cet ouvrage par un excellent sentier qui ne quitte ce canal remarquablement conservé qu'un bref instant, dans la partie la plus escarpée du versant. Un peu plus haut, on atteint alors la prise d'eau au pied des *cascades d'Ortala,* dont on peut gagner l'amont en continuant le sentier, toujours bien marqué.

On entre alors dans l'univers des pins laricio et dans un décor de haute montagne qui remonte beaucoup plus haut, jusqu'aux petits lacs de *Pozzolo* et à la *Punta alle Vetta* (2 255 m, point culminant de la vallée).

– **Le monte Renoso :** le sommet le plus élevé de la vallée (2 352 m), un géant insulaire qui se distingue des sommets plus au nord de l'île (monte d'Oro, Rotondo, Cinto...) par ses formes plus aplanies. L'accès le plus classique remonte la vallée du Prunelli jusqu'à sa source au lac de Vitalaca. Mais la création de la route du plateau d'Èse a créé la possibilité d'un accès détourné, moins fatigant, par la *crête de Scaldasole* et le *site des Pozzi,* d'anciens lacs en voie d'assèchement (compter malgré tout 7 h de marche aller et retour ; pas d'obstacle technique à prévoir de juin à octobre, à part l'état très caillouteux du chemin). Sentier non balisé.

Ski alpin et ski de fond

Malgré des problèmes à répétition (installations plastiquées, manque de neige...), le stade de neige du plateau d'Èse a pu fonctionner pendant l'hiver 1997-1998 et le suivant. Mais le coin est mieux adapté à la pratique du ski « nature » (ski de fond ou de randonnée) ou des raquettes, avec des parcours faciles conduisant sous les hêtres à la pointe de la *Cuperchiata* (la « tortue », du nom d'un bloc insolite à la carapace de granit) et au col de *Foce d'Astra* (petit refuge sommaire ouvert toute l'année).

La société *Altore* gère le stade de neige (☎ 04-95-37-19-30), et propose les services de moniteurs de ski (rando et alpin).

L'été, le plateau d'Èse n'a certes pas été embelli par tous ces aménagements mal réalisés, mais on appréciera malgré tout de monter à la *Cuperchiata* (50 mn d'ascension sous les hêtres en remontant en bordure du téléski ; plateau perché très agréable offrant une vue extraordinaire) ou, comme expliqué précédemment, au *monte Renoso.*

SANTA-MARIA-SICHÉ (20190)   360 hab.

À 35 km à l'est d'Ajaccio, à gauche de la route menant à Propriano. On entre dans la vallée du Taravo, l'une des plus grandes de Corse. La commune de Santa-Maria n'a rien d'extraordinaire, mais l'air y est pur et l'on y est tranquille. Belle église (Santa-Maria, bien sûr) sur la petite route de Grosseto.

Le village est également connu en Corse pour avoir vu naître une certaine Vanina (rien à voir avec la chanson de Dave), qui épousa Sampiero Corso. Mais celui-ci (bien plus âgé qu'elle) l'étrangla (ou la brûla, selon les versions), sans que l'on ait jamais vraiment su pourquoi : adultère ? jalousie ? trahison politique ? Sa maison natale, du XVe siècle, se trouve un peu plus loin que l'église.

À proximité, sur la route de Vico, les ruines d'une maison fortifiée construite par Sampiero.

Où dormir ? Où manger ?

🛏 🍴 *Hôtel Le Santa Maria :* au centre du village. ☎ 04-95-25-70-29 ou 25-72-65. Fax : 04-95-25-71-34. Ouvert toute l'année. Selon confort et saison, chambre double de 250 à 310 F (38,1 à 47,3 €). Demi-pension possible, 265 F (40,4 €) par jour et par personne. Menus à 90 et 140 F (13,7 et 21,3 €). Établissement traditionnel, assez Corse profonde car le village est déjà bien retiré et typique, et le patron et l'hôtel (grande et solide bâtisse aux chambres sobres et propres) sont bien du pays aussi. Fait aussi restaurant, correct de réputation, avec notamment une bonne charcuterie maison. Apéritif offert à nos lecteurs.

Où dormir dans les environs ?

Gîtes ruraux

🛏 *Gîte de Mme Marie-Dominique Quilici :* à Campo, 3 km au nord-est de Santa-Maria-Sicche. Réservations auprès des Gîtes de France en Corse : ☎ 04-95-51-72-82. Fax : 04-95-51-72-89. De juin à septembre uniquement. En juin et septembre, 2 150 F (328 €) la semaine ; en juillet et août, 2 715 F (414 €). À l'entrée du village (mais commerces à Santa-Maria-Sicche, 3 km). Parfait pour un séjour en Corse profonde, au calme dans un petit village de moyenne montagne. Dans une ancienne maison de maître en granit, grand gîte pour 5 ou 6 personnes (85 m²) bien équipé (lave-linge, TV et magnétoscope, histoire de se faire le *Titanic* ou les *101 Dalmatiens*, le bon plan !), et avec mobilier de caractère. Séjour-cuisine, salon (convertible 2 places), 2 chambres avec lit double, douche et w.-c. Cheminée. Bois et linge de maison fournis. Belle grande terrasse avec barbecue et salon de jardin. Animaux acceptés. Un excellent rapport qualité-prix.

🛏 *Gîtes de Mme Jeanne Cianfarani-Giacometti :* à Prugna (hameau situé à 1 km au sud de Grosseto). Réservations auprès des Gîtes de France en Corse : ☎ 04-95-51-72-82. Fax : 04-95-51-72-89. Deux gîtes pour 5-6 personnes à 2 040 F (310 €) la semaine ; 2 550 F (389 €) en juin et septembre ; 3 560 F (543 €) en juillet et août. Promotion : 2 semaines en basse et moyenne saison, la 3e est offerte ! Noble bâtisse de granit dans le hameau de Prugna (commerces à Grosseto, 1 km), très bien rénovée et d'un confort presque cossu. Environnement verdoyant. Deux gîtes de 90 et 100 m² respectivement en rez-de-jardin et rez-de-chaussée, avec chacun séjour-cuisine (convertible 2 places), deux chambres avec lit double, salle de bains et w.-c. indépendants, prise TV, lave-linge et lave-vaisselle, cheminée. Le troisième gîte, plus petit (55 m²) et pour 4 personnes (une seule chambre), se situe à l'étage et a un même niveau d'équipement, ainsi qu'une cheminée. Draps, chauffage et bois en sus. Là encore, un rapport qualité-prix très performant. Le genre d'adresse qui permet à tous ou presque de s'offrir la Corse. Bon, c'est vrai, la mer est un peu loin, mais piscine et rivière à 5 km. Animaux acceptés.

ZICAVO / ZICAVU (20132) 240 hab.

À 27 km de Santa-Maria, entouré de montagnes, Zicavo, dans le haut Taravo, est sur la ligne de partage des eaux. Pays de châtaigniers et de hêtres, le maquis est constellé de vieux hameaux aux maisons de granit. L'endroit est un petit paradis pour les randonneurs. C'est une région qui n'a pas été abîmée et qui garde quelque chose de l'âme corse... Villages inanimés, avez-vous donc une âme qui nous pousse à vous trouver si beaux? Pour parodier le poète...

Où dormir? Où manger?

▲ |●| *Gîtes ruraux et d'étape Le Paradis :* ☎ 04-95-24-41-20. Ouvert toute l'année. Gîte d'étape à 60 F (9,1 €) la nuitée, chambre double à 180 ou 200 F (27,4 à 30,5 €) pour deux. Menu à 75 F (11,4 €). Bon gîte d'étape disposant aussi de chambres doubles. Coin cuisine. Bon petit déjeuner et bonne table. Charcuterie maison, légumes du potager. Apéritif offert sur présentation du *Guide du routard*.

Randonnée pédestre

– Au départ de Zicavo, une boucle de 2 jours passant par **Cozzano**, **Tasso** et **Guitera** (connu pour ses bains naturels), puis retour à Zicavo.

▲ |●| Dans chacun de ces villages : très agréables *gîtes* modernes, où l'on mange bien, à des prix abordables. À Cozzano : ☎ 04-95-24-41-59. Chambre double avec douche et w.-c. à 150 F (22,8 €); demi-pension à 160 F (24,4 €) et menu à 70 F (10,7 €); emplacement de camping : 30 F (4,6 €) par personne. À Guitera : ☎ 04-95-24-44-40. Demi-pension à 180 F (27,4 €) par jour et par personne, menu à 85 F (13 €). À Tasso : ☎ 04-95-24-52-01. En pleine saison, il vaut mieux réserver.

LE GOLFE DU VALINCO ET LE SARTENAIS

Une région superbe, qui profite des grandes plages du golfe du Valinco et de l'animation estivale de Propriano, station familiale qui a ses adeptes, et de l'arrière-pays montagneux où Sartène, « la plus corse des villes corses », fait figure de petite capitale de caractère. On est par ailleurs à deux pas des splendeurs de l'Alta Rocca, *via* Sainte-Lucie-de-Tallano.

PORTO-POLLO (20140)

À 18 km de Propriano, ce petit village offre une vue sublime sur le golfe de Valinco. Quelques bateaux de pêche et des voiliers se balancent mollement dans le port si bien abrité. Le soleil se fait plus doux, le vent se calme. Porto-Pollo invite à la sieste. « Le port trouble », c'est la traduction de son nom, a fait son nid dans un recoin de la côte. Quelle bonne étape !

Comment y aller ?

– **En car :** de Propriano. Les mardi et jeudi. Départ le matin, retour à midi. Autocars *Casabianca* : ☎ 04-95-74-01-88. Uniquement en été. D'Ajaccio, un car par jour (dans l'après-midi, retour le soir). Autocars *Ricci Ajaccio,* gare routière : ☎ 04-95-51-08-19. Une liaison par jour pour Ajaccio.
– **Par la route :** en venant d'Ajaccio, passer par Coti-Chiavari, et suivre la route de corniche, superbe promontoire sur la Méditerranée.

Où dormir ? Où manger ?

🛏 ▮●▮ **L'Escale :** à gauche dans le village en venant de Propriano. ☎ 04-95-74-01-54. Fax : 04-95-74-07-15. Ouvert d'avril à septembre. Chambre double à 280 F (42,7 €) ; demi-pension obligatoire de juillet au 15 septembre, 290 F (44,2 €) par personne. Menu à 80 F (12,2 €). Un hôtel-restaurant des années 1960 ou 1970, sans grand caractère mais propre et gentil, avec accès direct à la plage. Doubles avec douche ou bains et w.-c. Confort modeste, mais beaucoup d'affabilité de la part du personnel et de la direction. Au resto, soupe et veau corse, cannelloni au brocciu. Une cuisine familiale sans prétention mais bonne, voire très bonne. Pas mal d'habitués, qui reviennent chaque année. Apéritif ou digestif offert à nos lecteurs.

🛏 ▮●▮ **Les Eucalyptus :** dans le centre de Porto-Pollo, en amont de la rue principale. ☎ 04-95-74-01-52. Fax : 04-95-74-06-56. Ouvert du 20 avril à mi-octobre. De 220 à 350 F (33,5 à 51,8 €) la chambre double ; demi-pension de 235 à 350 F (35,8 à 53,3 €) par personne, obligatoire en juillet-août. Menu à 115 F (17,5 €). Grande maison aux chambres rénovées, toutes avec douche et w.-c. Intéressant pour les terrasses avec vue. Également 3 chambres plus petites et sans la vue, mais aussi moins chères. Tennis. Fait aussi restaurant, spécialité de poisson. Apéro offert sur présentation du *Guide du routard*.

LE GOLFE DU VALINCO ET LE SARTENAIS

Où dormir ? Où manger dans les environs ?

▲ |●| *Camping et ferme-auberge Kiesale :* à Casalabriva. ☎ 04-95-24-35-81. À une dizaine de kilomètres de Porto-Pollo : prendre vers Propriano, puis tout droit la D757 vers Petreto-Bicchisano en longeant le Taravo (ne pas le traverser donc) ; puis tourner à droite au carrefour de Calzola, passer un pont étroit, puis tourner à gauche ; c'est 200 m plus loin, au bout du chemin. Camping ouvert toute l'année : restaurant ouvert de Pâques à octobre, sur réservation. Menu à 120 F (18,3 €). Pour camper en pleine nature, sous les oliviers et les chênes-lièges. Paysage de hautes collines et maquis de la vallée du Taravo. Côté resto, grillades et tartes maison. Menu corse aussi avec, par exemple, beignets de courgette, daube, etc. Et quelques spécialités nord-africaines (tajine de mouton par exemple). Surtout, ne manquez pas le vin du cru : le domaine du comte Abbatucci produit un blanc excellent.

▲ |●| *Auberge u Mulinu di Calzola :* commune de Casalabriva. ☎ 04-95-24-32-14. Fax : 04-95-24-30-09. Se trouve juste avant l'adresse précédente, au niveau du pont. Ouvert toute l'année. Chambre double à 250 F (38,1 €) ; menus de 90 à 180 F (13,7 à 27,4 €). Très joli site, en bordure du Taravo sauvage, et une grande bâtisse corse, ancien moulin entièrement retapé. Des chambres toutes neuves donc, avec bonne literie, douche et w.-c. Le resto en revanche se révèle inégal d'une saison à l'autre ; il était cependant correct à l'été 2000. Bon accueil du patron.

▲ |●| Voir aussi nos adresses à Olmeto (restaurant *La Crique* et camping *L'Esplanade* à Olmeto-Plage, sur la route de Propriano).

Gîtes ruraux

▲ *Gîtes de Tappa :* chez Jean-Laurent et Dominique Colonna-d'Istria, Tappa, commune de Sollacaro. Réservations auprès des Gîtes de France en Corse : ☎ 04-95-51-72-82. Fax : 04-95-51-72-89. À 10 km au nord de Porto-Pollo : route de Propriano puis à gauche paquet le Taravo, en direction du site préhistorique de Filitosa, qui n'est qu'à 1,5 km des gîtes. De 1 470 à 1 835 F (224 à 280 €) la semaine hors saison ; 2 150 F (328 €) en juin et septembre ; 3 055 F (466 €) en juillet-août. Cette bâtisse de granit a brûlé en... 1700 ! C'est un ancien moulin à huile rénové, qui possède tout le charme des vieilles habitations de caractère, ajouté à celui de la campagne environnante. Grand calme et vue dégagée (sur un bout de mer depuis les chambres). Deux gîtes mitoyens identiques, sur deux niveaux et de 50 m² chacun, avec séjour-cuisine (convertible 2 places), deux chambres (lit double et deux lits), douche et w.-c. Très bon équipement : lave-linge, lave-vaisselle, micro-ondes, congélateur, cheminée (bois fourni), TV. Location des draps en sus. Vaste terrain et terrasse avec salon de jardin et barbecue. Bon accueil des proprios, Jean-Laurent et Dominique, exploitants agricoles. Commerces et mer à 7 km, mais vraies grandes plages plus loin, à 15 ou 20 mn en voiture, vers Propriano (celles d'Olmeto et Porto-Pollo, plus proches, sont quand même moins bien). Bref, un bon plan de vacances confortables à prix démocratiques.

Où acheter du vin ?

♦ *A Cantina :* sur la route de Pila-Canale. ☎ 04-95-24-32-31 ou 35-54. Ouvert tous les jours en saison. *Cantina* en corse signifie cave. La cave bien sûr, et non le cave (qui se rebiffe). Et cette cantina-là abrite de belles bouteilles, comme celles du domaine Alain Courrèges. Accueil sympa. Visite de la cave et dé-gustation gratuite. Un vin de pêche qui vaut le détour.

À voir. À faire

– **Balade à VTT :** on peut en louer à la station-service située sur la droite à l'entrée de Porto-Pollo. À VTT, il est agréable de faire, par une piste puis par un bout de sentier rejoignant la plage de Cupabia, le tour de la pointe de Porto-Pollo et de s'approcher ainsi tout près de la tour génoise de *Capan-nella* et de quelques criques paisibles fort sympathiques. Au retour, remonter par la route à *Serra-di-Ferro,* afin de s'offrir, du réservoir communal, la superbe descente balisée en orange qui ramène à Porto-Pollo.

★ N'oublions pas la belle grande *plage*, entre Porto-Pollo et Olmeto-Plage, étroite mais très longue, à laquelle on accède (entre autres) par le chemin de terre à gauche à l'entrée du village (fléchage camping).

Quitter Porto-Pollo

Belle route pour rejoindre Propriano et Sartène par Sollacaro, le col de Celaccia (583 m), puis Olmeto.

LE SITE PRÉHISTORIQUE DE FILITOSA

À 10 km au nord de Porto-Pollo, à l'intérieur des terres. De la route allant à Propriano (la D157), prendre la petite D57. Bien fléché. ☎ 04-95-74-00-91. Ouvert d'avril à fin octobre, de 8 h 30 au coucher du soleil ; hors saison, sur rendez-vous. Accès au site payant : 22 F (3,3 €). Livret-guide à 30 F (4,6 €). Dommage qu'il n'y ait pas plus d'explications au pied des différents monuments. Classé au patrimoine mondial par l'Unesco, le site de Filitosa est l'un des plus importants de Corse. C'est d'ailleurs ici que furent entreprises les premières fouilles préhistoriques de l'île. Pourtant, malgré ses recherches dans le secteur en 1889, Mérimée ne trouva rien à Filitosa ! S'il savait à côté de quoi il est passé... Le site témoigne de plus de 8 000 ans d'histoire. Pendant le néolithique ancien, des hommes plantent leur campement ici, s'abritant sous les rochers. Un peu plus tard (néolithique récent, environ 3 300 ans avant J.-C.), d'autres s'installent sur la butte et dressent les premiers menhirs. 1 500 ans plus tard (âge du bronze), les occupants sculptent la pierre (appelée statue-menhir) et construisent des habitations en dur. Puis Filitosa devient un lieu de culte important, comme l'attestent les autels monumentaux. Ce sont les menhirs sculptés, en tout cas, qui font l'originalité de ce site : ici œuvrèrent les premiers artistes de Corse !

À voir

La visite des mégalithes, éparpillés dans la nature, offre une belle promenade au milieu des oliviers. Compter 1 h 30 minimum pour l'ensemble du site. Attention, le site n'est pas tellement ombragé, prévoir un couvre-chef et de l'eau.

★ **Filitosa V :** un peu après l'entrée, sur le chemin. C'est le nom donné à la statue-menhir la mieux « armée » du site. Entendez par là que l'épée du personnage est très bien sculptée. Remarquez la colonne vertébrale sculptée à l'arrière du menhir. C'est, dans le genre, le plus beau mégalithe de toute la Corse.

★ *La clôture cyclopéenne :* c'est l'entrée du site proprement dit, au pied de l'éperon fortifié. Les gros blocs de pierre sont pour la plupart d'anciens monuments réemployés par les constructeurs de l'enceinte (vers 1600 av. J.-C.).

★ *Le Monument central :* sur la butte principale, des escaliers et des murs de pierre au milieu desquels se dressent de superbes statues-menhirs, très certainement d'époque torréenne (nom donné à la civilisation créée en Corse pendant l'âge du bronze par des étrangers). Ne pas rater cette mystérieuse statue (Filitosa IX) dont le visage, avec les jeux d'ombre et de lumière, est empreint d'une gravité surprenante. Autour, nombreux abris, puits et autres habitations très anciennes. Au centre de cette enceinte fortifiée avaient lieu, selon les archéologues, les rites religieux des occupants : offrandes, prières, incinérations, etc.

★ *L'alignement :* au pied de la butte, au bout du chemin, 5 menhirs sculptés, en forme de colonne. La statue de gauche est la plus réussie, avec son visage sombre et son bras serrant un poignard. Derrière, un olivier magnifique, vieux de 1 200 ans.

★ *Le musée :* à l'entrée du site. Faire demi-tour. Vitrines et panneaux explicatifs sur les diverses civilisations qui se succédèrent sur le site.

★ *L'atelier Terra e Focu :* juste à l'entrée du site, par la petite route sur la gauche (fléché). ☎ 04-95-74-03-21. De la terre corse et du feu, et de ses mains, M. Mondoloni obtient des vases, plats à four et toutes sortes de poteries joliment décorées. Atelier et boutique.

OLMETO (20113)   1 140 hab.

Entre Filitosa et Propriano, sur la N196 (route d'Ajaccio). Le village corse typique, accroché à flanc de montagne. En le traversant, la route Ajaccio-Propriano lui a enlevé bien du charme, mais ceux qui prendront le temps de s'y arrêter, de fouiner dans ses ruelles, seront récompensés. À Olmeto le temps n'existe plus, on y croise Colomba et ses sœurs, et quelques habitants ressemblent à des bandits d'honneur.

Adresse utile

🅑 *Office du tourisme :* Olmeto-Plage, sur la N196, au carrefour de l'embranchement pour Porto-Pollo. ☎ 04-95-74-65-87 ou 04-95-76- 19-00. Ouvert de juin à septembre, de 9 h à 15 h et de 16 h à 19 h. Petit office bien pratique quand on cherche son chemin.

Où dormir ? Où manger à Olmeto et dans les environs ?

Camping

🛖 |●| *Camping L'Esplanade :* à Olmeto-Plage. ☎ 04-95-76-05-03. Fax : 04-95-76-16-22. Ouvert d'avril à octobre. Du village, direction Propriano puis à droite vers Porto-Pollo ; le camping se trouve plus loin sur la gauche. Un site charmant, en pente et en paliers, à l'ombre des chênes,

Prix moyens

🏠 |●| *Hôtel-restaurant U Santa Maria (Chez Mimi) :* pl. de l'Église. ☎ 04-95-74-65-59. Fax : 04-95-74-60-33. Fermé en décembre. De 240 à 260 F (36,6 à 39,6 €) la chambre double ; demi-pension obligatoire en août, 325 F (49,5 €) par personne. Menu à 75 F (11,4 €) le midi, et un autre à 130 F (19,8 €). Charmant petit hôtel en pierre aux chambres propres et confortables. Bon restaurant. Parmi les spécialités maison : soupe corse, légumes farcis au brocciu, agneau en sauce, tripettes, raviolis au brocciu ou aux épinards et fromage du pays. Apéritif maison offert à nos lecteurs.

|●| *La Crique :* à Olmeto-Plage. ☎ 04-95-74-04-57. Du village, direction Propriano puis, à droite en bas de la côte, la D157 direction Porto-Pollo sur 5 km. *La Crique* se trouve sur la gauche de la chaussée, et donne sur les rochers battus par les flots. Fermé en janvier et février, et le lundi hors saison. Pizzas, pâtes et plats à la carte, compter 120 F (18,3 €) le repas. Environnement très agréable et un établissement bien tenu, au service diligent. Des plats fort simples – salades, pizzas,

des pins, des oliviers. Alimentation, bar, pizzeria et accès direct à la plage. Prix modérés.

pâtes fraîches, poissons du jour – mais proprement exécutés et à prix honnêtes. Nous avons pris des tagliatelles aux moules fraîches absolument parfaites. Les moules étaient de Diana, les tagliatelles, maison, et la petite sauce allait bien avec. Il faisait beau. Le bon plan. Apéritif maison offert à nos lecteurs.

|●| *Restaurant Faracelli :* Calvese, hameau de Sollocaro. ☎ 04-95-74-62-28. À 7 km au nord d'Olmeto. Reprendre la nationale vers Ajaccio et tourner à gauche en direction du site archéologique de Filitosa, Calvese est sur la route du site. Ouvert le soir uniquement en juillet et août à partir de 20 h 30 et sur réservation. Menu à 160 F (24,4 €). On dîne dans le jardin de cette maison typique (avec moulin à huile), vue sur la vallée et sur un bout de mer au loin. Excellente cuisine traditionnelle « à l'ancienne » : tripettes ou ragoût de veau mais aussi, moins commun, coquelet à la sauge en croûte de sel. Tout est maison bien sûr. On se régale, on prend son temps, c'est une vraie soirée corse. Alex et Vincent chantent parfois de ces chants corses qu'on n'oublie pas.

Gîtes ruraux

🏠 *Gîtes de Paul et Marie-Rose Luccioni :* à Filitosa-Sollocaro (4 km avant Olmeto, sur la nationale prendre à droite vers Sollocaro). Réservations auprès des Gîtes de France en Corse : ☎ 04-95-51-72-82. Fax : 04-95-51-72-89. De 1 365 à 1 645 F (208 à 250 €) la semaine hors saison ; 1 695 F (260 €) en juin et septembre ; 2 710 F (413 €) en juillet et août. Dans une maison ancienne agrandie et rénovée, en dehors du village, deux gîtes de 45 m² et 33 m² au rez-de-chaussée de la maison des propriétaires, des gens avec qui on prend parfois l'apéro, avec plaisir. Séjour-cuisine

(convertible 2 places, chambre avec lit double, lit pliant possible, douche et w.-c. Terrasse et jardin, barbecue. On n'est pas trop loin des plages de Propriano (une quinzaine de kilomètres, compter 15 mn). Inconvénient, la route juste devant est celle du site préhistorique de Filitosa, il y a un peu de circulation l'été (mais pas non plus des tonnes).

🏠 *Gîtes de M. Félix Mondoloni :* commune d'Olmeto (à 3 km du village sur la route de bains de Baracci, la D257). Réservations auprès des Gîtes de France en Corse : ☎ 04-95-51-72-82. Fax : 04-95-51-72-89. De juin à septembre uniquement. En juin et septembre, 2 260 F (344 €) la semaine ; en juillet et août, 3 165 F (482 €). Dans une construction récente en pleine campagne, 4 gîtes, un par façade, de 50 m² et sur deux niveaux, et pouvant recevoir 4 personnes, et l'appartement des propriétaires. Séjour-cuisine avec convertible 2 places, chambre avec lit double, salle de bains, w.-c. indépendants, lave-linge. Terrasse couverte et salon de jardin pour chaque gîte, grand terrain clos commun. Bon, des gîtes assez simples sans doute, et sans grand caractère, mais on est à 6 km de Propriano, comparez les prix et revenez nous voir !

PROPRIANO / PRUPIÀ (20110)   3 220 hab.

Des montagnes rocheuses, couvertes de maquis, dévalant jusqu'à la grande bleue. De belles plages de sable fin (Porto-Pollo, Campomoro, Barachi) et, dans le fond du golfe de Valinco, le port de Propriano animé par le va-et-vient des bateaux qui déversent chaque année 60 000 passagers dans les rues de la petite ville, à peine réveillée d'un hiver paisible. Autant dire que l'endroit est très touristique. Beaucoup d'embouteillages en été.

Rien de spectaculaire à Propriano, mais la ville est bien située sur la carte de la Corse, à deux pas d'un arrière-pays fabuleux. Alors, à peine débarqué du continent, ne filez pas comme des dingues sur les routes du Sud. Propriano est une étape agréable pour combiner plages et montagnes, bronzette et promenade, farniente et découverte des environs...

Adresses utiles

◻ *Office du tourisme* (plan B1) : port de plaisance ☎ 04-95-76-01-49. Fax : 04-95-76-00-65. ● perso.wanadoo.fr/propriano ● En saison, ouvert du lundi au samedi de 8 h à 20 h, et le dimanche de 9 h à 13 h et de 16 h à 20 h ; hors saison, ouvert du lundi au vendredi de 9 h à 12 h et de 14 h à 18 h, fermé les samedi et dimanche.

■ *Location de vélos :* Tout Terrain Corse, 25, rue du Général-de-Gaulle. ☎ 04-95-76-15-32. Fax : 04-95-76-15-34. VTT et scooters à la journée ou davantage.

■ *Location de motos :* JLV Location, 25, av. Napoléon. ☎ 04-95-76-11-84. Loue des 125 cm³.

⊏ *Gare maritime* (plan A1) : quai L'Herminier.

■ *Agence maritime Sorba :* quai L'Herminier. Billets *SNCM* et *CMN* pour le continent. ☎ 04-95-76-04-36.

■ *Distributeurs de billets :* il y a 4 en ville : poste, *Société Générale*, *Crédit Agricole* et *Crédit Lyonnais*. Pas de problème d'approvisionnement donc.

Où dormir ?

Une quinzaine d'hôtels et autant de campings à Propriano et dans le golfe vous attendent, sans parler des résidences touristiques. Ce n'est pas toujours donné, mais il y a quelques petites adresses sympas.

🛏 *Ferme équestre de Baracci* (hors plan par D1, 11) : à 2 km de Propriano en direction d'Ajaccio, route de Baracci. ☎ 04-95-76-08-02 ou 76-19-48. Ouvert toute l'année. Resto fermé le midi. Chambre double avec douche et lavabo à 230 F (35 €), petit déjeuner compris; à 250 F (38,1 €) avec douche et w.-c. L'été, demi-pension obligatoire 210 F (32 €) par personne. Dans une longue bâtisse, des chambres à deux lits (lavabo ou douche dans la chambre, w.-c. parfois), simples et pas bien grandes (voire très petites pour certaines). Entretien et confort un peu limite lors de notre dernier passage. Également une chambre de 4 lits un peu moins chère. Location de draps en sus. Repas du soir uniquement. Cuisine correcte. Propose aussi des randonnées équestres ou pédestres (voir plus loin, « À faire »).

▄ *Loft Hôtel (plan B2, 10)* : 3, rue Jean-Paul-Pandolfi; à un pâté de maisons du port. ☎ 04-95-76-17-48. Fax : 04-95-76-22-04. ♿ Fermé du 1er octobre au 15 avril. Chambre double de 280 à 350 F (42,7 à 53,3 €). Dans cet ancien entrepôt à vin transformé en hôtel, des chambres propres, avec douche, w.-c. et TV. Déco moderne, céramique claire et bois blanc. Accueil aimable.

▄ *Motel Bartaccia (plan D1, 14)* : à 1 km du centre, sur la route d'Ajaccio, au-dessus de la plage de Sampiero. ☎ 04-95-76-01-99. Fax : 04-95-76-24-92. ● BARTACCIA@wanadoo.fr ● Ouvert de fin mars à fin octobre. Selon la saison, de 250 à 560 F (38,1 à 85,4 €) la chambre double. 20 studios avec kitchenette dans un site calme, en pleine végétation. Aspect extérieur un peu triste,

Un peu plus chic

▄ *Hôtel-restaurant Le Lido (plan A2, 17)* : av. Napoléon. ☎ 04-95-76-06-37. Fax : 04-95-76-06-54. Fermé d'octobre à mai. Selon la saison, chambre double avec douche de 400 à 600 F (61 à 91,5 €); avec bains de 480 à 680 F (73,2 à 104 €). Quelques-unes avec patio et clim de 560 à 850 F (85,4 à 130 €). Petit déjeuner un peu cher à 60 F (9,1 €). Menu à 160 F (24,4 €). Très belle situation en bout de jetée. Chambres de très bon confort (bains ou douche et w.-c., téléphone), toutes avec vue sur mer et déco personnalisée (fer forgé, mosaïque, etc). Certaines donnent directement sur la plage,

mais bonne déco, jolie vue et amabilité de la patronne. Location surtout à la semaine en été. Piscine chauffée.

▄ *Motel Aria Marina (plan D2, 15)* : sur les hauteurs de Propriano, au lieu-dit la Cuparchiata (du centre, route de Sartène, puis à gauche vers Viggianello, à gauche encore en suivant les panneaux indiquant le motel). ☎ 04-95-76-04-32. Fax : 04-95-76-25-01. Fermé de novembre à début avril. Studios de 300 à 550 F (45,7 à 83,8 €) selon la saison; en juillet et août, à la semaine uniquement, de 3 500 à 3 850 F (533 à 587 €). Très bon motel, à l'écart du tumulte proprianesque et dominant le golfe de Valinco. Studios et deux-pièces bien équipés et spacieux, nickel. Plus cher pour les deux et trois pièces, se renseigner. Accueil souriant et belle piscine.

▄ *Résidence U Frusteru (plan C2, 16)* : rue Léandri. ☎ 04-95-76-16-17. ♿ Ouvert d'avril au 10 octobre. Selon la saison, appartements type F2 pour deux personnes, de 1 650 à 3 500 F (251 à 533 €) la semaine. Plus cher pour les appartements conçus pour 4 ou 5 personnes. Sur les hauteurs de Propriano, avec vue sur le golfe de Valinco. Des appartements de plain-pied de 2 et 3 pièces, bien équipés (salle de bains, cuisine complète, TV et barbecue). Remise de 10 % accordée à nos lecteurs hors juillet-août.

avec petite terrasse privative. Bonne table avec super terrasse face à la plage du Lido. Des mets fins, notamment le poisson, un service en tenue, certes c'est un peu cher mais on ne se moque pas du monde. Dispose également d'un autre hôtel à Propriano, le *Beach Hotel,* de 400 à 560 F (61 à 85,4 €) la chambre double, selon la saison (la demi-pension n'y est jamais obligatoire). Établissement correct mais plus quelconque, à 300 m de celui-ci et avec accès direct à la plage.

▄ *Hôtel Arcu di Sole (hors plan par D1, 13)* : route de Baracci, à Olmeto. ☎ 04-95-76-05-10. Fax : 04-

LE GOLFE DU VALINCO ET LE SARTENAIS

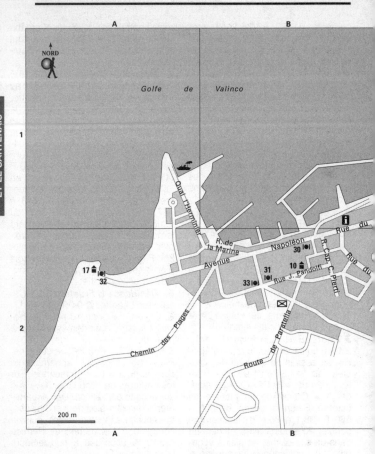

Golfe de Valinco

200 m

■ **Adresses utiles**

🛈 Office du tourisme
⚓ Gare maritime
✉ Poste

🛏 **Où dormir ?**

10 Loft Hôtel
11 Ferme équestre de Baracci
13 Hôtel Arcu di Sole

95-76-13-36. À 2 km du centre de Propriano par la N196, direction Ajaccio ; sur la droite de la route. Ouvert d'avril à mi-octobre. De 630 à 650 F (96 à 99 €) la chambre double. En juillet-août, demi-pension obligatoire de 790 à 860 F (120 à 131 €) pour deux. Grande maison rose aux volets verts. Grand jardin joliment fleuri, piscine, mini-golf. Chambres assez mignonnes, bien tenues. Mais ce n'est pas très bon marché, et la plage la plus proche, à 150 m, n'est pas la plus belle de Propriano.

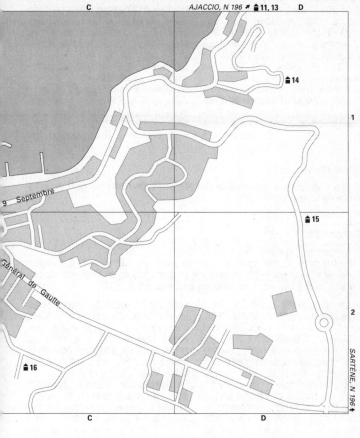

PROPRIANO

14 Motel Bartaccia	**|●| Où manger ?**
15 Motel Aria Marina	**30** Le Riva Bella
16 Résidence U Frusteru	**31** L'Hippocampe
17 Hôtel-restaurant Le Lido	**32** Le Lido
	33 Restaurant Bischof

Où dormir dans les environs ?

Camping et gîte d'étape

🛏 *Camping Lecci e Murta :* sur la route de Campomoro, à Portigliolo (8 km au sud de Propriano). ☎ 04-95-76-02-67 ; hors saison : ☎ 04-95-

77-11-20. Ouvert de Pâques à mi-octobre. Site agréable, bien ombragé. Tennis, petite épicerie, bar-restaurant-pizzeria. Ambiance corse et accueil un peu rude parfois. Et gare aux moustiques! À 300 m, la plage et quelques criques à l'abri du vent. Propose aussi des bungalows.

■ *Gîte d'étape et chambres d'hôte U Fracintu :* commune de Fozzano. ☎ 04-95-53-61-21. À 7 km à l'est de Propriano. Ne pas prendre la route de Fozzano, mais celle des bains de Baracci ; passé les bains, prendre au carrefour à droite vers Martini, le gîte est à 600 m de là. Nuitée en dortoir à 70 F (10,7 €) ; demi-pension à 170 F (25,9 €). Chambre d'hôte à 230 F (35 €) pour deux. Supplément de 5 F pour l'utilisation de la cuisine. Première étape sur le Mare a Mare Sud. Dans un grand bâtiment blanc, des dortoirs de 4 ou 6 lits. Bien tenu. Grand calme.

Gîtes ruraux

■ Les gîtes ruraux rattachés à *Olmeto* et *Porto-Pollo* ne sont qu'à 15-20 mn en voiture de Propriano.

Où manger ?

Malheureusement, pas assez de bonnes adresses à Propriano. Cependant celles qui suivent ont fait leurs preuves et, à moins d'un changement de propriétaire, pratiquent de bons rapports qualité-prix.

|●| *Le Riva Bella* (plan B2, *30*) : cours Napoléon. ☎ 04-95-76-30-58. Fermé le dimanche hors saison, et en janvier. Compter 120 F (18,3 €). Rien d'extraordinaire mais un classique restaurant-pizzeria-glacier que les gens, touristes ou locaux, semblent apprécier, si l'on en croit le taux d'occupation des tables en terrasse (vue sur le port, évidemment). Pas de menu, mais une carte avec notamment des salades et des pizzas au feu de bois : ça ne mange pas de pain, et, pour déjeuner, ça suffit bien. Apéritif maison offert à nos lecteurs.

|●| *L'Hippocampe* (plan B2, *31*) : rue Pandolfi. ☎ 04-95-76-11-01. ♿ Fermé le dimanche hors saison, et de fin septembre à Pâques. Menu à 100 F (15,2 €) ; à la carte, compter 200 F (30,5 €), vin compris. Petite salle conviviale et chouette terrasse fleurie. Antoine, dit l'Américain, aime la mer et le poisson bien frais. Comme il a raison! Résultat : on déguste le soir ce qu'il a pêché en ma-tinée dans le golfe de Valinco. Également de bons fruits de mer. Menu d'un étonnant rapport qualité-prix. Assez bon marché à la carte. En prime, un service efficace et une patronne souriante. Une adresse très fiable. Café offert à nos lecteurs.

|●| *Restaurant Bischof* (plan B2, *33*) : rue des Pêcheurs. ☎ 04-95-76-30-00. Fermé le lundi hors saison. Menus de 88 à 138 F (13,4 à 21 €). On s'installe dans la salle voûtée où chauffe le four à pizzas, ou, aux beaux jours, sur la terrasse en estrade. Nappes et serviettes saumon tout coton, c'est du sérieux. Spécialité de brochettes de viande et de viande en général – les parents du patron tiennent la boucherie en face – mais aussi un honnête premier menu corse, du *pastacciutu* ou des pizzas si l'on veut manger plus léger. Quand il y a du poisson, c'est du frais exclusivement (sauf les rougets du menu corse, à ce prix-là ça se comprend). Une adresse fiable, qui tourne à l'année.

Un peu plus chic

|●| *Restaurant du Lido* (plan A2, *32*) : dans l'hôtel du même nom, voir plus haut. Une bonne table, bien située.

Où manger dans les environs?

|●| *Chez Charlot :* à Viggianello (5 km à l'est de Propriano par la D19). ☎ 04-95-76-00-06 ou 75-15-67. Fermé du 10 octobre au 10 avril. Menu à 105 F (16 €). Un bar-restaurant de village plutôt sympa et authentique, où l'on trouve une bonne cuisine familiale corse. Copieux menu pichet de vin compris. Attention, pas de paiement par carte. Digestif offert à nos lecteurs.

|●| *Auberge San Ghjuvani :* route de Baracci-Viggianello (D257), à 500 m après la station thermale de Baracci. ☎ 04-95-76-03-31. Fermé en novembre, et le lundi d'octobre à mai. Menus à 89 et 139 F (13,5 à 21,2 €). Produits de la ferme et bonne cuisine familiale dans cette auberge à se casser le ventre. Quelques spécialités bien tournées, dont de fameux escargots à la mode du pays. Au second menu, bonne charcuterie. Liqueur de myrte à ne pas manquer. Dommage que le cadre soit assez banal. Reste cependant une chouette adresse, même si parfois, l'été, aux heures de pointe, il y a foule – le service et la qualité peuvent s'en ressentir. Réservation recommandée.

LE GOLFE DU VALINCO
ET LE SARTENAIS

À faire

– *Randonnées pédestres :* la première, par le sentier Mare a Mare. Une promenade fantastique, d'une mer (Méditerranée) à l'autre, la mer Tyrrhénienne, de Propriano à Porto-Vecchio. On conseille de l'effectuer dans l'autre sens. Le sentier est balisé dans les deux sens. Départ de Burgo, à 7 km de Propriano, par la D557. La seconde par le sentier Mare e Monte Sud, jusqu'à Porticcio (voir à « Porticcio »).
La *vallée du Baracci*, à proximité de Propriano, voit passer les parcours des sentiers Propriano-Porto-Vecchio et Propriano-Porticcio ; malheureusement, ces chemins se prêtent mal à la réalisation de boucles courtes et faciles à la demi-journée. Si l'on fait l'une des étapes proposées (par exemple, d'Olmeto à Burgo, traversée boisée très plaisante de 5 h environ, ou bien encore, plus courte, la chouette montée de Burgo à Fozzano en un peu moins de 1 h 30), il faut donc prévoir le taxi ou l'auto-stop (ou un ami qui aime rendre service !) afin de revenir au point de départ.
– *Les bains de Baracci :* à 4 km à l'est de Propriano, par la D257. ☎ 04-95-76-30-40. Ouvert tous les jours de 9 h à 12 h et de 14 h à 19 h ; en juillet et août, de 8 h 30 à 12 h 30 et de 15 h à 21 h (nocturne les mercredi et samedi jusqu'à 23 h). D'anciens thermes romains, connus depuis toujours pour leurs eaux sulfureuses (chaudes). Entrée : 25 F (3,8 €), 50 F (7,6 €) en cabine (baignoire). Attention, pour les messieurs slip de bain uniquement (pas de short). Au début du siècle, des émigrés russes construisirent ici un établissement thermal. Longtemps abandonné, il a rouvert en 1992 : ce sont maintenant deux petits bassins alimentés en eau chaude (un bassin à 42 °C et un autre à 38 °C) par la source, où l'on peut faire trempette. Tennis également et jeux pour enfants.
– *Cours particulier ou collectif de nautisme :* catamaran, dériveur, planche à voile chez *Évasion Nautic Valinco*. ☎ 04-95-76-15-23. Bureau sur le port. Location de bateaux et de planches à voile.
– *Location de bateaux :* *Locanautic,* port de plaisance (☎ 04-95-76-31-31), ou sur la plage de Portigliolo (☎ 06-09-52-24-20). Location de bombards ou « coques open » (vous savez, ces petit bateaux à moteur qui ricochent sur l'eau). Pas si cher à la demi-journée, surtout à plusieurs, et c'est l'idéal pour longer la côte et découvrir des petites plages sympas.
– *Promenade en mer :* sorties dans le golfe de Valinco, à bord de la vedette *Valinco* ou du catamaran *Big Blue*. ☎ 04-95-73-43-15. Plusieurs sor-

ties par jour, avec découverte du golfe et pour entracte une « baignade musicale », grâce à l'émission sous la mer de « vibrations acoustiques » (demandez à Claude de vous parler des orgues du capitaine Nemo...). Bureau au port de plaisance. Une autre compagnie propose des sorties en mer, *U paesi di U Valincu*, à bord d'une vedette à vision sous-marine. Diverses sorties : côte sud-ouest jusqu'à Roccapina, parc naturel de la Scandola, golfe de Valinco. ☎ 04-95-76-16-78.

– *Excursions en taxi :* Débora Bardini (*Taxi Bardini,* ☎ 04-95-29-82-99 ou 06-14-40-38-84) propose des excursions en taxi climatisé, genre Espace, à la journée ou la demi-journée. Calanque de Piana, Bavella, Ajaccio, Filitosa... Tarifs intéressants pour 6 personnes : 100 F (15,2 €) la demi-journée, 200 F (30,5 €) la journée par personne ; à peine plus cher que les excursions en car. Et puis elle est sympa, Débora.

À voir. À faire dans les environs

★ *Fozzano* : à 12 km à l'est de Propriano, par la D19 (jolie route de montagne). Sur son éperon rocheux, un village historique plein de charme et de caractère, protégé par ses deux grosses tours (l'une du XIVᵉ siècle, l'autre du XVIᵉ siècle). C'est dans l'une de ces tours que naquit Colomba, héroïne corse qui inspira à Mérimée son roman du même nom. On trouve aussi, dans le village, la « maison de Colomba » (c'est écrit dessus) et surtout, juste à côté, son tombeau. Mais de ce dernier, situé sur une parcelle privée, on ne peut voir que l'arrière. Il semble d'ailleurs assez délabré. Notez que la vraie Colomba ne ressemble que fort peu à la belle héroïne de Mérimée : elle était déjà âgée quand, par sa hargne, elle a provoqué une vendetta où elle a finalement perdu un fils ou deux. Mignonne église du XVIIᵉ siècle dans laquelle on peut admirer une Vierge sculptée dans du bois de figuier.

★ *Santa-Maria-Figaniella* : village voisin de Fozzano, plus au nord. Très belle église romane (XIIᵉ siècle), connue pour la remarquable frise sculptée qui orne les murs extérieurs. Pour la visiter, demandez Toussaint (les treize habitants du village le connaissent) : il vous racontera son village en poèmes !

– *Société Safe de Location d'avions :* sur l'aérodrome de Tavaria. ☎ 04-95-76-00-57 ou 06-13-61-17-46. De Propriano, prendre la RN196, direction Sartène et faire environ 2 km. Après avoir passé le pont du Rizzanèse, prendre à droite vers Campomoro et Tavaria. L'aérodrome est à 2-3 km sur la droite. Demander la société SAFE, c'est le hangar 2, complètement à droite en arrivant. Réservation préférable au moins la veille. Laisser un message en cas d'absence, on vous rappellera. C'est une société possédant plusieurs appareils et son propre atelier mécanique agréé par les autorités aéronautiques. Possibilité de vol de 15 mn à 1 h, sur avion monomoteur ou bimoteur, de 1 à 5 personnes. Exemple de prix : 500 F (76,2 €) de l'heure en location pour le monomoteur, ce qui est un prix exceptionnel, on le dit tout net. Pour être dans les règles de l'aéronautique, demander votre contrat de location à la SAFE.

Manifestation

– *Festival de l'Eau :* fin août-début septembre. Une fête sur le thème de l'eau : régates, démonstration de windsurf, gueuleton de moules et d'huîtres de Diana... Un franc succès en l'an 2000, la première édition, aussi a-t-il été décidé de recommencer en 2001.

Quitter Propriano en bus

– *Pour Ajaccio, Bonifacio et Porto-Vecchio :* autocars *Eurocorse*, 22, rue du Général-de-Gaulle. ☎ 04-95-76-00-76. En été, quatre bus par jour (deux le dimanche).
– *Pour Ajaccio, Sartène, Levie, Bavella :* autocars *Ricci*. Départs du 8, rue du Général-de-Gaulle. ☎ 04-95-76-25-59. Deux bus par jour (un le dimanche).

CAMPOMORO / CAMPUMORU (20110)

À 17 km au sud-ouest de Propriano. Charmant petit village corse, situé à l'extrême pointe sud du golfe de Valinco, sur un site classé et protégé. Le long de ce littoral préservé, de Campomoro à Senetosa, s'étirent 15 km de côte sauvage alternant criques et pointes rocheuses. La station est installée dans une anse bien abritée et possède une agréable plage. On y accède par une petite route sinueuse où il n'est pas rare de rencontrer des moutons, des ânes et des vaches en liberté. Dès les premières pluies, quelques sangliers se hasardent même hors du maquis ! Alors prudence, prudence...
Campomoro (anciennement « camp des Maures » et « Porto d'Elice ») est une adorable bourgade qui a su garder un caractère familial et pittoresque ; peu de constructions, pas de marina, point d'ensemble bétonné. Juste une mer émeraude, quelques barques de pêcheurs et un important mouillage pour les plaisanciers, qui, l'été, occupent largement la baie.
Une chouette étape, mais qui souffre aujourd'hui de son succès. Vraiment beaucoup de monde en juillet-août, et parking impossible. Et attention, il n'est pas rare de trouver un PV sur son pare-brise en revenant de la plage. Le problème est qu'il n'y a pas moyen de se garer correctement, les rares parkings sont pleins. Venir de bonne heure pour avoir une place.

Comment y aller ?

– *Par la route :* en venant de Propriano, emprunter la N196 en direction de Sartène. Après le pont sur le Rizzanèse, prendre tout de suite à droite la D121 (direction aérodrome). Beaux points de vue panoramiques au-dessus de Portigliolo et au lieu-dit Belvédère. Pas de liaison par car depuis Propriano.

Adresses utiles

✉ *Poste :* à l'entrée du village, sur la gauche. Ouvert toute l'année, du lundi au samedi de 8 h à 12 h. Attention : pas de distributeur d'argent à Campomoro.

■ Plusieurs *téléphones* à carte, juste à côté de la poste.

Où dormir ? Où manger ?

Campomoro ne dispose que de fort peu d'hôtels-restaurants, et les deux qu'on connaît ne cassent rien. On peut aussi trouver des chambres chez l'habitant. Pour l'approvisionnement, il y a deux magasins d'alimentation.

Camping

▲ *Camping Peretto Les Roseaux :* à gauche, après la poste, à 300 m en direction de la tour génoise. ☎ 04-95-74-20-52. Ouvert toute l'année. La plage est à 300 m. Un camping étagé au pied de la colline, parmi les orangers, les roseaux et les eucalyptus. Malheureusement, sanitaires fort malodorants lors de notre dernière visite. Douche payante. Calme (on est d'ailleurs prié de ne pas faire la fiesta après 10 h : beaucoup d'habitués du camping apprécient cette quiétude). Assez bon marché. Réservation recommandée.

Bon marché

I●I *Snack-bar La Mouette :* en face de la petite chapelle. ☎ 04-95-74-22-26. & Ouvert de mi-mai à fin septembre. Plat du jour dans les 50 F (7,6 €), carte de 20 à 80 F (3 à 12,2 €). Terrasse ouverte sur la mer. Propose, entre autres, de copieuses salades, des terrines de cochon sauvage, de *figatelli* (sanglier) et du pâté de sansonnet ou des plats plus conventionnels, à des prix raisonnables. Couscous et paella une fois par semaine. *La Mouette* est un peu le cœur du village, l'endroit où tout le monde se retrouve, autour d'un verre ou d'une partie de pétanque, dans une ambiance généralement animée. Antoine, le gérant, organise d'ailleurs une dizaine de concours de boules pendant la saison (le samedi en général) et diverses autres festivités.

À voir. À faire

★ *La tour génoise :* au bout de la plage, au sommet de la pointe. Édifiée par la république de Gênes vers 1586, c'est la plus imposante de Corse. Aujourd'hui protégée au titre des Monuments historiques, le Conservatoire du littoral l'a restaurée et ouverte au public. Un gardien organise des visites l'été.

– Belle *balade* à pied (25 mn) jusqu'à la tour. Au pied de la tour, le petit sentier du village, accès aux criques sauvages pour les amateurs de marche.

★ Belle *plage* de sable fin (900 m). Myriade de petits poissons de roche multicolores à observer. À vos masque et tuba !

★ À noter également, la présence discrète d'une *ferme marine* (élevage de bars ou loups et de daurades) dans la baie. Réponse intelligente au dépeuplement des fonds marins lié au chalutage excessif. Ne se visite pas.

Plongée sous-marine

Le golfe de Valinco propose des fonds superbes, et bien fournis en langoustes et corail rouge, pour plongeurs de tous niveaux. Pratique, car on est rarement à plus de 10 mn de bateau des nombreux sites, relativement protégés. La plupart des spots sont de véritables montagnes sous-marines, dont les sommets – souvent proches de la surface – offrent déjà de belles sensations aux néophytes ; alors que failles et tombants attirent les plongeurs confirmés vers 40 m de profondeur.

Où plonger ?

■ *Campomoro Plongée :* Le Belvédère. ☎ 06-09-95-44-43. Au bord de la plage, à côté du resto *La Mouette*, face à la chapelle. Ouvert de Pâques à la Toussaint. Dans ce club (FFESSM) sérieux, on ne porte pas les bouteilles, déjà à bord du navire de plongée (idéal pour les fainéants !). Yann – le patron sympa – propose baptêmes, formations jusqu'au niveau III, et explorations en petit comité des meilleurs spots du coin. Plongée d'exploration (équi-pement complet fourni) : 225 F (34,3 €). Forfait dégressif pour 4 plongées (partage entre amis possible). Chaque plongée revient alors à 190 F (29 €). Également des baptêmes à 240 F (36,6 €), plongées de nuit et baptêmes pour enfants. Extra. Réservation obligatoire. Pour les plongeurs possédant tout leur équipement, prix encore plus bas. Une réduction de 10 % sur les baptêmes est accordée sur présentation du *Guide du routard* de l'année.

Nos meilleurs spots

🐚 *« Monica » :* niveau I. À l'entrée de la baie. Sur ces trois pics, tous les plongeurs trouvent leur bonheur. Entre 0 et 6 m, belle petite faune colorée ; de -12 à -25 m, de somptueuses gorgones pourpres décorent les surplombs ; au-delà, voûtes de corail rouge.

🐚 *Le Lycaon :* niveau I et plus. Pics et tombants là encore. Sensations fortes et sentiment de sécurité pour cette plongée, tant la luminosité est excellente. Bancs de saupes et de sars, gros dentils en pleine eau, mostelles et murènes dans les failles, langoustes. Puis des gorgones au-delà de -25 m.

🐚 *La Cheminée et les Grottes du Taureau :* niveau II. Deux plongées impressionnantes, réservées aux plongeurs confirmés. Pic vertigineux, énormes éboulis rocheux, grottes. Faune de belle taille. Au fond, tout au fond, à -40 m, les bons plongeurs ont rendez-vous avec un bon gros mérou sédentaire.

🐚 *Les Cathédrales :* niveau II. Plongée emblématique du golfe, certainement l'une des plus belles. Imaginez les aiguilles de Bavella en miniatures (de -15 à -60 m) enrobées d'un manteau de gorgones rouges flamboyantes ! Intéressante faune et flore. Pour plongeurs confirmés seulement.

Quitter Campomoro

Vous êtes dans un cul-de-sac. Solution ? Un demi-tour et puis s'en vont...

SARTÈNE / SARTÉ (20100)   3 570 hab.

« La plus corse des villes corses », selon Prosper Mérimée. C'est toujours vrai. Quel caractère dans ces façades grises et brunes, haut rempart de granit dominant la vallée, dans ces ruelles pavées, ces escaliers tors et ces arches de la vieille ville, et dans les quelques « palais » décrépits du quartier des notables ! Et dans cette grand-place, LA place corse par excellence... On aime vraiment bien cette ville, l'une des rares en Corse, soit dit en passant, à voter communiste – le maire, M. Dominique Bucchini, est d'ailleurs une des figures de la vie insulaire.
Sartène est célèbre aussi pour la *procession du Catenacciu*. Une manifestation haute en couleur, peut-être aujourd'hui un peu trop courue, mais enfin, Sartène n'en reste pas moins authentique, bien éloignée de l'esprit mercan-

tile que le tourisme alimente et développe trop souvent. Notons enfin que sur le territoire de la commune, la deuxième de France par sa superficie, se trouvent des plages extraordinaires.

Un peu d'histoire

Malgré l'aspect fort ancien de la vieille ville, Sartène n'est pas si âgée que ça. Les Génois l'ont édifiée en 1550, sur ce promontoire d'accès difficile qui devait garantir la sécurité des habitants. Car, auparavant, il n'y avait pas de ville à proprement parler, mais différents hameaux – qui constituaient la *pieve*, le territoire de Sartène – éparpillés aux alentours. Ce sont les raids barbaresques, et notamment ceux de l'affreux Turc Dragut, vers 1545, qui incitèrent les Génois à bâtir une cité fortifiée, où se réunirent les habitants de la *pieve*. Mais, malgré ses fortifications, la ville est prise en 1583 par Hassan Pacha, roi d'Alger, qui emmène 400 Sartenais en esclavage, et en massacre quelques autres.

Puis la vie reprit son cours, et Sartène resta longtemps favorable aux Génois. D'où le siège que durent mener les indépendantistes, jusqu'à sa capitulation au XVIIIᵉ siècle. Au XIXᵉ siècle, d'incroyables vendettas animèrent la cité, qui opposèrent notamment les Rocca Serra aux Pietri, vieilles noblesses locales, les uns royalistes, les autres libéraux (bon prétexte pour se mettre des coups de fusil). Pour finir, le conflit se généralisa, des centaines de partisans de l'un et l'autre camps se battant à mort... En 1834, un traité de paix fut tout de même signé entre les parties, difficilement négocié par le gouverneur de Corse. Mais les règlements de comptes se poursuivirent, et un siècle plus tard, lors d'un voyage en Corse, Paul Valéry observait que les fenêtres étaient murées, et que des hommes en armes étaient postés en ville, toujours prêts au coup de feu. Et de commenter : « On a peine à concevoir une telle société avec le code français et l'administration française. » Une remarque toujours d'actualité ?

Tradition

Ceux qui ont la chance de se trouver en Corse le jour du Vendredi saint suivront la *procession du Catenacciu* (le pénitent). Ce spectacle représente la Passion du Christ.

Le Catenacciu (un Sartenais choisi pour la gravité de ses fautes ?), dissimulé sous une cagoule et une robe rouge, porte une croix de 30 kg et une chaîne de 15 kg au pied. Comme le Christ, il tombe et se relève trois fois. Il est aidé par un pénitent en aube et cagoule blanches, figurant Simon de Cyrène qui a aidé Jésus à porter la croix. Derrière eux suivent huit pénitents vêtus de tuniques et cagoules noires, symbolisant les Juifs, et transportent sous un dais un Christ gisant sur un linceul blanc. Tous vont pieds nus. La foule les accompagne et chante avec la Confrérie.

Un spectacle fascinant et troublant à l'origine, mais qui est devenu aujourd'hui une sorte d'attraction (pour les touristes en tout cas). La magie s'en ressent...

Adresses utiles

🚹 *Syndicat d'initiative* (plan A2) : 6, rue Borgo (à 20 m de la place de la Libération). ☎ et fax : 04-95-77-15-40. Ouvert de mai à septembre, du lundi au vendredi (plus le samedi en juillet et août) de 9 h à 12 h et de 15 h à 19 h; d'octobre à avril, du lundi au vendredi de 9 h à 12 h.

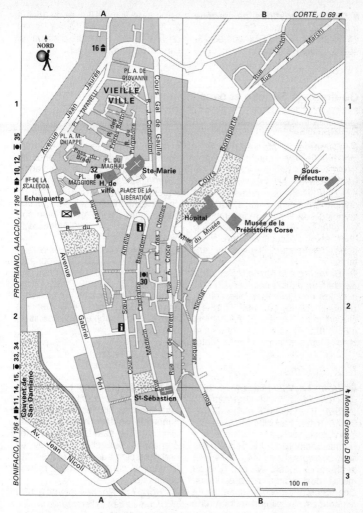

SARTÈNE

■ Adresses utiles

🛈 Syndicat d'initiative
🛈 Station touristique de Sartène
✉ Poste

⌂ Où dormir ?

10 Camping A Merendella
11 Camping U Cavaddu Senza Nome
12 Camping U Farrandu

14 Hôtel La Villa-Piana
15 Rossi Hôtel-Fior di Riba
16 Hôtel Les Roches

|●| Où manger ?

30 Chez Jean-Noël
32 Le Caramama
33 Fromagerie et table d'hôte d'Acciola
34 U Sirenu
35 Auberge Santa Barbara

◪ *Station touristique de Sartène* *(plan A2)* : 10, cours Sœur-Amélie. ☎ 04-95-73-45-11. Fax : 04-95-73-40-28. Ouvert en saison du lundi au samedi de 9 h à 13 h et de 15 h à 20 h ; le dimanche de 10 h à 13 h et de 16 h à 19 h. Structure d'accueil et d'information touristiques.

Où dormir à Sartène et dans les environs ?

Campings

▪ *Camping A Merendella (hors plan par A1, 10)* : route de Propriano (N196), sur la gauche. ☎ 04-95-77-01-77. Ouvert en saison. Compter 42 F (6,4 €) par personne tout compris (réduction enfants). Un petit camping tout simple, mais ombragé de chênes et d'oliviers, pas trop cher, et où l'accueil est bon. Ping-pong, badmington, jeux pour enfants.

▪ *Camping à la ferme U Cavaddu Senza Nome (hors plan par A3, 11)* : à 12 km de Sartène en direction de Bonifacio (N196). ☎ 04-95-77-18-47. Ouvert toute l'année. Emplacement à 65 F (9,9 €) pour deux. Hartmut et Heidi, lui allemand et elle autrichienne – mais avant tout européens –, sont installés en Corse depuis 20 ans. Bonne ambiance, buvette. Fait aussi (et surtout) centre équestre. Tiens, au fait, le nom de ce camping nous rappelle quelque chose, mais quoi ? Ah oui bien sûr, le vieux tube beatnik *A Horse With No Name*, d'America.

▪ *Camping U Farrandu (hors plan par A1, 12)* : route de Propriano. ☎ 04-95-73-41-69. Ouvert d'avril à novembre. Environ 40 F (6,1 €) par personne, tout compris. Accueil chaleureux dans ce petit camping récent. Avec supplément, tennis et mini-golf.

Prix moyens

▪ *Hôtel La Villa-Piana (hors plan par A3, 14)* : route de Propriano (N196), 1 km avant Sartène. ☎ 04-95-77-07-04. Fax : 04-95-73-45-65. ♿ ● hotel-la-villa-piana@wanadoo.fr ● Fermé d'octobre à avril. Selon la saison, de 290 à 490 F (44,2 à 74,7 €) la chambre double. Maison ocre au milieu des arbres et des fleurs. Chambres à la déco soignée, plutôt mignonnes, la plupart offrant une vue sur Sartène. Mais attention, quelques-unes ont vue sur l'arrière, pas forcément extra, surtout en bas. Tennis, bar, salle de jeux et piscine panoramique. Garage motos privé. Une bonne adresse.

▪ *Rossi Hôtel-Fior di Riba (hors plan par A3, 15)* : à 1 km de Sartène, sur la route de Propriano. ☎ 04-95-77-01-80. ♿ Fermé d'octobre mars inclus. De 265 à 390 F (39,9 à 59,4 €) la chambre double. Deux établissements en un : d'une part les chambres du *Rossi Hôtel*, dans un bâtiment assez récent (chambres avec douche et w.-c.), d'autre part les chambres situées dans les maisonnettes couleur ocre du *Fior di Riba*, noyées parmi les figuiers, les grenadiers, les citronniers, et les orangers bien sûr, qui s'étagent sur la gauche du *Rossi Hôtel*. Piscine commune.

▪ *Hôtel Les Roches (plan A1, 16)* : av. Jean-Jaurès, à l'entrée de la ville. ☎ 04-95-77-07-61. Fax : 04-95-77-19-93. ♿ Selon la saison, de 330 à 500 F (50,3 à 76,2 €) la chambre double avec douche ou salle de bains, TV et téléphone. Demi-pension obligatoire en juillet-août, à 650 F (99 €) pour deux personnes et par jour. A l'avantage de se trouver dans le village. Une grande et solide maison de schiste, où les chambres assez dépouillées et d'un confort sommaire offrent un large panorama sur la vallée. Accueil moyen, tout comme la restauration.

Où manger ?

Assez bon marché

|●| *Le Caramama* (plan A1, 32) : rue Caramama (rue à gauche dans la vieille ville, dès qu'on a franchi la voûte). Ouvert de mai à septembre. ☎ 04-95-73-41-11. Menus de 78 à 139 F (12 à 17,5 €). Terrasse ombragée, assez grande, ou salle voûtée. Plats corses (tripes à la sartenaise, charcuterie, etc.) et pizzas. Un saisonnier appréciable pour sa cuisine simple et honnête, et la gentillesse de l'accueil. Et comme c'est une petite affaire familiale, le service et le manger ne devraient pas trop changer d'une saison à l'autre. Beau menu dégustation.

|●| *Chez Jean-Noël* (plan A2, 30) : 27, rue Borgo (la rue qui part en biais sur la gauche de la rue principale, depuis le centre-ville, sur la place de la Mairie). ☎ 06-12-77-75-70 (pas facile d'avoir la communication). Fermé le lundi, mais d'autres jours parfois aussi, c'est Jean-Noël qui décide. Menu à 95 F (14,5 €). Deux-trois tables en terrasse et une toute petite salle, mieux vaut réserver car les places sont comptées. Au-dessus du bar, grand poster du *Che*. Vive lui ! Honnête menu corse avec fromage ou dessert (mention spéciale pour le gratin de pommes de terre et la tarte au citron). Dommage qu'en vin il n'y ait guère de choix, le sartène proposé étant assez fort pour ne pas convenir à tout le monde, et que l'accueil soit assez distant. Attention, pas de paiement par carte.

Où manger dans les environs ?

Bon marché à prix moyens

|●| *Fromagerie et table d'hôte d'Acciola* (hors plan par A3, 33) : à Giuncheto. ☎ 04-95-77-14-00. À 8 km de Sartène, à droite le long de la route nationale, direction Bonifacio. Compter 80 F (12,2 €) à la carte. Magasin et table ouverts de mi-juin à fin septembre, mais on peut acheter des produits toute l'année (sauf en octobre) en descendant jusqu'à la ferme, en contrebas de la boutique, par l'escalier. André élève des chèvres et produit fromages et brocciu. Outre ses fromages (attention, pas de brocciu en août), on y trouve d'excellents produits : miel, charcuteries, farine de châtaigne, toujours artisanaux et à prix corrects. Derrière le magasin, une terrasse pour prendre un verre et déguster la goûteuse « tarte d'été », l'assiette de fromage ou de charcuterie (bon marché, ou les plats du jour (ragoût de chèvre parfois). Sympa comme tout.

|●| *U Sirenu* (hors plan par A3, 34) : au lieu-dit Orasi, route de Bonifacio (N196). ☎ 04-95-77-21-85. À 8 km de Sartène, sur la droite de la route nationale. Fermé le lundi hors saison. Menus de 75 à 135 F (11,4 à 20,6 €). Attention, pas de paiement par carte. Une halte bienvenue sur cette nationale où il n'y en a pas tant. D'autant qu'on mange plus que correctement au *Sirenu*, auberge familiale toute simple, propre et honnête. Cuisine corse classique, bien servie, savoureuse et reconstituante. Les beignets de poireaux et la terrine maison sont OK, le sanglier en sauce et spaghetti va bien (copieux), le fromage aussi. En digestif, parfois, la patronne de la maison offre une délicieuse eau-de-vie de sa fabrication, et vous ne devinerez jamais à base de quelle plante elle est faite. On vous rassure, on n'a pas deviné non plus. Mais c'est bigrement bon !

Un peu plus chic

|●| *Auberge Santa Barbara (hors plan par A1, 35) :* route de Propriano, à 2 km de Sartène. ☎ 04-95-77-09-06. Fermé le lundi hors saison, et du 15 octobre au 15 mars. Menu à 160 F (24,4 €). Joli jardin dans un cadre campagnard. Une bonne table : la cuisine est faite par la patronne, Mme Lovicchi. Beau menu avec charcuterie ou soupe corse, courgettes farcies, gigot d'agneau, fromage et dessert.

Où boire un verre ?

▼ Sur la place de la Mairie, face à l'église, plusieurs *terrasses* vous tendent leurs chaises en osier. Très agréable à l'heure du petit déjeuner, ou au retour de la plage. On ne sait pas bien pourquoi, mais on lui trouve un charme unique, à cette place. C'est en tout cas un plaisir toujours vérifié d'y prendre un verre, relax, mode corse.

À voir

★ *L'église Santa Maria :* pl. de la Libération. Construite au XVIIIe siècle, elle abrite un riche mobilier : tableaux, statues et maître-autel en marbre classé monument historique. Remarquez, au fond à gauche, les accessoires servant pendant la procession du Catenacciu : crucifix et chaînes.

★ *L'hôtel de ville :* à côté. Ancien palais occupé par les autorités génoises au XVIe siècle.

★ *Les ruelles du vieux Sartène :* étrange labyrinthe de venelles pavées, de passages secrets, d'escaliers de pierre, de couloirs obscurs, de maisons hautes et fières, dont les seuls yeux sur le monde extérieur ont la forme de persiennes. On y accède par le *passage de Bradi,* sous l'hôtel de ville.

★ *L'échauguette :* en descendant sur la gauche, après le passage de Bradi (pas évident à trouver, on s'amuse). Cette tour du XVIe siècle est un vestige de la citadelle.

★ *Le centre de Préhistoire :* dans l'ancienne prison, à 100 m en montant de la place de la Mairie (à côté de l'hôpital). ☎ 04-95-77-01-09. Entrée : 15 F (2,3 €). Ouvert de 10 h à 12 h et de 14 h à 17 h (18 h en été). Fermé le dimanche en été, les samedi, dimanche et jours fériés hors saison. Pas grand-chose à voir. Quelques vitrines où sont exposées des pièces qui paraîtront mineures au néophyte (beaucoup de fragments). Attention, devrait être réaménagé en 2001, et donc fermé à l'occasion des travaux.

À faire

Un peu d'équitation ne peut pas faire de mal.

■ *Centre équestre-Poney-Club A Madudina :* au lieu-dit A Madudina, route de Propriano, de juillet à mi-septembre, ☎ 04-95-73-40-37 ; le reste de l'année, au ☎ 04-95-77-11-37. Randonnées équestres d'une semaine, balades à la journée... Sur chevaux corses principalement. Également des poneys pour les enfants, mais attention, monte à cru.

■ *Centre équestre U Cavallu Senza Nome :* à 12 km de Sartène en direction de Bonifacio (N196). ☎ 04-95-77-18-47. Ouvert toute l'année. Promenade et initiation équestre, et randonnée.

Fêtes et événements

– **Le Catenacciu :** à Pâques, le soir du Vendredi saint. Une manifestation religieuse étonnante (voir plus haut, « Tradition »).
– **La Fête de l'Hospitalité :** le 14 août. Bien joli nom pour une bien jolie fête, où les banquets sont ouverts, avec beignets, vin et gâteaux offerts, et bien sûr il y a la musique.

Achats

⌂ **Produits corses :** 15, cours Sœur-Amélie. Petite épicerie proposant de bons produits régionaux.

⌂ Autre bonne adresse, la **fromagerie d'Acciola** (voir plus haut « Où manger ? »).

À voir dans les environs

★ **Spin a Cavallu :** à environ 9 km au nord de Sartène, sur la route de Sainte-Lucie (D268). À gauche (pas très bien indiqué). C'est l'un des plus beaux ponts de Corse, construit au XIIIᵉ siècle. On l'attribue aux Génois, mais il serait plus probablement pisan. De la belle ouvrage, en tout cas. Remarquez la forme étrange de son arche, en triangle. D'où son nom, qui signifie en corse « dos de cheval »... Un vrai symbole, choisi pour figurer sur les étiquettes du meilleur vin de Sartène ! Possibilité de baignade, mais c'est assez couru.

★ **Sainte-Lucie-de-Tallano** et **Levie :** voir « La Corse intérieure, entre Porto-Vecchio et Sartène ».

TIZZANO / TIZZÀ (20100)

À 18 km au sud de Sartène, par la D48. Au fond d'un cul-de-sac, un petit havre perdu entre les rochers, avec son port de pêche, ses criques, une plage et une eau très claire. Tizzano (qui dépend de la commune de Sartène) fut jadis un paradis des nudistes. Mais ces jeunes gens ont été priés d'aller se rhabiller... Entre une bronzette et une partie de pêche, on peut partir à la découverte de cette côte encore sauvage, jusqu'à Roccapina. À la pointe de Tizzano, un fort génois du XVᵉ siècle (propriété privée).

Où dormir ?

🛏 **L'Hôtel du Golfe :** à Tizzano. ☎ 04-95-77-14-76 ou 22-34. Fax : 04-95-77-14-76. ♿ Fermé de novembre à mars. Chambre double de 350 à 590 F (53,3 à 85,4 €) selon confort et saison, petit déjeuner compris. Établissement récent, bien situé (accès direct à une petite plage) et de bon confort. Toutes les chambres ont terrasse et vue sur mer, salle d'eau et TV. Environnement calme et beau : criques, vagues, verdure, et grande plage à 2 km si l'on veut. Malheureusement, le restaurant de l'hôtel, qui était bon, a fermé en 2000 (rouvrira-t-il ?) et l'avenir de l'hôtel lui-même n'est pas assuré (il serait en vente).

LE CIRCUIT DES MENHIRS

C'est le nom communément donné à cette zone sauvage située au sud de Sartène, dans l'arrière-pays de Tizzano et de Roccapina. Plusieurs sites mégalithiques ont été mis au jour, parmi les plus importants du sud de la Corse. Nos lecteurs qui connaissent Carnac ne risquent pas de tomber à la renverse d'émerveillement, mais ce circuit donne l'occasion de faire d'agréables promenades dans une lande désertique riche en végétation : arbousiers, lentisques, chênes-lièges... Attention, ici le soleil tape dur en été ! Gourde et chapeau ne seront pas de trop si vous faites le circuit à pied.

★ *Les alignements de Palaggiu* (ou *Pagliaju*) : sur la D48. À environ 4 km avant Tizzano, sur la droite. C'est l'un des alignements les plus importants de Méditerranée, avec quelque 260 mégalithes ! Certains sont sculptés. Les copains d'Obélix ont eu du travail... Malheureusement, le site, situé sur une propriété privée, est aujourd'hui interdit d'accès, par la volonté du propriétaire. Dommage vraiment, mais c'est ainsi.

★ *Les mégalithes de Cauria* : à Palaggiu, reprendre la D48 vers Sartène puis tourner à droite dans la D48A et poursuivre sur environ 4 km. Il faut ensuite laisser la voiture et marcher 1 km. Le plateau de Cauria fut habité à l'âge du bronze par une civilisation qui laissa de nombreuses traces. On y trouve en fait trois sites distincts :

– *L'alignement de Stantari* : au bout du chemin, dans un pré. Une vingtaine de statues-menhirs classées Monuments historiques. Elles sont presque toutes sculptées : visages, bras armés, etc. Les experts pensent qu'elles seraient plus anciennes que celles de Filitosa, même si elles leur ressemblent beaucoup.

– *L'alignement de Rinaiu* : à 400 m du précédent, à l'écart du chemin, au milieu des arbres. Également quelques menhirs gravés, certains armés.

– *Le dolmen de Fontanaccia* : à 300 m avant l'alignement de Stantari. Pas évident à trouver : il faut franchir un enclos situé à droite du chemin principal ; une petite échelle placée entre deux arbres vous y aide (on imagine les cars de retraités en visite ici !). Il faut ensuite marcher 400 m dans la garrigue. Ce dolmen en granit, découvert par Prosper Mérimée en 1840, est le plus important et le mieux conservé de l'île de Beauté. D'énormes dalles forment une espèce de maison. Une légende locale en a fait un endroit diabolique, voué à quelque culte sacrificiel. D'où son surnom corse : *a stazzona di u Diavuli*, « la forge du Diable » ! Au loin, de belles montagnes aux allures sacrées.

La végétation se fait plus rare, plus courte, et la côte Sud apparaît superbe au niveau de Roccapina, avec une longue plage de rêve en contrebas de la route. Quelques villages tranquilles (Monaccia d'Aullène, Pianottoli), l'aéroport de Figari, puis voici Bonifacio aux falaises impressionnantes, enfin Porto-Vecchio et son golfe : plages parmi les plus belles de Corse, et pas mal de monde – ayant les moyens : cette région est sans doute la plus chère de l'île, surtout en été.

ROCCAPINA (20100)

Sur la route de Bonifacio et à 22 km au sud de Sartène, dont elle dépend, la baie de Roccapina jouit d'une situation idéale. La mer, couleur turquoise, offre une plage sans équivalent, bordée par une série de rochers dont l'un ressemble à s'y méprendre à un gros lion couché. Beaucoup de monde en été, ce qui se comprend : l'endroit est vraiment fabuleux...

Où dormir ? Où manger ?

Camping

☖ *Camping municipal :* un peu avant la plage. Indiqué de la route (N196), à droite, juste après l'*Auberge Coralli* ; c'est 2 km plus loin, au bout de la piste très défoncée. ☎ 04-95-77-19-30. Fax : 04-95-77-10-60. Ouvert de mi-mai à fin septembre. Pour deux, 80 F (12,2 €) la première nuit, 60 F (9,1 €) les suivantes. Location de jolies tentes (gazinière, frigo, lits) pour 4 ou 6 personnes, à la semaine (2 200 F, 335 €). La plage est à 500 m.

Prix moyens

☖ |●| *Camping et ferme-auberge de Pero-Longo :* à 16 km de Sartène en allant vers Bonifacio, sur la droite de la route (bien indiqué) ou à 5 km après le point de vue de Roccapina, sur la gauche, pour ceux qui font la route dans le sens sud-nord. ☎ 04-95-77-07-11 ou 77-10-74. Fermé d'octobre au 15 juin. Compter 65 F (9,9 €) pour deux avec tente et voiture. Menu « U Spuntinu » comprenant une assiette de charcuterie et fromage, verre de vin et café à 60 F (9,1 €). Menu à 90 F (13,7 €). Menu-enfants à 45 F (6,9 €). Les campings ne sont pas bien nombreux sur cette partie de la côte et cette halte peut dépanner.

Quelques emplacements agréables et bien ombragés par des chênes résument cet endroit calme et très simple. Douche et toilettes et puis c'est tout. Le propriétaire-éleveur propose également un menu très honorable mais un rien monotone, qu'on prend en terrasse. Bonne charcuterie et petits plats sans prétention comme la moussaka, les brochettes de veau (viande très tendre) ou les aubergines à la parmesane. À noter encore le sympathique vin du domaine. Apéritif offert à nos lecteurs sur présentation du *GDR*.

☖ |●| *Auberge Coralli :* sur la route de Bonifacio, à l'embranchement de la plage de Roccapina, à droite. ☎ 04-95-77-05-94. Fermé de début novembre à fin mars, et le mardi en avril et octobre. Chambre double de 250 à 300 F (38,1 à 45,7 €). Menu à 80 F (12,2 €). Demi-pension obligatoire en été, 115 F (17,5 €) par personne en plus du prix de la chambre. L'un des seuls hôtels du coin. Beau pano-rama sur le rocher du Lion. Chambres claires, propres, avec douche, w.-c. et terrasse. Un peu proches toutefois de la salle de resto, dont on entend les bruits. Jeux d'enfants. Plutôt bon restaurant, avec notamment du poisson de qualité. Une bonne petite adresse pour rayonner.

À voir. À faire

★ **Les rochers :** on les aperçoit de la route, au lieu-dit Roccapina. Vous ne pouvez pas manquer le gros lion. En regardant bien, on aperçoit aussi un éléphant ! On ne doit ces braves bêtes de granit rose ni à des hallucinations ni à des sculpteurs fous... Ce sont de simples phénomènes naturels, dus à l'érosion. Une piste (à droite de la route) y mène, mais il est VIVEMENT DÉCONSEILLÉ DE LES ESCALADER : il y a régulièrement des accidents, parfois mortels.

★ **La tour génoise :** à côté du lion.

★ **La plage :** accès par la piste située à côté de l'*Auberge Coralli*. C'est à 2,5 km. Superbe, comme on le dit plus haut. Évidemment bondée en été (à 90 % par des Italiens, curieusement). Ceux qui préfèrent rester dans l'intimité trouveront, en cherchant bien, de discrètes petites criques dans la région, et de l'autre côté du Lion (à droite en regardant la mer), une longue et superbe plage peu connue car pas accessible en voiture. 3 km de sable blond et quasiment personne, même en août ! Encore faut-il avoir un bateau pour y aller.

MONACCIA D'AULLÈNE / MONACCIA D'AUDDE (20171)

À égale distance de Sartène et de Bonifacio, en retrait de la nationale. Un charmant village fleuri, au calme et bien situé : la mer est à 4 km. Un endroit typique du sud de la Corse, blotti au pied de l'*Uomo di Cagna,* cette montagne qui a la particularité d'être coiffée par une énorme roche qui joue les équilibristes au sommet. Au centre du village, la place de la Caserne (mais il n'y a plus de caserne depuis belle lurette), où jeunes et vieux se retrouvent pour jouer aux boules après la plage.

Où dormir ?

🛏 *Gîtes ruraux du Riolo et studio :* chez Jacqueline et Blanchard ; à 200 m du village, sur un grand terrain isolé et arboré avec une grande et belle pelouse au centre. ☎ 04-95-71-84-23. Ouvert du 15 mai au 15 octobre. Prix à la semaine : 2 900 F (44,2 €) hors saison et 3 800 F (579 €) en juillet et août. Pas de location à la nuit. Deux grands et beaux gîtes indépendants, confortables, parfaitement au calme, avec vue sur la mer au loin. Décoration raffinée (pochoirs, peintures au chiffon...) et très bon équipement. Chaque gîte peut accueillir jusqu'à 6 personnes. Ils comprennent 2 chambres, une cuisine-bar équipée (lave-linge, lave-vaisselle, cheminée) et un vaste salon donnant sur une chouette terrasse couverte de cannisses, avec hamac, barbecue et salon de jardin pour vos dîners aux chandelles. Une adresse idéale et soignée pour de vraies vacances reposantes, à l'écart de la foule de Porto-Vecchio et de Bonifacio. Par ailleurs, Jacqueline et Blanchard proposent un grand studio agréable, en rez-de-chaussée, au calme et au cœur du village, entièrement équipé pour 3 personnes, dans une vieille bâtisse retapée. Hors saison : 1 600 F (243,9 €) la semaine, 2 900 F (442 €) la quinzaine et 5 200 F (792,7 €) le mois. En juillet et en août : 1 700 F (259,1 €) la semaine, 3 200 F (487,8 €) la quinzaine et 5 800 F (884,1 €) le mois. Pas de location à la nuit.

🖢 *Chez Janie et Antoine :* au cœur du village. ☎ 04-95-71-80-29. Studio de 1 700 à 1 900 F (259 à 290 €) la semaine ; appartement de 1 900 à 2 200 F (290 à 335 €) la semaine. Location d'un studio à l'étage d'une petite maison indépendante, tout équipé et au calme. Cuisine américaine et salle d'eau. Le reste de l'année, possibilité de location à la journée. Louent également un appartement de 2 chambres (dans le village), avec salle à manger, cuisine et salle d'eau, pour 4 personnes.

Où dormir dans les environs ?

Camping

🖢 *Camping à la ferme :* légèrement en retrait de la RN196, sur la droite de la route en venant de Pianotolli, juste après l'embranchement pour Monaccia. ☎ 04-95-71-86-28 ou 06-09-09-28-93. Petit camping tranquille et modeste. Pratique, vu le peu de structures dans ce coin-là. Machine à laver (à pièces), table de ping-pong, point-phone. Compter 45 F (6,9 €) par personne tout compris, que l'on soit en voiture, caravane ou camping-car.

À faire

★ Nombreuses *plages* superbes dans ce coin de la côte, à quelques kilomètres du village et autour de Pianottoli. Parfois connues, souvent secrètes... à vous d'ouvrir l'œil.

★ Parmi celles-ci, la *plage de Canijonu* (la plaine des joncs) : c'est la plage du village, à environ 4 km de Monaccia. Reprendre la route nationale vers Sartène. À environ 800 m, sur la gauche, un chemin pénètre dans les plaines. La plage est au bout. Une jolie baie bien abritée où se retrouvent les familles du village et celles revenues au pays pour les vacances. Beaucoup de monde en août évidemment, mais l'atmosphère est bonne et tout le monde se connaît.

★ *La balade de la tour :* depuis la plage de Canijonu. On avait longtemps gardé cette petite promenade pour nous, mais maintenant qu'un petit panneau en bois a été mis pour l'indiquer, il n'y a pas de raison de ne pas la partager avec vous. À l'extrémité droite de la plage (en regardant la mer), quelques marches dans le muret mènent à un sentier qui pénètre dans le maquis et vous conduit en une vingtaine de minutes à la tour génoise, à l'extrémité de la pointe du Fornello. Vue extra.

Randonnée

– **L'Uomo di Cagna** : une randonnée à ne pas manquer. Aller et retour en 5 h. Très bien balisé. Ce bilboquet rocheux qui a donné son nom à un petit vin local (vraiment petit) est longtemps resté invaincu. Les derniers mètres de son ascension étant infranchissables sans moyens artificiels, il a fallu utiliser la technique du lancer de corde pour hisser une cordée sur son sommet ! Heureusement, cette montagne tutélaire des rivages du Sud (en gros, de Sartène à Porto-Vecchio) mérite d'être gravie sans faire appel pour finir à des moyens aussi peu élégants, car son approche vaut bien davantage que ses derniers mètres.

Son ascension, qui nécessite 3 h d'effort, part du hameau de Giannuccio, à quelques kilomètres au nord de Monaccia-d'Aullène. Allez tout au bout du village (après avoir garé votre véhicule sur la place de l'Église) et empruntez le petit chemin bétonné. À mi-pente, un sentier part sur la droite, passe au voisinage d'un réservoir et se faufile entre bruyères et chênes verts. Déjà, plusieurs rochers révèlent les silhouettes insolites d'une ménagerie rocheuse et d'un peuple de pierre qui annoncent leur roi commun, le célèbre *Uomo*.

Après le franchissement d'une crête secondaire, le sentier pénètre sous les pins maritimes et poursuit sa route vers le nord-est. Au niveau d'une clairière, la trace se divise en deux parcours : le premier, qui part sur la droite, saute directement de bloc en bloc jusqu'à l'Uomo (orientation à vue, option à déconseiller aux personnes peu alertes). Le second se dirige vers le nord-est en direction d'un autre bilboquet visible également au loin – l'étonnant *Uomo d'Ovace* avec sa forme d'œuf –, avant de revenir vers le sommet (nombreuses balises).

Deux chemins permettent enfin de revenir par un autre itinéraire sur Giannuccio, l'un en rive gauche du vallon de Balatèse, le second via l'Uomo d'Ovace, mais leurs conditions d'orientation et de praticabilité (végétation exubérante) ne sont guère évidentes.

PIANOTTOLI (20131)

À 20 km avant Bonifacio, voici un petit havre peu connu, installé à deux pas des côtes encore sauvages de la baie de Figari. Intéressant pour ceux qui voudraient profiter de la mer tout en campant à proximité de Bonifacio. Le village n'a pas en soi d'attrait particulier, mais la vie y est paisible.

Où dormir ? Où manger ?

Camping

▲ ⑩ *Camping Kevano Plage :* à 400 m de la mer. ☎ 04-95-71-83-22. Fax : 04-95-71-83-83. ♿ De la route principale (N196), prendre à droite la petite départementale vers la plage en direction du hameau de Caldarello (qui signifie « très chaud ») ; avant d'y arriver, tourner à droite vers la plage de Kevano ; c'est à environ 3 km. Ouvert de mai à septembre. Compter 110 F (16,8 €) pour deux en juillet et août, tente et voiture compris. Site agréable, dans la végétation, restaurant, épicerie, point-phone. Pas trop de monde (sauf en août bien sûr, où ça devient l'usine), et superbes plages à proximité, dont celle de Kevano.

Où monter à cheval ?

■ *Ranch du Golfe de Figari :* poursuivre la route vers le sud sur quelques kilomètres après Pianottoli. Petit panneau sur la droite (dans un virage) peu après un petit pont blanc (ouvrez l'œil). Le ranch est à quelques centaines de mètres. ☎ 04-95-71-81-00 ou 03-57. Propose des promenades à poney pour les tout-petits (50 F la demi-heure, soit 7,6 €), des balades à l'heure (90 F, soit 13,7 €) autour du superbe golfe de Figari et même des randonnées à la journée, vers la mer ou la montagne (380 F, repas compris, soit 57,9 €). L'été, on monte entre 7 h et 9 h et entre 17 h et 20 h, à cause de la chaleur. Le soir, au coucher du soleil, un petit galop sur la plage, quel pied !

FIGARI (20114)

1 020 hab.

LE GRAND SUD CORSE

Le golfe du même nom est un abri très prisé des navigateurs. Le village, pour sa part, installé tranquillement dans la vallée, sur la route D859, est plus connu pour son aéroport que pour ses charmes, qui sont bien limités.

Infos utiles sur l'aéroport

L'aéroport de Figari – *Figari-Sud-Corse* –, rival de celui d'Ajaccio (qui l'a beaucoup combattu), se situe à 22 km au nord de Bonifacio. C'est de loin le plus pratique pour tous ceux qui vont directement dans le sud de l'île.

✈ *Aéroport :* ☎ 04-95-71-10-10.
■ *Air Liberté :* ☎ 04-95-71-10-20 (comptoir aéroport). Résa : ☎ 0803-805-805. Assure toute l'année 2 vols par jour pour Marseille et un vol pour Paris et Nice.

■ En saison, nombreux vols charters avec *Nouvelles Frontières-Corsair, AOM, Air Méditerranée*, etc. Se renseigner à l'aéroport.

Où dormir ? Où manger dans les environs ?

|●| *Ferme-auberge Pozzo di Mastri :* à 800 m après Figari, sur la D859, à gauche en allant vers Sotta. ☎ 04-95-71-02-65. Ouvert tous les jours, de 12 h à 14 h et de 19 h 30 à 22 h environ. L'hiver, sur réservation uniquement. L'été, passez quand même un petit coup de fil si vous êtes nombreux. Menus à 120 et 180 F (18,3 et 27,4 €). La maison de pierre donne tout de suite le ton. Sous la tonnelle ou dans la grande salle champêtre où trône la vaste cheminée, on s'assied aux longues tables de bois. Après la charcuterie parfumée (s'il y en a), on pourra tranquillement attendre que le gigot d'agneau, le sanglier ou le *figatellu* soit braisé juste comme il faut. Accompagné de légumes comme ces gros haricots blancs fondants et de bonnes petites courgettes revenues, c'est un régal. L'hiver, on choisira les beignets au brocciu et la polenta. Fromages de qualité et desserts honnêtes. En revanche, les chambres ne sont pas formidables et pas données non plus.

BONIFACIO / BUNIFAZIU (20169)   2 700 hab.

Bien entendu, il est difficile de ne pas recommander la visite de Bonifacio.
Imaginez de hautes falaises crayeuses, taillées par le vent et les embruns,
au sommet desquelles ces fous de Génois construisirent un fort, puis toute
une ville fortifiée, ceinte par 3 km de remparts ! Et par un curieux caprice de
la nature, au pied de la ville un fjord, un loch, bref, une calanque, qui fait du
port de Bonifacio le meilleur mouillage de la Méditerranée occidentale. On
décrit cette merveille sans arrière-pensée. Pourtant, on peut être agacé par
le flot de ceux qui – selon leur budget – lèchent des glaces à l'eau ou
arpentent le pont de leur yacht. Il faut dire qu'à moins de venir hors saison,
on s'expose ici à la grande foule et aux prix exorbitants.
Mais même ceux qui ne supportent pas la foule auront du mal à résister à
Bonifacio : la vieille ville est sans conteste très pittoresque, les falaises (vues
de la mer) sont tout bonnement époustouflantes et les couchers de soleil, ici
aussi, sont divins. Pas étonnant qu'on se soit tant battu pour posséder ce
site unique...
Les habitants de Bonifacio eux aussi sont pittoresques : c'est l'un d'eux,
Mimi, qui inspira Uderzo dans *Astérix en Corse.*

Un peu d'histoire

Le marin le plus connu de l'Antiquité, Ulysse, fit sans doute escale à Bonifacio : la description qu'il donne d'un port (alors inconnu) dans *L'Odyssée* correspond à s'y méprendre à celle de l'étroit goulet de Bonifacio.
En tout cas, le site est habité depuis la préhistoire, comme l'atteste la Dame
de Bonifacio, vieille de plus de 6 500 ans, dont on retrouva le squelette dans
un abri sous roche. Plus tard, commerçants grecs et militaires romains
s'implantent dans la région. Longtemps, la ville reste aux mains des pirates.
Elle ne prend son nom actuel que vers 830, grâce au marquis de Toscane,
Boniface. Pendant deux siècles, la cité est contrôlée par la République de
Pise. Jusqu'à ce que les Génois s'en emparent, à la fin du XIIe siècle, profitant paraît-il d'un mariage, une fois la population ivre ! Ils en font une forteresse imprenable, chassent les derniers habitants (remplacés par des colons
ligures) et dotent la ville de statuts à part, dignes de ceux d'une république
indépendante. Bonifacio va ainsi prospérer et résister aux tentatives de
conquêtes.
En 1420, le roi d'Aragon manque de peu de réussir le siège de la ville. Malgré un blocus de cinq mois, les habitants parviennent à tenir, notamment
grâce à l'ingénieux escalier creusé dans la falaise, qui leur permet de se
ravitailler en eau (et à tort baptisé « escalier du roi d'Aragon »).
Au siècle suivant, c'est au tour des Français d'assiéger le port, aidés par
l'affreux pirate turc Dragut qui massacra la garnison, mais aussi par l'épidé-
mie de peste de 1528 qui vient de décimer la population (un carton : plus de
7 000 morts sur les 8 000 habitants !). Malgré une résistance héroïque, la
ville capitule, trahie par un émissaire génois. Elle redevient génoise peu
après, avant d'être rendue à la France grâce au traité de Versailles (en
même temps que toute la Corse), en 1768.
Dernières péripéties au XIXe siècle : les échanges de bandits. Vu la proximité des côtes sardes, la fuite des criminels, dans les deux sens, empoi-
sonne la vie des Bonifaciens. On règle une vendetta et hop, un petit tour en
bateau à l'étranger... Les Sardes en profitent autant que les Corses, revenant de temps en temps commettre un nouveau forfait, sans risquer d'être
repris. Il faut un accord entre les deux pays pour régler ce problème épineux.
Depuis, la vieille cité a retrouvé la paix, malgré le tourisme !

Adresses utiles

◘ *Office du tourisme* (zoom Ville Haute D2) : rue F.-Scamaroni. ☎ 04-95-73-11-88. Fax : 04-95-73-14-97. De mai à octobre, ouvert tous les jours de 9 h à 20 h ; hors saison, du lundi au vendredi de 9 h à 12 h et de 14 h à 18 h, fermé les samedi et dimanche. Tout beau, tout nouveau, souhaitons bon vent à cet office du tourisme inauguré en 1998.

⊠ *Poste :* juste à gauche après l'entrée de la Haute Ville.

■ *Location de voitures :* Hertz, sur le port (près de la station de carburant pour bateaux). ☎ 04-95-73-06-41.

■ *Distributeur de billets :* deux en ville. Sur le port (après les restos), à la Société Générale, en dans la Haute Ville sur la petite place Carrega, à la poste. En été, venir tôt le matin, il sont vite à sec !

■ *Agence Gazano :* port de Bonifacio. ☎ 04-95-73-02-47. Liaisons en bateau avec la Sardaigne.

⌇ *Gare maritime* (plan B1) : bateaux pour la Sardaigne par *Moby Lines* et *Saremar* (voir plus bas, « Quitter Bonifacio »). ☎ 04-95-73-06-75.

Comment circuler en ville ?

Rotules en compote ? Pas de problème, le *petit train* est là, qui trimbalera vos vieux os dans la vieille ville. Visite commentée et halte là-haut. Départ sur le parking du port, où vous pourrez vous garer : ça tombe bien, circulation et stationnement impossibles dans la Ville Haute (encore que... Le parking tout au bout de la Ville Haute est assez grand, et jamais complet à la mi-saison, en août c'est moins évident). Inconvénient : parking et petit train payants (30 F, soit 4,6 €, pas donné !). Y'a pas d'miracle ! Signalons aussi que les camping-cars sont interdits de stationnement de 23 h à 7 h.

Où dormir ?

Tout ou presque est trop cher. Vous voilà prévenu. Si vous n'avez pas les moyens ou si tout est déjà complet (fréquent en saison), plusieurs solutions s'offrent à vous dans les environs (Monaccia-d'Aullène, Santa-Manza, Rondinara, Porto-Vecchio, etc.).

Campings

▲ *Camping Araguina* (plan D1, 10) : juste à l'entrée de la ville, sur la droite. ☎ 04-95-73-02-96. Ouvert de mi-mars à octobre. Compter 90 F (13,7 €) pour deux. Tout petit camping tenu par une jeune femme plutôt sympa, mais on ne vous garantit pas la tranquillité : la route passe juste devant. En revanche, idéal pour les routards à pied, qui peuvent de là arpenter Bonifacio. Plutôt bien ombragé.

▲ *Camping Campo di Liccia* (plan Les environs de Bonifacio, 1) : à 3 km sur la route de Porto-Vecchio. ☎ 04-95-73-03-09. Fax : 04-95-25-13-56. Ouvert d'avril à fin octobre. Très bien pour un 2 étoiles. Grand, peu de monde, ombragé. Douches chaudes. Bar-resto, épicerie. Piscine. Loue également des mobile homes et bungalows. Plage à 5 km.

▲ *Camping des Îles* (plan Les environs de Bonifacio, 2) : route de

BONIFACIO

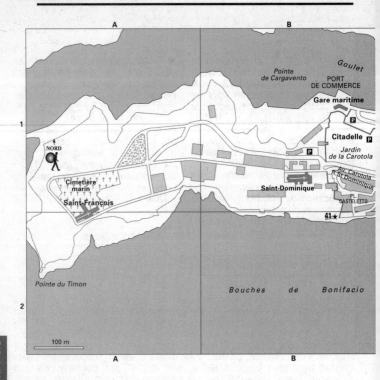

Goulet

Pointe de Cargavento

PORT DE COMMERCE

Gare maritime

P

1

Citadelle **P**

Jardin de la Carotola

NORD

P

Av. Carotola

R. St-Dominique

Cimetière marin † † †

Saint-Dominique

PL. CASTELETTO

Saint-François

41 ★

Pointe du Timon

Bouches   de   Bonifacio

2

100 m

■ **Adresses utiles**

🚻 Office du tourisme
⚓ Gare maritime

🛏 **Où dormir ?**

10 Camping Araguina

11 Hôtel des Étrangers

12 Hôtel Le Royal

13 La Caravelle

14 Hôtel du Centre nautique

Piantarella (à 6 km à l'est de Bonifacio). ☎ 04-95-73-11-89. Ouvert de Pâques à la Toussaint. Bien situé, à 1 km de la plage. Tennis, piscine, half-court, laverie, épicerie, resto. Sanitaires un peu limite cependant, et les mini-chalets sont mal entretenus.

Prix moyens

🛏 *Hôtel des Étrangers* (plan D1, 11) : av. Sylvère-Bohn. ☎ 04-95-73-01-09. Fax : 04-95-73-16-97. Fermé de fin octobre à fin mars. À 300 m du port, mais il est caché sous une falaise, sur la droite de la route en venant d'Ajaccio. Selon la saison, de 260 à 470 F (39,6 à 71,6 €) la chambre double, petit déjeuner compris. On est un peu près de la route mais bonne isolation phonique, tout confort (climatisation dans la plupart des chambres, douche, w.-c., téléphone et TV) et propre. Box clos pour les motos. Un bon rapport qualité-prix pour Bonifacio. En avril,

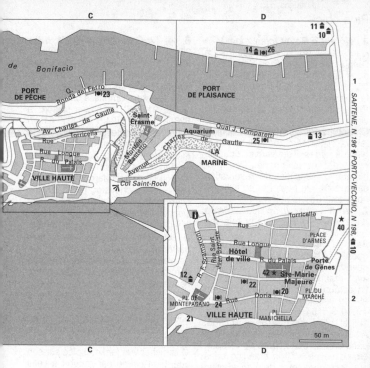

BONIFACIO

|®| **Où manger?**
	20 Cantina Doria
	22 L'Archivolto
	23 Les Quatre Vents
	24 Stella d'Oro
	25 L'Albatros

26 Restaurant du Centre nautique

★ **À voir**

40 Le bastion de l'étendard
41 L'escalier du Roi d'Aragon
42 L'église Sainte-Marie-Majeure

mai et octobre, 10 % de remise sur le prix de la chambre sur présentation du *GDR*.

▲ *Domaine de Licetto (plan Les environs de Bonifacio, 3) :* route du phare de Pertusato, à 2 km du port. ☎ 04-95-73-19-48 (restaurant) ou 04-95-73-03-59 (hôtel). Fax : 04-95-73-03-59. Restaurant ouvert uniquement le soir et en saison, sur réservation. Selon la saison, de 200 à 420 F (30,5 à 64 €) la chambre avec douche et w.-c.; de 280 à 500 F (42,7 à 79,3 €) avec bains. Menu à 180 F (27,4 €). Pas de paiement par carte. On a d'ici une vue assez originale sur Bonifacio qu'on surplombe par l'arrière, ville haute et ville basse. Le domaine est en plein maquis, et la partie hôtelière, annexe moderne à 50 m du resto, dispose d'une quinzaine de chambres nickel, avec douche ou bains et w.-c., d'un excellent rapport qualité-prix pour Boni. Le restaurant, cuisine traditionnelle corse, est l'une des très bonnes tables bonifaciennes (voir plus bas, « Où manger? »).

Plus chic

🛏 ***Hôtel Le Royal*** *(plan zoom Ville Haute D2, 12)* **:** pl. Bonaparte; à l'angle de la rue Fred-Scamaroni, dans la Ville Haute. ☎ 04-95-73-00-51. De 300 à 650 F (45,7 à 99 €) la chambre double selon la saison. Petit hôtel bien situé, à l'entrée du vieux quartier. Vue sur la marine. Chambres toutes neuves et confortables, climatisées (en juillet-août) et bien décorées. Toutes avec douche, w.-c., TV et téléphone. Des problèmes d'accueil et de réservation cependant. Un peu cher en juillet et août, tout de même.

🛏 ꀀꀀ ***A Trama*** *(plan Les environs de Bonifacio, 4)* **:** Cartarana, route de Santa-Manza. ☎ 04-95-73-17-17. Fax : 04-95-73-17-79. Chambre double à 395 F (60,2 €) de novembre à mars; 495 F (75,5 €) en avril, mai, juin et du 20 septembre à fin octobre; 715 F (109 €) en juillet et en septembre (jusqu'au 20); 1 010 F (154 €) en août. Menus à 135 et 170 F (20,6 et 26 €) et carte. À seulement 1,5 km du centre-ville et dans un très beau cadre de verdure. Grand calme et bon standing dans ce petit complexe de construction récente et très bien entretenu. 25 chambres en rez-de-jardin, tournées vers la piscine et avec terrasse privative, impec pour le petit dej. Super literie « dorsopédique » (retenez ce mot, il va faire son chemin). Tout confort moderne : TV (canal satellite), mini-bar, clim, etc. Une très agréable villégiature donc, où l'accueil se révèle doux et courtois, professionnel. Le restaurant, *Le Clos Vatel,* jouit d'une bonne réputation.

🛏 ꀀꀀ ***La Caravelle*** *(plan D1, 13)* **:** 37, quai Compareti. ☎ 04-95-73-00-03. Fax : 04-95-73-00-41. Fermé de mi-octobre à Pâques. Chambres standard vue sur cour ou sur port, petit déjeuner compris, à 520 et 700 F (79 et 91,5 €) en basse saison; à 620 et 900 F (94,5 et 137 €) en haute saison. Belle situation sur le port et l'un des meilleurs établissements de Bonifacio, question confort et standing. Chambres impeccables, de bon confort moderne (clim, bains, coffre, sèche-cheveux, TV, etc.). Plus chères côté port. Accueil très professionnel. Fait aussi restaurant, spécialisé poisson et de bonne renommée.

🛏 ꀀꀀ ***Hôtel-restaurant du Centre nautique*** *(plan D1, 14)* **:** sur le port de plaisance, rive nord (face au quai Jérôme-Comparetti), à côté de la capitainerie. ☎ 04-95-73-02-11. Fax : 04-95-73-17-47. D'octobre à mars, duplex avec vue sur le port à 550 F (83,8 €); à 650 F (99 €) en avril, mai, juin et septembre; à 1 050 F (160 €) en juillet et août. Moins cher vue jardin. Isolée sur son quai bien calme par rapport à celui d'en face, cette grande et belle bâtisse dispose de 10 chambres en duplex, de vrai bon standing. Espace, confort, déco moderne et claire, salon en bas (canapé-lit), chambre en mezzanine... Douche, minibar, TV, clim. Assez cher mais c'est mérité. Fait aussi restaurant, voir plus bas « Où manger? » (demi-pension, vin compris : 150 F, soit 22,9 €) supplémentaires par personne et par jour).

Où manger?

Beaucoup de restaurants, en enfilade le long des quais de la marine et dans la Haute Ville. Pas évident de dégoter des adresses bonnes et fiables, et à prix raisonnables, dans un site aussi touristique. Cependant parmi notre sélection, certaines ont fait leurs preuves depuis plusieurs saisons.

Prix modérés

ꀀꀀ Dans la Ville Haute, de nombreuses ***pizzerias*** ou ***crêperies*** permettent de se sustenter à bon compte. On n'en conseille pas en

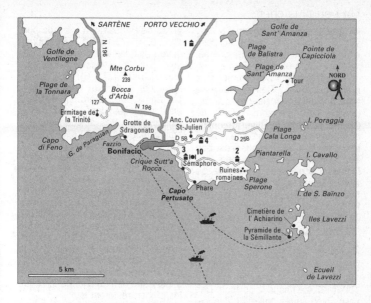

LES ENVIRONS DE BONIFACIO ET LES PLAGES

BONIFACIO

⌂ Où dormir ?
- 1 Camping Campo di Liccia
- 2 Camping des Îles
- 3 Domaine de Licetto

4 A Trama

⦿ Où manger ?
- 10 Domaine de Licetto

particulier, elles valent à peu près toutes.

⦿ *Cantina Doria (zoom Ville Haute D2, 20) :* rue Doria. ☎ 04-95-73-50-49. Fermé de novembre à mimars. Menus de 70 à 90 F (10,7 à 13,7 €). La petite adresse familiale sympathique et pas chère. Et dans la Ville Haute de Bonifacio, il n'y en a pas tant que ça. Bonne soupe corse, lasagnes aux fromages corses réussies et savoureux desserts maison (charlotte à la figue par exemple). Bien bonnes aubergines à la bonifacienne également. Une cuisine de bon aloi, sans autre prétention que celle de nourrir honnêtement son homme. Petite terrasse agréable dans la rue. Toujours plein, réservation conseillée.

⦿ *L'Archivolto (zoom Ville Haute D2, 22) :* rue de l'Archivolto ; dans la Ville Haute, sur une petite place près de l'église. ☎ 04-95-73-17-58. Fermé le dimanche midi et de novembre à Pâques (ouvert uniquement le soir en octobre). Le midi, menu unique à 95 F (14,5 €) servi jusqu'à 13 h 30 (ou même 13 h !) ; sans ça, le soir compter 110 F (16,8 €) à la carte sans la boisson. Notez qu'il arrive souvent qu'on ne puisse pas avoir de table, le midi surtout. Une boutique d'antiquités-brocante sert de cadre à ce resto pas comme les autres, mais on peut aussi manger sur la terrasse ou à l'ombre des arcades. Lasagnes aux aubergines, agneau à la crème d'ail, gratin estival et excellent *crumble* aux pommes. Cuisine remaniée chaque jour, au gré du marché et des envies du chef. Bon petit choix de vins. Une bonne table.

Un peu plus cher

|●| *Les Quatre Vents* (plan C1, 23) : sur le port, juste avant le point d'embarquement pour la Sardaigne. ☎ 04-95-73-07-50. Fermé du 10 novembre au 10 décembre, et le mardi hors saison. Resto en terrasse tenu par deux Alsaciennes qui proposent, l'été, poissons (pêche du jour) et salades, et l'hiver des plats de chez elles, choucroute, baeckeofe ou coq au riesling. C'est bon en toutes saisons, d'ailleurs les Corses connaissent bien l'adresse et constituent le gros de la clientèle. Mention spéciale pour les desserts. Bon accueil.

|●| *Stella d'Oro* (zoom Ville Haute D2, 24) : 7, rue Doria, Ville Haute. ☎ 04-95-73-03-63. Fax : 04-95-73-03-12. Ouvert les jours de Pâques à fin septembre. Menu à 120 F (18,3 €). À la carte, compter 180 F (27,4 €) sans la boisson. Des salles bien sages, aux murs blancs, un service souriant et un petit fond musical bien *soft*. L'adresse est assez connue pour ses délicieuses aubergines farcies à la bonifacienne, mais les pâtes fraîches au four valent aussi le détour. Un peu cher toutefois.

|●| *L'Albatros* (plan D1, 25) : quai Jérôme-Comparetti; sur la marine. ☎ 04-95-73-01-97. Ouvert d'avril à fin septembre-début octobre. Service continu de 11 h jusqu'à très tard (2 h ou 3 h en juillet et août). Menus de 90 à 185 F (13,7 à 28,2 €). À la carte, compter 180 F (27,4 €). Une valeur sûre de cette marine, où *L'Albatros* ne désemplit pas. C'est souvent ici que les gens du coin viennent et invitent, ne doutant pas de la qualité du service et des mets. Spécialités de la mer – « du pêcheur à votre table », dit la réclame – de première fraîcheur en effet, et bien préparées : poisson au poids, macaroni aux langoustes ou spaghetti à l'araignée de mer... Beau choix de desserts maison. Également des assiettes complètes à moindre coût, pas mal pour déjeuner léger.

|●| *Domaine de Licetto* (plan Les environs de Bonifacio, 10) : route du phare de Pertusato, à 2 km du port. ☎ 04-95-73-19-48. Restaurant ouvert uniquement le soir et en saison (sur réservation seulement). Menu à 180 F (27,4 €). Pas de paiement par carte. Un menu unique, pantagruélique : apéro, entrée, deux plats, fromages, dessert, vin, café et digestif, ouf! Pas si cher donc, et typiquement corse. La salle est plutôt banale, la terrasse agréable, le service diligent et le patron, même s'il a l'air un rien distant, n'est en fait jamais avare d'explications sur la provenance de ses produits. Lors de notre dernier passage les aubergines à la bonifacienne étaient irréprochables et les calmars farcis fort goûteux. Quant au plateau de fromages (on vous le laisse sur la table), il est étonnant de diversité et de nuances dans les saveurs. On espère que rien ne changera, et que les prix en resteront là.

|●| *Le restaurant du Centre nautique* (plan D1, 26) : quai Jérôme-Camparetti. ☎ 04-95-73-02-11. Ouvert tous les jours, toute l'année, midi et soir. Bon, l'hiver il ferme quand même un jour par semaine et une semaine ou deux, mais jamais plus. Carte uniquement. Plats de pâtes de 70 à 140 F (10,7 à 21,3 €). Entrées et plats assez chers. Repas complet pour au moins 250 F (38,1 €). Coup de chapeau à cet établissement qui ne vit pas que sur la clientèle estivale. Le resto comme l'hôtel joue la carte maritime : chaises et tables en teck, lampes à pétrole, grande toile blanche rappelant une voile... Ce côté chicos-bonteint (tous les pauvres de Sperone n'y ont-ils pas leur rond de serviette ?) n'empêche en rien le service pro et décontracté, bien que parfois trop long. Les poissons sont bons mais chers, aussi nous vous conseillons surtout les pâtes, cuisinées avec précision et très goûteuses. Le cuistot ne lésinant pas sur les portions – ne changez surtout rien monsieur le cuisinier ! – elles constituent un repas à elles seules. Quelques demi-bouteilles à prix acceptables (Patrimonio).

Où boire un jus de fruit ?

♥ *Côté Fruits :* 57, quai Jérôme-Comparetti. ☎ 04-95-73-07-35. Ouvert de mai à septembre. Environ 20 F (3 €) le jus. Ça fait plusieurs saisons qu'on remarque ce petit commerce proposant des jus de fruits frais pressés à la minute, avec un grand choix : pamplemousse, banane, fraise, melon, pêche ou citron... Pas si cher et bien bon. Dommage que la petite terrasse ne soit pas mieux arrangée, les sièges ne sont pas très confortables.

À voir

Il serait dommage de ne pas prendre le temps de découvrir la ville. Pour éviter de se retrouver noyé par les flots de touristes, partez à sa découverte tôt le matin. Pas mal non plus en fin de journée, car tous ne logent pas ici ; de plus, vous profiterez du coucher de soleil, généralement somptueux. Et n'oubliez pas les promenades en bateau : touristiques, évidemment, mais c'est encore le seul moyen de découvrir les falaises. Vous comprendrez mieux, ainsi, ce qui fait toute l'originalité du site...

LA MARINE

Le port occupe presque toute la ville basse de Bonifacio. Au fond du goulet, les bateaux de plaisance. On se croirait aussi bien à Saint-Trop ou ailleurs : restos, terrasses de cafés, boutiques vendant de tout (et n'importe quoi), glaciers, palmiers, etc. Pourtant, après avoir dépassé le premier quai, on parvient au petit port de pêche, bien plus charmant avec ses barques colorées et ses filets entassés. Belle vue sur les remparts de la Haute Ville. Au bout du quai, de temps en temps, un superbe yacht de croisière.

★ *L'aquarium de Bonifacio :* 71, quai Comparetti. Ouvert de Pâques à fin octobre, tous les jours de 10 h à minuit (20 h hors saison). Entrée : 22 F (3,2 €). Dans une petite grotte creusée à même la falaise, 13 aquariums colorés présentant la faune sous-marine locale : mérou, sar, homard, langouste, étoiles de mer, gorgone, monstrueuse murène... Mais aussi d'étonnants crabes volants (mais il n'a que le nom d'étonnant, car il ne vole pas du tout), oranges de mer, spirographes, plumes de mer, castagnoles, cigales et girelles. Commentaire audio de 25 mn.

LA VILLE HAUTE

Tout est beau dans la vieille ville. Les maisons hautes et étroites laissent à peine filtrer la lumière. Souvent, on pourrait se toucher d'un balcon à l'autre. On se demande si l'on ne va pas croiser Charles Quint ou Napoléon. Ils se reposèrent dans deux maisons à 250 m d'intervalle, dans la rue des Deux-Empereurs. Un je-ne-sais-quoi d'oriental rôde dans l'air et hante la Ville Haute : la voûte d'une fenêtre à arcades, le dessin de la loggia de l'église Sainte-Marie-Majeure (XIIIᵉ siècle), les passages obscurs imbriqués les uns dans les autres, le côté caché de la vie derrière les persiennes...
Bien entendu, il faut flâner au petit matin, pour prendre le rythme de la cité. Monter au *belvédère* qui permet de voir la côte découpée par la mer, les énormes falaises crayeuses, rongées par les siècles, et, les jours de grand vent, la Sardaigne si proche qu'on pourrait la toucher...

★ *Le col Saint-Roch :* accès du port par la montée Rastello. Ce belvédère est à gauche de la montée Saint-Roch, qui mène à l'une des portes de la Ville Haute. Panorama grandiose sur les falaises d'un côté, les remparts de l'autre. En contrebas, la mer turquoise et une petite crique, à laquelle mène un sentier. Remarquez les maisons construites juste au bord de la falaise. La plus à gauche (avec un balcon à colonnades) appartient à l'actrice Marie-José Nat, une enfant du pays !

★ *La porte de Gênes :* prendre la montée Saint-Roch. Porche imposant et pont-levis du XVIe siècle.

★ *Le bastion de l'étendard* (zoom Ville Haute D2, 40) : à droite en sortant du passage. Ouvert d'avril à septembre ; tous les jours sauf dimanche de 11 h à 17 h 30 en avril, mai, juin et septembre ; tous les jours de 9 h à 20 h en juillet et août. Droit d'entrée : 10 F (1,5 €), comprenant le bastion, le mémorial et le jardin des vestiges. Fortification construite à la fin du XVe siècle pour protéger la porte de Gênes (alors seul accès à la Ville Haute).

★ *Le Mémorial du bastion :* dans le bastion. Droit d'entrée compris dans la visite du bastion. Reconstitution de scènes historiques dans les vieilles salles : corps de garde génois au XVIIe siècle, visite de Charles Quint en 1541, échec du mini-coup d'État de Napoléon Bonaparte et naufrage de *La Sémillante* au XIXe siècle, etc. Également quelques objets d'intérêt varié : outils agricoles, appareil de projection de l'ancien cinéma de Bonifacio, lampes à huile, de tout, quoi.

★ *Le jardin des Vestiges :* droit d'entrée compris dans la visite du bastion. Ruines médiévales (remparts du XIIIe siècle) dans un joli cadre fleuri.

★ *La place du Marché :* au bout de la rue du Portone. Superbe belvédère donnant sur les falaises et la mer. Remarquez ce curieux îlot rocheux, surnommé « grain de sable ». On peut monter dans une petite tour (dite de la Lombarde) : vue plongeante sur la crique de rêve de Sotta-Rocca, aux eaux limpides. Sur la place, quand les touristes sont partis, les habitués reprennent leur partie de boules...

★ *L'église Sainte-Marie-Majeure* (zoom Ville Haute D2, 42) : au centre de la vieille ville. Fléchée depuis la rue Piazza Doria. On la remarque à son superbe clocher de pierre blanche, du XIVe siècle. D'un côté du clocher, noter les fenêtres aux chapiteaux sculptés. Encore plus typique : ces curieux arcs-boutants appuyés aux maisons voisines. En fait, il s'agit d'un système de canalisation des eaux de pluie, dont le réseau couvrait autrefois toute la ville, allant de toit en toit.
Le bâtiment est considéré comme l'un des plus vieux de Bonifacio : sa construction remonte au XIIe siècle, par les Pisans. Mais l'ensemble fut plusieurs fois remanié, jusqu'à sa restauration (réussie) il y a une dizaine d'années.
Très beau parvis, de type halle, appelé Loggia : c'est ici que les « anciens » se réunissaient. Intérieur à la décoration riche : marbre en trompe l'œil, nombreuses représentations de la Vierge, peintures (abîmées) au plafond et curieux autel. Étonnante voûte en demi-cercle au-dessus du chœur, représentant le ciel... Également un beau tabernacle de la Renaissance italienne.

★ *La maison des Podestats :* en face de l'église. Bien belle façade de pierre blanche, décorée de frises et de blasons sculptés. Les podestats, sortes de maires de l'époque, représentaient le pouvoir génois et détenaient les clefs de la ville.

★ *Le centre d'Art et d'Histoire :* dans l'ancienne mairie (palazzo publico), à droite en sortant de l'église. Ouvert en juillet et août, tous les jours de 10 h 30 à 13 h 30 et de 17 h à 19 h 30. Entrée : 10 F (1,5 €). Vieille façade et voûtes du XIIIe siècle. On peut y voir le Trésor des églises de la ville et une présentation des cinq confréries bonifaciennes.

★ *L'église Saint-Jean-Baptiste :* rue Saint-Jean-Baptiste, un peu avant la place Bonaparte. Toute petite et mignonne comme tout. À l'intérieur, grande scène sculptée de la décollation de saint Jean Baptiste (bois polychrome, XVIe siècle), portée sur sa châsse lors des processions.

★ *L'escalier du Roi d'Aragon* (plan B2, 41) : accès par la rue des Pachas. Ouvert d'avril à septembre ; tous les jours sauf dimanche de 11 h à 17 h 30 en avril, mai, juin et septembre ; tous les jours de 9 h à 20 h en juillet et août. Entrée : 10 F (1,5 €). Cet escalier taillé dans la falaise jusqu'à la mer est l'une des grandes curiosités de la ville.
La légende veut qu'il ait été construit en une seule nuit ! Les hommes du roi d'Aragon auraient ainsi essayé de pénétrer dans la Ville Haute, lors du siège de 1420... Mérimée, à qui on ne la fait pas, aurait révélé son sentiment dans ses mémoires : en fait, cet escalier serait bien plus ancien et permettait d'atteindre une nappe d'eau douce (toujours présente). Ça nous paraît effectivement plus plausible...
Bref, les courageux peuvent tenter la descente des quelque 187 marches... et la remontée. Au pied des marches, un rocher que l'érosion a bizarrement façonné en forme de... Corse. Un petit sentier creusé à même la falaise mène ensuite à une vaste grotte où même si la grille est bâillante, on ne vous conseille pas de vous engager.

★ *L'église Saint-Dominique :* toujours sur la falaise, mais à l'écart de la vieille ville. Ouvert du 1er juillet au 15 septembre, tous les jours de 10 h 30 à 13 h 30 et de 17 h à 19 h. Entrée : 10 F (1,5 €). L'une des rares églises de style gothique de l'île, construite au XIIIe siècle. Beau campanile.
À l'intérieur, mobilier particulièrement riche comprenant un maître-autel en marbre, de nombreux tableaux italiens du XVIIIe siècle et de superbes groupes sculptés, portés lors des cérémonies de la semaine sainte.

★ *Le cimetière marin :* situé à l'extrémité ouest de la falaise, sur un petit plateau dénudé appelé le Bosco. Pour y aller, on passe devant la caserne de la Légion étrangère, aujourd'hui désaffectée. Puis c'est l'entrée du cimetière, petite ville de l'au-delà entourée d'une enceinte et peuplée de tombeaux blancs orientés face au soleil couchant.
Les Corses ont, dans la vie comme dans la mort – qu'ils craignent mais narguent –, une vision plutôt familiale des choses. Les nombreuses chapelles funéraires, aux noms des familles du pays, le démontrent assez bien. Joli carré de sépultures plus modeste, envahi de coquelicot. Alors, soyez comme les chats dans ce lieu entre terre et ciel : discret !

À voir. À faire dans les environs

★ *Le phare de Pertusato :* à 5 km au sud-est de Bonifacio, l'extrême pointe de la Corse. On peut s'y rendre à pied du col Saint-Roch. Attention aux falaises qui ne sont pas protégées par des rambardes. *E pericoloso sporgersi !* Du phare, ouvert uniquement à partir de 15 h, une vue sensationnelle sur Bonifacio. Au pied du phare, une petite plage où la mer est très forte et dangereuse quand le vent souffle. Accès payant.

★ *Calalonga-Plage :* une plage de sable fin et la mer qui reste très profonde pendant des kilomètres. Pas toujours bien entretenue malheureusement, avec parfois force déchets. Dans certaines conditions de vent, on peut pratiquer la planche à voile.

★ *La plage de Piantarella :* depuis Bonifacio, prendre vers le phare de Pertusato, faire environ 2 km et poursuivre tout droit et jusqu'au bout (cul-de-sac) vers Sperone et Piantarella. *Attention :* parking difficile, se garer dès qu'on peut (il y a parfois jusqu'à 2 km de voitures garées le long de la route !). Si la plage de Piantarella n'est en elle-même pas formidable, c'est un des sites de planche à voile les plus courus de l'île, grâce au vent régulier et aux eaux peu profondes qui permettent d'incroyables *runs.* Le ponton de Piantarella est aussi un point de départ des clubs de plongée. Par ailleurs, il est possible de gagner à pied l'îlot de Piana, qu'on voit juste en face à quelques centaines de mètres. En fonction de votre taille, vous aurez de l'eau jusqu'au nombril... ou au menton ! Si vous n'avez pas pied, pas de blague, faites demi-tour ! Sur l'îlot, plagettes adorables. Certains y apportent leur pique-nique. Évidemmment, en été vous ne serez pas seul.

★ *La plage des Grand et Petit Sperone :* pas facile d'y accéder. Mais elle est belle et idéale pour se baigner. Allez d'abord jusqu'à la *cale de Piantarella,* à 6 km à l'est de Bonifacio. Laissez votre voiture au débarcadère et longez à pied tout le rivage à droite jusqu'à la pointe. Mais attention aux balles de golf ! La plage est de l'autre côté. En route, on passe même devant des ruines romaines. Prévoir de quoi manger.

★ *Excursion aux îles Lavezzi et Cavallo :* à 3 ou 4 km au large de Bonifacio. Sur le port, plusieurs compagnies proposent l'excursion (dépose à Lavezzi, simple coup d'œil sur la marine à Cavallo). Cette excursion est souvent couplée avec la visite des grottes (voir ci-dessous), mais il faut savoir qu'on ne fait alors que passer brièvement devant les grottes, on ne les visite pas vraiment. De 100 à 120 F (15,2 à 18,3 €) le billet, selon la saison et la négociation, et gratuit pour les moins de 12 ans. On peut parfois obtenir une réduction, ou, par exemple, la gratuité du parking. Voir plusieurs compagnies et discuter.

Sur l'île Lavezzi, réserve naturelle et à ce titre non habitée, un âne, quelques vaches et la pyramide de *La Sémillante,* édicule commémorant le fameux naufrage de 1855, raconté par Alphonse Daudet dans *Les Lettres de mon moulin* et qui fit tout de même 750 victimes. Pas grand-chose donc, mais un superbe paysage des Seychelles (sans les cocotiers), avec quelques plages sympas. L'excursion comprend une halte sur l'île, plus ou moins longue (une heure ou davantage) : ne vous précipitez pas sur la première plage venue, qu'on rencontre d'abord, assez petite et dans une crique ; en poursuivant le chemin côtier, on accède à une autre plage, magnifique et grande, et moins bondée, même si, en août, on n'évite pas la cohue. Flots d'un bleu paradisiaque. Prévoir de l'eau si l'on veut y passer quelques heures.

Quant à Cavallo, circulez, y'a rien à voir ! La marine est vraiment laide, façon béton triste, et à la voir on ne se doute pas que cette île est aux mains de la jet-set, qui possède de sérieuses baraques un peu plus loin, qu'on entr'aperçoit par endroits. C'est tout ce que vous verrez de Cavallo, car on ne débarque ici que sur invitation. L'invité découvre alors le spectacle déprimant de la crise qui frappe de plein fouet l'Occident. Peu de bateaux dépassent les 20 m de long, peu de villas abritent plus d'un milliardaire, et les longues filles blondes et peu vêtues sont placées là par l'Assistance publique. Quelle misère ! On y voit, paraît-il, fréquemment Stéphanie (la princesse).

★ *Les falaises, les calanques et les grottes marines en bateau :* la grande attraction de Bonifacio. Renseignements sur le port. En principe, les bateaux sont tous au même tarif, 50 ou 60 F (7,6 ou 9,1 €), et c'est gratuit pour les moins de 12 ans. Là aussi, réduction possible en discutant (surtout si l'on est à plusieurs), ou, par exemple, parking gratuit. Voir plusieurs compagnies. L'excursion dure environ 1 h, mais par gros temps on ne peut pas entrer dans les grottes, sachez-le.

Visite de la grotte du Dragon *(Sdragonato),* connue pour l'ouverture de son plafond qui ressemble à la carte de Corse ! Belles couleurs arc-en-ciel des fonds marins. Il est d'ailleurs recommandé de faire la promenade par temps calme, sinon l'eau est troublée et vous ne pourrez pas admirer les rochers multicolores. Ensuite, la *calanche de Fazio,* aux eaux turquoise. Demi-tour et cap sur le « bunker » et la grotte Saint-Antoine (dont la silhouette rappelle, bien sûr... le chapeau de Napoléon !), le puits Saint-Barthélemy et l'escalier du Roi d'Aragon. Bel aperçu de la vieille ville, avec ses maisons accrochées au bord de la falaise. À noter : les falaises de Bonifacio sont les seules de Corse (avec celles de Saint-Florent) à être en calcaire. On y a tourné plusieurs films, dont le fameux *Canons de Navarone* et même un porno, avec Brigitte Lahaie et... la Cicciolina !

★ *Balades en quad dans la région :* *Quad'Aventura,* à Rondinara. ☎ 04-95-70-42-56. Un quad, vous savez, c'est ce genre de petit véhicule à 4 roues, tout-terrain et rappelant la moto (mais en moins casse-gueule et sans passage de vitesse) car il se conduit au guidon et se chevauche un peu de la même façon. Bon, ce n'est pas qu'on soit fans d'engins mécaniques, mais ceux-ci motorisés 125 cm^3 sont relativement silencieux, et permettent une découverte du bord de mer ou de la montagne des plus sympathiques. Excursions de 2 h 30 à 4 h, encadrées et commentées (flore, faune et histoire) avec pause baignade en rivière par exemple, ou encore circuits d'une journée à la carte. Il faut dire que les jeunes gens qui s'occupent de cette activité le font très bien, dans une bonne humeur communicative et non feinte. 300 F (45,7 €) la balade de 2 h 30. Réservez, il n'y a pas beaucoup de quads.

Plongée sous-marine

Le coin de Corse où l'on croise le plus « d'hommes-grenouilles » ! Il faut dire aussi que la *Réserve naturelle des îles Lavezzi* est un véritable sanctuaire de la vie sous-marine – réputé dans le monde entier pour ses eaux cristallines et très poissonneuses. Rendez-vous des mérous particulièrement « chouchoutés », ce spot mythique de la plongée méditerranéenne affiche une fréquentation exorbitante en été (ce qui, malheureusement, transforme trop souvent les clubs en usines à plongée). Un inconvénient de taille, mais que vous oublierez rapidement en glissant voluptueusement devant d'exceptionnelles beautés... Attention, vents et courants fréquents.

Où plonger ?

■ *Barakouda Club :* av. Sylvère-Bohn. ☎ 04-95-73-13-02. Sur la droite, environ 1 km avant d'arriver sur le port. Un club qu'on aimait bien, d'abord pour ses prix bas (environ 200 F – 30,5 € – la plongée d'exploration), et puis pour son expérience : baptêmes, formations et explos sans souci. Mais notre dernière plongée fut fort décevante : encadrement à la limite de l'incompétence, pas du tout rassurant, matériel très inégal, et engueulade à bord. Ce n'est sans doute pas tous les jours comme ça, mais ce jour-là, on a tout eu !

Nos meilleurs spots

🐟 *Mérouville :* à partir du Niveau I. Aux Lavezzi, la plongée la plus réputée de Corse, et à ce titre très (trop ?) fréquentée. Tous les clubs de Bonifacio la proposent. Renseignez-vous pour y aller de bonne heure le matin. C'est un rendez-vous extraordinaire avec une trentaine de bons gros mérous très familiers (à - 20 m environ), qui vous accosteront sans hésiter (restez calme !). Protégés et largement gavés (c'est pourtant interdit !), ils ne sont plus guère sauvages, mais peuvent être parfois agressifs, surtout... les femelles (plus petites). Ne tentez donc pas de les caresser, même si les gars des clubs le font ; et ne transformez pas cette plongée en *fast food* ! Bref, une plongée extra... quand il n'y a pas trop de monde.

🐟 *L'Écueil des Lavezzi :* pour plongeurs Niveau II. Rencontres fabuleuses sur ce vaste « caillou » très sauvage, situé en pleine mer, au sud de l'archipel. De blocs rocheux en mini-tombants (de 6 à 45 m), littéralement recouverts de gorgones flamboyantes, vous inspectez les nombreuses failles où murènes et rascasses jouent les stars devant le faisceau de votre lampe torche (ne pas l'oublier !). Ici les mérous ne sont pas familiers du tout, mais ils font tout de même des apparitions éclair, guidés par leur curiosité légendaire. Pas mal de loups et dentis. Par météo excellente seulement.

Quitter Bonifacio

En bus

🚌 Station sur le parking du port P1.

– *Pour Porto-Vecchio et Bastia :* deux bus par jour sauf le dimanche hors saison, quatre par jour l'été et un le dimanche, avec *Corsica Tour*. ☎ 04-95-70-10-36.

– *Pour Propriano, Sartène et Ajaccio :* trois bus par jour avec *Eurocorse Voyage.* ☎ 04-95-70-13-83.

En bateau pour la Sardaigne

Compter 1 h de traversée entre Bonifacio (départ du port) et Santa Teresa di Gallura.

Entre le 1er juillet et le 4 septembre, 14 traversées par jour à bord des navires de la *Moby Lines* (☎ 04-95-73-00-29) ou de la *Saremar* (☎ 04-95-73-00-96). Du 18 mai au 30 juin et du 5 septembre au 1er octobre, 7 liaisons quotidiennes. L'hiver, 2 départs uniquement, avec la *Saremar*. Se renseigner à l'*agence Gazano* (voir « Adresses utiles »).

LE GOLFE DE SANTA-MANZA (OU SANT'AMANZA)

À 6 km à l'est de Bonifacio, par la D58. Deux jolies plages, Maora et Santa-Manza, bien abritées. Propice à la pratique de la planche à voile pour les fanas.

Où dormir ? Où manger ?

🛏 🍽 *Hôtel du Golfe :* dans le golfe de Santa-Manza. ☎ 04-95-73-05-91. Fax : 04-95-73-17-18. ● golfe.hotel@wanadoo.fr ● Ouvert du 15 mars au 20 octobre. Demi-pension obligatoire, de 310 à 400 F (47,3 à 61 €) par personne. Menus de 95 à 180 F (14,5 à 27,4 €). À 50 m de la plage. 12 chambres seulement dans ce délicieux petit hôtel très bien tenu ; la réservation est donc souhaitable en saison. Chambres un peu petites mais agréables. Cuisine fine et copieuse. Bon accueil. Café offert sur présentation du *Guide du routard*. Parking.

LE GOLFE DE RONDINARA

À 14 km au nord de Bonifacio, un petit golfe en forme de coquillage avec deux pointes qui se touchent presque, comme pour en faire un lagon bleu du Pacifique. Un coin de rêve, perdu entre Bonifacio et Porto-Vecchio. Pour mieux l'apprécier, venez plutôt le matin : plus tard, il y a foule. Parking payant. Dommage qu'en saison les plaisanciers ne soient pas plus respectueux de l'environnement.

De Bonifacio, emprunter la RN198, direction Porto-Vecchio, puis tourner à droite dans la D158.

Où dormir ?

Camping

🛉 **Camping Rondinara :** indiqué de la route. ☎ 04-95-70-43-15. Fax : 04-95-70-56-79. ♿ Ouvert de mi-mai au 30 septembre. Compter 110 F (16,8 €) pour deux. Grand et bien équipé. Épicerie, bar, resto, plats à emporter, téléphone. Réception aimable. Un petit sentier dans le ma-

quis descend à la plage à 600 m. Les propriétaires ont planté des arbres pour apporter de l'ombre, mais, pour l'instant, ils sont un peu jeunots, et le soleil tape dur. Très grande piscine. Attention aux moustiques !

PORTO-VECCHIO / PORTI VEGHJU (20137)   10 600 hab.

L'aéroport de Figari à 20 km et les nouvelles lignes maritimes avec l'Italie soutiennent l'explosion touristique de la région de Porto-Vecchio, qui est devenue la troisième agglomération de l'île derrière Ajaccio et Bastia. À la base de ce dynamisme, un potentiel touristique énorme : les plages de Porto-Vecchio (Santa-Giulia, Palombaggia, Cala Rossa) sont parmi les plus belles de Corse, l'arrière-pays (Alta Rocca) est splendide et Bonifacio, autre joyau de l'île de Beauté, n'est qu'à 20 mn en voiture.

Alors, évidemment, il y a un revers à la médaille, un prix à payer. Et d'abord en monnaie sonnante et trébuchante : les tarifs dans ce secteur (avec Bonifacio) sont les plus élevés de Corse. Puis ce côté frimeur et friqué de certains touristes, qui agace forcément, puis cette foule en août – dont beaucoup d'Italiens... Alors quoi ? Trop cher, trop snob, trop couru Porto-Vecchio ? Il y a du vrai là-dedans. Oui mais voilà, les plages restent superbes, même si elles sont bondées l'été (mais venez au printemps voir la Palombaggia, c'est quelque chose) et le village lui-même, la Haute Ville, blotti autour de la jolie place de l'Église, avec ses commerces, ses terrasses ouverts l'été jusqu'au milieu de la nuit (hors saison, c'est en revanche assez mort), est charmant.

On dit aussi que cette côte a été trop bétonnée. Franchement, on aurait aimé que tout le littoral français ait été « bétonné » ainsi. Du béton comme ça c'est le paradis ! Il y a évidemment, aux abords de la ville, des zones commerciales inesthétiques et une urbanisation récente, mais pas d'énormités, et les villas, les bungalows du littoral restent noyés dans la verdure. Par contre, en saison, circulation et parking impossibles dans la Ville Haute (d'ailleurs fermée le soir à la circulation).

Adresses utiles

⓪ Office du tourisme *(zoom Ville Haute, B3)* **:** rue Camille-de-Rocca-Serra. ☎ 04-95-70-09-58. Fax : 04-95-70-03-72. ● www.accueil-portovecchio.com ● En juillet et août, ouvert du lundi au samedi de 9 h à 20 h et le dimanche de 9 h à 13 h; hors saison, ouvert du lundi au vendredi de 9 h à 12 h et de 14 h à 18 h, le samedi de 9 h à 12 h, fermé le dimanche. Cet office du tourisme informe sur tout le secteur Sud-Corse (Porto-Vecchio, Bonifacio, Alta Rocca, Lecci-de-Porto-Vecchio et Solenzara). Des hôtesses efficaces et souriantes délivrent des plans de ville, la liste des hôtels et des restos, et celle des loueurs particuliers (utile parfois). Délivre aussi des circuits-voiture pour l'Alta Rocca. Si vous n'êtes pas content, il y a même un cahier de doléances sur le comptoir. Il sert aussi de livre d'Or, et nous y avons relevé ceci : « Vive le *Guide du routard*! ». Quel succès!

⌐ Gare maritime *(plan B2, 1)* **:** quai de Syracuse. Arrivée et départ des ferries.

■ Le petit train : un petit train touristique vous hisse du pont à la Ville Haute pour 15 F (2,3 €) l'aller-retour.

■ Location de voitures : *Hertz,* sur le port. ☎ 04-95-70-32-05. *Europcar,* la Poretta, sur la route de Bastia. ☎ 04-95-70-14-50.

■ SNCM : port de commerce de la Marine. ☎ 04-95-70-06-03.

■ Location de motos et de vélos : *Les Années Jeunes,* av. Georges-Pompidou ou *Magasin Suzuki,* route du port. ☎ 04-95-70-36-50.

■ Antenne médicale SAMU : ☎ 04-95-70-00-05.

■ Taxis : ☎ 04-95-70-08-49. Course pour l'aéroport de Figari dans les 240 F (36,6 €).

■ Distributeurs de billets : ils sont peu nombreux, faites attention! Le plus pratique : celui de la poste, dans la vieille ville. Au rond-point des Quatre-Chemins en sortant de la ville vers Bastia, on trouve un distributeur de la *Société Générale,* et plus loin, à gauche, un distributeur du *Crédit Agricole.* Souvent vides le week-end.

Où dormir?

Comme à Bonifacio, tout est cher, surtout en été. Encore faut-il trouver de la place...

■ Adresses utiles

   ⓪ Office du tourisme
   1 Gare maritime

☰ Où dormir?

   10 Camping la Matonara
   11 Le Mistral
   13 Le Goéland
   14 Le Golfe Hôtel-restaurant Les 4 Saisons

|●| Où manger?

   20 A Stonda
   22 Chez Anna
   23 L'Orriu
   24 Le Tourisme

▼ Où boire un verre?

   40 La Taverne du Roi
   41 Pub le Bastion

⌂ Où acheter des produits corses?

   50 L'Orriu
   51 Tavonu

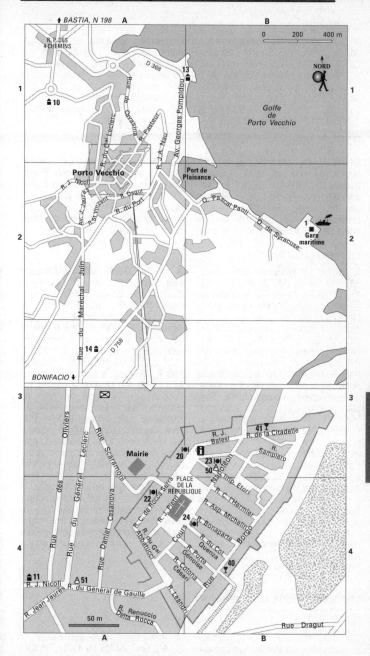

PORTO-VECCHIO

Camping

🛏 **Camping La Matonara** *(plan A1, 10)* **:** carrefour des Quatre-Chemins. ☎ 04-95-70-37-05 en été et ☎ 04-95-70-21-39 en hiver. Compter 90 F (13,7 €) pour deux. Bien que proche de la nationale et en pleine ville, ce camping n'est pas trop bruyant et dispose d'un vaste espace ombragé.

Demander toutefois un emplacement éloigné de l'entrée. Pas mal pour ceux qui sont à pied et veulent visiter Porto-Vecchio, et relativement bon marché. Dommage alors que les sanitaires ne soient pas toujours *super-clean* (en août notamment, la faute à trop de monde).

Prix moyens

🛏 **Hôtel Le Mistral** *(zoom Ville Haute, A4, 11)* **:** 5, rue Toussaint-Culioli. ☎ 04-95-70-08-53. Fax : 04-95-70-51-60. Fermé de novembre au 1er mars. Selon la saison, chambre double avec douche ou bains de 250 à 680 F (38,1 à 103 €).

Dans le haut de la ville. Un 2 étoiles mignon et confortable, aux chambres avec douche, w.-c. ou bains, TV, très bien tenu. Bon accueil. Un peu trop cher en juillet-août, mais à Porto-Vecchio c'est comme ça. Loue aussi des studios. Petit parking.

Un peu plus chic

🛏 **Hôtel Le Goéland** *(plan A-B1, 13)* **:** la Marine. ☎ 04-95-70-14-15. Fax : 04-95-72-05-18. ● hotel-goeland@wanadoo.fr ● Fermé de fin octobre à Pâques. Selon la saison, chambre double avec douche et lavabo de 290 à 430 F (44,2 à 65,5 €) ; avec douche et w.-c. de 390 à 540 F (59,5 à 82,3 €) ; avec bains de 490 à 840 F (74,7 à 128 €). L'hôtel le mieux situé de Porto-Vecchio : sur le golfe, avec petite plage privée. C'est bien simple, c'est le seul établissement en ville à profiter d'une telle situation. Chambres de confort varié, plus ou moins grandes, en général avec douche, w.-c. ou bains. La plupart ont été refaites récemment, mais attention, pas toutes, et celles avec cabinet de toilette et vieux papier peint sont tout de même cher payées pour ce qu'on a. Par ailleurs, petit déjeuner obligatoire, on se demande pourquoi. Bar et terrasse côté mer. Petite restauration : tapas, pâtes, *gaspacho...*

🛏 I●I **Le Golfe Hôtel-restaurant Les 4 Saisons** *(plan A3, 14)* **:** route du Port. ☎ 04-95-70-48-20. Fax : 04-95-70-92-00. Selon confort et saison, Chambre double avec petit déjeuner de 400 à 700 F (61 à 107 €) ; en juillet et août, demi-pension obligatoire, de 800 à 1 320 F (122 à 201 €) pour deux. Menu à 195 F (29,7 €) ; à la carte, compter 250 F (38 €). Un vrai 3 étoiles, où l'accueil ne le cède en rien au confort. Chambres impeccables, climatisées, avec minibar et tout. Piscine, jacuzzi, sauna, salle de muscu. Le restaurant, *Les 4 Saisons*, propose une fine cuisine corse et continentale. Un bel établissement donc, qu'on paye d'ailleurs un certain prix, pour ne pas dire un prix certain. Un inconvénient : on est dans un quartier assez excentré et pas très intéressant, en bordure d'une route passante (les chambres sont encore tranquilles, mais de la piscine, on y a droit).

Où dormir dans les environs ?

Campings

🛏 **Camping La Vetta** *(plan Les environs de Porto-Vecchio, 2)* **:** La Trinité-de-Porto-Vecchio. ☎ 04-95-70-

09-86. Fax : 04-95-70-43-21. Accès : direction Bastia, le camping est sur la droite passé le village de La Tri-

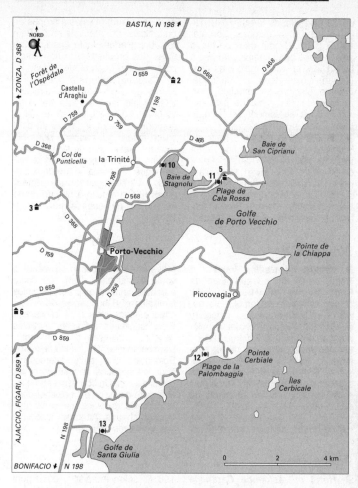

LES ENVIRONS DE PORTO-VECCHIO

⌂ Où dormir ?

    2 Camping La Vetta
    3 Camping Arutoli
    5 Caranella Village
    6 Le San Giovanni

I●I Où manger ?

    10 Le Figuier
    11 Le Rancho
    12 Le Tamaricciu
    13 Le Santa Marina

---

nité. Ouvert de juin à septembre. Compter 105 F (16 €) pour deux. Des emplacements bien larges et un cadre superbe de vaste chênaie, en terrasses. Très vert et ombragé donc. Très bien tenu. Un camping où l'on se sent bien. Évitez toutefois les emplacements les plus proches de la nationale. Remise de 10 % à nos lecteurs sur le prix du camping (sauf en août), sur présentation du *GDR*.

⌂ I●I ***Camping Arutoli*** *(plan Les environs de Porto-Vecchio,* **3**) : route de L'Ospédale. ☎ 04-95-70-12-73. Ouvert d'avril à octobre. Compter 110 F (16,8 €) pour deux en haute saison. Très beau camping un peu à l'écart de la ville, mais pas trop (1 km), bien tenu et ombragé. Grande piscine, alimentation, bar-restaurant... On y mange bien paraît-il. Loue également des bungalows. Tarifs raisonnables.

▲ |●| *Camping Pitrera :* route de Bastia, à La Trinité, à 3 km de Porto-Vecchio. ☎ 04-95-70-20-10. Fax : 04-95-70-54-43. Ouvert toute l'année. Un peu désordre, mais très sympa. Bel environnement arboré et fleuri, piscines (deux !), tennis, ambiance familiale. Attention cepen-

dant : plusieurs plaintes à propos de bungalows en mauvais état. Petit restaurant appréciable aussi, où se taper des brochettes ou une entre-côte. À 5 km de la plage, hélas.

▲ *Camping naturiste U Furu :* à 8 km de Porto-Vecchio, direction L'Ospédale, sur la route de Nota. ☎ 04-95-70-10-83. Ouvert de juin à septembre. Des bungalows au bord d'une rivière qui cascade dans les rochers. Assez loin de la mer, mais piscine et végétation. Anecdote authentique : le domaine, en deux siècles, a vu se succéder une usine à pipes (!), un moulin à blé, un grand verger et un espace pour naturistes...

Bon marché

▲ *Village de Gallina Varja :* à Sotta, à 10 km au sud-ouest de Porto-Vecchio. ☎ 04-95-71-23-22. Ouvert d'avril à septembre. La semaine en tente en pension complète à 1 610 F (245 €) ; en chalet, supplément de 400 ou 800 F (61 ou 122 €). Un peu moins cher en juin et septembre. Juste à l'entrée de Sotta, sur la D859 (route de Figari), tourner à gauche en direction de Chera, puis à droite à 2 km en direction de Ghjaddinavarghja (tel quel !). Terminus ! Ici, une association propose hébergement, pension complète, ac-

tivités et même location de voiture si vous le souhaitez. Dans un cadre agréable, calme et ombragé, 20 tentes familiales et 8 bungalows de 4 couchages (sans cloison ni sanitaires). Blocs sanitaires suffisants. Activités diverses comprises dans le tarif : planche à voile, VTT, rando pédestre. Également des tarifs intéressants pour les locations de voitures et les billets d'avion. Un bon esprit règne ici, et à toute heure on peut piocher dans la corbeille de fruits, se servir une boisson chaude. Attention, n'accepte pas les cartes de paiement.

Prix moyens

▲ *Hôtel et résidence Caranella Village (plan Les environs de Porto-Vecchio, 5) :* route de Cala Rossa, 20137 Lecci-de-Porto-Vecchio. ☎ 04-95-71-60-94. Fax : 04-95-71-60-80. Accès : à 7 km de Porto-Vecchio, route de Bastia sur 3 km, puis à droite à l'entrée de La Trinité (Cala Rossa fléché) ; à gauche au rond-point suivant, et tout droit jusqu'au bout (4 km). Studios avec douche et coin cuisine à 270 F (41,2 €) par jour d'octobre à mai ; 350 F (53,3 €) en juin et septembre ; 460 F (70,1 €) en juillet ; 535 F (81,5 €) en août. Plus cher avec bains. 2 pièces pour 2 personnes avec douche de 465 à 695 F (71 à

106 €) selon la saison ; également des villas et appartements de confort varié, pour 4 à 6 personnes, de 560 à 1 390 F (85 à 212 €) par jour selon type et saison. Location du linge en sus, service ménage et laverie possible. Ensemble d'une quarantaine de studios et appartements bien équipés (four, micro-ondes, TV, téléphone, lave-vaisselle en option), de plain-pied ou en étage, avec terrasse pour la plupart, autour d'une piscine chauffée. Environnement fleuri, salle de fitness, location de vélos, bar. Gros plus : la plage de Cala Rossa à 300 m. Compte tenu donc du confort, de la situation et des prix pratiqués ailleurs à Porto-

Vecchio, *Caranella Village* est un vrai bon plan, y'a pas photo ! Accueil aimable et ambiance relax. Réservation conseillée.

▲ *Le San Giovanni (plan Les environs de Porto-Vecchio, 6) :* route d'Arca. ☎ 04-95-70-20-11. ♿ Ouvert de mi-avril à mi-octobre. De 320 à 520 F (48,8 à 79,3 €) la chambre double ; demi-pension obligatoire en juillet et août,

de 320 à 450 F (48,8 à 64 €) par personne. À environ 5 km de Porto-Vecchio, dans la verdure de l'arrière-pays. Bonnes prestations : piscine chauffée, jacuzzi, sauna, tennis, prêt de bicyclettes. Accueil naturel et souriant. Chambres mignonnes donnant sur le parc arboré et fleuri où coassent les grenouilles. Salle de resto climatisée pour une bonne cuisine familiale.

Gîte rural

▲ *Gîte de M. Marcel Faby :* Sotta, hameau de Scaledda (10 km au sud-ouest de Porto-Vecchio par la D859, route de Figari-Ajaccio). Réservations auprès des Gîtes de France en Corse : ☎ 04-95-51-72-82. Fax : 04-95-51-72-89. De 2 150 à 2 450 F (328 à 373 €) la semaine en basse saison ; 2 720 F (415 €) en juin et septembre ; 4 070 F (620 €) en juillet et août. Tarif week-end également. L'espace et le confort dans l'extrême Sud corse à prix encore abordable. Un gîte immense, 120 m², dans un hameau minuscule. Maison mitoyenne avec terrasse et jardin, abri couvert et barbecue, balançoire, ping-pong. À l'intérieur, séjour-cuisine et 3 chambres avec lit double, douche, w.-c. et super équipement : lave-linge, lave-vaisselle, sèche-linge (la classe !), micro-ondes, TV, cheminée. Bois, chauffage et draps en sus. Possibilité lit pliant. Très bon accueil des propriétaires qui habitent le hameau et tiennent à ce qu'on passe un bon

séjour chez eux. Commerces à 5 km, plages à 15 km (plages de Santa-Giulia et Palombaggia à Porto-Vecchio).

▲ *Gîte de Mme Milanini :* à Muratello, à une dizaine de km à l'ouest par la D159. Réservation auprès de Gîtes de France en Corse. ☎ 04-95-51-72-82. Fax : 04-95-51-72-89. Compter entre 2 825 et 4 520 F (430,7 et 689,1 €) la semaine selon la saison. En pleine campagne, au rez-de-chaussée de la maison des propriétaires (adorables) qui élèvent poules, vaches, biquettes, sans oublier la ribambelle de chats. Le gîte de 120 m² en plain-pied dispose de 3 chambres, d'un séjour, cuisine, salle d'eau, w.-c., lave-vaisselle, micro-ondes, lave-linge commun avec les proprios, salon de jardin sur la terrasse couverte, barbecue. Mieux qu'à la maison. Pas de commerces, mais une ferme, juste à côté, permet de s'approvisionner en volailles et légumes.

Où manger ?

La plupart des nombreux restaurants de Porto-Vecchio sont saisonniers. Impossible de recommander ces adresses qui n'existent que de juin à septembre, et changent souvent de cuistot d'une année à l'autre. Quant aux autres restos, ouverts à l'année, ils ont bien du mal à faire face à l'énorme demande estivale. Voici toutefois une petite sélection de tables plutôt fiables, et certaines même excellentes – notamment dans les environs, à la rubrique suivante.

Bon marché

I●I *A Stonda (zoom Ville Haute, A-B3, 20) :* pl. de l'Église, quasiment

face à l'office du tourisme. ☎ 04-95-70-15-51. Fermé le dimanche hors saison. Salades dans les 50 F (7,6 €), paninis ou hamburgers à 30 F (4,6 €), et formule tarte aux endives-frites-salade à 45 F (6,9 €). Le truc tout bête avec quelques tables en terrasse et une petite salle, pour manger sur le pouce une salade ou une tarte. C'est une cantine qui tourne à l'année, fréquentée par les employés du coin.

Prix moyens

|●| Le Tourisme (zoom Ville Haute, B4, 24) : 12, cours Napoléon. ☎ 04-95-70-06-45. Fermé le dimanche midi. Dans la Ville Haute, dans la rue principale et sur le côté de l'église. Formules et menus de 78 à 138 F (11,9 à 21 €). Nous nous sommes régalés au Tourisme, qui propose une cuisine assez légère et recherchée. Au menu-carte, des moules à la porto-vecchiaises bien relevées, de mémorables pâtes du jour (des tagliatelles aux asperges), puis une soupe de fraise à la myrte tout en fraîcheur. Également une formule « expresso » (salade, pâtes au choix ou moules marinière, carpaccio de melon) et un petit « menu du routard pressé » (en fait une formule plat + dessert). Peut-être un peu cher dans l'ensemble, mais à peine et la qualité est au rendez-vous, même en plein mois d'août.

|●| Chez Anna (zoom Ville Haute, A4, 22) : rue du C.-Rocca-Serra (dans la Ville Haute, à côté de l'église). ☎ 04-95-70-19-97. Fermé le dimanche midi, et de novembre à mars. Menus de 90 à 150 F (13,7 à 22,8 €). Petite terrasse en longueur et salle proprette dans ce restaurant apprécié des locaux pour ses pâtes fraîches ou ses spécialités (aubergines farcies au broccio). C'est copieux, et à la carte si vous prenez des pâtes, aux moules par exemple, ce seul plat suffit. Digestif offert à nos lecteurs sur présentation du GDR.

|●| L'Orriu (zoom Ville Haute, B3, 23) : 5, cours Napoléon. ☎ 04-95-70-26-21. Fermé en octobre et du 15 février à fin mars. Assiettes variées de 60 à 80 F (9,1 à 12,2 €). Attenant à la boutique du même nom (voir plus bas « Où acheter de bons produits corses ? »), ce petit bar à vin dispose de quelques tables en terrasse pour déguster des assiettes de fromage, charcuterie, panachages divers, avec si l'on veut des vins au verre. Pas donné mais excellent.

Où manger dans les environs ?

Prix modérés

|●| Le Figuier (plan Les environs du Porto-Vecchio, 10) : route de Cala-Rossa ; à 6 km environ du centre-ville. ☎ 04-95-72-08-78. Prendre la route de Bastia ; à La Trinité, à droite la D468 vers la pointe de Cala Rossa (et les hôtels). Le Figuier se trouve à un kilomètre de là, sur la droite. Ouvert de mai à septembre. Pizzas et grillades de 50 à 100 F (7,6 à 15,2 €) environ. Resto-pizze-ria à l'atmosphère chaleureuse et animée – clientèle nombreuse, grandes tables de bois, serveurs qui s'activent – et où l'on trouve de copieuses salades, grillades et pizzas à des prix somme toute tout à fait corrects. La formule et l'endroit plaisent en tout cas, et l'on y revient. On mange et l'on boit pour moins à bon compte si l'on veut. Attention, pas de paiement par carte.

Un peu plus chic

|●| Le Rancho (plan Les environs de Porto-Vecchio, 11) : plage de Cala Rossa. ☎ 04-95-71-62-67. À 10 km de Porto-Vecchio : direction Bastia puis à droite à La Trinité, vers Cala Rossa (indiqué). Ouvert de juin à septembre. Menus à 130 et 160 F (19,8 et 24,4 €). On s'est arrêté là histoire de casser la croûte et parce que la plage de Cala Rossa, anse de rêve, est bien sympathique. Une table en terrasse à trois mètres des flots (réservez !), c'est tout de même quelque chose. Mais le secteur étant un peu huppé, on craignait l'addition, celle qui fait mal. Eh bien non, on n'est pas volé, la cuisine est bonne et le service, soigné. Poisson du jour bien préparé et correct menu corse. Réservation recommandée.

l●l *Le Tamaricciu (plan Les envi-*

rons *du Porto-Vecchio, 12) :* route de Palombaggia ; à une douzaine de kilomètres du centre-ville. ☎ 04-95-70-49-89. Fermé le soir hors saison. Menus à partir de 180 F (27,4 €). Compter 250 F (38,1 €) à la carte. Au sud de la plage de Palombaggia. Cadre de rêve, à l'endroit le plus beau de la magnifique plage de Palombaggia. Tables et chaises en teck, c'est une paillotte de luxe, où l'on se restaure aimablement de salades, de pâtes ou de poisson grillé. Assez cher cependant.

Plus chic

l●l *Le Santa Marina (plan Les envi-* rons *de Porto-Vecchio, 13) :* plage de Santa-Giulia. ☎ 04-95-70-45-00. Fermé le mercredi hors saison et trois semaines en novembre. Menus de 140 à 250 F (21,3 à 38,1 €). La baie de Santa-Giulia, c'est une plage de carte postale avec juste derrière un ensemble de bungalows cossus, ghetto de luxe ne vivant que l'été. Quelle performance alors pour le *Santa Marina* d'être ouvert à l'année ! C'est que la table est bonne, et l'on y vient en toutes sai-

sons de Porto-Vecchio et d'ailleurs, prendre place en terrasse ouverte sur la baie, ou dans la salle élégante et claire. Le patron dirige les opérations, toque sur le crâne, on est en principe assuré d'une régularité. Le carpaccio tiède de poissons et la marinière de coquillages, le chapon (une pièce de roi !) puis la géniale (tous mots pesés) aumônière de *bruccio* au miel et à l'orange, quel délice ! Il faut toutefois préciser qu'on était venu en mai. C'est-y pareil en juillet et août ?

Où boire un verre ?

⊺ *La Taverne du Roi (zoom Ville Haute, B4, 40) :* 43, rue de la Porte-Génoise ; à l'entrée de la vieille ville en venant du port. ☎ 04-95-70-41-31. Ouvert plutôt en saison. Un endroit exceptionnel pour son cadre. Vraiment agréable d'y boire un verre, mais attention, ça douille : 60 F (9,1 €) le *drink* ! Mais il faut dire qu'on en a largement pour ses sous, car guitaristes et chanteurs alternent vieux chants corses et chansons plus connues avec entrain et sincérité, dans une bonne ambiance. Si l'envie vous prend de danser, les musiciens seront ravis. Mais attention : venir de bonne heure pour avoir une place (vers 22 h).

⊺ *Pub Le Bastion (zoom Ville Haute, B3, 41) :* 11, rue de la Citadelle. ☎ 04-95-70-69-70. Fermé le lundi. Petit pub qui a choisi les tons orangés au bar comme au sous-sol, où se trouve la scène. Quantité de bières du monde entier, *darts* (fléchettes) et des concerts toute l'année, le vendredi et le samedi soir, pas toutes les semaines mais presque. Clientèle assez jeune.

⊺ Sur la *place de l'Église*, dans la Ville Haute, plusieurs cafés en terrasse (*Au Bon Coin,* le *Tout Va Bien, La Bel Ombra,* etc.). Cette place, avec son bel ombus tordu, est certainement l'endroit le plus agréable en ville. Y prendre un verre s'impose.

Où acheter de bons produits corses?

⌂ **L'Orriu** (*zoom Ville Haute, B3, 50*) : 5, cours Napoléon ; dans la vieille ville, à 50 m de la place de l'Église. ☎ 04-95-70-26-21. Fermé en octobre et du 15 février à fin mars. Une des plus belles et des plus riches boutiques de produits corses de l'île. Murs couverts de pots et de bouteilles, plafond squatté par les jambons, arrière-boutique croulant sous les saucissons, étalage hallucinant de fromages... Un vrai musée et des produits de qualité. C'est en revanche assez cher, et l'accueil n'est pas toujours très aimable, en haute saison surtout, où la boutique déborde d'une foule de touristes.

⌂ **Tavonu** (*zoom Ville Haute, A4, 51*) : 9, rue du Général-de-Gaulle. ☎ 04-95-72-14-03. Fermé le dimanche après-midi hors saison, et de fin février à mi-mars. Autre très belle boutique. Le patron, Christian Santoni, est de bon conseil. Grand choix de charcuteries, vins et liqueurs, fromages et autres produits naturels (confitures, miels, huile, farine de châtaigne). On vous recommande la *vuletta* (joue de porc), forte en goût et au gras fondant (les amateurs de charcuterie adorent). *Coppa, lonzo, figatelli* secs (là est la difficulté, en trouver du sec), etc. Vins et liqueurs également. Et fromages !

À voir. À faire

★ **La vieille ville** : les Génois édifièrent une citadelle sur le promontoire rocheux (en porphyre rose). Il en reste de belles fortifications, dont quelques bastions et l'imposante porte (dite génoise) d'où l'on a une jolie vue sur le golfe et les salines. Sur la place principale, très animée en été, une adorable petite église en pierre, au clocher décoré de trèfles.

■ **Activités sportives sur la baie de Santa-Giulia** : *Santa-Giulia Loisirs,* route du Moby Dick, 20137 Porot-Vecchio. ☎ 04-95-70-70-07. Fax : 04-95-70-70-08. Sports nautiques (voile, planche, canoë, scooter des mers, ski nautique, plongée, etc.) et terrestres (VTT, quad, équitation), toutes ces activités sont proposées par cette base de loisirs située sur la plage de Santa-Giulia. Tarifs tout à fait raisonnables.

■ **Sortie en mer** : le bateau mouille en baie de Santa-Giulia. ☎ 04-95-70-20-12. Jacques, l'aimable capitaine du *Djinn,* propose des sorties aux Lavezzi, ou vers la Sardaigne. Pas cher pour ce genre de prestation : environ 400 F (61 €) la journée. Et retenez que Jacques est champion de Corse de pétanque.

■ **« Balade avec un Nez »** : serres de Ferrucio. ☎ 04-95-70-34-64 et 06-19-89-65-36. Stéphane Rogliano propose de faire partager ses connaissances en botanique, au cours de balades où il fait découvrir et sentir les essences du maquis. Randonnée pédestre à la journée ou la demi-journée. Pas très cher quand on se joint à un groupe (15 personnes maximum). En été, 2 sorties par semaine. Sur réservation.

■ **Plongée** : *Kalliste Plongée,* plage de la Palombaggia. ☎ et fax : 04-95-70-44-59. La plongée avec matériel fourni : 275 F (42 €). Plusieurs forfaits possibles. Vous êtes quelques-uns à recommander ce club, qu'on n'a pas essayé.

Dans les environs

★ *La plage de Palombaggia :* à 12 km au sud, un petit paradis au pied de dunes ombragées. Très belle route le long de la côte. Liaison en bus de Porto-Vecchio. Parking payant. Dommage (mais logique), l'endroit est envahi en été. Les environs brûlèrent en 1990. Yves Duteil, qui a une maison ici, créa une association de reboisement, l'*Apres*.

★ *La baie de San Ciprianu :* à 12 km au nord, belle et longue plage de sable fin, avec quelques cabanons en ruine, suite à un plasticage du FLNC en 1989.

★ *Le golfe de Santa-Giulia :* à 6 km au sud de Porto-Vecchio. Plage vraiment superbe, mais beaucoup de monde.

★ *La plage de Cala Rossa :* de l'autre côté du golfe de Porto-Vecchio (environ 10 km de route). Pas très grande ni très large, elle bénéficie d'une belle situation dans le golfe de Porto-Vecchio, avec vue sur la pointe de la Chiappa en face. Moins de monde qu'à Santa-Giulia ou Palombaggia, mais comme elle est plus petite ça revient au même.

★ *Le castellu d'Aragio (ou d'Araghju) :* à 8 km au nord de Porto-Vecchio, par la route de L'Ospédale puis la D559 à droite. Fléché. Une fois dans le village d'Aragio, 15 bonnes minutes de montée (raide) à travers le maquis et la caillasse. Du sommet, panorama sur les golfes de Porto-Vecchio et Pinarellu. Le site, qui date de 2000 av. J.-C., est une étrange forteresse de granit, bâtie par les Torréens sur un promontoire rocheux. Porche d'entrée titanesque, niches et remparts bien conservés. Assez impressionnant et ça change des menhirs...

★ *Torre :* à quelques kilomètres à l'est d'Aragio. De la D559, rejoindre la N198 (vers Bastia), puis prendre tout de suite à droite la petite route. Comme son voisin, ce site préhistorique est l'un des plus importants témoignages laissés par la civilisation torréenne (âge du bronze), d'où le nom du village. Mais il s'agit spécifiquement, ici, d'un lieu de culte, en forme de grotte adossée à la roche. Malheureusement, accès difficile (chemin privé : le propriétaire ne tient pas spécialement à voir défiler du monde, et ferme l'accès) et non indiqué.

★ *La forêt de L'Ospédale :* on vous l'a déjà dit, c'est une superbe route (même si certains boisements situés avant d'arriver au hameau de L'Ospédale ont bien noirci avec l'incendie de l'été 1994) et un lieu idéal pour prendre l'air frais en soirée. Les balades courtes et spectaculaires à faire dans le coin ne manquent pas.
– *La cascade de la Piscia di Gallu,* haute de 70 m, est accessible par un sentier cahoteux démarrant au parking situé sur la droite de la route, 900 m après le barrage de L'Ospédale (compter 2 h aller et retour ; itinéraire fléché et très fréquenté). Attention, risque de chute (prévoir de bonnes chaussures, pente rude et glissante).
– *Le sommet de la Vacca Morta* est accessible en 1 h par une sente en grande partie balisée en orange et s'élevant au-dessus du hameau de *Cartalavonu* (peu fréquenté malgré sa situation de somptueux belvédère des montagnes et rivages du Sud).

Randonnée pédestre Mare a Mare Sud

– *Traversée de Porto-Vecchio à Propriano :* ☎ 04-95-70-50-78 en été ; le reste de l'année : ☎ 04-95-51-79-10. Un itinéraire très varié, qui traverse la partie la plus ancienne de Corse, dont la fameuse région montagneuse de l'Alta Rocca. Parmi les curiosités et les richesses naturelles rencontrées au détour du sentier, la forêt de L'Ospédale, l'église de Carbini, le castello de Cucuruzzu, les villages aux maisons de granit de Levie, Quenza et Santa-Lucia-di-Tallano, le plateau de Coscione... Cette randonnée de moyenne montagne comporte quelques montées très raides et exige une bonne condition physique. Sentier fréquentable toute l'année : peu enneigé l'hiver et suffisamment ombragé en été. Compter une trentaine d'heures de marche pour arriver à Propriano. Le topoguide du parc régional prévoit 6 étapes de 5 h, mais les bons marcheurs peuvent effectuer ce parcours en 4 jours.

Pour rejoindre le sentier, fléché et balisé en orange, qui démarre à 7 km de Porto-Vecchio, prendre la D159 en direction de Muratellu, puis suivre la direction Nota. Continuer la route jusqu'au pont qui enjambe la rivière de Bola. Prendre le premier chemin à droite après le pont. On arrive à *Burgo,* à 7 km de Propriano que l'on rejoint en suivant le CD557. Emportez de l'eau et quelques provisions, mais ne vous encombrez pas de trop de nourriture, vous en trouverez facilement.

De Propriano, 2 bus par jour pour Porto-Vecchio. Trajet en 1 h 45 environ. Le GR20 part de *Conca,* à une vingtaine de kilomètres de Porto-Vecchio. On peut le rejoindre à partir de Sainte-Lucie-de-Porto-Vecchio. Navette Conca – Sainte-Lucie-de-Porto-Vecchio assurée par M. Folacci, qui tient le gîte d'étape de Conca, *La Tonnelle :* ☎ 04-95-71-46-55 (voir plus bas « Le golfe de Pinarellu »). Horaires en fonction des correspondances pour Bastia et Porto-Vecchio.

🛏 🍴 Ceux qui ne campent pas logeront dans des *gîtes d'étape* accessibles aux randonneurs évidemment, mais aussi aux cyclotouristes et aux cavaliers. Se renseigner à l'office du tourisme (voir « Adresses utiles »). Nombreux gîtes avec demi-pension. Pensez à toujours réserver. Mention très bien pour les gîtes de Serra-di-Scopamène et Sainte-Lucie-di-Tallano.

Quitter Porto-Vecchio

En bus

– *Pour Bastia :* 2 bus par jour, par la compagnie *Les Rapides Bleus-Corsicatours,* 7, rue Jean-Jaurès. ☎ 04-95-70-10-36. Avec arrêts à La Trinité, Sainte-Lucie, Tarco-Favone...

– *Pour Ajaccio :* l'été, 3 bus par jour, par la compagnie *Eurocorse.* ☎ 04-95-70-13-83.

– *Pour Bonifacio :* 1 bus à midi ; l'été, 4 bus (compagnie *Eurocorse*).

– *Service des plages :* en juillet et août, départ de la capitainerie pour *Palombaggia* et *Santa Giulia.*

LE GOLFE DE PINARELLU (20144)

À une vingtaine de kilomètres de Porto-Vecchio. Avec celui de Rondinara, c'est l'un de nos golfes préférés au sud de la Corse. Pinarellu n'a pas encore vendu son âme au diable. C'est ce qui fait son charme. L'eau est claire, les plages sont agréables, le port est mignon. Une tour génoise veille sur le tout.

Adresses utiles

– Pas de poste, mais une boîte aux lettres. Pour trouver un bureau de *poste,* il faut aller à Sainte-Lucie-de-Porto-Vecchio.

■ *Cinéma A Ruscana :* cinéma de plein air, sur la route de Pinarellu, à Sainte-Lucie. En été seulement, le soir vers 21 h 30.

Où dormir ?

▲ *Gîte d'étape La Tonnelle :* 20135 Conca. ☎ et fax : 04-95-71-46-55. À 15 km au nord de Porto-Vecchio. Prendre la route de Bastia, puis à gauche à Sainte-Lucie-de-Porto-Vecchio. Nuitée à 70 F (10,7 €) en dortoir ; à 110 F (16,8 €) par personne en chambre double ; demi-pension de 100 F (15,2 €) de plus par personne. Le responsable du gîte assure une navette de Sainte-Lucie-de-Porto-Vecchio à Conca, téléphoner pour avoir les horaires. Entre mer et montagne, le village de Conca est la dernière (ou la première) étape du GR20. Gîte récent, en chambres doubles, triples, ou dortoirs de 4 ou 5 lits. Demi-pension possible et coin cuisine à disposition. Fait aussi camping : une trentaine d'emplacements, bon marché.

Prix moyens

▲ *Hôtel du Golfe :* au village de Pinarellu, face à la mer. ☎ 04-95-71-40-70. Fax : 04-95-71-45-30. Fermé de novembre à mars. Chambre double à 350 F (53,3 €). Une dizaine de studios avec petite cuisine, lits superposés pour les enfants et climatisation. Également des appartements. Location à la nuit ou à la semaine. Bon accueil. Attention toutefois, l'animation musicale au rez-de-chaussée peut nuire à la tranquillité.

▲ *Hôtel San Pasquale :* 20135 Conca. ☎ 04-95-71-56-13. À 15 km au nord de Porto-Vecchio. Prendre la route de Bastia, puis à gauche à Sainte-Lucie-de-Porto-Vecchio. Ouvert en saison uniquement. Studio à 300 F (45,7 €) pour deux. Dans ce village bien calme, départ du GR20, un petit établissement de construction assez récente proposant des studios avec cuisine bien propres et à bon prix.

Quitter Pinarellu

– *Pour Bastia :* départ à Sainte-Lucie-de-Porto-Vecchio. 2 bus par jour (un seul le dimanche), par les *Rapides Bleus-Corsicatours.*
– *Pour Porto-Vecchio :* 2 bus par jour, par la même compagnie.

L'ALTA ROCCA

Nous voici dans l'Alta Rocca, relief montagneux du sud de l'île, riche de villages typiques et d'une nature splendide, dont le fleuron est sans doute le massif de Bavella, avec ses aiguilles roses et bleues lancées vers le ciel : spectacle grandiose vraiment.

Le circuit proposé ici peut se faire de multiples manières selon votre point de départ (Propriano, Sartène, Porto-Vecchio, Solenzara) et l'endroit où vous comptez vous rendre ensuite, bien sûr (on prend les mêmes et on recommence).

– *Grande boucle :* Porto-Vecchio, L'Ospédale, Zonza, Quenza, Aullène, Sainte-Lucie, Levie, re-Zonza, col de Bavella et retour sur Solenzara. Sans doute la meilleure solution. C'est l'itinéraire que nous indiquons plus bas.

– *Petite boucle :* Sartène, Sainte-Lucie, Levie et Cucuruzzu, Zonza, Quenza, Aullène et retour par la D69 sur Sartène.

– *Variantes :* d'Aullène, rejoindre Zicavo (26 km au nord) ou Petreto-Bicchisano (via le très beau col de Saint-Eustache) pour filer ensuite sur Ajaccio.

– *Pour ceux qui ont du temps :* séjourner dans le secteur (plein d'auberges très sympas) pour visiter les villages à sa guise et faire quelques randonnées.

– Le Parc naturel régional a balisé des *itinéraires de randonnée* qui relient entre eux chacun des nombreux villages et hameaux de l'Alta Rocca : il faut compter en moyenne 2 h à 3 h pour aller de l'un à l'autre, ce qui ne facilite pas la réalisation de circuits courts. En revanche, les parcours ont le mérite de se dérouler pratiquement partout sous un couvert végétal foisonnant de chênes verts, de châtaigniers, de pins ou d'arbousiers : l'air de la montagne aidant (les villages s'étagent entre 500 et 800 m d'altitude), ces sentiers sont donc très agréables même en été, d'autant qu'ils franchissent tous à un moment ou à un autre l'un des ruisseaux affluents du Rizzanese. Le plus beau parcours ? Sans doute celui qui va de *Quenza à Levie :* paysage agricole au début avec, en prime, les aiguilles de Bavella à l'horizon et quelques vergers au bord du torrent ; puis c'est la remontée le long d'un chemin encadré par d'imposants murets ; plus loin, les vestiges préhistoriques et médiévaux de Cucuruzzu et Capula, avant la plongée finale sur le bourg cossu de Levie où les occasions de prendre un verre en terrasse ne manquent pas... À VTT, le secteur est particulièrement intéressant aussi (c'est la région de Corse la mieux adaptée). Essayez notamment de faire cette même liaison Quenza-Levie, en effectuant toutefois à l'aller un crochet par Zonza : les passages techniques sont de toute beauté... Quant aux itinéraires VTT moins sportifs, il faut aller les chercher entre Pacciunituli et Zonza (chemin large, globalement descendant) ou sur les pistes pastorales du plateau du Coscione. Dépliant disponible au bureau du parc.

L'OSPÉDALE / L'OSPEDALE (20137)

À 19 km à l'ouest de Porto-Vecchio. Charmant village d'altitude, d'où l'on jouit d'un vaste panorama sur le golfe. Mignon tout plein avec ses petites maisons de pierre, certaines pleines de couleurs. Belle forêt à proximité, traversée par plusieurs sentiers de randonnée.

Où dormir ? Où manger ?

🛏 ▮●▮ *Le Refuge :* au lieu-dit Carta-lavonu, dans la forêt de L'Ospédale (fléché de la route). ☎ 04-95-70-00-39. En hiver (de novembre à mi-mars), ouvert le week-end uniquement. Compter 60 F (9,1 €) la nuit en dortoir de 5 ou 6 lits ; demi-pension à 160 F (24,4 €). Au restaurant, pas de menu, compter 160 F à la carte (24,4 €). Un endroit qui porte bien son nom, au milieu des pins géants et des blocs de granit. Ce gîte d'étape accueille les randonneurs des sentiers Mare a Mare et Alta Rocca.

À voir

★ *La route jusqu'à Zonza :* on longe d'abord un étrange désert d'arbres morts, brûlés, de souches et de pierraille. Plus loin, un lac artificiel ravissant, niché au creux d'une montagne, dans un décor lunaire. S'arrêter pour profiter du belvédère, sur la droite de la route. On découvre brutalement un paysage de forêts et de montagnes digne de la Suisse ! Plus loin, à droite, chemin pour la cascade de *Piscia di Gallo*. Un parking et une buvette ont été aménagés au départ du chemin, si bien qu'il y a foule en saison. Compter 30 mn aller, 40 pour le retour (ça grimpe un peu), et avoir de bonnes chaussures, ça peut être glissant s'il a plu. Ce n'est pas notre balade préférée, mais si l'on veut se dégourdir les jambes, et s'enfoncer un peu dans la belle nature corse, pourquoi pas ? En revanche, pas vraiment de baignade à la cascade, mais trempette possible.
En poursuivant la route, on aperçoit ces fameux rochers suspendus, en équilibre sur de petites collines, prêts à rouler au moindre souffle. La route poursuit dans un chaos de roches jusqu'à la forêt de Zonza, paraît-il la plus grande forêt communale d'Europe.

ZONZA (20124)   1 840 hab.

C'est simple : quelle que soit la route – il y en a quatre – par laquelle on arrive à Zonza, c'est superbe ! À 784 m d'altitude, ce village carrefour, niché au-dessus des bois de chênes et des forêts de pins maritimes, n'a rien à envier aux villages de la côte. Figurez-vous que cette commune, énorme par sa superficie, descend jusqu'à la mer. Résultat : *Pinarellu* et son superbe golfe, à plus de 50 km d'ici, font partie de Zonza. Heureux donc le maire qui peut, dans la même journée, faire du ski de fond et du ski nautique sans sortir de son territoire !
Grâce à son infrastructure hôtelière, Zonza est devenu en quelque sorte la capitale touristique de l'Alta Rocca. Vous n'y serez donc pas seul en saison. Mais cette clientèle n'a pas grand-chose à voir avec celle des plagistes : on est ici entre amoureux de la montagne, et les promenades dans les environs sont suffisamment riches pour que tout le monde ait de la place. Une anecdote historique : c'est à Zonza, très exactement à l'*hôtel du Mouflon d'Or,* que furent assignés à résidence surveillée, dans les années 1950, le roi du Maroc, Mohammed V et son fils, futur Hassan II ! Mais ces seigneuries en exil, se plaignant du froid, furent ensuite envoyées sur la côte... avant de retrouver leur royaume.

Comment y aller?

– Bus tous les jours sauf dimanche et jours fériés, d'Ajaccio et de Propriano, dans l'après-midi. Renseignements : *Autocars Ricci,* ☎ 04-95-51-08-19.

Où dormir? Où manger?

Plusieurs bonnes adresses. Si tout est complet, rendez-vous à Quenza, Aullène, Levie ou Bavella, toutes proches.

Camping

🛏 *Camping municipal :* à 4 km du village, sur la D368 vers Porto-Vecchio. ☎ 04-95-78-62-74 ou 04-95-78-68-17. En pleine forêt, un site calme sous les pins. Confort minimum, mais l'eau chaude est tout de même produite par des capteurs solaires! Inconvénient : elle n'est pas toujours très chaude...

Prix moyens

🛏 ⦿ *Hôtel L'Incudine :* rue Principale; à l'entrée du village en venant de L'Ospédale, sur la droite. ☎ 04-95-78-67-71. Hôtel fermé de mi-octobre à mi-avril. Restaurant fermé le lundi midi, et de fin septembre à mi-mai. Chambre double de 340 à 440 F (51,8 à 67 €). Menu à 120 F (18,3 €). Bon rapport qualité-prix dans cet hôtel-restaurant au charme un peu désuet. Chambres pas très grandes, fort simples et même au confort sommaire, mais certaines avec terrasse agréable sur l'arrière. La fille de la maison assure par ailleurs une bonne cuisine traditionnelle : gigot au feu de bois, épaule de mouton aux herbes du maquis...

🛏 ⦿ *Hôtel-restaurant La Terrasse :* dans le centre du village mais un peu en retrait de la route principale, sur la droite quand on vient de l'Ospédale. ☎ 04-95-78-67-69. Fax : 04-95-78-73-50. Fermé du 1er novembre au 31 mars. Chambre de 230 à 350 F (35 à 53,3 €) selon confort (lavabo, douche-w.-c. ou bains-w.-c.) et saison. Menus de 88 à 180 F (13,4 à 27,4 €). Un établissement bien nommé, puisqu'on peut y manger en terrasse, mais pas n'importe laquelle : la mieux située du village, vue sur les toits de Zonza et la montagne grandiose. Très agréable au couchant. Une bonne table corse. Les charcuteries maison notamment sont délectables, et les plats régionaux (sanglier aux pâtes, cannellonis, desserts à la châtaigne) copieux et authentiques. Les Mondolini-Pietri reçoivent vivement et dans la bonne humeur (à condition, et c'est bien normal, de ne pas les fâcher). Chambres correctes, assez « vieille France » pour l'aspect, confortables et bien tenues, certaines avec terrasse côté vallée. Demi-pension obligatoire, du moins est-on prié de dîner (ou déjeuner) sur place, mais il n'y a pas à proprement parler de tarif demi-pension. Mais comme la table est bonne, et finalement pas si chère, ça va. Remise de 10 % à nos lecteurs sur le prix de la chambre, en avril, mai, juin et octobre sur présentation du *GDR*.

🛏 ⦿ *Le Sanglier :* rue Principale; sur la gauche en venant de L'Ospédale, au centre du village. ☎ 04-95-78-67-18. Fax : 04-95-78-73-15. Fermé en janvier. Menus à 85 et 120 F (13 et 18,3 €). Chambre d'hôte à 250 F (38,1 €), petit déjeuner non compris. Cadre simple et coloré en salle, tons vifs et fleurs, ou terrasse si l'on veut, et un service en douceur, ce restaurant ne manque pas d'agrément. La cuisine non plus, honnête et copieuse, corse : dans le second menu, un croustillant au brocciu, un agneau de lait à la fleur de thym puis un gâteau à la farine de châtaigne tout à fait bien. Copieuses salades également. Propose également, à 200 m du restau-rant, des chambres d'hôte dans une maison typique entièrement retapée, assez agréables mais pas toujours bien tenues. Apéritif offert à nos lecteurs sur présentation du *GDR*.

Un peu plus chic

🛏 🍴 *L'Aiglon :* rue Principale. ☎ 04-95-78-67-79. Fax : 04-95-78-63-62. Restaurant fermé le lundi hors saison ; congés annuels en janvier. Chambre double à 300 F (45,7 €) ; demi-pension obligatoire en août, à 300 F (45,7 €) par personne ; menus de 115 à 165 F (17,5 à 25,1 €). En plein centre, un hôtel-restaurant tenu par la famille depuis le début du siècle, proposant des chambres tout en couleurs, à motifs provençaux. Mais attention, cer-taines ont une vue médiocre et sont vraiment petites. C'est surtout la table qui est réputée, pour sa fine cuisine corse : *figatellu* grillé et polenta de châtaigne, veau corse en cocotte et aux cèpes, flan crémeux à la châtaigne... Un régal, dans une salle plutôt agréable, chaleureuse, ou en terrasse (sièges confortables). Dommage que l'accueil soit un peu sec parfois, et que les portions ne soient pas plus généreuses. Ça peut gâcher le plaisir.

À voir. À faire dans les environs

Les environs de Zonza sont magnifiques. On peut sillonner les petites routes de montagne (col de Bavella, forêt de L'Ospédale, environs de Levie et Aul-lène) ou prendre le temps de marcher dans les coins que vous indiqueront les hôteliers.

QUENZA (20122)   220 hab.

À 7 km de Zonza, mais sur le versant nord de la vallée du Rizzanese, cet agréable village de montagne constitue le point de départ de belles randon-nées à pied, à cheval, à ski, sur le *Coscione,* vaste plateau pastoral où deux rivières importantes, le *Taravo* et le *Rizzanese,* prennent leur source. Un coin très chouette, plus retiré encore.

Adresses utiles

■ *A Muntagnola :* une association qui organise des randonnées en groupe en moyenne montagne, du canyoning aussi. ☎ 04-95-78-65-19. ■ *I Muntagnoli Corsi :* une autre association qui organise aussi des randonnées pédestres ou du canyoning. Compétents et sympas. ☎ 04-95-78-64-05. Tient également le gîte d'étape de Quenza (voir plus bas).

Où dormir ? Où manger ?

Camping et gîtes d'étape

🛏 *Camping de l'Alta Rocca :* à Serra-di-Scopamène ; à 7 km de Quenza sur la route d'Aullène. ☎ 04-95-78-72-20. Ouvert en juillet et août. Ombragé par des châtaigniers. Tennis et centre équestre. Confort d'un 2 étoiles. Bon accueil. Très apprécié des randonneurs.

🛏 |●| *Gîte d'étape de Quenza :* sur les hauteurs, un peu à l'écart du village, par la première route à droite quand on arrive à Quenza depuis Zonza. ☎ 04-95-78-64-05. Fax : 04-95-23-61-51. Fermé en novembre et décembre. Demi-pension obligatoire à 180 F (27,4 €) par personne. Convivial, propre et bonne literie. Une bonne étape. Propose des randonnées encadrées et du canyoning.

🛏 |●| *Gîte d'étape de Serra-di-Scopamene :* 20127 Serra-di-Scopamene (8 km à l'ouest de Quenza, route d'Aullène). ☎ 04-95-78-64-90. Ouvert toute l'année. Nuitée à 70 F (10,7 €) ; demi-pension à 165 F (25,1 €) par personne. Cinq chambres de 4 ou 6 lits. Vraie cuisine corse, et, au petit déj, confiture et miel du village. Règlement intérieur assez strict, obligation de libérer la chambre avant 9 h.

🛏 |●| *Gîte d'étape, table d'hôte et centre équestre :* chez Pierrot Milanini, hameau de Jalicu, à 5 km de Quenza, direction plateau du Coscione. ☎ 04-95-78-63-21 ou 61-09. 🐎 Ouvert toute l'année. Demi-pension à 200 F (30,5 €) par personne. Table d'hôte à 130 F (19,8 €). Il est prudent de réserver. Refuge de montagne, sur le beau plateau de Coscione. On dort dans des dortoirs. Pierrot est un passionné de chevaux, très gentil. Il organise des randonnées à cheval en montagne. Apéritif maison offert sur présentation du *Guide du routard*.

Plus chic

🛏 |●| *Auberge Sole e Monti :* dans le village. ☎ 04-95-78-62-53. Fax : 04-95-78-63-88. Fermé en principe d'octobre à avril inclus. Chambre double avec douche et w.-c. de 300 à 400 F (45,7 à 61 €) ; avec bains de 400 à 500 F (61 à 76,2 €). Demi-pension obligatoire du 15 juillet au 15 septembre, de 350 à 450 F (53,3 à 68,6 €) par personne. Attention toutefois, en raison de travaux de rénovation prévus, ces prix pourraient augmenter, pour certaines chambres en tout cas. Menus à 150 F (22,8 €) sauf le dimanche, et à 200 et 250 F (30,5 et 38,1 €). Une chaleureuse auberge, tenue depuis 25 ans par Félicien Balesi, un bon vivant qui a l'art de recevoir ses hôtes en amis. En été, son grand jardin, conçu comme une oasis, fait le bonheur de la clientèle. Quand le climat se fait moins clément, c'est dans le salon aménagé en demi-cercle intime autour de la cheminée que les habitués se retrouvent. Chaque jour, un menu différent à base de produits frais, inspiré par les bonnes vieilles recettes du terroir corse. Chambres agréables, toutes avec douche, w.-c., TV et téléphone. L'endroit idéal pour apprécier au mieux l'Alta Rocca. Apéritif offert à nos lecteurs sur présentation du *GDR*.

À voir

★ *La chapelle Santa-Maria :* dans le village, en contrebas de la route principale. Construite au Xᵉ ou au XIᵉ siècle par les Pisans, c'est la plus ancienne de la région. À l'intérieur, jolies statues en bois peint.

★ *L'église Saint-Georges :* demander les clés à M. ou Mme Balesi, place de l'Église. Voir la vieille chaire sculptée et les peintures du XVIᵉ siècle.

À faire

– *Équitation :* randonnées avec Pierrot (voir « Où dormir ? »).
– *Ski de fond :* en hiver, sur le plateau du Coscione.

– **Pêche en montagne :** Jeannot, le patron de l'*hôtel de la Poste* à Aullène, vous donnera des renseignements si vous allez boire un verre chez lui. Il connaît la région comme sa poche.

– **Rando encadrées et canyoning :** avec *I Muntagnoli* (gîte d'étape de Quenza). ☎ 04-95-78-64-05. Sympa et sérieux.

AULLÈNE / AUDDÉ (20116)

À 13 km à l'ouest de Quenza et à 850 m d'altitude, un charmant village de pierre, encore préservé du tourisme. L'air y est pur et on y vit très vieux. L'un de nos chouchous dans le coin, ne serait-ce que pour l'atmosphère particulière qui se dégage de la rue principale. Prenez un verre à la terrasse fleurie du vieil *hôtel de la Poste,* endroit stratégique pour apprécier le panorama. En fin de journée, le cirque des montagnes voisines se découpe sur le ciel, dans une lumière souvent pleine de magie.

Où dormir ? Où manger ?

🛏 |●| **Hôtel de la Poste :** rue Principale. ☎ et fax : 04-95-78-61-21. Fermé d'octobre à fin avril. Chambre double avec lavabo à 200 F (30,5 €), avec douche à 230 F (35 €) ; demi-pension à 280 F (42,7 €) par personne, obligatoire en août. Menus à 100 et 140 F (15,2 et 21,3 €). Ancien relais de diligence, construit en 1880, c'est l'un des plus vieux hôtels de Corse. Chambres simples, mais propres et correctes, avec les w.-c. à l'étage. L'été, ceux qui veulent être au calme prendront celles sur l'arrière (pas de vue). Au resto, cuisine familiale sans prétention, mais ne manquez pas le sanglier (en saison) et les excellentes charcuteries maison. Le patron, Jeannot Benedetti, personnage chaleureux et grand amoureux de la région, a réalisé un petit guide de la Corse du Sud, très précis (et seul vrai concurrent du *Guide du routard !*) qu'il prête à ses clients : vous y trouverez toutes les excursions à faire, les sites et les villages à visiter et des anecdotes historiques. Digestif maison offert à nos lecteurs sur présentation du *GDR*.

À voir

★ **L'église du village :** réputée pour sa chaire sculptée (du XVIIe siècle), que supportent de curieux monstres. Remarquez, sous les queues de ces espèces de dragons, la tête de Maure. Également de superbes boiseries. L'église est souvent fermée : demandez la clé à la maison située en face (à gauche en sortant), reconnaissable à son escalier.

★ Sur la place principale, allez donc visiter la **galerie de Tony Bertucci,** l'artiste du cru. Ouvert tous les jours.

★ **Le col de Saint-Eustache et la vallée du Chiuvone :** à l'ouest d'Aullène, par la D420, route sublime ponctuée de points de vue et d'étonnants chaos rocheux. Boucle possible en descendant ensuite la vallée du Baracci jusqu'à Propriano : la pinède y a brûlé autrefois, ce qui rend austère ce paysage dominant les gorges du Baracci, un canyon profond qui, comme le Chiuvone, est régulièrement parcouru par les amateurs de « canyonisme » (possibilités fantastiques de sauts et autres glissades sur toboggans naturels, mais plusieurs rappels obligatoires réservent ces parcours à des pratiquants chevronnés).

SAINTE-LUCIE-DE-TALLANO / SANTA LUCIA DI TALLÀ (20112)   400 hab.

Un beau village corse, perché au-dessus de la vallée du Rizzanese, à 19 km de Sartène. De hautes maisons de granit, une place ombragée, une fontaine d'eau potable, et tout autour les montagnes de l'*Alta Rocca*. Le village est célèbre dans le monde des minéralogistes pour son filon de diorite orbiculaire, dite aussi *corsite,* une pierre gris-vert avec des ronds plus clairs. Rare et recherchée, elle a servi à la construction de la chapelle des Médicis à Florence. Notons aussi l'excellente huile d'olive produite ici (deux points de vente au village), ainsi que la visite d'un ancien moulin à huile restauré, fort intéressante.

Adresse utile

🛈 *Point info :* à côté de la fontaine, dans le centre. Accueil saisonnier : informations diverses et pas mal de dossiers à consulter, sur l'olive, le village, l'histoire, les gens...

Où dormir ? Où manger ?

De bon marché à prix moyens

🛌 I●I *Gîte d'étape U Fragnonu :* ☎ 04-95-78-82-56 ou 04-95-78-82-67. Fermé de mi-octobre à mi-mars. Demi-pension à 175 F (26,7 €) par personne. Superbe gîte dans une grande bâtisse typique bien retapée. 8 chambres de 4 lits. Apéro et café offerts à tous les clients. Salon et kitchenette à disposition. Très bon accueil de Palma et Carlos. Pour ceux qui ne veulent pas se fatiguer, portage de sac jusqu'à l'étape suivante (100 F – 15,2 € – de 2 à 10 sacs : se regrouper pour faire descendre le prix par sac). On n'arrête pas le progrès.

I●I *Le Santa Lucia :* sur la place du village. ☎ 04-95-78-81-28. Fermé le dimanche hors saison. Menus à 85 et 135 F (13 et 20,6 €). Une bien bonne table corse. Honnête mais assez ordinaire premier menu : aussi, si l'on peut, on n'hésitera pas à prendre le second, où les cuistots (deux gars du village) s'expriment avec talent. Des assiettes joliment présentées, des mets goûteux, préparés comme il faut, bien cuits et bien assaisonnés, bref, un vrai travail de vrais cuisiniers. Le rôti de porc au miel, par exemple, ou encore le lapin à la myrte, sont fameux. Accueil naturel et souriant du patron. Agréable terrasse face à la fontaine. Apéritif maison offert à nos lecteurs sur présentation du *GDR*.

Gîte rural

🛌 *Gîte de M. Philippe Dainesi :* à Olmiccia, 3 km après Sainte-Lucie direction Sartène (D268). Réservations auprès des Gîtes de France en Corse : ☎ 04-95-51-72-82. Fax : 04-95-51-72-89. Fermé hors saison sauf vacances scolaires. Compter 1 770 F (270 €) la semaine pendant les vacances scolaires hors saison, 2 720 F (415 €) en juin et septembre, 3 340 F (509 €) en juillet et août. Situé à 20 m en contrebas de l'église. Belle rénovation d'une maison mitoyenne en pierre du hameau d'Olmeccia. 70 m² pour 4 à 6 personnes : séjour avec convertible 2 places, cuisine, 2 chambres avec lit double, douche, w.-c., lave-linge et lave-vaisselle, location TV possible. Draps, bois et chauffage en sus. Inconvénient, peu d'espace extérieur (petite terrasse en balcon où se tiennent tout de même une table et 4 chaises). Mais intérieur coquet, avec belle cuisine intégrée, cheminée et tout : un petit nid douillet dans l'Alta Rocca.

Où acheter de l'huile d'olive ?

♨ *Chez M. Léandri :* au centre du village, à côté de l'église. La boutique de M. Léandri, moulinier d'ici, respire l'artisanat et le temps jadis : de grosses bonbonnes à huile, des bouteilles que M. Léandri remplit et étiquette, en prenant soin de noter le numéro de la bouteille et la date de péremption... Ses huiles sont excellentes, d'olive, de noix ou d'amande. Plusieurs qualités d'huile d'olive. Propose également des *triangles talanais*, chaussons chauds à l'aubergine ou à la courgette, et à la crème d'olive, avec un œuf.

À voir

★ *L'église paroissiale :* édifice baroque du XVIIe siècle.

★ *Le retable de la Crucifixion :* à la mairie ; attribué au Maître de Castelsardo, c'est un primitif du XVIe siècle.

★ *Le couvent Saint-François :* à la sortie du village, en direction de Levie. Fondé en 1492. Belle église conventuelle.

★ *Le moulin :* au village (indiqué depuis la place centrale). Ouvert de 10 h à 12 h et de 15 h à 18 h l'été, petit droit d'entrée. Un moulin à huile restauré, datant de 1848. Visite intéressante et sympa, où l'on apprend les différentes étapes de la production d'huile d'olive, et ce qu'est, par exemple, *l'huile d'enfer*.

★ *La diorite orbiculaire :* la fameuse pierre, unique au monde, paraît-il, provient d'une carrière fermée au public. Quelques échantillons sont en vente chez *Mme Renucci*, un peu avant l'hôtel *Léandri*, à l'entrée du village. Monter au 1er étage, porte à droite. Malheureusement, ce sont des pierres brutes, non polies (quel manque d'éducation !) et le bel effet de la diorite orbiculaire n'y paraît pas.

★ *Les sources de Caldane :* à quelques kilomètres au sud de Sainte-Lucie par la route de Sartène, puis à gauche par la petite D148. Accès tous les jours de 9 h à 19 h. ☎ 04-95-77-00-34. Entrée : 20 F (3 €) pour 20 mn de bain maximum. Dans un très joli cadre naturel, un bassin d'eau sulfureuse à 37 °C, d'environ 2 m x 8 (attention, vite plein l'été, venir plutôt le matin). Gros effet relaxant et tout le bienfait de l'eau sulfureuse (affections cutanées ou ORL). Possibilité de restauration sur place.

★ *La piscine naturelle de Zoza :* à 4 km au nord de Sainte-Lucie. Accès par la D20, qui part du centre de Saint-Lucie. Zoza (ne pas confondre avec Zonza) est un village situé dans un vallon très fermé, au pentes abruptes. À la sortie du village en venant de Sainte-Lucie, juste avant l'église, prendre le chemin de terre qui descend sur la droite (non carrossable). 300 m plus loin environ, un superbe site : une large piscine naturelle formée par le Rizzanese, avec cascade et hautes parois abruptes, enjambée par le vieux pont de Zoza. On se baigne, on plonge (mais attention, s'assurer qu'il y a assez de fond). Petite restauration sur place en été.

LEVIE / LIVIA (20170)   710 hab.

À 9 km à l'est de Sainte-Lucie et à 10 km au sud de Zonza, sur la D268. Nous avons apprécié ce gros bourg montagnard, à 600 m d'altitude, loin du tohu-bohu de la côte, et situé en plein cœur de l'Alta Rocca. À en croire les archéologues, et à voir l'importance du site de *Cucuruzzu,* la région est habitée depuis des millénaires par des hommes qui tiraient leur subsistance du maquis.

Adresse utile

∎ *Office du tourisme de l'Alta Rocca :* dans le village, sur la droite en venant de Zonza. ☎ 04-95-78-41-95. Ouvert de juin à octobre (fermé le dimanche hors juillet-août).

Où dormir ? Où manger ?

🛏 ⦿ *Gîte d'étape de Lévie « Bienvenue en Alta Rocca » :* à côté du cimetière et de la gendarmerie ☎ 04-95-78-46-41. Fermé en janvier. Nuitée à 75 F (11,4 €). Demi-pension à 160 F (24,4 €). Menu à 85 F (13 €). Une grande maison récente. 5 dortoirs de 4 lits propres et bien aménagés, ainsi qu'une salle commune. Bon accueil. Café offert à nos lecteurs sur présentation du guide.

⦿ *Restaurant La Pergola :* rue Sorba, face au musée de Levie. ☎ 04-95-78-41-62. Ouvert d'avril à octobre. Menu à 90 F (13,7 €). On remarque sa petite terrasse ombragée. Bonne cuisine familiale et accueil excellent. Spécialités corses. Jean-Paul Maestrati prépare aussi de copieux sandwichs à la coppa. Digestif offert aux lecteurs du *GDR* sur présentation du guide.

Plus chic

🛏 ⦿ *Ferme-auberge A Pignata :* route du Pianu. ☎ 04-95-78-41-90. Fax : 04-94-78-46-03. Pas évident à trouver. De Levie, suivre la route de Sainte-Lucie sur 3 km, tourner à droite vers le site de Cucuruzzu puis, 1,5 km plus loin, dans un chemin en épingle sur la gauche. Après une petite montée, prendre le portail à gauche. Fermé en novembre. Sur réservation uniquement. Menu unique à 170 F (25,9 €). Chambre double en demi-pension uniquement, de 330 à 370 F (50,3 à 56,4 €) par personne. Une ferme-auberge au cadre assez banal, terriblement discrète : aucune enseigne, aucun panneau, rien ! Bref, c'est réservé aux connaisseurs... On sert ici d'authentiques spécialités corses, considérées par les habitués comme les meilleures de toute la région : cannellonis au brocciu, aubergine farcie, daube de sanglier, etc. Vin en plus, dont une bonne cuvée maison. Également quelques chambres, avec douche et w.-c., spacieuses et à bonne literie (demi-pension uniquement). Propose aussi des locations de VTT (100 F par jour, 15,2 €) et des balades à cheval. Attention, pas de paiement par carte.

À voir

★ *Le Musée départemental de Levie :* sous la mairie, dans la rue principale. ☎ 04-95-78-47-98 ou 78-46-34. De juillet au 10 septembre, ouvert tous les jours de 10 h à 18 h ; le reste de l'année, ouvert du mardi au samedi de

10 h à 12 h et de 14 h à 16 h 30, fermé les dimanche et lundi. Entrée : 15 F (2,3 €), mais 10 F (1,5 €) à partir de 5 personnes. Expos de découvertes effectuées sur les sites archéologiques du Pianu de Levie (Cucuruzzu, mais aussi Caleca, Capula, Curacchiaghju, etc.). Une excellente introduction à l'histoire très ancienne de la Corse, depuis l'apparition des premières tribus, au VII⁰ millénaire avant notre ère ! Outils, poteries, armes et ustensiles de cuisine retracent les aventures des premiers habitants de l'île, ainsi que celle de la faune.

Amusant et très rare squelette d'un lapin-rat, animal aujourd'hui disparu (il y en a un autre en Sardaigne, et c'est tout ; à Sartène aussi il y en a un, mais il n'est pas complet, il n'y a que la tête). Pièce maîtresse du musée, la célèbre Dame de Bonifacio, la grand-mère des Corses, âgée de plus de 9 000 ans. C'est le vestige humain le plus ancien de Corse. Autre trésor des lieux, même si ça n'a rien à voir avec l'archéologie : un magnifique Christ en ivoire, du XVI⁰ siècle, sculpté avec une très grande finesse. Il fut offert à l'église de Levie.

★ *Le castellu de Cucuruzzu et le site archéologique de Capula :* route du Pianu, à 4 km sur la droite en allant de Levie à Sainte-Lucie. Bien fléché. Accès d'avril à fin octobre, tous les jours de 9 h à 18 h (9 h à 20 h en juillet et août). Attention, pensez à venir bien avant la fermeture, la visite dure près de 2 heures. Visite : 28 F (4,3 €), avec ou sans baladeur. Avec Filitosa, sans doute le site préhistorique le plus intéressant de Corse, et une balade pleine de romantisme dans les sous-bois, par un agréable sentier aménagé (mais attention, passages glissants s'il a plu, et prévoir des chaussures correctes, ce n'est pas de la rando mais on marche quand même sur terrain naturel). À l'entrée, on vous remet un itinéraire ainsi qu'un baladeur avec cassette explicative très bien faite (sur fond de polyphonies corses !). Pour ceux qui connaissent déjà la Corse, les commentaires pourront paraître un peu courts, mais ils sont dits agréablement ; pour les autres, c'est tout bon.

Ça vaut le coup d'y aller car les vestiges de cette forteresse de l'âge du bronze, gros blocs de rochers assemblés à des muretins *(castellu),* ont quelque chose d'énigmatique, au milieu de cette immense mer d'arbres et de maquis qui moutonne à l'infini dans la vallée du Rizzanese. Après le castellu, la visite se poursuit avec le site de Capula, occupé de l'âge du bronze jusqu'au Moyen Âge. Ruines dans un paysage, là aussi, fabuleux. Ce site permet de mieux comprendre la lente évolution du peuple corse et le mode de vie particulièrement rustique des temps passés. Une chouette visite.

★ *Carbini :* à 8 km au sud de Lévie par la D59. Village assez perdu et connu pour avoir été, vers 1350, le foyer d'une secte ou confrérie religieuse, les *Giovannali*, mystiques à la piété exacerbée, qui prônaient le dénuement et le partage des biens matériels, et l'égalité même entre hommes et femmes). Connaissant un vif succès dans l'île, la papauté s'en inquiéta et les excommunia bientôt (1355). Dès lors les *Giovannali* disparurent rapidement, victimes de la répression. Au village, subsiste l'église *San Giovanni* où ils se réunissaient, édifice roman du XII⁰ siècle. Le campanile, érigé sur la gauche de l'église et lui aussi de type roman, est une reconstruction du XIX⁰ siècle, au demeurant fort gracieuse. Au centre du village, sympathique *Café du Centre* à grande terrasse.

LE COL ET LES AIGUILLES DE BAVELLA

À 9 km au nord de Zonza, en direction de Solenzara. La grande attraction de l'Alta Rocca, et, à notre avis, la route la plus étonnante de la Corse du Sud (et Dieu sait s'il y a de belles routes en Corse !)... Malgré l'incendie qui ravagea la forêt en 1960 (on a reboisé depuis), le coin a gardé tout son magnétisme. Les fameuses aiguilles y sont pour quelque chose, évidemment. Imaginez de mystérieuses silhouettes effilées dressées dans le ciel : orgues de

L'ALTA ROCCA

porphyre mauve, cheminées de fées, arêtes rouges et dents aiguisées... À savourer comme il se doit aux aurores ou au crépuscule. Autour, la forêt de Bavella, peuplée de pins, de cèdres, de sapins et de châtaigniers.

La route, au détour des virages, offre de somptueux points de vue sur de multiples curiosités naturelles. Mais c'est du col, à 1 218 m d'altitude, que le panorama est le plus saisissant. Très fréquente l'été, on s'en doute. À cette période, la route peut paraître infernale car, sur un long tronçon, elle est si étroite qu'on peut à peine se croiser... Certains ont trouvé la parade : attendre que le flot de visiteurs s'estompe en faisant trempette dans les piscines naturelles du torrent !

Comment y aller ?

Si vous n'avez pas de véhicule, les *autobus Balesi* et *Ricci* ont pensé à vous puisqu'ils effectuent des correspondances pour Bavella à partir de Zonza. En juillet et août seulement.

Où dormir ? Où manger ?

Malheureusement, rien de formidable dans le secteur.

🛏 |●| **Les Aiguilles de Bavella :** au col même. ☎ 04-95-57-46-06. ✗ Ouvert d'avril à octobre. Compter 70 F (10,7 €) la nuit, 180 F (27,4 €) la demi-pension. Petit gîte d'étape où l'on peut casser la croûte en passant, comme dans l'autre auberge du col un peu plus loin, mais bon, rien d'extraordinaire.

À voir

★ **Le col de Bavella :** amusant tertre décoré d'une statue de la Vierge et d'ex-voto posés sur des cailloux. 200 m plus loin, deux auberges et une petite épicerie où les randonneurs se procureront des produits corses et des recharges de gaz. Remarquez, à flanc de montagne, ces espèces de bidonvilles (cabanes en pierre et en tôle ondulée) qui ne sont autres que des bergeries. Il paraît que chaque enfant né dans le canton de Conca se voit attribuer une bergerie pour 99 ans ! En contrebas, dans le grand virage, ne pas rater le belvédère, observatoire de choix pour les aiguilles.

★ **La route de Bavella à Solenzara :** attention, route plus difficile que le tronçon L'Ospédale-Zonza-Bavella. Ici, elle est vraiment étroite et très sinueuse, tracée par un mulet.

Après le col, on longe de hautes murailles de pierre, véritables forteresses naturelles, puis des arêtes longilignes, des blocs polis et des arbres isolés. Plus loin, remarquez cette aiguille creusée. En poursuivant, on aperçoit des sentinelles de pierre rouge qui ne sont pas sans rappeler certains parcs de l'Ouest américain. La route devient ensuite plus étroite. Après le troisième pont (si l'on a bien compté), on voit des piscines naturelles aux eaux turquoise (même par ciel gris !), au bord de la route. Au col de Larone, on chemine sous d'immenses parois rocheuses dignes du Far West américain. On distingue au premier plan les immenses dalles orangées des *Teghie Lisce* et dans le ciel, sur leur droite, les yeux sombres de l'aiguille de *Lunarda*. Le regard s'échappe et la route en profite pour se resserrer encore plus ! On roule carrément sur des tapis d'aiguilles de pins.

On peut ensuite admirer, en contrebas, le fleuve *Solenzara,* vert et gris, qui tente de se frayer un cours parmi les blocs de pierre charriés par d'anciens torrents. Baignade possible à certains endroits.

À faire

– ***Escalade :*** le site de Bavella est le haut lieu de l'escalade en Corse. Le guide Jean-Paul Quilici a équipé tout le massif et propose escalades et descentes de canyons. Renseignements : ☎ 04-95-78-64-33.

CALACUCCIA ET LE NIOLO (20224)   350 hab. (Calacuccia)

« Le Niolo, la patrie de la liberté corse, la citadelle inaccessible d'où jamais les envahisseurs n'ont pu chasser les montagnards. Ce trou sauvage est d'une inimaginable beauté. Pas une herbe, pas une plante : du granit, rien que du granit », voilà ce qu'en disait Maupassant dans *Un Bandit corse*, écrit en 1882. Pas une herbe, pas une plante... il exagère un peu quand même, sauf pour la Scala di Santa-Regina, lugubre défilé, où il n'y a, pour le coup, quasiment que du granit.

Quelle que soit la route choisie pour y arriver (la Scala ou le col de Vergio), c'est un choc ! Voici donc le cœur de la Corse, son noyau dur, quelque chose comme son « âme intouchable ». Un monde clos et haut perché, entouré des plus hauts sommets de l'île : le monte Cinto (point culminant avec ses 2 710 m), le *Paglia Orba* (2 525 m), le *Capu Verdattu* (2 586 m), etc. Des merveilles ! Dans cette enclave longtemps coupée du monde, on rencontre parfois des Corses blonds aux yeux bleus et au teint clair, qui seraient, paraît-il (mais est-ce bien vrai ?), les derniers descendants des premiers habitants de l'île, qui, réfugiés dans leurs montagnes, ne se mélangèrent jamais avec les envahisseurs venus de la mer. Une autre hypothèse, sans doute plus sérieuse, parle d'apports germaniques plus récents.

Depuis toujours le Niolo est une terre de bergers et de traditions. Il faut goûter aux fromages niolins : ils ont une pâte molle mais, pour être vraiment bons, la pâte doit être un peu ferme, onctueuse, sans trou, et être affinée dans toute son épaisseur.

La première chose à faire pour un routard, c'est d'abandonner sa voiture un ou deux jours (ou plus !) pour découvrir les environs de Calacuccia à pied. Il y a plein de balades superbes à faire. On vous en signale quelques-unes parmi les plus significatives. Le Niolo, c'est le royaume de la randonnée.

Adresses utiles

🔲 **Syndicat d'initiative du Niolo (Niolu) :** à 200 m après la sortie de Calacuccia, sur la route de Corte, dans le bâtiment mitoyen avec la caserne des pompiers. ☎ 04-95-48-05-22. Ouvert du lundi au vendredi. Peu d'infos mais c'est ici que vous pourrez rencontrer (ou contacter) Paul-André Acquaviva, guide chevronné qui organise notamment une ascension du monte Cinto avec visite de la bergerie de Cesta (excellent commentaire sur le milieu naturel). Prix intéressant si l'on se regroupe.

■ **Compagnie des guides et accompagnateurs de montagne :** à Calacuccia. ☎ 04-95-48-10-43. Proposent toute randonnée et sport nature dans l'île.

🚐 **Autocars Mordiconi :** à Calacuccia. ☎ 04-95-48-00-04. Assure la liaison entre Calacuccia et Corte du 1er juillet au 15 septembre, tous les jours sauf dimanche et fêtes. Leur téléphoner pour avoir les horaires exacts (ça change).

■ **Médecin :** Nonce Géronimi (non, ce n'est pas Géronimo), à Calacuccia. ☎ 04-95-48-02-86. Ça peut servir aux randonneurs du GR20. On est tellement loin de tout !

Où dormir?

Campings et gîtes d'étape

⌂ *Camping U Monte Cintu :* à Lozzi (20224). ☎ 04-95-48-04-45. Ouvert de mi-mai à septembre. Compter 70 F (10,7 €) pour deux. Un camping très chouette, sous les châtaigniers, dans un site haut perché, au-dessus du village de Lozzi (à 5 km de Calacuccia), sur la route menant au sentier du monte Cinto. Idéal pour les marcheurs.

⌂ *Camping et chambres d'hôte L'Arimone :* chez Lucien Flori, route du Monte Cintu, 20224 Lozzi. ☎ 04-95-48-00-58. À côté du *camping U Monte Cintu.* Bonne petite adresse, toute simple, mais suffisamment agréable de par sa situation exceptionnelle sur un plateau à flanc de montagne. Pour randonneurs évidemment, mais aussi pour routards, chevaliers errants et vagabonds célestes. Prix raisonnables, même en été. Bar-tabac-pizzeria au village, 1 km plus bas.

⌂ *Gîte d'étape :* chez Toussaint Mordiconi, à Calacuccia. ☎ 04-95-48-00-04. Ouvert d'avril à septembre. Demi-pension à 170 F (25,9 €). Accueil chaleureux et bonne cuisine traditionnelle. Hébergement en chalets simplissimes, où malheureusement la literie laisse à désirer.

⌂ *Gîte d'étape :* couvent Saint-François-di-Niolu. ☎ 04-95-48-00-11. Ouvert toute l'année. À 2 km environ à l'ouest de Calacuccia, sur la droite de la route d'Albertacce (D84). N'accepte pas les cartes de crédit. Nuit en dortoir, 60 F (9,1 €); chambre double avec douche et w.-c. à 240 F (36,6 €). Reconnaissable à son clocher, dans un joli site à flanc de montagne. Gîte agréable, avec cuisine et réfectoire à disposition. Certaines chambres ont été refaites. Bon accueil.

⌂ *Gîte d'étape :* à Casamaccioli, à 5 km de Calacuccia, sur la rive sud du lac. Tenu par Mme Ingrand. ☎ 04-95-48-03-47 ou 37. Fermé l'hiver. Compter 60 F (9,1 €) la nuit et 80 F (12,2 €) le repas. Un gîte bien entretenu et vraiment sympathique situé dans les combles de l'église. 12 couchages (dortoir de 8 lits et chambre de quatre). Possibilité de cuisiner. On est aux premières loges pour la foire du Niolo qui se tient ici autour du 8 septembre.

⌂ *Gîte d'étape :* à Albertacce, à 3,5 km à l'ouest de Calacuccia. ☎ 04-95-48-05-60. Ouvert d'avril à mi-octobre. Une petite adresse bien sympathique en bord de route.

Prix moyens

⌂ *Hôtel L'Acqua Viva :* à 400 m de Calacuccia, au bord de la D84, en allant vers Porto et le col du Vergio. ☎ 04-95-48-06-90 ou 00-08. Fax : 04-95-48-08-82. Ouvert toute l'année. Selon la saison, de 300 à 430 F (45,7 à 65,6 €) la chambre double avec bains et w.-c. À côté d'une station-service, une maison récente, bien arrangée intérieurement avec 12 chambres calmes, très confortables, dotées de TV (satellite) et d'un petit balcon donnant sur la montagne pour celles de l'arrière. Préférer les chambres côté montagne ; côté station-service on est parfois gêné par les odeurs de fuel.

Très propre, pas cafardeux pour deux sous, une bonne adresse pour ceux qui veulent un peu plus de confort après avoir crapahuté sur le monte Cinto! Ne fait pas resto.

⌂ *Hôtel des Touristes et gîte d'étape :* à l'entrée du village de Calacuccia, en venant de Porto et du col du Vergio. ☎ 04-95-48-00-04. Fax : 04-95-48-05-92. Ouvert de mai à octobre inclus. Chambre double avec lavabo à 230 F (35 €), douche à 300 F (45,7 €), toilettes sur le palier. Pour le gîte, nuitée à 70 F (10,7 €). Dans une grande et ancienne bâtisse en granit gris, des chambres spacieuses, comme on faisait dans le temps. Literie neuve et bon entretien. Une étape pour les randonneurs avant ou après le grand air des montagnes du Niolo. Pas de restauration.

Où manger ?

|●| *Restaurant Le Corsica :* à 200 m à gauche avant l'hôtel *L'Acqua Viva,* pas très loin du couvent Saint-François, en bordure de la D84. ☎ 04-95-48-01-31. Ouvert toute l'année. Menus à 85 et 110 F (13 et 16,8 €). Un petit resto qui sert une cuisine corse simple et bonne, à prix sages. Spécialités à base de brocciu, haricots aux lardons et crêpes à la farine de châtaigne. Service un peu lent. Terrasse aux beaux jours.

|●| *Auberge Casa Balduina :* face au couvent de Calacuccia, entre Albertacce et Calacuccia. ☎ 04-95-48-08-57. Ouvert de Pâques à fin septembre. Menus de 85 à 120 F (13 à 18,3 €). « Chez Jeanne, la Jeanne, son auberge est ouverte aux gens sans feu ni lieu, on pourrait l'appeler l'auberge du Bon Dieu », etc., la chanson de Brassens colle à cette casa-là (pas très bien signalée de la route, et d'un aspect bien banal), où Jeanne mitonne une cuisine de cœur et du maquis. Haricots blancs à la mode corse, sauté de veau corse aux cèpes, *fiadone,* tout y est... Attention, carte de paiement refusée.

|●| *Bar-restaurant du Lac :* au hameau de Sidossi. ☎ 04-95-48-02-73. À 2 km à l'ouest de Calacuccia par une très chouette petite route qui longe la rive nord du lac. Ouvert de juin à fin septembre. Menus à 78 et 128 F (11,9 et 19,5 €). Une grande maison en bord de lac avec une vaste salle à manger. La voilà la vraie cuisine du Niolo : grillade de *manzu,* cailles aux champignons sauvages, *stuffatu,* charcuterie artisanale, fromage niolin. C'est bon, copieux, et les prix restent raisonnables. Digestif offert à nos lecteurs sur présentation du guide.

À voir

★ *Calacuccia :* petite capitale du Niolo, à 830 m d'altitude, environnée de montagnes. Quelques maisons à escaliers extérieurs dans le village qui s'étire en longueur. Point de chute et de ravitaillement pour routards et randonneurs.

À la sortie du village, sur la route de Porto, remarquer la belle *église* blanche Saints-Pierre-et-Paul (Christ en bois d'une expression émouvante).

★ *Le musée archéologique Licninoi :* dans le bourg d'Albertacce, au bord de la route, à 3,5 km à l'ouest de Calacuccia. Licninoi était le nom que donnaient les Grecs de l'Antiquité aux habitants de la vallée du Niolo. Récemment ouvert, ce musée présente tous les vestiges archéologiques de la haute montagne corse : on compte une trentaine de sites uniquement dans la région du Niolo (menhirs, statues-menhirs, dolmen, coffre mégalithique, gravures rupestres et abris sous roche).

★ *Casamaccioli :* à 5 km au sud-ouest de Calacuccia, sur la rive sud du lac artificiel, au milieu des châtaigniers, un village tranquille qui s'anime chaque année, les 8, 9 et 10 septembre, à l'occasion de la foire régionale du Niolo et de la *fête de la Santa.*

Deux mots sur cet étonnant pèlerinage considéré comme le plus important, le plus vieux et le plus vivant de toute la Corse ! Pour les Niolins, c'est le grand moment de l'année. Les hommes, tous vêtus de blanc, portent une statue de la Santa sur leurs épaules, et défilent ainsi dans le village, décrivant autour d'une croix un mouvement en spirale que l'on appelle la *Granitola*. Ce rite très ancien s'accomplit au milieu d'une foule enthousiaste. Autrefois, à l'occasion de la fête de la Santa, les jeux d'argent étaient libres trois jours et cinq nuits. On jouait, on achetait et on vendait toutes sortes de marchandises, on s'amusait, on se moquait des riches et des puissants au cours de joutes oratoires improvisées sur la place publique. Même si ça n'est plus vraiment ça aujourd'hui, il faut quand même participer à cette fête très animée où l'on voit encore des bergers poètes improviser des tirades.

Ah, on avait oublié l'essentiel : l'origine de la Santa. Voici son histoire. Au Ve siècle de notre ère, le capitaine d'un navire en perdition au large de Galéria implora le secours de l'étoile de la Mer. Une étoile apparut alors dans le ciel en direction du couvent de Selva. Et la tempête se calma. En signe de reconnaissance, le capitaine offrit au couvent une statue qui prit le nom de Santa Maria della Stella : sainte Marie de l'Étoile. Plus tard, des pirates ravagèrent la région et les moines durent s'enfuir en emportant la fameuse statue arrimée au dos d'une mule. Après une longue errance, le brave animal s'arrêta à Casamaccioli à l'emplacement de la chapelle actuelle. Quelle aventure ! Depuis lors, tous les 8 septembre on célèbre la Santa du Niolu.

À faire

– **Randonnées pédestres dans le Niolo :** 5 sentiers de pays fléchés et balisés en orange (balisage parfois difficile à voir), accessibles à tous, ont été ouverts par le parc régional. Une très bonne idée ! Une brochure spéciale « Niolu » présente les différents itinéraires (boucles à la journée) ; la demander au syndicat d'initiative ou dans un bureau du parc. Quelques très belles balades y sont proposées : le sentier génois (boucle de 6 h au départ d'Albertacce), la vallée des Bergers (boucle de 4 h autour de Corscia) et le sentier panoramique du Niolu (boucle de 6 h 30 au départ de Casamaccioli). Une autre boucle de 3 h 30 au départ de Calacuccia monte à Lozzi et revient au point de départ par Albertacce (très bien aussi).

– **Le tour des Cinque Frati :** une superbe randonnée pédestre, réservée aux marcheurs très expérimentés. Ne pas s'y aventurer seul, et de préférence avec quelqu'un du coin. Le sentier balisé en orange forme une boucle de 7 h au départ de Calasima (et retour à Calasima), l'un des villages le plus haut perchés de Corse. Il culmine à 1 100 m !

– **De Calacuccia à la Bocca a l'Arinella :** belle randonnée pas trop difficile qui emprunte un morceau du sentier Mare a Mare Nord (balisé en orange). La *Bocca a l'Arinella* est une montagne qui culmine à 1 592 m au sud de Calacuccia. La randonnée emprunte le même sentier à la montée (3 h 10 de marche) et à la descente (1 h).

– **Le monte Cinto** (Cintu) **:** le plus haut sommet de la Corse, il culmine à 2 710 m. On peut en faire l'ascension, à condition d'avoir de bonnes chaussures de marche et une sacrée condition physique, car le parcours se fait essentiellement dans des roches et des éboulis rocailleux. Une magnifique randonnée à entreprendre à partir de mi-juin. Plus tôt en saison, de nombreux névés subsistent, et les accidents sont fréquents. La neige revient fin octobre. Parcours non balisé, donc réservé aux randonneurs avertis. Le mieux est encore de se faire accompagner d'un guide.

Dans les environs

★ **Le défilé de la Scala di Santa-Regina :** la deuxième voie d'accès au Niolo est cet interminable ravin désolé (« l'un des plus désolés du monde », selon l'écrivain René Bazin), sorte d'étrange corridor de roches, de granit rouge, de rocaille et de caillasse. Un monde hostile, sauvage, digne d'un désert du Moyen-Orient. On se croirait loin, très loin. Son nom vient des escaliers *(scala)* taillés dans le roc de la rive gauche du Golo, que les Niolins empruntaient autrefois pour accéder à Calacuccia. Aujourd'hui, une route traverse les gorges : elle mène à Corte.

– Pour les randonneurs, un sentier balisé en orange au départ de Corscia (à 4 km à l'est de Calacuccia) permet de découvrir la Scala di Santa-Regina par d'anciens chemins de transhumance. Compter 5 h (aller-retour) pour effectuer cette sauvage randonnée !

★ *La forêt de Valdo-Niello :* l'une des grandes forêts d'altitude de la Corse, peuplée essentiellement de pins laricio et de bouleaux. Le GR20 la traverse, ainsi que la D84 de Calacuccia à Porto. Magnifique !

★ *Le col de Vergio :* le col routier le plus élevé de la Corse (1 464 m), ligne de partage des eaux entre la côte ouest et la côte orientale. En redescendant vers la mer, on traverse la grande forêt d'Aïtone, peuplée de pins laricio (plus beaux encore que dans celle de Valdo-Niello). Des échappées prodigieusement belles !

Randonnées pédestres

Jusqu'au lac de Nino

Aller et retour en 5 h. Le plus fameux lac de Corse avec ses cousins de Restonica (Melo et Capitello). C'est aussi la porte d'entrée du *Campotile,* cet espace pastoral aux formes apaisées, pourtant entaché d'une réputation maléfique tenace. C'est en plongeant dans l'onde de Nino que le diable rejoignait autrefois son enfer et c'est de ses berges qu'il propulsa sa charrue pour trouer la célèbre montagne du Tafunatu (il sévit aujourd'hui dans des lieux plus accessibles !). Prenez garde enfin à ne pas rafraîchir votre bouteille d'apéro dans les eaux froides de Nino ; les bergers niolins sont formels : votre casanis cuvée Vieux Port serait inévitablement changé en eau !

Pour y monter, le plus simple est de partir de la maison forestière de *Poppaghia,* située à mi-chemin entre les villages du Niolo et le col de Vergio. Balisage jaune tout au long des 2 h et 700 m d'ascension, un fléchage qui remonte le long du torrent jusqu'à la *bergerie de Colga.* Celle-ci se trouve à la sortie de la pinède et est signalée par d'inattendus merisiers et autres érables sycomores plantés en contrebas.

L'itinéraire se fait alors plus raide et gagne, entre buissons d'aulnes et escarpements rocheux, le col de *Stazzona* et ses blocs insolites erratiques (toujours l'œuvre de Satan, selon la légende), vue splendide sur le lac situé en contrebas, les « pozzines » alentour et l'horizon rocheux des cimes du Cortenais.

Jusqu'aux cascades de Radule

Aller et retour en 2 h. C'est la seconde balade classique de la forêt de Valdo-Niello, plus aisément accessible encore que les rives perchées du lac de Nino. Le Golo, à peine né sous la Paglia Orba, quitte le vallon suspendu de Tula par une suite de chutes entre lesquelles s'intercalent de jolies vasques d'eau verte, où peu de visiteurs résistent en été au plaisir du plongeon.

Cette randonnée part dans le virage en épingle du *Fer à cheval,* situé à 4 km en contrebas du col de Vergio. Le sentier du GR20 sert alors à gagner le voisinage des cascades et, par chance, il s'agit ici d'une des rares portions peu accidentées du célèbre chemin des montagnes de Corse. En une vingtaine de minutes, on atteint les *bergeries de Radule,* puis on descendra un peu plus loin sous le sentier pour gagner le site des cascades proprement dit.

Les plus vaillants compléteront cette visite en remontant par le GR20 la *vallée du haut Golo.* L'intérêt historique et patrimonial de ce chemin est important : sur une partie de son parcours, il coïncide avec l'ancienne voie de transhumance qui liait autrefois le Niolo à la région côtière de Galéria via le col de Guagnerola ; il mène par ailleurs au refuge de *Ciuttulu di i Mori* (26 places et une aire de bivouac gardées en été), point de départ de l'ascension des deux sommets les plus spectaculaires du Niolo, la dent rocheuse de la *Paglia Orba* et la muraille percée du *Tafunatu.*

Ces sommets sont accessibles aux marcheurs expérimentés. Mais attention, là ce n'est plus de la rando mais de l'escalade. Y aller uniquement en groupe avec guide, et si l'on n'a pas le vertige. Vues et paysages extraordinaires.

CORTE / CORTI (20250)   6 700 hab.

Une citadelle juchée au sommet d'un piton rocheux. À ses pieds, les entrelacs des ruelles de la ville haute, de vieilles et hautes demeures ; encore plus bas, la ville basse, plus récente, moins authentique et pourtant très animée. Partout autour, une couronne de montagnes, coupées par des gorges sauvages avec des torrents aux eaux limpides et transparentes : voilà le cœur géographique de la Corse, le symbole de son histoire mouvementée. Ville de cœur de Pasquale Paoli qui y établit pendant quatorze ans le siège du gouvernement de la Corse et lui donna une université, Corte, avec seulement 6 000 habitants (et 4 000 étudiants), condense tous les souvenirs de combats et les rêves d'émancipation des Corses. Ici, on a la Corse à fleur de peau et on ne badine ni avec l'identité ni avec la mémoire insulaire.

Étape incontournable du tour de Corse, point de chute sur la route Ajaccio-Bastia, Corte est surtout un point de départ idéal pour des randonnées en montagne. Ceux qui découvrent l'île à pied par le GR20 peuvent n'en faire qu'une partie et choisir de le prendre en route, à Vizzavona notamment.

Adresses utiles

❶ *Office du tourisme* (plan A2) : dans la citadelle. ☎ 04-95-46-26-70. Fax : 04-95-46-34-05. De juillet-août, ouvert tous les jours de 9 h à 13 h et de 14 h à 19 h (le dimanche de 10 h à 13 h et de 15 h à 19 h) ; mai, juin, septembre, fermé le dimanche ; fermé le week-end en basse saison.

■ *Maison d'information du Parc régional* (plan A2, 1) : pl. de la Fontaine-des-Quatre-Canons. ☎ 04-95-46-27-44. En été.

🚆 *Gare ferroviaire* (plan B2) : ☎ 04-95-46-00-97. 4 ou 5 trains par jour en direction d'Ajaccio et Bastia.

Pour Calvi et L'Île-Rousse, 2 trains par jour avec changement à Ponte-Vecchia.

■ *Location de voitures :* Carbis, route du Cimetière, ☎ 04-95-46-24-54. Et *Europcar,* place Paoli, ☎ 04-95-46-06-02.

■ *Taxis :* M. Salviani. ☎ 04-95-46-04-88. Ou Mme Feracci, ☎ 04-95-61-01-17.

■ *Petit Train :* un petit train touristique assure la promenade en ville, et permet de grimper jusqu'à la citadelle et le musée de la Corse. Départ place Paoli ou parking municipal Tuffelli.

■ *Centre équestre L'Albadu :* ancienne route d'Ajaccio. ☎ 04-95-46-24-55. Fait aussi table et chambres d'hôte, voir ci-dessous.

Où dormir ?

Attention, peu d'hôtels à Corte. Risque important de ne pas trouver de chambre en saison, car la ville est quand même beaucoup visitée. Réservation vraiment recommandée donc.

Campings

■ *Camping U Sognu (plan A2-3, 10) :* route de la Restonica, à 10 mn à pied du centre de Corte. ☎ 04-95-46-09-07. Ouvert de fin mars à fin octobre. Compter 85 F (13 €) pour deux. Sous les peupliers, avec une belle vue sur la citadelle. Un camping simple et correct. Sanitaires très propres mais insuffisants en août.

■ *Camping Aliuetu (plan A3, 11) :* faubourg Saint-Antoine. ☎ 04-95-46-11-09. Ouvert d'avril à octobre inclus. Compter 95 F (14,5 €) pour deux. Assez bien ombragé, sanitaires suffisants, en bord de rivière et à 5 mn du centre-ville. Buvette.

Bon marché à prix moyens

■ *Motel A Vigna (hors plan par A1, 13) :* chemin de Saint-Pancrace. ☎ 04-95-46-02-19. Fax : 04-95-46-36-88. Studios pour deux personnes à 270 F (41,2 €) la nuit ; la semaine, 1 700 F (259 €). Un très bon plan. En entrant dans Corte, dans un petit immeuble récent de deux étages, une vingtaine de studios à peine. Ils sont occupés par des étudiants de l'université, qui les libèrent l'été. Spacieux, propres, avec cuisinette, douche et w.-c. Balcon pour ceux à l'étage. Seul petit inconvénient, on est un peu loin du centre-ville (800 m).

■ |●| *Chambres et table d'hôte et camping à la ferme de l'Albadu (hors plan par B3, 14) :* sur les hauteurs de Corte, à 1 km de la gare (on vient vous chercher sur demande). ☎ 04-95-46-24-55. Fax : 04-95-46-13-08. Du centre, prendre la direction d'Ajaccio, passer les deux ponts sur les rivières, et tourner à droite juste après l'université. La route grimpe jusqu'à l'Albadu (panneaux). Ouvert toute l'année. Chambre double avec douche à 200 F (30,5 €), demi-pension à 180 F (27,4 €) par personne obligatoire en juillet-août, menu à 80 F (12,2 €). Confort modeste (chambres pas bien grandes avec lits gigognes) mais prix en rapport. Cadre rustique de ferme équestre et de bergerie, un peu désordre mais sympa comme tout. Cuisine familiale et fromages canons (qu'on peut acheter). Copieux menu bon marché, café et 25 cl de vin compris. Quelques emplacements aussi pour planter sa tente, bon marché aussi. Une adresse appréciée de nos lecteurs pour sa sincérité.

■ *Hôtel de la Poste (plan A1, 15) :* 2, pl. du Duc-de-Padoue, dans la ville basse. ☎ 04-95-46-01-37. Fermé en décembre. Chambre double avec douche à 200 F (30,5 €), avec douche et w.-c. à 260 F (39,6 €). Un vieil hôtel donnant sur une grande place ombragée. Chambres simples mais correctes, ouvrant sur la place ou sur l'arrière, donc calmes. Bonne adresse centrale pour petits budgets pas trop exigeants. Attention, pas de paiement par carte bancaire.

■ *Hôtel du Nord et de l'Europe (plan A1, 16) :* 22, cours Paoli. ☎ 04-95-46-00-68. Fax : 04-95-47-40-72. Ouvert toute l'année. De 180 à 250 F (27,4 à 35 €) la chambre double selon confort et saison. Le plus vieil hôtel de Corte dans une haute maison aux murs épais. Chambres as-

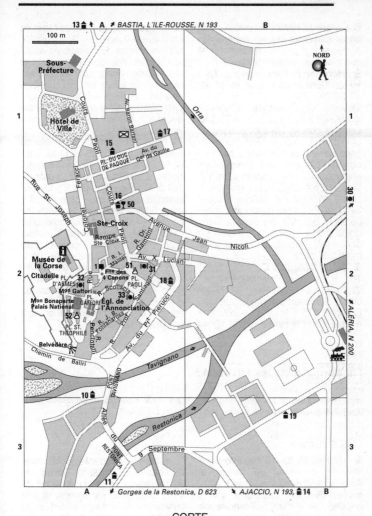

CORTE

■ **Adresses utiles**

🛈 Office du tourisme
🚂 Gare SNCF
✉ Poste
1 Maison d'information du Parc régional

🏠 **Où dormir?**

10 Camping U Sognu
11 Camping Alivetu
13 Motel A Vigna
14 L'Albadu
15 Hôtel de la Poste
16 Hôtel du Nord et de l'Europe
17 Hôtel de la Paix
18 Hôtel Sampiero Corso
19 Hôtel HR

🍽 **Où manger?**

30 L'Oliveraie

31 U Paglia Orba
32 U Museu
33 A Scudella

🍷 **Où boire un verre?**

50 Le Café du Cours

⚱ **Achats**

51 U Granaghju, produits corses
52 Ghjoculi Smuntevuli

sez grandes dans l'ensemble. Cela dit, si certaines ont été refaites, les autres sont d'un confort sommaire et pas très bien insonorisées.

■ *Hôtel de la Paix* *(plan A1, 17)* : av. du Général-de-Gaulle. ☎ 04-95-46-06-72. Fax : 04-95-46-23-84. Ouvert toute l'année. Chambre double de 210 à 350 F (35 à 39,6 €) selon le confort (lavabo, douche ou bains) et la saison. Établissement certainement bien nommé, dans un quartier paisible mais central. Des chambres d'un bon confort, avec TV, bien entretenues. Ascenseur silencieux, atmosphère feutrée. Accueil aimable. Fait aussi restaurant, demi-pension possible en saison. Sans doute notre meilleure adresse en centre-ville. Attention, pas de paiement par carte.

■ *Hôtel Sampiero Corso* *(plan A2, 18)* : av. du Président-Pierucci. ☎ 04-95-46-09-76. Fax : 04-95-46-00-08. ♿ Ouvert d'avril à septembre. Compter 275 F (41,9 €) la chambre double. Dans le centre-ville (à 10 mn de la gare SNCF et 2 mn de l'arrêt de car Bastia-Ajaccio). Une grande bâtisse abritant des chambres assez spacieuses avec douche ou bains et w.-c. Double vitrage côté rue et literie récente. Certaines ont une terrasse donnant sur la rue. Avis aux lève-tard : petit déjeuner servi uniquement entre 8 h et 9 h. Garage fermé gratuit pour les deux-roues.

■ *Hôtel HR* *(plan B3, 19)* : allée du 9-Septembre. ☎ 04-95-45-11-11. Fax : 04-95-61-02-85. Ouvert toute l'année. Selon le confort, chambre double de 150 à 300 F (22,8 à 45,7 €). Un peu excentré, à 200 m de la gare, dans les assez vilains bâtiments de l'ancienne gendarmerie. On a un peu l'impression d'une HLM, même cage d'escalier laide, même aspect extérieur. Mais agréable jardin sur l'arrière. Des chambres acceptables dans l'ensemble, mais attention, certaines franchement limite question confort. Restauration correcte et bon marché. Plutôt une adresse de randonneurs, qui en sont en général satisfaits.

Où dormir dans les environs ?

Voir nos adresses situées dans les gorges de la Restonica, de l'Asco (plus loin), ainsi qu'au sud de Corte, à Venaco et à Vivario.

Gîtes ruraux

■ *Gîte de M. Xavier Casanova* : à Badella, commune de Casanova, 8 km au sud de Corte (route d'Ajaccio et direction Casanova sur la gauche à 7 km). Réservations auprès des Gîtes de France en Corse : ☎ 04-95-51-72-82. Fax : 04-95-51-72-89. De 1 470 à 1 560 F (224 à 238 €) en basse saison, 2 040 F (311 €) en juin et septembre, 2 600 F (396 €) en juillet et août. Dans le village, dans une maison de pierre sèche, rustique et biscornue. Pittoresque et charmant. Gîte indépendant de 62 m², pour 4 personnes, sur deux niveaux. Salle à manger, cuisine, 2 chambres (dont une avec lits superposés et accès par échelle de meunier un accès extérieur), possibilité lit enfant. Lave-linge et cheminée. Bois, draps et chauffage en sus. Terrain de 90 m², salon de jardin, location de VTT. Le proprio est sympa, et apiculteur (ce qui n'a rien à voir), et sa maman est gentille. Tarifs intéressants.

■ *Gîtes de Mme Regnoult-Luciani* : à Francardo, 15 km au nord de Corte par la N193. Réservations auprès des Gîtes de France en Corse : ☎ 04-95-51-72-82. Fax : 04-95-51-72-89. Selon saison et gîte, de 1 695 à 2 260 F (258 à 344 €) la semaine. Dans une maison de 2 étages, deux gîtes de 75 et 45 m², pour 5 et 3 personnes. Pour chaque gîte, jardins clos privés bien agréables. Ni lave-vaisselle ni TV, mais qu'importe ? C'est pas cher et il y a plein d'activités sympas dans les environs : randonnées, pêche dans le Golo, qui traverse le village, et même baignade (petite « plage » sur la rivière à 200 m). Bon accueil des propriétaires.

Où manger ?

|●| Pâtisserie Marie et Jean-Luc : pl. Gaffori *(plan A2)*. Fermé le lundi hors saison, en novembre et en février. On trouve à Corte un délicieux gâteau au bruccio, le *falculelle,* qui est présenté sur une feuille de châtaignier (qu'on ne mange pas). Cette boulangerie-pâtisserie en propose de parfaits. Très bien pour une petite faim.

|●| L'Oliveraie *(hors plan par B1, 30)* : au lieu-dit Perru, vers l'université. ☎ 04-95-46-06-32. Du centre-ville, prendre la direction de l'université ; au grand carrefour vers Bastia ou la gare (nationale), aller tout droit : *L'Oliveraie* se trouve 150 m plus loin, sur la gauche. Fermé en novembre et le lundi soir hors saison. Menus à 65 et 150 F (9,9 et 22,8 €). Dans ce restaurant à l'écart de la ville et dans la verdure, Mme Mattei compose une savoureuse cuisine corse : *buglidicce* (beignets au fromage frais), tarte aux herbes, calmars farcis au brocciu et, en dessert, la fameuse tarte aux noisettes et à la farine de châtaigne. Copieux et délicieux, c'est d'ailleurs la cantine des étudiants et professeurs du campus voisin.

|●| U Paglia Orba *(plan A2, 31)* : 5, rue Xavier-Luciani (en haut du cours Paoli, prendre à gauche direction Ajaccio ; le resto est à 100 m à gauche). ☎ 04-95-61-07-89. Fermé le dimanche. Menus à 65 et 80 F (9,9 et 12,2 €). Cadre sans prétention en salle, mais de bon goût, ou terrasse surélevée et fleurie. Cuisine corse classique et tarifs très humains, c'est bien ! Terrine au broc-

ciu puis sauté de veau aux olives, et flan à la châtaigne. Service aimable.

|●| U Museu *(plan A2, 32)* : rampe Ribanelle (au pied de la citadelle, pl. d'Armes). ☎ 04-95-61-08-36. Fermé le dimanche en hiver, et du 20 décembre au 1er mars. Formule plat-dessert à 75 F (11,4 €), menu à 89 F (13,6 €). Bonne, voire très bonne cuisine copieuse dans un resto qui ne manque pas de charme. Terrasse très agréable. Tarte aux herbes, excellent civet de sanglier à la myrte et délice aux châtaignes... délicieux. Pichet d'AOC qui se vide facilement. Pour les petits budgets, une salade aux chèvres chauds panés (deux) et aux amandes, lardons et pommes de terre pantagruélique. Une halte recommandable mais où le service, l'été surtout aux heures de pointe, est parfois débordé.

|●| A Scudella *(plan A2, 33)* : 2, pl. Paoli. ☎ 04-95-46-25-31. Fermé le dimanche hors saison, et pendant les fêtes de fin d'année. L'été, menu corse à 85 F (13 €) ; formule plat-dessert à 68 F (10,4 €) et menu-carte à 100 F (15,2 €). En terrasse sur la petite et circulaire place Paoli, ou dans la salle voûtée (où l'on peut voir les cuisines, et le patron-cuistot, Hervé, travailler avec cœur), on trouve ici de quoi déjeuner ou dîner plaisamment. Honnête menu corse l'été, et des plats de saison (agneau de lait l'hiver par exemple) ou, moins commun en Corse, du magret de canard, que les Cortenais apprécient – ça change un peu de l'omelette au *bruccio*. Plutôt bonne adresse donc.

Où manger dans les environs ?

|●| Chez Sandra : à Francardo, 20236 Omessa. ☎ 04-95-47-41-85. Fermé vendredi soir et samedi midi.

Menus à 80 et 100 F (12,2 et 15,2 €). Il faut quitter la nationale et entrer dans le village de Francardo pour trouver ce petit resto sympa, que les Corses de passage sur la route Bastia-Ajaccio connaissent bien. En terrasse sous les canisses, ou dans la salle à manger traditionnelle, on se tape une bonne cuisine familiale de pays. Gâteaux maison, cannellonis, veau corse... Le plat du jour est en général très demandé, venir de bonne heure pour en profiter.

I●I *Restaurant Chez Jacqueline :* à Pont-de-Castirja, 20218 Ponte-Leccia. ☎ 04-95-47-42-04. À 14 km au nord de Corte, ne pas prendre la route de Ponte-Leccia mais celle de la Scala di Regina (D18). Compter 150 F (18,3 €). Ouvert midi et soir en saison ; en moyenne saison, fermé le soir ; en hiver, ouvert le dimanche midi seulement. Fermé en février. Il est préférable de réserver. Il s'agit d'un resto-bistrot à 14 km au nord de Corte, à l'entrée du défilé de la Scala di Santa-Regina. L'une des très bonnes tables du Cortenais. Cuisine régionale avec de la charcuterie du Niolo (délicieuse), des lasagnes, du veau du pays et un dessert original, le brocciu à l'eau-de-vie... Terrasse ombragée de vigne vierge, et trois petites salles rustiques.

Où boire un verre et déposer son sac à dos ?

❢ *Le Café du Cours* (plan A1, *50*) **:** 22, cours Paoli. ☎ 04-95-46-00-33. Bientôt 30 ans qu'on se le traîne, ce putain de sac ! Ouf, il était temps d'arriver au *Bistrot du Cours,* où une arrière-salle est spécialement réservée à la consigne (gratuite) de sac à dos. Une véritable adresse de routards, quoi ! Et on en a bien besoin car on a tendance à s'embourgeoiser. On prend un verre, on laisse son sac, on part en balade et le reprend ensuite – en reprenant un verre éventuellement, mais ce n'est pas obligatoire. Le café lui-même est un des plus anciens de Corte, pas désagréable, avec terrasse sur le cours Paoli.

Achats

Ⓐ *U Granaghju, produits corses* (plan A2, *51*) **:** pl. Paoli. ☎ 04-95-46-20-28. Liqueurs, fromages, charcuteries, produits artisanaux... Une boutique attractive.

Ⓐ *Ghjoculi Smuntevuli* (plan A2, *52*) **:** pl. Gaffori. ☎ 04-95-47-05-52. Monsieur fabrique des jouets en bois, madame tisse des écharpes, des étoles en laine corse, et l'on peut voir tout ça dans leur boutique.

À voir

La ville haute et la citadelle se visitent à pied (d'ailleurs, les voitures n'y ont pas accès). Y monter tôt le matin ou en fin d'après-midi, à cause de la chaleur (pénible en été) et de la lumière (plus belle à cette heure-là).

★ *La place Paoli :* tout à fait au bout du cours Paoli, trait d'union entre la ville basse et la ville haute, point de départ de la balade. Remarquer, au centre de la place, la statue en bronze de Paoli, le « héros » de la nation corse. Prendre la rue Scoliscia bordée de hautes et vieilles maisons agrippées à la pente.

★ *La place Gaffori :* au cœur de la ville haute avec une statue en bronze de Gaffori, *Le Patriote,* en son centre. Sur les côtés de la place se dresse l'église de l'Annonciation (1450), coiffée d'un campanile. C'est le plus vieux monument de Corte (avec une partie de la citadelle). Faisant face à l'église, de l'autre côté de la place, la maison Gaffori porte encore sur ses murs les impacts des balles tirées par la garnison génoise en septembre 1745.

★ *Le Palais National :* grande bâtisse située derrière la place Gaffori, en allant vers la place du Poilu (entrée de la citadelle). D'abord occupé par les Génois, le bâtiment abrita le premier gouvernement de Corse institué par Pasquale Paoli entre 1755 et 1769. Le « généralissime » de la nation corse y installa la première université de Corte (300 étudiants), qui fut fermée après 14 ans de fonctionnement. Paoli lui-même en fit sa résidence. Sa chambre était à l'est du premier étage de la façade sud, son bureau et sa bibliothèque au centre, et la chapelle à l'ouest. Aujourd'hui restauré, le Palais National, haut lieu de l'histoire corse, abrite le Centre de recherches corse de l'université de Corte (un juste retour de l'histoire !)
Le rez-de-chaussée, ouvert au public, accueille des expositions à différentes époques de l'année.

★ *La place d'Armes :* toute petite place marquant l'entrée de la citadelle. Au n° 1, remarquer la maison natale du général Arrighi de Casanova (1778), plus connu comme duc de Padoue et apparenté à Napoléon par sa mère qui était la cousine germaine de Letizia Ramolino. Avec de pareils liens familiaux, il ne pouvait qu'avoir une brillante carrière militaire (campagne d'Égypte, prise de Jaffa, Austerlitz, Wagram...). Napo n'oubliait jamais les siens ! C'est le cas de Joseph Bonaparte, son frère aîné, qui vit le jour dans cette humble demeure en 1768 et que Napoléon, bon petit frère, nomma roi de Naples puis d'Espagne (si, señor !). Morale de l'histoire : pour gagner les meilleures places à l'époque, pas besoin de C.V., suffisait de s'appeler Ramolino ou Bonaparte !

★ *La citadelle :* perchée sur un piton rocheux au-dessus de Corte, elle domine toute la région et offre de très beaux points de vue sur les gorges du Tavignano et les montagnes du Cortenais. Drôle de destin que celui de cette citadelle construite à la fin du XVe siècle, remaniée à diverses époques, occupée par la Légion étrangère jusqu'en 1983 et transformée aujourd'hui en espace artistique et culturel. Elle abrite le FRAC (Fonds régional d'art contemporain) ainsi que le musée de la Corse et une phonothèque. On en fait le tour par le chemin de ronde en même temps qu'on visite le musée, avant ou après. Très beau point de vue sur la ville et le cirque de montagnes.

★ *Le musée d'Anthropologie de la Corse (musée de la Corse) :* à la citadelle. ☎ 04-95-45-25-45. Du 22 juin au 20 septembre, ouvert tous les jours de 10 h à 20 h ; d'avril au 22 juin et du 20 septembre à fin octobre, tous les jours sauf lundi et le 1er mai, de 10 h à 18 h ; de novembre à mars, de 10 h à 18 h sauf dimanche, lundi et jours fériés. Entrée : 35 F (5,3 €). Il était bien normal que Corte fût choisie pour abriter ce musée de la Corse, ouvert en 1997. Corte, l'ancienne capitale de Pascal Paoli, centre géographique et historique de l'île. L'architecte piémontais Andréa Bruno a joliment conçu ce bâtiment en verre, en béton et en acier, parfaitement intégré à la citadelle et comme serti dans les fortifications.
À l'intérieur, sur deux niveaux, deux galeries de 600 m² chacune, lumineuses. Dans la première, une bonne part des collections de l'abbé Doazan, que ce curé professeur de sciences naturelles a réunies de 1951 à 1978. Présentation claire et intéressante. Nombreux témoignages d'une vie rurale aujourd'hui révolue : récipient en bois de roseau utilisé pour la confection du brocciu, tabatière en peau de chat, bâton de berger ou encore curieuse omoplate de mouton où le berger lisait l'avenir.
La galerie supérieure est celle du « Musée en train de se faire ». Un peu ronflant comme nom : c'est la première salle est d'ailleurs consacrée à vous expliquer de quoi il s'agit : on ne veut pas que ce musée ne soit qu'un sanctuaire, un truc poussiéreux, non, on veut qu'il soit animé et reflète la vraie vie corse. Expos temporaires surtout, et quand on est passé, l'industrialisation (ou plutôt les tentatives), l'histoire du tourisme, bon, ce n'était quand même pas

LA CORSE INTÉRIEURE

transcendant. On peut finir la visite par la balade dans la citadelle (voir plus haut).

★ *Le point de vue du Belvédère :* par une rampe qui longe la citadelle vers l'ouest, on arrive au bord du piton rocheux qui surplombe les vallées de la Restonica et du Tavignano. Superbe.

★ *La rampe Sainte-Croix :* entre la rue du Colonel-Feracci et le cours Paoli. Un coin très chouette et authentique. Une fontaine, des maisons altières et patinées, et de belles marches montant vers la chapelle Sainte-Croix (XVII° siècle) dont l'intérieur cache des orgues à l'italienne et un beau retable baroque. C'est d'ici que part, chaque Jeudi saint (au soir), la fameuse et très ancienne procession de la Granitola (avec des pénitents).

Randonnées pédestres

– Corte est située dans une région fantastique pour la randonnée. La traversée *Mare a Mare de Moriani-Plage à Cargèse* se fait sur 9 jours et passe par Corte. Le topoguide « Corse, entre mer et montagne » est vraiment indispensable. En vente dans les librairies ou dans les bureaux du Parc régional. Mais pour avoir des informations « fraîches », le mieux est de contacter le Service Infos du Parc : ☎ 04-95-51-79-10. C'est même indispensable car les incendies de l'été ont rendu beaucoup de sentiers de la région de Corte impraticables.
Départ à Moriani-Plage (se reporter à cette ville), puis une étape à San Nicolao (2 h), Pied'Alesani (5 h 10), Pianello (4 h 40) où l'on trouve un *gîte* communal (☎ 04-95-39-62-66 ou 04-95-39-61-59) et enfin Sermano (4 h 50) dans les montagnes (vraiment belles) de la Castagniccia.

▪ *Gîte Luna Piena :* à Santa-Reparata-di-Moriani. ☎ 04-95-38-59-48. Nous parlons de ce gîte à Moriani, « Où dormir ? Où manger dans les environs ? » plus loin.
▪ |●| À *Sermano, gîte* très agréable. ☎ 04-95-48-67-97. Fax : 04-95-48-67-97. Fermé de novembre à mars. Nuitée à 60 F (9,1 €), menu à 80 F (12,2 €) et demi-pension à 170 F (25,9 €). Joli, sympa et on y mange bien. 4 chambres de 2, 3, 5 et 6 lits. Trois sanitaires complets communs. Cuisine à disposition (petit supplément de 5 F).
▪ |●| À *Corte*, l'hébergement est facile. *Camping et gîte d'étape* chez M. Gambini U Tavignanu. ☎ 04-95-46-16-85. Ouvert toute l'année. Pour le camping, compter 50 F (7,6 €) pour deux; en gîte,

demi-pension à 160 F (24,4 €). Dans la vallée du Tavignano. On y accède par un petit chemin dans les bois, bordé de murs en pierres moussues. Petit terrain de camping bon marché sur terrain boisé et quelques chambres pour 5 personnes. Vue sur la citadelle. Bonne cuisine du patron.
▪ L'étape suivante est le refuge *A Sega*, le long du Tavignano. Capacité de 38 lits, mais pas de réservation, pas de couvertures, pas de restauration.
▪ À *Albertacce,* un autre *gîte*. ☎ 04-95-48-05-60. Ouvert d'avril à mi-octobre.
On passe par *Sidossi* après 3 h 30 de marche.
|●| À Sidossi, on peut déjeuner à l'*Auberge du Lac* (voir chapitre « Calacuccia et le Niolo »).

Ensuite, c'est le col de Vergio (en 4 h), où l'on croise le GR20, et où l'on a le choix entre continuer par Évisa (en 6 h 30) sur Cargèse, ou partir sur Calenzana et de là arriver à Calvi (on rejoint l'itinéraire Mare e Monti, voir à « Calvi »).

★ *La visite des gorges du Tavignano :* même remarque que pour les gorges de la Restonica (ci-dessous) : le feu a défiguré les gorges du Tavignano (été 2000). Cependant les gorges devraient être réouvertes aux randonneurs en 2001. Un sentier balisé (dont le départ, rue du Colonel-Feracci, est situé à proximité de la citadelle) remonte en effet toute cette vallée sauvage. Il faut 2 h 30 pour atteindre la *passerelle de Rossolino* (vasques superbes de part et d'autre de ce pont de singe où le chemin passe en rive droite du Tavignano) et 3 h de plus pour rejoindre le *refuge de la Sega.*

LES GORGES DE LA RESTONICA

Attention : les incendies de l'été 2000 ont ravagé la vallée de la Restonica. Pour des raisons de sécurité, son accès avait alors été interdit. Pour l'année 2001, randonneurs et automobilistes pourront certainement s'y promener à nouveau, mais le descriptif que nous en faisons ci-dessous ne rend pas compte de l'aspect de désolation de la vallée brûlée. Une vallée tellement belle et si fragile qu'elle a été classée grand site national en 1985. En plein cœur de la Corse, la Restonica naît à 1 711 m d'altitude au lac de Melo, dans le massif du Rotondo. Puis, devenue un fougueux torrent de montagne, elle caracole joyeusement au pied des forêts sur une quinzaine de kilomètres jusqu'à Corte, zigzaguant entre de gros rochers chauffés par le soleil, formant une ribambelle de piscines naturelles où l'on peut se baigner en été (un grand moment de volupté aquatique !). On peut y observer des espèces rares et protégées : pigeons des roches, renards (non protégés, malheureusement), aigles royaux. Bref, l'une des 7 merveilles de l'île de Beauté !

Attention ! pendant la période estivale, accès interdit aux gorges pour les camping-cars et caravanes au-delà du camping de Tuani, et stationnement interdit en dehors des espaces aménagés. Enfin, sachez que le parking des bergeries de Grotelle, en bout de vallée, est payant.

– *Conseil pratique :* en été, il y a beaucoup de monde dans les gorges et l'on peut même tomber sur des embouteillages de voitures. C'est déprimant ! La solution consiste à y passer une nuit ou deux (téléphoner à l'avance car les adresses sont souvent complètes), puis partir à la découverte du torrent et des montagnes à pied, de très bonne heure (6-7 h). Époque idéale : juin et septembre.

– *De Corte à la bergerie de Grotelle* (le terminus) *:* 15 km par une route magnifique mais étroite. Attention aux vaches et aux cochons sauvages qui errent sur la chaussée. À la bergerie, possibilité d'acheter directement aux bergers d'excellents produits (fromage, confiture et parfois charcuterie artisanale) en demandant gentiment.

■ *Autocars Rinieri :* ☎ 04-95-46-22-89 ou 46-02-12. Assure la liaison en minibus entre Corte et les bergeries de Grotelle. Sur demande uniquement. Pratique pour les randonneurs qui veulent faire les lacs et n'ont pas de voiture.

Où dormir ? Où manger ?

♠ |●| *Hôtel-restaurant Le Refuge :* dans les gorges de la Restonica, à 2 km de Corte, sur la gauche de la route. ☎ 04-95-46-09-13. Fax : 04-95-46-22-38. ⚒ Fermé de décembre à mars. Chambres en demi-pension uniquement, de 300 à 330 F (45,7 à 50,3 €) par personne. Menus de 100 à 150 F (15,2 à 22,8 €). Bel hôtel de montagne avec des chambres ouvrant directement sur le torrent (calme en été). À côté, une terrasse ensoleillée pour prendre le petit déjeuner et les repas. C'est simple, propre et accueillant. Au resto, une cuisine corse et des menus renouvelés chaque jour ou presque. Penser à réserver à l'avance surtout pour les mois d'été.

|●| Restaurant Au Relais des Lacs, chez César : au pont de Tragone, presque au bout des gorges de la Restonica, 20250 Corte. ☎ 04-95-46-14-50. À 10 km à l'ouest de Corte. Ouvert de mai à mi-octobre. Service continu le midi jusqu'à 17 h ; le soir, fermé à partir de 20 h. Pas de paiement par carte. Menus à 85 F (13 €) le midi et 110 F (16,8 €). Dans un site superbe, entouré de forêts, une maison genre chalet où il est très agréable de déjeuner en été à l'ombre des pins, tandis que le torrent gronde à quelques mètres des tables. Intérieur rustique et chaleureux. Cuisine copieuse à base de grillades au feu de bois. Attention, pensez à téléphoner avant d'y aller : ferme parfois de bonne heure s'il n'y a pas de clients. Café offert à nos lecteurs sur présentation du *GDR*.

Plus chic

▲ |●| L'Auberge de la Restonica : à 1,5 km de Corte, sur la route des gorges de la Restonica. ☎ 04-95-45-25-25 (hôtel) et 04-95-46-09-58 (restaurant). Fax : 04-95-61-15-79. Hôtel ouvert toute l'année, resto fermé de novembre à février et le lundi hors saison. Chambre double de 300 à 350 F (45,7 à 53,3 €) selon la saison. Demi-pension obligatoire en haute saison, à 750 F (114 €) pour deux. Menus de 90 à 145 F (13,7 à 22,1 €). Près d'un beau torrent de montagne. Dans une grande maison, 7 chambres avec douche ou bains et w.-c., TV et téléphone. Jardin agréable avec piscine (partagée avec l'hôtel *Colonna*).

▲ Hôtel Colonna : juste à côté du précédent. ☎ 04-95-45-25-65. Fax : 04-95-61-03-91. ● restonic@club-internet.fr ● Ouvert du 15 mars à octobre. Chambre double de 400 à 650 F (61 à 99 €) selon situation et saison. Annexe moderne et plus chic de l'*auberge de la Restonica,* où l'on trouve des chambres d'un bon confort 3 étoiles (terrasse ou balcon, minibar, sèche-cheveux et tout). Même belle situation. Piscine. Différence notable d'avec l'*auberge de la Restonica,* ici la demi-pension n'est pas obligatoire.

Randonnées pédestres

– **Les lacs de Melo et de Capitello :** aller et retour en 3 h (lac de Melo) ou en 4 h 30 (lac de Capitello). Partir de très bonne heure le matin. Le terminus de la bergerie de Grotelle (parking payant), au bout de la route de la Restonica, est le point de départ de plusieurs excursions parcourant la série de vallons du principal massif lacustre de Corse. Le fond de la vallée est d'ailleurs dominé par la *pointe des Sept Lacs,* ainsi nommée car on peut y admirer (allez le vérifier, ce sommet qui domine le lac de Capitello ne présente guère de difficulté technique en été !) autant de pièces d'eau claire ayant pour nom Goria, Nino, Melo, Capitello... Ces deux derniers lacs sont les plus visités.

Le premier, *Melo,* n'est qu'à une heure et demie de marche du parking et il est aussi simple de suivre la cohorte des touristes que de repérer les balises qui jalonnent cette montée. Attention toutefois, dans le verrou rocheux situé juste sous le lac, le terrain accidenté a nécessité l'installation de câbles de progression et de sécurité qui donnent lieu à la belle saison à des embouteillages cocasses et à des chutes fâcheuses de sac à main ! Passez sur les côtés, c'est aussi facile et surtout plus rapide !

Le second lac, *Capitello,* est plus spectaculaire, surtout vers la fin du printemps quand le lac et les sommets environnants sont encore pris sous la neige. D'imposantes murailles plongent littéralement dans l'eau; tout cela est, croyez-nous, fort saisissant! Là encore, l'accès est rapide et le public nombreux. Il ne faut guère compter en effet plus de 40 mn pour monter de Melo à Capitello.

LA VALLÉE DE L'ASCO

Réputée depuis toujours comme une des plus belles vallées montagneuses de Corse (avec sa voisine cortenaise de la Restonica). Dès que l'on quitte la plaine aride de Moltifao et ses rares bosquets de chênes verts, on remonte dans un paysage tourmenté de gorges superbement colorées. Plus haut se niche le seul village de la vallée, Asco, coincé entre *Dent d'Asco* – l'une des aiguilles de Popolasca – et les territoires à mouflons du protecteur et paternel *monte Padro*. Un boisement séculaire, immense et pratiquement pur, de genévriers oxycèdres donne aux abords de ce village isolé un faux air déserttique, et au miel produit localement (nombreuses ruches sur les pentes) sa saveur réputée dans toute la Corse. Enfin, la route change de rive et chemine pour finir à l'ombre des pins laricio et de murailles formidables qui, du Cinto au Capu Larghia, écrasent la haute vallée. Tout au long de la vallée, par endroits, accès possibles à la rivière et plans baignade (eau bien fraîche!).
Dommage toutefois qu'un si beau site souffre aujourd'hui de son succès, surtout l'été. Embouteillages à prévoir. Mais ce qui est plus regrettable encore, c'est l'hideux aménagement du Haut-Asco, au terminus de la D147, mélange hasardeux de constructions desservies par un terrain vague en guise de parking, où dégringole un remonte-pente de ferraille grise hors d'usage, rappelant quelque installation minière abandonnée. Félix Von Cube – un héroïque médecin allemand, précurseur de l'alpinisme en Corse – reconnaîtrait avec peine des lieux qu'il parcourut et cartographia avec passion dans les années 1900!
Cela dit, la vallée de l'Asco ne se limite fort heureusement pas à cette verrue d'altitude, son cours reste splendide et si l'on ne craint pas de marcher un peu, les superbes coins à visiter alentour sont innombrables (attention, précautions d'usage obligatoires : chaussures adéquates, météo correcte, carte IGN, vivres et boisson, etc.).

Où dormir ? Où manger ?

Campings et refuge

⌂ *Camping Cabanella* : route de l'Asco, 20218 Moltifao. ☎ 04-95-47-80-29. À 7 km à l'ouest de la N197, juste à côté du pont génois. Bien ombragé, calme et propre. Petite buvette couleur locale, barbecue, rivière, on est peinard.

⌂ *Camping A Tizarella* : 20218 Moltifao. À 7 km à l'ouest de la N197. ☎ 04-95-47-83-92. Ouvert d'avril à octobre. Petit camping ombragé. Équipement minimum. Bon marché.

⌂ |●| *Camping Monte Cintu* : fo-

rêt du Haut-Asco, un peu avant la fin de la route de la vallée, sur la droite. ☎ 04-95-47-84-48 (mairie) ou 04-95-47-85-88. Ouvert d'avril à octobre. Bon marché là encore : 60 F (9,1 €) pour deux. Grand camping sous les pins, en bordure de route et de rivière. Un site agréable. Mais attention, sanitaires comptés. Petite restauration bon marché.

⌂ *Refuge du Parc* : à Haut-Asco. Nuitée à 50 F (7,6 €). Pas de téléphone, pas de réservation, pas de restauration, pas de couverture, mais de vrais lits en chambres de 6

et une cuisine aménagée à disposition. Possibilité de bivouac.

Prix moyens

â |●| *Chambres et ferme-auberge L'Acropole, chez Ambroise et Nicole Vesperini :* à l'entrée du village d'Asco. ☎ et fax : 04-95-47-83-53. Fermé le mardi et de novembre à avril. Chambre double à 280 F (42,7 €), petit déjeuner compris. Demi-pension obligatoire en juillet et août, à 250 F (38,1 €) par personne. Table d'hôte à 120 F (18,3 €). Pas de paiement par carte. Ambroise s'occupe de ses abeilles et de ses ruches, tandis que Nicole peint le pont génois du village ou les ruelles fleuries de Lama. Disons aussi qu'ils réservent à leurs hôtes un accueil unique. Ambroise est un incorrigible bavard, sympathique comme tout ; quant à sa femme, elle cale son auditoire à coup de soupe corse consistante, de terrine de gibier et de délicieux *fiadone* et autres tartes maison. Chambres toutes différentes, agréablement décorées. Digestif offert sur présentation du *Guide du routard*, et remise de 10 % sur le prix de la chambre hors saison, à partir de deux nuits.

â *Chambre d'hôte Cabanella :* route de l'Asco, 20218 Moltifao. À côté du camping du même nom. C'est d'ailleurs la même famille (mais pas les mêmes gens). ☎ 04-95-47-80-29. Compter 270 F (41,2 €) pour deux, petit déjeuner compris. Repas à 100 F (15,2 €). Des chambres simples, propres et tranquilles,

avec de gros sommiers. Madame cuisine bien, genre cuisine familiale corse de tradition.

â |●| *Hôtel Le Chalet :* situé au stade de neige d'Asco, tout au bout de la route de la vallée. ☎ et fax : 04-95-47-81-08. Ouvert du début mai au 30 septembre. Chambre double à 240 F (38,1 €) avec douche, à 300 F (45,7 €) avec douche et w.-c. Menu à 95 F (14,5 €). Demi-pension possible, de 210 à 240 F (32 à 36,6 €) par personne. Dans ce bout du monde coincé au cœur des plus hauts sommets de l'île, la vue lointaine est magnifique sur le Cinto. Dommage que l'environnement immédiat soit au contraire bien moche (on en parle plus haut, dans le texte de présentation de la vallée de l'Asco). Coin cuisine pour les randonneurs, et spécialités du pays au restaurant. La localisation « stratégique » de cet hébergement justifie un séjour de quelques jours pour les amateurs de montagne avec, au programme, les must du secteur : Cinto, Punta Minuta via le cirque de la Solitude (un des hauts lieux du GR20, mais *attention* ! dangereux par temps de pluie, les roches devenant très glissantes), Muvrella, Capu Larghia, Pic Von Cube... Pour les randonneurs du GR20, le seul point de ravitaillement (assez cher) du secteur se trouve en face de l'hôtel.

À voir. À faire

★ *Les gorges de l'Asco :* ne représentent qu'une partie de la vallée entre Moltifao et Asco. La route traverse ce défilé sauvage surplombé par des crêtes rocheuses dépassant 900 m. Moins longues et plus larges que la Scala di Santa Regina, ces gorges creusées dans le granit sont réputées pour la qualité du miel qui est récolté dans des ruches accrochées aux pentes.

★ *Le village des Tortues de Moltifao :* route d'Asco, lieu-dit Tizzarella, 20128 Moltifao. ☎ 04-95-47-85-03. Ouvert du lundi au vendredi d'avril à septembre (tous les jours en juillet-août). Entrée : 20 F (3 €), gratuit pour les enfants. Visites guidées, deux le matin, trois l'après-midi (téléphoner pour les horaires). La tortue d'Hermann ne survit en France que dans le massif des Maures et en Corse. Menacée de disparition par les incendies, les voitures (qui les écrasent) et les personnes (qui les ramassent), elle est ici protégée. Dans un cadre naturel de toute beauté, parmi les chênes verts, on emprunte un sentier d'interprétation, on peut voir l'enclos de reproduction, celui des juvéniles et la nurserie. Explications à l'appui, on apprend à connaître ces animaux, on peut même les tenir en main. Agréable et intéressant.

★ *Asco :* ce village d'une austère beauté, à 22 km à l'ouest de Ponte-Leccia, a vécu pendant des siècles coupé du reste du monde. Il n'est sorti de son isolement qu'en 1937, année de la construction de la route.

À la sortie amont du village, une route goudronnée fort raide descend au torrent franchi par un admirable *pont génois* du XVe siècle, en partie restauré en 1971 et classé Monument historique. Vasque splendide sous l'arche unique de cet ouvrage (gare aux oreilles et aux obstacles invisibles pour les candidats au grand plouf ! Toujours s'assurer que le niveau d'eau est suffisant : plonger c'est marrant, se fracasser le crâne c'est moins amusant). Sur l'autre rive, le sentier remonte la vallée de la Pinara ; c'est par ce chemin ancestral et le col de Serra Piana que communiquait autrefois Asco avec le Niolo. La vallée, désormais beaucoup moins fréquentée, est devenue délicieusement sauvage...

Si vous avez aimé ce vénérable pont, allez voir ses deux cousins, également génois, situés, eux, dans la basse vallée. Rejoindre pour cela la nationale Bastia-Calvi et prendre la direction de Calvi. À 600 m environ après le franchissement par cette route du torrent de l'Asco, immédiatement après son passage entre deux talus formant un encaissement de la voie, une piste descend jusqu'au torrent de la Tartagine. Un pont génois permet de passer sur l'autre rive et, en s'orientant au mieux pour éviter les épineux, on rejoint le second pont, plus large et tout aussi beau, bâti quant à lui au-dessus de l'Asco.

★ *Rando, canyoning, kayak, via ferrata et escalade :* In Terra Corsa organise toutes sortes d'activités dans la vallée de l'Asco. Les contacter : gare de Ponte Leccia. ☎ 04-95-47-69-48. Fax : 04-95-47-69-45. ● in.terra. corsa@wanadoo.fr ●

Randonnées pédestres

Le GR20

Ce sentier, balisé très régulièrement en rouge et blanc (une balise au minimum tous les 10 m, difficile de se perdre !), est l'occasion de deux superbes idées de randonnée.

– La plus simple consiste à s'élever à l'ouest en direction du couloir qui remonte jusqu'à la *crête de la Muvrella,* puis de gagner ce sommet, dominant un petit lac blotti sur son versant nord-ouest. Sur ces hauteurs, vue splendide sur les rivages de Calvi, les aiguilles de Bonifatu et sans doute sur quelque femelle mouflon à l'origine du nom de ce merveilleux belvédère... Compter 2 h de montée jusqu'au sommet, 2 h 30 jusqu'au lac.

– L'itinéraire le plus sportif part, quant à lui, vers le *refuge de Tighiettu,* en passant par les escarpements du cirque de la Solitude, terreur des néophytes de la randonnée et du GR20. En réalité, cette portion du GR20 étant sécurisée par des câbles et autres échelons en ferraille, il n'y a là rien de bien effrayant pour les marcheurs au pied averti. Mais la réputation du coin est devenue quasiment légendaire, sans doute confortée par les expériences plutôt audacieuses de skieurs de l'impossible qui se sont aventurés en hiver dans ce cirque encaissé... et ont mis plusieurs jours avant d'en trouver la sortie ! De Haut-Asco au confortable refuge de Tighiettu, compter 5 h de marche.

Pour le retour, il est subtil de revenir à la station en passant par le col du Vallon ou, pourquoi pas, par le lac et le sommet du Cinto. Au total, circuit de 10 à 12 h, qu'on fera plutôt en 2 jours, avec étape à Tighiettu.

ENTRE CORTE ET VIZZAVONA

Au sud de Corte, les montagnes s'élancent vers le ciel. La N193, qui traverse la Corse en oblique (de Bastia à Ajaccio), passe par quelques beaux villages perchés (Venaco et Vivario), pénètre dans la forêt de Vizzavona, et l'on monte ainsi sous les pins laricio jusqu'au col de Vizzavona (1 163 m), sorte de charnière naturelle, mais aussi culturelle, entre les deux départements de la Corse. Là-haut, les sommets culminent à plus de 2 000 m et portent pour certains des noms d'aventure latino-américaine comme le *monte d'Oro* (2 389 m) ou le *monte Renoso* (2 352 m).

Bien sûr, les randonneurs s'en donneront à cœur joie, tant la région se prête merveilleusement aux aventures pédestres. Comme ce fameux GR20 (encore lui!), un sentier qui emprunte la ligne des crêtes, qui est également la ligne de partage des eaux. S'il fait beau, pas de problèmes. S'il pleut des cordes, abritez-vous d'abord (les orages peuvent y être très, très violents...) et observez ensuite les filets d'eau; les uns dégoulinent vers la côte ouest, les autres vers la côte orientale, preuve qu'il s'agit bien là d'une sorte de limite naturelle entre la Haute-Corse et la Corse du Sud.

Enfin, n'oubliez pas de boire l'eau des fontaines (quasiment partout potable), geste tellement simple...

★ *VENACO* (20231)

Au pied du *monte Cardu* (2 453 m), les maisons de Venaco s'accrochent à la montagne, dominant le vaste paysage de la vallée du Tavignano où coule un torrent impétueux. Pays de bergers et de chasseurs, le Venacais est réputé pour ses truites et ses fromages de brebis, pensez-y à table! Observez le nombre de terrasses, d'aires à blé *(aghje)*, de paillers *(pagliaghji)*, d'anciens moulins à châtaigne et à huile.

– *Pour y aller :* de Bastia, d'Ajaccio ou de Calvi, prendre le petit train. Il y en a 4 par jour et ils s'arrêtent à la gare de Venaco (l'aventure commence!). ☎ 04-95-47-01-32.

Où dormir ? Où manger ?

Prix modérés

▲ |●| *Hôtel-restaurant Le Torrent :* à Santo-Pietro-di-Venaco, petit village situé à 2 km au-dessus de Venaco. ☎ 04-95-47-00-18. 占 (pour le restaurant). Fermé de mi-octobre à mi-avril. Chambre double à 220 et 250 F (33,5 et 38,1 €). Menus de 90 à 150 F (13,7 à 22,8 €). Ancienne demeure du comte Pozzo di Borgo. Petit hôtel de campagne à la décoration d'une autre époque et assez défraîchie, mais bien situé, avec des chambres avec

douche ou bains et w.-c., dotées d'une belle vue sur le Venacais. Malheureusement, le restaurant n'est pas à la hauteur.

▲ |●| *Camping et ferme-auberge de Peridundellu :* de Venaco, prendre la D143 vers la vallée du Tavignano, c'est 4 km plus bas sur la droite. ☎ 04-95-47-09-89. Camping de 25 emplacements, ouvert du 1ᵉʳ avril au 15 octobre. Auberge uniquement sur réservation, fermée en semaine hors saison. Compter 100 F (15,2 €) pour deux, tente et voiture comprises. Menu à 100 F (15,2 €) sans le vin. Maison récente avec cheminée de pierre dans la salle à manger et jolie vue sur la région. Patron des plus sympathiques et vraie cuisine campagnarde : charcuterie de la ferme, feuilleté au fromage de chèvre, lapin aux herbes, agneau aux olives, et le *fiadone* en dessert. Bon et copieux. Apéritif offert sur présentation du *Guide du routard*. Petit camping sous les pins avec douche chaude, laverie. Torrent à côté.

■ |●| *Gîte d'étape et chambres d'hôte :* à Santo-Pietro-di-Venaco, à 2 km au nord de Venaco. ☎ 04-95-47-07-29. En dortoir, demi-pension obligatoire à 160 F (24,4 €) par personne ; en chambre d'hôte, compter 250 F (38,1 €) pour deux, demi-pension à 200 F (30,5 €) par personne. Très bon accueil. Dans une bâtisse de construction traditionnelle, 5 dortoirs de 4 à 5 lits chacun, avec sanitaires privés. Deux chambres d'hôte, avec douche et w.-c. Torrent tout proche et coins agréables pour paresser sous les arbres. En outre, le patron, M. Hiver, est accompagnateur et propose des randos à la journée.

|●| *Restaurant de la Place :* pl. du Pont, dans le grand virage au centre de Venaco. ☎ 04-95-47-01-30. Fax : 04-95-47-06-21. Fermé 15 jours fin décembre-début janvier et le mercredi soir pendant l'année scolaire. Menu à 80 F (12,2 €). Très bonne cuisine familiale corse, préparée par la patronne : *tianu* d'agneau, millefeuille de sardines au brocciu, tarte sablée aux courgettes et au brocciu et *storza-pretti* (littéralement « étouffe-curé », spécialité bastiaise à l'origine). Apéritif maison offert à nos lecteurs sur présentation du *GDR*.

Randonnées pédestres dans le Venacais

Le Parc régional a balisé en orange cinq sentiers de pays formant des boucles à la journée autour de Venaco.
– La balade la plus sportive, au départ de Venaco ou de la localité voisine de Santo-Pietro-di-Venaco, gagne à 1 555 m la *chapelle Santo Eliseo* (du nom du patron des bergers auquel est dédié chaque été sur ces hauteurs le plus haut pèlerinage de Corse) et fait une boucle grâce à un second sentier passant à des bergeries situées à la tête du vallon de Misongno.
– D'autres balades plus faciles vont de Venaco au *pont de Noceta* (aller-retour : 4 h) avec possibilité de se baigner dans le Vecchio (très chouette, mais eau fraîche !). Commander la brochure « Balades en Corse, sentiers de Pays venacais » auprès de la maison d'information du Parc naturel de la Corse, dans la citadelle de Corte. ☎ 04-95-46-27-44 ; ou à Ajaccio : ☎ 04-95-51-79-10.

★ VIVARIO (20218)

Les Alpes mais en plus élancé, avec le grand ciel bleu au-dessus des pins. À 22 km au sud de Corte, à 12 km du col de Vizzavona, on découvre des torrents, des pics rocheux, des forêts à perte de vue (celles de Rospa-Sorba et Vizzavona). Nombreuses randonnées à faire, l'une des plus faciles consistant à suivre les gorges du Manganellu (voir plus loin). Pour toutes ces raisons, Vivario, tout comme Vizzavona et Venaco, représente un point de chute formidable pour les randonneurs. Pour ceux qui suivent le GR20 mais aussi pour ceux qui veulent faire des boucles à la journée, rentrer au camping ou à l'hôtel le soir, puis repartir à l'aventure le lendemain, et ainsi de suite...
Un habitant du coin nous a raconté l'anecdote d'un émigrant de ce village (un lointain cousin...) qui, débarquant au Brésil, fut ébloui par la hauteur d'un pain de sucre rocheux lui rappelant le dôme et les immenses dalles de granit

surplombant le pont Eiffel du Vecchio. Se remémorant alors son village natal, il s'écria « Vivario », exclamation qui fut interprétée par son auditoire en « Viva Rio ! » et servit à nommer un lieu qui, plus tard, acquit la renommée que l'on sait...

Mais cette anecdote ressemble fort à une blague, comme celle des Niolins aux yeux bleus et aux cheveux blonds. Rien n'empêche toutefois d'y croire et de rêver...

🚆 *Gare de Vivario :* ☎ 04-95-47-20-13.

Où dormir ?

🏕 *Camping Le Soleil :* à Tattone, à 3 km au sud de Vivario, sur la gauche. ☎ 04-95-47-21-16. Ouvert de juin à septembre. Compter 70 F (10,7 €) pour deux. Le soir, menu à 90 F (13,7 €), vin compris. Agréable camping sous les cerisiers, les pommiers et les pins. Gare de Tattone à 50 m et Monte d'Oro juste en face. Sanitaires irréprochables. Bar et point de ravitaillement pour les randonneurs. Le soir, petite restauration avec une spécialité de haricots au petit salé, un peu cher payée quand même. Gentils proprios.

VIZZAVONA (20219)

Quelques maisons et une petite gare surréaliste, le tout perdu dans un vallon écrasé par des montagnes de plus de 2 000 m et enrobé d'une fabuleuse forêt de pins laricio où l'on peut vagabonder des journées entières sous les arbres ! Voilà Vizzavona. Moins de 50 habitants, mais un nom sur la carte de la Corse connu de tous les abonnés du GR20 qui y font étape et autres mordus de randonnée pédestre. Autant vous dire que la façon la plus sympathique de débarquer ici, c'est le train. D'Ajaccio, compter 1 h 10 environ. De Bastia (plus loin, donc plus long), environ 2 h 30. Après le train, il faut continuer à pied, le seul moyen de transport un peu sérieux dans cette nature farouchement belle.

Adresse et infos utiles

🚆 *Gare de Vizzavona :* ☎ 04-95-47-21-02. Autour de 40 F (6,1 €) le billet aller Ajaccio-Vizzavona. 4 trains par jour. Si vous allez au camping de *Savaggio,* il y a un arrêt facultatif juste devant : demandez-le au contrôleur.

🍴 Pour les randonneurs, ravitaillement possible à *l'épicerie-buvette-restaurant* située dans la gare. Le chef de gare est aux fourneaux, et se débrouille... comme un chef, évidemment. Bon, copieux et bon marché, et très sympathique.

Où dormir ? Où manger ?

🏕 *Abri et camping de Savaggio :* sur la N193, à 4 km au nord de Vizzavona (route de Vivario). ☎ 04-95-47-22-14. Ouvert de mai à septembre. 30 emplacements ombragés pour camper et un refuge avec 22 lits et une petite cuisine.

🏕 🍴 *Hôtel I Laricci :* gare de Vizzavona. ☎ et fax : 04-95-47-21-12. Fermé de novembre à avril. Menu à

90 F (13,7 €). Demi-pension obligatoire de juin à septembre, 450 F (68,6 €) pour deux personnes. Grande maison typique au confort rustique. Chambres simples et spacieuses. Ambiance reposante et décontractée. Beaucoup de randonneurs. En revanche, cuisine un rien monotone et pauvre en demi-pension. Les gourmets ne sont donc pas à la fête, dommage.

â ●● *Le Relais du Monte d'Oro :*

Un peu plus cher

â ●● *Hôtel-restaurant du Monte d'Oro :* au col de Vizzavona, un peu à l'écart de la route. ☎ 04-95-47-21-06. Fax : 04-95-47-22-05. ☒ ● www.sitec.fr/monte.oro ● Ouvert d'avril à décembre. Selon confort (lavabo, bains ou douche) et saison, chambre double de 275 à 460 F (41,9 à 70,1 €). Menu à 95 F (14,5 €). Demi-pension non obligatoire à 290 F (44,2 €) par personne. Dans cette grosse maison du siècle

au col de Vizzavona, en bord de route. ☎ 04-95-47-25-27. Ouvert toute l'année. Nuitée en refuge à 60 F (9,1 €) par personne, en gîte, en chambre 4 personnes à 90 F (13,7 €), demi-pension à 190 F (29 €) en gîte. Menu à 85 F (13 €). Une étape sur le GR20 avec des dortoirs de 4 couchages façon refuge de haute montagne. Petite restauration. Sur appel téléphonique, on vient vous chercher à la gare, distante de 3 km.

dernier, des chambres rétros mais propres, calmes et spacieuses, donnant sur la forêt. Cuisine traditionnelle corse. Si vous êtes à la gare (à 3 km), on vient vous chercher sur appel téléphonique. Attention, il arrive que lorsque l'hôtel est complet, on vous propose une chambre au *Relais du Monte d'Oro,* où le confort est nettement moins bon. Digestif offert à nos lecteurs.

Randonnées pédestres

– *La Madonnuccia :* compter 2 h aller et retour au départ de La Foce (tout près de l'hôtel *Monte d'Oro*). Superbe vue sur les montagnes et la vallée de la Gravona.

– *La cascade des Anglais :* 1 h aller et retour de La Foce (N193). Bien se chausser. Prendre un chemin carrossable qui descend dans les gorges de l'Agnone (au nord-ouest de Vizzavona) et rejoint en bas le GR20. Le suivre jusqu'à cette belle cascade située dans un coin sauvage. Aller un peu au-delà pour trouver des coins tranquilles. On peut se baigner dans des piscines naturelles. Mais il y a de plus en plus de monde à la *Cascade des Anglais,* ça devient l'usine.

– Superbe balade vers *Bocca Palmente* et les *bergeries d'Alzeta :* du tournant après la Maison forestière de Vizzavona, emprunter le sentier balisé en rouge et blanc en direction du GR20 Sud. Longer le chemin forestier qui s'étire en lacet à travers la forêt jusqu'à Bocca Palmente (une source se trouve dans l'avant-dernier lacet avant d'accéder au col). Franchir le col et suivre le chemin de ronde en courbe de niveau sur le versant est. Atteindre les bergeries d'Alzeta. Compter 5 h aller et retour.

– *Ascension du monte d'Oro :* « Le monte d'Oro est la mère des eaux, la source des rivières et des torrents de cette région », selon Michel Fabrikant, qui fut l'un des meilleurs connaisseurs de la montagne corse. Une randonnée magnifique mais pas facile, vraiment réservée aux randonneurs chevronnés. Attention : pas d'eau sur le parcours. Compter, au départ de Vizzavona, 5 h pour la montée, 3 h 30 pour la descente. Sentier balisé en partie, puis caïrné. Les deux itinéraires sont décrits sur un panneau situé en face de la gare de Vizzavona. Du sommet (2 389 m), on voit Ajaccio au loin, le monte Cinto et la côte italienne ! Mais, on vous le répète, la route est longue et difficile : randonneurs du dimanche, abstenez-vous ; chaque année il y a des

problèmes. Dans tous les cas, se renseigner auprès du Parc régional pour avoir l'itinéraire exact de cette randonnée et connaître la météo.
– ***Les gorges du Manganellu :*** une randonnée facilement réalisable et accessible à tous. De Vizzavona, aller jusqu'au hameau de *Tattone* qui se trouve sur la route de Vivario (N193). De là, descendre par une route carrossable jusqu'au hameau de *Canaglia,* environ 4 km plus loin. Un chemin forestier remonte (en le surplombant) le torrent du Manganellu pendant 4 km avant de rejoindre le GR20 (balises rouge et blanc). Nombreuses possibilités de baignades dans des vasques naturelles. On peut pousser jusqu'à la bergerie de Tolla (abri possible).
Les plus sportifs suivront le GR20 jusqu'au *refuge de Petra Piana* (ou *Michel Fabrikant,* en l'honneur du plus célèbre explorateur des montagnes de Corse), situé à 3 h 30 de Canaglia et où l'on est à pied d'œuvre pour accéder au *lac de Rotondo* (ou de Bellebone, à 1 h 30 du refuge) puis au sommet du *Rotondo* (2 622 m, 3 h de montée de Petra Piana).
Attention : la partie facile du Manganellu se situe tout à fait au départ du chemin, entre Canaglia et la bergerie de Tolla. Après, ça monte sec !

– SUR LA ROUTE D'AJACCIO –

BOCOGNANO (20136) 350 hab.

Un village en corniche, à 9 km au sud du col de Vizzavona, entouré de belles châtaigneraies et réputé pour la pureté de son air. Plus proche d'Ajaccio que de Corte, chef-lieu de la vallée de la Gravona, c'est un lieu de passage ancestral entre le nord et le sud de l'île. Hélas, on y passe un peu vite aujourd'hui, oubliant d'y faire une escale. À tort, car on y mange bien et pour pas cher, et les environs recèlent quelques chouettes petites balades.
Au village se tient aussi à la mi-décembre la plus grosse foire de Corse, la *foire à la châtaigne* : un *must* ! (Voir plus bas, « Manifestation ».)

Où manger ?

l●l ***Ferme-auberge A Tanedda :*** à droite en contrebas de la route (en venant de Corte), à la hauteur du monument aux morts. ☎ 04-95-27-42-44. Fermé le lundi hors saison et d'octobre à mars. Menus à 80 et 120 F (12,2 à 18,3 €). Des plats élaborés à partir des produits de la ferme, de la saine charcuterie et du fromage non moins valable, on aime cette cuisine de saison. Très bon accueil. Cadre pas désagréable. Mieux vaut réserver à l'avance. Apéritif maison offert à nos lecteurs.
l●l ***Restaurant L'Ustaria :*** au village. ☎ 04-95-27-41-10. Fermé en mars, et le soir hors saison. Menus de 78 à 150 F (11,9 à 22,8 €). Bonne petite adresse. *Storzapretti,* terrines maison, cabri en saison, broutard corse... Attention, pas de paiement par carte. Apéritif maison offert à nos lecteurs sur présentation du guide.

Où dormir dans les environs ?

▲ ***Gîte de M. Gaëtan Ricci :*** hameau de Prunniccia, commune de | Tavera (Tavera se trouve 10 km à l'ouest de Bocognano, direction

Ajaccio puis à gauche à 7 km). Réservations auprès des Gîtes de France en Corse : ☎ 04-95-51-72-82. Fax : 04-95-51-72-89. De 1 695 à 1 835 F (258 à 280 €) hors saison, 2 150 F (328 €) en juin et septembre, 3 055 F (465 €) en juillet et août. Dans le haut du village, maison récente. Gîte de 80 m² au rez-de-chaussée de la maison du propriétaire. Séjour (lit une personne),

cuisine, 2 chambres (lit double et lits jumeaux), douche-w.-c. Lave-linge, congélo, cheminée. Terrasse, jardin, barbecue, garage. Chauffage en sus. Pas mauvais plan que ce gîte, qui n'est guère qu'à 35 km de la côte par la nationale et profite du calme de la Corse intérieure. Belle salle de bains et séjour spacieux, agréable. On prend parfois l'apéro avec Gaëtan, relax.

À voir

★ **La clue de la Richiusa :** une curiosité naturelle proche du village et du moulin à châtaignes – toujours en service –, signalée par un panneau indicateur dans Bocognano. Le torrent de la Cardiccia, affluent de la Gravona né sur le flanc sud du Migliarello, s'y engouffre entre deux falaises hautes de 60 m pour en sortir par une succession de vasques limpides. À la source de ce même torrent, on trouve une seconde curiosité, le *glacier de Busso*, réceptacle d'un couloir d'avalanches où viennent s'accumuler, dit-on, les seules neiges éternelles de Corse ! Accès dans les deux cas grâce à une passerelle qui franchit la Gravona à proximité du parking de la mini-centrale électrique.

★ À l'extrême opposé, au sud de Bocognano, on atteint la ***cascade du Voile de la Mariée*** après 3 km de route goudronnée et 10 mn de marche en rive droite du torrent. Site charmant, surtout à la fonte des neiges ou après une forte pluie qui donnera au voile toute son ampleur (en plein été, on est un peu déçu...).

Manifestation

– ***A Feria di a Castagna, la foire à la châtaigne :*** trois jours entre le 10 et le 15 décembre. Un des temps forts de la vie économique, culturelle et sociale de l'île. Cette foire créée il y a bientôt 20 ans est aujourd'hui la plus importante manifestation rurale corse et accueille environ 30 000 visiteurs ! Châtaignes, mais aussi toutes sortes de produits artisanaux et agricoles sont présentés et vendus dans le village, les gens se parlent, se rencontrent, échangent marchandises, argent et idées.

LA CÔTE ORIENTALE
(COSTA SERENA)

La côte orientale n'est pas la plus belle de Corse. Nulle échancrure, peu de relief, un brin de monotonie dans le paysage. Néanmoins, elle dispose d'un atout non négligeable : une centaine de kilomètres d'une plage de sable fin. Et vous y serez plus tranquille qu'ailleurs – ne parle-t-on pas de *Costa Serena* ?

Du point de vue économique, cette côte orientale est aussi une région importante, vaste plaine agricole qui va de Solenzara à Moriani, soit environ 60 km, et s'arrête à l'ouest au pied du massif montagneux. Vignoble et cultures maraîchères et fruitières y produisent près du 10ᵉ des richesses de l'île.

SOLENZARA (20145)

> A Solenzara, j'y reviendrai tous les étés
> A Solenzara, mon cœur n'attend plus que toi
> A Solenzara o chi dolce félicità
> A Solenzara piu bellu un si po stà.

Tout le monde connaît la chanson, l'une des plus populaires du répertoire insulaire grand public, et qui a un vrai parfum de vacances. Le village, sans charme particulier et vivant surtout du tourisme, s'étire nonchalamment le long de la nationale, où des voies perpendiculaires mènent à la plage, belle, et au port de plaisance (l'un des plus importants de cette côte) et de pêche (3 ou 4 chalutiers).

À 5 km au sud, la *plage de Canella*, plus belle que celle du village car blottie dans une anse, mais sans parking (c'est pourquoi tout le monde se gare sur les bas-côtés). Et à 5 km au nord, une base militaire importante, qui abrite quelques escadrilles françaises et belges, ainsi que des nageurs de combat.

Adresses utiles

🛈 *Office du tourisme :* dans la rue principale. ☎ 04-95-57-43-75. Ouvert tous les jours en saison, de 8 h 30 à 12 h 30 et de 17 h à 21 h ; le matin uniquement hors saison et fermé le dimanche.

◼ *Club de plongée de la Côte des Nacres :* sur le port. ☎ 04-95-57-44-19 ou 46-15 (M. Poiget).

Où dormir ?

Camping

🛏 *Camping Rosumarinu :* 6 km à l'ouest du village, en bordure de la rivière Solenzara. ☎ 04-95-57-47-66. 🍴 Ouvert l'été uniquement. Compter 55 F (8,4 €) pour deux. Belle situation en bordure de rivière, dans un coin sauvage. Mais pas beaucoup d'ombre. Bonne ambiance paraît-il. Pas cher mais l'équipement est évidemment en rapport.

De bon marché à prix moyens

🛏 *Hôtel-restaurant Orsoni :* rue Principale, sur la gauche quand on vient du sud. ☎ 04-95-57-40-25 (hôtel). Fax : 04-95-57-44-08. Ouvert de mars à novembre. Selon la saison, double avec douche de 200 à 300 F (30,5 à 45,7 €), avec douche et w.-c. de 220 à 350 F (33,5 à 53,3 €). Menu à 70 F (10,7 €). Dans le centre, en face du précédent. Une vieille adresse reprise en l'an 2000 par Mylène, qui a rénové les chambres (qui en avaient bien besoin). Déco personnalisée, fleurs, lits confortables. D'après vos courriers, le resto, toujours bon marché, serait correct, avec un service aimable.

🛏 *Tourisme-Hôtel :* rue Principale. ☎ 04-95-57-40-44. Fax : 04-95-57-

40-20. Ouvert toute l'année. Selon la saison, chambre double de 280 à 380 F (42,7 à 57,9 €). Menus de 80 à 150 F (12,2 à 22,8 €). Dans le centre. Un petit effort de déco dans les couloirs, et des chambres simples assez spacieuses, avec douche (ou bains), w.-c. et TV, donnant, au choix, sur la rue ou sur le port. Celles sur le port sont plus calmes et plus agréables. Bar-restaurant en bas, assez animé, ambiance bar-tabac-PMU, et accueil dans le même style. À table, raviolis maison, beignets, soupe de poisson... Un bon restaurant et la terrasse, avec vue sur mer, est plutôt chouette. Apéritif offert à nos lecteurs sur présentation du guide.

Plus chic

🛏 *Hôtel La Solenzara :* rue Principale. ☎ 04-95-57-42-18. Fax : 04-95-57-46-84. Ouvert toute l'année (sur réservation hors saison). À la sortie du village (en direction de Bastia). Selon la saison, doubles à l'annexe avec douche et w.-c. de 280 à 480 F (42,7 à 73,2 €) ; 30 F (4,6 €) de plus avec bains et dans la demeure principale, plus belle (mais confort égal). Voici un véritable hôtel de charme. Il s'agit tout simplement

de l'ancienne demeure du Maître de Solenzara, construite il y a 200 ans. Pièces immenses et hautes de plafond, décorées simplement mais avec goût. Chambres fraîches en été, toutes avec sanitaires récents, TV et téléphone. Chambres plus classiques dans la nouvelle maison. Très propre. Grand jardin orné de palmiers, où trône une magnifique piscine. Accès direct au port et à la plage.

Où manger ?

🍴 *Chez Doumé :* rue Principale. ☎ 04-95-57-40-24. Ouvert tous les jours toute l'année (bon à savoir!). Menus de 65 à 125 F (9,9 à 19 €). Une adresse en place depuis des lustres, très vacances – mais sans être saisonnière. Deux terrasses en bord de route assez agréables car bien séparées de la chaussée, l'une ombragée de deux platanes centenaires, l'autre sous bâche. À l'intérieur, deux salles, l'une ordinaire, l'autre plus intime. Cuisine corse et estivale traditionnelle, de bonne facture. Poissons et viandes de bon choix, pâtes savoureuses... Ambiance et service aimables.

🍴 *A Mandria de Sebastien :* pont

de Solenzara, à Solero, sur la route de Bastia. ☎ 04-95-57-41-95. Fermé le lundi hors saison et en décembre. Menus de 80 à 130 F (12,2 à 19,8 €). À 1 km du centre, à gauche après le pont. Une ancienne bergerie joliment restaurée. Sébastien de Rocca-Serra, le maître des lieux, a décoré les murs de la salle à manger avec des outils anciens en bois et métal patiné. Bonne et copieuse cuisine régionale, où l'on trouve charcuterie, soupe corse, pommes de terre farcies et *panzetta* grillée au feu de bois.

🍴 Voir aussi l'*hôtel-restaurant Orsoni* (se reporter plus haut), on l'on mange correctement.

Où manger dans les environs ?

|●| *A Mezza Rena :* à Favone, à 12 km au sud de Solenzara. ☎ 04-95-73-20-45. Ouvert de juillet à septembre, non stop de midi à 21 h. Menus de 100 à 150 F (15,2 et 22,8 €). Le nom du resto signifie « Au Milieu du Sable »... Quoi de plus logique puisque cette adresse est située directement sur la plage ? C'est le gros atout de ce saisonnier, qui dispense des mets simples, pizzas ou poisson grillé, dont on ne se plaint pas. Autre particularité : la fille des proprios, Sandrine Rossi, est une star régionale : elle fut élue Miss Europe il y a quelques années ! Digestif offert sur présentation du *Guide du routard*.

|●| *Ferme-auberge A Pinzutella :* route de Bavella (à 5 km de Solenzara). ☎ 04-95-57-41-18. Ouvert tous les jours de mai à septembre. Menus à 148 F (22,8 €) et 160 F (24,4 €), cabri dans ce dernier. Sur réservation le reste de l'année. Accès par une piste sur la droite de la route de Bavella, qui pénètre dans la propriété. Les Lucchini élèvent chèvres et vaches, qu'on peut retrouver à la table de la ferme auberge : cabri ou veau en sauce ou au four qui se mangent avec joie, et d'autres produits de la ferme encore, volailles, fromages et légumes... De bons produits donc et l'atmosphère plaisante d'une ferme corse.

À voir, à faire

– Se baigner d'abord, il fait chaud ; puis monter au **col de Bavella**, à 30 km, par une route assez ardue mais belle qui longe le torrent du Solenzara, envahi par de gros blocs rocheux (voir, au chapitre « Le col et les aiguilles de Bavella », le texte sur « La route de Bavella à Solenzara »).

★ *Le couvent de Sari-Solenzara :* à la sortie de la ville, sur la gauche une route y grimpe, c'est à 8 km (portion de 2 km assez défoncée sur la fin). ☎ 04-95-57-43-41. Magasin ouvert du mardi au samedi de 13 h 30 à 17 h sauf les jours fériés. Le couvent, moderne et d'un blanc immaculé, fait face à un paysage absolument vierge de toute construction, monts abrupts aux pentes vertes. À l'intérieur, chapelle ouverte à tous, en permanence, belle et dépouillée, et boutique de statuettes (et statues) souvent d'inspiration romane fabriquées par les sœurs. Plutôt joli, surtout pour les amateurs d'images sacrées. Les autres, évidemment, seront moins enthousiastes.

GHISONACCIA / GHISUNACCIA (20240)　　3 260 hab.

De la transhumance des bergers d'autrefois à la transhumance des troupeaux d'estivants en route vers le sud, la « capitale » de la plaine orientale n'a pas perdu sa vocation de carrefour. Le village lui-même n'a guère d'autre intérêt que de se trouver à mi-chemin entre mer et arrière-pays, ce qui en fait une bonne base. La plage est moyenne, mais elle a le mérite d'exister.

Adresse utile

🛈 *Office du tourisme :* route Nationale. ☎ 04-95-56-12-38. Fax : 04-95-56-19-86. Ouvert de juin à septembre de 9 h à 12 h 30 et de 14 h 30 à 21 h ; hors saison, jusqu'à 18 h 30 et fermé le dimanche. Efficaces et bien documentés sur la région.

Où dormir ?

Campings

▪ *Camping Arinella Bianca :* à Ghisonaccia, prendre la route de la Mer ; à 4 km environ, un panneau indique le camping, tourner à droite. ☎ 04-95-56-04-78. Fax : 04-95-56-12-54. Ouvert de Pâques à octobre. Forfait à 150 F (22,9 €) pour deux en haute saison. Bungalows à 4 000 F (610 €) la semaine environ. Un beau camping qui mérite ses 4 étoiles. Bien ombragé sous les eucalyptus. Beaucoup d'Allemands, de Hollandais, d'Italiens. Très bien équipé : une vraie petite ville pour tentes et camping-cars avec bar, épicerie, laverie et activités pour enfants. Location de bungalows pour 4 à 6 personnes.

▪ *Camping Campu Serenu :* au lieu-dit Casamozza, à 3 km au sud de Ghisonaccia, puis à gauche, c'est indiqué. ☎ 04-95-56-12-10. Ouvert de mai à septembre. Compter 100 F (15,2 €). Petit camping récent sous les bouleaux et les eucalyptus. La plage n'est pas loin. Petit resto sur le terrain, servant des pizzas maison, des grillades et du poisson au four.

Village de vacances

▪ *Perla di Mare :* à 5 km de Ghisonaccia. Prendre un petit chemin à gauche au bout de la route de la mer. ☎ 04-95-56-53-10. Fax : 04-95-57-32-74. Selon la saison, studios de 1 000 à 4 000 F (152 à 610 €) la semaine ; T2 de 1 300 à 6 050 F (198 à 924 €) ; T3 de 1 700 à 7 000 F (260 à 1 067 €). Ouvert d'avril à fin octobre. Village de vacances situé en bord de mer. Petites maisons (du studio au trois-pièces) dans un coin de verdure, sous les pins. Calme assuré. Beaucoup d'espaces verts, un resto correct et une magnifique piscine. Activités sportives telles que tir à l'arc, canoë-kayak, planche à voile, etc. Prix intéressants hors juillet et août, mais qui vraiment prennent la grosse tête en haute saison. En basse saison, nettement moins cher, mais en avril la piscine n'est pas encore ouverte et le bar-restaurant non plus.

Où dormir dans les environs ?

Gîtes ruraux

▪ *Gîtes de M. François Gelormini :* à Quarcetta (3 km à l'ouest de Ghisonaccia), commune de Prunelli-di-Fiumorbo. Réservations auprès des Gîtes de France : ☎ 04-95-51-72-82. Fax : 04-95-51-72-89. De juin à septembre uniquement. En juin et septembre, 1 930 F (294 €) la semaine, en juillet et août 2 825 F (431 €). Deux gîtes de 50 m² dans une maison indépendante récente, de plain-pied, isolée dans la plaine agricole (vigne). Les propriétaires habitent à une centaine de mètres à peine, ils vous indiqueront le chemin pour y accéder. Séjour-cuisine, chambre avec lit double, chambre avec lit double et lit une personne, douche et w.-c. Congélateur, micro-ondes, TV, cheminée. Lave-linge commun. Gros plus, le superbe parc arboré. Salon de jardin, barbecue, portique, ping-pong.

▪ *Gîte de Mme Marie Santoni :* à Acciani (15 km à l'ouest de la côte, par la route qui s'enfonce dans l'arrière-pays à partir de Migliacciaro, 1,5 km au sud de Ghisonaccia sur la nationale). Réservations auprès des Gîtes de France : ☎ 04-95-51-72-82. Fax : 04-95-51-72-89. Compter 1 360 F (207 €) la semaine hors saison, 1 865 F (284 €) en juin et septembre, 2 885 F (440 €) en juillet et août. Belle situation sur les hauteurs de la côte ouest (altitude 400 m), dans un hameau. Maison crépie comprenant un autre appartement. Gîte de 60 m² en rez-de-chaussée, avec séjour (convertible 2 places), cuisine, chambre avec lit double et lit une place, douche-w.-c., lave-linge. Jeux de société et TV. Location de draps et chauffage en sus. Salon de jardin, barbecue. Simple et sans prétention, rapport qualité-prix correct dans l'ensemble. On est à 30 mn de la mer. Commerces à 12 km.

Où manger?

|●| Le Cintra : route nationale, juste à la sortie de Ghisonaccia, direction Solenzara, sur la gauche (parking en face). ☎ 04-95-56-13-44. Fermé le dimanche midi en hiver. Menus à 85 et 120 F (13 et 120 €). Le cadre n'est pas formidable car on est un peu en bordure de route, mais ce resto, polyvalent, propose pizzas, poissons, viandes et salades à prix abordables. Le service est rapide, et c'est copieux. Parfait pour une halte reconstituante.

|●| Restaurant Les Deux Magots : au bord de la plage de Tignale, à 4,5 km de Ghisonaccia par la route de la Mer. ☎ 04-95-56-15-61. Ouvert tous les jours midi et soir. Menus à 130 et 160 F (19,8 et 24,4 €) ; à la carte, comptez 200 F (30,5 €). Attention, pas de paiement par carte. Cuisine qui change souvent, mais toujours fraîche et à base de poisson. Vue sur la mer, évidemment. Quelques plats maison comme les moules farcies à la viande, les brochettes de lotte et autres préparations gastronomiques de bon aloi. Assez cher cependant. Bon accueil du patron.

Où manger dans les environs?

|●| Ferme-auberge U Sampolu : à Sampolo, 20227 Ghisoni. ☎ 04-95-57-60-18. ⚒ Ouvert de mai à fin septembre, sur réservation uniquement. Menus de 90 à 130 F (13,7 et 19,8 €). À 19 km au nord-ouest de Ghisonaccia, dans le défilé de l'Inzecca (route de Ghisoni), sur la gauche après le lac artificiel en venant de la plaine orientale. Bonne adresse dans le genre rustique et copieux. Des spécialités comme l'aubergine paysanne, l'agneau grillé, le veau et le bœuf (qui viennent de la ferme). Apéritif offert à nos lecteurs sur présentation du *GDR*.

|●| Ferme-auberge U Pughjolu, chez Toussainte et Coco : 20240 Poggio-di-Nazza. ☎ 04-95-56-91-41. Ouvert le midi uniquement, sur réservation. Menu unique à 120 F (18,3 €), vin et café à volonté. Un petit bout du monde ! À 15 km de Ghisonaccia, prendre à gauche juste avant le défilé de l'Inzecca (à Lugo-di-Nazza, superbe campanile). Coco nous a quittés, mais Toussainte tient toujours son auberge ouverte à ceux qu'une franche cuisine corse tente et inspire. Charcuterie maison (les cochons ne sont pas loin), soupes corses, gâteau aux châtaignes, sanglier en saison. Pas moins de six plats par repas ! Vous êtes en général contents de cette adresse. Continuez, Toussainte !

|●| Ferme d'Urbino : étang d'Urbino. ☎ 04-95-57-30-89. Ouvert midi et soir en saison ; le midi uniquement d'avril à mai, et de mi-septembre à mi-octobre. Menus à 85 et 110 F (13 et 16,8 €). Pas de paiement par carte. Resto ou radeau ? Les deux à la fois... Quel bout du monde ! On se croirait presque sur un bayou de Louisiane. Près d'un hangar à coquillages, un petit ponton mène au resto flottant. Cadre très agréable donc, mais bon, la moules-frites n'était pas formidable...

Randonnée pédestre Mare a Mare Centre

Traversée de Ghisonaccia en 6 étapes. Se munir de topoguide (*Entre Mer et Montagne*, réf. 065) en vente au bureau du parc régional à Ajaccio. L'itinéraire est balisé en orange. Départ sur la N 198. Si vous arrivez en bus à Ghisonaccia, demandez au chauffeur de bus de vous arreter au pont de l'Abatescu (début du sentier et non à Ghisonaccia même (à moins que vous ne fassiez quelques courses pour votre dîner) ce qui vous évitera de longer la nationale pendant une demi-heure pour arriver au départ du sentier.

Une rando qui ne nous fait pas regretter les efforts demandés à nos petits muscles. Plaine de Fium'Orbo puis zone montagneuse granitique du Haut Taravu, on serpente à travers les forêts de chataigners ou de pins qui nous mènent jusqu'à de larges percées découvrant un vaste horizon avec parfois la mer au fond. Itinéraire ponctué par la traversée de villages et de nombreux cours d'eau. Les étapes sont d'intérêt inégal, mais la variété et la beauté des paysages caractérisent la plupart d'entre elles. Arbousiers, yeuses, maquis arborescent, chênes liège ou immortelles, c'est aussi l'occasion de rencontrer une fleur qui ne fait pas partie de notre quotidien. Aucune difficulté particulière. Le sentier commence en douceur par l'étape la plus courte, histoire de se mettre en jambe. À vous maintenant de nous faire partager vos impressions ! Budget ; se reporter à la rubrique « Randonnées » dans les « Généralités » au début de ce guide.

– Le premier gîte (à 3 h/3 h 30 de marche seulement de Ghisonaccia) se trouve à **Serra-di-Fiumorbo** (20240). ☎ 04-95-56-75-48. Gîte communal tenu par Madame Giudicelli, volubile et sympathique. Une vingtaine de places ; bien entretenu, sans plus. Cuisine américaine où l'on peut choisir de faire sa popote. Attention, il y a bien une épicerie (sans dépôt de pain) au village, mais ses horaires d'ouverture étant assez fantasques, mieux vaut ne pas trop compter dessus ! (il y a un Super U à Ghisonaccia) ! Sandwich (20 F soit 3 €) sur demande pour le lendemain. Si le gîte est complet, pas de panique ! Madame Giudicelli vous installera dans la salle des fêtes qui le jouxte. Pas de possibilité de camper.

– Puis 4 h de marche jusqu'au gîte de **Catastaghju**, à **San Gavino di Fiumorbo** (20243). ☎ 04-95-56-70-14 ou 04-95-56-74-97. Gîte communal (ancienne centrale hydraulique) tenu par Madame Paoli, qui vous réserve un accueil vraiment chaleureux. À l'heure où nous imprimons, d'importants travaux sont prévus, qui devraient être terminés pour l'été 2001. Pour l'heure, pas de chambres mais un grand dortoir, où les lits sont séparés par des rideaux ou de petites cloisons à hauteur d'homme. Mais qu'importe, le tout est très bien entretenu, et l'enthousiasme de Madame Paoli communicatif. Côté repas, c'est bon et copieux. Paniers repas sur demande. Mais surtout, ne ratez pas la piscine naturelle que forme la rivière à flanc de paroi rocheuse : un grand moment de bonheur pour les muscles fourbus ! Aire de jeux pour les enfants, et... tennis à 2 pas pour ceux qui ont encore de l'énergie à dépenser (et leur équipement...).

– Étape suivante, marche de 6 h jusqu'à **Cozzano** (20148). ☎ 04-95-24-41-59. Un des plus grands gîtes du sentier. Le gîte en lui-même manque de chaleur (surtout la pièce commune-cuisine), mais allez donc faire un tour au resto quelques mètres plus bas, également tenu par Baptiste Pantalacci et sa famille, proprios du gîte, très sympas et qui connaissent bien la région. Le repas est bon, et si le cœur vous en dit, passez donc côté bar taper le carton ou discuter avec Baptiste, vous ne verrez pas le temps passer. Pharmacie, et poste (ouverte de 14 h à 16 h) dans le village.

– De Cozzano à **Guitera** (20153), compter 4 h. ☎ 04-95-24-44-40. Chez Paul-Antoine Lanfranchi. Un gîte chaleureux et agréablement situé. Après un petit verre sous la tonnelle (quittez-la sans regret, vous y reviendrez pour le digestif !), on passe à table, et là, on en a plein les papilles, parce qu'en plus d'être copieux, c'est très bon (et un peu plus cher que d'habitude, normal) ! Un bon moment passé en compagnie des Lanfranchi, qui visiblement aiment ce qu'ils font. Peu de lits. Possibilité de planter sa tente à quelques mètres de là.

– 3 h 30 jusqu'à *Quasquara* (20142). ☎ 04-95-53-61-21. Dans le centre du village. Encore un gîte vraiment accueillant, et impeccablement tenu de surcroît. Là aussi les lits ne sont pas légion, alors pensez à réserver. Tout est fait pour qu'on s'y sente bien : intérieur en bois façon chalet montagnard, cuisine américaine (donc possibilité de se faire la popote), jeux... À partir de l'été 2001, vous pourrez profiter d'une nouvelle terrasse avec barbecue. Une petite heure avant d'arriver au gîte, ne manquez pas la source d'eau-très-chaude de Guitera : la source a été captée pour alimenter l'ancien lavoir du village. Une pause idéale et attendue avant d'attaquer la dernière ligne droite (façon de parler...). Pas de possibilité de camper.

– Enfin, 4 h de marche jusqu'au dernier gîte du *col Saint Georges*. ☎ 04-95-25-70-06. Mr et Mme Renucci. Les proprios tiennent également une auberge-restaurant à quelques mètres en contrebas du gîte ; c'est d'ailleurs là qu'il faut aller vous présenter. Gîte tout à fait impersonnel (insistez pour avoir de la place au gîte même et pas dans l'hôtel...) ; dommage, surtout après avoir séjourné dans tout de gîtes chaleureux. Accueil irrégulier. Côté dîner, c'est réussi : les repas sont copieux, servis au resto dans un cadre agréable. Peut-être même ce soir-là aurez-vous la chance d'entendre le patron pousser la chansonnette !

Une fois à Porticcio, on n'a eu qu'une envie, celle de se jeter dans l'eau. Un vrai plaisir après ces quelques jours de marche pas toujours évidente. Les restos en terrasse se succèdent le long de la belle plage de sable fin. On grignote les pieds dans le sable, avec une superbe vue sur le golfe. Le bonheur !

Pour rentrer à Ajaccio, on nous a déconseillé le stop, qui paraît-il ne fonctionne pas très bien. Un bus passe le long de la plage. La fréquence de passage n'est pas définie à l'heure où nous imprimons. Vous pouvez vous renseigner : ☎ 04-95-24-40-37 (Casanova Transport). Nous on a préféré traverser le golfe en bateau pour quelques francs de plus, un bon moyen de prolonger la rando qui s'achève. Départs de Porticcio à 8 h 30, 9 h, 12 h, 14 h 30 et 18 h 30 (horaires susceptibles de modifications). Compter 26 F (4 €). Renseignements à l'embarcadère : ☎ 04-95-25-94-14.

À voir dans les environs de Ghisonaccia

★ *Le Fium'Orbo :* une région montagneuse et enclavée (réputée naguère pour son esprit d'indépendance et ses bandits) avec quelques villages en nid d'aigle comme *Prunelli-di-Fium'Orbo* d'où l'on a une superbe vue sur la côte orientale (y monter en fin d'après-midi pour la lumière qui est plus belle). Autre curiosité de ce terroir : les *thermes de Pietrapola* qui sont situés au sous-sol de l'hôtel lui-même, au-dessus de la rivière Abatesco. Les baignoires ont un côté très rétro, amusant !

★ *Les défilés des Strette et de l'Inzecca :* à une vingtaine de kilomètres au nord-ouest de Ghisonaccia, en direction de Ghisoni. Intéressant surtout pour la couleur de la serpentine verte, cette roche caractéristique par son aspect brillant, que l'on trouve surtout dans le défilé de l'Inzecca. De Ghisoni, village entouré de montagnes boisées, une route sinueuse et étroite rejoint Vivario et la route Ajaccio-Corte par le col de Sorba (1 311 m). Un coin perdu et très beau.

★ *L'étang d'Urbino :* à 7 km de Ghisonaccia, sur la route d'Aléria, une route part sur la droite pour traverser une petite mer intérieure, de 3 km sur 3, reliée à la vraie mer par un étroit passage, un passage superbe, mi-marin, mi-terrien, des pinèdes secrètes et une île de promeneur solitaire, un pénitencier agricole – le dernier de France – pour des crimes passionnels, 500 000 alevins qui poussent dans 750 ha d'eau salée, des kyrielles d'huîtres et de moules, des histoires de Romains et de malaria, une dynastie d'aristocrates bastiais passionnés par l'aquaculture... Non, ce n'est pas un roman, mais un étang, celui d'Urbino. S'y trouve une ferme ostréicole, qui fait aussi resto (voir plus haut la *Ferme d'Urbino*, dans la rubrique « Où manger? »).

À faire

– De nombreux **sentiers de village à village** ont été balisés dans le Fium'Orbo par le parc naturel régional. Ce secteur n'est pas le plus réputé de Corse pour la randonnée, mais la cause en revient à son éloignement des cheminements habituels des touristes et autres randonneurs. Car la nature est superbe et les villages tout autant. On y a souvent l'impression de naviguer dans un océan de verdure, un musée naturel où les arbres sont rois et les curiosités cachées innombrables...
Quelques exemples de parcours à faire sans l'ombre d'une hésitation : rejoindre à partir de Solaro le hameau perdu de Ruvoli et son couple de retraités séjournant l'été dans ce bout du monde sans accès routier ; aller dominer les gorges du Travo (parcours vedette du kayak héroïque en Corse) par le chemin qui vagabonde entre Chisa et Ventiseri ; gagner les crêtes et les cols de Prati, de Laparo, de Juva ou d'Usciolu à partir de San Gavino, Ania ou Isolaccio-di-Fium'Orbo, et profiter de leur vue admirable sur l'étang de Palo, sur les rivages orientaux de l'île ou bien, à l'opposé, en direction de l'Incudine et du Renoso... et puis du Poggio à la Luvana, du Cipitosa à l'Arinella, il n'est aucun torrent dans ces parages sans vasque, gorge ou cascade paradisiaques...
– *Randonnées en haute vallée du Fium'Orbo :* aller et retour en 4 h. Le village de *Ghisoni* est l'une des capitales de la montagne corse. Au pied du massif du Renoso et de ses nombreux lacs d'altitude, ce village tout à fait mignon (malgré une gendarmerie qui ne risque guère d'être classée un jour monument historique) accueille d'ailleurs le seul centre UCPA de montagne de toute la Corse.
Plein de choses à faire autour donc : aller se baigner sous le village dans les piscines naturelles du Fium'Orbo, monter au lac de Bastani et au Renoso de la « station de ski » fantomatique de Capannelle (3 h d'ascension facile et balisée pour ce sommet débonnaire, le moins accidenté des « géants » de Corse) ou encore visiter la sapinière de Marmano et le fameux site des Pozzi. Ce terme (en français pozzines), qui signifie « puits », s'applique à ces anciens lacs comblés partiellement où l'eau divague désormais en ruisselets et en une succession de petites mares où prospère un milieu naturel riche et très particulier.
On atteint ce site curieux et tout à fait charmant à partir du col de Verde, en suivant vers l'ouest les balises rouge et blanc du GR20 jusqu'au col de la Flasca. Sur l'autre versant, le sentier bascule dans le vallon de Marmano (au passage, d'immenses sapins, dont le roi, mesurant autrefois 55 m et réputé comme le plus haut d'Europe, a été toutefois ratiboisé par la foudre). Plus loin, dans la clairière de Gialgone (1 h 30 col de Verde), on quitte le GR20 pour emprunter sur la gauche le sentier menant aux bergeries des Pozzi (abri rudimentaire possible) puis, une fois un ultime verrou franchi, on débouche sur les étendues marécageuses du même nom, installées sur différents niveaux (2 h 30 de marche de Verde).

ALÉRIA / ALERIA (20270)   2 010 hab.

Le village moderne, *Cateraggio,* est sympa, sans plus. Mais le village d'Aléria même, situé sur une colline, est surtout connu pour les ruines de la cité romaine. N'imaginez pas trouver Pompéi. Les édifices ont beaucoup souffert. Vaut néanmoins le détour pour la puissance d'évocation du site et surtout le *musée Jérôme-Carcopino* (parking à l'entrée, resto près du fort). Chouette *plage de Padulone*.
D'Aléria part une route assez directe (48 km) pour Corte, le long du Tavignano.

Adresse utile

🏛 *Office du tourisme :* le long de la nationale, juste après le pont sur la droite quand on vient du sud. ☎ 04- 95-57-01-51. Ouvert de 9 h à 19 h l'été, de 9 h à 12 h et de 15 h à 18 h hors saison. Fermé le dimanche.

Où dormir ? Où manger à Aléria et sur la côte ?

Pas grand-chose dans le secteur mais quelques plans bon marché.

Camping

🏕 ⏐●⏐ *Camping-bungalows Marina d'Aléria :* à 3 km du carrefour N198-N200 par la N200 en direction de la mer. ☎ 04-95-57-01-42. Fax : 04-95-57-04-29. Ouvert de Pâques au 30 octobre. À partir de 23 h, il faut laisser sa voiture sur le parking à l'extérieur. Forfait à 100 F (153,2 €) pour deux au mois d'août. Bungalows pour 4 ou 5 personnes de 2 800 à 4 400 F (427 à 670 €) la semaine en juillet et août; moins cher en moyenne saison. Certainement le plus beau camping de la côte orientale. Au bord d'une longue plage (1 km) de sable fin, et à proximité d'une petite rivière. Site ombragé sous les oliviers, les pins et les eucalyptus. Deux blocs sanitaires, eau chaude, machines à laver à jetons, restauration, pizzeria, 6 tennis et une croissanterie. Garages à vélo et activités sportives : canoë-kayak, windsurf et pédalo.

Assez bon marché

🏠 *Hôtel des Orangers :* à 50 m du carrefour de Cateraggio, à 3 km de la plage. ☎ 04-95-57-00-31. Fax : 04-95-57-05-55. Ouvert toute l'année. Selon le confort, double de 200 à 250 F (30,5 à 38,1 €). Menu à 75 F (11,4 €). M. Giudicelli tient avec bonhomie cet hôtel à l'ambiance familiale. Les chambres, simples mais plutôt agréables, et avec TV et téléphone, sont d'une propreté impeccable. Resto plutôt correct et bon marché. Demi-pension possible, intéressante. Une adresse que nos lecteurs apprécient.

🏠 ⏐●⏐ *Bed & Breakfast et salon de thé La Tour :* 12 km au nord d'Aléria, au niveau de la marine de Bravone. Panneau sur la droite indiquant *La Tour.* ☎ 04-95-38-81-54. Studios pour 2 personnes à 350 F (53,3 €) la nuit, 300 F (45,7 €) à partir de 3 nuits, petit déjeuner compris. Également un deux-pièces à 500 F (76,2 €). Ouvert du 15 mai à fin septembre. Bonne surprise que ce petit endroit enfoui dans la végétation. Salon de thé la journée (bonnes tartes maison, gâteaux itou) et, l'été, pizzas le soir. Ambiance très cool. Juste à côté, quelques chambres en rez-de-jardin, pas trop mal même si ce n'est pas tout neuf, avec douche et w.-c., hyper calmes et là encore dans un cadre de verdure. La mer, qu'on voit de la terrasse du salon de thé, n'est qu'à 300 m. Une adresse d'habitués, qui reviennent chaque été. Difficile d'avoir une place.

Où dormir ? Où manger entre Aléria et Corte ?

≜ ⦿ Camping L'Ernella : sur la N200, au lieu-dit L'Ernella ; à une vingtaine de kilomètres d'Aléria sur la route de Corte, à mi-chemin entre les deux villages. ☎ 04-95-48-82-06. Fermé l'hiver, et ouvert le reste de l'année sauf en juillet et août, car c'est là que le personnel des Télécom passe ses vacances, mais il vaut mieux réserver. Une aire naturelle de camping, simple, ombragée, bien située au bord du Tavignano sur lequel on pratique le canoë-kayak. Également un gîte et des ânes. Petite restauration.

≜ ⦿ Ferme-auberge U Sortipiani : chez Xavier Corazzini, pont de Piedicorte, N200, 20270 Piedicorti-di-Gaggiu. ☎ 04-95-48-81-67. Fax : 04-95-61-04-17. ♿ Ouvert de mars à septembre, mais logement toujours possible hors saison sur réservation. Chambre double à 280 F (42,7 €). Repas à 130 F (19,8 €). À environ 24 km à l'ouest d'Aléria, sur la route de Corte. En pleine nature, à côté du Tavignano où l'on peut se baigner en été, dans une maison récente et isolée (quel calme !), où l'accueil est particulièrement chaleureux. Bonne cuisine à base des produits de la ferme. Charcuterie maison. En outre, on y trouve des chambres à prix raisonnables, avec douche et w.-c., et quelques emplacements de camping (ombragé et douches chaudes). Bon sentier de randonnée autour de la propriété, passant par un site préhistorique que fouille Xavier. Documentation sur place. Mieux vaut téléphoner avant pour réserver. Apéritif maison offert à nos lecteurs sur présentation du GDR.

≜ ⦿ Le Banana's : Casaperta, 20251 Pancheraccia (à 10 mn d'Aléria sur la route de Corte). ☎ 04-95-57-04-87. Fax : 04-95-57-20-53. Ouvert toute l'année midi et soir. Chambre double à 280 F (42,7 €). Menu ouvrier à 70 F (10,7 €) ; sinon, compter 150 F (22,8 €) à la carte. Un ami qui visitait la Corse à vélo s'est arrêté ici un soir, tout à fait par hasard. Au bar, de rudes autochtones cherchaient un quatrième aux cartes, l'ami s'est retrouvé embringué dans la partie, et en a conservé un très bon souvenir. C'était à tu et à toi, à coups d'apéro, etc., puis on a tapé la pétanque. Il a par ailleurs bien mangé, bien dormi. Chambres doubles de bon confort, avec salle de bains et TV. Literie neuve. Fait remarquable : les prix restent les mêmes toute l'année. Au resto, grillades, spécialités corses. Piscine, jeux pour enfants, environnement très arboré et déco « cocotiers ». Apéritif maison offert à nos lecteurs sur présentation du GDR.

⦿ Auberge San Mateu : à Pancheraccia, 22 km au nord-ouest d'Aléria. ☎ 04-95-48-84-50. Menu à 120 F (18,3 €). Sur réservation uniquement. Ambiance familiale et bon accueil dans cette auberge où l'on se régale positivement : beignets au poireau, à la menthe et au citron, viande de porc et charcuterie (élevage maison). Une table considérée comme l'une des meilleures dans les environs d'Aléria.

À voir. À faire

★ **Le Musée départemental d'Aléria Jérôme-Carcopino :** installé dans le fort de Matra, construit en 1572. ☎ 04-95-57-00-92. Ouvert de 8 h à 12 h et de 14 h à 19 h de mai à octobre, et jusqu'à 17 h le reste de l'année. Fermé le dimanche hors saison. Entrée payante mais bon marché : 10 F (1,5 €). Ce n'est pas le fort lui-même qui vaut le déplacement mais les magnifiques vestiges grecs et surtout romains retrouvés sur le site, la plupart dans des « tombes à chambre » et remarquablement conservés. Très belles céramiques, quelques-unes d'un érotisme intéressant, superbes têtes de mulet et beau pempobolon (vous aimeriez bien savoir ce que c'est, hein ? Eh bien venez voir !), bijoux, casques, glaives... Belle présentation. Sans conteste le meilleur musée d'archéologie antique de Corse.

★ **Les ruines romaines :** le site archéologique est situé au sommet d'une colline, à 200 m du musée. S'adresser d'abord au musée pour la visite. On accède aux ruines par un sentier. Une partie seulement de la ville antique se visite : vestiges du forum, du temple, du capitole ainsi que le *balneum*.
C'est tout de même pas de chance que les Romains aient choisi cette partie de la côte pour s'installer. La pierre locale est en effet peu résistante, et des édifices il ne reste plus rien que les fondations, les bases de colonnes, des murets à peine... Alors que la Corse possède partout ailleurs du bon vieux granit ou du schiste impérissable ! Le site continue d'être fouillé et de nombreuses découvertes restent à faire.

★ **L'étang de Diane :** quel beau nom ! Quel bel étang ! Les Romains y élevaient déjà des huîtres il y a deux millénaires. Une petite île leur servait de dépotoir ; elle est recouverte d'une épaisse couche de ces coquillages formant une véritable strate calcaire. Aujourd'hui la tradition continue grâce à une *ferme aquatique,* présente sur le site, où l'on peut acheter des huîtres (bonnes), des moules (délicieuses) et autres clams et praires. Essayez aussi la *poutargue,* en principe ils en ont (œufs de mulet séchés, forts en goût). Aucune pollution.

|●| Il y a aussi un *resto* flottant, assez chouette pour la situation, un rien plus cher que la *ferme d'Urbino*. ☎ 04-95-57-04-55. On ne l'a pas essayé.

★ **Le village naturiste de Riva-Bella :** à une dizaine de kilomètres au nord d'Aléria, sur la droite de la N198. ☎ 04-95-38-81-10. Pour jouer à Adam et Ève sur une belle plage bordée de petits bungalows. L'article premier du règlement intérieur stipule : « Nudité intégrale obligatoire sur la plage ». Tout le monde à poil ! À vos ordres, chef ! On vous prévient tout de suite, les voyeurs ne sont pas très aimés, et ils sont vite repérés par les nudistes (par les minettes surtout). Aussi avons-nous dû partir en courant...

MORIANI-PLAGE (20230)

La dernière plage le long de la route avant Bastia. La station s'appelle aussi *Padulella* ou *San Nicolao-Plage*. Une petite transversale s'enfonce dans la montagne vers la très belle corniche de la Castagniccia et Cervione. Les excursions dans cet arrière-pays splendide et bien trop méconnu (voir plus loin, « La Castagniccia ») sont d'ailleurs l'atout principal de Moriani-Plage. À part la bronzette, bien sûr.

Adresse utile

🄸 **Syndicat d'initiative :** route de la Plage ; dans le centre du village. ☎ 04-95-38-41-73. En saison, ouvert tous les jours de 9 h à 13 h et de 16 h à 18 h ; hors saison, ouvert du lundi au vendredi, le matin uniquement. Fournit des itinéraires rando dans l'arrière-pays bien sympas !

Où dormir ? Où manger ?

Camping

🛏 *Camping Merendella :* ☎ 04-95-38-53-47. Ouvert de juin au 10 octobre. De 85 à 110 F (13 à 16,8 €) pour 2 personnes (avec tente et voiture) selon la saison. Vaste camping bien équipé, ombragé. Accès direct à la plage. Quelques bungalows genre chalets en bois la semaine en été.

Bon marché

🛏 |●| *Auberge de jeunesse L'Avillanella :* à Poggio-Mezzana (à 2 km de Moriani-Plage, sur la droite de la RN198 en venant de Porto-Vecchio, juste à la sortie de Santa-Lucia-di-Moriani). ☎ 04-95-38-50-10. Fax : 04-95-38-50-11. Fermé de novembre à mars inclus. Compter 70 F (10,7 €) la nuit, petit déjeuner compris ; demi-pension à 130 F (19,8 €). Une AJ de 110 lits en chambres de 2 à 6 couchages, avec salle de bains. Parc fleuri et accès direct à la plage. Petits bâtiments de deux étages, cubiques. Nombreuses activités (VTT, kayak, planche à voile, beach volley...) et restauration. En fait, une AJ vraiment bienvenue en Corse, où il n'y en a quasiment pas. Animations le soir. Carte d'adhésion FUAJ obligatoire.

|●| *A Pota Marina :* sur la plage. ☎ 04-95-38-53-13. Ouvert d'avril à octobre. Menus de 70 à 110 F (10,7 à 16,8 €). Un patron jovial, toujours de bonne humeur, qui connaît bien la région car il a répertorié, avec son fils Jean-David Sommovigo, toutes les églises et les trésors de la Castagniccia. Pizzas, crêpes, ainsi que deux menus à base surtout de poisson et fruits de mer. Bien pour le midi. Café offert à nos lecteurs sur présentation du guide.

Prix moyens

🛏 *Domaine de l'Avidanella :* à Sainte-Lucie-di-Moriani, 3 km au nord de Moriani. ☎ 04-95-38-50-72. Fax : 04-95-33-53-76. Ouvert de mars à octobre. Selon saison, villa pour 3 personnes (lit en mezzanine) de 1 170 à 3 800 F (178 à 580 €) la semaine. Un ensemble de villas pour 3 à 8 personnes dans un espace arboré, avec accès direct à la plage. Équipement suffisant (mais pas de lave-vaisselle). Bien entretenu. Petit club de planche à voile sur la plage. Tarifs abordables en basse et moyenne saison, tout de même excessifs en juillet-août.

Où dormir ? Où manger dans les environs ?

🛏 |●| *Auberge et gîte d'étape Luna Piena :* 20230 Santa-Reparata-di-Moriani. ☎ 04-95-38-59-48. Fax : 04-95-38-59-48. En voiture, compter 30 mn depuis Moriani : direction San-Nicolao (6 km) puis par la D34 en cul-de-sac jusqu'à Santa-Reparata (environ 10 km). À quelques centaines de mètres du village, très calme. Fermé de novembre à mars inclus. Menus de 90 à 150 F (13,7 à 22,8 €). Nuitée 65 F (9,9 €). Demi-pension à 170 F (25,9 €). Pre-mière étape sur le sentier Mare a Mare Centre. Francine prépare une bonne cuisine locale. Une bonne halte si vous rayonnez depuis Moriani ou si vous vous baladez en Castagniccia. Apéritif maison offert à nos lecteurs sur présentation du guide.

🛏 |●| *Hôtel-restaurant Catarelle :* à San-Giovanni-di-Moriani, là-haut sur la montagne. ☎ 04-95-38-51-64. ⚒ Accès : pour la route, se reporter à la Michelin 90 : le village se trouve à 5 km à vol d'oiseau à l'est de Moriani-Plage, mais à une dizaine par la route, route longue et tortueuse, compter un bon quart d'heure depuis la côte. Accès plus court par Sainte-Lucie-de-Moriani (2 km au nord de Moriani). Fermé en décembre et janvier. Chambre double avec douche et w.-c. ou bains de 300 à 550 F (45,7 à 83,8 €) selon la saison. Menus de 100 à 150 F (15,2 et 22,8 €). Situation superbe, notamment pour la terrasse du resto, en belvédère et avec vue splendide jusqu'à la mer. Les tissus que Maddy est allée chercher à Lyon pour décorer les chambres, rideaux et couvertures, sont bien choisis. Très propre et bonne literie. Une chambre est même de luxe, particulièrement spacieuse et avec jacuzzi et terrasse (terrasse il est vrai partagée avec une chambre voisine... Quant à la table, les cannellonis aux herbes et au bruccio sont les meilleurs qu'on ait jamais mangés. On aime donc bien cette adresse, et ce petit bout de femme énergique que ses enfants aident en saison. Mais il est regrettable que la cour ait un aspect très désordonné, car encombrée de vieux objets. Les chiens qui aboient fougueusement lorsqu'on arrive accentuent cette impression, mais ils ne sont pas du tout méchants.

|●| Ferme-auberge A Mandria : commune de Talasani ; à 9 km au nord de Moriani. ☎ 06-03-63-27-26. Prendre la N198 direction Bastia, puis à gauche à 8 km (panneau) ; l'auberge se trouve à 500 m de là. Ouvert tous les soirs de juillet à mi-septembre, sur réservation. Menu à 120 F (18,3 €). Une adresse qu'une aimable Corse nous a indiquée, et qui s'est avérée pittoresque et plaisante. Jolie vue sur la mer en contrebas et copieuse cuisine corse, artisanale : beignets au fromage, lasagnes au sanglier... Et bain corse assuré : les gens du coin, la Tavagne, fréquentent volontiers l'endroit. Apéritif offert à nos lecteurs sur présentation du guide.

Gîtes ruraux

🏠 Gîtes de Reghetto : à San-Giovanni-di-Moriani, hameau de Reghetto (10 km à l'ouest de Moriani, mais accès plus rapide par Sainte-Lucie-de-Moriani, un peu au nord de la station). Réservations auprès des Gîtes de France : ☎ 04-95-51-72-82. Fax : 04-95-51-72-89. De 1 600 à 1 810 F (244 à 276 €) la semaine hors saison ; 2 100 F (320 €) en juin et septembre ; 3 000 F (457 €) en juillet et août. De 100 à 200 F (15,2 à 30,5 €) de plus pour le plus grand gîte. Dans un village typique, superbement situé sur la corniche de la Castagniccia. Dans une vieille maison de village mitoyenne, deux gîtes hyper spacieux, l'un au rez-de-chaussée (92 m²), l'autre à l'étage (118 m²). Chaque gîte avec salon, cuisine et 3 chambres (le gîte le moins grand peut accueillir 6 personnes, l'autre sept), salle de bains et w.-c. (douche en plus pour le grand gîte), lave-linge, micro-ondes, prise TV. Pièces voûtées et poutres apparentes pour le gîte en rez-de-chaussée. Terrasse fleurie et avec barbecue de 50 m² pour le gîte à l'étage, plus petite au rez-de-chaussée (12 m², pas de barbecue). Vue sur mer et montagne des deux gîtes. Accueil très chaleureux de Françoise Orsini. On est à 15-20 mn de la plage, des commerces aussi. Et pour ainsi dire en Castagniccia, micro-région magnifique. Animaux acceptés.

🏠 Voir aussi le gîte de **Scata** (M. Thimothée Dainesi), à 20 et 25 mn de Moriani, en Castagniccia (voir plus loin « Où dormir aux environs de Piedicroce ? »).

Où se baigner ?

– Entre Aléria et Moriani-Plage, la côte orientale forme une interminable plage de sable, sans accrocs, sans criques, sans caps. Il faut s'éloigner des routes et des villages de vacances pour trouver de l'espace. Nous conseillons par exemple la plage (immense) qui se situe au bout d'une petite route que l'on prend à la hauteur du phare d'*Alistro*, au bord de la N198, à 14 km au sud de Moriani. C'est un coin relativement tranquille en été. En marchant, on peut faire des kilomètres le long de la plage, sans rencontrer trop de monde (plutôt vers le nord que vers le sud d'Alistro, où commencent les villages de vacances...).

– *Bassins naturels du Bocatoghu :* à 1 km au sud de Moriani, passer l'*Espace Grandi* (fruits et légumes) et prendre la 1re à droite ; puis à 500 m à gauche au croisement ; 50 m plus loin, passer le petit pont puis prendre la 1re à droite (chemin de terre) : on longe la rivière (le *Bocatoghu*), puis on arrive rapidement à un bassin naturel ; de là, on peut en grimpant un peu (avoir de bonnes chaussures, attention aux enfants) accéder à un autre bassin en 5 mn à peine. Baignade, plongeons (mais s'assurer qu'il y a assez de fond).

Festival

– *Festival Settembrinu di Tavagna :* ce jeune festival d'une petite semaine, à cheval sur août et septembre, va tranquillement sur sa sixième année et permet de découvrir une micro-région méconnue, la Tavagne, située entre Moriani et la Casinca. Renseignements : ☎ 04-95-36-91-94 ou 04-95-36-97-27. Programme éclectique mariant modernité et tradition. Des musicos du monde entier se produisent dans les villages de Peru-Case-cecchje, Velone-Olmeto, Isolaccia, Poggio-Mezzana et Talasani.

|●| ♟ À cette occasion, on pourra faire un tour au *Tavagna Club* (☎ 04-95-36-94-97) à Talasani, petit endroit sympa pour se restaurer ou boire un verre et qui, bien sûr, bat son plein durant cette semaine de festivités.

Randonnée pédestre Mare a Mare Nord

Une petite merveille que cette balade permettant de relier à pied et en 7 jours (itinéraire principal) ou 10 jours (avec une variante) la côte orientale à la côte ouest. Soit Moriani-Sermano-Corte-Cargèse. Se munir évidemment du topo-guide spécialement édité par le Parc régional. Balisé en orange, l'itinéraire est jalonné de gîtes d'étape que nous signalons dans le chapitre « Corte » où nous donnons un résumé succinct de cette fabuleuse randonnée.

Il est conseillé de téléphoner auparavant pour réserver sa place dans les gîtes (surtout au mois d'août). Cela dit, comme pour le GR20, l'époque idéale pour entreprendre cette grande traversée de mer à mer, eh bien, c'est juin et septembre.

LA CASTAGNICCIA
ET LA CASINCA

Deux micro-régions un peu oubliées et pourtant vraiment attachantes. La Casinca est un petit massif au sud de Bastia, de 10 km sur 10 environ, coincé entre les vallées du Golo et du Fium'Alto. La Castagniccia est bien plus étendue, descend jusqu'à Cervione et s'enfonce à l'ouest jusqu'au mont San Petrone. Ces deux régions ont en commun d'avoir connu un riche passé fondé sur la culture du châtaignier, et d'en avoir conservé un beau patrimoine bâti (églises baroques, grande densité de hameaux et villages).

LA CASTAGNICCIA

Que Paoli fût natif de la Castagniccia n'est pas étonnant. Car la voici, l'âme corse. Ces vallées vertes et abruptes où serpente la petite départementale, jadis chemin muletier, ces villages serrés, fermés, hérissés de campaniles comme des flèches vers le ciel, ces bêtes si typées, vaches, chèvres, porcs à demi sauvages, ces châtaigniers épais et tors, ces torrents... La Castagniccia (ou « Castanitche », comme disent les Corses), belle toujours, riche moins sans doute qu'autrefois, mais riche quand même, riche d'elle-même, si corse Castagniccia.

Ce massif, longtemps coupé du reste de l'île, connut son âge d'or au XVIIe siècle : c'était alors la région la plus peuplée de l'île, notamment grâce au châtaignier, « l'arbre à pain », qui lui a d'ailleurs donné son nom. C'est à cette époque que la plupart des églises baroques et des campaniles furent édifiés. Aussi l'on ressent – avec les Corses – une sorte de nostalgie, du moins comprend-on la leur, leur peine à voir ces châtaigneraies abandonnées, et ces terrasses hier cultivées aujourd'hui en friche...

Mais la région reste magnifique, et commence à s'ouvrir au tourisme vert (mais pas de masse). Et ceux qui ont choisi d'y vivre et de poursuivre ou reprendre les vieilles activités – culture du châtaignier, élevage, ébénisterie –, ou d'en créer de nouvelles, généralement liées au tourisme, forment une population tout aussi attachante. Alors si vous terminez votre tour de Corse à Bastia, essayez de passer au moins une nuit là-haut sous les châtaigniers (ou plus, car la Castagniccia n'est pas faite pour les gens pressés...).

Les sentiers de pays de la Castagniccia

À l'initiative du Parc régional, quatre sentiers de pays en boucle à la journée ont été ouverts en Castagniccia. Très sympa et accessibles à tous. On découvre alors la beauté puissante de cette région de châtaigniers, de schiste et de sites spectaculaires (ancien couvent d'Orezza en promontoire, cascade de Carcheto, église baroque de Carcheto-Brustico à l'élégant campanile élancé ou fontaine monumentale de Stazzona...). Selon la boucle, de 1 h 30 à 4 h 30 de marche. Renseignements auprès du bureau du Parc régional à Ajaccio (☎ 04-95-51-79-10) ou au syndicat d'initiative de la Castagniccia (voir ci-après).

Adresse utile

🄸 *Syndicat d'initiative de la Castagniccia :* pas encore de bureau, mais un point d'information à Piedi-croce, sur la place. Pour des infos sur les randos et le reste : ☎ 04-95-35-82-54 (de 14 h à 18 h).

Comment y aller ?

– *Par Ponte-Leccia*, sur la route Corte-Bastia, ou bien *par Cervione*, premier village au-dessus de la plaine orientale. Attention, routes étroites, sinueuses, donc dangereuses, et très souvent traversées de bestiaux (chèvres, porcs, vaches). Alors on roule peinard, à 30 km/h. C'est la meilleure façon de découvrir le pays.

CERVIONE / CERVIONI (20221)   1 470 hab.

Gros bourg surplombant la plaine orientale, très dense, aux grosses maisons serrées de part et d'autre de rues étroites, et donc avec peu de possibilités de stationnement, ce qui explique peut-être sa faible exploitation touristique. Dommage, car il est vraiment agréable de se balader dans les ruelles de son petit centre, autour de l'immense église baroque (en fait, une cathédrale : la *cathédrale Saint-Érasme*). Elle possède riche décor baroque et un bel orgue du XVIIIᵉ siècle, qu'on a eu la chance d'entendre jouer : superbe ! Placette typique juste en face, avec vieux bar corse immuable. Dans la rue qui part sur la droite de l'église, un excellent musée.

Où manger à Cervione et dans les environs ?

|●| *Les 3 Fourchettes :* juste à côté de l'église de Cervione. ☎ 04-95-38-14-86. Ouvert tous les jours toute l'année. Menu à 80 F (12,2 €). Une petite terrasse tout en longueur ou une salle voûtée typique de vieux bar-restaurant de village, pour un très honnête menu corse. Les cannellonis au brocciu, les côtes de porc, le fromage et pour finir l'orange du jardin, on mange ça plaisamment. Très bon accueil des patron-patronne.

|●| *Restaurant San Petru :* 20234 Valle d'Alesani (à 16 km de Cervione en direction de Piedicroce, le long de la D71). ☎ 04-95-35-94-74. Fermé le lundi sauf en juillet et août. Unique menu du jour à 80 F (12,2 €). Il vaut mieux téléphoner avant hors saison. Une auberge d'un excellent rapport qualité-prix. Dans la grande salle toute corse et bien propre, ou en terrasse, on avale une cuisine saine et goûteuse. Du bon usage des herbes du maquis... En hors-d'œuvre, des beignets de chèvre frais légers comme il faut, puis un sauté de veau aux gros haricots et champignons franc comme la nature. La *panzetta* ou les artichauts farcis sont bien aussi. Charlotte ou tiramisù maison pour finir. Cabri sur commande. La prochaine fois qu'on vient dans le coin, on se le tape, c'est sûr ! Service aimable et simple.

|●| Voir aussi l'*hôtel-restaurant A Catarelle*, sur la corniche de Castagniccia, à San-Giovanni-di-Moriani, et l'auberge et gîte d'étape *Luna Piena*, à Santa-Reparata-di-Moriani (voir à Moriani, « Où dormir, où manger dans les environs ? »).

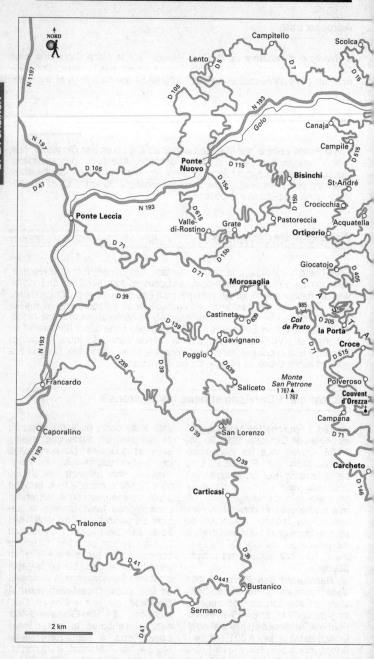

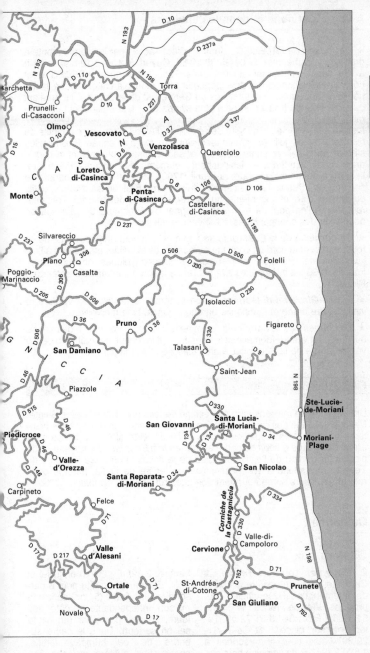

LA CASTAGNICCIA ET LA CASINA

À voir à Cervione et dans les environs

★ *Le musée de l'ADECEC :* dans le village, accès par la rue qui monte à droite de la cathédrale. ☎ 04-95-38-12-83. Ouvert de 10 h à 12 h et de 14 h à 18 h sauf les dimanche et jours fériés. Petit droit d'entrée. *ADECEC*, c'est pour « Association pour le développement des études archéologiques, historiques, linguistiques et naturalistes du Centre-Est de la Corse ». Ils auraient quand même pu trouver un nom plus sympa pour leur musée, qui est vraiment bien.

Installé dans l'ancien séminaire des évêques d'Aléria, il renferme quantité de raretés diverses, joliment présentées. Superbe forge à l'entrée. Plus loin, les statues affreuses de santu Lisandru et san Erasmu, qui ornaient la cathédrale et devaient terroriser les pécheurs, et même les innocents. Pièce rare, la serrure du moulin à poudre de Paoli (1760). Mais on n'est pas certain de son origine... Beaux rabots et araires du tonnerre. Bref, un tas d'objets, outils ou œuvres d'art, et documents, qu'on prend le temps de regarder. Très intéressant. Si l'on peut se faire accompagner d'un membre de l'association pour avoir des commentaires, c'est encore mieux.

★ *La corniche de la Castagniccia :* comme son nom l'indique, cette petite route part vers le nord en corniche au-dessus de la vallée, qui s'étend à l'est jusqu'à la mer. Panoramas splendides et villages typiques. Attention toutefois, en 1999 les intempéries avaient rendu la route impraticable après San Nicolao.

★ À *San-Giovanni-di-Moriani*, église superbe, isolée dans la verdure, à vieille pierre brune et campanile baroque élancé. Une merveille.

★ *La chapelle de la Scupiccia :* domine le village. Accès en 1 h de marche ou 15 mn en voiture (demandez le chemin, tout le monde connaît). On peut y voir la Vierge de la Scupiccia, statue classée. Vue magnifique.

CARCHETO (20229)   20 hab.

Une enfilade de maisons étire son échine de toits gris. Dans l'église Sainte-Marguerite, l'une des rares en France où, par manque de moyens, les peintures n'ont pas été modifiées depuis la fin du XVIIe siècle, le temps s'est arrêté. Le village a servi de cadre au roman *Mal'Concilio* : sur la dentelle de pierres du fronton de l'église, au pied de la cascade ou entre les tours de Tevola, on s'attend à voir passer l'ombre légère de Lesia, héroïne dudit roman. D'ailleurs son auteur tient des gîtes ruraux bien sympas...

Où dormir ?

Gîtes ruraux

▣ *Gîtes des Tours de Tevola :* à Carcheto, 300 m en contrebas de la départementale. Réservations auprès des Gîtes de France : ☎ 04-95-51-72-82. Fax : 04-95-51-72-89. Téléphone sur place : ☎ 04-95-31-29-89. Gîtes pour 4 personnes à 1 620 F (247 €) la semaine hors saison ; 1 820 F (277 €) en juin et sep-

tembre ; 2 325 F (354 €) en juillet et août. Également un gîte pour 6 personnes, plus grand (54 m²) dans une maison indépendante à côté des tours, un peu plus cher (en haute saison surtout). Dans le cadre superbe de ce hameau fortifié, construction austère et sans âge (enfin, presque : XIIIe siècle)... L'âme de la Corse y dort peut-être, d'un œil. L'autre contemple la vallée verte, la nature somptueuse de cette Castagniccia qui s'ouvre face à la terrasse. Dans la plus ancienne des tours, 6 gîtes de 40 m², deux à chaque étage. Séjour-cuisine (avec convertible s'il n'y a qu'une chambre) et une ou deux chambres (lit double et lits superposés), douche et w.-c. Bon, c'est de l'ancienne bâtisse, à murs épais et fenêtres étroites, et les pièces ne sont pas bien grandes. Le confort quant à lui, s'il est suffisant, ne vaut pas celui d'autres gîtes super équipés. Mais ici on n'est pas dans n'importe quel gîte. Le cadre, on l'a dit, est unique. Vos hôtes aussi. Jean-Claude Rogliano, l'auteur de *Mal'Concilio* et d'autres livres encore, est une per-

sonnalité, une figure corse de Corse. Érudit et intarissable quant à la culture et l'histoire insulaires (langue, musique, coutumes, événements), il est tout simplement amoureux de son île, et on le comprend. Son épouse reçoit tout aussi chaleureusement, surtout les enfants, qu'elle adore. Les soirées autour du four à pain tournent donc facilement à la fête et l'on discute jusqu'à très tard, de Paoli, d'A Filetta ou Jean-Paul Poletti. Bref, une adresse de haute corsitude, exceptionnelle – mais dont le caractère peut ne pas convenir à tout le monde. Très agréable petite piscine en plus, avec vue plongeante sur la vallée. Commerces à 5 km, mer à 45 mn de route. Animaux bienvenus.

Achats

⌂ *L'Acqualina :* 20234 Felce (à 8 km avant Carcheto en venant de Cervione). ☎ 04-95-35-94-11. Petite boutique aux volets verts, le long de la route. On y trouve de bons cakes et des madeleines à la farine de châtaigne, des *canistrelli* aussi, et du miel, de la confiture, des sirops et liqueurs. Et Christine, toujours souriante.

⌂ *Marché du col d'Arcarotta :* au col d'Arcarotta, à 3 km avant Carcheto en venant de Cervione. En

juillet-août le dimanche matin. Un petit marché de produits régionaux, victuailles et artisanat. Y aller tôt, les bons produits partent vite !

⌂ *Charcuterie Serafini :* à Piobetta, à 6 km de Carcheto, direction Cervione. Le village de Piobetta se trouve à l'écart de la route, sur la droite. ☎ 04-95-35-92-67. Angelo Serafini produit des charcuteries de qualité. Mais attention, en saison souvent il n'y en a plus. Les habitués passent commande.

PIEDICROCE (20229)

Un village à flanc de montagne, sorte de balcon dominant une région préservée, couverte de châtaigniers, qui s'ouvre timidement aux randonnées pédestres et équestres. Superbe *église Saint-Pierre-et-Saint-Paul* avec une façade baroque datant du XVIIIe siècle et les plus belles orgues de Corse. Sur la route de Campana, à droite, se dresse un grand couvent en ruine dans lequel Napoléon a rencontré le « père de la nation corse », Pasquale Paoli. Mais, transformé en dépôt de munitions lors de la dernière guerre, les Allemands le firent sauter en 1944.

Où dormir ? Où manger ?

🛏 ⭐ *Hôtel-restaurant Le Refuge :* au bourg. ☎ 04-95-35-82-65. Fax :

04-95-35-84-42. Hôtel fermé de mi-octobre à fin mars ; restaurant fermé de mi-octobre à fin novembre. Chambre double de 230 à 280 F (35 à 42,7 €). Demi-pension à partir de 500 F (76,2 €) pour deux. Menu à 95 F (14,5 €). L'auberge s'agrippe, comme les autres maisons du village, au versant sud de la montagne. Les chambres côté vallée offrent une très belle vue sur les monts boisés et les hameaux perchés. Accueil pas toujours souriant mais cuisine correcte.

Où dormir ? Où manger dans les environs ?

Camping

≜ |●| *Camping à la ferme et chambres Les Prairies* : Mme Marie Fontana, villa Les Prairies, 20213 Scata Rumitoriu. ☎ 04-95-36-95-90. Sur la D506, entre Piedicroce et Folile, au lieu-dit Rumitoriu. Ouvert de juin à septembre. Pour le camping, compter 70 F (10,7 €) pour deux. Chambre à 320 F (48,8 €) pour deux, petit déjeuner compris. Menu à 90 F (13,7 €). Un petit camping sympa comme tout. Eau chaude (douche et vaisselle) et site très agréable sous les châtaigniers. Confort minimum mais bien bon accueil. Attention, peu d'emplacements, réservez. Fait aussi table d'hôte, et propose quelques chambres qu'on n'a pas visitées.

Gîte rural

≜ *Gîte de M. Thimothée Dainesi* : à Scata. Presque à 20 km de Piedicroce, par la D506 qui s'enfonce à l'est dans la Castagniccia, puis à droite vers San-Gavino-d'Ampugnani, où l'on tourne à droite vers Scata. Réservations auprès des Gîtes de France : ☎ 04-95-51-72-82. Fax : 04-95-51-72-89. Compter 1 920 F (293 €) la semaine en basse saison ; 2 375 F (293 €) en juin et septembre ; 3 280 F (422 €) en juillet et août. Dans le village, dans une maison mitoyenne typique et rénovée. Gîte de 75 m² sur deux niveaux, séjour (avec lit convertible), cuisine, 2 chambres à lit double, salle de bains-w.-c. Mobilier rustique et bon équipement (TV, lave-linge, lave-vaisselle, bibliothèque). De la grande terrasse, vue imprenable sur la vallée d'Orezza. Cadre champêtre et boisé : châtaigneraie, bestiaux... Très bon contact avec le propriétaire, qui habite à côté. Commerces et mer à 20 bonnes minutes).

Prix modérés

|●| *Restaurant Sant'Andria* : à Campana, 6 km après Piedicroce direction Ponte-Leccia. ☎ 04-95-35-82-26. Fermé le dimanche soir hors saison. Menu à 105 F (16 €). Il faut monter à l'étage de cette maison de bord de route pour trouver la salle de resto pas très grande de cette adresse familiale. Les meubles, tables et chaises en châtaignier, ont été réalisés par un artisan local, Abel Raclat, l'ébéniste qui a réalisé le superbe autel de l'église Saint-Jean à Bastia. Cuisine du même bois, ou même tonneau : locale, artisanale, vraie. Le menu change mais reste toujours à base de produits du cru et de recettes corses. Quand on est passé, charcuterie ou pâté maison (bon), puis une blanquette de veau aux gnocchi qu'on a tout mangée, tout, tout, tout.... Le fromage ensuite (plateau à disposition), puis le flan à la châtaigne terminent impeccablement ce repas. Fait aussi dépôt-vente de confitures et poteries du pays. Service aimable et naturel. La patronne vous parlera de la région avec plaisir. Apéritif offert à nos lecteurs.

À voir dans les environs

★ *Campodonico :* au-dessus de Piedicroce, à peine un village, un hameau plutôt, haut perché et constitué de quelques vieilles maisons en grosse pierre de schiste. Le nom signifie « camp des femmes ». Elles s'y réfugiaient avec les enfants en cas de coup dur. Pour y aller de Piedicroce, prendre la D71 vers Campana ; après le couvent d'Orezza (en ruine au bord de la route), un chemin monte sur la gauche jusqu'à Campodonico. Au pied du *monte San Petrone* (1 767 m), environné de montagnes, le village offre une vue étendue sur toute la Castagniccia. C'est aussi, pour les randonneurs, le point de départ d'un sentier qui monte jusqu'à la ligne de crête et au San Petrone (4 h aller et retour).

★ *Les sources d'Orezza :* rien de grandiose, il s'agit d'un ancien établissement thermal avec une source qui jaillit toujours sous les arbres. Dans les années 1930, du beau monde venu d'Angleterre et même des colons d'Indochine se pressaient dans le casino de Stazzona, aujourd'hui simple maison d'habitation. L'exploitation de l'eau d'Orezza, fameuse eau de table gazeuse, après une interruption de quelques années, a repris en l'an 2000.

★ *Le hameau de Valle d'Orezza :* encore un bout du monde où l'histoire s'est arrêtée. Soyez discret en y allant : le hameau ne compte que 35 habitants ! C'est au bout de la D46, après Rapaggio. Des artisans y confectionnent de très belles pièces en bois d'olivier, aulne, bruyère. Demandez la maison de *M. Denis Moracchini,* frappez. Chez lui, on trouve des pipes en bruyère, des boîtes, des couverts, le tout bon marché. Chaque matin, il va chercher lui-même son bois dans la forêt.
Il y a deux autres artisans dans ce hameau : *François Guidicelli* qui fabrique des pipes aussi et des boîtes, aidé de son fils Hector qui ramasse les châtaignes pour en faire de la farine. *Lucien Colombani* et son fils Paul (éleveur de porcs) demeurent juste à gauche, avant M. Moracchini, et vendent également des pipes.

★ *Piazzole :* à 9 km au nord-est de Piedicroce, par la D506 (route de Folelli), et par une route étroite qui part sur la droite en direction de Piazzole et de Monaccia d'Orezza. À Piazzole, village de 32 habitants, l'église possède une porte d'entrée superbement sculptée (par un bandit repenti, paraît-il !).

★ *Parata :* un mini-village du bout du monde ! Situé au « terminus » de la D46, après Piazzole et Monaccia d'Orezza. Les quelques maisons s'accrochent au versant d'une montagne boisée, face à Valle d'Orezza. Jolie vue de l'église San Gavino (1500). Des gens accueillants habitent ce coin perdu, si isolé que, lors de la Seconde Guerre mondiale, les Allemands ne l'avaient pas trouvé. On imagine bien une scène de vendetta dans l'unique et sombre ruelle du village. D'ailleurs la dernière en date remonte à 1870 : toute une famille fut décimée !

Où manger dans le coin ?

|●| *Auberge Chez Nénette :* sur la commune de Pruno (20264). ☎ 04-95-36-92-01. Au bord de la D506, environ 2 km avant le carrefour de la route qui monte à Pruno même. Fermé en octobre. Menus à 100 et 120 F (15,2 et 18,3 €). Petite auberge où Nénette, la mamie maison, sert une cuisine pur jus. Ne vous attendez pas à un lieu chicos, mais sachez que la grand-mère de la patronne tenait déjà l'auberge, alors au

moins c'est typique, convivial et à la bonne franquette. Les produits sont maison : charcuterie, beignets au fromage, cannellonis au brocciu et cabri en sauce (en saison).

NOCARIO (20237)   40 hab.

Entre Piedicroce et La Porta, village tapi au pied du mont San Petrone, et constitué de hameaux. Dans l'un d'eux, Pietricaggio, on peut voir l'atelier et la salle d'exposition de Pantaléon (on dit aussi Léon) Alessandri, ébéniste. Auteur de *Terre et gens d'Orezza*, qui lui valut le prix du livre Corse, Léon est un personnage assez hors du commun, militant actif des premières heures du nationalisme, et qui a eu une vie assez mouvementée. Celle-ci d'ailleurs n'est pas finie, et il est aujourd'hui un bien bon artisan.

Dans le même hameau, l'atelier de Jean-Pierre Graziani. Éditeur à l'occasion (de livres et musiques corses – il faut entendre sa compil de *Chansons de Prisonniers corses en Allemagne 1916/1917,* qui est le plus ancien enregistrement de chants corses!), il s'occupe aussi en fabriquant des pendules avec des bouts de bois et des pierres... Des petites merveilles sitôt réalisées, sitôt vendues, mais avec un peu de chance vous pourrez en voir une, et peut-être même vous l'offrir.

CROCE (20237)

En venant de Piedicroce, après Campana, prendre à droite la D515. On arrive dans ce hameau par une rue en pente, bordée de maisons en schiste et ardoise. Il est vraiment minuscule et n'a rien de plus que les autres hameaux du secteur (ni de moins d'ailleurs) – sinon qu'on y trouve les deux adresses suivantes...

Où dormir ? Où manger ? Où monter à cheval ?

â |●| *Centre équestre Soliva :* à Poggio di Croce, par la sortie de Croce en direction de Polveroso. ☎ 04-95-39-22-92 ou 39-22-56. Fermé pendant les vacances de Noël. Compter 130 F (19,8 €) par personne, petit déjeuner compris; 280 F (42,7 €) la pension complète. Loge cavaliers et chevaux randonneurs et organise de superbes balades, de village en village. Propose également des chambres d'hôte. Grande terrasse panoramique au pied du San Pedone (1 767 m). Café et digestif offerts à nos lecteurs.

|●| *Bar A Zucca* (La Gourde) : au hameau, 150 m à droite après la mairie, en montant la ruelle. ☎ 04-95-39-21-33. Menu à 75 F (11,4 €) sur commande. Petit bar-restaurant discret comme tout, et situé au cœur du hameau. Fanfan Mattei, solide barbu à la poignée franche, y propose quelques bonnes recettes du pays, des sandwichs au jambon corse, des boissons. En fait, pas vraiment un resto mais très bien pour un en-cas. Si vous voulez plus copieux, téléphonez à l'avance.

LA PORTA (20237)   200 hab.

Noyé dans la verdure, sur les flancs du mont San Petrone, un somptueux *campanile* baroque de 45 m de haut émerge : on ne voit que lui ! Mais entièrement enduit et peint lors d'une dernière restauration, il n'a malheureusement pas conservé son aspect initial de belle pierre nue. La petite place semble sortir d'un décor de théâtre. C'est propre, coquet, authentique. La Porta, comme Croce et Piedicroce, c'est la Corse qu'on aime.

Où dormir? Où manger?

|●| *Restaurant de l'Ampugnani, Chez Élisabeth :* dans la rue principale du village. ☎ 04-95-39-22-00. En été, ouvert tous les jours midi et soir; en hiver, ouvert le midi seulement, et fermé le lundi. Menus à 100 et 150 F (15,2 et 22,8 €). Grande salle avec vue sur la vallée, les jardins et les maisons de La Porta. Produits frais et cuisine de saison copieuse. Charcuterie corse, délicieuses truites d'élevage en rivière, viande aux herbes du maquis, fromage, dessert, café, vin blanc sec (notre préféré).

LA CASTAGNICCIA ET LA CASINCA

Où manger et que voir dans les environs?

🛏 |●| *Bar-hôtel-restaurant et musée San Pedrone :* col de Prato, 20237 La Porta. ☎ 04-95-39-20-19. Sur la D71, en allant vers Ponte-Leccia, 4 km avant Morosaglia. Ouvert de juin à octobre. Une dizaine de chambres doubles avec douche et w.-c. à 250 F (38,1 €). L'endroit fait aussi restaurant, en terrasse (grillades, salades, etc.). On n'a pas essayé la table, mais on a visité le musée : une longue salle où sont regroupés des objets corses anciens, poteries en amiante, lampes à huile, soufflet de forge, beau pressoir à miel du XVIIIe siècle. Chambres fort simples dans une annexe. Vaste terrasse pour le resto. Entrée du musée : 10 F (1,5 €).

🛏 |●| *Restaurant Chez Félicie :* à Ortiporio, à 10 km au nord de La Porta. ☎ 04-95-38-21-32. ⚅ Fermé le mercredi hors saison. Menus à 110 F (16,8 €). Chambre double avec douche et w.-c. à 320 F (48,8 €), petit déjeuner compris; en juillet et août, demi-pension uniquement, à 500 F (76,3 €) pour deux. Cadre un peu quelconque en salle, mais très belle vue sur la vallée de la terrasse, et bonne cuisine traditionnelle servie avec le sourire. Dans le premier menu, charcuterie, *buglidicce* (crêpes au fromage frais), sauté d'agneau et lasagnes, puis fromage. Pas mal du tout. Pensez à réserver une table en terrasse.

MOROSAGLIA (20218)   1 030 hab.

Ne quittez pas cette belle région sans avoir vu le village natal de Pasquale Paoli (1725-1804), qui possède par ailleurs un beau campanile rustique. Un peu à l'écart du village, statue du grand homme, « père de la nation », et, à droite en venant de La Porta, sa maison natale convertie aujourd'hui en petit *musée*.

Où dormir dans les environs?

🛏 *Gîtes de M. Tomasi Nonce :* commune de Gavignano, hameau d'Olmi. Réservation auprès des Gîtes de France : ☎ 04-95-51-72-82. Fax : 04-95-51-72-89. De Morosaglia, direction Piedicroce et à droite au hameau de Stretta vers Gavignano. De 1 413 à 1 615 F (215 à 246 €) la semaine en basse saison; 1 978 F (302 €) en juin et septembre ; 2 825 F (430 €) en juillet-août. Au village, gîte de 60 m² à l'étage d'une maison mitoyenne (garage en rez-de-chaussée). Trois chambres doubles, draps fournis, bon niveau d'équipement : TV, lave-linge, congélateur... Terrasse de 30 m², avec salon de jardin. Très joli cadre de village perdu et de monts verdoyants. Également un autre gîte dans un hameau voisin, dans la maison du propriétaire, pour 4 personnes, avec terrasse en rez-de-chaussée. Plus petit (40 m²), mais moins cher et charmant (vieille maison restaurée).

À voir

★ *La maison natale de Pasquale Paoli :* fermé le mardi et en février. ☎ 04-95-61-04-97. Ouvert l'été de 9 h à 19 h 30 avec pause de 12 h à 14 h 30 le week-end ; l'hiver, de 9 h à 17 h, pause de 12 h à 13 h le week-end. Visite agréable de cette grande bâtisse à beau plancher et poutres de châtaignier, où le père de Pasquale Paoli exerçait son métier de médecin, et où vivait la famille. Une maison bourgeoise en quelque sorte, mais de cette bourgeoisie corse rustique et intellectuelle.
Documents écrits et imprimés divers, quelques-uns autographes (où l'on voit que Paoli écrivait en italien), portraits, témoignages... Reproduction du drapeau de la Corse indépendante. En bas, une chapelle funéraire abrite ses cendres revenues de Londres en 1889.

LA CASINCA

Un terroir corse (à 25 km au sud de Bastia), quasiment encastré dans le socle montagneux qui prolonge la Castagniccia au nord-est, mais distinct de celle-ci. C'est l'un des plus beaux jardins de la Corse : des terrasses ensoleillées plantées de vignes, d'oliviers et de châtaigniers, des villages en balcon dominant la côte orientale du haut de leurs perchoirs rocheux. Un coin peu connu, qui mérite un petit détour, soit au départ de la côte est, soit au cours d'un tour de Corse. Sympathique d'y monter en fin d'après-midi, à cause de la belle lumière à cette heure-là, et des points de vue époustouflants sur la côte orientale. Notez qu'on trouve dans tous ces villages ou presque des charcuteries, qui sont en général assez bon marché et où vont s'approvisionner les Bastiais.

VESCOVATO (20215) 2 370 hab.

À flanc de montagne, orienté vers la côte orientale, Vescovato est environné de forêts d'oliviers et de châtaigniers. L'approche de ce village est impressionnante : on arrive en contrebas des très hautes façades haut perchées, donnant l'impression d'un site inexpugnable, presque d'une forteresse. Quand on le traverse, on retrouve la place corse typique, avec ici une fontaine ornée d'un aiglon, et juste en face un bar : *L'Aiglon,* normal ! Voir l'*église* baroque *San Martino.* Dans le bourg, trois autres églises éparpillées au hasard des ruelles et des escaliers du village. De nombreux chroniqueurs corses sont originaires d'ici.
La route ensuite pour aller à Venzolasca traverse une zone funéraire là encore typiquement insulaire : les caveaux se succèdent, familles aux patronymes locaux réunies là dans la mort comme elles l'étaient dans la vie, c'est leur maison. Cimetière plus classique également.

VENZOLASCA (20215)   1 340 hab.

À 5,5 km de la N198 (Bastia-Moriani), après Vescovato, le village est construit sur une crête au-dessus de deux vallons. Une unique rue, bordée de hautes maisons de caractère. Superbe vue sur la plaine orientale.

Où manger ?

|●| *Ferme-auberge U Fragnu :* chez Ninou et François Garelli, hameau U Campu. ☎ 04-95-36-62-33. Ouvert uniquement sur réservation ; en saison, tous les soirs ; hors saison, uniquement le soir du jeudi au samedi, et le dimanche midi. Compter 200 F (30,5 €) le repas complet. Belle terrasse panoramique avec vue sur les pentes et la vallée, et vieille salle à manger aux murs de pierre décorés d'anciens outils agricoles, avec, pendues au plafond, d'énormes pièces de charcuterie. Au milieu de la pièce, un gigantesque pressoir à olives. Repas hyper copieux avec en hiver de la soupe de *bergus* (cubes de fromage frais et herbes du maquis), beignets de fromage et de poireaux, veau aux olives, flan à la farine de châtaigne... Cher, mais de qualité. Tous les produits ou presque viennent de la ferme, ou des environs. Bon accueil.

LORETO-DI-CASINCA (20215)   230 hab.

Notre village préféré en Casinca. Une route étroite et sinueuse, au départ de Venzolasca, grimpe jusqu'à ce promontoire au pied du mont Sant'Angelo (1 218 m).
De la place du village, qui est l'une des plus grandes places rurales qui soient en Corse, une rue traverse le village et mène tout au bout à un petit belvédère, un balcon : c'est dans ce coin discret, où la vue est grandiose, que se donnent rendez-vous les jeunes du village. On risque de les déranger, mais on a de là une vue vraiment extraordinaire sur la Casinca et, au loin, la plaine orientale et la mer Thyrénéenne.

Où manger ?

– Deux *charcuteries* dans le village, l'une sur la Grand-Place, l'autre quand on se dirige vers le belvédère (et l'église), sur la droite (boucherie-charcuterie *Fieschi*).
|●| *Restaurant U Campanile :* au fond du village, c'est le bâtiment accolé au clocher. ☎ 04-95-36-31-19. Ouvert de mi-juin à mi-septembre. Compter autour de 150 F (22,8 €) pour un repas. Une bonne table de la Casinca, où l'on sert une cuisine locale très copieuse. Excellente charcuterie. Goûter au magret de canard aux pêches. On y vient autant pour manger que pour admirer la vue (à couper le souffle !).
|●| *Restaurant U Rataghju (Le Séchoir aux Châtaignes) :* dans la partie basse du village. ☎ 04-95-36-30-66. Ouvert uniquement sur réservation, toute l'année. Menu à 130 F (19,8 €). La famille Albertini sait recevoir et l'on mange ici plus comme chez des amis qu'au restaurant. Cuisine familiale succulente et copieuse. Charcuterie, pâtes au sanglier, fromages locaux, pichet de vin.

À voir dans les environs

Pour gagner le sommet du *Sant'Angelo*, roi de la Casinca, il est préférable de partir du village voisin de Silvareccio (relié à Loreto par une route récemment goudronnée); le sentier s'élève sous les châtaigniers à proximité immédiate du carrefour de la D237 et de la route qui descend à l'église du village.

Le "Best of"
du Routard sur la France

Plus de 4 350 adresses sélectionnées pour :

- *la chaleur de l'accueil*
- *la qualité de la cuisine*
- *le charme du décor et la douceur des prix.*

Une France où il fait bon vivre.

Hachette Tourisme

Le Polar du routard

Le jeune Edmond Benakem (surnommé Eddie), français de souche tuniso-bretonne, grand reporter au Guide du routard, voudrait bien faire paisiblement son job de globe-trotter fureteur. Mais c'est compter sans la redoutable force des choses qui, pour chaque nouvelle destination, l'entraîne dans d'invraisemblables tribulations. Confronté à des situations folles, Eddie réagit avec ses tripes, son cœur, son humour et sa sensibilité.

Dans chaque polar, un long voyage coloré au pays des embrouilles carabinées.

Parus et disponibles :
- Fausse donne à Lisbonne de Bertrand Delcour
- Les Anges du Mékong de Patrick Mercado
- Prise de bec au Québec de Hervé Mestron
- Transe amazonienne de Dagory
- Les Mystères de l'oued de Caryl Férey
- Des pépins dans la grosse pomme de Grégoire Carbasse
- Dans le pétrin à Pétra de Gérard Bouchu
- Sussex and Sun de Michel Leydier

HACHETTE

31 F seulement

Le monde du routard

Une nouvelle collection de films de voyage...

... pour prendre le temps de réellement découvrir le monde qui vous fascine

8 films disponibles en vidéocassette et DVD VIDEO

Venise

San Francisco

Buenos Aires
et les chutes
d'Iguazu

Cuba

Le Caire
et les pyramides

Lisbonne

La vallée de
Katmandou

Zanzibar

INTERACTIVITÉ DVD VIDEO
Menus animés
Chapitrage
Itinéraire
Cartographie
Paroles aux routards :
interview des concepteurs de la série
Liens internet

© 2000 Film Office Editions - Le Routard est une marque déposée. Illustrations : Solé. Visuels non contractuels.

RTL2   France 2   FILM OFFICE Editions

Les films de la série "Emmenez-moi" diffusés sur France 2

Dans nos ateliers, 600 000 victimes...

...amputées de leurs droits.

Avec Club-Internet, découvrez le Web du Routard et l'univers passionnant d'Internet

Connectez-vous sur www.routard.com, le Web du Routard

Ce site permet au «Routarnaute» de préparer gratuitement son voyage à l'aide de conseils pratiques, d'itinéraires, de liens Internet, de chroniques de livres et de disques, de photos et d'anecdotes de voyageurs...

- Une sélection de 40 destinations, avec une montée en charge d'une destination par mois.
- Le Manuel du Routard (tout ce qu'il faut savoir avant de prendre la route, de la taille du sac à dos à la plante des pieds) et la Saga, pour mieux connaître les petits veinards qui font les Guides du Routard.
- L'espace «Bons Plans», qui propose tous les mois les meilleures promotions des voyagistes.
- Des rubriques à votre libre disposition : l'espace forum, l'espace projection et les petites annonces.
- Une boutique pour les plus fortunés....
- ...et plein d'autres rubriques.

Surfez sur www.club-internet.fr, le portail riche en service et en information de Club-Internet

- **De l'information** en continu avec EuropeInfos et les reportages de la rédaction de Club-Internet.
- **De nombreux outils** de recherche, pour tout trouver sur le web :
  - le moteur de recherche : que cherchez vous sur Internet ?
  - les guides : plus de soixante fiches pratiques pour vous aider dans votre vie quotidienne.
  - l'annuaire : une sélection de sites classés par thèmes.
- **Des services** toujours plus de services pour vous simplifier la vie :
  - Météo
  - Finance
  - Emploi...
- **Un espace abonné,** une rubrique réservé aux abonnés de Club-Internet pour gérer à distance votre compte, pour bénéficier d'avantages partenaires...

www.routard.com | www.club-internet.fr

le club le plus ouvert de la planète

Bénéficiez du meilleur de l'Internet avec Club-Internet !

LES FORFAITS ZEN

Nous avons conçu plusieurs forfaits correspondant à tous les types de consommation Internet : ces forfaits incluent le coût des communications téléphoniques liées à l'Internet.

Tout est compris, vous maîtrisez votre budget Internet.

> **FORFAIT *47F – 5H***

2 MOIS GRATUITS
5H d'Internet gratuites par mois, pendant 2 mois,
pour toute souscription au forfait 47F-5H avant le 31/12/00.
Offre réservée aux nouveaux abonnés.
Au-delà des 5H, la minute supplémentaire est à 0,22 F.

> **FORFAIT *97F – 20H***

> **FORFAIT *157F – 40H***

> **FORMULE SANS ABONNEMENT *à 0.22F la minute*.**

LES AVANTAGES EXCLUSIFS DES ABONNÉS

- Le site Surfez Disney, www.club-internet.fr/surfezdisney, réservé aux membres de Club-Internet, vous ouvre les portes d'un monde merveilleux : des jeux, des activités, des histoires le tout en musique.
- la carte de membre Club-Internet, elle donne droit à des réductions auprès des partenaires Club-Internet.
- Netclubber, le magazine des abonnés Club-Internet.
- 5 adresses électroniques à personnaliser.
- 100 Mo pour votre page personnelle.

Pour vous abonner ou pour plus d'informations :
0 801 800 900 (appel local)

R.C.S. Paris B 381 727 525 - 07/2000

CLUB internet

Les conseils *nature* du **Routard**

avec la collaboration du **WWF**

Vous avez choisi le Guide du Routard pour partir à la découverte et à la rencontre de pays, de régions et de populations parfois éloignés. Vous allez fréquenter des milieux peut être fragiles, des sites et des paysages uniques, où vivent des espèces animales et végétales menacées.

Nous avons souhaité vous suggérer quelques comportements simples permettant de ne pas remettre en cause l'intégrité du patrimoine naturel et culturel du pays que vous visiterez et d'assurer la pérennité d'une nature que nous souhaitons tous transmettre aux générations futures.

Pour mieux découvrir et respecter les milieux naturels et humains que vous visitez, apprenez à mieux les connaître.

Munissez vous de bons guides sur la faune, la flore et les pays traversés.

❶ Respectez la faune, la flore et les milieux.
Ne faites pas de feu dans les endroits sensibles - Rapportez vos déchets et utilisez les poubelles - Appréciez plantes et fleurs sans les cueillir - Ne cherchez pas à les collectionner… Laissez minéraux, fossiles, vestiges archéologiques, coquillages, insectes et reptiles dans la nature.

❷ Ne perturbez d'aucune façon la vie animale.
Vous risquez de mettre en péril leur reproduction, de les éloigner de leurs petits ou de leur territoire - Si vous faites des photos ou des films d'animaux, ne vous en approchez pas de trop près. Ne les effrayez pas, ne faîtes pas de bruit - Ne les nourrissez pas, vous les rendrez dépendants.

❸ Appliquez la réglementation relative à la protection de la nature, en particulier lorsque vous êtes dans les parcs ou réserves naturelles. Renseignez-vous avant votre départ.

❹ Consommez l'eau avec modération,
spécialement dans les pays où elle représente une denrée rare et précieuse.
Dans le sud tunisien, un bédouin consomme en un an l'équivalent de la consommation mensuelle d'un touriste européen !

❺ Pensez à éteindre les lumières, à fermer le chauffage et la climatisation quand vous quittez votre chambre.

❻ Évitez les spécialités culinaires locales à base d'espèces menacées. Refusez soupe de tortue, ailerons de requins, nids d'hirondelles…

❼ Des souvenirs, oui, mais pas aux dépens de la faune et de la flore sauvages. N'achetez pas d'animaux menacés vivants ou de produits issus d'espèces protégées (ivoire, bois tropicaux, coquillages, coraux, carapaces de tortues, écailles, plumes…), pour ne pas contribuer à leur surexploitation et à leur disparition. Sans compter le risque de vous trouver en situation illégale, car l'exportation et/ou l'importation de nombreuses espèces sont réglementées et parfois prohibées.

❽ Entre deux moyens de transport équivalents, choisissez celui qui consomme le moins d'énergie ! Prenez le train, le bateau et les transports en commun plutôt que la voiture.

❾ Ne participez pas aux activités dommageables pour l'environnement. Évitez le VTT hors sentier, le 4x4 sur voies non autorisées, l'escalade sauvage dans les zones fragiles, le ski hors piste, les sports nautiques bruyants et dangereux, la chasse sous marine.

❿ Informez vous sur les us et coutumes des pays visités, et sur le mode de vie de leurs habitants.

Et si la solution c'était *VOUS ?*

Avant votre départ ou à votre retour de vacances, poursuivez votre action en faveur de la protection de la nature en adhérant au WWF.

Le WWF est la plus grande association privée de protection de la nature dans le monde. C'est aussi la plus puissante :
- **5 millions de membres ;**
- **27 organisations nationales ;**
- **un réseau de plus de 3 000 permanents ;**
- **11 000 programmes de conservation menés à ce jour ;**
- **une présence effective dans 100 pays.**

Devenir membre du WWF, c'est être sûr d'agir, d'être entendu et reconnu. En France et dans le monde entier.

Ensemble, avec le WWF

Pour tout renseignement et demande d'adhésion, adressez-vous au WWF France :
188, rue de la Roquette 75011 Paris ou sur www.panda.org.

LE GUIDE DU ROUTARD ET VOUS

Nous souhaitons mieux vous connaître. Vous nous y aiderez en répondant
à ce questionnaire et en le retournant à :

Hachette Tourisme - Service Marketing
43, quai de Grenelle - 75905 Paris cedex 15
Chaque année, le 15 décembre, un tirage au sort sélectionnera
les 500 gagnants d'un Guide de Voyage.

NOM : .... Prénom : ....

Adresse : ....

.... Routard Fr.

1 - VOUS ÊTES :

a - ❑ 1 Un homme   ❑ 2 Une femme

b - Votre âge : _____ ans

c - Votre profession : _____

d - Quels journaux ou magazines lisez-vous ?
Indiquez les titres.

_____

_____

e - Quelles radios écoutez-vous ? *Précisez.*

_____

_____

2 - VOUS ET VOTRE GUIDE :

a - Dans quel guide avez-vous trouvé ce questionnaire ? *Précisez le titre exact du guide.*

_____

b - Où l'avez-vous acheté ?

❑ 1 Librairie   ❑ 2 Fnac/Virgin/Grands mag.   ❑ 3 Maison de la Presse   ❑ 4 Hypermarchés

❑ 5 Relais H : ○ aéroport ○ gare   ❑ 6 Ailleurs   ❑ 7 On vous l'a offert

c - Combien de jours avant votre départ ? _____ jours

Pour un séjour de quelle durée ? _____ jours

d - Quels sont, d'après vous, les points forts du GDR : _____

_____

- Quels sont, d'après vous, les points faibles du GDR : _____

_____

e - Que pensez-vous du Guide du Routard ?
Notez les points suivants de 1 à 5 *(5 = meilleure note).*

Présentation	1 2 3 4 5					Adresses	1 2 3 4 5			
Couverture	1 2 3 4 5					Cartographie	1 2 3 4 5			
Informations culturelles	1 2 3 4 5					Rapport Qualité / prix du livre	1 2 3 4 5			

Précisez vos réponses _____

f - Depuis quelle année utilisez-vous le Guide du Routard ? _____

g - Pensez-vous que le guide vous propose un nombre suffisant d'adresses ?

d'hôtels ?	tous prix confondus	< 200 F la nuit	200 à 280 F la nuit	> 280 F la nuit
suffisamment				
pas assez				
trop				

de restos ?	tous prix confondus	< 100 F le repas	100 à 149 F le repas	> 150 F le repas
suffisamment				
pas assez				
trop				

3 - VOUS ET LES VOYAGES :

a - Dans le cadre de vos voyages, utilisez-vous :

❏ **Le GDR uniquement**
❏ **Le GDR et un autre guide**   lequel ? ....
❏ **Le GDR et 2 (ou +) autres guides**   lesquels ? ....

Cochez, par destination, les voyages de 3 jours au moins, que vous avez effectués au cours de ces 3 dernières années et précisez les guides que vous avez utilisés (tous éditeurs confondus).

	Vous êtes allé...	avec quel(s) guide(s) ?		Vous êtes allé...	avec quel(s) guide(s) ?
FRANCE			**AMÉRIQUE**		
Tour de France			Canada Est		
Alsace			Canada Ouest		
Auvergne			Etats-Unis Est		
Bretagne			Etats-Unis Ouest		
Corse			Argentine		
Côte-d'Azur			Brésil		
Languedoc-Roussillon .			Bolivie		
Midi-Pyrénées			Chili		
Normandie			Equateur		
Paris - Ile de France ..			Mexique - Guatemala .		
Pays de la Loire			Pérou		
Poitou - Charentes			Autres :		
Provence			....		
Sud-Ouest			**ASIE / OCÉANIE**		
Autres :			Australie		
....			Birmanie		
EUROPE			Cambodge		
Allemagne			Chine		
Autriche			Hong-Kong		
Belgique			Inde		
Bulgarie			Indonésie		
Danemark			Japon		
Espagne			Laos		
Finlande			Macao		
Grande-Bretagne			Malaisie		
Grèce			Népal		
Hongrie			Sri Lanka		
Irlande			Thaïlande		
Islande			Tibet		
Italie			Vietnam		
Norvège			Singapour		
Pays-Bas			Autres :		
Portugal			....		
Rép.Tchèq./Slovaquie .					
Russie			**ILES**		
Suède			Antilles		
Suisse			Baléares		
Autres :			Canaries		
....			Chypre		
AFRIQUE			Crète		
Maroc			Iles anglo-normandes .		
Tunisie			Iles grecques		
Afrique Noire			Maurice		
Autres :			Madagascar		
....			Maldives		
PROCHE-ORIENT			Malte		
Egypte			Nlle Calédonie		
Israël			Polynésie-Tahiti		
Jordanie			Réunion		
Liban			Sardaigne		
Syrie			Seychelles		
Turquie			Sicile		
Yemen			Autres :		
Autres :			....		
....					

INDEX GÉNÉRAL

– A –

AGRIATES (désert des) 125
AÏTONE (cascades d') 178
AÏTONE (forêt d') 178
AJACCIO 191
ALÉRIA 316
ALGAJOLA 148
ALTA ROCCA (l') 272
ANGLAIS (cascade des) 305
A PIAZZA 106
ARAGIO (castellu d') 269
AREGNO 139
ASCO 301
ASCO (gorges de l') 300
ASCO (vallée de l') 299
AVAPESSA 141
AULLÈNE 277

– B –

BALAGNE (la) 134
BARACCI (bains de) 229
BARCAGGIO 110
BASTELICA 213
BASTIA 84
BAVELLA (col et aiguilles de) . 281
BELGODÈRE 143
BOCOGNANO 306
BONIFACIO 246
BONIFATO (cirque de) 161

– C –

CAGNANO (marine de) 104
CALACUCCIA 284
CALALONGA-PLAGE 255
CALA ROSSA (plage de) 269
CALENZANA 162
CALDANE (sources de) 279
CALVI 149
CAMPODONICO 329
CAMPOMORO 231
CANARI 114
CANELLE 113
CANONICA (cathédrale de la)
  96
CAPANDULA 109
CAP CORSE 97
CAPITELLO (lac de) 298
CAPO D'ORTO 173
CAPU ROSSU 183
CAPULA (site archéologique
  de) 281
CAPU ROSSU 183

– A – (col. 2)

CARBINI 281
CARCHETO 326
CARDO 95
CARGÈSE 183
CASAMACCIOLI 286
CASINCA (la) 332
CASSANO 164
CASTAGNICCIA (la) 322
CATERI 140
CAURIA (mégalithes de) 240
CAVALLO (île) 256
CENTURI 111
CERVIONE 323
CINTO (monte) 287
COZZANO 218
CORBARA 135
CORTE 289
COTI-CHIAVARI 212
CRENO (lac de) 180
CROCE 330
CUCURUZZU (castellu de) ... 281

– E –

ERBALUNGA 101
ÉVISA 177

– F –

FANGO (vallée du) 167
FELICETO 141
FIGARI 245
FILITOSA (site préhistorique
  de) 221
FIUM'ORBO (le) 314
FOZZANO 230

– G –

GALÉRIA 165
GHISONACCIA 310
GHISONI 315
GIROLATA 174
GIUNSSANI (le) 134
GUITERA 218

– I –

ÎLE-ROUSSE (L') 130
INZECCA (défilé de l') 314

– L –

LAMA 146
LA PORTA 330
LAVASINA 101

INDEX

LAVATOGGIO 140
LAVEZZI (îles) 256
LEVIE 280
L'ÎLE-ROUSSE............ 130
LONCA (gorges de la) 176
LORETO-DI-CASINCA 333
L'OSPÉDALE 272
LURI 106

– M –

MACINAGGIO............. 107
MADONNA DI A SERRA
  (chapelle).............. 160
MANGANELLU (gorges du)... 306
MELO (lac de) 298
MENHIRS (circuit des) 240
MINERBIO................ 114
MIOMO................... 98
MONACCIA-D'AULLÈNE ... 242
MONSERRATO (oratoire de) . 95
MORIANI-PLAGE........... 318
MOROSAGLIA 331
MURATO.................. 125

– N –

NEBBIO (le) 118
NINO (lac de) 288
NIOLO (le)............... 284
NOCARIO 330
NONZA.................. 115
NOVELLA 148

– O –

OLETTA................. 95
OLMETO 222
OLMI-CAPPELLA.......... 144
OREZZA (sources d') 329
ORO (monte d') 305
OSPÉDALE (L') 272
OSPÉDALE (forêt de L') 269
OSTRICONI (L') 134
OTA 176

– P –

PALAGGIU (alignements de).. 240
PALOMBAGGIA (plage) 269
PARATA.................. 329
PATRIMONIO 116
PERTUSATO (phare de) 255
PIANA................... 181
PIANA (calanche de)........ 172
PIANOTTOLI.............. 244
PIANTARELLA (plage de) 255
PIAZZOLE 329
PIEDICROCE 327
PIETRACORBARA (marine
  de)..................... 104

PIETRALBA................ 146
PIGNA 137
PINARELLU (golfe de) 270
PINO.................... 113
PORTA (La) 330
PORTICCIO 209
PORTICCIOLO............ 104
PORTO.................. 167
PORTO-POLLO 219
PORTO-VECCHIO......... 259
PROPRIANO.............. 224

– Q –

QUENZA 275

– R –

RADULE (cascades de) 288
RENOSO (monte) 216
RESTONICA (gorges de la)... 297
REVELLATA (pointe de la) ... 160
RIVA-BELLA (village naturiste
  de)..................... 318
ROCCAPINA.............. 241
ROGLIANO 110
RONDINARA (golfe de) 259
ROSSU (Capu)............ 183

– S –

SAGONE................. 186
SAINT-FLORENT........... 118
SAINT-FRANÇOIS (couvent).. 181
SAINTE-LUCIE-DE-TALLANO. 278
SAINTE-RESTITUDE (cha-
  pelle).................. 164
SAN ANTONINO 138
SAN CIPRIANU (baie de) 269
SAN-GIOVANNI-DI-MORIANI . 326
SANGUINAIRES (îles) 208
SAN-MARTINO-DI-LOTA 100
SAN MICHELE (église)....... 125
SAN STEFANO (col de)...... 125
SANTA GIULIA (golfe de) 269
SANTA-MANZA (golfe de) ... 258
SANTA-MARIA-FIGANIELLA.. 230
SANTA-MARIA-SICHÉ 216
SANTA-SEVERA 105
SARTENAIS (le) 219
SARTÈNE 233
SCALA DI SANTA-REGINA
  (défilé de la) 287
SCANDOLA (réserve naturelle
  de).................... 175
SISCO (marine de) 102
SOLENZARA 308
SPELONCATO............. 142

SPELUNCA (gorges de la) ... 176
SPERONE (plage des Grand
  et Petit) 256
SPIN A CAVALLU 239
STRETTE (défilé des) 314

– T –

TARTAGINE (forêt de) 145
TASSO 218
TAVIGNANO (gorges du) 297
TIUCCIA. 188
TIZZANO 239
TORRE (site préhistorique) ... 269

– U –

UOMO DI CAGNA 244
URBINO (étang d') 314
URTACA 147

– V –

VALDO-NIELLO (forêt de) 288

VALINCO (golfe du) 219
VALLE D'OREZZA (hameau
  de) 329
VALLICA 144
VENACO 302
VENZOLASCA 333
VERGIO (col de) 288
VESCOVATO 332
VICO 179
VIGNOLA (centre d'élevage et
  de protection de la tortue A
  Cupulatta) 208
VIVARIO 303
VIZZAVONA 304
VOLTA (canal de la) 215

– Z –

ZICAVO 218
ZILIA..................... 164
ZONZA.................... 273
ZOZA (piscine naturelle de)... 279

OÙ TROUVER LES CARTES ET LES PLANS ?

Ajaccio 6-7
Ajaccio (golfe d') 193
Bastia..................... 8
Balagne (La) 137
Bonifacio 248-249
Bonifacio (environs et plages
  de)...................... 251
Calvi 151
Cap Corse................. 99
Cargèse................... 185
Castagniccia et Casinca . 324-325

Corse du Nord 2-3
Corse du Sud 4-5
Corte..................... 291
Porto..................... 169
Porto et ses environs 171
Porto-Vecchio.............. 261
Porto-Vecchio (environs de) .. 263
Propriano.............. 226-227
Saint-Florent 119
Sartène................... 235

les **Routards** *parlent aux* **Routards**

Faites-nous part de vos expériences, de vos découvertes, de vos tuyaux pour que d'autres routards ne tombent pas dans les mêmes erreurs. Indiquez-nous les renseignements périmés. Aidez-nous à remettre l'ouvrage à jour. Faites profiter les autres de vos adresses nouvelles, combines géniales... On adresse un exemplaire gratuit de la prochaine édition à ceux qui nous envoient les lettres les meilleures, pour la qualité et la pertinence des informations. Quelques conseils cependant :
– Envoyez-nous votre courrier le plus tôt possible afin que l'on puisse insérer vos tuyaux sur la prochaine édition.
– N'oubliez pas de préciser sur votre lettre l'ouvrage que vous désirez recevoir.
– Vérifiez que vos remarques concernent l'édition en cours et notez les pages du guide concernées par vos observations.
– Quand vous indiquez des hôtels ou des restaurants, pensez à signaler leur adresse précise et, pour les grandes villes, les moyens de transport pour y aller. Si vous le pouvez, joignez la carte de visite de l'hôtel ou du resto décrit.
– À la demande de nos lecteurs, nous indiquons désormais les prix. Merci de les rajouter.
– N'écrivez si possible que d'un côté de la lettre (et non recto verso).
– Bien sûr, on s'arrache moins les yeux sur les lettres dactylographiées ou correctement écrites !

Le Guide du routard : 5, rue de l'Arrivée, 92190 Meudon

E-mail : routard@club-internet.fr

36-15, *code* **Routard**

Les routards ont enfin leur banque de données sur Minitel : 36-15, code ROUTARD. Vols superdiscount, réductions, nouveautés, fêtes dans le monde entier, dates de parution des *GDR*, rancards insolites et... petites annonces.

Routard Assistance *2001*

Vous, les voyageurs indépendants, vous êtes déjà des milliers entièrement satisfaits de Routard Assistance, l'Assurance Voyage Intégrale sans franchise que nous avons négociée avec les meilleures compagnies, Assistance complète avec rapatriement médical illimité. Dépenses de santé, frais d'hôpital, pris en charge directement sans franchise jusqu'à 2 000 000 F + caution + défense pénale + responsabilité civile + tous risques bagages et photos + 500 000 F. Assurance personnelle accidents. Très complet ! Le tarif à la semaine vous donne une grande souplesse. Chacun des *Guides du routard* pour l'étranger comprend, dans les dernières pages, un tableau des garanties et un bulletin d'inscription. Si votre départ est très proche, vous pouvez vous assurer par fax : 01-42-80-41-57, mais vous devez, dans ce cas, indiquer le numéro de votre carte bancaire. Pour en savoir plus : ☎ 01-44-63-51-00 ; ou, encore mieux, Minitel : 36-15, code ROUTARD.

Imprimé en France par Aubin n° L 61194
Dépôt légal n° 8706-01/2001
Collection n° 15 - Édition n° 01
24/3340/7
I.S.B.N. 2.01.243340-5
I.S.S.N. 0768.2034